Thordis Hennings

Einführung in das Mittelhochdeutsche

Thordis Hennings

Einführung in das Mittelhochdeutsche

4., völlig neu bearbeitete Auflage

DE GRUYTER

ISBN 978-3-11-046416-0
e-ISBN (PDF) 978-3-11-046418-4
e-ISBN (EPUB) 978-3-11-046447-4

Library of Congress Control Number: 2019957721

Bibliografische Information der Deutschen Nationalbibliothek
Die Deutsche Nationalbibliothek verzeichnet diese Publikation in der Deutschen Nationalbibliografie; detaillierte bibliografische Daten sind im Internet über http://dnb.dnb.de abrufbar.

Satz: Meta Systems Publishing & Printservices GmbH, Wustermark
Druck und Bindung: CPI books GmbH, Leck

www.degruyter.com

Vorwort zur vierten Auflage

Diese vierte Auflage der „Einführung in das Mittelhochdeutsche" ist eine grundlegende Überarbeitung und in weiten Teilen völlige Neubearbeitung der vorhergehenden Auflagen aus den Jahren 2001, 2003 und 2012. Das Grundkonzept der vorherigen Auflagen wurde (abgesehen von einigen Umstellungen) im Wesentlichen beibehalten, aber der Umfang hat sich deutlich erweitert.

Das Kapitel „Sprachgeschichtliches Grundlagenwissen" (Kap. I) bietet dem Leser zum Einstieg, ausgehend von dem Begriff „Mittel-hoch-deutsch" einen kurzen Überblick über die zeitliche, geographische und historische Einordnung des Deutschen.

Völlig neu hinzugekommen ist das Kapitel „Literaturgeschichtliches Grundlagenwissen" (Kap. II). In diesem erhält der Leser einen komprimierten Überblick über die Literatur- und Kulturgeschichte des Alt- und Mittelhochdeutschen (also dem Zeitraum vom Beginn der deutschsprachigen Literatur um 750 bis zum Spätmittelhochdeutschen um 1350). Im Mittelpunkt dieses Kapitels stehen Fragen wie: Wie waren die Entstehungsbedingungen für alt- und mittelhochdeutsche Texte? Was weiß man über die Produzenten, Rezipienten und Überlieferungsbedingungen? Welche Textgattungen sind vorherrschend? Und welches sind die wichtigsten Werke? Der Schwerpunkt liegt auf der Zeit der Höfischen Klassik (1170–1220). Hier finden sich auch kurze Inhaltsangaben der bedeutendsten Werke (*Erec, Iwein, Gregorius, Der Arme Heinrich, Parzival, Tristan,* das *Nibelungenlied* und *Willehalm*).

In Kapitel III werden zunächst die Grundbegriffe und wichtigsten (Teil-) Disziplinen der Allgemeinen Sprachwissenschaft vorgestellt und kurz erläutert, bevor sich dann der Blick konkret auf das Mittelhochdeutsche richtet, insbesondere auf die Schreibung und Aussprache des Mittelhochdeutschen.

Der Schwerpunkt dieser Einführung liegt nach wie vor auf der Historischen Phonologie und Morphologie (Kap. IV und V). Im Kapitel „Historische Phonologie" erhält der Leser einen umfassenden und systematischen Überblick über die Sprachgeschichte des Deutschen, ausgehend von den Vorstufen des Mittelhochdeutschen (dem Indogermanischen, dem Germanischen, dem Nordwestgermanischen und dem Althochdeutschen) bis zum Frühneuhochdeutschen. Die Kenntnis der wichtigsten Lautwandelprozesse im Vokalismus und Konsonantismus von den Ursprüngen der deutschen Sprache bis zum Mittelhochdeutschen ist grundlegend für die Erklärung von Lautwechselerscheinungen, die sich innerhalb des Mittelhochdeutschen (insbesondere in den Flexionsformen der Verben) zeigen. Das Kapitel endet mit den Lautwandelerscheinungen vom Mittel- zum Frühneuhochdeutschen. Deren Kenntnis soll in erster Linie dazu dienen, das Übersetzen aus dem Mittelhochdeutschen zu erleichtern. Im Kapitel „Morpholo-

https://doi.org/10.1515/9783110464184-202

gie“ werden die sprachhistorischen Veränderungen der Verben und Nomina vom Indogermanischen bis zum Mittelhochdeutschen detailliert dargestellt.

Die nachfolgenden Kapitel zur Historischen Semantik und zur Syntax des Mittelhochdeutschen (Kap. VI und VII) wurden gegenüber den vorherigen Auflagen beträchtlich erweitert. Im Vordergrund stehen diejenigen Abweichungen gegenüber dem Neuhochdeutschen, deren Kenntnis für das Übersetzen mittelhochdeutscher Texte unbedingt notwendig ist. Im Kapitel „Historische Semantik“ werden die verschiedenen Arten von Bedeutungswandel erläutert. Am Ende findet sich eine Liste mit den wichtigsten mittelhochdeutschen Wörtern. Diese ist (gegenüber den vorherigen Auflagen) ergänzt worden und stellt eine Art Grundwortschatz dar. Im Kapitel „Syntax“ werden die wichtigsten Besonderheiten der mittelhochdeutschen Syntax behandelt (Gebrauch des Genitivs, Inkongruenzen, Negation, Ellipsen, die Konstruktion *Apokoinu* und der Gebrauch des Konjunktivs). Am Ende dieses Kapitels findet sich eine Liste mit den wichtigsten nebensatzeinleitenden Konjunktionen.

Den Abschluss bildet (nach wie vor) das Kapitel zur Metrik (Kap. VIII), das sonst in den gedruckten Einführungen in das Mittelhochdeutsche zumeist ausgespart wird. Auch dieses Kapitel ist gegenüber den vorherigen Auflagen beträchtlich erweitert worden. Hier werden die Grundbegriffe der Metrik erläutert und das metrische Schema des Höfischen Reimpaarverses am Beispiel der epischen Werke Hartmanns von Aue analysiert. Neu hinzugekommen sind die Abschnitte über die Strophenform des *Nibelungenliedes* sowie über die Metrik in der mhd. Lyrik (am Beispiel der Kanzonenstrophe).

Die vorliegende Einführung orientiert sich an einer Vielzahl von Einführungen und Grammatiken (siehe das Literaturverzeichnis im Anhang), stützt sich aber in erster Linie auf die konkreten Unterrichtserfahrungen im Fachbereich Mediävistik, die ich im Laufe meiner jahrelangen Lehrtätigkeit an der Ruprecht-Karls-Universität Heidelberg gesammelt habe. Auswahl und Inhalt der behandelten Themen entsprechen im Wesentlichen dem mediävistischen Grundwissen, das in der Lehrveranstaltung „Einführung in die Mediävistik“ allen Studierenden des Fachs Germanistik vermittelt wird. Die vorliegende Einführung ist also ganz pragmatisch auf die Bedürfnisse des Unterrichts zugeschnitten, kann aber ebenso im Selbststudium genutzt werden. Zur Überprüfung des Wissensstandes werden am Ende eines jeden Kapitels umfangreiche Übungsaufgaben gestellt. Im Anhang (Kap. IX) finden sich die entsprechenden Lösungsvorschläge sowie eine Musterübersetzung eines Textstücks aus dem *Armen Heinrich* Hartmanns von Aue. Die Übungsaufgaben und die Musterübersetzung haben das Ziel, die Studierenden möglichst optimal auf die Klausur, mit der die „Einführung in die Mediävistik“ in der Regel abgeschlossen wird, vorzubereiten.

Mein besonderer Dank gilt dem inzwischen leider verstorbenen Lektor des de Gruyter Verlags, Jacob Klingner, für seine zahlreichen Verbesserungsvorschläge und die intensive Betreuung dieser Neuauflage. Des Weiteren möchte ich nach wie vor Herrn Prof. F. P. Knapp danken, der wesentlich zum Entstehen der vorherigen Auflagen beigetragen hat. Auch meinen Kollegen am Germanistischen Seminar, die konstruktive Vorschläge für das Entstehen dieser Auflage gemacht haben, sei gedankt, ebenso allen Lesern für die zahlreichen positiven Rückmeldungen!

Abschließend möchte ich nochmals betonen, dass meine Zielsetzung nach wie vor primär eine didaktische ist, was notwendigerweise zur Simplifizierung komplexer linguistischer Befunde und Probleme zwingt.

Heidelberg, im Juni 2020 Thordis Hennings

Inhalt

I Sprachgeschichtliches Grundlagenwissen (Der Begriff „Mittel-hoch-deutsch“)

In diesem Kapitel wird (ausgehend von den einzelnen Bestandteilen des Begriffs „Mittel-hoch-deutsch“) ein kurzer Überblick über die Entwicklung der deutschen Sprache von ihren Anfängen im frühen Mittelalter bis zum Neuhochdeutschen, über die zeitliche und geographische Gliederung des deutschen Sprachgebietes und die sprachhistorische Einordnung des Deutschen gegeben. Am Ende des Kapitels finden sich Übungsaufgaben zum sprachgeschichtlichen Grundlagenwissen.

Mittel-	hoch-	deutsch
⇩	⇩	⇩
zeitliche Gliederung	geo-graphische Gliederung	sprach-historische Einordnung

Abb. 1: Der Begriff „Mittelhochdeutsch“.

1 Zeitliche Gliederung (Periodisierung)

Der erste Bestandteil des Begriffs „**Mittel**-hoch-deutsch“ impliziert bereits, dass das **Mittelhochdeutsche** zwischen zwei anderen sprachhistorischen Perioden einzuordnen ist: dem **Althochdeutschen** und dem **Frühneuhochdeutschen** (auf das wiederum das Neuhochdeutsche folgt). Diese Perioden der deutschen Sprachgeschichte werden im Weiteren mit Jahreszahlen versehen. Hierbei handelt es sich notwendigerweise um reine Datierungsvorschläge, denn derartige Periodisierungen basieren auf innersprachlichen und/oder außersprachlichen Kriterien, die mitunter ausgesprochen heterogen und somit nur schwer gegeneinander abzuwägen sind. Zudem können sprachliche Veränderungen niemals exakt und punktuell datiert werden, da es immer längere Übergangsphasen gibt. Hinzu kommt, dass sich Lautwandelerscheinungen in der Regel nicht gleichmäßig im gesamten (hoch-)deutschen Sprachgebiet vollzogen haben, sondern in den verschiedenen Dialektgebieten in zumeist unterschiedlicher Intensität. Somit sind generell Periodisierungsschemata (mit Angabe fixer Jahreszahlen) nur als abstrakte Hilfskonstruktionen zu verstehen, die in erster Linie einer groben Orientierung dienen sollen.[1]

1 In den Sprach- und Literaturgeschichten gibt es daher durchaus abweichende Periodisierungsschemata.

https://doi.org/10.1515/9783110464184-001

1.1 Althochdeutsch (750–900/1050)

Das Althochdeutsche[2] ist die älteste Sprachstufe des Deutschen. Eine kontinuierliche schriftliche Fixierung der deutschen Sprache setzte erst um die Mitte des 8. Jh.s ein. Davor gab es das sog. **vorliterarische Frühalthochdeutsche** oder **Voralthochdeutsche**, das vorwiegend in Runeninschriften überliefert ist.

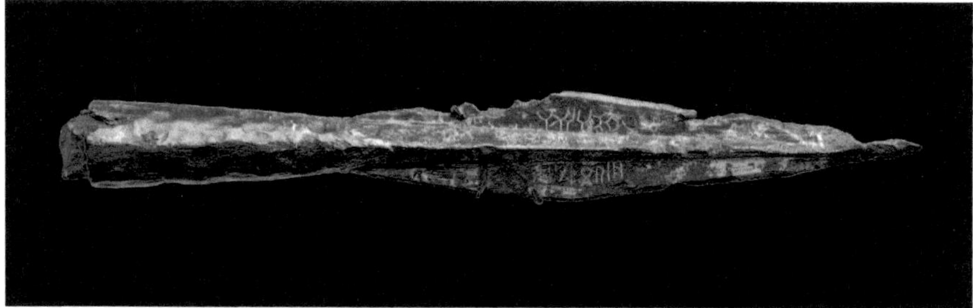

Abb. 2: Die Wurmlinger Lanzenspitze.

2 Das Althochdeutsche wird ausführlich in Kap. II.1 behandelt.

Ein bekanntes archäologisches Fundstück ist die **Wurmlinger Lanzenspitze**, die 1929 in einem Reihengrab in Wurmlingen (Landkreis Tuttlingen in Baden-Württemberg) ausgegraben wurde. Zu datieren ist sie wahrscheinlich in das letzte Drittel des 6. Jh.s. Auf einer Seite findet sich ein Personenname in Runenschrift :ᛞᛟᚱᛁᚺ (= *dorrih*). Diese Inschrift gilt als der älteste Beleg für die Durchführung der zweiten Lautverschiebung, durch die das Althochdeutsche entstanden ist (siehe hierzu Kap. IV.3.1.1).

Mit der allmählichen Verschriftlichung der deutschen Sprache wurde die bis dato alleinige Vorherrschaft des Lateinischen abgelöst. Aber bereits um das Jahr **900** wurde die schriftliche Überlieferung des Althochdeutschen für ca. anderthalb Jahrhunderte unterbrochen. Sie bricht zwar nicht komplett ab, da es auch aus der Zeit von 900–1050 einige (wenige) althochdeutsche Texte gibt (siehe vor allem die Werke Notkers III. von St. Gallen, Beiname Labeo oder Teutonicus, um das Jahr 1000), aber die aus diesem Zeitraum überlieferten Texte stellen gegenüber der kontinuierlichen lateinischen Schrifttradition eher eine Randerscheinung dar. Daher wird das Ende der ahd. Literatur in einigen Sprach- und Literaturgeschichten bereits um 900 angesetzt, in anderen hingegen erst um 1050.[3]

1.2 Mittelhochdeutsch (1050–1350)

Um 1050 beginnt das Mittelhochdeutsche. Der Übergang vom Alt- zum Mittelhochdeutschen ist vor allem durch ein phonologisches Kriterium deutlich markiert: die Abschwächung nahezu aller ahd. voller Nebensilbenvokale zum unbetonten Schwa-Laut mhd. [ə]. Das Mittelhochdeutsche umfasst rund drei Jahrhunderte (**1050–1350**) und kann untergliedert werden in:[4]
- das Frühmittelhochdeutsche: 1050–1170
- das klassische Mittelhochdeutsche: 1170–1220
- das Spätmittelhochdeutsche: 1220–1350

1.3 Frühneuhochdeutsch (1350–1650)

Um 1350 wird das Mittelhochdeutsche vom Frühneuhochdeutschen abgelöst.[5] Diese Sprachstufe unterscheidet sich vom Mittelhochdeutschen in erster Linie

3 Siehe z. B.: Paul, Hermann: Mittelhochdeutsche Grammatik, 25. Aufl. neu bearbeitet von T. Klein, H.-J. Solms, K.-P. Wegera und H.-P. Prell. Tübingen 2007.

4 Diese drei Phasen des Mittelhochdeutschen werden ausführlich im Kapitel zum literaturgeschichtlichen Grundlagenwissen (siehe Kap. II.2) behandelt.

5 In der älteren Forschung wurde das Ende der mittelhochdeutschen Periode erst um 1500 (mit Martin Luther) angesetzt und somit das Frühneuhochdeutsche als eigene Epoche gänzlich

durch zahlreiche Lautwandelerscheinungen im Konsonantismus und Vokalismus (siehe hierzu Kap. IV.6). Zur Verdeutlichung sei hier nur ein markantes Beispiel genannt: die Frühneuhochdeutsche Diphthongierung, durch welche die mhd. Langvokale /î/, /iu/ und /û/ regelhaft zu den Diphthongen nhd. /ei/, /eu/ und /au/ wurden (siehe den Merksatz mhd. *mîn niuwez hûs* > nhd. *mein neues Haus*).[6] Das Ende des Frühneuhochdeutschen und somit der Beginn des **Neuhochdeutschen** wird gemeinhin um 1650 angesetzt. Diese Datierung basiert jedoch weniger auf innersprachlichen als vielmehr auf außersprachlichen Kriterien: 1648 endete durch den „Westfälischen Frieden" der Dreißigjährige Krieg, und trotz der politischen und konfessionellen Zersplitterung der deutschen Gebiete entstand in dieser Zeit eine einheitliche deutsche Literatursprache mit überlandschaftlichem Charakter.[7]

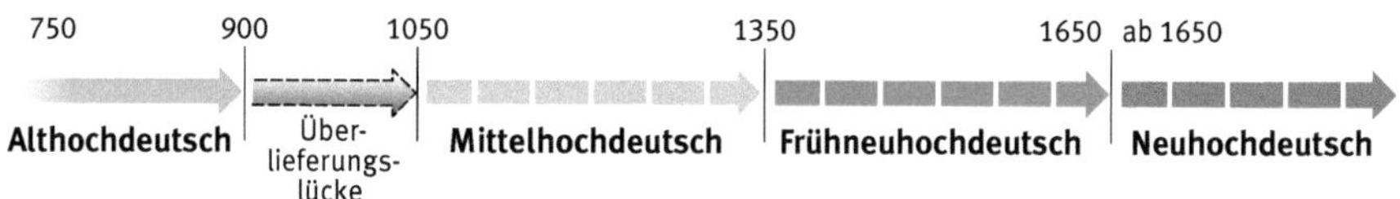

Abb. 3: Die vier Sprachstufen des Deutschen im Zeitstrahl.

2 Geographische Gliederung

Das „hoch" im Begriff „Mittel-**hoch**-deutsch" bezeichnet nicht etwa die Qualität des Hochdeutschen gegenüber dem Niederdeutschen im Sinne einer gehobenen Sprache der Oberschicht oder einer Schriftsprache, sondern ist rein geographisch zu verstehen. Das deutsche Sprachgebiet gliedert sich grob in das **Hoch-**

ausgeklammert. Dadurch ergibt sich eine Dreiteilung der deutschen Sprachgeschichte in: Althochdeutsch – Mittelhochdeutsch – Neuhochdeutsch. Diese geht zurück auf die Brüder Grimm. W. Scherer († 1886) gliederte hingegen die deutsche Sprache in vier Perioden: Althochdeutsch – Mittelhochdeutsch – Frühneuhochdeutsch – Neuhochdeutsch. In der heutigen Forschung wird sowohl die Drei- als auch die Viergliederung in zum Teil modifizierter Form verwendet. Diese Einführung folgt der Viergliederung.

6 Die frühneuhochdeutsche Diphthongierung breitete sich vom südbairischen Sprachgebiet nach Nordwesten aus. Der niederdeutsche und der südwestalemannische Raum wurden von diesem Lautwandel nicht erfasst.

7 Im 17. Jh. entstanden im deutschen Sprachgebiet Sprachgesellschaften mit dem Ziel, die nationale Sprache und Literatur zu pflegen. Die erste und bekannteste Sprachgesellschaft ist die Fruchtbringende Gesellschaft (gegründet 1617 in Weimar).

und das **Niederdeutsche** (das heutige Plattdeutsch).[8] Diese Zweiteilung ist das Ergebnis der **zweiten Lautverschiebung** (kurz: 2. LV), die im Süden des deutschen Sprachgebiets ihren Anfang nahm und von dort mit abnehmender Intensität nach Norden ausstrahlte, bis sie schließlich an der Grenze zum Niederdeutschen und Niederländischen vollends zum Erliegen kam.[9] Nach dem am Rhein gelegenen Ort Benrath wird diese Grenzlinie (Isoglosse) zwischen dem hoch- und dem niederdeutschen Sprachraum **„Benrather Linie"** genannt. Daneben existiert auch die Bezeichnung „*ma**k**en*/*ma**ch**en*-Linie", da nördlich dieser Grenze, also im niederdeutschen Sprachraum, das /k/ unverschoben erhalten blieb (siehe altsächsisch/altniederdeutsch *ma**k**ōn*),[10] während es im gesamten hochdeutschen Sprachgebiet (in intervokalischer Stellung) zu /hh/ verschoben wurde (ahd. *ma**hh**ōn* > mhd./nhd. *ma**ch**en*). Zur Zweiteilung des deutschen Sprachgebiets siehe auch die folgende Sprachkarte (Abb. 4).

Ausgehend von der nach Norden hin abnehmenden Intensität, mit der die von der 2. LV betroffenen Konsonanten verschoben wurden, lässt sich das Hochdeutsche wiederum untergliedern in: das **Oberdeutsche** im Süden und das **Mitteldeutsche** in der Mitte Deutschlands (zwischen dem Ober- und dem Niederdeutschen). Die Dialektgrenze zwischen diesen beiden hochdeutschen Mundarten wird nach dem Ort Speyer **„Speyerer Linie"** genannt. Daneben gibt es auch die Bezeichnung „*a**pp**el*/*a**pf**el*-Linie", da /pp/ im Oberdeutschen in allen Stellungen zu /pf/ verschoben wurde, während es im Mitteldeutschen (wie auch im Niederdeutschen) bewahrt blieb.

Die dialektale Gliederung des deutschen Sprachraums in mittelhochdeutscher Zeit im Überblick:

- Das **Oberdeutsche:** es umfasst das Alemannische, Bairische, Südrheinfränkische und Ostfränkische.
- Das **Mitteldeutsche:** es gliedert sich in das **West- und Ostmitteldeutsche:**[11]

---

8 Das Niederdeutsche lässt sich ebenfalls zeitlich gliedern in: das Altniederdeutsche (= Altsächsische) (ca. 800–1150/1200), das Mittelniederdeutsche (ca. 1200–1600) und das Plattdeutsche. Das Niederdeutsche wurde zwar durchaus als Schriftsprache (v. a. als Handelssprache) verwendet, konnte sich aber nicht gegenüber der hochdeutschen Schriftsprache behaupten.

9 Das Niederdeutsche und das Niederländische weisen daher weitgehend noch westgermanischen Konsonantenstand auf, siehe z. B. nd./nl. *wa**t**er*, ***t**iet*/***t**ijd*, ***d**ag*. Zur 2. LV siehe Kap. IV.3.1.1.

10 Das Altsächsische oder Altniederdeutsche ist die älteste Sprachstufe des Niederdeutschen (siehe auch Anm. 8). Zum Vergleich siehe auch andere westgermanische Sprachen wie z. B. das Englische (*to ma**k**e*) und das Niederländische (*ma**k**en*).

11 Die Dialektgrenze zwischen dem Ost- und dem Mitteldeutschen wird auch ***p**und*/***f**und*-Linie genannt.

Abb. 4: Die Benrather Linie.

- Zum Westmitteldeutschen gehören: Das Mittelfränkische (bestehend aus dem Ripuarischen um Köln und dem Moselfränkischen um Trier) und das Rheinfränkische. Die fächerartigen Grenzlinien zwischen diesen Mundartlandschaften bilden den sog. **Rheinischen Fächer**.
- Zum Ostmitteldeutschen gehören: Das Thüringische, sowie (nach der Ostkolonisation, v. a. im 12./13. Jh.) das Obersächsische und das Schlesische.

Angesichts der dialektalen Gliederung des deutschen Sprachraums wird deutlich, dass die Begriffe „Mittelhochdeutsch" und „Althochdeutsch" nicht im Sinne von überregionalen Einheitssprachen zu verstehen sind, sondern als **Sammelbegriffe** für alle Stammesdialekte, welche die zweite Lautverschiebung vollzogen haben (bzw. für die dialektal verschiedenen Schreibsprachen, die sich aus den genannten Stammessprachen ableiten lassen).

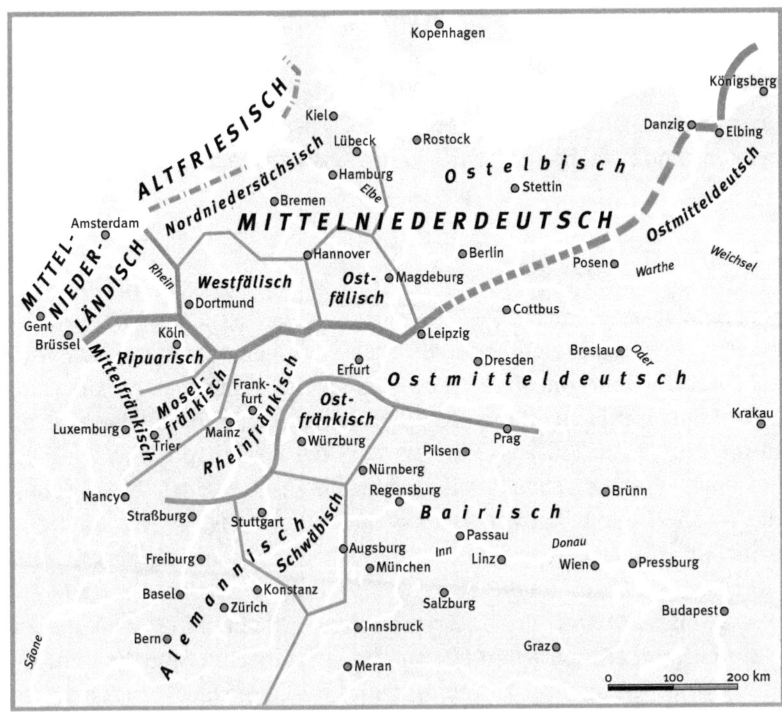

Abb. 5: Schriftdialekte in mittelhoch- und mittelniederdeutscher Zeit.

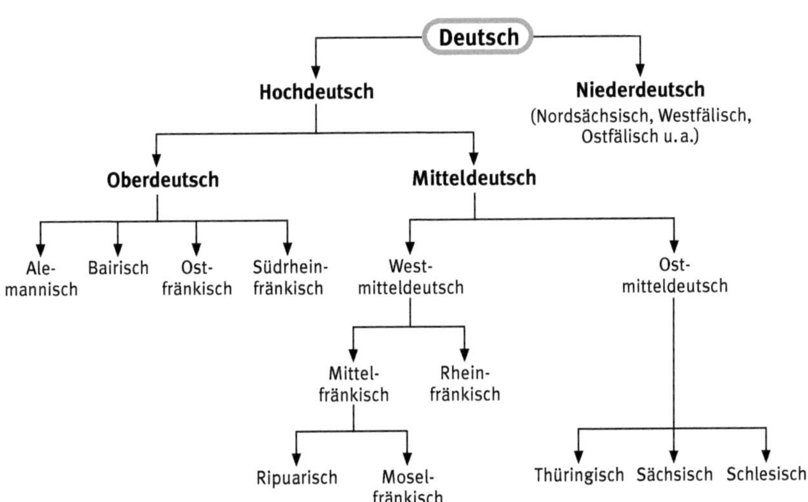

Abb. 6: Die zeitliche und geographische Gliederung des Deutschen.

3 Sprachhistorische Einordnung des Deutschen

Nun zu dem letzten Bestandteil des Begriffs „Mittel-hoch-**deutsch**". Das Deutsche[12] gehört zu den germanischen Sprachen.[13] Diese gehen wiederum auf eine riesige gemeinsame Sprachfamilie zurück, das **Indogermanische**.

3.1 Indogermanisch

Fast alle europäischen Sprachen weisen morphologische und lexikalische Gemeinsamkeiten sowohl untereinander als auch mit mehreren asiatischen Sprachen auf. Diese Gemeinsamkeiten weisen auf einen gemeinsamen Ursprung hin, das **Indogermanische** (kurz: Idg.). Vergleicht man beispielsweise die Verbform nhd. *ist* (3. Sg. Präsens Ind. von *sein*) mit der entsprechenden Form im Lateinischen, Französischen, Italienischen, Englischen oder Griechischen, lassen die Ähnlichkeiten (lat. *est*, frz. *est*, ital. *è*, engl. *is*, griech. *estí*) eine gemeinsame idg. Wurzel erkennen. Die entsprechende rekonstruierte idg. Verbform lautet **estí* (zu dem Zeichen * s. u.). Das Indogermanische ist mit insgesamt etwa **140 Sprachen** die meistverbreitete Sprachfamilie der Welt. Ihr gehören die meisten europäischen (sowie einige asiatische) Sprachen an. Die Bezeichnung „Indo-germanisch"[14] umfasst mit Indisch die (süd-)östlichste und mit Germanisch die (nord-)westlichste Sprache dieser riesigen Sprachfamilie. Zu den indogermanischen Sprachen bzw. Sprachgruppen zählen u. a. das Keltische, Germanische, Indische, Griechische, das Italische (von dem das Lateinische abstammt, aus dem wiederum die romanischen Sprachen entstanden sind),[15] die slawischen und die baltischen Sprachen.[16]

---

12 Der Begriff „deutsch" geht zurück auf mlat. *theodiscus* (der erste Beleg stammt aus dem Jahr 786) und bedeutete ursprünglich ‚zum Volk gehörig' bzw. ‚volkssprachig', ist also nicht mit der heutigen Bedeutung gleichzusetzen. Er erscheint im Spätalthochdeutschen (bei Notker um 1000) zum ersten Mal in seiner heutigen Bedeutung (ahd. *in diutiscun* ‚auf Deutsch').

13 Genauer gehört das Deutsche zu den westgermanischen Sprachen und weist daher viele Gemeinsamkeiten mit anderen westgermanischen Sprachen wie beispielsweise dem Englischen oder dem Niederländischen auf (vgl. z. B. engl. *water* – nld. *water* – dt. *Wasser*).

14 Der Begriff Indogermanisch wurde erst in den ersten Jahrzehnten des 19. Jh.s eingeführt. Daneben existiert auch die Bezeichnung **Indoeuropäisch**. Sie ist jedoch problematisch, da es einige europäische Sprachen gibt, die nicht dieser Sprachfamilie angehören. Hierzu zählen die finno-ugrischen Sprachen (Ungarisch, Finnisch, Lappisch und Estnisch), das Baskische und die Turksprachen (siehe vor allem das Türkische).

15 Die romanischen Sprachen haben sich aus dem umgangssprachlichen Vulgärlatein entwickelt.

16 Überdies gab es idg. Sprachen, die im Laufe der Sprachgeschichte ausgestorben sind. Hierzu zählt v. a. der anatolische Sprachzweig, zu dem u. a. das Hethitische, die älteste belegte

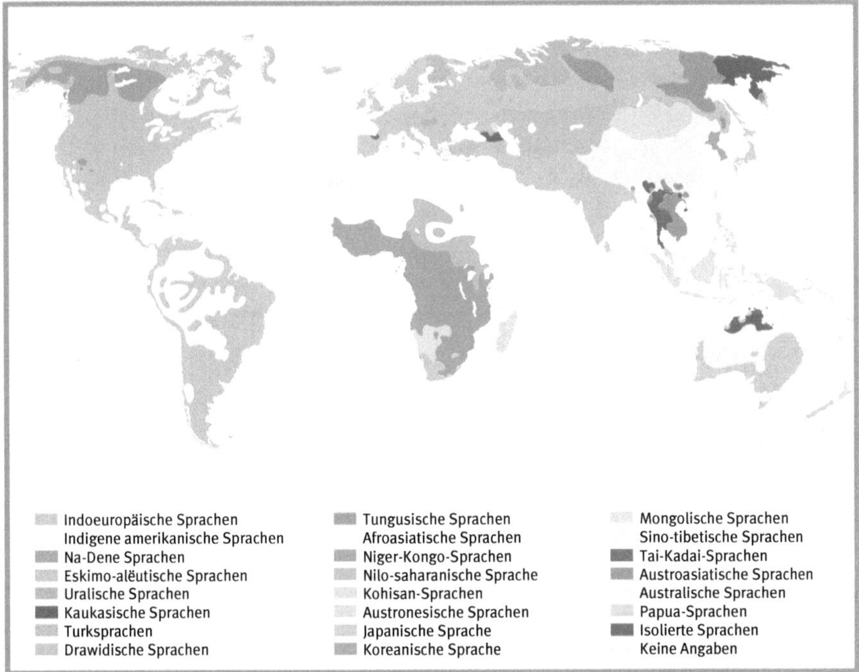

Abb. 7: Indogermanische Sprachen.

Die Anfänge einer idg. Ursprache dürften bis in das 4. Jahrtausend v. Chr. zurückreichen. Da aus dieser Zeit natürlich keine Sprachzeugnisse überliefert sind, handelt es sich bei dem Begriff „Indogermanisch“ lediglich um eine Hilfskonstruktion der vergleichenden Sprachwissenschaft, um einen (hypothetisch) rekonstruierten Archetypus. Daher müssen die erschlossenen idg. Formen immer mit einem Asterisk * (= nicht schriftlich belegt) versehen werden.[17]

3.2 Germanisch

Spätestens ab dem 3. Jahrtausend hat sich das Indogermanische in eine östliche und eine westliche Sprachgruppe aufgesplittet. Frühestens seit dem Ende des

indogermanische Sprache, gehört. Erhalten sind Reste von Tontafeln in babylonischer Keilschrift vermutlich aus der Mitte des 18. Jh.s v. Chr.

17 Für die ebenfalls nur erschlossenen Phoneme des Indogermanischen (bis zum Voralthochdeutschen) werden hingegen in dieser Einführung nur einfache Phonemstriche ohne Asterisk verwendet.

2. Jahrtausends v. Chr. hat sich dann wiederum das **Germanische** (Urgermanische) aus der westlichen Sprachgruppe ausgegliedert.[18] Hierbei handelt es sich um einen langwierigen Prozess, der erst frühestens um 500 v. Chr. abgeschlossen gewesen sein dürfte. Die sprachlichen Besonderheiten, die das (Ur-)Germanische von allen anderen indogermanischen Sprachen unterscheidet, sind in erster Linie auf die durch die **erste Lautverschiebung** (kurz: 1. LV) bewirkten systematischen Veränderungen im Konsonantismus zurückzuführen. Daher wird die 1. LV auch als „germanische" Lautverschiebung bezeichnet.[19]

Bereits vor dem 2. Jh. n. Chr. (also noch vor dem Beginn der eigentlichen Völkerwanderung)[20] begannen die Goten in Richtung Süden zu wandern. Dies führte zu einer Ausgliederung des Gotischen, das zu den **ostgermanischen** Sprachen gehört, aus dem urgermanischen Sprachenverbund. Nach der Ausgliederung des Gotischen dürften die **nord- und westgermanischen** Sprachen für eine gewisse Zeit eine Sprachgemeinschaft gebildet haben, das **Nordwestgermanische**.

3.2.1 Ostgermanisch

Neben dem **Gotischen** gehören auch das Burgundische und das Wandalische zu den ostgermanischen Sprachen. Gotisch ist die älteste (literarisch) überlieferte germanische Sprache überhaupt. Erhalten ist (neben wenigen Runeninschriften) die Bibelübersetzung eines Westgotenbischofs namens Wulfila (311–383 n. Chr.).[21] Von dieser sog. **Wulfila-Bibel** sind mehrere Abschriften aus dem 6.–8. Jh. erhalten. Am bekanntesten ist der *Codex argenteus*[22] (er liegt heute in Uppsala, Schweden). Die anderen ostgermanischen Sprachen sind gar nicht oder nur in geringen Spuren schriftlich bezeugt. Alle ostgermanischen Sprachen sind untergegangen: das Burgundische im 5. Jh., das Wandalische im 6. Jh. und das Gotische im 6. Jh. (Ostgotisch) bzw. im 7. Jh. (Westgotisch).

---

18 Da das Urgermanische gar nicht schriftlich bezeugt ist, und die späteren germanischen Einzelsprachen nur vereinzelt, werden auch die germanischen Formen in der Regel mit einem Asterisk versehen.

19 Zur ersten Lautverschiebung siehe Kap. IV.1.1.1.

20 Der Beginn der Völkerwanderung wird gemeinhin mit dem Einfall der Hunnen (um 376 n. Chr.) angesetzt.

21 Von der sog. Wulfila-Bibel sind ca. die Hälfte des Neuen Testaments und ein kleiner Teil aus dem Alten Testament erhalten.

22 Der *Codex argenteus* ist eine Prachthandschrift mit silbernen Lettern auf purpurfarbenem Pergament.

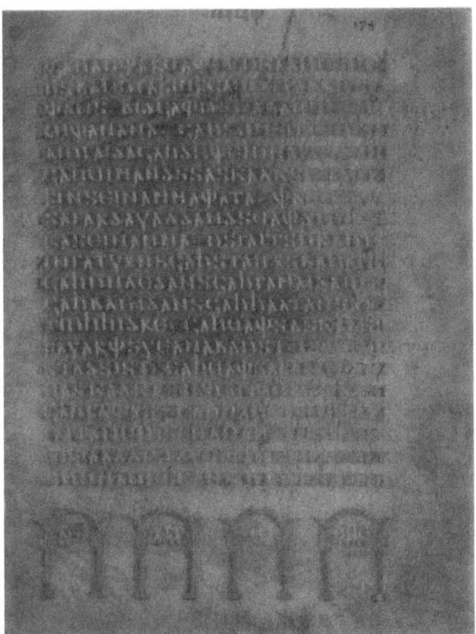

Abb. 8: Eine Seite aus der sog. Wulfila-Bibel, dem *Codex Argenteus* (UB Uppsala, DG 1, fol. 174^{r}: Mk 3,27–32).

3.2.2 Nordgermanisch

Aus dem Nordgermanischen hat sich nach der Phase des Urnordischen ab etwa dem 5./6. Jh. das **Altnordische** entwickelt, das sich später wiederum aufgespaltet hat in die ostnordischen Sprachen (Dänisch und Schwedisch) und die westnordischen Sprachen (Norwegisch und Isländisch). Die wichtigsten Literaturdenkmäler in altisländischer (= altnordischer) Sprache sind die *Edda* (eine Sammlung von Helden- und Götterliedern), die Skaldendichtungen und die Sagas. Sie sind ab ca. 700 entstanden, wurden aber erst frühestens mit dem Einsetzen der Christianisierung verschriftlicht.[23] Die *Edda* wurde sogar erst um 1270 im *Codex Regius* aufgezeichnet (er liegt heute in Reykjavik).

23 In Island erfolgte die Christianisierung erst sehr spät (um ca. 1000). Auch danach wurden noch heidnische Inhalte aufgezeichnet.

3.2.3 Westgermanisch

Das Westgermanische ist eine hypothetische Vorstufe, aus der später das **Althochdeutsche,** das **Altsächsische** (= Altniederdeutsche),[24] das **Altenglische,**[25] das **Altfriesische** und das **Altniederfränkische** (= Altniederländische) hervorgegangen sind. Heutige westgermanische Sprachen sind das Deutsche, das Englische, das Friesische, das Niederländische sowie Jiddisch und Afrikaans.[26]

3.3 Althochdeutsch

Spätestens Mitte des 6. Jh.s n. Chr. setzte im Süden des deutschen Sprachgebiets die **zweite Lautverschiebung** (2. LV) ein.[27] Da sich durch sie das Hochdeutsche aus dem Verbund der anderen westgermanischen Sprachen ausgliederte, wird sie auch „hochdeutsche" oder „althochdeutsche" Lautverschiebung genannt. Das Althochdeutsche ist die älteste Sprachstufe des Deutschen.

Abschließend ein Überblick über die sprachliche Verwandtschaft des Deutschen vom Indogermanischen bis zum Althochdeutschen:

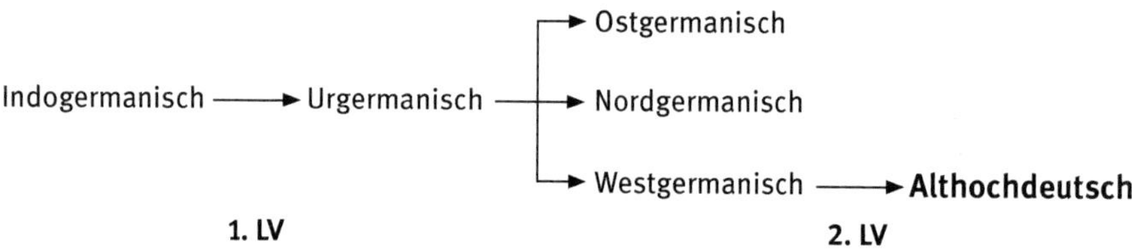

Abb. 9: Überblick über die sprachliche Verwandtschaft des Deutschen vom Indogermanischen bis zum Althochdeutschen.

---

24 Die bedeutendsten literarischen Zeugnisse in altsächsischer Sprache sind zwei Bibeldichtungen, die *Genesis* und der *Heliand*.

25 Die schriftliche Überlieferung des Altenglischen beginnt in der 2. Hälfte des 7. Jh.s. Das bedeutendste literarische Werk in altengl. Sprache ist der *Beowulf*, ein Heldenepos von rund 3200 Stabreimversen. Die Entstehungszeit ist umstritten (1. Hälfte 8. Jh.?).

26 Das Jiddische beruht zu einem großen Teil auf mittelhochdeutschen Dialekten sowie (zu einem kleineren Teil) auf hebräisch-aramäischen, slawischen und romanischen Sprachelementen.

27 Zur zweiten Lautverschiebung siehe Kap. IV.3.1.1.

4 Übungsaufgaben

1) Welche Lautwandelerscheinung hat zur Ausgliederung des Hochdeutschen aus dem Verbund der westgermanischen Sprachen geführt?
2) Was versteht man unter dem „Nordwestgermanischen"?
3) Wie erklärt sich sich die gleichlautende Wurzelsilbe in frz. *soleil*, ital. *sole* und dt. *Sonne*?
4) Was ist die älteste Sprachstufe des Deutschen?
5) Woraus ist das Germanische entstanden?
6) Was versteht man unter der „*appel-apfel*-Linie"?
7) Nennen Sie fünf indogermanische Sprachen bzw. Sprachgruppen.
8) Geben Sie eine Erklärung dafür, warum das Althochdeutsche in einigen Einführungen, historischen Grammatiken oder Literaturgeschichten mit 900, in anderen hingegen erst mit 1050 endet.
9) Untergliedern Sie das Mittelhochdeutsche in zeitliche Phasen.
10) Nennen Sie drei westgermanische Sprachen.
11) Nennen Sie ein außersprachliches Kriterium für das Ende des Frühneuhochdeutschen um 1650.
12) Skizzieren Sie kurz den geographischen Verlauf der zweiten Lautverschiebung.
13) Wieso ist die Bezeichnung „Indogermanisch" gegenüber „Indoeuropäisch" zu bevorzugen?

Die Lösungen zu den Übungsaufgaben finden sich in Kap. IX.

5 Literaturhinweise zum sprachgeschichtlichen Grundlagenwissen

Zum Abschluss des Kapitels „Sprachgeschichtliches Grundlagenwissen" sei noch auf einige grundlegende Werke verwiesen, mit deren Hilfe das in dieser Einführung erworbene Wissen vertieft werden kann.[28]

- **Besch**, Werner; **Betten**, Anne; **Reichmann**, Oskar; **Sonderegger,** Stefan (Hrsg.): Sprachgeschichte. Ein Handbuch zur Geschichte der deutschen Sprache und ihrer Erforschung. 4 Teilbände. Berlin/New York ^{2}1998–2004.
- **Braune,** Wilhelm: Althochdeutsche Grammatik. Niemeyer, Tübingen 2004.

28 Die Liste ist als eine Art Basisbibliographie zu verstehen (berücksichtigt werden nur wenige, ausgewählte Werke).

- **Hartweg,** Frédéric; **Wegera,** Klaus-Peter: Frühneuhochdeutsch. Eine Einführung in die deutsche Sprache des Spätmittelalters und der frühen Neuzeit. Tübingen ²2005.
- **König,** Werner: dtv-Atlas deutsche Sprache. 18., durchgesehene u. korrigierte Auflage. München 2015.
- **Paul,** Hermann: Mittelhochdeutsche Grammatik. 25. Aufl. neu bearbeitet von Thomas Klein, Hans-Joachim Solms und Klaus-Peter Wegera. Tübingen 2007.
- **Polenz, von,** Peter: Geschichte der deutschen Sprache. 10., völlig neu bearbeitete Auflage von Norbert Richard Wolf. Berlin/New York 2009.
- **Riecke,** Jörg: Geschichte der deutschen Sprache. Eine Einführung. Stuttgart 2016.
- **Schmid,** Hans Ulrich: Einführung in die deutsche Sprachgeschichte. 2., aktualisierte Auflage. Stuttgart/Weimar 2013.
- **Schmidt,** Wilhelm: Geschichte der deutschen Sprache. Ein Lehrbuch für das germanistische Studium. 11., verbesserte und erweiterte Auflage, erarbeitet unter der Leitung von Elisabeth Berner, Helmut Langner und Norbert Richard Wolf. Stuttgart 2013.
- **Sonderegger**, Stefan: Althochdeutsche Sprache und Literatur: Eine Einführung in das älteste Deutsch. Darstellung und Grammatik. Berlin [u. a.] 1987.

II Literaturgeschichtliches Grundlagenwissen

Auf den Überblick über das sprachhistorische Grundlagenwissen folgt nun ein kurzer Einblick in die Literatur- und Kulturgeschichte des Alt- und Mittelhochdeutschen (bis etwa 1350).[29] Behandelt werden insbesondere:

1) Die Entstehungsbedingungen von volkssprachlicher Literatur, deren Produzenten und Rezipienten sowie die handschriftliche Überlieferung der Texte.
2) Die wichtigsten Textgattungen, Werke und (sofern namentlich bekannt) deren Verfasser.

Hierbei kommt es mitunter zu thematischen Überschneidungen. Das erworbene literaturgeschichtliche Grundlagenwissen kann anhand von Übungsaufgaben am Ende dieses Kapitels überprüft werden.

1 Althochdeutsch

1.1 Entstehungsbedingungen, Produzenten/Rezipienten, Überlieferung

Gegen Ende des 8. Jh.s waren die Voraussetzungen für das Entstehen literarischer Texte in althochdeutscher Sprache und deren Verschriftlichung geschaffen. Die ahd. Literatur[30] ist zum überwiegenden Teil Übersetzungsliteratur. Am Anfang stehen einzelne ahd. Übersetzungen bzw. Erklärungen lateinischer Wörter oder Textstellen [= (Griffel-)**Glossen**]. Sie wurden entweder direkt in den lateinischen Text, an den Rand oder zwischen den Zeilen eingefügt. Dementsprechend unterscheidet man Kontextglossen, Marginalglossen und Interlinearglossen. Es folgten umfangreichere Wörterbücher (**Glossare**). Das älteste erhaltene Buch in deutscher Sprache ist der sog. ***Abrogans***, ein in Freising entstandenes (alphabetisch geordnetes) lateinisch-althochdeutsches Synonymenwörterbuch, dessen Entstehungszeit um 765 (oder 785) datiert wird.[31] Benannt wurde es von der germanisti-

29 Für das literatur- und kulturgeschichtliche Grundlagenwissen über das Frühneuhochdeutsche sei auf entsprechende Literaturgeschichten verwiesen.

30 Für die Zeit des Althochdeutschen ist der Literaturbegriff zumeist so weit gefasst, dass selbst Glossen und Glossare darunter fallen.

31 Der *Abrogans* war ursprünglich ein rein lateinisch-lateinisches Synonymenwörterbuch, in dem seltene Ausdrücke vor allem des biblischen Lateins durch gängigere vulgärlateinische Wörter erläutert wurden. In der 2. Hälfte des 8. Jh.s wurde es dann ins Deutsche übersetzt. Dabei wurden sowohl für das lateinische Stichwort als auch für dessen vulgärlateinische Wiedergabe die ahd. Entsprechungen angegeben.

https://doi.org/10.1515/9783110464184-002

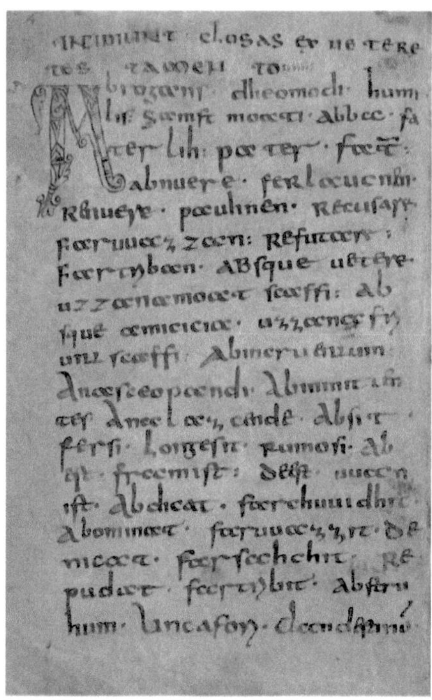

Abb. 10: Eine Seite aus dem sog. *Abrogans* (Cod. Sang. 911, p. 4).

schen Forschung nach seinem ersten Eintrag, lat. *abrogans* (= ahd. *dheomodi* ‚bescheiden, demütig').

In ahd. Zeit wurden Texte ausschließlich in den Schreibstuben (Skriptorien) der **Klöster** (für eine geistliche und weltliche Rezipientenschicht) verfasst und aufgeschrieben. Denn nur Angehörige des geistlichen Standes (Kleriker) gehörten zu den ***litterati***,[32] den Lese- und Schreibkundigen. Die Angehörigen des weltlichen Standes (Laien) waren hingegen zu dieser (wie auch noch überwiegend in mittelhochdeutscher) Zeit Analphabeten, also ***illitterati***.[33] Dies gilt selbst für den höchsten Adel, also auch für Kaiser und Könige.[34] Bekannte

32 Singular = *litteratus* (< lat. *littera* ‚Buchstabe'). Ein *litteratus* ist also jemand, der die Buchstaben kennt.

33 Die mhd. Entsprechungen für die Begriffe *litterati* und *illitterati* sind: *pfaffen unde leien.*

34 So war z. B. auch Friedrich I. (Barbarossa) ein Illitterat. Seine Kinder (Heinrich VI. und Philipp von Schwaben) haben hingegen Schulbildung genossen. Wenngleich die Quellenlage schlecht ist und es immer wieder Ausnahmen gegeben hat, bestand doch der deutsche Adel bis Ende des 13. Jh.s überwiegend aus *illitterati*. In England und Frankreich reichen die Anfänge

Skriptorien gab es vor allem in den Klöstern bzw. Bischofssitzen Freising, St. Emmeran, Tegernsee, Mondsee, St. Gallen, Reichenau, Weißenburg, Bamberg, Köln, Lorsch und Fulda.[35] Eine wichtige Rolle für die ahd. Literatur und Sprache spielte **Karl der Große** (768–814). Obschon selbst Illitterat, förderte er die Übersetzung christlich-religiöser Texte ins Deutsche.[36] In der ***Admonitio Generalis*** (‚Allgemeine Ermahnung') aus dem Jahr 789 bestimmte unter anderem, dass Predigten in der Volkssprache zu halten seien. Jeder Laie sollte zumindest die elementaren Texte des christlichen Glaubens in der Volkssprache lernen (und somit auch verstehen können!). In der merowingischen Zeit[37] war das Schulwesen zum Erliegen gekommen, ein Großteil der christlichen Literatur in Vergessenheit geraten und das klassische Latein zunehmend „verwildert" (sog. Vulgärlatein).[38] Unter Karl dem Großen wurde nicht nur die Volkssprache gefördert, sondern auch die (vulgär-)lateinische Sprache nach dem Vorbild des klassischen Lateins reformiert. An seinem Hof versammelte er die bedeutendsten Gelehrten seiner Zeit (unter ihnen Alkuin von York, der Karls wichtigster Berater wurde). Die königliche Hofkapelle (*capella regis*) entwickelte sich zu einem literarischen Zentrum (für lateinische, aber auch für deutsche Texte). Der kulturelle Aufschwung zur Zeit Karls des Großen wird als **Karolingische Bildungsreform** (oder: Karolingische Renaissance) bezeichnet. Nach dem Aussterben der Karolinger (751–911) wurde die althochdeutsche Schrifttradition neben der kontinuierlichen lateinischen eher zu einem Randphänomen.

Die Verschriftlichung ahd. Texte erfolgte in der Regel im Kontext der lateinischen Literarizität. Während die ahd. **Glossen** sehr zahlreich überliefert sind (in über 1000 Handschriften!), ist die Anzahl der erhaltenen (im engeren Sinne literarischen) Texte deutlich geringer.[39] Selbst religiöse Texte (insbesondere die-

---

literarisch gebildeter Herrscher hingegen bis ins 10. Jh. zurück. Seit Heinrich II. († 1189) hat kein ungebildeter König mehr den englischen Thron bestiegen.

35 Die in den Klöstern verwendeten Schreibsprachen waren allerdings nicht immer identisch mit der Mundart ihrer Umgebung. So ist z. B. der im Kloster Fulda enstandene *Althochdeutsche Tatian* nicht in rheinfränkischer, sondern in ostfränkischer Mundart verfasst worden.

36 Daneben bezeugt Karls Biograph Einhard in der *Vita Karoli Magni*, dass auf Karls Befehl auch Heldenlieder in deutscher Sprache aufgezeichnet worden seien. Erhalten ist jedoch keines dieser Lieder.

37 Die Merowinger (frühes 5. Jh. bis 751) waren das älteste Königsgeschlecht der Franken.

38 Das klassische Latein, die Sprache der Kirche, wurde selbst von einem großen Teil der Kleriker nicht mehr verstanden. Sogar Priester verfügten in dieser Zeit nicht immer über ausreichende Lateinkenntnisse, um ein korrektes Vaterunser beten zu können.

39 Zu Entstehungszeit, Umfang und Inhalt ausgewählter althochdeutscher Texte siehe Kap. II.1.2.

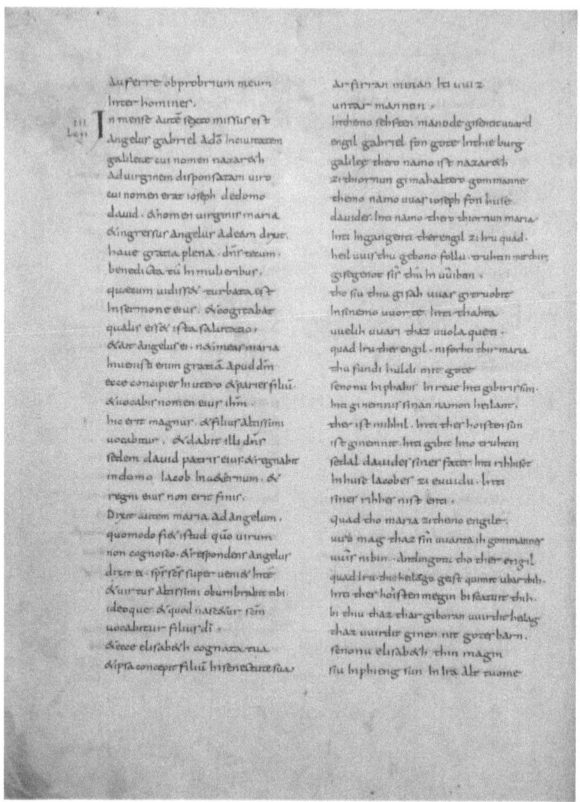

Abb. 11: Eine Seite aus dem *Althochdeutschen Tatian* (Cod. Sang. 56, p. 28).

jenigen größeren Umfangs) sind oftmals nur fragmentarisch und in nur einer einzigen Handschrift erhalten, zumeist im Verbund mit lateinischen Texten (siehe z. B. das *Wessobrunner Gebet*, das *Petruslied*, das *Georgslied*, die *Murbacher Hymnen* und das *Muspilli*). Auch der ***Althochdeutsche Tatian***, eine Übersetzung der Evangelienharmonie, ist nur in einer einzigen (lat.-ahd.) Handschrift überliefert, dem Codex Sangallensis 56 (Sigle G). Dieser befindet sich seit dem 10. Jh. in der Stiftsbibliothek des Klosters St. Gallen. Der Text ist zweispaltig, links steht der lateinische Text, rechts die ahd. Übersetzung in der gleichen Zeilen- und Wortfolge (Bilingue).

Der Abdruck des ***Althochdeutschen Tatian*** im Althochdeutschen Lesebuch von W. Braune/E. Ebbinghaus gibt die handschriftliche Überlieferung (Bilingue) möglichst getreu wieder (abgedruckt wird jedoch nicht der gesamte Text, sondern nur Auszüge).

48 XX. Aus Tatian.

thār gifultu uuerdent in iro zīti'. Inti uuas thaz folc beitōnti Zachariam, inti vvuntorōtun thaz her lazzēta in templo. Her ūzgangenti ni mohta sprehhan zi in, inti forstuontun thaz her gisiht gisah in templo, her thaz bouhnenti in thuruhuuonēta stum. Inti gifulte uurdun thō taga sines ambahtes, gieng in sīn hūs; after thēn tagon intfieng Elisabeth sīn quena inti tougilta sih fimf mānōda quedenti: 'uuanta sus teta mir trohtīn in tagon, in thēn her giscouuuōta arfirran mīnan itiuuīz untar mannon'

suo. 21. Et erat plebs expectans Zachariam, et mirabantur quod tardaret ipse in templo. 22. Egressus autem non poterat loqui ad illos, et cognoverunt quod visionem vidisset in templo. Et ipse erat innuens illis et permansit mutus. 23. Et factum est ut inpleti sunt dies officii eius, abiit in domum suam. 24. Post hos autem dies concepit Elisabeth uxor eius et occultabat se mensibus ·V· dicens: 25. quia sic mihi fecit dominus in diebus, quibus respexit auferre obprobrium meum inter homines.

4. III. Luc. 1, 26–56.

3. In themo sehsten mānude gisentit uuard engil Gabriel fon gote in thie burg Galileę, thero namo ist Nazareth, zi thiornūn gimahaltero gommanne, themo namo uuas Ioseph, fon hūse Davides, inti namo thero thiornūn Maria. Inti ingangenti thie engil zi iru quad: 'heil uuis thū gebōno follu! truhtīn mit thir, gisegenōt sīs thū in uuībun'. Thō siu thiu gisah, uuas gitruobit in sīnemo uuorte inti thāhta, uuelīh uuāri thaz uuolaqueti. Quad iru ther engil: 'ni forhti thir, Maria, thū fundi huldī mit gote; sēnonū inphāhis in reve inti gibiris sun inti ginemnis sīnan namon Heilant. Ther ist mihhil inti thes hōisten sun ist ginemnit, inti gibit imo truhtīn sedal Davides sīnes fater, inti rīhhisōt in hūse Iacobes zi ēuuidu, inti sīnes rīhhes nist enti'. Quad thō Maria zi themo engile: 'vvuo mag thaz sīn? uuanta ih gommannes uuīs ni bim'. Antlingōta thō ther engil, quad iru: 'thie heilago geist quimit ubar thih, inti thes hōhisten megin biscatuit thih, bithiu thaz thār giboran uuirdit heilag, thaz uuirdit ginemnit gotes barn.

In mense autem sexto missus est angelus Gabriel a deo in civitatem Galileae, cui nomen Nazareth, 27. ad virginem disposatam viro, cui nomen erat Ioseph, de domo David, et nomen virginis Maria. 28. Et ingressus angelus ad eam dixit: have gratia plena! dominus tecum, benedicta tu in mulieribus. 29. Quae cum vidisset, turbata est in sermone eius et cogitabat, qualis esset ista salutatio. 30. Et ait angelus ei: ne timeas, Maria, invenisti enim gratiam apud deum; 31. ecce concipies in utero et paries filium et vocabis nomen eius Ihesum. 32. Hic erit magnus et filius altissimi vocabitur, et dabit illi dominus sedem David patris eius, et regnabit in domo Iacob in aeternum, 33. et regni eius non erit finis. 34. Dixit autem Maria ad angelum: quomodo fiet istud? quoniam virum non cognosco. 35. Et respondens angelus dixit ei: spiritus sanctus superveniet in te, et virtus altissimi obumbrabit tibi, ideoque et quod nascetur sanctum vocabitur filius dei. 36. Et ecce Elisabeth cognata tua et ipsa concepit filium in senectute sua,

Zu XX, 3] 63: fimf *Zu* 4] 1: manodo 8 thie]: ther 10: uuibon 24: bin 29: ginennit

Abb. 12: Eine Seite aus dem *Althochdeutschen Tatian* (Braune/Ebbinghaus: Althochdeutsches Lesebuch, 17. Aufl.).

Die Mehrzahl der erhaltenen Handschriften stammt aus dem 9. und 10. Jh. Ein überlieferungsgeschichtlicher Glücksfall ist das ***Evangelienbuch*** Otfrids von Weißenburg. Denn die älteste der vier erhaltenen Handschriften, die Wiener Handschrift V (Wien, österreichische Nationalbibliothek, cod. 2687, letztes Drittel des 9. Jh.s), enthält Passagen und Korrekturen, die eigenhändig von Otfrid stammen dürften (eine solch eigenhändige Niederschrift eines Verfassers wird **Autograph** genannt).

Die volkssprachliche **weltliche Dichtung** ist noch seltener überliefert. Die Texte sind nur in absoluten Ausnahmefällen überhaupt aufs Pergament gelangt. Die weltliche Dichtung ist auch in einem ganz anderen Kontext entstanden. Sie wurde rein mündlich konzipiert und (oftmals über Jahrhunderte) auch ausschließlich mündlich tradiert. Das ***Hildebrandslied*** ist nur einer einzigen frühmittelalterlichen Handschrift, dem Codex Casselanus (Kassel, Universitäts-

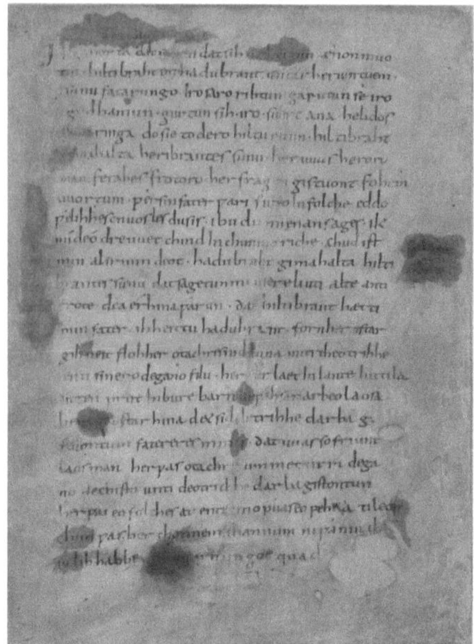

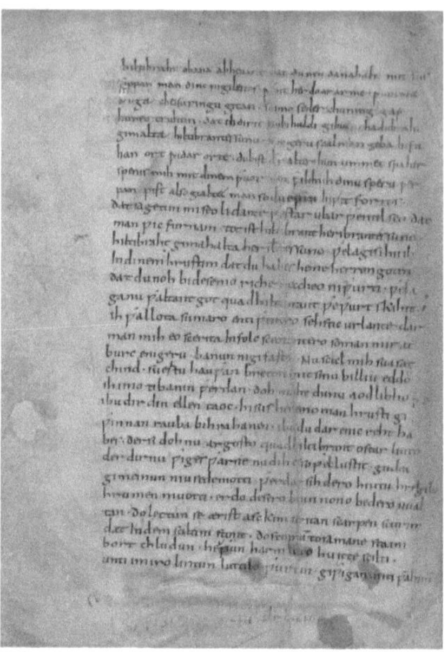

Abb. 13: *Hildebrandslied* (Kassel, UB, 2° Ms. theol. 54, fol. 1ʳ und fol. 76ᵛ).

bibliothek, Signatur 2° ms. theol. 54), überliefert. Diese Handschrift ist ca. im 3. Jahrzehnt des 9. Jh.s im Kloster Fulda entstanden und enthält (mit Ausnahme des *Hildebrandsliedes*) ausschließlich biblische Texte in lateinischer Sprache. Das *Hildebrandslied* wurde auf der ursprünglich leer gebliebenen Vorder- und Rückseite (fol. 1ʳ und fol. 76ᵛ)[40] von zwei unbekannten Schreibern eingetragen.

Auch die ***Merseburger Zaubersprüche*** sind nur in einer einzigen Handschrift (Bibliothek des Domkapitels zu Merseburg, cod. 136) zusammen mit lateinischen religiösen Texten überliefert. Die insgesamt 12 ahd. Zeilen wurden im 1. oder 2. Drittel des 10. Jh.s zu Beginn von fol. 85ʳ eingetragen, gefolgt von sechs Zeilen eines lateinischen Textes. Abgesehen von den beiden *Merseburger Zaubersprüchen* sind in der Handschrift noch zwei weitere ahd. Texte enthalten, das sog. *Fränkische Taufgelöbnis* (fol. 16ʳ) und das *Merseburger Gebetsbruchstück* (fol. 16ʳ).

40 Die übliche Bezeichnung für ein Pergamentblatt in einem Codex lautet Folium (< lat. *folium* ‚Blatt'; *folio* ist der Ablativ zu *folium;* abgekürzt: fol. oder f.). Bis ins 16. Jh. hinein wurden die Handschriften foliiert (nicht paginiert). Es wurden also die Blätter gezählt, nicht die Seiten. Fol. 1ʳ = Vorderseite des 1. Pergamentblattes; fol. 76ᵛ = Rückseite des 76. Pergamentblattes.

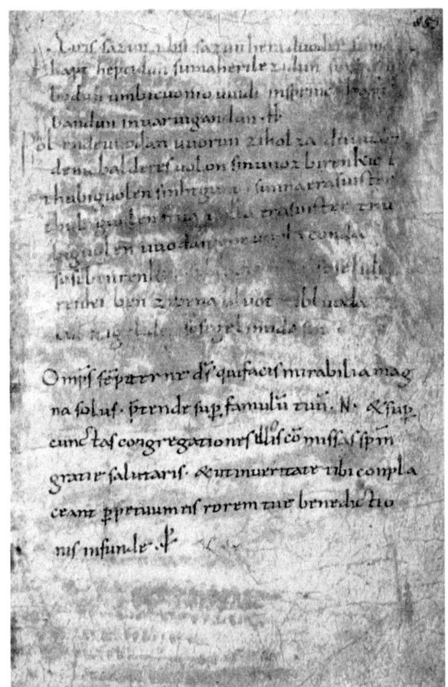

Abb. 14: *Merseburger Zaubersprüche* (Bibliothek des Domkapitels zu Merseburg, Cod. 136, fol. 85r).

1.2 Textgattungen/Werke/Verfasser

Da die Literaturproduktion in ahd. Zeit in den Händen der Kirche lag, entstanden hauptsächlich **religiöse Texte**. In der Regel schrieben die Kleriker zwar nach wie vor auf Latein, das neben Griechisch und Hebräisch als heilige Sprache (*lingua sacra*) galt, übersetzten aber auch zunehmend religiöse Texte in die Volkssprache, die so im Laufe der Zeit immer mehr an Bedeutung gewann. Die Werke wurden sowohl in Prosa als auch in Versen verfasst. Der anfänglich aus der germanischen Dichtung übernommene Stabreimvers wurde seit Otfrid von Weißenburg (2. Hälfte 9. Jh.) vom Endreimvers abgelöst.

Die Verfasser sind in der Regel namentlich nicht bekannt (Otfrid von Weißenburg und Notker III. von St. Gallen[41] sind absolute Ausnahmen).

Zu den wichtigsten **geistlichen Werken** (vom Ende des 8. bis Ende des 9. Jh.s) zählen:

---

41 Siehe Kap. I.1.1.

- Der ***Althochdeutsche Tatian***: Eine Übersetzung der lateinischen Fassung der Evangelienharmonie des Syrers Tatian(os), die um 830 im Kloster Fulda (unter der Leitung des berühmten Abts Hrabanus Maurus) von einem unbekannten Verfasser angefertigt wurde.[42] Es handelt sich um eine zweispaltig angelegte noch sehr eng an den lateinischen Text angelehnte Übersetzung in ostfränkischer Mundart.
- Das ***Evangelienbuch*** (*liber evangeliorum*) Otfrids von Weißenburg; entstanden zwischen 863 und 871 im Kloster Weißenburg (Elsass): Mit über 7000 Langzeilen ist es das umfangreichste dichterische Werk in ahd. Zeit und zugleich die **erste Endreimdichtung** in deutscher Sprache!
- Das ***Muspilli*** (um 870): ein Fragment von 105 stabreimenden Versen, das vom Ende der Welt (Weltenbrand) und dem Schicksal der einzelnen Seele nach dem Tod erzählt.[43]
- Zahlreiche Übersetzungen **religiöser Gebrauchstexte** (das Vaterunser, Gebete, Taufgelöbnisse, Psalmen, Tauf-, Beicht-, und Gebetsformeln, u. a.). Die bekanntesten sind: das *Wessobrunner Gebet/Schöpfungsgedicht* (um 790), das *St. Galler Paternoster* (ca. Ende 8. Jh.), der *Weißenburger Katechismus* (Ende 8. Jh./Anf. 9. Jh.), die *Althochdeutsche Benediktinerregel* (Anf. 9. Jh.) und die *Murbacher Hymnen* (1. Viertel 9. Jh.).
- Der sog. ***Althochdeutsche Isidor***, eine von einem unbekannten Verfasser stammende Übersetzung lateinischer Schriften des Isidor von Sevilla ins Althochdeutsche. Sie ist gegen Ende des 8. Jh.s möglicherweise am Hof Karls des Großen entstanden.
- **Heiligenlieder** wie z. B. das *Petruslied* und das *Georgslied* (beide Ende 9. Jh.).

Von den weltlichen volkssprachlichen Texten sind nur ganz wenige schriftliche Zeugnisse erhalten.[44] Abgesehen vom ***Hildebrandslied*** und den beiden ***Merseburger Zaubersprüchen*** sind das ***Ludwigslied*** aus dem Jahr 881/882, ein Preislied auf Ludwig III., welches seinen Sieg über die Normannen bei Saucourt religiös überhöht (59 Reimpaarverse), sowie weitere bereits christlich überformte **Zauber- und Segenssprüche** (wie z. B. der Wiener Hundesegen, der Lorscher Bienensegen oder der Straßburger Blutsegen) auf uns gekommen.

42 Das Werk wird, da der deutsche Übersetzer unbekannt ist, der Einfachheit halber *Althochdeutscher Tatian* genannt.

43 Die Bedeutung des Wortes *muspilli* (V. 57) ist ungeklärt. Eine mögliche Bedeutung ist ‚Weltenbrand/Weltuntergang durch Feuer'.

44 Siehe hierzu Kap. II.1.1.

Das ***Hildebrandslied*** ist das einzige Zeugnis **heroischer Dichtung** (Heldenepik) in ahd. Sprache. Entstanden ist es wahrscheinlich im 4. Jahrzehnt des 9. Jh.s. Erhalten sind nur 68 stabreimende Langzeilen.[45] Diese erzählen eine Episode aus dem Sagenkreis um Dietrich von Bern: Zusammentreffen und folgender Zweikampf zwischen Vater und Sohn.

Inhalt: Der Waffenmeister Dietrichs von Bern, Hildebrand, musste Frau und Kind verlassen, um als Dietrichs Gefolgsmann ins Exil zu ziehen. Nach 30 Jahren kehrt er heim, trifft auf einen jungen Krieger (Hadubrand) und erfährt, dass es sich bei diesem um seinen Sohn handelt. Als er sich ihm daraufhin zu erkennen gibt und ihm Geschenke übergeben möchte, weist Hadubrand – in dem Glauben, sein Vater sei tot – diese brüsk zurück und beschimpft sein Gegenüber als listigen alten Hunnen. Um seine Ehre zu bewahren, ist Hildebrand gezwungen, die Herausforderung seines Sohnes zum Kampf anzunehmen. Laut klagt er über sein Schicksal. Bevor es zum Kampf kommt, bricht der Text ab.

Die beiden ***Merseburger Zaubersprüche*** dürften um die Mitte des 8. Jh.s entstanden sein (und wurden im ersten oder zweiten Drittel des 10. Jh.s aufgeschrieben). Es handelt sich um magische Beschwörungsformeln mit vorchristlichem Inhalt (siehe z. B. die Namen von germanischen Göttern). Der erste Spruch ist ein Lösungszauber (zur Lösung der Fesseln eines Gefangenen), der zweite ein Heilungszauber (zur Heilung eines verletzten oder verrenkten Pferdefußes).

Der zweite Merseburger Zauberspruch

Phol ende uuodan uuorun zi holza.	Phol und Wodan ritten ins Holz.
du uuart demo balderes uolon sin uuoz birenkit.	Da ward dem Fohlen Balders sein Fuß verrenkt.
thu biguol en sinthgunt, sunna era suister;	Da besprach ihn Sinthgunt (und) Sunna, ihre Schwester;
thu biguol en friia, uolla era suister;	da besprach ihn Frija (und) Volla, ihre Schwester;
thu biguol en uuodan, so he uuola conda:	da besprach ihn Wodan, wie er es gut verstand:
sose benrenki, sose bluotrenki, sose lidirenki:	Wie Knochenrenke, wie Blutrenke, wie Gliedrenke:
ben zi bena, bluot zi bluoda,	Bein zu Bein, Blut zu Blut,
lid zi geliden, sose gelimida sin.	Glied zu Gliedern, als ob (sie) geleimt seien.
(Braune, W./Ebbinghaus, E.: Althochdeutsches Lesebuch, 17. Aufl., Tübingen 1994, S. 89)	(nach eigener, sehr wörtlicher, Übersetzung, T. H.)

45 Der Titel *Hildebrandslied* stammt von den Brüdern Grimm.

2 Mittelhochdeutsch

Entsprechend der Dreigliederung des Mittelhochdeutschen (siehe Kap. I.1) werden das Frühmittelhochdeutsche, das „klassische“ Mittelhochdeutsche und das Spätmittelhochdeutsche in jeweils eigenen Abschnitten behandelt. Der Schwerpunkt liegt auf der mhd. Klassik, also dem Zeitraum von 1170–1220. Die Entstehungsbedingungen, Produzenten/Rezipienten und Überlieferung werden für die Epik und Lyrik getrennt voneinander behandelt, ebenso die Textgattungen, Werke und Verfasser.[46]

2.1 Frühmittelhochdeutsch (1050–1170)

2.1.1 Entstehungsbedingungen, Produzenten/Rezipienten, Überlieferung

2.1.1.1 Epik

Mit dem Mittelhochdeutschen setzt um 1050 die Überlieferung deutschsprachiger Texte erneut ein.[47] In einer **ersten Phase (1050 bis 1150)** entstanden ausschließlich Werke mit religiöser Thematik, verfasst von Geistlichen zur Belehrung und Erbauung der Laien, aber auch derjenigen Geistlichen, die nicht über ausreichende Lateinkenntnisse verfügten. Vermutlich waren die Laienbrüder in den Klöstern sogar die größere Rezipientengruppe. Der Ort der Literaturproduktion war also (wie in ahd. Zeit) das **Kloster**. In einer **zweiten Phase (1150 bis 1170)** verfassten die Geistlichen (neben religiösen Texten) auch weltliche Texte in deutscher Sprache, die sich vorwiegend an ein adeliges Laienpublikum richteten. Die Dichter nannten sich von nun an immer häufiger mit Namen (z. B. Pfaffe Lambrecht, Pfaffe Konrad). Auch hinsichtlich des Entstehungsortes von Literatur ist eine Veränderung eingetreten: Neben den Klöstern spielten nun die Höfe der weltlichen Fürsten eine zunehmend wichtige Rolle. Hier entstand, unabhängig und unbeeinflusst von den geistlichen Zentren, ein geregelter Schrift- und Literaturbetrieb.[48] Im Auftrag der adeligen Gönner wurden bevorzugt Werke mit weltlichem Inhalt verfasst. Einer der wichtigsten Förderer weltlicher frühmhd. Literatur ist der Welfenherzog Heinrich der Löwe. Im Epilog des *Rolandsliedes* (V. 9017 ff.) nennt der

---

46 Hierbei kommt es gelegentlich zu inhaltlichen Überschneidungen.

47 Die wichtigsten religiösen und weltlichen frühmhd. Texte werden in Kap. II.2.1.2.1 behandelt.

48 Eine wichtige Voraussetzung dafür, dass sich an den Höfen ein geregelter Schriftbetrieb ausbilden konnte, ist der Übergang von der Reiseherrschaft zur Residenzbildung seit der 2. Hälfte des 12. Jh.s.

Pfaffe Konrad als Auftraggeber einen *Herzogen Hainrîche* und behauptet, dieser habe ihm auch (auf Wunsch der *herzoginne*) die altfranzösische Vorlage beschafft:

Nu wünschen wir alle gelîche	Nun wollen wir alle gleichermaßen
dem ***herzogen Hainrîche***	dem Herzog Heinrich wünschen,
daz im got lône.	dass ihm Gott Lohn schenken möge.
diu matteria, diu ist scœne,	Er hat uns den schönen und erbaulichen
die süeze wir von im haben.	Stoff vermittelt.
daz buoch hiez er vor tragen,	Auf seinen Befehl wurde das Buch,
gescriben ze den Karlingen.	geschrieben in Frankreich, herbeigeschafft.
des gerte ***diu edele herzoginne,***	Dies wünschte die edle Herzogin,
aines rîchen küniges barn.	das Kind eines mächtigen Königs.
[...]	
(aus: Das *Rolandslied* des Pfaffen Konrad. Mittelhochdeutsch/Neuhochdeutsch, hrsg., übers. und kommentiert von D. Kartschoke. Durchges. und bibl. aktualisierte Ausgabe. Stuttgart 2011).	(nach eigener Übersetzung, T. H.)

Es kann als gesichert gelten, dass mit dem *herzogen Hainrîche* Heinrich der Löwe gemeint ist (seit 1168 verheiratet mit Mathilde, der Tochter Heinrichs II. von England und Eleonores von Poitou).

Die Texte der **ersten Phase (1050 bis 1150)** sind nur vereinzelt (und oftmals nur fragmentarisch) als Eintrag auf leer gebliebenen Seiten in lateinischen Handschriften überliefert (sog. Streuüberlieferung). Eine absolute Ausnahme ist die *Hohelied-Paraphrase* Willirams von Ebersberg. Mit mehr als 42 Textzeugen (vom 11. bis 16. Jh.) ist sie das am besten überlieferte deutschsprachige religiöse Werk des Frühmittelalters. Von den Werken mit weltlichem Inhalt aus der **zweiten Phase (1150 bis 1170)** ist die *Kaiserchronik* mit Abstand am besten überliefert. Mit 50 Textzeugen (von der Mitte des 12. bis ins 16. Jh.) ist sie das am breitesten überlieferte volkssprachliche Werk des 12. Jh.s überhaupt. Das *Rolandslied* ist hingegen vollständig nur in einer einzigen Handschrift (Codex Palatinus germanicus [kurz: cpg] 112) und 6 (kurzen) Fragmenten vom Ende des 12. Jh.s überliefert.[49] Die anderen frühmhd. weltlichen Werke finden sich erst in Handschriften ab dem 13. Jh. Eine relativ große Anzahl frühmhd. (religiöser und weltlicher)

49 Codices Palatini germanici (Pl.) ist die fachwissenschaftliche Bezeichnung für deutschsprachige Handschriften aus der ehemaligen Bibliotheca Palatina in Heidelberg (Sg.: Codex Palatinus germanicus [cpg]). Auch wenn die Zahl der erhaltenen Textzeugen recht überschaubar ist, dürfte das *Rolandslied* zur Zeit seiner Entstehung auf ein breites Rezeptionsinteresse gestoßen sein. Darauf deutet die Entstehungszeit der erhaltenen Handschriften: alle stammen noch aus dem 12. Jh.! In den ersten Jahrzehnten des 13. Jh.s wurde das *Rolandslied* dann durch die Neubearbeitung des Strickers (*Karl der Große*) abgelöst.

Texte ist in **Sammelhandschriften** überliefert (vorwiegend in lateinisch-deutschen, aber auch in rein deutschen Sammlungen).

Die wichtigsten Sammelhandschriften sind:
- die **Vorauer Handschrift 276** (letztes Viertel 12. Jh.),[50]
- die **Millstätter Handschrift** (um 1200),[51]
- die **Wiener Handschrift 2721** (letztes Viertel 12. Jh.).[52]

2.1.1.2 Lyrik

Um 1150 entstand im bairisch-österreichischen Sprachraum an den weltlichen Fürstenhöfen eine neue lyrische Gattung, der **Donauländische Minnesang**,[53] verfasst von (zumeist) adeligen Laien für ein adeliges Publikum. Der Donauländische Minnesang hat ältere deutsche Wurzeln und weist noch keine Einflüsse der provenzalischen Troubadourlyrik auf wie später der Hohe Minnesang.[54]

Nur wenige Lieder sind erhalten. Die Überlieferung beschränkt sich auf die drei Großen Liederhandschriften A,B und C (vom Ende des 13. und Beginn des

---

50 Die Vorauer Handschrift (Vorau, Stiftsbibliothek, Cod. 276; Sigle V) ist eine großformatige deutsch-lateinische Handschrift aus dem Augustinerchorherrenstift Vorau. Sie enthält 21 deutsche Texte, u. a. die *Kaiserchronik*, einige Werke der Frau Ava, das *Ezzolied* und das *Alexanderlied.*

51 Die Millstätter Handschrift (Klagenfurt, Landesarchiv, Cod. GV 6/19; Sigle M) enthält ausschließlich deutsche Texte, wie u. a. den *Physiologus* (*Millstätter Physiologus), Vom Rechte* und die *Millstätter Sündenklage.*

52 Die Wiener Handschrift (Wien, Österreichische Nationalbibliothek, Cod. 2721; Sigle W) enthält die *Altdeutsche Genesis* (oder: *Wiener Genesis*), den *Physiologus* (oder: *Jüngerer Physiologus*) und die *Altdeutsche Exodus* (oder: *Wiener Exodus*).

53 Die Grundbedeutung von *minne* ist ‚jemandes liebend gedenken' und kann sich sowohl auf die christliche Nächstenliebe (*caritas*), die Liebe Gottes zu den Menschen und umgekehrt (*amor Dei*), eine tiefe innere (nicht an ein bestimmtes Geschlecht gerichtete) Verbundenheit, Freundschaft (*amicitia*) als auch auf die sinnliche Liebe beziehen. In der klassischen mhd. Literatur ist *minne* **der** Zentralbegriff für das Phänomen der höfischen Liebe.

54 Vor Mitte des 12. Jh.s gibt es nur ganz sporadische Hinweise auf eine deutschsprachige Liebeslyrik. Hier werden häufig die berühmten deutschen Verse *Dû bist mîn, ich bin dîn/des solt dû gewis sîn./dû bist beslozzen in mînem herzen./verlorn ist das slussilîn,/dû muost och immer dar inne sîn* (datiert auf ca. 1150) genannt. Sie finden sich am Ende eines lateinischen Liebesbriefs und sind nur in den sog. Tegernseer Liebesbriefen (cod. lat. Monacensis 19411, fol. 114v) überliefert. Die Verse gelten (seit K. Lachmann) gemeinhin als das älteste erhaltene deutsche Minnelied. In der neueren Forschung (siehe v. a. J. Kühnel) ist jedoch umstritten, ob es sich überhaupt um Liebeslyrik handelt (siehe Kühnel, Jürgen (Hrsg.): *Dû bist mîn. ih bin dîn.* Die lateinischen Liebes- (und Freundschafts-) Briefe des clm 19411. Abbildungen, Text und Übersetzung. Göppingen 1977 (= Litterae. Göppinger Beiträge zur Textgeschichte, Nr. 52). Zum Hohen Minnesang siehe Kap. II.2.2.2.2.

14. Jh.s)[55] und das Budapester Fragment (Budapest, Nationalbibliothek, cod. germ. 92, Ende 13. Jh.), ein Doppelblatt plus ein Blatt.

2.1.2 Textgattungen/Werke/Verfasser

2.1.2.1 Epik

In der **ersten Phase (1050 bis 1150)** sind, wie gesagt, zahlreiche geistliche Texte entstanden. Neben religiösen Gebrauchstexten und Bibeldichtungen entwickelte sich rasch eine Vielfalt an neuen literarischen Gattungen (eschatologische Dichtungen, Legendendichtungen, Sündenklagen, Morallehren, Mariendichtungen und Marienlieder, christliche Naturlehre, Zahlenallegoresen, u. a.). Das tiefe Bedürfnis der Menschen nach Trost und Sicherheit, das angesichts der ab Mitte des 11. Jh.s grundlegend veränderten Lebensumstände (siehe den Investiturstreit, die Kreuzzüge usw.) nur durch die Religion befriedigt werden konnte, spiegelt sich auch in der Literatur wider. Das vorrangige Ziel der Menschen lautete *got gevallen*. Denn durch eine gottgefällige Lebensführung hoffte man, das ewige Seelenheil zu erwerben.

Nur wenige Verfasser sind namentlich bekannt, hierzu gehören Williram von Ebersberg (Abt des Benediktinerklosters Ebersberg, †1085) und Frau Ava (geb. ca. 1060, †1127), die erste namentlich bekannte Dichterin in deutscher Sprache. Von ihr stammen vier kleinere neutestamentliche[56] Werke: *Johannes*, *Das Leben Jesu*, *Antichrist* und *Das Jüngste Gericht*.

Zu den wichtigsten Werken (von 1050–1150) zählen:
- das *Ezzolied* (um 1065): eine Darstellung der christlichen Heilsgeschichte (in Reimform), entstanden im Auftrag des Bischofs Gunther von Bamberg,
- die Hohelied-Paraphrase (*Expositio in Cantica Canticorum*) Willirams von Ebersberg (ca. 1060/65),[57]
- das *Annolied* (um 1077/81): eine Mischung aus Geschichtsdichtung, Heilsgeschichte und Heiligenlegende,
- das *Memento mori* (etwa Ende 11. Jh.): eine Moral- bzw. christliche Lebenslehre, die angesichts der Vergänglichkeit alles Irdischen zu einem gottgefälligen Leben ermahnt,

---

55 Zu den drei großen Liederhandschriften siehe Kap. II.2.2.1.2.

56 Abgesehen von den Werken der Frau Ava wurden von den Verfassern frühmhd. Literatur vorrangig Stoffe aus dem Alten Testament ausgewählt (z. B. *Wiener Genesis*, *Millstätter Genesis*, *Exodus*).

57 Der Text ist dreispaltig angelegt: In der Mitte der lateinische Bibeltext, links der Kommentar in gereimten lateinischen Versen und rechts die deutsche Übersetzung neben einer Prosa-Auslegung in einer lateinisch-deutschen Mischsprache. Wie die Überlieferungssituation belegt, konnte das Werk nur vor dem Hintergrund der lateinischen Literarizität entstehen.

- das *Vorauer Marienlob* (um 1120/30),
- die *Millstätter Sündenklage* (um 1130),
- das *Melker Marienlied* (um 1140/60),
- der *Physiologus*[58] (um 1070):[59] eine christlich allegorische Naturlehre,
- *Von der Siebenzahl* (um 1160): eine Zahlenallegorese.

Daneben entstand eine Vielzahl deutschsprachiger Predigten.

In der **zweiten Phase (1150 bis 1170)** erweiterte sich das Gattungs- und Themenspektrum nochmals ganz beträchtlich: Es kamen Stoffe mit weltlichem (anfangs meist historischem bzw. pseudohistorischem) Inhalt hinzu. Am Beginn steht die *Kaiserchronik*. Daneben entstand eine neue literarische Gattung, der (vorhöfische) Roman. Auf großes Rezeptionsinteresse stießen zunächst insbesondere die Antikenromane nach französischen Vorlagen (= Stoffkreis der *matière de Rome*).[60] Da die antiken Stoffe im Mittelalter per se als historisch und somit als wahr galten (geglaubte Historizität), genossen sie ein relativ hohes Ansehen. Neben Romanen nach historischen Stoffen entstanden gegen Ende dieser zweiten Phase (um 1170) auch zwei „vorhöfische" Liebesromane, der *Trierer Floyris* und der *Tristrant*, ebenfalls nach französischen Vorlagen.

Zu den wichtigsten Werken (von 1150–1170) zählen:
- Die ***Kaiserchronik*** (um 1150; Verfasser unbekannt). In über 17.000 Versen wird mit stark legendenhafter Überformung die Geschichte des Römischen Reiches von der Gründung Roms bis zu Konrad III. erzählt.
- Das ***Alexanderlied*** des Pfaffen Lamprecht (um 1150/60): ein Antikenroman nach einer romanischen (franko-provenzalischen) Vorlage, dem *Roman d'Alexandre*. Diese franko-provenzalische Vorlage stammt von einem Alberich von Bisinzio (erhalten sind aber nur 105 Verse). Das *Alexanderlied* des Pfaffen Lamprecht ist der erste deutschsprachige Roman.[61]

58 Übersetzt heißt das Werk ‚Der Naturkundige.' Der *Physiologus* ist im Wesentlichen eine allegorische Ausdeutung von zumeist exotischen Tieren.

59 Gegen Ende des 12. Jh.s sind zwei weitere Übersetzungen aus dem Lateinischen entstanden (der *Wiener Physiologus* und der *Millstätter Physiologus*).

60 Jean Bodel unterscheidet in der *Chanson des Saisnes* (3. Drittel 12. Jh.) drei Stoffkreise: Die *matière de France*, die *matière de Bretagne* und die *matière de Rome* („N'en sont que trois materes a nul home entendant / De France et de Bretaigne et de Romme la grant"). Die nhd. Übersetzung lautet: ‚Für jeden verständigen Menschen gibt es nur drei Stoffkreise: den französischen, den bretonischen und den vom mächtigen Rom'). Zur *matière de France* gehören vor allem die Chansons de geste um Karl den Großen und seine Nachfolger, zur *matière de Bretagne* keltische Erzählungen um König Artus und seine Tafelritter und zur *matière de Rome* die Antikenromane.

61 Das *Alexanderlied* ist in drei Fassungen überliefert, dem *Vorauer Alexander* (um 1150, Umfang: 1532 Verse), dem *Straßburger Alexander* (um 1170, Umfang: 7302 Verse) und dem *Basler*

- Das ***Rolandslied*** des Pfaffen Konrad. Die Datierung ist umstritten, aber nach vorherrschender Meinung ist es um 1172 im Auftrag Heinrichs des Löwen entstanden.[62] In gut 9000 Versen wird der Kampf Karls des Großen und seines christlichen Heeres gegen die maurisch-spanischen Heiden sowie der Tod seines Neffen Roland durch den Verrat Geneluns erzählt. Die altfranzösische Vorlage, die *Chanson de Roland* (datiert auf ca. 1100),[63] steht am Beginn einer im französischen Sprachraum ausgesprochen produktiven Gattung, der **Chansons de geste** (< lat. *gesta* ‚Taten/Kriegstaten'). In den Chansons de geste werden die Heldentaten herausragender Kämpfer (vor allem aus karolingischer Zeit) geschildert.[64] Das *Rolandslied* wird daher auch als **„deutsche Chanson de geste"** bezeichnet.[65]
- Der ***Trierer Floyris*** (um 1170); eine von einem unbekannten Dichter stammende und nur fragmentarisch erhaltene Version der französischen Sage um Floire und Blancheflor. Die altfranzösische Vorlage ist nicht erhalten.[66]
- Um 1170/80 ist (möglicherweise am Hof Heinrichs des Löwen) die älteste überlieferte deutschsprachige Bearbeitung des Tristan-Stoffes entstanden, der ***Tristrant*** Eilharts von Oberg(e).[67] Die altfranzösische Vorlage, die sog. *Estoire* (Ur-Tristan), ist verloren.
- Wahrscheinlich gegen Ende der frühmhd. Phase entstand eine Gruppe von weltlichen (burlesken) Erzählungen, in denen u. a. phantastische Abenteuer in fernen exotischen Ländern geschildert werden. Hierzu zählen: ***Herzog Ernst, König Rother, Salman und Morolf, Orendel*** und ***König Oswald***.

Alexander, der nur in einer einzigen Handschrift aus dem 15. Jh. erhalten ist (Basel, Universitätsbibliothek, cod. E VI 26, fol. 22vb–67va).

62 Siehe hierzu Kap. II.2.1.1.1.

63 Im Epilog behauptet der Pfaffe Konrad, das Werk aus dem Altfranzösischen zunächst ins Lateinische und erst dann ins Mittelhochdeutsche übersetzt zu haben (V. 9080–9083). Eine lateinische Zwischenstufe ist jedoch nicht belegt.

64 Die Stoffe aus der *matière de France* wurden jahrhundertelang mündlich tradiert. Die *Chanson de Roland* ist die erste schriftliche überlieferte Chanson de geste. Insgesamt gibt es ca. 80 Chansons de geste, von denen die Mehrzahl folgenden Zyklen zugeordnet werden kann: dem Königszyklus (*cycle du roi*), dem Wilhelmszyklus (*cycle de Guillaume*), den Empörerepen, dem Kreuzzugszyklus (*cycle de la croisade*), der Lothringergeste (*geste des Loherains*). Die *Chanson de Roland* gehört zum *cycle du roi*.

65 Im Unterschied zum französischen Sprachraum wurde die Gattung der Chansons de geste im deutschen Sprachraum nur wenig rezipiert. Aus dem 12. Jh. stammt nur das *Rolandslied*, um 1220 folgt der *Willehalm* Wolframs von Eschenbach (siehe hierzu Kap. II.2.2.2.1).

66 Der um 1220 entstandene Roman *Flore und Blanscheflur* von Konrad Fleck beruht auf einer anderen frz. Vorlage.

67 Der *Tristrant* ist die erste vollständig überlieferte Bearbeitung des Tristan-Stoffes überhaupt.

Ausgehend von der Annahme, dass die namentlich nicht bekannten Verfasser umherziehende Spielleute gewesen seien, fasst die ältere Forschung diese sehr unterschiedlichen Texte unter der (heute sehr umstrittenen) Bezeichnung **„Spielmannsepik“** zusammen. Charakteristisch für diese Werke ist die Vermischung von heroischen, historischen, legendenhaften, unhöfischen und höfischen Elementen.

2.1.2.2 Lyrik

Im Unterschied zu den hochartifiziellen Liedern des Hohen Minnesangs und deren Konzept der unerfüllten Minne zu einer unerreichbaren Minneherrin,[68] spiegeln die Lieder des **Donauländischen Minnesangs** eine natürliche und ungekünstelte Auffassung von Minne und Erotik wider. Sexuelle Liebesbegegnungen bzw. entsprechende Wunschvorstellungen werden relativ unverhüllt geschildert. Mann und Frau gehören beide dem Adel an und begegnen einander daher gewissermaßen auf Augenhöhe. Beliebte Themen des Donauländischen Minnesangs sind: die Behinderung der Liebe durch die Hofgesellschaft (durch *merkære* ‚Aufpasser‘ und *lügenære* ‚Lügner‘), die räumliche Trennung der Liebenden, unerwiderte Liebe, gegenwärtiges Leid und Sehnsucht der Frau sowie Untreue des Mannes. Vor allem die Frau ist Trägerin von Gefühlswerten (siehe die sog. Frauenstrophen). Bevorzugte Gattungen waren (neben einstrophigen Minneliedern) der **Wechsel** und das **Tagelied**. Der Wechsel besteht aus mindestens einer Männer- und einer Frauenstrophe, die jeweils monologisch gestaltet sind und räumliche Trennung voraussetzen. Das Tagelied hat die Trennung der Liebenden am Morgen nach gemeinsam verbrachter Nacht zum Inhalt. Ein formales Kennzeichen des Donauländischen Minnesangs ist die paargereimte **Langzeilenstrophe** (mit einer Zäsur in der Mitte). Die Reime sind häufig noch unrein.

Der erste namentlich bekannte deutschsprachige Minnesänger ist **Der Kürenberger** (oder: Der von Kürenberg).[69] Berühmt ist vor allem sein Falkenlied (*ich zôch mir einen valken*, siehe unten). Weitere Vertreter des Donauländischen Minnesangs sind: **Meinloh von Sevelingen, Dietmar von Aist** sowie die **Burggrafen von Regensburg und Riedenburg** (oder: Rietenburg).

---

68 Zu den Liedern des Hohen Minnesangs siehe Kap. II.2.2.2.2.

69 Unter dem Namen „Der von Kürenberg“ sind in der Großen Heidelberger Liederhandschrift C 15 Strophen überliefert, die meisten davon in der sog. Kürenberger-Strophe. Sie besteht aus vier paarweise gereimten Langzeilen, von denen jede durch eine Zäsur in zwei Halbzeilen (An- und Abvers) gegliedert ist. Die Anverse sind vier-, die Abverse der ersten drei Verse dreihebig, der vierte Abvers ist vierhebig. Diese Strophenform wurde vom Dichter des *Nibelungenliedes* übernommen (siehe hierzu Kap. II.2.2.2.1).

Das Falkenlied des Kürenbergers (MF 8,33)[70]

Ich zôch mir einen valken	*mêre danne ein jâr.*	‚Ich zog einen Falken, länger als ein Jahr lang auf.
dô ich in gezamete	*als ich in wolte hân*	Als ich ihn gezähmt hatte, wie ich ihn haben wollte,
und ich im sîn gevidere	*mit golde wol bewant*	und ich ihm sein Gefieder mit Goldfäden schön umwunden hatte,
er huop sich ü̂f vil hôhe	*und floug in anderiu lant.*	da erhob er sich in weite Höhen und flog in andere Länder.
Sît sach ich den valken	*schône fliegen*	Seither sah ich den Falken auf schöne Weise fliegen.
er fuorte an sînem fuoze	*sîdîne riemen*	Er führte an seinem Fuß seidene Riemen,
und was im sîn gevidere	*alrôt guldîn.*	und sein Gefieder war ganz rotgolden.
got sende si zesamene	*die gerne geliebe wellen sin.*	Gott sende diejenigen zusammen, die gerne einander lieb sein wollen.‘

(aus: Des Minnesangs Frühling. Unter Benutzung der Ausgaben von K. Lachmann und M. Haupt, F. Vogt und C. von Kraus, bearbeitet von H. Moser und H. Tervooren. 38., erneut revidierte Auflage. Stuttgart 1988, S. 25).

(nach eigener Übersetzung, T. H.)

2.2 Klassik (1170–1220)

2.2.1 Entstehungsbedingungen, Produzenten/Rezipienten, Überlieferung

2.2.1.1 Epik

Die Orientierung nach Frankreich, die sich bereits ab der Mitte des 12. Jh.s (insbesondere an der Rezeption frz. Romane) zeigt, setzt sich zur Zeit der mhd. Klassik verstärkt fort.[71] Die höfische Kultur und Literatur Frankreichs werden **das** Vorbild schlechthin.[72] Nach französischem Vorbild bildete sich an den

---

70 MF = *Des Minnesangs Frühling.* Der Name einer Lyrikanthologie, hrsg. von K. Lachmann und M. Haupt. Leipzig 1857. Die Angabe MF 8,33 bezieht sich auf die Seitenzahl (S. 8) und Zeilenzahl (ab Z. 33) der Erstausgabe von *Des Minnesangs Frühling.*

71 Die weiteren Ausführungen zu den Entstehungsbedingungen beziehen sich im Wesentlichen auf die Gattung des nach frz. Vorlagen entstandenen Höfischen Romans. Daneben entstand (zeitgleich mit den klassischen Romanen) das *Nibelungenlied* (in der uns überlieferten Form). Das *Nibelungenlied* ist das herausragendste Werk **germanischer** Heldenepik, beruht also nicht auf einer frz. Vorlage. Dennoch zeigt sich auch hier an einigen Stellen der Einfluss der frz. Kultur bzw. der Zeit und Literatur um 1200 (siehe hierzu Kap. II.2.2.2.1, Abschnitt zur Heldenepik).

72 Der romanische Einfluss zeigt sich auch an zahlreichen altfranzösischen und provenzalischen Lehnwörtern und Lehnprägungen. In Wolframs *Parzival* kommen über 400 französische Wörter vor.

deutschen Höfen eine neue adelige Lebenskultur aus, und unter anderem durch die Adaptation höfischer französischer Versromane[73] hatte man auch im deutschen Sprach- und Kulturraum teil am neuen Ideal der *courtoisie* (mhd. *hövescheit*).[74] In ihren Werken zeichnen die Dichter ein stark idealisiertes Bild der adelig-höfischen Gesellschaft.[75] Die Alltagswirklichkeit, das durchaus beschwerliche Leben auf den Burgen, wird ebenso ausgeblendet wie aktuelle politische oder gesellschaftliche Konflikte oder das Leben der niederen sozialen Schichten. Literatur ist nicht mehr (wie noch in der ersten Phase der frühmhd. Literatur) primär darauf ausgerichtet, ein gottgefälliges Leben zu führen, um so Gottes Gnade zu erwirken, sondern löste sich nach und nach von ihrer religiösen Zweckgebundenheit. Die „klassische Synthese" lautet daher, nicht mehr nur *got gevallen*, sondern *got* **und der werlde** *gevallen*.[76]

Die Produzenten von Literatur waren nach wie vor zu einem großen Teil Geistliche, aber es kamen immer mehr Angehörige des Laienstandes hinzu. In der Regel waren die Verfasser nicht-adelige Berufsdichter, die auf die finanzielle Unterstützung durch wohlhabende Gönner angewiesen waren. Orte der Literaturproduktion und -rezeption waren vorrangig (neben den Klöstern, in denen nach wie vor religiöse Texte entstanden sind) die Höfe des hohen und niederen Adels. Im Laufe der Zeit wurden sie zu gesellschaftlichen und kulturellen Zentren. Hier wurde Literatur nicht nur verfasst, sondern auch vor einem überwiegend adeligen Publikum (oder der *familia* des Hofes, der ‚herrschaftlichen Hausgemeinschaft') vorgetragen. Nach dem Vorbild der Könige traten immer mehr Adelige als Förderer von Literatur (Mäzene) in Erscheinung. Sie beschäftigten die Dichter meist für einen längeren Zeitraum an ihrem Hof, übernahmen die hohen Herstellungskosten (indem sie u. a. das teure Pergament beschafften), besorgten mitunter die französischen Vorlagen und nahmen so auch häufig Einfluss auf die Auswahl der Stoffe. Literatur entwickelte sich zusehends zu einem Medium adeliger Repräsentation. Durch die Förderung von Literatur erhöhten die Gönner ihr Prestige. Die bedeutendsten Mäzene waren der **Landgraf Hermann von Thüringen** († 1217) sowie (vermutlich) das alemannische Fürstengeschlecht der **Zähringer**. Der thüringische Landgrafenhof war eines der wichtigsten Literaturzentren.[77] Hier beendete Heinrich

---

73 Zur Adaptation der Minnelyrik der provenzalischen Troubadours bzw. der nordfranzösischen Trouvères siehe Kap. II.2.2.1.2.

74 Mhd. *höveschheit* ‚fein gebildetes und gesittetes wesen und handeln' (siehe Lexer, Matthias: Mittelhochdeutsches Handwörterbuch. 3 Bde. Leipzig 1872–1878 (zahlreiche Nachdrucke), Bd. I, Sp. 1367).

75 Die wichtigsten klassischen Werke werden in Kap. II.2.2.2.1 eingehender behandelt.

76 Siehe den *Tristan* Gottfrieds von Straßburg, V. 8013: *got unde der werlde gevallen.*

77 Am Thüringer Landgrafenhof sind auch einige Sangsprüche Walthers von der Vogelweide entstanden.

von Veldeke seine *Eneit*, hier erhielten Wolfram von Eschenbach und Herbort von Fritzlar ihre französischen Vorlagen für den *Willehalm* bzw. das *Liet von Troie*. Berthold IV. von Zähringen († 1218) war möglicherweise der Gönner Hartmanns von Aue.[78] Unter den Auftraggebern und Förderern von Höfischer Literatur waren neben weltlichen auch geistliche Fürsten. Der prominenteste ist **Wolfger von Erla** (von 1191–1204 Bischof von Passau; von 1204–1218 Patriarch von Aquileja). Sein Bistum zählt ebenfalls zu den bedeutendsten literarischen Zentren. Im Auftrag Wolfgers dürften das *Nibelungenlied* und der *Welsche Gast* Thomasins von Zerklære[79] entstanden sein. Da die höfische Blütezeit die Zeit der Staufer, vor allem Friedrichs I. (1152–1190), Heinrichs VI. (1190–1197) und Friedrichs II. (1212–1250) ist, wird sie zuweilen auch als **„staufische Klassik"** bezeichnet.

Nur in den allerseltensten Fällen reicht die handschriftliche Überlieferung der Werke bis in die Lebenszeit der Dichter zurück. In der Regel liegen mehrere Jahrzehnte (bisweilen sogar Jahrhunderte!) zwischen der Entstehungszeit der Werke und den erhaltenen Überlieferungsträgern. Die klassischen mhd. Werke sind deutlich besser überliefert als die vorhöfischen. Zum Vergleich sei noch einmal auf die handschriftliche Überlieferung des *Rolandsliedes* verwiesen: eine vollständige Handschrift und 6 kurze Fragmente (alle noch aus dem 12. Jh.). Veldekes ***Eneit***, der erste höfische Roman, ist hingegen bereits in 14 Handschriften (vom 12.–15. Jh.) überliefert.[80] Für die um 1200 entstandenen Texte steigt die Anzahl der Textzeugen dann noch einmal beträchtlich an. Der ***Iwein*** ist in 32 Handschriften (vom 13.–16. Jh.) erhalten, der ***Tristan*** in 30 Handschriften (vom 13.–16. Jh.) und das ***Nibelungenlied*** in 37 Handschriften (vom 13.–16. Jh.). Absolute Spitzenreiter sind Wolframs ***Parzival*** (87 Handschriften vom 13.–16. Jh. und ein Frühdruck) und ***Willehalm*** (79 Handschriften vom 13.–15. Jh.). Dass aus der Anzahl der erhaltenen Handschriften nicht zwingend Rückschlüsse auf die Rezeption der Werke gezogen werden dürfen, zeigt sich besonders gut an der äußerst spärlichen Überlieferung von Hartmanns ***Erec***. Dieses Werk, der erste deutsche Artusroman, hatte zweifellos eine außerordentliche Wirkung, ist aber nur in einer einzigen (fast) vollständigen Handschrift aus dem Anfang des 16. Jh.s, dem Ambraser Heldenbuch, überliefert. Um 1200 änderte sich das Erscheinungsbild der Epenhandschriften. Der kleinformatige einspaltige Handschriftentypus (mit zumeist einfacher Ausstattung) wurde abgelöst durch größere und aufwendiger gestaltete Handschriften, mit zwei- oder sogar dreispaltigem Text. Zum Vergleich siehe ein Pergamentblatt aus dem *Rolandslied* (nach der Handschrift P) und eines aus dem *Parzival* (nach der Handschrift D):

---

78 Hartmann erwähnt in keinem seiner Werke den Namen eines möglichen Auftraggebers.

79 Zum *Welschen Gast* siehe Kap. II.2.3.2.1, Abschnitt b.).

80 Von der *Eneit* sind 7 vollständige Handschriften und 7 Fragmente erhalten.

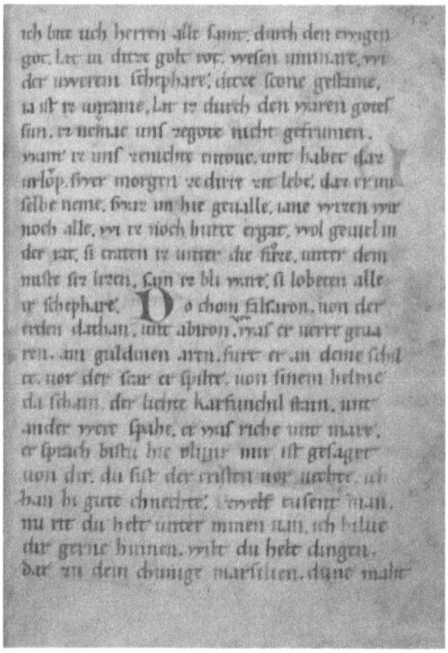

Abb. 15: Eine Seite aus dem *Rolandslied* in der Handschrift P (UB Heidelberg, cpg 112, fol. 58[r]) vom Ende des 12. Jh.s: Format ca. 21 x 15 cm, Verse sind nicht abgesetzt.

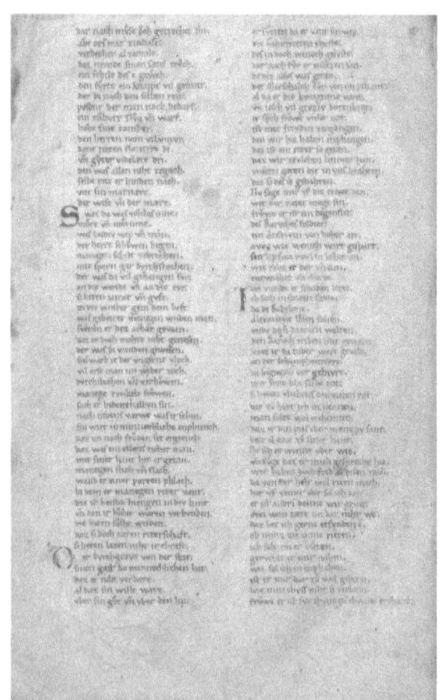

Abb. 16: Eine Seite aus dem *Parzival* in der Handschrift D (Cod. Sang. 857, p. 10) aus dem 2. Drittel des 13. Jh.s) Format 31–31,5 x 21,5 cm, abgesetzte Verse, zweispaltig.

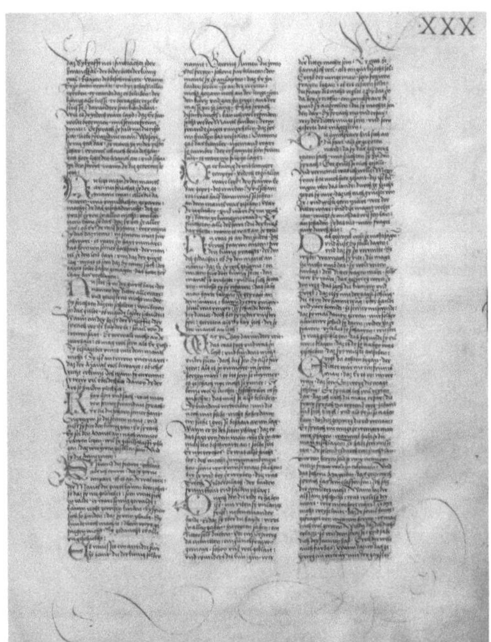

Abb. 17: Beginn von Hartmanns *Erec* im *Ambraser Heldenbuch* (ÖNB Wien, Cod. Ser. nova 2663, fol. 30[r]).

Die o. g. **St. Galler Handschrift** ist die umfangreichste Sammelhandschrift mit epischen deutschsprachigen Texten aus dem 13. Jh. (318 Pergamentblätter plus 5). Sie enthält u. a. den *Parzival*, das *Nibelungenlied* (in der Fassung B), die *Nibelungenklage* und den *Willehalm*. Eine weitere wichtige Sammelhandschrift ist das (bereits erwähnte) zu Beginn des 16. Jh.s (!) entstandene **Ambraser Heldenbuch** (cod. Vindobonensis ser. nov. 2663). Es handelt sich um einen Prachtcodex im Riesenformat (238 Pergamentblätter plus 5, Format: 46 × 36 cm, dreispaltiger Text), entstanden im Auftrag Kaiser Maximilians I. Die Handschrift enthält 25 mhd. Werke des 12. und 13. Jh.s von ganz unterschiedlicher Gattungszugehörigkeit: Höfische Romane, Heldenepik und kleinere Höfische Erzählungen.[81]

81 Im Ambraser Heldenbuch sind u. a. der *Erec*, der *Iwein*, das *Nibelungenlied* und die *Klage*, Dietrichepen und Wolframs *Titurel* überliefert.

2.2.1.2 Lyrik

Zur Zeit der mhd. Klassik waren zwei lyrische Gattungen vorherrschend, der **Hohe Minnesang** und die **Sangspruchdichtung.**[82] Beide werden in diesem Kapitel gemeinsam behandelt, da sie sich (von inhaltlichen und formalen Unterschieden abgesehen)[83] nur in Hinblick auf ihre Produzenten und (zum Teil) ihre Entstehungsbedingungen unterscheiden.

Um 1170 entstand in der Gegend am Oberrhein eine neue Form des Minnesangs, der **Hohe Minnesang**. Diese erste Phase des Hohen Minnesangs, die von 1170 bis 1190 reicht, wird daher auch als **„Rheinischer Minnesang"** bezeichnet. Daran schließt sich eine zweite Phase, der **„Klassische Minnesang"** (von 1170 bis 1220), an. Im Unterschied zum Donauländischen Minnesang[84] ist der Hohe Minnesang stark von romanischen Vorbildern, von den Liedern der provenzalischen **Troubadours** (oder: Trobadors) und nordfranzösischen **Trouvères** (oder: Trovères)[85] beeinflusst. Die Troubadourlyrik ist gegen Ende des 11. Jh.s in Südfrankreich entstanden,[86] erreichte dort um die Mitte des 12. Jh.s ihren Höhepunkt und breitete sich dann zunächst in Nordfrankreich und anschließend im deutschen Sprachraum aus. Das zentrale Thema ist das unerfüllte Werben um eine unerreichbare Minnedame. Minnesang ist höfische Gesellschaftskunst, also eine ausgesprochen exklusive Kunstform. Die Lieder wurden (wie auch beim Donauländischen Minnesang) von zumeist adeligen Laien verfasst und öffentlich (von sog. Spielleuten oder den Dichtern selbst) zur Unterhaltung des vorwiegend adeligen Publikums am Hof vorgetragen.[87] Für die Entstehung des Hohen Minnesangs sind der staufische und der babenbergische Hof in Wien von zentraler Bedeutung. Unter dem Einfluss Friedrichs von Hausen, des ersten Minnesängers, der Lieder nach romanischen Vorbildern gedichtet hat, wurde der staufische Königshof zu einem ersten Zentrum des Hohen

82 In der älteren Forschung (siehe v. a. Karl Simrock, †1876) wurde – ausgehend von der Annahme, dass diese Lyrik nicht gesungen, sondern gesprochen wurde – statt Sangspruchdichtung die Bezeichnung „Spruchdichtung" verwendet. Spruchdichtung ist die übergeordnete Gattungsbezeichnung, die auch gesprochene Texte miteinschließt. Der Hauptvertreter des sog. Sprechspruchs ist Freidank.

83 Zu inhaltlichen und formalen Unterschieden zwischen beiden lyrischen Hauptgattungen sowie zu deren zentralen Vertretern und Werke siehe Kap. II.2.2.2.2.

84 Zum Donauländischen Minnesang siehe Kap. II.2.1.1.2.

85 Insgesamt sind die Namen von über 400 Troubadours bekannt. Zu den berühmtesten zählen: Jaufre Rudel, Berbart de Ventadorn, Folquet de Marseille und Peire Vidal. Die bekanntesten Trouvères sind: Gace Brulé, Conon de Béthune und Blondel de Nesle. Auch Chrétien de Troyes (siehe Kap. II.2.2.2.1) hat Minnelieder verfasst.

86 Der erste bekannte Troubadour ist Herzog Wilhelm IX. von Aquitanien (1071–1126).

87 Hier zeigt sich ein Paradoxon des Hohen Minnesangs: das aus der unerfüllten Werbung resultierende Leid, welches der Sänger vorträgt, um die höfische Gesellschaft zu erfreuen.

Abb. 18: Autorbild von Kaiser Heinrich VI. in der Großen Heidelberger Liederhandschrift (UB Heidelberg, cpg 848, fol. 6^{r}).

Minnesangs. Der staufische König Heinrich VI. war nicht nur ein bedeutender Mäzen, sondern hat offenbar auch selbst Minnelieder verfasst (ihm werden in der Großen Heidelberger Liederhandschrift C drei Lieder zugeschrieben). Am Wiener Hof haben Reimar und Walther von der Vogelweide gedichtet. Weitere wichtige Mäzene für die mhd. Lyrik sind Wolfger von Erla und Hermann von Thüringen, die auch als Förderer für die mhd. Epik eine zentrale Rolle spielen.

In demselben Zeitraum (um 1170) sind auch die ersten Sangsprüche entstanden. Im Unterschied zum Hohen Minnesang hat die Sangspruchdichtung deutsche Wurzeln und weist (in der Regel) keine romanischen Einflüsse auf. Im Unterschied zu den Verfassern von Minneliedern, gehörten die Sangspruchdichter nicht dem Adel an. Die meisten von ihnen waren Berufsdichter, die von Hof zu Hof reisten und auf die Gunst (mhd. *milte* ‚Freigebigkeit') hochrangiger Gönner angewiesen waren. Sie verfassten ihre Sprüche häufig nach dem Motto: *guot*

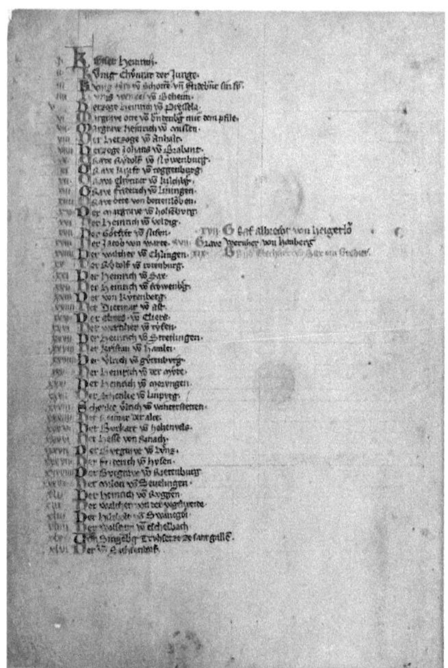

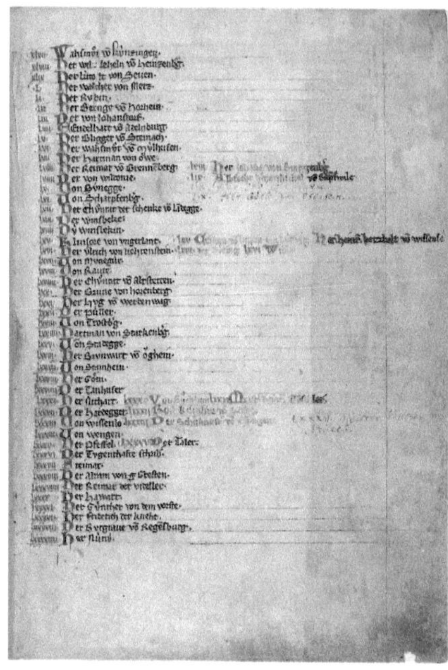

Abb. 19: Zwei von insgesamt drei Seiten des Autorenregisters der Großen Heidelberger Liederhandschrift (UB Heidelberg, cpg 848, fol. 4^{v} und 5^{r}).

umbe êre nemen[88] (siehe insbesondere die sog. Gönnerlob- oder Heischesprüche). Das Publikum dürfte sich von dem des Minnesangs nicht unterschieden haben.

Anders als in Frankreich, wo es auch weibliche Troubadours, sog. *trobairitz*, gab,[89] handelt es sich bei den deutschen Minnesängern ausnahmslos um Männer. Dies zeigt ein Blick auf das Autorenverzeichnis der Großen Heidelberger Liederhandschrift, der größten erhaltenen Sammlung mhd. Lyrik. Hier werden die Dichter (insgesamt 140!) nach ihrer Standeszugehörigkeit geordnet. Zu Beginn finden sich die Lieder Kaiser Heinrichs VI. Es folgen die Lieder von Königen, Herzögen, Grafen, Markgrafen und einer großen Anzahl von *herren*. Am Ende des Verzeichnisses werden die Namen titelloser Dichter und *meister* genannt. Die Handschrift enthält neben Minnesang auch Sangspruchdichtung, die – wie gesagt – überwiegend von nicht-adeligen Dichtern verfasst wurde.

---

88 Der Ausdruck *guot umbe êre nemen* ist nicht einfach ins Neuhochdeutsche zu übersetzen (gemeint sein kann entweder, den Gönner gegen Bezahlung zu rühmen und somit dessen Ehre zu erhöhen, oder aber die eigene Ehre aus finanziellen Gründen gewissermaßen zu verkaufen).

89 Eine namentlich bekannte Trobairitz ist die Gräfin von Dia (Comtessa de Dia). Von ihr sind vier Lieder erhalten, die die höfische Liebe (*fin'amors*) aus der Sicht der Frau schildern.

In der Lyrik setzt die Überlieferung noch später ein als in der Epik. Die meisten Lieder und Sprüche sind in Handschriften des 14. Jh.s überliefert. Somit liegen in der Regel mehrere Generationen (etwa ein bis anderthalb Jahrhunderte) zwischen ihrer Entstehungszeit und ihrer schriftlichen Überlieferung.[90] Etwa 40 Handschriften vom Ende des 13. Jh.s bis zum 15. Jh. überliefern Minnelieder, ein großer Teil von ihnen auch Sangsprüche. Aus dem 12. Jh. hingegen gibt es nur Einzeleinträge in lateinischen Handschriften (sog. Streuüberlieferung). Andere Überlieferungsträger wie Wachstäfelchen, lose Blätter, Vortragsrollen und Liederhefte sind (wenn es sie denn überhaupt jemals in größerer Zahl gegeben hat) so gut wie nicht erhalten. Am wichtigsten für die Überlieferung der mhd. Lyrik sind die drei Großen Liederhandschriften, die nach ihren Siglen auch **„das große ABC des Minnesangs"** genannt werden. Sie enthalten sowohl Minnelieder als auch Sangsprüche:

- **Kleine Heidelberger Liederhandschrift** (Universitätsbibliothek Heidelberg, cpg 357): um 1270; 45 Pergamentblätter (34 Dichter, keine Autorbilder).
- **B: Weingartner Liederhandschrift** (Stuttgart, Württembergische Landesbibliothek, cod. HB XIII 1): 1. Viertel 14. Jh.; 156 Pergamentblätter (32 Dichter, 25 Autorbilder).
- **C: Große Heidelberger Liederhandschrift** (Universitätsbibliothek Heidelberg, cpg 848, auch Codex Manesse genannt): Die große Heidelberger Liederhandschrift ist die größte und prachtvollste Sammlung der mhd. Lyrik. Sie enthält auf 426 Pergamentblättern fast 6000 Strophen von 140 Dichtern. 137 Dichtern ist ein ganzseitiges Autorbild gewidmet. Der Grundstock ist um 1300 entstanden, Nachträge bis um 1330. Ohne diese Handschrift wäre ein Großteil der mhd. Lyrik heute unbekannt!

Ebenfalls von großer Bedeutung für die Überlieferung des Minnesangs ist die **Würzburger Liederhandschrift** mit der Sigle E (Universitätsbibliothek München, 2° cod. ms. 731; Hausbuch des Michael de Leone, 2. Bd.; ca. Mitte 14. Jh.). Sie enthält (neben anderen lateinischen und deutschen Texten) Lieder von Walther von der Vogelweide und Reinmar (insgesamt 376 Strophen).

Die Mehrzahl der erhaltenen Lyrik-Handschriften sind reine Textsammlungen, überliefern also keine **Melodien**. Dies gilt insbesondere für den Minne-

90 Ein Ausnahmefall ist die um 1230 entstandene Sammlung der *Carmina Burana* (München, Bayerische Staatsbibliothek, clm 4660/4660a). Die Handschrift enthält hauptsächlich lateinische (und einige altfranzösische) Texte, aber im Anhang zu ähnlich gebauten lateinischen Liedern finden sich auch 52 mittelhochdeutsche Strophen.

sang.[91] Nur zwei Handschriften aus dem 13. Jh. enthalten (zu ganz wenigen Liedern) linienlose Neumen (musikalische Schriftzeichen),[92] und das Münstersche Fragment Z (Staatsarchiv Münster, Ms VII, 51; 1. Hälfte 14. Jh.) enthält Noten zu fünf teilweise fragmentarischen Melodien. Erst seit dem Spätmittelalter (ab dem 15. Jh.) wurden vermehrt Melodien aufgezeichnet. Für die Sangspruchdichtung ist die Melodieüberlieferung hingegen deutlich besser, vor allem dank zweier Handschriften des 14. und 15. Jh.s: der **Jenaer Liederhandschrift J** (Jena, Thüringische Universitäts- und Landesbibliothek, Ms. El. f. 101; vor Mitte 14. Jh.?), einer großformatigen Prachthandschrift, die zu den meisten Sangsprüchen auch die Melodien enthält (insgesamt ca. 90 zum Teil fragmentarische Melodien), und der **Kolmarer Liederhandschrift** (München, Bayerische Staatsbibliothek, Cgm 4997; 2. Hälfte 15. Jh.), einer Meisterliederhandschrift mit über 100 Melodien zu überwiegend jüngeren Sangsprüchen. Die Meistersinger, die in der unmittelbaren Tradition der Sangspruchdichtung standen, haben viele Sangspruchtöne übernommen und mit neuen Texten versehen (= Kontrafakturen). Obschon in den deutschsprachigen Handschriften so gut wie keine Melodien zu den Minneliedern überliefert sind, können für einige Lieder die Melodien mit Hilfe der reichen Melodieüberlieferung zur romanischen Minnelyrik mit relativer Sicherheit rekonstruiert werden.[93] Denn die Dichter des Hohen Minnesangs haben (neben zentralen Motiven) vielfach auch die metrische Form und die dazugehörige Melodie von ihren romanischen Vorbildern übernommen. Dieses Produktionsverfahren bzw. dessen Ergebnis wird als **Kontrafaktur** (< lat. *contra* ‚gegen' + *facere* ‚machen') bezeichnet. Ein bekanntes Beispiel für eine Kontrafaktur ist das berühmte Lindenlied Walthers von der Vogelweide (*under der linden*, L 39,11).[94] Die verlorene Melodie lässt sich durch eine in zwei Trouvère-Handschriften zum anonymen Lied *En mai au douz tens nouvel* überlieferte Melodie (zumindest ungefähr) erschließen. So ist es zu erklären, dass es überhaupt Gesangsaufnahmen von Walthers Lindenlied gibt (siehe z. B. auf *youtube*). Hierbei zeigen sich bei den verschiedenen Sängern allerdings melodische Abweichungen, die durch den Unsicherheitsfaktor bei der Rekonstruktion der Melodie zu erklären sind.

---

91 Eine Ausnahme sind die Lieder Neidharts. Zu ihnen sind 56 (allerdings zum Teil unvollständige) Melodien in fünf Handschriften überliefert.

92 Neumen dienten lediglich als Gedächtnisstütze für diejenigen, die die Melodie kannten. In zwei Handschriften aus dem 13. Jh. finden sich linienlose Neumen: in der Handschrift der *Carmina Burana* (Cod. lat. Monacensis 4660; 1220/40; Sigle M) und in der Handschrift N (Stiftsbibliothek Kremsmünster cod. 127; frühes 14. Jh.).

93 Zu den Liedern der Troubadours sind rund 260 Melodien überliefert.

94 Die erste moderne Ausgabe der Lieder und Sprüche Walthers stammt von Karl Lachmann (Lachmann, Karl: Walther von der Vogelweide. Die Gedichte. Berlin 1827). Bei Verweisen auf Walthers Werke sind immer Seite und Zeile dieser Erstausgabe anzugeben (z. B. L 39,11).

2.2.2 Textgattungen/Werke/Verfasser

2.2.2.1 Epik

In der Zeit der mhd. Klassik waren zwei Gattungen vorherrschend: der **Höfische Roman** und (in deutlich geringerem Ausmaß) die **Heldenepik**. Beide werden im Weiteren in eigenen Abschnitten behandelt. Am Ende des Kapitels finden sich zusammenfassend Überblicke über die wichtigsten epischen Gattungen/Stoffe sowie über die wichtigsten klassischen Werke und deren Verfasser.

a) Der Höfische Roman

Zur Zeit der mhd. Klassik setzte sich zunächst die Adaptation französischer **Antikenromane** fort.[95] Die nach 1170 (bzw. nach 1172, also nach dem *Rolandslied*) entstandenen Antikenromane stehen am Übergang zwischen heroischem Epos und fiktionalem höfischem Roman. In ihnen zeigt sich deutlich eine Anpassung an die mittelalterlichen Lebensverhältnisse („Mediävalisierung")[96] und somit eine Tendenz zur Enthistorisierung bzw. Fiktionalisierung.[97] Die Protagonisten sind keine antiken Helden mehr, sondern höfische Ritter, die nach den Regeln des höfisch-ritterlichen Verhaltenskodex agieren. Die Antikenromane werden daher zur Gattung des Höfischen Romans gezählt.[98] Als der erste höfische Roman gilt die *Eneit*[99] (= Aeneide, Lied von Aeneas) Heinrichs von Veldeke,[100] ein Antikenroman von rund 13.500 Versen.[101] Mit diesem Werk setzte Veldeke formal, sprachlich und inhaltlich völlig neue Maßstäbe. So sagt z. B. Gottfried von Straßburg im Literaturexkurs des *Tristan* über den Dichter: *er impfete das erste*

---

95 Nur der afrz. Thebenroman (*Roman de Thèbes*) hat keinen deutschen Bearbeiter gefunden.

96 Zum Begriff der Mediävalisierung sowie zu den Antikenromanen im Allgemeinen siehe Lienert, Elisabeth: Deutsche Antikenromane des Mittelalters. Berlin 2001.

97 In den „historischen" Antikenroman" finden nun Themen wie Minne, Turniere, Hoffeste, ritterliche Zweikämpfe, höfische Normen usw. Eingang.

98 Zur Gattung des Höfischen Romans gehören antike Stoffe, Artusromane, Minne- und Gralromane.

99 Veldekes *Eneit* ist eine Bearbeitung einer afrz. Vorlage, dem *Roman d'Eneas*, von ca. 1160 (10.156 Verse). Im Vergleich zur altfranzösischen Vorlage hat Veldeke die Minnethematik stärker ausgebaut und detaillierte Schilderungen von höfischen Umgangsformen, der ritterlich-höfischen Gesellschaft und höfischen Zeremonien hinzugefügt.

100 Vor der *Eneit* hat Heinrich von Veldeke eine Verslegende über das Leben und Wirken des Heiligen Servatius, des Kirchenpatrons von Maastricht, verfasst. Der *Servatius* umfasst ca. 6000 Verse und ist nach einer lateinischen Vorlage entstanden. Zudem sind einige Minnelieder unter dem Namen Heinrich von Veldeke überliefert.

101 Ungewöhnlich sind die Entstehungsumstände der *Eneit*: Bereits um 1170 dürfte Veldeke mit der Arbeit begonnen haben, aber 1174, nachdem er mehr als zwei Drittel gedichtet hatte, wurde ihm das Manuskript entwendet. Erst neun Jahre später (1183) erhielt er es (durch Hermann von Thüringen) zurück und konnte sein Werk vollenden.

rîs in tiutscher zungen ‚er pflanzte das erste Pfropfreis in deutscher Sprache' (*Tristan*, V. 4738 f.).[102] Ein weiterer Antikenroman, das *Liet von Troie* von Herbort von Fritzlar (entstanden nach 1195),[103] hatte hingegen offenbar keine große Wirkung (darauf deutet zumindest die schlechte Überlieferung: nur eine erhaltene Handschrift).

Auf ein weitaus größeres Rezeptionsinteresse als der frz. Antikenroman (= *matière de Rome*), stieß ein fiktionaler keltischer Erzählstoff, die sog. ***matière de Bretagne***.[104] Hierzu gehören vorwiegend Erzählungen um den berühmten König Artus und die Ritter der Tafelrunde, also die **Artusromane**.[105] Die zentralen Themen sind Minne, ritterliche Âventiuren und höfische Verhaltensnormen. Die Protagonisten sind adelige Ritter,[106] die für den Erwerb von *lop und êre* (‚Ruhm und Ehre') Bewährungsproben (mhd. *âventiuren*)[107] bestreiten. Oftmals handelt es sich bei diesen um Herausforderungen wie ritterliche Zweikämpfe oder Kämpfe gegen unhöfische oder übernatürliche Gegner (wie Riesen, Zwerge, Unholde, Drachen oder Räuber). Mit dem Sieg des ritterlichen Helden erweist sich die höfische Gesellschaftsordnung mitsamt ihren Verhaltensnormen als überlegen bzw. wird bestätigt. Die Welt des Artusromans ist die des

---

102 Gottfried von Straßburg: *Tristan*. Mittelhochdeutsch/Neuhochdeutsch. Nach dem Text von F. Ranke mit Stellenkommentar und Nachwort hrsg. von R. Krohn, Bd. 1–2 (Text), Bd. 3 (Kommentar). Stuttgart 1998–2001.

103 Das Werk ist ebenfalls die Bearbeitung einer altfranzösischen Vorlage. Bei dieser handelt es sich um den 1165 für den anglonormannischen Königshof verfassten *Roman de Troie* Benoîts de Sainte-Maure (über 30.000 Verse). Herbort von Fritzlar hat seine Vorlage um ca. die Hälfte gekürzt – ein absoluter Ausnahmefall in der mhd. Literaturgeschichte!

104 Zur Einteilung in die verschiedenen Stoffkreise nach Jean Bodel siehe Kap. II.2.1.2.1, Anm. 60.

105 Die Artusromane haben nur ganz sporadische historische Wurzeln: So geht die Figur des Königs Artus möglichweise zurück auf einen keltischen Heerführer (*dux bellorum*), der um 500 gegen die in England einfallenden Sachsen kämpfte. Die frühesten Geschichtsschreibungen (u. a. die *Historia ecclesiastica gentis Anglorum*, um 731, und die *Excidio et Conquestu Britanniae*, Mitte 6. Jh.) erwähnen Artus jedoch nicht namentlich. Erst in der *Historia Brittonum* des Nennius (um 840) kommt ein Heerführer namens Artus vor.

106 Der Begriff *ritter* (oder *rîter*) ist eine Neubildung, die seit der 2. Hälfte des 11. Jh.s belegt ist. Ursprünglich bezeichnete sie meist den einfachen (unfreien) Reiterkrieger (vgl. lat. *miles*). Im Laufe der Zeit hat das Wort (wie auch lat. *miles* und frz. *chevalier*) eine deutliche Bedeutungsverbesserung erfahren und seine militärische Bedeutung nach und nach verloren. Im 12. Jh. wurde es unter Einfluss der Kreuzzüge ethisch-religiös aufgeladen (siehe *miles christianus* ‚Soldat Gottes'). Seit dem Ende des 12. Jh.s ist der Begriff *ritter* zu einem Adelsprädikat und zu einem Zentralbegriff der Höfischen Literatur geworden.

107 Âventiuren kommen entweder von außen (d. h. durch schicksalshafte Fügung) auf den Helden zu (im Sinne von lat. *adventura* ‚das, was geschehen wird') oder werden von ihm gesucht (Motiv der *Queste;* afrz. *queste* bzw. *quête* ‚Suche').

Märchens, weitestgehend frei von aller Historizität und jeglichem Realitätsbezug. So gehören eine märchenhafte Topographie, verzauberte Burgen, wundersame Figuren wie Feen und Zauberer, verzauberte Gegenstände wie Zauberringe, Zaubersalben, Zauberbrunnen usw. zum typischen Motivinventar.

Die Gattung des Artusromans ist um 1160 in Frankreich entstanden. Als ihr Begründer gilt **Chrétien de Troyes** (1135–1188). Stoff- und motivgeschichtlich konnte Chrétien auf bereits vorhandenes Material zurückgreifen, vor allem auf die lateinische *Historia Regum Britanniae* (‚Geschichte der Könige Britanniens') von Geoffrey of Monmouth (1136) und deren anglonormannische (altfranzösische) Bearbeitung, den *Roman de Brut* von Wace (1155). Geoffreys *Historia Regum Britanniae* ist eine phantasiereich ausgeschmückte Pseudogeschichtsschreibung über die Geschichte der britischen Könige, entstanden im Dienste des anglonormannischen Hofes. Bei Wace kommen neue Motive (wie z. B. das für die Artusromane so zentrale Motiv der Tafelrunde) hinzu. Überdies hat Chrétien aus vorliterarischen, mündlich überlieferten keltischen Erzählungen geschöpft. In seinen Artusromanen verlegt er die Handlung in eine rein fiktionale und idealisierte ritterliche Welt, die dem höfischen Zeitgeist entspricht, und gestaltet Artus um zu einem idealen,[108] überwiegend passiven König.[109] Die eigentlichen Akteure sind die besten Ritter der Welt, die er an seinem Hof versammelt, die Ritter der Tafelrunde. Zu ihnen gehören u. a. Gawein, Lancelot, Parzival, Iwein, Erec und Keie (der das Amt des Truchsessen[110] am Artushof inne hat). Artus regiert als *primus inter pares*, als ‚erster unter Gleichen', was symbolisch durch das Motiv der Tafelrunde ausgedrückt wird. Insgesamt sind von Chrétien fünf Artusromane überliefert: *Erec et Enide* (um 1160), *Cligès* (1165–1170), *Yvain* (*Le Chevalier au Lion*, um 1170), *Lancelot* (*Le Chevalier de la Charrette*, ca. 1177–1181) und der *Conte du Graal* (um 1180).[111] Mit Ausnahme des *Lancelot* (*Le Chevalier de la Charrette*) sind alle in der Zeit der mhd. Klassik von deutschen Dichtern bearbeitet worden: *Erec et Enide* sowie der *Yvain* von **Hartmann von Aue** und der *Conte du Graal* von **Wolfram von Eschenbach.**[112]

---

108 Mitunter zeigt die arthurische Idealität allerdings bereits erste Risse (z. B. im *Iwein* und im *Parzival*).

109 Eine Ausnahme ist der *Cligès*, wo Artus als kämpfender König auftritt.

110 Das Amt des Truchsessen (mhd. *truhsæze*) gehört zu den vier hohen Hofämtern. Der Truchsess hatte ursprünglich die Oberaufsicht über die fürstliche Tafel. Im Laufe der Zeit kamen weitere einflussreiche Funktionen hinzu.

111 Überdies gibt es Hinweise auf weitere Werke Chrétiens (darunter eine Erzählung von Tristan und Isolde und Bearbeitungen von Ovids Metamorphosen), von denen aber keines erhalten ist. Ein Abenteuerroman, der *Guillaume d'Angleterre* von einem ansonsten unbekannten Verfasser namens Chrestien, wurde früher fälschlicherweise Chrétien de Troyes zugeschrieben.

112 Auch vom *Cligès* gab es mhd. Bearbeitungen (von Konrad Fleck und Ulrich von Türheim). Doch von ihnen ist nichts (oder so gut wie nichts) erhalten.

Charakteristisch für den Artusroman chrétienscher Prägung ist sein Aufbauschema, das in der germanistischen Forschung als **Doppelwegstruktur** bzw. **doppelter Kursus** (HUGO KUHN) bezeichnet wird.[113] Die Handlung, der Âventiurenweg des Protagonisten, ist zweigeteilt. Im ersten Handlungsteil (**1. Kursus**) bricht der Ritter vom Artushof auf und gelangt rasch zu großer Ehre (u. a. erwirbt er die Hand und das Land einer adeligen Dame). Dieser schnelle Aufstieg erweist sich jedoch als ein bloß scheinbares Glück von nur kurzer Dauer. Denn durch eine Verfehlung verliert der Held plötzlich seine Ehre, stürzt in eine tiefe Krise und scheidet (vorübergehend) aus der Gemeinschaft der Artusritter aus. In einem zweiten – ungleich längeren – Handlungsteil (**2. Kursus**) durchläuft er verschiedene (auf seine frühere Verfehlung bezogene) Bewährungsproben, deren Schwierigkeitsgrad sich zunehmend steigert. Er kämpft nun nicht mehr nur für die eigene *êre*, sondern für die Gesellschaft (Hilfeleistung für Andere). So wird er auf den verschiedenen Stationen seines Âventiurenweges zu einem innerlich Gewandelten und gewinnt nach und nach seine Ehre und somit auch das Ansehen der höfischen Gesellschaft zurück. Am Ende steht – nach seiner Reintegration in den Artushof – das dauerhafte Glück (happy end). Der zweite Handlungsteil ist wiederum untergliedert in zwei Âventiurenreihen, in deren Mitte eine **Zwischeneinkehr** am Artushof steht. Der ritterliche Held hat sich an diesem Punkt der Handlung bereits soweit rehabilitiert, dass ihn die elitäre Gemeinschaft der Artusritter wieder (zumindest kurzzeitig) in ihrer Mitte aufnimmt. Doch mit der zweiten Âventiurenreihe folgen noch weitere, eigens auf ihn zugeschnittene (und im Schwierigkeitsgrad nochmals gesteigerte) Bewährungsproben. Den Höhepunkt bildet in der Regel eine Schlussâventiure, die eigens für den Helden bestimmt ist. In dieser wird er zum Erlöser einer ganzen Gesellschaft und beweist so endgültig, dass er sein früheres Fehlverhalten überwunden und sich innerlich gewandelt hat. Die Doppelwegstruktur mit den Stationen rascher Aufstieg – Krise – langwieriger erneuter Aufstieg – dauerhaftes Glück ist wichtig für das Verständnis des Artusromans. Der Ritter durchläuft geradezu modellhaft ein pädagogisches Programm. In den Stationen seines Âventiurenweges spiegelt sich seine innere „Entwicklung." Dementsprechend bezeichnet WALTER HAUG diese sinnvermittelnde Struktur des klassischen Artusromans als **„Symbolstruktur."**[114] Chrétien selbst nennt das von ihm entwi-

113 Siehe Kuhn, Hugo: *Erec* (1948). In: Kuhn, Hugo und Cormeau, Christoph (Hrsg.): Hartmann von Aue. Darmstadt 1973, S. 17–48.

114 Haug, Walter: Die Symbolstruktur des höfischen Epos und ihre Auflösung bei Wolfram von Eschenbach. In: Deutsche Vierteljahrsschrift für Literaturwissenschaft und Geistesgeschichte, Bd. 45 (1971), S. 668–705.

ckelte Strukturschema im Prolog zu seinem *Erec et Enide* (V. 9 ff.) eine *molt bele conjointure* (‚sehr schöne Zusammenfügung'):

Por ce dist Crestiiens de Troies,
Que reisons est que totes voies
Doit chascuns panser et antandre
A bien dire et a bien aprandre,
Et tret d'un conte d'avanture
Une molt bele conjointure, (...)

Deshalb erklärt Chrétien de Troyes, daß es jedenfalls vernünftig ist, (10) wenn jeder sein Denken und Bemühen darauf richtet, gut zu erzählen und gut zu belehren, und er stellt aus einer Abenteuergeschichte eine sehr schön geordnete Erzählung zusammen.

(Text und Übersetzung aus: Chrétien de Troyes. Erec und Enide, übersetzt und eingeleitet von I. Kasten. München 1979).[115]

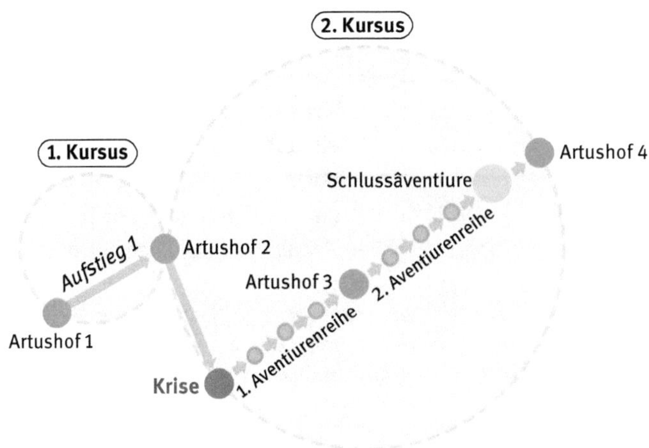

Abb. 20: Das Doppelwegschema des klassischen Artusromans (sog. ‚Doppelter Kursus').

Allerdings findet sich das Doppelwegschema in idealtypischer Weise nur im ersten Artusroman, dem *Erec* (bzw. *Erec et Enide*). In den späteren Artusromanen, wie dem *Iwein (*bzw. *Yvain)* oder dem *Parzival* (bzw. *Conte du Graal*), zeigen sich bereits signifikante Abweichungen:[116] So gibt es z. B. in beiden Werken neben dem Artushof noch ein weiteres Zentrum (wo auch die Handlung endet):

115 Chrétien de Troyes. Erec und Enide. Klassische Texte des Romanischen Mittelalters in zweisprachigen Ausgaben, Bd. 17, übersetzt und eingeleitet von Ingrid Kasten. München 1979, S. 12 f.

116 Auch in dem um 1210(?) entstandenen *Lanzelet* Ulrichs von Zatzikhoven findet sich das Doppelwegschema nicht. Im Epilog gibt Ulrich an, eine unbekannte französische Vorlage, ein *welsches buoch* (V. 9341), übersetzt zu haben.

Im *Iwein* (bzw. *Yvain*) das Reich der Laudine[117] und im *Parzival* (bzw. *Conte du Graal*) das Gralsreich, wohin man nur durch göttliche Berufung gelangen kann. Dennoch wird der *Iwein* (bzw. *Yvain*) zu den klassischen Artusromanen gezählt. Der *Parzival* (bzw. *Conte du Graal*) ist hingegen eine Mischung von Artus- und Gralroman.

Aufgrund seines keltischen Ursprungs zählt auch der Tristan-Stoff zur *matière de Bretagne*. Um 1210 hat Gottfried von Straßburg seinen ***Tristan*** nach einer altfranzösischen (nur fragmentarisch überlieferten) Vorlage, dem Tristanroman des Thomas von Britannien, verfasst. Gottfrieds *Tristan* weist zwar inhaltliche (und strukturelle) Parallelen zum arthurischen Roman auf, ist aber kein Artusroman, sondern ein **höfischer Minneroman.** Die für den klassischen Artusroman so charakteristische Doppelwegstruktur findet sich hier nicht, ebensowenig die Figur des Königs Artus oder der Artushof.

Die Form des Höfischen Romans (Antikenroman, Artusroman, Minneroman oder Gralroman) ist der **vierhebige Reimpaarvers** (eine Ausnahme ist der *Titurel* Wolframs von Eschenbach). Herrschten im frühhöfischen Roman noch unreine Reime (Assonanzen) vor, wird in der Zeit der mhd. Klassik (vor allem durch Hartmann von Aue) der reine Reim zur Norm.

Mit zunehmendem Selbstbewusstsein nennen die Dichter ihren Namen.[118] So sagt z. B. Hartmann von Aue im Prolog des *Armen Heinrich* über sich selbst:

Ein ritter sô gelêret was,
daz er an den buochen las,
swaz er dar an geschriben vant:
*der was **Hartmann** genannt,*
*dienstman was er **zeOuwe**.*

(aus: Hartmann von Aue, Der Arme Heinrich, hg. von H. Paul, neu bearbeitet von K. Gärtner. 18., unveränderte Auflage. Berlin/New York 2010, S. 1).

Ein Ritter, der so gebildet war, dass er alles,
was er in den Büchern geschrieben fand, las.
Er hieß Hartmann
und war ein Ministeriale zu Aue.

Anmerkung

mhd. *dienestman* ‚Ministeriale' bezeichnet eine Gruppe von rechtlich Unfreien mit hohem sozialem Status. Dieser ergibt sich aus der zentralen Funktion der Ministerialen in der Hofverwaltung sowie in der Landesverteidigung (siehe hierzu auch Kap. VI.2).

---

117 Im Laudinereich (nicht am Artushof!) findet auch (entgegen des klassischen Doppelwegschemas) die Zwischeneinkehr statt.

118 Wolfram von Eschenbach nennt gleich mehrfach seinen Namen, im *Parzival* und im *Willehalm*.

Die herausragendsten Dichter Höfischer Romane sind (nach Heinrich von Veldeke): **Hartmann von Aue** (der neben zwei Artusromanen auch zwei kürzere Verserzählungen verfasst hat), **Wolfram von Eschenbach** und **Gottfried von Straßburg**. Ihre Werke zählen zu den Höhepunkten der deutschen Literatur.[119] Im Weiteren werden sie und ihre epischen Werke kurz vorgestellt.[120]

Hartmann von Aue

Laut eigener Aussage im Prolog des *Armen Heinrich* (siehe oben) war Hartmann ein Ministeriale mit klerikaler Bildung. Urkundlich ist er, wie die meisten der mittelhochdeutschen Dichter, nicht bezeugt, aber seine Schaffenszeit dürfte von 1180 bis 1200/1210 reichen. Im Literatur-Exkurs des *Tristan* (um 1210) wird sein Name unter den lebenden Dichtern genannt (V. 4621–4635), Heinrich von dem Türlin beklagt hingegen in seiner ungefähr ein Jahrzehnt später entstandenen *Crône* Hartmanns Tod (V. 2372–2437). Zu Beginn seines Schaffens steht das sog. ***Büchlein*** (auch *Klage* genannt, nicht zu verwechseln mit der gleichnamigen Fortsetzung des *Nibelungenliedes*), ein allegorisches Streitgespräch zwischen *herze* und *lîp* nach einer verlorenen Vorlage. Vier weitere epische Werke folgen: Der ***Erec*** (um 1180/85) ist der erste deutsche Artusroman – eine (freie) Bearbeitung von Chrétiens de Troyes *Erec et Enide* (um 1160/70). Um 1200 hat Hartmann einen weiteren Artusroman, den ***Iwein*** nach Chrétiens *Yvain* (*Le Chevalier au Lion*), gedichtet. Dazwischen sind die beiden kürzeren religiös geprägten Verserzählungen, der ***Gregorius*** und der ***Arme Heinrich***, entstanden.[121] Beide lassen sich nicht einfach einer bestimmten Gattung zuordnen, da sie einerseits der Legende nahestehen, andererseits aber auch inhaltliche und strukturelle Gemeinsamkeiten mit dem Artusroman aufweisen. Diese bis dahin unbekannte Gattungsform wird daher von der mediävistischen Forschung mitunter als **ritterlich-höfische** oder **höfische Legende** bezeichnet.[122] In beiden Fällen stammt die Vorlage nicht von Chrétien de Troyes.

---

119 Hierzu zählt auch das von einem unbekannten Dichter verfasste *Nibelungenlied* (siehe hierzu den Abschnitt zur Heldenepik).

120 Bei den Inhaltsangaben erfolgt – angesichts des mitunter beträchtlichen Umfangs der Texte (siehe z. B. den *Parzival* mit mehr als 24.000 Versen) – vorwiegend eine stichwortartige Aufzählung der wichtigsten Handlungselemente. Für einen detaillierteren Überblick sei auf einschlägige Literaturgeschichten verwiesen (siehe hierzu Kap. II.4).

121 Für Hartmanns epische Werke wird gemeinhin (vorwiegend aus stilistischen Gründen) folgende chronologische Reihenfolge angenommen: *Klage* (ca. 1180) – *Erec* - *Gregorius* – *Armer Heinrich* – *Iwein*.

122 Daneben gibt es weitere (meist kombinierte) Gattungszuordnungen, bei denen der Legendenbegriff meist überwiegt.

Der *Gregorius* ist nach der afrz. *Vie du pape Saint Grégoire* (Mitte 12. Jh.; unbekannter Verfasser) entstanden, der *Arme Heinrich* nach einer unbekannten lateinischen (?) Vorlage.[123]

Inhaltsüberblicke über Hartmanns Artusromane und (ritterlich-)höfische Legenden:

Erec

1. Handlungsteil: Erec, ein noch junger Ritter am Artushof, wird durch den Zwerg des Ritters Ider beleidigt (Geißelschlag). Um diese Schmach zu rächen, verfolgt er den Ritter und kommt nach Tulmein, wo er Herberge beim verarmten Grafen Koralus nimmt und die Hand von dessen Tochter Enite erhält. Im Sperberkampf siegt Erec über Ider und erringt so den Schönheitspreis für Enite. Gemeinsam reiten beide zum Artushof, wo ihre Hochzeit gefeiert wird. Nach der Herrschaftsübernahme in Karnant beginnt Erec sich zu *verligen* (nhd. ‚verliegen', d. h. er verbringt fast den ganzen Tag mit seiner Frau im Bett, anstatt seine Herrscherpflichten zu erfüllen). Der Hof wird daraufhin *aller vreuden bar* (nhd. ‚aller Freude ledig' = Krise des Helden).

2. Handlungsteil: Erec bricht heimlich gemeinsam mit Enite zu einer Âventiurefahrt auf und bestraft sie hart (u. a. verbietet er ihr, das Wort an ihn zu richten). Unterwegs müssen sie schwere Bewährungsproben bestehen: Angriffe von Räubern, die Begegnung mit einem Grafen, der Enite begehrt, und der Kampf gegen den Zwergenkönig Guivreiz. Jedes Mal verstößt Enite gegen das Schweigegebot. Auf eine kurze Zwischeneinkehr am Artushof folgen weitere (hinsichtlich ihres Schwierigkeitsgrades gesteigerte) Bewährungsproben: Erec befreit einen Ritter aus der Gewalt zweier Riesen (Cadoc-Episode) und flieht mit Enite (nach seinem Scheintod) vor dem zudringlichen Grafen Oringles (Limors-Episode). Auf ihrer gemeinsamen Flucht kommt es zur Versöhnung zwischen Erec und Enite. In einem erneuten Zweikampf gegen den Zwergenkönig Guivreiz (Kampf der Inkognito-Gegner) unterliegt Erec erstmalig. In der Schlussâventiure (*Joie de la court*) erlöst Erec mit seinem Sieg über Mabonagrin die gesamte Hofgesellschaft von Brandigan und gibt ihr die verlorene Hofesfreude zurück. Der Roman endet mit Erecs Rückkehr an den Artushof und seiner Krönung in Karnant, wo er fortan hohes Ansehen genießt (10.135 Verse).

Iwein

1. Handlungsteil: Am Artushof erfährt Iwein von einer lange zurückliegenden missglückten Âventiure seines Verwandten Kalogrenant und bricht daraufhin heimlich auf, um diese erfolgreich zu beenden. Wie einst Kalogrenant gelangt er zu einem magischen Brunnen, löst mit dem Begießen des Steins ein gewaltiges Unwetter aus und kämpft gegen Askalon, den Hüter des Brunnens. Im Zweikampf gegen ihn erweist sich Iwein als der Überlegene und verfolgt den tödlich verwundeten Askalon bis in dessen Burg. Vom herabfallenden Falltor wird Iweins Pferd durchtrennt, er selbst wird unverletzt im Burghof eingeschlossen. Dort trifft er auf Lunete, die Zofe der Burgherrin Laudine, und erhält von ihr einen unsichtbar machenden Zauberring. Als Iwein die um ihren Gatten trauernde Laudine erblickt, entbrennt er in Liebe zu ihr. Mit Lunetes Hilfe kommt es schließlich zur Hochzeit, und Iwein erhält die Herrschaft über das Brunnenreich. Es folgt die Ankunft von Artus und seinem Gefolge im Brunnenreich. Auf Drängen seines Freundes Gawein erbittet

123 Überdies sind unter dem Namen Hartmann von Aue einige Minne- und Kreuzlieder überliefert (siehe hierzu Kap. II.2.2.2.2).

Iwein von Laudine die Erlaubnis, auf Âventiurefahrt ziehen zu dürfen und verspricht, spätestens vor Ablauf eines Jahres zurückzukehren. Doch er versäumt diese Jahresfrist und wird deswegen vor der Artusgesellschaft von Lunete verflucht (= Krise des Helden). **2. Handlungsteil:** Iwein begibt sich in die Wildnis, wird wahnsinnig und verliert so seine Identität. Die Dame von Narison heilt ihn mit einer Zaubersalbe. Aus Dankbarkeit kämpft Iwein daraufhin siegreich gegen den Grafen Aliers, der Ansprüche auf das Land der Dame von Narison erhebt. Die ihm angetragene Landesherrschaft lehnt er ab und bricht überstürzt auf. Nachdem er einen Löwen vor einem Drachen gerettet hat, bleibt dieser stets treu an seiner Seite, und Iwein wird fortan „der Ritter mit dem Löwen" genannt. Es folgen zahlreiche (zeitlich ineinander verschachtelte) Âventiuren, in denen Iwein seine Zuverlässigkeit (Einhalten von Verpflichtungen) unter Beweis stellen muss. So hilft er seinem Gastgeber im Kampf gegen den Riesen Harpin, rettet (unerkannt als Löwenritter) Lunete, die seinetwegen des Verrats bezichtigt wird, durch einen Sieg im Gerichtskampf vor dem Tod auf dem Scheiterhaufen und befreit auf der Burg zum Schlimmen Abenteuer dreihundert in einem Arbeitshaus eingesperrte adelige Damen mit seinem Sieg über zwei Riesen. Im Gerichtskampf am Artushof vertritt er die jüngere Tochter des Grafen vom Schwarzen Dorn in einem Erbstreit gegen ihre ältere Schwester. Unerkannt kämpft er gegen Gawein, bis der Artushof seine wahre Identität erkennt. Heimlich zieht er erneut vom Artushof aus und begibt sich in das Reich Laudines, wo es ihm schließlich mit der Hilfe von Lunete gelingt, Laudines Huld zurück zu gewinnen (8166 Verse).

Gregorius

Gregorius (oder: die Geschichte vom *guoten sündære*) handelt von einem doppelten Inzest. Nach seiner Geburt wird Gregorius, die Frucht eines Inzests zwischen Bruder und Schwester (den Kindern des Herzogs von Aquitanien), auf dem Meer ausgesetzt. Durch göttliche Fügung gelangt er zu einer Klosterinsel, wo er die ersten Jahre bei einem Fischer aufwächst. Im Alter von 6 Jahren wird er in der Klosterschule aufgenommen. Nachdem er von seiner adeligen Abkunft erfahren hat, verlässt er das Kloster, um Ritter zu werden. Er gelangt nach Aquitanien, befreit die Landesherrin aus einer Bedrängnis und erhält daraufhin ihre Hand sowie die Herrschaft über das Land, nicht wissend, dass es sich um seine Mutter handelt. Als beide von der unwissentlich begangenen Inzestsünde erfahren, zieht sich Gregorius zur Buße auf einen einsamen Felsen zurück. Dort lebt er 17 Jahre lang angekettet und ohne Nahrung, bis er zum Papst erwählt wird (ca. 4006 Verse).

Armer Heinrich

Der adelige Herr Heinrich wird von Gott mit Aussatz gestraft. Daraufhin wendet er sich vom höfischen Leben ab und zieht sich auf den Hof seines Meiers zurück. Laut Auskunft der Ärzte könne er nur geheilt werden, wenn eine Jungfrau bereit sei, freiwillig ihr Leben für ihn zu opfern. Die Tochter des Meiers ist entschlossen, dieses Opfer zu erbringen. Doch im letzten Moment lehnt der Heinrich beim Anblick des unschuldigen Mädchens dieses Opfer ab und wird daraufhin durch Gottes Gnade vom Aussatz geheilt. Nach der Heirat mit der Meierstochter erwerben beide das ewige Seelenheil (1520 Verse).

Wolfram von Eschenbach

Der höchste Rang unter den Epikern des deutschen Mittelalters kommt Wolfram von Eschenbach (ca. 1170–1220) zu. Bereits Wirnt von Grafenberg, ein Zeitgenosse Wolframs, sagte über ihn: *leien munt nie baz gesprach* (‚Kein Laie hat jemals besser gedichtet‘, *Wigalois*, V. 6346). Von Wolfram sind drei epische Werke überliefert.[124] Alles, was wir über ihn zu wissen glauben, entstammt seinen Werken (v. a. seinen zahlreichen Erzählerkommentaren).

Der ***Parzival*** (1200/1210) ist ein Artus- bzw. Gralroman von fast 25.000 Versen. Die Einteilung der Handlung in 16 Bücher stammt von KARL LACHMANN.[125] Zusätzlich ist das Werk in Abschnitte von je 30 Versen (sog. Dreißiger) untergliedert.[126] Wolframs Hauptquelle ist der ***Conte du Graal*** von Chrétien de Troyes (1180/1190; 9234 Verse). Wolfram hat eine Vorgeschichte (Buch I–II) hinzugefügt, weite Teile der Handlung umgeformt und die bei Chrétien unvollendete Handlung zu einem Abschluss gebracht. Der *Parzival* ist in zweifacher Hinsicht ein Doppelroman. Zum einen gibt es zwei Protagonisten, Parzival und Gawan. Deren Âventiuren verlaufen parallel, sind aber immer wieder ineinander verschachtelt. Insgesamt gibt es drei Parzival-Partien (Buch III–VI, IX und XIV–XVI) und zwei Gawan-Partien (Buch VII–VIII und X–XIV).[127] Zum anderen gibt es zwei räumliche Zentren, den Artushof und die religiös-transzendentale Welt des Grals mit der Gralsburg Munsalvæsche.

Der ***Willehalm*** (1210/1220; knapp 14.000 Verse) ist kein Höfischer Roman, sondern eine (freie) Bearbeitung der afrz. *Bataille d'Aliscans*, einer Chanson de geste aus dem Wilhelmszyklus (*cycle de Guillaume*). Er wird daher im Abschnitt zur Heldenepik eingehend behandelt.

Der ***Titurel***[128] (nach 1217; möglicherweise entstanden zwischen dem *Parzival* und dem *Willehalm*) ist eine Vorgeschichte zu den Sigune-Szenen im *Parzival*. Erzählt wird die Geschichte des Liebespaares Sigune und Schionatulander. Das Werk ist ausnahmsweise nicht in vierhebigen Reimpaarversen verfasst, sondern in Strophenform (sog. Titurelstrophe), was auf einen gesanglichen Vortrag deutet. Eine Vorlage für den *Titurel* ist nicht bekannt. Möglicherweise handelt es sich um eine von Wolfram frei erfundene Dichtung (ein absolutes Novum!), gedacht als Einschub bzw. Einschübe in den *Parzival*. Erhalten sind nur zwei Fragmente von insgesamt 164 Strophen.

---

124 Zudem sind unter seinem Namen neun Lieder überliefert (siehe hierzu Kap. II.2.2.2.2).

125 Lachmann orientierte sich bei seiner Einteilung in 16 Bücher vorwiegend an den Großinitialen in der St. Galler Handschrift D (von den insgesamt 24 Großinitialen dieser Handschrift ließ er allerdings 8 unberücksichtigt).

126 Auch bei der Einteilung in Dreißiger-Abschnitte hat sich Lachmann auf die Gliederung in der St. Galler Handschrift gestützt, wo von Beginn des V. Buches an weitgehend regelmäßig alle 30 Verse eine Kleininitiale steht.

127 Das XIV. Buch ist zu einer Hälfte ein Gawan-Buch, zur anderen ein Parzival-Buch.

128 Benannt ist das Werk nach dem ersten vorkommenden Namen, Titurel.

Inhaltsüberblick über den *Parzival*:

Buch I–II: Prolog und Vorgeschichte
Prolog – Geschichte von Parzivals Eltern Gahmuret und Herzeloyde: Gahmurets Orientfahrt – Hochzeit von Gahmuret und Belakane – Geburt des Feirefiz – das Turnier vor Kanvoleiz – Hochzeit von Gahmuret und Herzeloyde – Gahmurets Tod im Orient – Rückzug der schwangeren Herzeloyde in die Einöde Soltane.

Buch III–VI: 1. Parzival-Partie
Parzivals Geburt und seine Jugendzeit in Soltane fernab von ritterlichem Leben – seine Begegnung mit vier Rittern und sein Ritt zum Artushof – Tod Herzeloydes – 1. Jeschute-Begegnung – 1. Sigune-Begegnung: Parzival erfährt seinen Namen – Zweikampf Parzivals gegen den Roten Ritter Ither – Parzival tötet Ither und legt sich dessen Rüstung an – Parzival am Artushof – höfisch-ritterliche Erziehung bei Gurnemanz – Sieg über die Belagerer von Pelrapeire und Hochzeit mit Condwiramurs – die Gralsburg Munsalvæsche: Gralsaufzug und Frageversäumnis – 2. Sigune-Begegnung – 2. Jeschute-Begegnung – Blutstropfenszene – Parzivals Aufnahme in die Tafelrunde – Verfluchung durch die Gralsbotin Cundrie – Parzival begibt sich auf Gralssuche und kündigt Gott den Dienst auf – Gawan bricht zum Gerichtskampf nach Schampfanzun auf.

Buch VII–VIII: 1. Gawan-Partie
Gawan in Bearosche – Sieg als Obilots Minneritter im Kampf gegen König Meljanz von Liz – Ankunft in Schampfanzun: amouröses Abenteuer mit Antikonie, der Schwester des Königs Vergulaht – Angriff der Stadtbewohner und Vergulahts – Aufschub des Gerichtskampfes – Gawan macht sich auf die Suche nach dem Gral.

Buch IX: 2. Parzival-Partie
Fast fünf Jahre währt inzwischen Parzivals Suche nach dem Gral – 3. Sigune-Begegnung – Einkehr beim Einsiedler Trevrizent – Trevrizent klärt Parzival über seine Sünden auf, löst seinen *haz* gegen Gott und enthüllt ihm die Geheimnisse des Grals – als innerlich Gewandelter setzt Parzival seine Suche nach dem Gral fort.

Buch X–XIV: 2. Gawan-Partie
Gawan wird der Minneritter von Orgeluse von Logroys und muss in ihrem Dienst zahlreiche Herausforderungen bestehen – Schastel marveile: Erlösung der Burg und Gawans Begegnung mit seinen Verwandten mütterlicherseits – Zweikampfvereinbarung mit Gramoflanz – Minne zwischen Gramoflanz und Gawans Schwester Itonje – Orgeluses Wandlung → hier endet Wolframs afrz. Vorlage, Chrétiens de Troyes *Conte du Graal*.

Buch XIV–XVI: 3. Parzival-Partie
Wiederaufnahme Parzivals in die Tafelrunde – Parzivals Kampf gegen seinen Halbbrüder Feirefiz – Versöhnungsfest von Joflanze – Berufung zum Gralskönig – Cundrie führt Parzival und Feirefiz nach Munsalvæsche – Parzival stellt die erlösende Frage und wird neuer Gralskönig – Heilung des Gralskönigs Anfortas – Wiederbegegnung Parzivals mit Condwiramurs – Parzival lernt seine Söhne Loherangrin und Kardeiz kennen – 4. Sigune-Begegnung – Feirefiz' Taufe und Hochzeit mit der Gralsträgerin Repanse de Schoye – in Indien verbreiten beide den christlichen Glauben – Geburt ihres Sohnes, des späteren Priesterkönigs Johannes – Ausblick auf die Geschichte von Parzivals Sohn Loherangrin (Schwanenrittersage) – Epilog.

Gottfried von Straßburg

Gottfried selbst ist nicht urkundlich bezeugt, er dürfte aber um 1215 gestorben sein. Dass er lateinisch gebildet war, geht zweifelsohne aus seinem Œuvre hervor. Sein Hauptwerk ist der ***Tristan*** (um 1210), ein Höfischer Roman, der formal und sprachlich ganz neue Maßstäbe setzte.[129] Entstanden ist er nach einer anglonormannischen (altfranzösischen) Vorlage von **Thomas von Britannien**, von der nur Fragmente (insgesamt ca. 3400 Verse) erhalten sind. Das zentrale Thema ist die zwanghafte Minne (Ehebruchsminne) zwischen Tristan und Isolde, ausgelöst durch die Einnahme des Minnetranks. Mit Vers 19.548 bricht das Werk unvollendet ab.

Inhaltsüberblick über den *Tristan*:

Prolog (V. 1–244)/Vorgeschichte von Tristans Eltern (V. 245–1790):
Am Hof von König Marke, des Königs von Cornwall und England, verliebt sich Riwalin, der Herrscher von Parmenie, in Blanscheflur, die Schwester König Markes – bei einem heimlichen Treffen zwischen Riwalin und Blanscheflur wird Tristan gezeugt – Flucht nach Parmenie und Hochzeit von Riwalin und Blanscheflur – Tod Riwalins im Kampf gegen den Herzog Morgan – bei Tristans Geburt stirbt Blanscheflur vor Trauer.

Tristans Jugend und Schwertleite (V. 1791–5068):
Tristan wird nach dem Tod seiner Eltern vom Marschall seines Vaters, Rual li Foitenant, und dessen Frau Floraete aufgezogen – Tristan lernt Lesen und Schreiben sowie Fremdsprachen und Künste (höfische Ausbildung durch seinen Erzieher Kurvenal) – mit 14 Jahren wird er von Kaufleuten entführt und an der Küste Cornwalls, dem Land seines Onkels Marke, ausgesetzt - Tristan erfindet eine Lebensgeschichte und wird Jägermeister an Markes Hof – dank seiner vielseitigen Talente wird er zu einem beliebten Mitglied am Hof – nach dreieinhalb Jahren Wiedersehen mit Rual, der Tristan dessen wahre Identität enthüllt – Marke macht Tristan zu seinem künftigen Thronfolger – Tristans Schwertleite.

Heimreise nach Parmenie/Rache an Morgan/Kampf gegen Morold (V. 5069–7230):
Tristan tötet Morgan (Rache für den Tod seines Vaters) – Rückkehr zu Marke nach Cornwall – Kampf gegen den Riesen Morold, den Bruder der Königin Isolde von Irland, der eine jährliche Tributforderung gegen England eintreibt (Kindertribut) – Morolds Tod im Zweikampf gegen Tristan: ein Splitter von Tristans Schwert bleibt in Morolds Schädel stecken – Tristans Verwundung durch Morolds vergiftetes Schwert: allein Morolds heilkundige Schwester, die Königin Isolde von Irland, kann Tristan heilen.

Reise nach Irland/Tantris (V. 7231–8225):
Tristan reist nach Irland, wo er sich als Spielmann Tantris ausgibt – Nach seiner Heilung wird er zum Lehrer der jungen Isolde, der Tochter der Königin Isolde; Unterricht in Musik, Sprachen und *moraliteit* (Sittenlehre) – die junge Isolde findet in der Wunde ihres toten Onkels Morold den Splitter von Tristans Schwert.

---

129 Überdies sind unter seinem Namen Lieder bzw. Sprüche überliefert. Diese gelten jedoch zumeist als unecht.

Rückkehr nach Cornwall/Brautfahrt nach Irland/Kampf gegen den Drachen (V. 8226–11.366):
Nach Tristans Rückkehr nach Cornwall beginnen die Barone gegen ihn zu intrigieren – Marke beschließt, auf Drängen seiner Barone eine Frau zu nehmen – Tristan schlägt Isolde als geeignete Braut vor und reist als Markes Brautwerber nach Irland, das von einem Drachen heimgesucht wird – der König von Irland verspricht demjenigen, der den Drachen tötet, die Hand seiner Tochter Isolde – Tristan tötet den Drachen – die junge Isolde deckt Tristans wahre Identität als Mörder Morolds auf – durch ein Schutzversprechen der Königin Isolde bleibt Tristan am Leben – in einem Gerichtskampf gegen einen verleumderischen Truchsessen behauptet sich Tristan als Drachentöter – öffentliche Versöhnung zwischen Irland und England – Abreise mit der jungen Isolde (als Braut Markes) mit dem Schiff in Richtung Cornwall.

Minnetrank/Ehebruchsminne/Listen und Gegenlisten (11.367–16.402):
Die Königin Isolde fertigt einen Minnetrank an, der für Isolde und Marke bestimmt ist, und gibt ihn der Hofdame Brangäne mit – Durch ein Versehen nehmen Tristan und Isolde den Minnetrank ein und entbrennen in Liebe zueinander – vergeblich versuchen beide, sich aus den Fesseln der Minne zu befreien, doch diese siegt – beide geben sich auf der Überfahrt nachts ganz ihrer Liebe hin – um den Verlust ihrer Jungfräulichkeit vor Marke zu verbergen, nimmt Brangäne in der Hochzeitsnacht Isoldes Platz ein – Fortsetzung des Liebesverhältnisses am Hof Markes: mit einer Reihe von listenreichen Täuschungsmanövern gelingt es Tristan und Isolde, ihre zahlreichen Liebesbegegnungen vor Marke und der Hofgesellschaft zu verbergen: Entführung Isoldes durch Gandin, Bettgespräche zwischen Marke und Isolde, belauschtes Stelldichein, Mehlstreu-Episode. In der Baumgarten-Episode werden Tristan und Isolde von Marke in flagranti ertappt – Gottesurteil – das Zauberhündchen Petitcrü.[130]

Verbannung/Minnegrotte/Entdeckung (16.403–17.658):
Von Marke verbannt, fliehen Tristan und Isolde in eine Höhle, die der Liebe geweiht ist (Minnegrotte): *la fossiure a la gent amant*[131] – Speisewunder: Liebe als Nahrung – Tristan und Isolde führen ein Leben fernab der höfischen Gesellschaft – allegorische Auslegung der Grotte – Entdeckung der Liebenden.

Rückkehr und Trennung/Isolde Weißhand (V. 17.659–19.548):
Marke beschließt, Tristan und Isolde wieder am Hofe aufzunehmen – Fortsetzung der Heimlichkeiten – Tristan und Isolde leiden wegen der strengen Bewachung Liebesqualen – erneut entdeckt Marke den Ehebruch – Flucht Tristans – am Hof des Herzogs von Arundel lernt Tristan Isolde mit den weißen Händen (Isolde Weißhand) kennen – Tristan gerät in einen Konflikt mit seinen Gefühlen zu beiden Isolden. Abbruch der Erzählung nach V. 19.548.

---

130 Das Hündchen Petitcrü ist ein kleines, buntschillerndes Wunderwesen, das aus einem Feenreich stammt und über magische Kräfte verfügt (so kann es Liebesschmerz vergessen machen). Es hat eine rein symbolische Bedeutung im Werk (Symbol für die Minne).

131 Im gesamten Werk finden sich zahlreiche frz. Wörter und Wendungen. In der Minnegrottenepisode, in der Tristan und Isolde fernab von der höfischen Gesellschaft den Höhepunkt ihrer Liebesbeziehung erleben, treten sie deutlich gehäuft auf (Französisch als Sprache der Liebe bzw. der Liebenden).

b) Heldenepik

Noch deutlicher als in den früheren Epochen der deutschen mittelalterlichen Literatur ist zur Zeit der mhd. Klassik ein erstaunliches Phänomen zu beobachten: die Gleichzeitigkeit des Ungleichzeitigen. So sind in etwa zeitgleich mit der *matière de Bretagne*, also den Artusromanen und Gottfrieds *Tristan*, auch **Heldenepen** aus der Zeit der germanischen Völkerwanderung und der karolingischen Geschichte (Chansons de geste) entstanden. Aus dem ersten Jahrzehnt des 13. Jh.s stammen das ***Nibelungenlied*** und die ***Klage***, aus dem zweiten der ***Willehalm*** Wolframs von Eschenbach, eine freie Bearbeitung der afrz. *Bataille d'Aliscans*, einer Chanson de geste um den französischen Epenhelden Guillaume d'Orange (mhd. *Willehalm von Oransche*).

Die Heldenepen weichen nicht nur stoffgeschichtlich, sondern auch motivisch, strukturell und (im Falle des *Nibelungenliedes*) auch formal signifikant vom Höfischen Roman ab.[132] Sie berichten im Kern von historischen kriegerischen Ereignissen aus dem 4. bis 6. Jh. (*Nibelungenlied*[133] und *Klage*) bzw. aus dem Ende des 8. Jh.s (*Willehalm*)[134] und galten daher im Mittelalter als historisch. Im Laufe der jahrhundertelangen mündlichen Tradierung sind die historischen Ereignisse und Personen allerdings miteinander zu einem sog. *heroic age* verschmolzen. Dies soll anhand eines Beispiels aus dem *Nibelungenlied* verdeutlicht werden: Im *Nibelungenlied* sind Etzel und Dietrich von Bern Zeitgenossen. Doch der Hunnenkönig Attila (das historische Vorbild der Figur Etzel) ist bereits 453 gestorben, und der Ostgotenkönig Theoderich der Große (das historische Vorbild der Figur Dietrich von Bern) wurde erst 454, also einem Jahr **nach** Attilas Tod, geboren! In den Heldenepen werden im Unterschied zum Höfischen Roman nicht die Normen einer elitären Hofgesellschaft geschildert, sondern Rache, Intrigen und brutale Schlachten.

---

132 Zur Strophenform des *Nibelungenliedes* siehe den Abschnitt zum *Nibelungenlied* sowie Kap. VIII.1.2.

133 Zu dem im *Nibelungenlied* noch erkennbaren historiographischen Substrat: Wie u. a. die *Chronica Gallica* aus dem Jahr 452 belegt, hat es ein Burgundenreich am Mittelrhein unter König Gundaharius gegeben, das 436 von römischen Truppen (unter dem weströmischen Heerführer Aetius, nicht Attila!) vernichtet wurde. Die *Lex Burgundionun* (Anf. 6. Jh.) nennt die Namen der vier burgundischen Könige wie sie auch in der Nibelungensage vorkommen. Ebenfalls historisch belegte Personen bzw. Namen sind: *Etzel* = der Hunnenkönig Attila (die Namensform *Etzel* < Attila ist durch die 2. Lautverschiebung sowie den Primärumlaut zu erklären; siehe hierzu Kap. IV.3.1.1 und 3.2.2), dessen Bruder *Blœdelîn* = Bleda und *Dietrich von Bern* = Theoderich der Große. Auch die Brünhild-Siegfried-Sage (v. a. die Ermordung Siegfrieds) weist möglicherweise historische Spuren auf (siehe Ereignisse und Namen im Hause der merowingischen Könige des 6. Jh.s).

134 Siehe auch das frühmhd. *Rolandslied* des Pfaffen Konrad (Kap. II.2.1.2.1), eine Bearbeitung der afrz. *Chanson de Roland*.

Am Beispiel des ***Erec*** und des ***Nibelungenliedes*** sollen die (wichtigsten) gattungstypischen Unterschiede zwischen **Höfischem Roman** und **Heldenepik** verdeutlicht werden:

	Erec	*Nibelungenlied*
Stoffkreis	*matière de France* schriftliche Vorlage: *Erec et Enide* Fiktionalität	germanische Heldenepik mündlich tradierter Stoff Anspruch auf Historizität
Verfasser	Hartmann von Aue	anonym
Form	Höfische Reimpaarverse	Strophen (Langzeilen mit Zäsur) Gliederung in 39 Âventiuren
Erzählstil	mehrdimensional (Erzählerkommentare, Exkurse)	eindimensional mehr als 100 epische Voraus-deutungen auf das tragische Ende
Sprache	höfischer Wortschatz (z. B. *ritter*)	z. T. archaischer Wortschatz (z. B. *degen, wiegand, helt*) formelhafte Sprache
Zeitstruktur	keine Zeitangaben, (märchenhafte Zeitstruktur)	viele Zeitangaben (aber die Figuren bleiben alterlos)
Geographie	irreale, märchenhafte Geographie Artushof	überwiegend reale Ortsangaben (siehe z. B. die exakte Reisewegbeschreibung von Passau nach Wien) Höfe in Xanten, Worms, Ungarn
Protagonist	einzelner Artusritter „Entwicklung" zu einem vorbildlichen Ritter	meist ganze Völker keine „Entwicklung"
Inhalt	Zweikämpfe einzelner Ritter Normen einer elitären Hofgesellschaft	Kämpfe/Kriege/Schlachten ganzer Heere und Völker Mord, Intrigen, Rache
Struktur	Doppelwegstruktur happy end	Aneinanderreihung von Geschehnissen tragisches pessimistisches Ende

Das Nibelungenlied

Um 1200 ist (vermutlich in der Gegend um Passau) das ***Nibelungenlied***[135] entstanden, ein Heldenepos um den Helden Siegfried und den Untergang der Burgunden. Die stoffgeschichtlichen Wurzeln der Nibelungensage reichen zurück

---

135 Der Titel *Nibelungenlied* ist abgeleitet vom letzten Vers der Fassung *C (*daz ist der Nibelunge liet*). Der Schlussvers der Fassung *AB lautet hingegen: *diz ist der Nibelunge* ***nôt.***

bis in die Zeit der germanischen Völkerwanderung (375–568 n. Chr.), dem *heroic age* (Heldenzeitalter) der germanischen Heldensage. Der im Kern historische Stoff wurde jahrhundertelang in Form von kürzeren Heldenliedern mündlich tradiert (und zunehmend enthistorisiert), bis er über 700 Jahre später verschriftlicht und zu dem Heldenepos umgeformt wurde, das wir heute kennen. Im *Nibelungenlied* finden sich noch zahlreiche Hinweise auf die mündliche Tradierung. So heißt es gleich zu Beginn der ersten Strophe: *uns ist* ***in alten mæren*** *wunders vil* ***geseit*** (‚uns ist in alten Erzählungen von vielen ungewöhnlichen Ereignissen berichtet worden'). Das *Nibelungenlied* weist aber neben vorchristlichen, archaisch-heroischen Motiven auch Einflüsse der Zeit (und Literatur) um 1200 auf. Hierzu zählen u. a. Beschreibungen von höfischem Luxus (siehe z. B. die sog. Kleider- oder Schneiderstrophen), höfischen Umgangsformen und Zeremonien (Siegfrieds Werbung um Kriemhild, Kirchgänge, Botenfahrten, Empfänge, Feste u. a.). Auch die (zumindest im Kern) historischen Personen und Geschehnisse werden gewissermaßen höfisiert. So wird z. B. der wegen seiner brutalen Kriegsführung auch als „Geißel Gottes" bezeichnete historische Hunnenkönig Attila (= das historische Vorbild der Figur Etzel im *Nibelungenlied*), der in ganz Europa großen Schrecken verbreitet hatte, umgeformt zu einem friedliebenden König mit höfischen Umgangsformen (vgl. König Artus im Artusroman). Ein weiteres Beispiel ist der historische Ostgotenkönig Theoderich der Große (= das historische Vorbild der Figur Dietrich von Bern im *Nibelungenlied*): er wird von einem Usurpator zu einem Vertriebenen, der am Hof Etzels im Exil lebt.

Zur Form: Das *Nibelungenlied* ist in **39 Âventiuren** untergliedert (Âventiuren sind hier, anders als im Artusroman, kapitelartige Erzähleinheiten von unterschiedlicher Länge).[136] Die Âventiuren 1–19 (= 1. Handlungsteil) berichten von Siegfrieds Werbung und seiner Ermordung, die Âventiuren 20–39 (= 2. Handlungsteil) von Kriemhilds Rache und dem Untergang der Burgunden im Reich des Hunnenkönigs Etzel. Ein gattungstypisches Merkmal für die mhd. Heldenepik ist die Strophenform. In den drei Haupthandschriften des *Nibelungenliedes* (siehe die Handschriften A, B und C)[137] variiert die Anzahl der Strophen

---

136 Der Begriff mhd. *âventiure* meint hier also den Bericht von Âventiuren (Bericht über etwas, das sich ereignet hat). Eine weitere Bedeutung von mhd. *âventiure* ist literarische ‚Quelle'. Zu den Bedeutungen von *âventiure* siehe Kap. VI.2 sowie Müller, Wilhelm; Zarncke, Friedrich: Mittelhochdeutsches Wörterbuch. Mit Benutzung des Nachlasses von Georg Friedrich Benecke. 3 Teile in 4 Bänden. Leipzig 1854–66. Nachdruck Stuttgart 1990, hier: Bd. I, Sp. 67b–74a, „Âventiure".

137 Mit den Siglen ABC werden hier also nicht die drei Großen Liederhandschriften (siehe hierzu Kap. II.2.2.1) bezeichnet, sondern die drei Hauptüberlieferungsträger des *Nibelungenliedes*:
A = Hohenems-Münchener Handschrift (Bayer. Staatsbibliothek, cgm 34; letztes Viertel 13. Jh.)
B = St. Galler Handschrift (Stiftsbibliothek St. Gallen, Cod. Sang. 857; Mitte 13. Jh.)
C = Donaueschinger Handschrift (Badische Landesbibliothek Karlsruhe, cod. Donaueschingen 63; 2. Viertel 13. Jh.).

beträchtlich (A enthält 2316, B 2376 und C 2439 Strophen). Die *Nibelungenlied*-Strophe ist identisch mit der Kürenberger-Strophe, besteht also aus je vier Langzeilen mit jeweils einer Zäsur.[138] Dies lässt auf gesanglichen Vortrag (wahrscheinlich eine Art psalmodierenden Sprechgesangs) schließen. Zum Vergleich siehe jeweils die erste Strophe des Falkenlieds und des *Nibelungenliedes*:

Der von Kürenberg (Falkenlied)

Ich zôch mir einen valken
mêre danne ein jâr.
dô ich in gezamete,
als ich in wolte hân,
und ich im sîn gevidere
mit golde wol bewant,
er huop sich ûf vil hôhe
und vlouc in anderiu lant.

(aus: Des Minnesangs Frühling. Unter Benutzung der Ausgaben von K. Lachmann und M. Haupt, F. Vogt und C. von Kraus, bearbeitet von H. Moser und H. Tervooren. 38., erneut revidierte Auflage. Stuttgart 1988, S. 25).

Das *Nibelungenlied*

Uns ist in alten mæren
wunders vil geseit
von helden lobebæren,
von grôzer arebeit,
von fröuden, hôchgezîten,
von weinen und von klagen,
von küener recken strîten
muget ir nu wunder hœren sagen.

(aus: Das Nibelungenlied. Mittelhochdeutsch/Neuhochdeutsch. Nach der Handschrift B, hrsg. von U. Schulze, ins Neuhochdeutsche übersetzt von S. Grosse. Stuttgart 2010).

Überliefert ist das *Nibelungenlied* zumeist im Verbund mit der (wahrscheinlich) im ersten Jahrzehnt des 13. Jh.s von einem unbekannten Verfasser stammenden ***Klage***. Hierbei handelt es sich um eine handlungsarme Fortsetzung und Deutung des *Nibelungenliedes* mit deutlich christlich-moralischen Untertönen, die sich einer eindeutigen Gattungszuordnung entzieht. Die *Klage* wurde lange Zeit am *Nibelungenlied* gemessen und von der älteren germanistischen Forschung als ein minderwertiges und überflüssiges Werk angesehen. Dass hingegen die mittelalterlichen Rezipienten zu einem ganz anderen Urteil gelangten und die *Klage* als eine notwendige Ergänzung zum tragisch endenden *Nibelungenlied* ansahen, beweist die gemeinsame Überlieferung beider Werke.[139] Anders als das *Nibelungenlied* geht die *Klage* nicht auf eine lange mündliche Tradition zurück, sondern ist von vornherein als Buchepos konzipiert und in vierhebigen Reimpaarversen verfasst (insgesamt 4360 Reimpaarverse).

Inhaltsüberblick über das *Nibelungenlied*:

1. Teil (Âventiure 1–19):

Âv. 1–2: Aufwachsen Kriemhilds am Hof in Worms und Siegfrieds am Hof in Xanten.

138 Zur Metrik der *Nibelungenlied*-Strophe siehe Kap. VIII.1.2.

139 Abgesehen von einer Ausnahme folgt in allen Handschriften, in denen das *Nibelungenlied* vollständig überliefert ist, die *Klage*.

Âv. 3: Siegfrieds Werbung um Kriemhild; Hagen berichtet in einer Retrospektive von Siegfrieds Jugendtaten (u. a. Drachenkampf). Siegfried bleibt ein Jahr in Worms, ohne Kriemhild zu sehen.

Âv. 4–5: Verteidigungskrieg gegen die Sachsen und Dänen; Sieg der Burgunden mit Siegfrieds Hilfe; als Dank darf Siegfried Kriemhild sehen.

Âv. 6–9: Gunthers Brautwerbung um Brünhild; Reise nach Isenstein; Siegfried gibt sich als Gunthers Vasall aus und siegt mit Hilfe der Tarnkappe an Gunthers Stelle in den Wettkämpfen über Brünhild.

Âv. 10: Doppelhochzeit und Hochzeitsnacht: Siegfried bezwingt Brünhild an Gunthers Statt, doch dieser raubt ihr schließlich die Jungfräulichkeit, woraufhin sie ihre übernatürliche Stärke verliert; Siegfried nimmt Gürtel und Ring mit.

Âv. 11: Siegfrieds und Kriemhilds Rückkehr nach Xanten; nach 10 Jahren: Geburt eines Nachfolgers in Worms und Xanten.

Âv. 12–13: Gunther lädt (auf Drängen Brünhilds) Siegfried und Kriemhild zu einem Fest am Wormser Hof ein; Reise nach Worms.

Âv. 14: Rangstreit der Königinnen (*kebsen*-Vorwurf); Kriemhild zeigt als „Beweise“ dafür, dass Siegfried Brünhilds Jungfräulichkeit geraubt haben soll, Ring und Gürtel; Siegfried beschwört seine Unschuld; Hagen überredet Gunther zum Mord an Siegfried.

Âv. 15–16: Hagen entlockt Kriemhild das Geheimnis über Siegfrieds verwundbare Stelle; auf der Jagd ermordet er ihn hinterrücks.

Âv. 17–18: Münster; Rückkehr Siegmunds und der Nibelungen nach Xanten; Kriemhild bleibt in Worms.

Âv. 19: Versöhnung zwischen Kriemhild und Gunther nach dreieinhalb Jahren; Überführung des Nibelungenhorts nach Worms; Hagen versenkt den Hort im Rhein. Weitere neuneinhalb Jahre lebt Kriemhild als trauernde Witwe am Wormser Hof.

2. Teil (Âventiure 20–39):

Âv. 20–21: Der Hunnenkönig Etzel wirbt um Kriemhild und entsendet Rüdiger von Bechelaren als Brautwerber nach Worms; Kriemhild stimmt der Heirat zu, nachdem Rüdiger ihr ein Treueversprechen gegeben hat; Kriemhilds Reise ins Hunnenland (Zwischeneinkehr beim Bischof Pilgrim von Passau und bei Rüdeger in Bechelaren).

Âv. 22: Hochzeit von Kriemhild und Etzel in Wien.

Âv. 23–24: Nach sieben Jahren: Geburt Ortliebs; nach 13 Ehejahren überredet Kriemhild Etzel dazu, die Burgunden zu einem Fest einzuladen, mit der Absicht, den Mord an Siegfried und den Raub des Nibelungenhorts zu rächen (Motiv der verräterischen Einladung); entgegen dem Rat Hagens nehmen die Burgunden die Einladung an und reisen mit 1060 Rittern und 9000 Knappen ins Hunnenland.

Âv. 25–27: Weissagung der *merwîp*; Hagen erschlägt den Fährmann und stößt den Kaplan ins Wasser; Kampf gegen die bairischen Markgrafen Gelpfrat und Else; Einkehr in Passau; Warnung durch den Grenzhüter Eckewart; Empfang in Bechelaren; Verlobung Giselhers mit der Tochter Rüdigers.

Âv. 28–31: Empfang am Hofe Etzels; Warnung durch Dietrich von Bern; erster Zusammenstoß Hagen – Kriemhild; Provokation und öffentliches Schuldeingeständnis Hagens; nachts halten Hagen und Volker Schildwache; weiterer Zusammenstoß beim *bûhurt;* Kriemhild gewinnt Etzels Bruder Blœdelîn als Bundesgenossen; Festmahl.

Âv. 32–39: Überfall Blœdelîns und Tod der 9000 burgundischen Knappen; Dankwart erschlägt Blœdelîn; Kampfausbruch, nachdem Hagen Ortlieb enthauptet hat; Tod von 7000 Hunnen, die aus dem Saal geworfen werden; Fortsetzung der Kämpfe; Kriemhild lässt den Festsaal in Brand stecken; die eingeschlossenen Burgunden trinken das Blut der Toten; Fortsetzung der Kämpfe; Rüdigers Konflikt zwischen seiner Lehenspflicht gegenüber Etzels und seinem Treueid gegenüber Kriemhild; Hagens Schildbitte; Rüdiger wird von Gernot getötet; Eingreifen der Kämpfer Dietrichs von Bern (Amelungen); Tod aller Amelungen bis auf Hildebrand; Dietrich von Bern übergibt Hagen und Gunther an Kriemhild; nach dem Tod Gunthers enthauptet Kriemhild Hagen eigenhändig mit Siegfrieds Schwert; Hildebrand erschlägt Kriemhild; voller Trauer bleiben allein Etzel und Dietrich zurück.

Willehalm

Das zentrale Thema von Wolframs ***Willehalm***, einer (freien) Bearbeitung der altfranzösischen *Bataille d'Aliscans*, einer Chanson de geste aus dem Wilhelmszyklus, ist der Einfall der Heiden in die Provence. Der Held ist (neben dem Riesen Rennewart) der Markgraf Willehalm von Oransche (afrz. Guillaume d'Orange). Die Gattung der Chansons de geste (= französische Heldenepik) wurde im deutschen Sprachraum nur wenig rezipiert. Der *Willehalm* ist neben dem *Rolandslied* des Pfaffen Konrad[140] die zweite Adaptation einer französischen Chanson de geste. Inhaltlich knüpft der *Willehalm* unmittelbar an das Ende des *Rolandsliedes* an (Fortsetzung der Heidenkämpfe in der nachfolgenden Generation). Bei Wolfram zeigen sich allerdings beträchtliche Abweichungen von der traditionellen Kreuzzugsideologie, von der das *Rolandslied* noch durchdrungen ist: statt Kreuzzugsbegeisterung dominieren Skepsis, Leid und Trauer angesichts der Schrecken des Krieges und der immensen Verluste auf Seiten der Christen und der Heiden. Die Heiden sind keine teuflischen Wesen, die ausgerottet oder unter Zwang bekehrt werden müssen, sondern ebenfalls Geschöpfe Gottes, die es zu schonen gilt (*schônet der gotes hantgetât*; 306,28). So hält es der Erzähler (gegen Ende des *Willehalm*) ausdrücklich für eine große Sünde, sie wie Vieh zu erschlagen (450,15 ff.). Wie der *Parzival* ist auch der *Willehalm* (nach K. LACHMANN) in Bücher und Dreißiger-Abschnitte eingeteilt.[141] Im IX. Buch (nach dem Sieg der Christen in der zweiten Schlacht auf Alischanz) bricht die Handlung plötzlich mitten in einem Dreißiger ab. Nur wenige Jahrzehnte später wurde der *Willehalm* von Ulrich von Türheim fortgesetzt (***Rennewart***, über 36.000 Verse). Um

---

140 Zum *Rolandslied* siehe Kap. II.2.1.2.1.

141 Bei der Einteilung des *Willehalm* in neun Bücher stützte sich Lachmann in weiten Teilen auf die Großinitialen in der St. Galler Handschrift G und der Wiener Handschrift V (Wien, Österreichische Nationalbibliothek, cod. Ser. nova 2663; Anf. 16. Jh.). Die Einteilung in Dreißiger findet sich fast allen Handschriften des *Willehalm*.

1260/70 hat dann Ulrich von dem Türlin noch eine Vorgeschichte dazu gedichtet (***Arabel***, knapp 10.000 Verse).[142]

Inhaltsüberblick über den *Willehalm*

Buch I–II: Erste Alischanz-Schlacht
Prolog – Vorgeschichte des Krieges: Willehalm, der älteste Sohn des Grafen Heimrich von Narbonne, gerät im Kampf gegen den heidnischen König Tybalt in Kriegsgefangenschaft und wird nach Arabî verschleppt. Dort verliebt er sich in Arabel, die Frau Tybalts, flieht mit ihr und heiratet sie nach ihrem Übertritt zum Christentum. Fortan trägt sie den christlichen Namen Gyburg – Beginn der eigentlichen Handlung: Tybalts Schwiegervater, der heidnische Großkönig Terramer, landet mit einem riesigen Heer an der Küste der Provence – erste Schlacht auf Alischanz – Willehalms Neffe Vivianz wird tödlich verwundet – Gefangennahme von acht christlichen Rittern – Niederlage der Christen – Vivianz' Märtyrertod – Willehalms Flucht nach Oransche – in der Rüstung des Heidenkönigs Arofel und auf dessen Pferd durchreitet Willehalm unerkannt die feindlichen Linien – erneuter Angriff und Willehalms Ankunft in Oransche: Befreiung von 500 christlichen Gefangenen – Belagerung von Orange – 1. Liebesszene Willehalm-Gyburg – Willehalm bricht nach Munleun auf, um Hilfe vom französischen König Loys zu erbitten.

Buch III–IV: Munleun
Gyburg als Verteidigerin der Burg Glorjet – Gespräch Terramer-Gyburg – Zwischenfall in Orlens: Willehalm kämpft unerkannt gegen seinen Bruder Ernalt von Gerunde – Übernachtung im Kloster – Willehalms Ankunft am Königshof in Munleun – als ihm dort ein schmachvoller Empfang bereitet wird, kommt es zum Eklat: Willehalm reißt seiner Schwester, der französischen Königin, die Krone vom Kopf und droht, sie zu töten – Beilegung des Konflikts durch die Vermittlung der Königstochter Alyze und Hilfezusage des Königs Loys – Begegnung mit dem riesenhaften Rennewart (ein Sohn Terramers, der die Taufe verweigert hat und daher Küchendienste verrichten muss) – Rennewart sagt seine Hilfe im Kampf gegen die Heiden zu und erhält eine Stange (*tinel*) – Heeresversammlung und Reise nach Oransche – Willehalm erhält den Oberbefehl über das Reichsheer – Kuss zwischen Rennewart und Alyze – Ankunft in Oransche.

Buch V–VI: Oransche
Rückblick: Religionsgespräch zwischen Gyburg und Terramer, Sturmangriff auf Orange und Rückzug der Heiden – Ankunft der christlichen Heere – Hoffest – Gespräch Gyburgs mit ihrem Schwiegervater Heimrich – Auftritt Rennewarts – 2. Liebesszene Gyburg-Willehalm – Geschichte von Rennewarts Herkunft – Gespräch Rennewart-Gyburg – Gyburgs Rede vor dem Fürstenrat (Schonungsgebot) – Aufbruch des Heeres in Richtung Alischanz.

Buch VII–IX: Zweite Alischanz-Schlacht
Rennewart vergisst wiederholt seine Stange – Ereignisse am Petit Punt: Rennewart erschlägt zahlreiche Abtrünnige aus Loys' Heer und zwingt die restlichen zur Rückkehr aufs Schlachtfeld – Aufmarsch und Einteilung der heidnischen und christlichen Heerscharen (10 heidnische vs. 6 christliche Scharen) – Rennewart erhält den Befehl über die sechste Heerschar der Christen – Terramer enthüllt weitere Gründe für seinen Einfall in die Pro-

142 Zu den beiden Fortsetzungen des *Willehalm* siehe den Abschnitt zur Heldenepik in Kap. II.2.3.2.1.

vence (Rache für die Niederlage seines Onkels Baligan gegen Karl den Großen, Erbansprüche auf das Reich als Nachfahre des Pompeius, Zerstörung von Oransche und Paris, Besetzung des Thron in Aachen und Vernichtung des Christentums) – Beginn der zweiten Schlacht: in der Massenschlacht drohen die Christen, der heidnischen Übermacht zu unterliegen – Rennewart tötet unzählige Heiden und befreit die acht christlichen Gefangenen aus der ersten Schlacht – Wendepunkt: Flucht der Heiden – im Zweikampf mit Willehalm wird Terramer schwer verwundet, kann aber entkommen – Sieg der Christen – Rennewarts Spur verliert sich – Siegesfeier und Trauer über die schweren Verluste – Willehalm klagt um den Verlust Rennewarts – Matribleiz-Szene: Willehalm beauftragt den gefangenen heidnischen König Matribleiz, die Leichname der heidnischen Könige einzusammeln, einzubalsamieren und in ihre Heimat zu überführen, um sie dort *nach ir ê* (‚nach ihrer Sitte') zu bestatten. Abbruch der Erzählung nach 467,8.

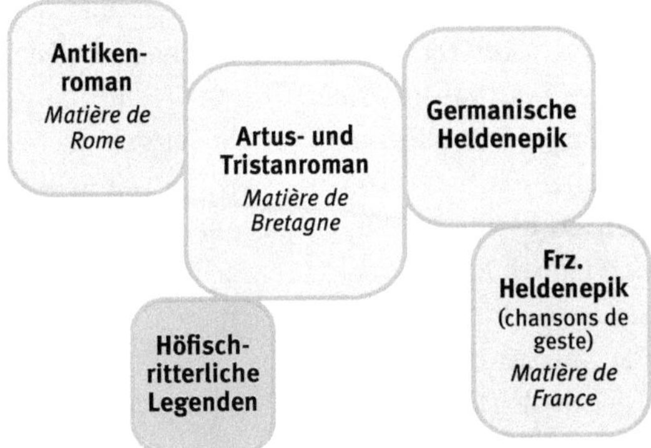

Abb. 21: Überblick über die wichtigsten epischen Gattungen/Stoffe zur Zeit der mhd. Klassik.

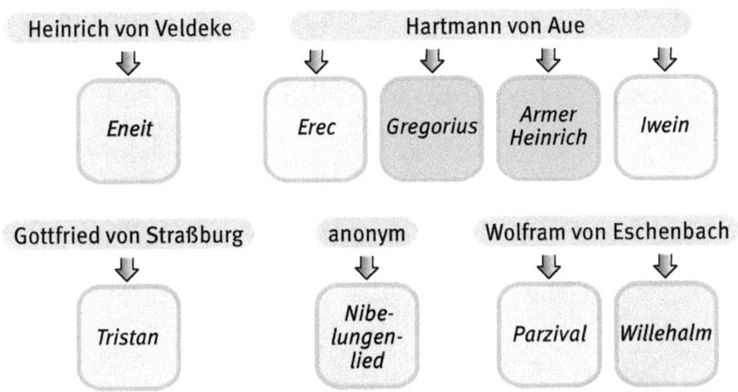

Abb. 22: Überblick über die wichtigsten klassischen mhd. Werke und deren Verfasser.[143]

143 In dem Überblick wird (zumindest andeutungsweise) versucht, die Werke chronologisch zu ordnen.

2.2.2.2 Lyrik

Angesichts der gattungsbedingten Unterschiede (in Hinblick auf Inhalt, Form und Verfasser) werden die beiden lyrischen Hauptgattungen, der **Minnesang** und die **Sangspruchdichtung**, in diesem Kapitel getrennt voneinander behandelt. Hin und wieder lassen sich jedoch (insbesondere bei Walther von der Vogelweide) Überschneidungen nicht vermeiden.

a) Der Hohe Minnesang

Der erste deutsche Minnesänger, der Lieder nach romanischem Vorbild gedichtet hat, ist **Friedrich von Hausen**. Von ihm sind 14 Minnelieder und vier Kreuzlieder überliefert. Er leitet die erste Phase des Hohen Minnesangs, den sog. Rheinischen Minnesang, ein. Mit seinem Tod (1190) endet diese Phase. Friedrich von Hausen gehört zum engsten Kreis um Kaiser Friedrich I. und Heinrich VI. Mit seinem Stil hat er viele Minnesänger (vor allem im Umkreis des staufischen Königshofs) beeinflusst und gilt daher als Begründer der sog. Hausen-Schule, der u. a. **Bligger von Steinach**, **Ulrich von Gutenburg**, **Bernger von Horheim** und **Hartwig von Raute** zugerechnet werden. In demselben Zeitraum (1170 bis 1190) haben – in geographischer Entfernung zur Hausen-Schule – auch zwei andere bedeutende Dichter Lieder im Stil der Hohen Minne verfasst. Der eine ist **Heinrich von Veldeke**, der Dichter der *Eneit*, unter dessen Namen 37 Lieder (nach romanischen Vorbildern) überliefert sind. Der andere ist der aus der Schweiz stammende **Graf Rudolf II. von Neuenburg** (oder: Rudolf von Fenis), der als der bedeutendste Vermittler der provenzalischen Minnelyrik gilt. Seine Lieder sind nach dem Vorbild der Troubadours Folquet de Marseille und Peire Vidal entstanden. Unter dem Namen Rudolf von Fenis sind acht Lieder überliefert. An diese erste Phase des Hohen Minnesangs, schließt sich eine zweite an, der klassische Hohe Minnesang (1190 bis 1220). Der berühmteste Vertreter des Hohen Minnesangs ist Walther von der Vogelweide.

Abb. 23: Überblick über die Entwicklung des mhd. Minnesangs (von 1150–1220).

Von den zahlreichen Gattungen der romanischen Lyrik haben die deutschen Minnesänger (abgesehen vom Kreuzlied und in Teilen auch dem Tagelied, siehe unten) vor allem die **Minnekanzone** (provenzalisch *canson*) übernommen. Das zentrale Thema ist die *fin'amors* (oder frz. *amour courtois*), die ,verfeinerte (höfische) Liebe', mit anderen Worten die **Hohe Minne**. Der Sänger (das lyrische Ich) wirbt um eine unerreichbare sozial höherstehende (verheiratete) Dame (mhd. *vrouwe;* provenzalisch *dompna*), ohne Aussicht darauf, dass sein Minnedienst jemals erhört werden wird. Die Minnedame reagiert auf sein Werben mit Gleichgültigkeit, Ablehnung oder gar Feindseligkeit. Dennoch setzt der Sänger unermüdlich sein Werben fort – ein Paradoxon des Konzepts der Hohen Minne. Das ablehnende Verhalten der besungenen Minnedame erfordert von dem Sänger die Bereitschaft Verzicht zu üben, Frustration und Leid zu ertragen. Der *lôn* für den Minnedienst besteht zum einen aus der Anerkennung seitens der höfischen Gesellschaft (Steigerung des gesellschaftlichen Ansehens), zum anderen aus der Erziehung des Mannes zu ethisch-moralischer Vervollkommnung. Die besungene Minnedame ist eine abstrakte idealtypische Verkörperung ethischer Werte. Diese sind durch ihren hohen sozialen Rang per se gegeben, spiegeln sich aber auch in ihrer äußeren Schönheit (mhd. *schœne*) wider. Die Frau ist also gewissermaßen ein Objekt, ein Wunschbild, auf das die Wertvorstellungen der höfisch-adeligen Gesellschaft projiziert werden. Der Hohe Minnesang ist somit ein abstraktes und in hohem Maß artifizielles Spiel mit feststehenden Rollen und Motiven und keine Erlebnislyrik (so die vorherrschende Forschungsmeinung). Das Verhältnis zwischen dem Sänger-Ich und der Minnedame ist grundlegend geprägt von einer vertikalen sozialen Struktur, einem Abhängigkeitsverhältnis zwischen Minne**herrin** und Minne**diener**.[144] Daher finden sich in den Liedern auch häufig Begriffe aus dem feudalen Lehenswesen, wie z. B. *vrouwe* (,Herrin'),[145] *dienest, arbeit* (,Mühsal/Anstrengung'), *lôn, danc, hulde* (,Huld'), *genâde* (,Gnade'), *êre* und *stæte* (,Beständigkeit'). Sie gehören ebenso

---

144 Das den Liedern des Hohen Minnesangs zugrunde liegende Bild der Frau als eine dem Sänger in jeglicher Hinsicht überlegene und daher völlig unerreichbare Minneherrin ist reine Fiktion und kann geradezu als ein Kontrastentwurf zu den realen Machtverhältnissen angesehen werden. Denn im Mittelalter stand die Frau generell unter der *munt* (oder: *munt-Gewalt*), also der Vor**mund**schaft, ihres Ehemannes (*munt*-Ehe) oder eines männlichen Verwandten (mhd. *munt* (< lat. *mundium* ,Schutz, Vormundschaft'). Die männliche *munt*-Gewalt über weibliche Familienmitglieder schloss auch Heiratsvereinbarungen und bei Normverstößen (wie z. B. Ehebruch) das Recht zur körperlichen Züchtigung oder sogar Tötung der Frau ein.

145 mhd. *vrouwe* darf nicht mit ,Frau' übersetzt werden. Zum Bedeutungswandel von *vrouwe* siehe Kap. VI.1.1.

zum typischen Vokabular wie *leit, kumber* (‚Kummer'), *weinen, gedinge* (‚Zuversicht') und *wân* (‚Hoffnung').

Die mhd. Dichter haben aber nicht nur das Konzept der Hohen Minne, sondern auch die Form der Lieder von ihren romanischen Vorbildern übernommen. Die **Kanzonenstrophe** ist die am weitesten verbreitete Strophenform des deutschen Minnesangs (ungefähr 80 % der Minnelieder weisen diese Form auf). Sie besteht aus drei Teilen: zwei gleichgebauten Stollen (A+A), die zusammen den **Aufgesang** bilden und auf dieselbe Melodie gesungen werden, und somit dasselbe metrische Schema aufweisen, und einem metrisch anders gebauten **Abgesang** (B). Diese Grundform (AAB) wurde auf vielfache Weise variiert und weiterentwickelt. So gibt es z. B. auch Kanzonenstrophen mit einem zweigeteilten Abgesang, der wiederum aus zwei identischen Teilen (B+B) oder annähernd identischen Teilen (B+B′) bestehen kann.

Die Minnekanzone gelangte zur Zeit des Hohen Minnesangs zu höchster künstlerischer Vollendung. Doch nach und nach emanzipierten sich die deutschen Dichter von den romanischen Vorbildern und entwickelten ganz neue Minnekonzepte (siehe z. B. Hartmann von Aue und Walther von der Vogelweide) oder wandten sich anderen Liedformen zu. Ein Beispiel dafür ist die (aus der romanischen Lyrik übernommene) Gattung des **Kreuzliedes**. In den Kreuzliedern steht der Sänger vor der Entscheidung, ins Heilige Land aufzubrechen oder bei seiner Minnedame zu bleiben und ihr weiterhin treu zu dienen. Diesen Konflikt zwischen religiöser Verpflichtung und Minnedienst lösen die Dichter auf ganz unterschiedliche Weise. Einige Kreuzlieder enden mit der Absage an den Minnedienst, andere hingegen mit einer harmonischen Lösung.[146] Daneben dichteten vor allem Wolfram von Eschenbach, Heinrich von Morungen und Walther von der Vogelweide **Tagelieder** nach romanischem Vorbild (*alba*).[147] Ursprünglich war die Gattung des Tageliedes allerdings unbeeinflusst von der romanischen Lyrik. Sie findet sich bereits im Donauländischen Minnesang bei Dietmar von Aist, von dem das älteste überlieferte Tagelied stammt (*slâfest du, friedel ziere*; MF 39,18). Zur Zeit des Hohen Minnesangs (gegen Ende des 12. Jh.s) entstand (beinflusst von den romanischen *lais*) eine weitere lyrische

---

146 In den Kreuzliedern Albrechts von Johansdorf wird z. B. der Konflikt zwischen Gottesdienst und Minnedienst dadurch gelöst, dass beide Verpflichtungen als gleichrangig angesehen werden und einander ergänzen. Die Teilnahme am Kreuzzug wird somit zum Dienst an der Minnedame.

147 provenz. *alba* (afrz. *aube*) bedeutet ‚Tagesanbruch, Morgenrot'. Im Tagelied wird die Trennung der Liebenden bei Tagesanbruch nach gemeinsam verbrachter Nacht geschildert. Die Gattungsbezeichnung *alba* erklärt sich dadurch, dass das Wort *alba* häufig im Refrain vorkommt.

Gattung, der **Leich**. Sie zählt neben dem Minnesang und der Sangspruchdichtung zu einer der Hauptgattungen der mhd. Lyrik. Beim Leich handelt es sich um eine ausgesprochen kunstvolle poetische Großform mit einem Umfang von zumeist mehreren hundert Versen.[148] Neben geistlichen Leichs (Lobliedern auf die Trinität, Christus oder Maria) gibt es Kreuz- oder Kreuzzugsleichs[149] und vor allem Minneleichs. Diese lassen sich überwiegend inhaltlich untergliedern in: Frauenpreis (Lob der Frau allgemein oder Lob einer einzelnen Frau)[150] und Minneklage (Klage über das unerfüllte Werben). Ein Leich ist nicht in Strophen gegliedert, sondern in sog. Perikopen (unterschiedlich gebaute Abschnitte, die wiederum in Versikel oder Versikelgruppen mit jeweils eigener Melodie gegliedert sind). Wegen seiner komplizierten Form gilt der Leich als **die** Königsdisziplin unter den lyrischen Gattungen. Zur Zeit der mhd. Klassik sind (neben Heinrich von Rugge) Ulrich von Gutenburg, Friedrich von Hausen, Hartmann von Aue und Walther von der Vogelweide als Dichter von Leichs bezeugt.[151]

Zu den bekanntesten klassischen Minnesängern gehören:
- **Albrecht von Johansdorf:** ihm werden 13 Lieder, darunter fünf Kreuzlieder zugeschrieben. Sie markieren den künstlerischen Höhepunkt dieser Gattung in Deutschland.
- **Heinrich von Morungen:** unter seinem Namen sind 35 Lieder, fast allesamt Lieder der Hohen Minne, überliefert.
- **Hartmann von Aue:** unter seinem Namen sind 18 Lieder überliefert. Sie weisen nur noch wenige inhaltliche Parallelen zum romanischen Minnesang auf. Im sog. Unmutslied *maniger grüezet mich alsô* (MF 216,29) übt das lyrische Ich Kritik an dem höfischen Dienstgedanken, fordert Gegenseitigkeit und zieht die *armen wîben* den höfischen *vrouwen* vor. Drei von Hartmanns Liedern sind Kreuzlieder. Im berühmten Kreuzlied *ich var mit iuweren hulden* (MF 218,5) verspottet er den höfischen Minnedienst als *wân* (hier: ‚törrichte Hoffnung‘).
- **Wolfram von Eschbach:** Unter seinem Namen sind neun Lieder überliefert, vier Minnelieder im Stil des Hohen Sangs und fünf Tagelieder nach romanischem Vorbild. Wolfram ist der erste, der die Figur des Wächters,

---

148 Der längste bekannte Leich umfasst rund 900 Verse.

149 Die meisten Kreuz- oder Kreuzzugsleichs rufen zur Teilnahme am Kreuzzug auf. Der erste überlieferte Kreuzleich stammt von Heinrich von Rugge. In diesem beklagt er den Tod Friedrichs I. (1190).

150 Einen Sonderfall stellt der Tanzleich dar, der nach dem Lob auf die Frau zum Tanzen auffordert.

151 Von Friedrich von Hausen und Hartmann von Aue ist jedoch kein Leich erhalten.

der die Liebenden am Morgen zum Aufbruch mahnt, in die deutsche Lyrik eingeführt hat (sog. Wächtertagelieder).
- **Reinmar** (der Alte, oder: von Hagenau): Neben Walther zählt Reinmar zu den am häufigsten überlieferten Dichtern des Hohen Minnesangs. Er gilt als Meister der sog. Minneklage.
- **Walther von der Vogelweide** (siehe unten).

Es folgt ein Überblick über das Leben und Werk des berühmtesten Lyrikers des deutschen Mittelalters, **Walthers von der Vogelweide.**[152] Walther hat ein außerordentlich breites und ungewöhnlich vielfältiges Œuvre hinterlassen. Unter seinem Namen (ein Künstlername? Ein sprechender Name?) sind **über 500 Strophen** überliefert, darunter Minnelieder, religiöse Lieder, Sangsprüche und ein Leich. Bereits von seinen Zeitgenossen wurde er hochgerühmt. So bezeichnet ihn z. B. Gottfried von Straßburg als nach dem Tod Reinmars besten Lyriker, als *meisterinne* der Nachtigallen.[153] Später zählten ihn die Meistersinger zu den Begründern ihrer Kunst. Seine mutmaßliche Lebenszeit umfasst die Zeit von etwa 1170–1230.[154] Wir besitzen aber nur ein einziges sicheres außerliterarisches Lebenszeugnis, einen Eintrag im Reiserechnungsbuch des Passauer Bischofs Wolfger von Erla, der belegt, dass Walther am 12. 11. 1203 als *cantor* im Dienste Wolfgers Geld für einen Pelzmantel erhalten hat.[155] Alle anderen Angaben über Walthers Leben entstammen seinen Werken, in denen sich häufig Aussagen in der ersten Person finden,[156] oder Erwähnungen anderer zeitgenössischer Dichter und können somit keinen Anspruch auf (auto-)biographische Wahrheit erheben. Auch die Erwähnung von Walthers Grab im Kreuzgang des Neumünsterstifts in Würzburg im sog. Hausbuch des Würzburger Protonotars Michael de Leone (Würzburger Liederhandschrift E, fol. 212) gilt angesichts der späten Entstehungszeit (2. Hälfte 14. Jh.) als absolut unsicher. Ebenso unsicher bzw. unbekannt sind Walthers Herkunft oder sein Geburtsort.[157] Dass er von Zeitgenossen

---

152 In diesem Kapitel liegt der Schwerpunkt auf Walthers Minneliedern. Zu Walthers Sangspruchdichtung siehe den Abschnitt b) Sangspruchdichtung am Ende dieses Kapitels.

153 Siehe den Literatur-Exkurs im *Tristan* (V. 4774 ff.).

154 Das letzte datierbare Lied Walthers, die so genannte Elegie, enthält einen Aufruf, am Kreuzzug von 1228/1229 teilzunehmen.

155 *Walthero cantori de Vogelweide pro pellicio v solidos longos* (‚Walther, dem Sänger aus Vogelweide, für einen Pelzmantel fünf Schilling' [wörtlich: ‚lange Solidi']). Der Eintrag bezieht sich auf den 12. 11. 1203.

156 Bei diesen Ich-Aussagen handelt es sich stets um ein „lyrisches Ich".

157 Es gab im Mittelalter viele sog. Vogelweiden, auf denen man vor allem Falken hielt. Der Zusatz „von der Vogelweide" lässt sich daher nicht eindeutig einem bestimmten Ort zuordnen. Mehrere Orte erheben heute den Anspruch, der Geburtsort Walthers zu sein. Möglicherweise

(und in der Großen Heidelberger Liederhandschrift C) als *her* bzw. *herre* bezeichnet wird (und sich auch selbst *herre* nennt), beweist ebenso wenig wie das auf seinem Autorbild abgebildete Wappen, dass er tatsächlich adeliger Abstammung war. Unter allem Vorbehalt lassen die Aussagen in Walthers Werken (insbesondere in den Sangsprüchen) jedoch folgende Mutmaßungen über sein Leben zu: Er dürfte (zumindest über einen langen Zeitraum) das beschwerliche Leben eines fahrenden Sängers geführt und weite Teile Europas bereist haben (siehe das berühmte Preislied *ich hân der lande vil gesehen*, L 56,14[158]). Zu Beginn seiner dichterischen Laufbahn hat er (möglicherweise unter dem Einfluss Reinmars) am Babenberger Hof in Wien Minnelieder verfasst (*ze Œsterrîch lernde ich singen unde sagen*; L 32,14). Spätestens nach dem Tod seines Gönners, Herzogs Friedrich I. († 16. 04. 1198), dürfte er den Wiener Hof verlassen und als fahrender Berufsdichter im Auftrag vieler hochrangiger Persönlichkeiten Minnelieder und Sangsprüche gedichtet haben. Zu seinen Gönnern zählten u. a.: König Philipp von Schwaben, Kaiser Otto IV., König/Kaiser Friedrich II., Bischof Wolfger von Erla, Landgraf Hermann von Thüringen, Markgraf Dietrich von Meißen, Herzog Bernhard II. von Kärnten, Erzbischof Engelbert von Köln und Graf Diether von Katzenelnbogen. Um 1220 dürfte Walther von Friedrich II. ein (langersehntes) Lehen erhalten haben (siehe den Sangspruch *ich hân mîn lêhen, al die werlt, ich hân mîn lêhen*, L 28,31). Im Lied L 66,21 (eine Zeit- und Altersklage) behauptet er, mehr als 40 Jahre lang Minnesang gedichtet zu haben (*wol vierzic jâr hân ich gesungen und mê/von minnen* [...]).

Vor allem die ältere germanistische Forschung hat immer wieder den Versuch unternommen, Walthers Minnesang (insgesamt sind ca. 90 Lieder unter seinem Namen überliefert) thematisch, stilistisch und/oder chronologisch in bestimmte Gruppen bzw. Phasen einzuteilen. Besonders prägend war die von Carl von Kraus vorgenommene chronologische Gliederung in: Frühe Lieder, Lieder der Reinmar-Fehde, Mädchenlieder oder Lieder der Niederen Minne, Lieder der neuen Hohen Minne und Alterslieder.[159] Eine derartige Einteilung erweist sich jedoch schon allein angesichts der Vielfalt an Liedtypen in Walthers Minnesang (Minneklagen, Minnelieder, Frauenpreislieder, didaktische Minnestrophen, Mädchenlieder, Lieder mit Sangspruchthematik, Dialoglieder, gesellschaftskritische Lieder, Minneabsagen, Parodien, religöse Lieder u. a.) als ausgesprochen proble-

handelt es sich aber bei dem Zusatz „von der Vogelweide" auch um einen sprechenden Namen oder einen reinen Künstlernamen.

158 Zur Erinnerung: Bei Verweisen auf Walthers Werke sind immer Seite und Zeile der Erstausgabe von K. Lachmann aus dem Jahr 1827 anzugeben. Diese Angaben finden sich in allen Neuauflagen am Rand.

159 Kraus, Carl von: Walther von der Vogelweide: Untersuchungen. Berlin/Leipzig 1935.

Abb. 24: Autorbild Walthers von der Vogelweide in der Großen Heidelberger Liederhandschrift (UB Heidelberg, cpg 848, fol. 124^{r}). Das berühmte Bild zeigt Walther, wie er mit aufgestütztem Ellenbogen, die linke Hand in die Wange geschmiegt, auf einem Stein sitzt und über die Geschicke des Reiches nachdenkt. Das Bild bezieht sich auf den ersten Spruch seines berühmten Reichstons, L 8,4 ff., wo es heißt: ich *saz ûf eime steine/und dahte bein mit beine./dar ûf sazte ich den ellenbogen,/ich hete in mîne hant gesmogen/mîn kinne und ein mîn wange* ... (‚ich saß auf einem Stein und bedeckte ein Bein mit dem anderen. Darauf legte ich den Ellenbogen. In meine Hand hatte ich mein Kinn und eine Wange geschmiegt‘). Ein ähnliches, aber weniger detailreiches Bild findet sich auch in der Weingartner Liederhandschrift B.

matisch. Auch für die von von Kraus angenommene (jahrelange) Dichter-Fehde mit Reinmar gibt es keine konkreten Anhaltspunkte.[160] Zweifellos sind einige von Walthers Liedern ganz konventionell im Stil der Hohen Minne gedichtet, aber

160 Siehe Kraus, Carl von: Die Lieder Reinmars des Alten, Bd. 3: Reinmar und Walther. Text der Lieder (Abhandlungen der Bayerischen Akademie der Wissenschaften, Philosophisch-Philologische und Historische Klasse 30, Abh. 7). München 1919. Die neuere germanistische

ob sie während seiner Anfangszeit am Wiener Hof und unter dem Einfluss Reinmars (oder in späterer Zeit) entstanden sind, lässt sich nicht mit Sicherheit sagen. In anderen Liedern setzt er sich hingegen äußerst kritisch mit dem Minnebegriff des Hohen Minnesangs auseinander. In ihnen übt er vor allem scharfe Kritik an der Einseitigkeit der Minnebeziehung und an der Unfähigkeit der *vrouwen,* zwischen schlechten und guten Minnesängern zu unterscheiden und letztere angemessen für ihren Dienst zu belohnen, und fordert gegenseitige, partnerschaftliche Liebe und beidseitige Wertschätzung. In einigen Liedern hinterfragt er die traditionelle Wertehierarchie des Hohen Sangs und die damit verbundene Identität von äußerer und innerer Schönheit der Minnedame und entwirft die Vision von einem standesneutralen, ethisch begründeten Tugendadel der Frauen (*wîp* statt *vrouwe*). Die Minnewürdigkeit der Frau begründe sich nicht mehr allein durch ihren gesellschaftlichen Rang, sondern durch ihre inneren Werte und sei daher auch bei einfachen Frauen zu finden (Konzept der *herzeliebe*). Dies zeigt sich beispielsweise in dem Lied *herzeliebez frouwelîn* (L 49,25), das zu den am häufigsten überlieferten und meistdiskutierten Liedern Walthers zählt. Dort heißt es in der 4. Strophe (L 50,1):

Bî der schœne ist dicke haz,	Bei der Schönheit ist oft Missgunst,
ze der schœne nieman sî ze gâch.	nach der Schönheit möge niemand zu sehr streben.
liebe tuot dem herzen baz,	Liebe tut dem Herzen besser,
diu schœne gât der liebe nâch.	die Schönheit ist der Liebe nachgeordnet.
Liebe machet schœne wîp.	Liebe macht die Frauen schön.
Des enmac diu schœne niht getuon,	Das vermag die Schönheit nicht,
sie machet niemer lieben lîp.	sie macht niemals liebenswert.
(aus: Walther von der Vogelweide. Werke. Bd. 2: Liedlyrik. Mittelhochdeutsch/ Neuhochdeutsch, hrsg., übers. und kommentiert von G. Schweikle. 2., verbess. und erw. Aufl. hrsg. von R. Bauschke-Hartung. Stuttgart 2011).	(nach eigener Übersetzung, T. H.)

In einigen seiner Lieder droht der Sänger der besungenen Minnedame sogar damit, ihr den Dienst aufzukündigen. Ein Extremfall ist die letzte (ausgesprochen provokante) Strophe des sog. ***sumerlaten*-Liedes** (*Lange swîgen des hât ich ge-*

Forschung spricht sich gegen die Annahme einer zwischen Walther und Reinmar bestehenden Fehde aus; siehe u. a. Schweikle, Günther: Die Fehde zwischen Walther von der Vogelweide und Reinmar dem Alten. Ein Beispiel germanistischer Legendenbildung. In: ZDA 115 (1986) S. 235–253; Ranawake, Silvia: Gab es eine Reinmar-Fehde? Zu der These von Walthers Wendung gegen die Konvention der hohen Minne. In: OGS 13 (1982). S. 7–36. Das sog. zweistrophige Schachlied *Ein man verbiutet âne pfliht* (L 111,23) kann allerdings als Reinmar-Parodie angesehen werden, da Walther hier die Strophenform eines Reinmarliedes verwendet.

dâht, L 72,31), in der das Sänger-Ich das fortgeschrittene Alter der Dame explizit erwähnt (ein absoluter Normbruch!) und seinen potenziellen Nachfolger dazu auffordert, sie mit *sumerlaten* ‚jungen biegsamen Zweigen' zu züchtigen.

Sol ich in ir dienste werden alt, *die wîle junget si niht vil.* *sô ist mîn hâr vil lîhte alsô gestalt,* *daz si einen jungen danne wil.* *Sô helfe got, her junger man,* *sô rechet mich und gêt ir alten hût* *mit sumerlaten an!*	‚Sollte ich in ihrem Dienst alt werden, wird sie derweilen nicht viel jünger. So ist (dann) vielleicht mein Haar so beschaffen, dass sie dann einen jungen Mann haben möchte. So helfe euch Gott, edler junger Mann, so rächt mich und geht auf ihre alte Haut mit jungen Zweigen los.'
(sog. *sumerlaten*-Lied, L 73,17 aus: Walther von der Vogelweide. Werke. Bd. 2: Liedlyrik. Mittelhochdeutsch/Neuhochdeutsch, hrsg., übers. und kommentiert von G. Schweikle. 2., verbess. und erw. Aufl. hrsg. von R. Bauschke-Hartung. Stuttgart 2011).	(nach eigener Übersetzung, T. H.)

In den sog. **Mädchenliedern** oder **Liedern der Niederen Minne** wird eine gegenseitige und erfüllte Liebesbeziehung (oftmals eine Liebesbegegnung in freier Natur) geschildert. Sie können daher zweifelsohne als ein Gegenentwurf zum Konzept der Hohen Minne angesehen werden. Doch die Annahme, es handele sich bei der Geliebten notwendigerweise um eine Frau niederen Standes, ein *wîp* (‚Frau') oder *maget* (‚Mädchen') – daher die Bezeichnung „Mädchenlieder" –, kann nicht als gesichert gelten. Denn nicht in allen diesen Liedern wird der Stand der Adressatin explizit erwähnt, mitunter wird er offenbar sogar ganz bewusst im Unklaren gelassen.

Wie problematisch die Zuordnung der besungenen Frau zu einem bestimmten Stand sein kann, soll anhand der Überlieferungsgeschichte von *herzeliebez frouwelîn* (L 49,25) gezeigt werden. Das Lied ist in zwei Fassungen erhalten. In der einen (repräsentiert durch die Handschriften A, E und G) wird die Adressatin einleitend als *herzeliebez frouwe**lîn**,* also ausdrücklich nicht als höfische *vrouwe* angesprochen. Doch in der anderen Fassung (Handschrift C) fehlt das Diminutivsuffix *-lîn*. Hier heißt es: *herzeliebe* ***vrouwe*** *mir*! Dass es sich hierbei in C nicht einfach um einen Fehler des Schreibers handelt, beweist der Reim (in C ist das korrespondierende Reimwort *dir*, V. 3, in A, E und G hingegen *dîn*). Da aber andere Passagen des Liedes durchaus recht eindeutige Schlüsse auf einen (niedrigen) sozialen Rang der Geliebten zulassen (siehe z. B. die Bezeichnung *niederer sanc* in L 49,31 f.[161] und das in L 50,12 f. erwähnte gläserne Ring-

161 Siehe L 49,31 f.: *daz ich/**sô nidere wende mînen sanc.***

lein, das die Geliebte anstelle eines Goldrings trägt),[162] stellt sich hier die Frage, ob es sich bei der Lesart *vrouwe* in C (anders als im Hohen Minnesang) eventuell um eine bewusst ständisch indifferente Bezeichnung handelt.

Wie problematisch eine eindeutige Zuordnung zu den Mädchenliedern generell ist, zeigt sich auch daran, dass sich mitunter die geschilderte Liebesbegegnung ohnehin nur als reine Traumvorstellung, als ein bloßer Wunsch, entpuppt. Als Beispiel seien die Schlussverse von Walthers berühmtem Kranzlied *nemt, frouwe, disen kranz* (L 74,20) zitiert: *seht, dô muoste ich von froidenn lachen,/dô ich sô wunneclîche/was in troume rîche./dô taget ez und muoz ich wachen!* (L 75,21 ff.; ‚Seht, da musste ich vor Freude lachen, als ich so wonniglich im Traum reich war. Da bricht der Tag an und ich muss erwachen!').

b) Sangspruchdichtung

Im Unterschied zum stark stilisierten Minnesang weisen die Sangspüche gemeinhin einen deutlich höheren Realitätsbezug auf. Zentrale Themen sind: Morallehre, Politik, Religion, Gönnerschelte, die Lebensumstände eines fahrenden Berufsdichters, Lebenslehre u. a. Es gibt aber auch Mischformen, also Minnelieder mit didaktischem oder/und zeitkritischem Inhalt und Sangsprüche mit Minnethematik. Derartige Gattungsinterferenzen kommen vor allem bei Walther von der Vogelweide vor, da er sowohl Minnlieder als auch Sangsprüche verfasst hat. Die ältesten Sangsprüche (um 1170?) stammen von einem gewissen **Spervogel**. Unter diesem Namen sind in den Liederhandschriften insgesamt rund 50 Strophen in zwei Tönen überliefert. Sie behandeln Themen wie Religion, Gnomik und die Lebensumstände eines fahrenden Sängers. Als ein zweiter früher Sangspruchdichter galt lange Zeit ein gewisser **Herger**. Heute werden jedoch die unter diesem Namen überlieferten Sprüche meist Spervogel zugeschrieben. Ob es also überhaupt einen Dichter mit dem Namen Herger gegeben hat, ist fraglich. Der zweifellos berühmteste Sangspruchdichter ist **Walther von der Vogelweide**. Etwa ein Drittel des von ihm überlieferten Œuvres sind Sangsprüche. Mit seinen Sprüchen knüpft er an die ältere deutsche Sangspruchtradition an, hat aber die Gattung formal und inhaltlich auf ein ganz neues Niveau gehoben. In seinen rund 150 Sangsprüchen finden sich neue Themen wie: Politik, Religion, Gesellschaftskritik, Hofkritik, Weltklage, Kunstkritik und Erziehungslehre. Einige seiner Sprüche dienten in den Zeiten des staufisch-welfischen Thronstreits, in dem Walther mehrfach die Seiten gewechselt hat, als politisches Propagandamittel. In anderen äußert er ätzende Kritik an

162 Siehe L 50,12 f.: *nim din **glesin vingerlin** für einer küneginne golt.*

der Kurie und am Papst (siehe insbesondere den Unmutston L 33,11; L 33,21; L 33,31; L 33,1; L 34,4; L 34,14 und L 34,24). Unter anderem wirft er in seinen Sprüchen dem Papst Geldgier, Betrug, Machtmissbrauch und Ämterkauf (Simonie) vor. In formaler Hinsicht ist die wichtigste Neuerung die Übernahme der Kanzonenstrophe aus dem Hohen Minnesang. Walthers Sprüche sind in insgesamt **13 Tönen** überliefert. Die noch heute durchaus gängigen Namen für die jeweiligen Töne stammen von KARL SIMROCK († 1876). Sie stellen den Versuch dar, die mitunter inhaltlich ausgesprochen heterogenen Töne nach ihrem hervorstechendsten Thema zu ordnen, und dienen dem Rezipienten vor allem als Orientierungshilfen.[163] Besonders bekannt sind vor allem der Reichston, der erste und zweite Philippston, der Wiener Hofton, der Ottenton, der Unmutston und der König Friedrichton. Zu den sog. Großtönen zählen: der König Friedrichton (22 Sprüche), der Unmutston (18 Sprüche), der Bognerton (17 Sprüche) und der Wiener Hofton (15 Sprüche).

2.3 Spätmittelhochdeutsch (1220–1350)

2.3.1 Entstehungsbedingungen, Produzenten/Rezipienten, Überlieferung

2.3.1.1 Epik

Die Entstehungsbedingungen für volkssprachige Literatur verändern sich ab 1220. Hauptgründe hierfür sind vor allem die zunehmende Verschriftlichung der Volkssprache (die in mehr und mehr Lebensbereiche, insbesondere in das immer stärker anwachsende Verwaltungs- und Rechtswesen eindringt), zahlreiche Städtegründungen[164] und der stetige Anstieg des Bildungsniveaus. Dies führte generell zu einer enormen Zunahme an schriftlichen Texten. Die Volkssprache eroberte nun auch Textsorten, die zuvor nahezu ausschließlich dem Lateinischen vorbehalten waren (wie z. B. Urkunden, Rechtsbücher, Chroniken, Predigten und wissensvermittelnde Literatur).

---

163 Da jeder Spruch eine thematische Einheit darstellt, können Sprüche, die demselben Ton angehören, durchaus ganz verschiedene Inhalte haben. So handeln zum Beispiel nur vier Sprüche des König Friedrichtons (insgesamt 22 Sprüche) von König Friedrich, und in nur drei Sprüchen des Wiener Hoftons (insgesamt 15 Sprüche) wird der Wiener Hof erwähnt.

164 Bereits in der 1. Hälfte des 12. Jh.s setzte in Deutschland eine Periode der Städtegründungen ein. Im 13. Jh. wurde die Anzahl der Städte vervielfacht. Waren es im 12. Jh. etwa 250, sind es im 13. Jh. bereits über 2000 Städte! (Siehe Bumke, Joachim: Höfische Kultur. Literatur und Gesellschaft im hohen Mittelalter. München [12]2008, Bd. I, S. 57).

Orte der Literaturproduktion für die **weltliche Literatur**[165] waren die Kanzleien an den Höfen und die Städte.[166] Die Bürger[167] (vor allem die adelige Oberschicht und das Patriziat) nahmen als Produzenten, vor allem aber als Rezipienten, immer größeren Einfluss auf das literarische Leben. War die Literatur der Höfischen Klassik nur einer schmalen exklusiven Rezipientenschicht vorbehalten, wurde die Rezipientenschicht ab der Mitte des 13. Jh.s zunehmend breiter. Der erste Roman, der für ein städtisches Publikum verfasst wurde, ist der *Partonopier und Meliur* von **Konrad von Würzburg** (1277). Insbesondere für die Romane blieb aber nach wie vor der Anteil an adeligen Rezipienten hoch. Für die deutschsprachige Wissensliteratur und die didaktische Kleinepik hingegen dürfte das städtische Bürgertum (in gehobenen Berufen) die vorrangige Rezipientenschicht gewesen sein. Allerdings enthalten die Texte bzw. Handschriften diesbezüglich nur wenig Informationen.

Die meisten Dichter waren Laien mit einer umfassenden literarischen Bildung. Sie kannten nicht nur zahlreiche klassische mhd. Werke, sondern verfügten vielfach auch über fundierte rhetorische Kenntnisse. Die Werke entstanden oftmals nach lateinischen Vorlagen, und einige der in spätmittelhochdeutscher Zeit vorherrschenden Gattungen (wie z. B. die Chronistik, Legenden und die wissensvermittelnde Literatur) sind aus der lateinischen Tradition erwachsen. Die Dichter waren also vielfach lateinisch gebildet (siehe z. B. den **Stricker**, **Rudolf von Ems**, **Konrad von Würzburg**). Viele von ihnen waren Berufsdichter, die ihre Werke im Auftrag hochrangiger Gönner verfassten.[168] Über ihre genaue Standeszugehörigkeit sind zumeist kaum konkrete Aussagen möglich. Fest steht nur, dass eine Vielzahl von ihnen Ministeriale und Stadtbürger waren.

Die nachklassischen Romane und Heldenepen sind in der Regel nicht breit überliefert. Eine nicht unbeträchtliche Anzahl ist sogar nur in einer einzigen Handschrift erhalten. Nur vier Romane aus dem 13. Jh. sind ähnlich gut überliefert wie die klassischen Werke um 1200: der *Jüngere Titurel* (60 Hss.), *Barlaam*

---

165 Die weiteren Ausführungen beschränken sich weitestgehend auf die weltliche Literatur. Es sei aber daran erinnert, dass die geistliche Literatur den Großteil der spätmhd. Literatur ausmacht. In dieser Zeit entstand u. a. eine riesige Anzahl von deutschen Predigten und moraltheologischen erbaulichen Schriften. Hinzu kam die Literatur der Mystik.

166 Seit dem Ende des 13. Jh.s sind auch städtische Berufs**schreiber** belegt.

167 Nicht jeder Einwohner der Stadt war ein Bürger. Das Bürgerrecht war an städtischen Grundbesitz gebunden. Bürger waren zu einem großen Teil Handwerker und Kaufleute.

168 Heinrich von dem Türlin verfasste seine *Crône* für den Herzoghof in Kärnten, Ulrich von Etzenbach und Ulrich von dem Türlin dichteten im Auftrag des böhmischen Königs Ottokar II. bzw. seines Nachfolgers Wenzel II., und Rudolf von Ems verfasste seine *Weltchronik* im Auftrag Konrads IV. und den *Willehalm von Orlens* im Auftrag des staufischen Reichsschenken Konrad von Winterstetten.

und Josaphat (49 Hss.), *Willehalm von Orlens* (47 Hss.) und der *Wigalois* (37 Hss.). Mit jeweils 19 Textzeugen folgen der *Trojanerkrieg* Konrads von Würzburg und der *Wilhelm von Österreich* von Johann von Würzburg. Die Mehrzahl der deutschen Heldenepen ist in sog. **Heldenbüchern** (Sammlungen von Heldenepen) aus dem 14. bis 16. Jh. überliefert.[169] Das berühmteste ist das bereits erwähnte **Ambraser Heldenbuch**[170] (Anf. 16. Jh.), der einzige Textzeuge für die *Kudrun* und den *Biterolf und Dietleip*. Im Unterschied zu anderen Heldenbüchern enthält das Ambraser Heldenbuch neben Heldenepen auch klassische Höfische Romane und Kleinepik. Die am besten überlieferten nachklassischen Heldenepen sind *Laurin* (18 Hss.), der *Rosengarten zu Worms* (17 Hss.) und der *Wolfdietrich* (16 Hss.). Relativ breit überliefert sind hingegen die (wenigen) Bearbeitungen französischer und deutscher Chansons de geste.[171] Von Strickers *Karl der Große* (einer Neubearbeitung des *Rolandsliedes*) sind 42 Handschriften erhalten, vom *Rennewart* (einer Fortsetzung des *Willehalm*) 41 und von der *Arabel* (einer Vorgeschichte zum *Willehalm*) 29 Handschriften. Für die Fülle von kürzeren didaktischen Werken schwankt die Anzahl der Textzeugen ganz beträchtlich. Am besten überliefert sind *der Pfaffe Amis* von dem Stricker (13 Hss.) und das *Herzmære* Konrads von Würzburg (12 Hss.). Ausgesprochen breit überliefert sind auch die umfangreicheren Lehrgedichte. An der Spitze steht mit weit über 100 Handschriften Freidanks *Bescheidenheit*, mit deutlichem Abstand gefolgt vom *Renner* Hugos von Trimberg (66 Hss.) und dem *Welschen Gast* Thomasins von Zerklære (etwa 20 Hss.). Am besten überliefert sind jedoch die wissensvermittelnden Texte. Der *Sachsenspiegel* Eikes von Repgow ist in 266 Handschriften überliefert, das *Arzneibuch* in 82, die *Weltchronik* Rudolfs von Ems in fast 100 und die *Weltchronik* Jans von Wien (Jans Enikel) in 28 Handschriften.[172]

2.3.1.2 Lyrik

Bei den Verfassern von Lyrik[173] reicht das Spektrum von fahrenden Berufsdichtern, wandernden Klerikern (Vaganten), bürgerlichen Laiendichtern bis hin zu Ministerialen und adeligen Dilettanten. Während die Sangspruchdichter meist einem sozial niedrigeren Stand (meist dem Bürgertum) angehörten und vielfach

---

169 Zu den am besten überlieferten Dietrichepen gehören: *Der Rosengarten zu Worms* (17 Hss.), *Laurin* (18 Hss.), *Virginal* (13 Hss.) und *Wolfdietrich* (16 Hss.). Von ihnen gibt es mehrere Fassungen.

170 Siehe hierzu Kap. II.2.2.1.1.

171 Zur Gattung der (deutschen und französischen) Chansons de geste siehe Kap. II.2.2.2.1.

172 Die Handschriften, in denen Weltchroniken überliefert sind, sind oftmals reich illustriert.

173 Minnesang und Sangspruch werden gemeinsam in diesem Kapitel behandelt.

Berufsdichter waren (wie der **Marner** und **Konrad von Würzburg**[174]), war der Anteil an Adeligen und Ministerialen unter den Minnesängern (nach wie vor) recht hoch. In der Großen Heidelberger Liederhandschrift C sind u. a. Lieder von **König Konrad IV.**, **König Wenzel II. von Böhmen** und vom **Markgrafen Heinrich von Meißen** überliefert. Die Minnesänger **Ulrich von Singenberg**, **Burkhart von Hohenfels** und **Ulrich von Liechtenstein** gehörten dem Ministerialenstand an. Hinsichtlich der Standeszugehörigkeit verschwimmen aber die Grenzen zwischen Minnesängern und Sangspruchdichtern im Laufe der Zeit immer stärker. Einige Dichter sind in beiden Gattungen vertreten.[175]

Zu Zentren für die späte Lyrik entwickelten sich vor allem der Hof des Markgrafen von Meißen, der böhmische Königshof in Prag und der Hof Heinrichs VII., wo vermutlich **Burkhart von Hohenfels**, **Ulrich von Winterstetten** und **Gottfried von Neifen** ihre Lieder gedichtet haben.

Ein Großteil der spätmhd. Lyrik ist zusammen mit den Liedern des Klassischen Minnesangs in den großen Sammelhandschriften überliefert.[176]

2.3.2 Textgattungen/Werke/Verfasser

2.3.2.1 Epik

Die beiden Hauptgattungen der mhd. Klassik, der **Höfische Roman** und die **Heldenepik**, wurden fortgeführt, aber viel stärker ausdifferenziert (siehe hierzu die Abschnitte a) und b).[177] Ab der Mitte des 13. Jh.s wurden (nach der Nibelungensage) weitere Stoffe aus der germanischen Heldensage zu Heldenepen umgeformt und verschriftlicht (**Dietrichepik**). Daneben wurden, allerdings in weitaus geringerem Umfang, auch Stoffe aus der französischen Heldenepik (Chansons de geste) von deutschen Dichtern bearbeitet. Weitaus stärker wandte man sich hingegen religiösen Stoffen und Themen zu. Es entstand eine Vielzahl von Legendenromanen und legendenhaften Verserzählungen (siehe hierzu Abschnitt c), vorwiegend nach lateinischen Vorlagen, und auch in die Minne- und Abenteuerromane hielten zahlreiche Legendenmotive Einzug. Das literarische Gattungsspektrum erweiterte sich ganz beträchtlich. Eine Vielzahl der Texte ist geprägt von einer Tendenz zur Lehrhaftigkeit und Historisierung. Es entstanden neue Textgattungen wie lehrhafte Kurzerzäh-

---

174 Konrad von Würzburg hat neben Lyrik auch zahlreiche epische Werke verfasst (siehe hierzu Kap. 2.3.2.1).

175 Siehe hierzu Kap. II.2.3.2.2.

176 Siehe hierzu Kap. II.2.2.1.2.

177 Im Weiteren werden die in spätmhd. Zeit vorherrschenden epischen Gattungen in jeweils eigenen Abschnitten behandelt (siehe die Abschnitte a)–d).

lungen, umfangreiche Lehrgedichte, das geistliche Spiel, Rechtsbücher, medizinische und naturwissenschaftliche Fachprosa und Chroniken. Die wichtigsten neuen literarischen Gattungen werden in Abschnitt d) behandelt.

a) Höfischer Roman

Um 1220 ist schlagartig (bis auf wenige Ausnahmen) das zuvor so lebhafte Interesse an zeitgenössischen französischen Vorlagen erloschen.[178] Nach wie vor wurden zwar Romane nach französischen Vorlagen verfasst, aber die Dichter griffen in diesen Fällen zumeist auf ältere Werke zurück. Viele Romane entstanden auch unabhängig von bestimmten Vorlagen. Die Dichter fügten Motive und Handlungsmuster aus verschiedenen klassischen deutschen Werken neu zusammen und ahmten Inhalt und Stil ihrer klassischen Vorbilder eifrig nach. In älteren Literaturgeschichten werden die nachklassischen Dichter daher häufig als Epigonen abgewertet.

Die späten Höfischen Romane können in der Regel in vier Gruppen eingeteilt werden (siehe unten): **Fortsetzungen** unvollendeter Werke der Höfischen Klassik, **Artusromane** (ohne bestimmte Vorlagen), **Neubearbeitungen von Antikenromanen** sowie **Minne- und Abenteuerromane.**

Eine absolute Sonderstellung nimmt der ***Prosa-Lancelot*** ein, der erste deutsche Prosaroman. Bei diesem handelt es sich um eine Übersetzung einer französischen Vorlage, nicht von Chrétiens de Troyes *Lancelot* (*Le Chevalier de la Charrette*),[179] sondern einem Teilstück aus dem französischen *Lancelot en prose.*[180] Im Unterschied zu Frankreich, wo sich bereits um 1200 eine hochstehende Erzählprosa entwickelt hatte, konnte sich die Prosaform in Deutschland im 13. Jh. nicht etablieren. Der mhd. *Prosa-Lancelot* blieb ein absoluter Ausnahmefall![181] Erst im 15. Jh. entstanden weitere deutsche Prosaromane.

---

178 Ein möglicher Grund dafür wäre, dass generell der Einfluss der frz. Kultur und Literatur, der die Zeit der mhd. Klassik so grundlegend geprägt hatte, inzwischen soweit in die deutsche Kultur und Literatur eingedrungen ist, dass das Bedürfnis nach weiteren Übernahmen (z. B. in Form von zeitgenössischen frz. literarischen Vorlagen) erloschen ist. Statt zeitgenössische frz. Vorlagen wurden die klassischen mhd. Werke (und deren frz. Quellen) zu literarischen Vorbildern.

179 Chrétiens *Lancelot* (*Le Chevalier de la Charrette*) hat als einziger von seinen Artusromanen keinen deutschen Bearbeiter gefunden.

180 Der frz. *Lancelot-Graal*-Zyklus besteht aus fünf Teilen, von denen aber nur die (entstehungsgeschichtlich) ersten drei, der *Lancelot propre, die Queste del Saint Graal* und die *Mort Artu*, die zusammen den *Lancelot en prose* bilden, ins Deutsche übersetzt wurden. In der ersten Hälfte des 13. Jh.s wurde wahrscheinlich nur der erste Teil des *Lancelot propre* übersetzt.

181 Die Überlieferung des mhd. *Prosa-Lancelot* ist ausgesprochen schlecht. Es gibt nur eine weitgehend vollständige Handschrift aus dem 15. Jh.

Fortsetzungen unvollendeter Werke der Höfischen Klassik

Hier wären drei Werke zu nennen: Zum einen der ***Jüngere Titurel*** von **Albrecht von Scharfenberg** (ca. 1260/70), eine Fortsetzung von Wolframs *Titurel.* Mit seinen rund 6300 Strophen ist der *Jüngere Titurel* das umfangreichste erzählerische Werk des 13. Jh.s. Neben verschiedenen lateinischen und französischen Quellen hat Albrecht vor allem Wolframs *Parzival* verwendet.[182] Zum anderen **zwei *Tristan*-Fortsetzungen**: Um 1230/40 hat **Ulrich von Türheim** eine Fortsetzung von Gottfrieds *Tristan* verfasst, und einige Jahrzehnte später (um 1280/90) folgte eine weitere von **Heinrich von Freiberg.** Für beide lassen sich keine bestimmten Quellen nachweisen.

Artusromane (ohne bestimmte Vorlagen)

Die Doppelwegstruktur (Symbolstruktur), die sich ja bereits seit Hartmanns *Iwein* und Wolframs *Parzival* aufzulösen beginnt, findet sich im nachklassischen Artusroman nicht mehr. Der Protagonist durchläuft kein pädagogisches Programm, er „entwickelt" sich auf seinem Âventiurenweg nicht, sondern ist von Anfang an ein vollkommener Ritter, der in zahlreichen linear aneinandergereihten Episoden seine Vollkommenheit lediglich aufs Neue bestätigt. Die immer phantastischeren und abenteuerlicheren Âventiuren nehmen somit immer mehr den Charakter von Abenteuern an. Die Werke entstehen ohne konkrete Vorlagen. Die Dichter bedienen sich vorrangig des reichhaltigen Motivinventars der klassischen deutschen (aber auch französischen) Artusromane und setzten die bekannten Motive zu einem neuen Werk zusammen.[183]

Artusromane nach diesem Muster sind:

- Der ***Wigalois*** **Wirnts von Grafenberg** (1210/20): In rund 11.700 Versen wird eine bunte Fülle von phantastischen Abenteuern geschildert, die der Artusritter Wigalois (der Sohn des Musterritters Gawein) zu bestehen hat.[184]
- ***Daniel von dem Blühenden Tal*** von dem **Stricker** (um 1220): in knapp 8500 Versen wird vom Krieg des Königs Artus gegen den König Matur von Clûse sowie von der Âventiurenfahrt des Artusritters Daniel erzählt und von seinen Kämpfen gegen Monster und Fabelwesen. Neu ist, dass der Protagonist seine Gegner nicht durch ritterliche Kampfkraft, sondern durch intel-

182 Bis zu Karl Lachmann galt der *Jüngere Titurel* als ein Werk Wolframs.

183 Daher finden sich in den Werken oftmals Figuren und Handlungsmuster, die das Publikum bereits aus Hartmanns *Erec* und *Iwein* oder Wolframs *Parzival* kennt.

184 Der *Wigalois* ist (zumindest größtenteils) nach mehreren französischen Vorbildern gedichtet. Der erste Teil weist deutliche Übereinstimmungen mit *Le Bel Inconnu* von Renaut de Beaujeu auf.

lektuelle Fähigkeiten (mhd. *list*) besiegen kann. Der Stricker gibt zwar an, eine französische Vorlage übersetzt zu haben, aber es gilt als erwiesen, dass er die Handlung selbständig aus bekannten Versatzstücken (v. a. aus Hartmanns *Iwein*, aber auch aus Motiven der griechischen Mythologie) zusammengesetzt hat.

- Die ***Crône*** **Heinrichs von dem Türlin** (um 1230). In über 30.000 Versen werden die phantastischen, mitunter völlig irrealen Âventiuren des Artusritters Gawein erzählt.[185] Heinrich hat hierfür zahlreiche Motive aus verschiedenen französischen Romanen verwendet.
- Zwischen 1240 und 1270 sind drei Artusromane von einem Dichter entstanden, der sich selbst **Der Pleier** nennt: ***Garel von dem Blühenden Tal*** (über 21.000 Verse), ***Tandareis und Flordibel*** (über 18.000 Verse) und ***Meleranz*** (fast 13.000 Verse).

Neubearbeitungen von Antikenromanen

Im 13. Jh. sind die Geschichten von Alexander dem Großen und dem Kampf um Troja gleich mehrmals neu bearbeitet worden. Der Aeneas- und der Thebenstoff fanden hingegen keinen Bearbeiter. Statt auf französische griffen die Dichter nun aber hauptsächlich auf lateinische Vorlagen zurück. Aus spätmhd. Zeit stammen fünf Alexanderromane, von denen aber nur zwei erhalten sind (der eine von **Rudolf von Ems,**[186] um 1235/40, der andere von **Ulrich von Etzenbach**, um 1290), und zwei Trojaromane. Zum einen der *Trojanerkrieg* **Konrads von Würzburg**[187] (1287; unvollendet; über 40.000 Verse)[188] zum anderen der von einem unbekannten Verfasser stammende *Göttweiger Trojanerkrieg* (um 1280).

Minne- und Abenteuerromane

Im 13. Jh. sind (bis Anfang des 14. Jh.s) zahlreiche Minne- und Abenteuerromane entstanden, in denen die Liebenden meist schnell zueinander finden, dann getrennt werden und zahlreiche Bewährungsproben bis zu ihrer Wiedervereini-

---

185 Zudem hat Heinrich von dem Türlin auch aus deutschen klassischen Werken geschöpft.

186 Rudolf von Ems hat mit insgesamt fast 100.000 Versen das umfangreichste Œuvre hinterlassen (vier ganz unterschiedliche Romane und eine Weltchronik).

187 Konrad von Würzburg ist der vielseitigste unter den spätmhd. Dichtern. Von ihm stammen drei Romane (ein Minneroman, ein Legendenroman, ein Antikenroman), drei Verslegenden, Kurzerzählungen sowie geistliche und weltliche Lyrik.

188 Neben dem afrz. *Roman de Troie* von Benoît de Sainte-Maure hat Konrad von Würzburg andere Quellen verwendet.

gung bestehen müssen. Die Werke entstanden oftmals nach älteren französischen und/oder lateinischen Vorlagen, mitunter handelt es sich aber auch um selbständige Zusammenfügungen bekannter Motive. Einige dieser Romane haben konkrete historische Bezugspunkte.

Zu den wichtigsten Minne- und Abenteuerromanen zählen:
- ***Flore und Blanscheflur*** von **Konrad Fleck** (um 1220): knapp 8000 Verse, gedichtet nach einer nicht erhaltenen französischen Vorlage.
- ***Willehalm von Orlens*** von **Rudolf von Ems** (um 1235/40): Der über 15.500 Verse umfassende (pseudo-historische) Roman gehört zu den am besten überlieferten Werken des Mittelalters (die französische Vorlage ist nicht bekannt).[189]
- ***Demantin*** und ***Crane*** von **Berthold von Holle** (um 1250/60): Beide dürften aus mündlichen Quellen entstanden sein.
- ***Engelhard*** von **Konrad von Würzburg** (um 1260): Im Prolog (V. 208 ff.) und Epilog (V. 6456 ff.) gibt Konrad an, das Werk (eine Mischung aus Minneroman und Legende) nach einer lateinischen Vorlage verfasst zu haben.
- ***Partonopier und Meliur*** von **Konrad von Würzburg** (1277): Zugrunde liegt eine französische Vorlage (*Partonopeus de Blois*) von einem unbekannten Verfasser.
- ***Wilhelm von Wenden*** von **Ulrich von Etzenbach** (1280/1297): Für das rund 8500 Verse umfassende Werk lässt sich keine bestimmte (französische?) Vorlage ermitteln. Stoffgeschichtlich gehört der Roman in die Nachfolge der Eustachius-Legende und des *Guillaume d'Angleterre* (das Werk eines ansonsten unbekannten Verfassers namens Chrestien; um 1175).
- ***Reinfried von Braunschweig*:** das nur teilweise erhaltene Werk (über 27.500 Verse) wurde nach 1291 (Fall von Akkon) von einem unbekannten Verfasser gedichtet.
- ***Apollonius von Tyrland*** von **Heinrich von Neustadt** (um 1300): Der Rahmen des rund 21.000 Verse umfassenden Werks folgt einer lateinischen Vorlage, der *Historia Apollonii regis Tyri*. Die Handlung ist aber großteils aus bekannten Motiven frei zusammengesetzt.
- ***Wilhelm von Österreich*** von **Johannes von Würzburg** (vor 1314): Eine Gattungsmischung aus Höfischem Roman, Minnerede und Geschichtsschreibung. Eine konkrete Vorlage lässt sich nicht nachweisen.

189 Daneben dürfte Rudolf von Ems auch aus Gottfrieds *Tristan* und Wolframs *Parzival* geschöpft haben.

b) Heldenepik

In spätmhd. Zeit wurden sowohl Stoffe aus der germanischen Heldenepik als auch aus der französischen Heldenepik (Chansons de geste) bearbeitet. Zunächst zu den **germanischen Heldenepen**: Nach dem *Nibelungenlied* und der *Nibelungenklage* wurden im 13. Jh. andere bislang mündlich tradierte Stoffe literarisiert. Sie lassen sich (bis auf eine Ausnahme) dem Kreis der **Dietrichepen** zuordnen. Der Hauptheld ist der aus dem *Hildebrandslied* und *Nibelungenlied* bekannte Dietrich von Bern (= der historische Ostgotenkönig Theoderich der Große). Auch *Wolfdietrich* und *Ortnit* (beide um 1230), zwei Epen, die sich eigentlich nur schwer einer bestimmten Gattung zuordnen lassen, werden zumeist zur Dietrichepik gezählt, da eine genealogische Verbindung zwischen den beiden Helden Wolfdietrich und Ortnit und Dietrich von Bern besteht. Auch das Heldenepos *Biterolf und Dietleip* (um 1250) ist mit den Dietrichepen verwandt. Ganz für sich allein steht hingegen die *Kudrun* (um 1240), ein Brautwerbungsepos, das einem anderen Stoffkreis, der Hildasage, angehört. Die Dietrichepen werden in **historische** und **âventiurehafte** Epen eingeteilt.[190] In den âventiurehaften kämpft der junge Dietrich gegen übernatürliche Gegner wie Riesen, Zwergenkönige und Drachen. Hierzu zählen *das Eckenlied, Sigenot, Laurin, Virginal, Der Rosengarten zu Worms* und *Goldemar,* zu den historischen *Dietrichs Flucht, die Rabenschlacht* und *Alpharts Tod.* Wie für die Gattung Heldenepik üblich, sind die Verfasser unbekannt (mit Ausnahme des *Goldemar* von Albrecht von Kemenaten). Im 14. Jh. entstanden keine Heldenepen mehr. Das Rezeptionsinteresse an heldenepischen Stoffen erwachte erst wieder gegen Ende des 15. Jh.s.

Die französischen **Chansons de geste** wurden hingegen auch im 13. und 14. Jh. nur spärlich und eher indirekt rezipiert. Im 13. Jh. wurden zwei ältere deutsche Bearbeitungen von französischen Chansons de geste neu bearbeitet oder ergänzt bzw. fortgesetzt: das *Rolandslied* des Pfaffen Konrad und der *Willehalm* Wolframs von Eschenbach. Hierfür griffen die spätmhd. Dichter vorwiegend auf die entsprechenden französischen Chansons de geste zurück. Die Neubearbeitung des *Rolandsliedes* stammt von dem **Stricker** (***Karl der Große***, um etwa 1220/30). Er hat das vorhöfische Werk nicht nur sprachlich und metrisch geglättet und den Ansprüchen seiner Zeit angepasst, sondern auch beträchtliche inhaltliche Veränderungen und Erweiterungen vorgenommen. Wie der Umfangsvergleich zeigt, ist der Umfang des *Rolandsliedes* um ca. 3000 Verse erweitert (von 9000 auf etwa 12.000 Verse). Neben dem *Rolandslied,* der afrz. *Chanson de Roland* und anderen französischen Chansons de geste aus dem

---

190 Nur *Dietrich und Wenezlan,* ein Fragment von knapp 500 Versen, lässt sich keiner dieser beiden Gruppen eindeutig zuordnen.

Karlszyklus hat der Stricker deutsche und lateinische historiographische und hagiographische Quellen verwendet. Wolframs unvollendeter *Willehalm* wurde im 13. Jh. gleich zweimal fortgesetzt. Um 1250 verfasste **Ulrich von Türheim** (vorwiegend basierend auf französischen Chansons de geste) eine Fortsetzung von etwa 36.500 Versen, den ***Rennewart***. Wenig später (in den 60er Jahren des 13. Jh.s) stellte **Ulrich von den Türlin** mit seiner ***Arabel*** dem *Willehalm* eine frei erfundene Vorgeschichte voran. So entstand ein riesiger dreiteiliger Zyklus (*Arabel – Willehalm – Rennewart*), der in vielen Handschriften zusammenhängend überliefert ist. In den ersten Jahrzehnten des 13. Jh.s entstanden am Niederrhein zwei Karlsepen nach französischen Vorlagen: ***Karl und Galie*** (um 1215/20) und ***Morant und Galie*** (um 1220/30). Deren Verfasser ist unbekannt. Beide Werke wurden zusammen mit anderen Karlstexten in der 1. Hälfte des 14. Jh.s zu einer umfangreichen Kompilation zusammengefügt, dem ***Karlmeinet***. In der 2. Hälfte des 13. Jh.s ist eine nicht erhaltene Fassung der altfranzösischen Chanson de geste *La Bataille d'Aliscans* (der Vorlage für Wolframs *Willehalm*) von einem unbekannten Verfasser ins Deutsche übersetzt worden. Von dem ***Strit van Alescans*** (auch Alischanz-Bruchstücke oder Kitzinger Bruchstücke genannt) sind aber nur rund 700 Verse (in einer einzigen Abschrift aus dem späten 13. Jh.) erhalten.

c) Legendenromane und legendenhafte Verserzählungen

Beide Gattungen erfreuten sich in spätmhd. Zeit zunehmender Beliebtheit. Obschon mitunter die Gattungsgrenzen verschwimmen, können folgende Werke zu den Legendenromanen bzw. legendenhaften Erzählungen gezählt werden:

- Der ***Guote Gêrhart*** von **Rudolf von Ems** (um 1220): Hier steht zum ersten Mal in der deutschen Literatur ein Kaufmann im Mittelpunkt.
- ***Barlaam und Josaphat*** (um 1225/32) von **Rudolf von Ems.**[191]
- Die ***Gute Frau*** (um 1230) von einem anonymen Verfasser (vermutlich nach einer verlorenen französischen Vorlage).
- Der ***Heilige Georg*** (um 1240) von **Reinbot von Durne.**
- ***Mai und Beaflor*** (um 1270/80) von einem unbekannten Verfasser (nach einer verlorenen französischen (?) Vorlage).

d) Neue literarische Gattungen

Unter den in spätmhd. Zeit neu entstanden Gattungen sind insbesondere die Didaktische Kleinepik, umfangreiche Lehrgedichte und die Wissensliteratur zu nennen.

---

191 *Barlaam und Josaphat* ist die mhd. Bearbeitung einer aus dem Griechischen ins Lateinische übertragenen Sage vom indischen Königssohn Josaphat, der vom Eremiten Barlaam zum Christentum bekehrt wird.

Didaktische Kleinepik

Spätestens um die Mitte des 13. Jh.s entstand eine bunte Fülle von kürzeren Werken in vierhebigen Reimpaarversen mit einer moralisch-belehrenden Intention. Die Texte sind in ihrer Thematik und der Art ihrer Darstellung ausgesprochen vielseitig. Das Spektrum reicht von geistlichen bis weltlichen Themen, die ernst, satirisch oder komisch-schwankhaft erzählt werden. Besonders beliebte Themen sind Minne, Ehebruch und Ehestreit, List und Gegenlist, Konflikte zwischen Armen und Reichen sowie alle möglichen Arten von Verführungen und Versuchungen. Die Protagonisten sind meist Bürger oder Bauern. Ein besonders erfolgreicher Gattungstypus ist das ***mære*** (im Mhd. meist Neutrum; nhd. ‚Märe'; Plural: mhd. *diu mære*)[192] – nach der Definition von HANNS FISCHER eine Erzählung in Reimpaarversen mit profanem Inhalt und einem Umfang von 150 bis zu 2000 Versen.[193] In der Regel werden (wie in der neuzeitlichen Novelle) unerhörte Begebenheiten, außerordentliche Vorfälle erzählt. Aber auf den erzählenden Teil folgt häufig eine moralische Ausdeutung.[194] FISCHER unterscheidet drei Typen von Mären: die höfisch-galanten, die moralisch-exemplarischen und die schwankhaften Mären. Die meisten dieser Kurzerzählungen sind den schwankhaften Mären zuzurechnen. Die bekanntesten Märendichter sind **der Stricker** (der zugleich als Schöpfer dieser Gattung gilt), **Konrad von Würzburg** und **Wernher der Gartenære**. Von ihm stammt eines der umfangreichsten Mären, der *Helmbrecht* (um 1260; über 1900 Verse). Der Stricker war der erste, der Mären zu einem Zyklus zusammengefügt hat. Der *Pfaffe Amis* (etwa 2500 Verse) besteht aus 12 schwankhaften Mären, die miteinander durch den listigen Helden, den Pfaffen Amis, verbunden sind. Die meisten Mären sind jedoch anonym überliefert. Ein weiterer, nur schwer von den Mären abgrenzbarer Typus, ist das sog. **Bîspel** (< mhd. *bî* ‚bei' + *spel* ‚Erzählung'). Im Unterschied zur Märe ist der Erzählteil zugunsten des Auslegungsteils deutlich reduziert und oftmals schon ganz auf diesen ausgerichtet. Die moralisierende Nutzanwendung wird somit beim Bîspel zur Hauptsache. Der Gesamtumfang reicht von nur 8 bis zu 500 Versen. Auch hier zählt der **Stricker** zu den Hauptvertretern der Gattung.

Umfangreiche Lehrgedichte

Ab dem 13. Jh. entstanden umfangreiche Moral- und Lebenslehren in vierhebigen Reimpaarversen. Um 1215 dichtete **Thomasin von Zerklære** den ***Welschen***

---

192 Mhd. *mære* < ahd. *mâri* (‚Nachricht, Kunde').

193 Siehe Fischer, Hanns: Studien zur deutschen Märendichtung. Zweite durchgesehene und erw. Auflage besorgt von Johannes Janota. Tübingen 1983.

194 Es gibt allerdings auch Mären, die nur unterhalten wollen, bei denen also keinerlei didaktische Intention zu erkennen ist.

Gast,[195] eine praktische Verhaltens- und Tugendlehre von rund 14.500 Versen, die sich vornehmlich an junge Adelige richtet und diese zu höfisch-ritterlichem Verhalten ermahnt. Weitere umfangreiche Lehrgedichte sind u. a.: Der ***Winsbeke*** und die ***Winsbekin*** (um 1220), **Freidanks** ***Bescheidenheit*** (mhd. *bescheidenheit* ‚kluges Handeln, Verständigkeit'), eine Sammlung von Sinnsprüchen (1215/30; um die 4700 Verse), der sog. ***Seifried Helbling*** (eine Sammlung von 15 Lehrgedichten, entstanden zwischen 1283–1299 in Österreich) und der ***Renner*** **Hugos von Trimberg** (1300–1313; über 25.000 Reimpaarverse).

Zu den größeren Lehrdichtungen können auch die **Minnereden** (oder Minnelehren) gezählt werden. Sie erfreuten sich seit der 2. Hälfte des 13. Jh.s großer Beliebtheit.[196] Hauptthemen sind Reflexionen über Liebe, Minne und Ehe. Der Umfang kann (vor allem im 14. Jh.) nahezu epische Ausmaße annehmen (siehe z. B. die *Minneburg,* eine Minneallegorie von fast 5300 Versen, oder Strickers *Frauenehre* mit rund 2500 Versen). Bis ins 16. Jh. sind an die 500 Minnereden von zumeist unbekannten Verfassern überliefert.

Wissensliteratur

Ab dem 13. Jh. stieg die Anzahl wissensvermittelnder Texte in deutscher Sprache beträchtlich an. Vermittelt wurden in ihnen insbesondere historische, rechtliche und naturwissenschaftlich-medizinische Kenntnisse. Ab der 2. Hälfte des 13. Jh.s entstanden zahlreiche Chroniken. Herausragend sind die umfangreichen (in der Regel gereimten) **Weltchroniken**, in denen (nach lateinischen Vorlagen) die Weltgeschichte von der Schöpfung bis zur Gegenwart der Dichter erzählt werden sollte (einige Weltchroniken sind jedoch nur fragmentarisch überliefert). Am Beginn steht die ***Sächsische Weltchronik*** (zuerst in mittelniederdeutscher Sprache, später folgte eine Übersetzung ins Hochdeutsche). Diese vermutlich zwischen 1230–1270 entstandene Chronik ist die einzige Weltchronik in Prosa. Es folgen u. a. die *Weltchronik* **Rudolfs von Ems** (um 1250; unvollendet; rund 33.500 Verse) und die *Weltchronik* von **Jans Enikel/Jans von Wien** (um 1270/80). 1220/1235 entstand das bedeutendste **Rechtsbuch** in deutscher Sprache, der ***Sachsenspiegel*** **Eikes von Repgow** (zuerst in mittelnieder- dann in hochdeutscher Sprache). Die bedeutendsten **medizinischen Handbücher** des Mittelalters in deutscher Sprache sind das ***Arzneibuch*** **Ortolfs von Baierland** (um 1280) und das ***Roßarzneibuch*** des **Meister Albrant** (um 1250?).

---

195 Der Titel ist metaphorisch und heißt wörtlich übersetzt ‚der Fremde aus der Romania.'

196 Ein Vorläufer der Minnereden aus dem 12. Jh. ist das *Büchlein* (oder *Klage*) Hartmanns von Aue (siehe hierzu Kap. II.2.2.2.1). Zudem finden sich in zahlreichen Höfischen Romanen der mhd. Klassik minnetheoretische Erzählereinschübe.

2.3.2.2 Lyrik

Beide Hauptgattungen der klassischen Zeit, **Minnesang** und **Sangspruch,** wurden von den spätmhd. Dichtern übernommen und mitunter durch neue Untergattungen erweitert.[197] Auch die Großform des **Leichs** wurde bis 1350 weitergeführt (u. a. von Konrad von Würzburg, Heinrich von Meißen, genannt Frauenlob,[198] Johannes Hadlaub (siehe unten), Ulrich von Winterstetten,[199] Rudolf von Rotenburg[200] und dem Tannhäuser[201]).

a) Minnesang

Aus spätmhd. Zeit sind rund 90 Minnesänger bekannt. Dementsprechend groß ist auch die Anzahl der überlieferten Lieder (etwa 800). Viele von ihnen sind traditionelle Minneklagen (nach dem Konzept des Hohen Minnesangs). Noch das gesamte 13. Jh. hindurch verfassten viele Dichter Lieder im Stil Reinmars und Walthers von der Vogelweide (zu nennen wären hier u. a. **Ulrich von Singenberg, Heinrich III.**, der Markgraf von Meißen, und **Ulrich von Liechtenstein**). Von großer Bedeutung für den späten Minnesang waren auch **Gottfried von Neifen,**[202] **Johannes Hadlaub**[203] und **Konrad von Würzburg.**[204] Ihre Lieder weisen eine deutliche Distanz zu den Liedern des Hohen Minnesangs auf. Einige der nachklassischen Dichter haben in ihren Liedern die Grundkonstellation des Hohen Minnesangs sogar umgekehrt, ironisiert oder persifliert (sog. Gegensang)[205] und so neue Liedtypen entwickelt. Zu nennen sind hier vor allem **Neidhart**[206]

---

197 Minnesang und Sangspruch werden in diesem Kapitel in jeweils eigenen Abschnitten behandelt.

198 Unter dem sprechenden Namen Frauenlob sind ein Marien-, ein Kreuz- und ein Minneleich überliefert.

199 Von Ulrich von Winterstetten sind neben 40 Minneliedern 5 Minneleichs überliefert.

200 Unter dem Namen Rudolf von Rotenburg sind in der Großen Heidelberger Liederhandschrift 6 Leichs überliefert.

201 Vom Tannhäuser sind sechs Tanzleichs überliefert.

202 Die Lieder Gottfrieds von Neifen sind von den Liedern Walthers und Neidharts beeinflusst. Unter seinem Namen sind in der Großen Heidelberger Liederhandschrift 51 Minnelieder überliefert. Neben Minnelieder hat er auch Sangsprüche verfasst.

203 Johannes Hadlaub hat ein umfangreiches Œuvre hinterlassen, bestehend v. a. aus Minneliedern, Dörper- und Tageliedern. Unter seinem Namen sind in der Großen Heidelberger Liederhandschrift 51 Lieder und drei Leichs überliefert.

204 Neben zahlreichen epischen Werken hat Konrad von Würzburg geistliche und weltliche Lyrik (Minnesang, Sangspruchdichtung, Leichs) verfasst.

205 Zu den Liedern des Gegensangs gehören z. B. die Lieder des Kol von Niunzen (1. Hälfte 13. Jh.) mit ihrer Gewalt- und Sexualmetaphorik.

206 Der Name Neidhart (mhd. *Nîthart*) ist aller Wahrscheinlichkeit nach ein sprechender Name (wörtlich übersetzt bedeutet er ‚der im Hass Starke' oder ‚neidischer Mensch', übertragen auch ‚Teufel'). In einigen von Neidharts Liedern tritt der fiktive Ritter *Nîthart von Riuwental*

(1. Hälfte 13. Jh.) und **Steinmar** (2. Hälfte 13. Jh.), einer der originellsten Minnesänger aus der 2. Hälfte des 13. Jh.s.[207] **Neidhart** gehört hingegen zu den produktivsten und erfolgreichsten Lyrikern des deutschen Mittelalters überhaupt.[208] Seine Lieder sind das ganze Mittelalter hindurch rezipiert und überliefert worden. Über 200 Jahre ahmten die nachfolgenden Dichter den Stil Neidharts nach (sog. Pseudo-Neidharte). Die entscheidende Neuerung in vielen seiner Lieder ist die Transposition der Grundkonstellation des Hohen Minnesangs (Werbung eines Ritters um eine unerreichbare Dame) in ein dörfliches, vorwiegend bäuerliches Milieu und somit die Brechung von traditionellen Motiven des Hohen Minnesangs. Neidhart gilt als der Begründer der sog. *dörper*-Dichtung (mhd. *dörper* ‚Bauer/bäuerisch roher Mensch/Tölpel'). Der Schauplatz in seinen Liedern ist ein außerhöfischer Raum (je nach Jahreszeit ein Dorfplatz, eine Scheune oder eine Wohnstube). Die Figuren gehören (mit Ausnahme des ritterlichen Sänger-Ichs) dem dörflich-bäuerlichen Milieu an (Bauernmädchen, Dorfmädchen, Bäuerinnen, Bauernburschen, die lebenslustige Alte). Die überwiegende Mehrzahl seiner Lieder lässt sich zwei Typen zuordnen: den Sommer- und den Winterliedern. In den **Sommerliedern** wirbt meist die Frau, ein Bauernmädchen oder eine Bäuerin, beim Tanz auf dem Dorfplatz um die Gunst des Ritters. In den **Winterliedern** wirbt hingegen der Ritter beim Tanz in der bäuerlichen Wohnstube um ein Bauernmädchen. Mitunter kommt es (in beiden Liedtypen) zu körperlichen Auseinandersetzungen mit den Dorfburschen, die mit dem Ritter um das Mädchen konkurrieren. Die Sprache der Lieder ist dem Milieu angepasst oft derb, mitunter sogar obszön. Die beiden Liedtypen unterscheiden sich auch auf formaler Ebene. Während die **Winterlieder** in der üblichen (dreiteiligen) Kanzonenform gedichtet sind, weisen die **Sommerlieder** eine freie (zweiteilige) Strophenform auf.

b) Sangspruchdichtung

Aus spätmhd. Zeit sind rund 60 Sangspruchdichter[209] namentlich bekannt. Einige von ihnen haben klangvolle Namen wie **Regenbogen**, **Höllenfeuer** oder **der**

---

auf. Auch bei diesem Beinamen dürfte es sich um einen metaphorischen Namen handeln (mhd. *Riuwental* ‚Jammertal').

207 Unter seinem Namen sind in der Großen Heidelberger Liederhandschrift 14 Lieder überliefert. Einige davon setzen die Tradition des Hohen Minnesangs fort, in anderen werden Motive und Muster des Klassischen Minnesangs parodiert und travestiert. Das berühmteste seiner Lieder ist das Herbstlied (Lied Nr. 1). Hier kündigt das lyrische Ich der unerreichbaren Minnedame den Dienst auf und gibt sich lieber maßloser Völlerei hin. In anderen Liedern wirbt der Sänger mit höfischen Worten um eine Bauernmagd.

208 In den Handschriften sind rund 150 Lieder unter seinem Namen überliefert (viele davon mit Melodie). Allerdings dürfte über die Hälfte der ihm zugeschriebenen Lieder unecht sein.

209 Wie bereits erwähnt, haben einige Dichter sowohl Minnelieder bzw. Leichs als auch Sangsprüche verfasst (siehe z. B. Konrad von Würzburg und Heinrich von Meißen).

Wilde Alexander. Die meisten späten Sangspruchdichter greifen bereits bekannte Sangspruch-Themen auf, vielfach ist deutlich der Einfluss Walthers von der Vogelweide zu erkennen. Wie in der Epik zeigt sich auch hier eine starke Tendenz zur Lehrhaftigkeit. Herausragende Sangspruchdichter aus der 1. Hälfte des 13. Jh.s sind: **der Marner**, **Reinmar von Zweter** und **Bruder Wernher**. Aus der 2. Hälfte des 13. Jh.s sind vor allem **Konrad von Würzburg** und **Rumelant von Sachsen** zu nennen. Der einflussreichste Spruchdichter des 14. Jh.s ist **Heinrich von Meißen** (Künstlername: Frauenlob; †1318). Unter seinem Namen sind rund 320 Sprüche überliefert.

3 Übungsaufgaben

1) Wann ist das erste (erhaltene) Buch in deutscher Sprache entstanden? Wie erklärt sich der Name dieses Buchs, und welcher Textgattung gehört es an?
2) Nennen Sie die zentralen Orte der Literaturproduktion in alt- und mittelhochdeutscher Zeit.
3) In welche Phasen kann der mhd. Minnesang bis 1220 eingeteilt werden?
4) Welcher Gattung gehört das ahd. *Hildebrandslied* an und wann wurde es aufgezeichnet?
5) Welche Rolle spielte das Lateinische bei der Überlieferung ahd. Texte?
6) Erläutern Sie den Begriff „Höfischer Roman“, und nennen Sie vier Beispiele.
7) Skizzieren Sie die wichtigsten Veränderungen bei den Entstehungsbedingungen für die spätmhd. Literatur.
8) Geben Sie eine mögliche Erklärung für die beträchtlichen Abweichungen im Wortlaut, im Strophenbestand und der Reihung der Strophen in der handschriftlichen Überlieferung mhd. Lyrik.
9) Was versteht man unter dem „Doppelwegschema“?
10) Was ist der Unterschied zwischen einer Strophe und einem Spruch?
11) Nennen Sie vier beliebte Themen der Sangspruchdichtung.
12) Was ist die sog. Hausen-Schule?
13) Nennen Sie drei Werke (und deren Verfasser) aus dem Stoffkreis der *matière de Bretagne*.
14) Was versteht man unter den Begriffen *mære* und *bîspel*?
15) Was unterscheidet den Höfischen Roman in formaler Hinsicht vom deutschen Heldenepos?
16) Was ist eine Minnekanzone, und wie ist eine typische Kanzonenstrophe aufgebaut?
17) Was sind die typischen inhaltlichen und formalen Merkmale des Donauländischen Minnesangs?

18) Was versteht man unter dem „ABC des Minnesangs“?
19) Welche Rolle spielen die französische Literatur und Kultur für das Hohe Mittelalter?
20) Welchen Einfluss haben die großen Fürstenhöfe auf die klassische mhd. Literatur?
21) Inwiefern ist der *Parzival* Wolframs von Eschenbach kein klassischer Artusroman?
22) Welcher Gattung lassen sich der *Willehalm* und das *Rolandslied* zuordnen? Datieren Sie beide Werke und nennen Sie deren Verfasser.
23) Skizzieren Sie das Konzept der Hohen Minne.
24) Nennen Sie drei Minnesänger, die dem Rheinischen Minnesang zugerechnet werden, und drei Vertreter des Hohen Minnesangs.
25) Was versteht man unter einer Kontrafaktur?

Die Lösungen zu den Übungsaufgaben finden sich in Kap. IX.

4 Literaturhinweise zum literaturgeschichtlichen Grundlagenwissen

Zum Abschluss des Kapitels „Literaturgeschichtliches Grundlagenwissen“ sei noch auf einige grundlegende Werke (insbesondere literaturgeschichtliche Darstellungen) verwiesen, mit deren Hilfe das in dieser Einführung erworbene Wissen vertieft werden kann.[210]

- **Bein,** Thomas: Germanistische Mediävistik. Eine Einführung. Berlin ²2005.
- **Bumke,** Joachim: Höfische Kultur. Literatur und Gesellschaft im hohen Mittelalter. München ¹²2008.
- **Brunner,** Horst: Geschichte der deutschen Literatur des Mittelalters und der frühen Neuzeit im Überblick. Erweiterte und bibliographisch ergänzte Aufl. Stuttgart 2010.
- **Die deutsche Literatur des Mittelalters. Verfasserlexikon.** 2., völlig neu bearb. Aufl., hg. von Kurt Ruh, Burghart Wachinger u. a., 14 Bde. Berlin/New York 1978–2008.
- **Geschichte der deutschen Literatur von den Anfängen bis zur Gegenwart.** Begründet von Helmut De Boor und Richard Newald. 12. Bde. München 1949–2017.

210 Die Liste ist als eine Art Basisbibliographie zu verstehen (berücksichtigt werden nur wenige, ausgewählte Werke).

  - Bd. 1: De Boor, Helmut: Die deutsche Literatur von Karl dem Großen bis zum Beginn der höfischen Dichtung (770–1170). 9. Aufl. bearb. von Herbert Kolb. 1979.
  - Bd. 2: De Boor, Helmut: Die höfische Literatur. Vorbereitung, Blüte, Ausklang (1170–1250). 11. Aufl. bearb. von Ursula Hennig. 1991.
  - Bd. 3: De Boor, Helmut: Die deutsche Literatur im späten Mittelalter (1250–1370).
    - Teil I: Epik, Lyrik, Didaktik, geistliche und historische Dichtung (1250–1350). 5. Aufl. bearb. von Johannes Janota. 1997.
    - Teil II: Reimpaargedichte, Drama, Prosa (1350–1370), hg. von Ingeborg Glier. 1987.
- **Geschichte der deutschen Literatur von den Anfängen bis zum Beginn der Neuzeit**, hg. von Joachim Heinzle. Tübingen.
  - Bd. 1: Von den Anfängen bis zum Hohen Mittelalter.
    - Teil I: Haubrichs, Wolfgang: Die Anfänge. Versuche volkssprachiger Schriftlichkeit im frühen Mittelalter (ca. 700–1050/60). 2., durchges. Aufl. 1995.
    - Teil II: Vollmann-Profe, Gisela: Wiederbeginn volkssprachiger Schriftlichkeit im hohen Mittelalter (1050/60–1160/70). 2., durchges. Aufl. 1994.
  - Bd. 2: Vom Hohen zum Späten Mittelalter.
    - Teil I: Johnson, L. Peter: Die höfische Literatur der Blütezeit (1160/70–1220/30). 1999.
    - Teil II: Heinzle, Joachim: Wandlungen und Neuansätze im 13. Jahrhundert (1220/30–1280/90). 2., durchges. Aufl. 1994.
  - Bd. 3: Vom späten Mittelalter zum Beginn der Neuzeit
    - Teil I: Janota, Johannes: Orientierung durch volkssprachliche Schriftlichkeit, 2004.
- **Geschichte der deutschen Literatur im Mittelalter**. 3 Bde.
  - Bd. 1: Kartschoke, Dieter: Geschichte der deutschen Literatur im frühen Mittelalter. 3., aktualisierte Aufl. München 2000.
  - Bd. 2: Bumke, Joachim: Geschichte der deutschen Literatur im hohen Mittelalter. München ^{5}2004.
  - Bd. 3: Cramer, Thomas: Geschichte der deutschen Literatur im späten Mittelalter. 3., aktualisierte Aufl. München 2000.
- **Klein,** Dorothea: Mittelalter. Lehrbuch Germanistik mit 17 Abbildungen. Stuttgart/Weimar. 2006.
- **Knapp,** Fritz Peter: Grundlagen der europäischen Literatur des Mittelalters. Eine sozial-, kultur-, sprach-, ideen- und formgeschichtliche Einführung. Darmstadt 2011.

- **Lexikon des Mittelalters,** hg. von Robert Auty, Robert-Henri Bautier u. a. 9 Bde. München [u. a.] 1977–99.
- **Sachwörterbuch der Mediävistik.** Unter Mitarbeit zahlreicher Fachgelehrter und unter Verwendung der Vorarbeiten von Hans-Dieter Mück, Ulrich Müller, Franz Viktor Spechtler und Eugen Thurnher, hg. von Peter Dinzelbacher. Stuttgart 1992.
- **Weddige,** Hilkert: Einführung in die germanistische Mediävistik. München ^{8}2014.
- **Wehrli,** Max: Literatur im deutschen Mittelalter. Eine poetologische Einführung. Stuttgart 1984 [ND Stuttgart 1987, 1994 u. 2006].
- **Wehrli,** Max: Geschichte der deutschen Literatur im Mittelalter. Von den Anfängen bis zum Ende des 16. Jahrhunderts. 3., bibliographisch erneuerte Aufl. Stuttgart 1997.

III Das Mittelhochdeutsche: Schreibung und Aussprache

Bevor ich mich in diesem Kapitel dem mhd. Phonemsystem sowie der Aussprache und Schreibung des Mittelhochdeutschen zuwende, werden zunächst die wichtigsten Begriffe und (Teil-)Disziplinen der Allgemeinen Sprachwissenschaft kurz erklärt bzw. vorgestellt, da deren Kenntnis grundlegend ist für die nachfolgenden Kapitel dieser Einführung. Am Ende dieses Kapitels finden sich Übungsaufgaben mit deren Hilfe das erworbene Wissen überprüft werden kann.

1 Grundbegriffe der Allgemeinen Sprachwissenschaft

Sprache ist – nach der strukturalistischen Sprachwissenschaft – ein System von konventionell festgelegten arbiträren (= willkürlich) sprachlichen Zeichen als Mittel der menschlichen Kommunikation.[211] Die in einem Inventar geordneten sprachlichen Zeichen unterliegen bestimmten Bildungs- und Verbindungsregeln. Dieses abstrakte, mental im Gehirn eines jeden Sprechers einer bestimmten Sprache gespeicherte Sprachsystem bezeichnete der Schweizer Sprachwissenschaftler F. de Saussure (1857–1913) als ***langue***, die individuelle konkrete sprachliche Äußerung hingegen als ***parole***.

Ausgehend von dieser Unterscheidung begründete N. Trubetzkoy (1890–1938), neben R. Jakobson der bedeutendste Vertreter des Prager Strukturalismus (oder: Prager Schule), zwei neue sprachwissenschaftliche Disziplinen: die **Phonetik** und die **Phonologie**. Im Unterschied zur Phonologie, welche die funktionelle Analyse der Sprachlaute (Phoneme) zum Hauptgegenstand der Untersuchung hat, beschäftigt sich die Phonetik mit den konkreten durch naturwissenschaftliche Methoden messbaren Sprachlauten, also mit der materiellen Seite der sprachlichen Zeichen. Die kleinste bedeutungsdifferenzierende Einheit der Sprache (im Sinne der *langue* bzw. der Phonologie) ist das **Phonem** (Notation: zwischen zwei Schrägstrichen / /).[212] Es ist selbst kein Träger von Bedeu-

211 Die Arbitrarität ist eine grundlegende Eigenschaft von sprachlichen Zeichen. Die Beziehung zwischen dem Bezeichenden (*signifiant*) und dem Bezeichneten (*signifié*) beruht nicht auf einer naturgegebenen Gesetzmäßigkeit, sondern auf gesellschaftlichen Konventionen. Der Begriff wurde geprägt von de Saussure (siehe Saussure de, Ferdinand: Grundfragen der allgemeinen Sprachwissenschaft. 3. erweiterte Auflage. Berlin 2001).

212 In der vorliegenden Einführung werden die Lauteinheiten des Mittel- und Frühneuhochdeutschen ebenso wie die Lauteinheiten der älteren Sprachstufen (Indogermanisch, Germanisch, Althochdeutsch) durch Phonemstriche markiert.

https://doi.org/10.1515/9783110464184-003

tung, hat aber bedeutungsunterscheidende (distinktive) Funktion. Wörter, die sich nur durch ein einziges Phonem unterscheiden, z. B. nhd. ***R**ose* – ***H**ose* oder ***H**aus* – ***M**aus*, bezeichnet man als **Minimalpaare**. Die Phoneme /r/ und /h/ bzw. /h/ und /m/ stehen hier in oppositioneller Beziehung zueinander. Durch die systematische Bildung von Minimalpaaren kann das Phoneminventar einer Sprache bestimmt werden. Die konkrete sprachliche Realisierung eines Phonems, der tatsächliche Laut, wird **Phon** genannt (Notation: in eckigen Klammern [ ]). Jedes Phon ist – im Rahmen der Identifizierbarkeit mit dem abstrakten Phonem – variabel. Das heißt, zu jedem Phonem gibt es entsprechende Lautvarianten, die nicht in bedeutungsunterscheidender Opposition zueinander stehen. Derartige Varianten ein und desselben Phonems bezeichnet man als **Allophone**. Unterschieden werden **freie** (fakultative) und **kombinatorische** Allophone. So kann beispielsweise das /s/ im Minimalpaar *Ro**s**e* – *Ho**s**e* stimmhaft (entsprechend der neuhochdeutschen Standardsprache) oder stimmlos (entsprechend der oberdeutschen Umgangssprache) gesprochen werden, oder im Falle einer individuellen sprachlichen Äußerung auch gelispelt werden, ohne dass gravierende Verständigungsschwierigkeiten auftreten. Es handelt sich in diesen Fällen um freie Allophone ein und desselben Phonems. Erfolgt hingegen die unterschiedliche Realisierung eines Phonems regelhaft komplementär in bestimmten Stellungen innerhalb der Wörter, wie beispielsweise bei den „*Ich*/*Ach*-Lauten" nach vorderen und hinteren Vokalen in der deutschen Standardsprache (siehe z. B. *i**ch*** – *a**ch**; e**ch**t* – *Bau**ch***), handelt es sich um kombinatorische Allophone.[213]

Die schriftliche Notation von Phonemen erfolgt durch **Grapheme** (Notation: in nach außen weisenden spitzen Klammern < >).[214] Im Deutschen gibt es keine 1:1-Entsprechung zwischen Phonemen und Graphemen. Zum einen können verschiedene Phoneme mit einem einzigen Graphem wiedergegeben werden. Ein Beispiel hierfür ist das Graphem <s>, das im Deutschen sowohl für den stimmlosen Reibelaut /s/ (siehe z. B. *Hau**s***) als auch für den sth. Reibelaut /z/ (siehe *Häu**s**er*) oder den Zischlaut /ʃ/ (siehe ***S**tein*) verwendet wird. Zum anderen kann aber auch ein einziges Phonem durch verschiedene Grapheme wiedergegeben werden. Ein Beispiel hierfür ist das Phonem /s/, für das es die Schreibungen <ss> (siehe z. B. *Wa**ss**er*), <ß> (siehe z. B. *Spa**ß***) oder <s> (siehe z. B. *Hau**s***) gibt.

---

213 Beide Laute sind phonetisch sehr ähnlich. Sie unterscheiden sich nur durch die Position am harten Gaumen („*Ich*-Laut") oder am weichen Gaumen („*Ach*-Laut").

214 In der vorliegenden Einführung werden Graphemzeichen nur dann verwendet, wenn eine Abgrenzung von den Phonemen erfolgen soll (siehe v. a. das Kapitel über das mhd. Phonemsystem und die Aussprachekonventionen, Kap. III.2).

Die kleinste bedeutungstragende sprachliche Einheit ist das **Morphem.** Hinsichtlich ihrer Bedeutungsfunktion werden **lexikalische** und **grammatische** Morpheme unterschieden. So besteht z. B. das Wort nhd. *Schiffe* aus zwei Morphemen, dem lexikalischen Morphem *Schiff* und dem grammatischen Morphem /-e/.[215] Hinsichtlich ihrer Selbständigkeit werden **freie** und **gebundene** Morpheme unterschieden. Freie Morpheme treten als alleinige Wortformen auf, gebundene Morpheme hingegen nur in Verbindung mit mindestens einem anderen Morphem. Morpheme können im Verlauf der Sprachgeschichte auch schwinden. In diesem Fall spricht man von einem sog. **Nullmorphem** (Notation: Ø). Die linguistische Teildisziplin, die als Untersuchungsgegenstand das Wort als die größte und das Morphem als die kleinste Einheit hat, ist die **Morphologie** (Formenlehre). Sie untersucht die Struktur von Wörtern, deren Aufbau und Regularitäten des Aufbaus.

Der Teilbereich der Grammatik, der die Regeln, nach denen Wörter zu größeren funktionellen Einheiten (wie einem Syntagma,[216] einem Satzteil oder einem Satz) zusammengefügt werden, zum Gegenstand hat, ist die **Syntax.** Im herkömmlichen Sinn versteht man also unter Syntax die Lehre vom Satzbau.

Die **Semantik** hingegen beschäftigt sich mit der Analyse und Beschreibung der Bedeutung von sprachlichen Ausdrücken.

Alle vier genannten sprachwissenschaftlichen Disziplinen, die Phonologie, die Morphologie, die Syntax und die Semantik, werden in dieser Einführung (vorwiegend unter sprachhistorischen Aspekten) in unterschiedlichem Umfang behandelt.

Eine weitere methodisch wichtige Unterscheidung in der strukturalistischen Sprachwissenschaft ist die von **Synchronie** und **Diachronie.** Hierbei handelt es sich um zwei unterschiedliche Perspektiven der Sprachbetrachtung. Gegenstand der Synchronie ist die Beschreibung von sprachlichen Erscheinungen zu einem bestimmten Zeitpunkt (wie z. B. des Althochdeutschen, wie es im sog. *Althochdeutschen Tatian* um 830 überliefert ist, oder des Klassischen Mittelhochdeutschen um 1200 oder der heutigen Gegenwartssprache), also des zeitlichen Nebeneinanders **(Lautwechsel).** Die Diachronie untersucht hingegen sprachliche Veränderungen im Laufe verschiedener Sprachstufen, umfasst also (im Unterschied zur Synchronie) das Nacheinander sprachlicher Veränderun-

215 Morpheme sind grundsätzlich von Silben zu unterscheiden. Auch wenn Morphem- und Silbengrenzen mitunter identisch sind, kommt es bei der Zerlegung eines zusammengesetzten Wortes doch oftmals zu einer von der Aufteilung in Morpheme abweichenden Silbenaufteilung (wie im o. g. Beispiel *Schif-fe*).

216 Ein Syntagma besteht aus mehr als einem Lexem, z. B. nhd. *zu Hause.*

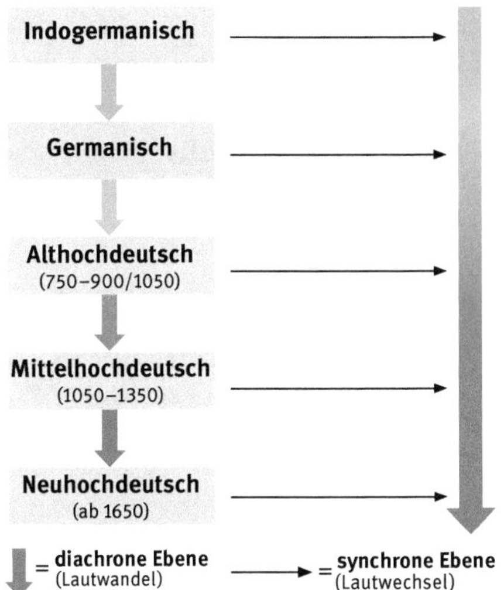

Abb. 25: Diachronie und Synchronie.

gen auf mehreren Zeitebenen (**Lautwandel**). So können bestimmte Lautwechselerscheinungen (= synchrone Ebene) durch Lautwandel (= diachrone Ebene) erklärt werden. Lautwechselerscheinungen liegen beispielsweise vor, wenn im sog. Klassischen Mittelhochdeutschen bestimmte Konsonanten oder Vokale in verschiedenen Flexionsformen ein und desselben Verbs miteinander wechseln (siehe z. B. mhd. *er was* – *wir wâren;* 3. Sg. und 1. Pl. Ind. Präteritum; oder *er sihet* – *wir sehen;* 3. Sg. und 1. Pl. Ind. Präsens). Diese Lautwechselerscheinungen können auf diachroner Ebene durch das Eintreten bestimmter Lautwandelerscheinungen erklärt werden.[217]

Bei einem **Lautwandel** wird zwischen **kombinatorischem** (bedingtem) und **freiem** (spontanem) Lautwandel unterschieden. Während beim kombinatorischen Lautwandel die lautliche Umgebung, in der der betreffende Laut steht, die Veränderung bewirkt, erfolgt der freie Lautwandel unabhängig von der lautlichen Umgebung, also frei von bestimmten Bedingungen.

---

217 Der Lautwechsel von /s/ und /r/ in mhd. *er was* – *wir wâren* kann durch das Eintreten der Spirantenerweichung nach dem Vernerschen Gesetz und durch den westgermanischen Rhotazismus erklärt werden (siehe hierzu Kap. IV.1.1.1 und 2.1.1), der Wechsel von /i / und /e/ in mhd. *er sihet* – *wir sehen* durch das Eintreten der nordwestgermanischen Hebung in der Singularform (siehe hierzu Kap. IV.5.2.2).

2 Das mittelhochdeutsche Phonemsystem und die Aussprachekonventionen des Mittelhochdeutschen

Worte bzw. Laute werden durch das Zusammenwirken von Luftstrom, Stimmbändern und Sprechorganen (Gaumen, Lippen, Zunge) erzeugt und variiert (ebenfalls beteiligt sind Zähne und Bewegungen des Kiefers).

Anmerkung

Das im Weiteren zugrundeliegende Phoneminventar ist als ein abstraktes Modell zu verstehen, das sich an den Graphemen (Schriftzeichen) des normalisierten Mittelhochdeutschen orientiert.[218]

2.1 Vokale

Vokale sind Laute, bei denen der Luftstrom ungehindert, also ohne Hindernis (wie Verschluss oder Reibung) entweicht. Sie tragen den Stimmton der Silbe. Die mhd. Vokale werden in erster Linie unterschieden nach:

1. der Artikulationsdauer (Vokalquantität) in **lange** und **kurze Vokale**[219]
   z. B. /â/ – /a/, /ô/ – /o/, /î/ – /i/,
2. der Artikulationsstelle (Artikulationsort) in **vordere, mittlere** und **hintere** Vokale bzw. nach der Zungenstellung in **Hoch-, Mittel-** und **Tiefzungenvokale**
   z. B. /i/ – /e/ – /a/,
3. dem Öffnungsgrad (des Kiefers) in **offene** und **geschlossene** sowie nach der Lippenstellung (Labialisierung) in **gerundete** und **ungerundete** Vokale
   z. B. /a/ (offen) – /u / (geschlossen); /ü/ (gerundet) – /i/ (ungerundet).

Handelt es sich bei dem entscheidenden beweglichen Sprechorgan um die Zunge, wird zudem unterschieden zwischen **palatalen** und **velaren** Lauten.[220] Die palatalen Laute werden gebildet, indem sich die Zunge dem harten vorderen Gaumen (Palatum) nähert oder direkt mit diesem in Kontakt tritt. Bei den velaren Lauten nähert sich der hintere Zungenrücken dem weichen hinteren Gau-

---

218 Mundartliche Gegebenheiten bleiben unberücksichtigt.

219 Die mhd. Langvokale werden in den normalisierten Textausgaben durch einen Zirkumflex (ˆ) von den Kurzvokalen unterschieden (zur Schreibung des Mittelhochdeutschen siehe Kap. III.3).

220 Die Unterscheidung palatal und velar betrifft auch den Konsonantismus. So ist z. B. der „*Ich*-Laut“ ein palataler, der „*Ach*-Laut“ hingegen ein velarer Laut.

men bzw. dem Gaumensegel (Velum) oder bildet dort einen vollständigen Verschluss. So ist z. B. das /i/ ein palataler Vokal (d. h. der Zungenrücken nähert sich dem Palatum), das /u/ hingegen ein velarer Vokal (d. h. der Zungenrücken nähert sich dem Velum).

2.1.1 Umlaute

In mhd. Zeit treten neben dem **Primärumlaut**[221] /e/, den es schon seit dem Althochdeutschen gibt, weitere Umlaute wie der **Sekundärumlaut** /ä/ und der Umlaut der anderen Kurz- und Langvokale sowie der Diphthonge (**Restumlaut**) graphisch in Erscheinung. Die Schreibung der Umlaute erfolgt in den mittelalterlichen Handschriften allerdings sehr inkonsequent.

Das mhd. Vokalsystem kann mit Hilfe eines Vokaltrapezes schematisch abgebildet werden:

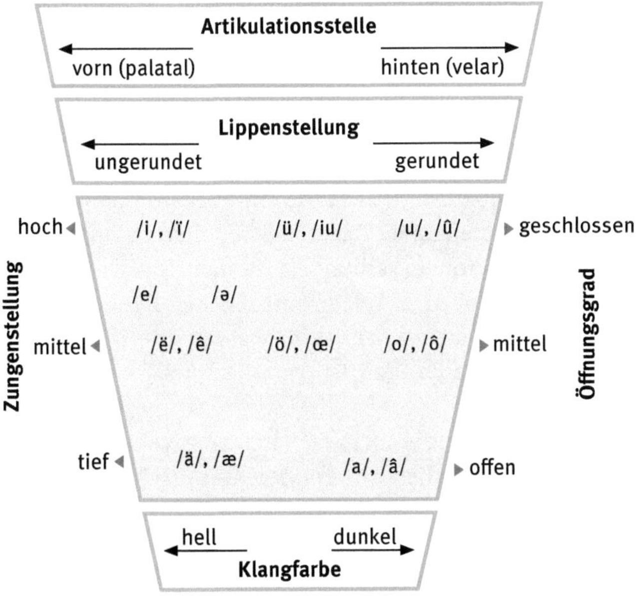

Abb. 26: Vokaltrapez.

---

221 Zum Primärumlaut siehe Kap. IV.3.2.2, zu den anderen *i*-Umlauten Kap. IV.4.2.3.

Anmerkung

Im Mittelhochdeutschen werden (je nach Öffnungsgrad des Kiefers und Herkunft) vier verschiedene kurze /e/-Laute unterschieden: 1. Das halboffene /ë/[222] (< germ. /ë/), 2. das geschlossene /ẹ/ (< germ. /a/; Primärumlaut), 3. der Schwa-Laut, das gemurmelte /ə/, und 4. das durch Sekundärumlaut (aus ahd. /a/) entstandene, offene /e/, das in den mhd. Grammatiken in der Regel mit /ä/ wiedergegeben wird.

Im weiteren Verlauf dieser Einführung wird anstelle des Vokaltrapezes das stark vereinfachte Vokaldreieck verwendet:

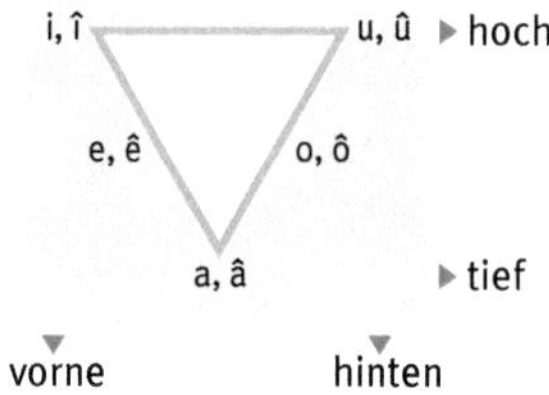

Abb. 27: Vokaldreieck.

Abgesehen von den einfachen Vokalen, den **Monophthongen**, gibt es **Diphthonge**. Sie bestehen aus zwei aufeinander folgenden Vokalen, die in der Artikulation zu einer phonetischen Einheit verbunden werden. Diphthonge sind also im Deutschen einsilbig und haben dieselben sprachlichen Funktionen wie ein einfacher Vokal. Im Mittelhochdeutschen werden **steigende Diphthonge** (/ei/, /ou/, /öu/) und **fallende Diphthonge** (/ie/, /uo/ und /üe/)[223] unterschieden.

Die **Aussprache des Mittelhochdeutschen**[224] weicht gegenüber der des Neuhochdeutschen zum Teil beträchtlich ab. Bei der Aussprache der Vokale sind folgende Regeln zu beachten:

- Alle Vokale, die in den normalisierten Textausgaben mit einem Längenzeichen (^) versehen sind (also <â/>, <ê>, <î>, <ô> und <û>), sind folglich auch **lang** zu lesen, z. B. mhd. ***dâhte*** [a:], *gel**ê**ret* [e:], ***sîn*** [i:], ***sô*** [o:], ***ûf*** [u:].

222 Nur in den Grammatiken, Sprachgeschichten und großen mhd. Wörterbüchern (nicht in den mhd. Texten) wird dieses halboffene /e/ in der Regel mit einem Trema versehen /ë/.
223 Die fallenden Diphthonge mhd. /ie/, /uo/ und /üe/ werden beim Übergang vom Mittel- zum Neuhochdeutschen monophthongiert (zur nhd. Monophthongierung siehe Kap. IV.6.2.1).
224 Die im Weiteren genannten Ausspracheкonventionen beziehen sich auf das normalisierte Mittelhochdeutsche (siehe hierzu Kap. III.3.2).

– Vokale ohne Längenzeichen (<a>, <e>, <i>, <o>, <u>) sind hingegen **kurz** zu lesen, z. B. mhd. *tac, nemen, vil, loben, tugent.*

Beachte

Die Dehnung kurzer Vokale in offenen Tonsilben (wie z. B. in mhd. *loben* [ɔ]) erfolgte erst beim Übergang vom Mittelhochdeutschen zum Frühneuhochdeutschen (mhd. *loben* [ɔ] > nhd. *loben* [o:]; siehe hierzu Kap IV. 6.2.1).

– Die **Umlaute** der Kurzvokale (also <ä>, <ö> und <ü>) sind kurz, die Umlaute der Langvokale (<æ>, <œ>, <iu>) hingegen lang zu sprechen.
z. B. mhd. *swære* [ä:], *hœren* [ö:], *triuwe* [ü:].

Beachte

Beim Graphem <iu> handelt es sich also im Mittelhochdeutschen immer um den langen Monophthong [ü:] (wie z. B. in nhd. *Füße*), **nicht** um einen Diphthong!

2.1.2 Diphthonge

Bei den mhd. **Diphthongen**, also <ei>, <ou>, <öu>,[225] <ie>, <uo> und <üe>, liegt die Betonung stets auf dem ersten Diphthongteil. Sie sind somit (wie im heutigen Bairischen) mit fallender Betonung (und immer als Doppellaute) zu sprechen.
z. B. mhd. *éin, schóuwe, vröude, díenestman, búoch, sǘeze.*

Beachte

mhd. <ei> ist (außer im bairisch-österreichischen Sprachraum) nicht wie im Neuhochdeutschen als [ai] auszusprechen, sondern als **[ei]** (vgl. engl. *day*).

2.2 Konsonanten

Bei den Konsonanten tritt im Unterschied zu den Vokalen der Luftstrom nicht ungehindert aus, sondern wird durch Verengung oder Verschluss beeinflusst.

Nach der Beteiligung des **Stimmtons** werden unterschieden:[226]

– **Stimmhafte (sth.)** Konsonanten. Bei diesen vibrieren bzw. schwingen die Stimmbänder (Stimmlippen) bei der Artikulation.

---

225 Der Umlaut des Diphthongs <ou> wird häufig auch mit <öü>, <öi> oder <eu> wiedergegeben.

226 Bei einem stimmhaften Laut ist eine Vibration zu spüren, wenn man beim Sprechen die Hand an den Kehlkopf hält (bei einem stimmlosen Laut ist dies nicht der Fall).

- **Stimmlose (stl.)** Konsonanten. Hier geraten die Stimmbänder beim Artikulationsvorgang nicht ins Schwingen.

Nach der Druckstärke des Stimm- bzw. Luftstroms und der Stärke der Muskelspannung der an der Lautbildung beteiligten Artikulationsorgane können Konsonanten in **Fortes** (Sg.: Fortis) und **Lenes** (Sg.: Lenis) klassifiziert werden. Fortes sind druckstark und stimmlos, Lenes hingegen druckschwach und stimmhaft.

Nach der **Artikulationsart,** also dem Öffnungsgrad (Öffnung, Enge, Verschluss) der beweglichen Artikulationsorgane (Lippen oder Zunge), werden unterschieden:

- **Verschlusslaute** (Okklusive/Plosive): Sie entstehen durch Verschluss (und anschließender plötzlicher Öffnung des Verschlusses). Hierzu zählen die **stimmlosen** Verschlusslaute /p/, /t/, /k/ (= **Tenues)** und die entsprechenden **stimmhaften** Varianten /b/, /d/, /g/ (= **Mediae**).

Beachte

Der Singular von **Tenues** lautet **Tenuis** und der Singular von **Mediae** lautet **Media!**

- **Reibelaute** (Spiranten, Frikative): Sie entstehen durch Engstellung, an welcher sich der Luftstrom reibt. Unterschieden werden **stimmlose** (/f/, /z/, /sch/, /h/, /ch/) und **stimmhafte** Reibelaute (/v/, /s/).
- **Affrikaten:** Bei Affrikaten handelt es sich um eine Kombination von einem Verschlusslaut mit seinem homorganen, d. h. an der gleichen Artikulationsstelle gebildeten Reibelaut. Affrikaten sind **/pf/** (wie in mhd. ***pflegen***), **/ts/** [ts] (wie in mhd. *holz, zuo, sitzen*) und **/kch/** [kx]. Entstanden sind sie durch die zweite Lautverschiebung.[227] Da es die Affrikate /kch/ nur im Hochalemannischen gibt, bleibt sie im Weiteren weitestgehend unberücksichtigt.

Beachte

Der Singular von **Affrikaten** lautet **Affrikata!**

- **Sonanten**. Hierzu zählen die **Nasale** /m/ und /n/ sowie die **Liquide** /l/ und /r/.[228] Bei den **Nasalen** erfolgt die Artikulation durch die Nase. **Liquide** entstehen durch eine „fließende" Artikulation (< lat. *liquidus* ‚flüssig‘).

227 Zur zweiten Lautverschiebung siehe Kap. IV.3.1.1.
228 Sonanten (Nasale und Liquide) sind immer stimmhaft.

Nach der **Artikulationsstelle (Artikulationsort)**, also der Stelle innerhalb des Mund- oder Rachenraums, an der das jeweils entscheidende bewegliche Artikulationsorgan (Lippen, Zunge) einen Verschluss oder eine Enge bildet, werden (vereinfacht) unterschieden:[229]

- **Labiale** (Lippenlaute; lat. *labium* ‚Lippe‘): /p/, /b/, /f/, /v/, /w/, /m/, /pf/
- **Dentale** (Zahnlaute; lat. *dens* ‚Zahn‘): /d/, /t/, /s/, /sch/, /ts/, /z/, /n/, /l/, /r/
- **Gutturale**[230] (Kehl- oder Rachenlaute; lat. *guttur* ‚Kehle‘): /k/, /g/, /ch/, /kch/, /j/, /ng/

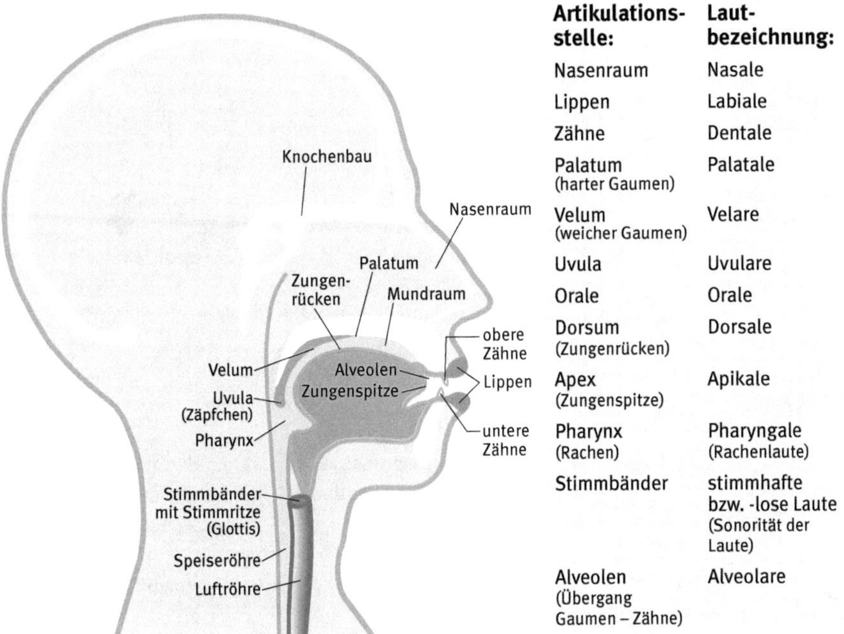

Artikulations-stelle:	Laut-bezeichnung:
Nasenraum	Nasale
Lippen	Labiale
Zähne	Dentale
Palatum (harter Gaumen)	Palatale
Velum (weicher Gaumen)	Velare
Uvula	Uvulare
Orale	Orale
Dorsum (Zungenrücken)	Dorsale
Apex (Zungenspitze)	Apikale
Pharynx (Rachen)	Pharyngale (Rachenlaute)
Stimmbänder	stimmhafte bzw. -lose Laute (Sonorität der Laute)
Alveolen (Übergang Gaumen – Zähne)	Alveolare

Abb. 28: Darstellung des menschlichen Sprachapparates.

---

229 Darüber hinaus gibt es noch eine Vielzahl weiterer Klassifikationsmöglichkeiten.

230 Der Begriff „guttural“ ist ungenau. In den sprachwissenschaftlichen Lexika können daher bei der Zuordnung zu dieser Gruppe Abweichungen auftreten.

Artikulationsart \ Artikulationsort		Labiale	Dentale	Gutturale
Verschlusslaute	stl.	/p/	/t/	/k/
	sth.	/b/	/d/	/g/
Reibelaute	stl.	/f/	/z/[2], /sch/	/h/
	sth.	/v/[1]	/s/	(<h>, <ch>)[3]
Affrikaten		/pf/	/ts/ <tz>/<z>	/kch/
Sonaten	Nasale	/m/	/n/	/ng/(<nk>)[4]
	Liquide		/l/, /r/	/r/[5]
Halbvokale[6]		/w/[7]		/j/

Abb. 29: Überblick über das mhd. Konsonantensystem (vereinfachte Darstellung).

[1] Im Mittelhochdeutschen bezeichnet das Graphem <v> lediglich die stimmhafte Variante des stimmlosen Reibelauts /f/. Im Neuhochdeutschen kann hingegen <v> sowohl für /f/ als auch für /w/ stehen, siehe z. B. *Vogel* und *Vase*.

[2] Mit dem Graphem <z> kann sowohl der stimmlose Reibelaut /z/ als auch die Affrikata /ts/ wiedergegeben werden.

[3] mhd. <ch> ist das Graphem für den stimmhaften gutturalen Reibelaut [x] (< germ. /k/).

[4] Der gutturale Nasal <ng> [ŋ] endet im Auslaut stimmlos (<nk>), siehe z. B. mhd. *singen* – *sanc*.

[5] /r/ kann auf verschiedene Weisen artikuliert werden: apikal/dental oder guttural.

[6] Neben den genannten Vokalen und Konsonanten werden /j/ und /w/ als eigene Gruppe ausgegliedert. Sie werden als **Halbvokale** bezeichnet, da sie je nach ihrer Stellung entweder eine vokalische oder eine konsonantische Funktion ausüben können (/i/ – /j/; /u/ – /w/). Im mhd. Phonemsystem werden jedoch in der Regel die Vokale /i/ und /u/ strikt von den Reibelauten /j/ und /w/ unterschieden.

[7] Im klassischen Mittelhochdeutschen bezeichnet /w/ eigentlich einen bilabialen Reibelaut, d.h., dass bei der Artikulation Ober- und Unterlippe beteiligt sind, wie z. B. in engl. *water*. Da dieser bilabiale Reibelaut wahrscheinlich bereits in spätmittelhochdeutscher Zeit zu einem labiodentalen Reibelaut (siehe die nhd. Aussprache) geworden ist, braucht kein Unterschied zwischen der mhd. und der nhd. Aussprache von /w/ gemacht werden. Das Graphem <w> war im lateinischen Alphabet nicht vorhanden. Es entstand erst im 12./13. Jh. Zuvor wurde es meist durch <vv>, <uu>, <uv> oder <vu> wiedergegeben (vgl. engl. *double-u*).

Bei der Aussprache der Konsonanten sind folgende Regeln zu beachten:

<h>:

– Im Wortanlaut und in intervokalischer Stellung ist <h> als **Hauchlaut** [h] zu sprechen, z. B. mhd. ***h**erre, se**h**en*, im Auslaut und in den Verbindungen

<lh>, <rh>, <hs> oder <ht> hingegen als gutturaler (stl.) Reibelaut [x], z. B. mhd. *sol**h**er, wel**h**er, ver**h**, wa**h**sen, ni**h**t*.

Beachte

Im Auslaut wird der Reibelaut [x] statt mit <h> im Mittelhochdeutschen in der Regel mit <ch> wiedergegeben, z. B. mhd. ***sah/sach***. Im Unterschied zum Neuhochdeutschen handelt es sich bei mhd. <h> niemals um ein bloßes Dehnungszeichen!

<z>:

- Im Wortanlaut sowie in postkonsonantischer Stellung ist <z> (ebenso wie <tz>)[231] als **Affrikata** [ts] zu sprechen, z. B. mhd. ***z**uo, her**z**e*,[232]
- nach Vokal hingegen als **stimmlose Spirans** [s], der nhd. <ß>, <ss> entspricht (z. B. mhd. *fuo**z*** – nhd. ‚Fuß', mhd. *wa**zz**er* – nhd. ‚Wasser').

<s>:

- Im Anlaut vor Konsonant, also in den Verbindungen /sp-/, /sl-/, /st-/, /sw-/ und /sm-/, ist /s/ (anders als im Neuhochdeutschen nicht als Zischlaut) zu sprechen, sondern als [s]; siehe z. B. mhd. ***sp**il* (***s-p**il*), ***sl**ange* (***s-l**ange*), ***st**ein* (***s-t**ein*), ***sw**în* (***s-w**în*), ***sm**ac* (***s-m**ac* ‚Geschmack').

Beachte

Die Entwicklung von /s/ vor Konsonant zum Zischlaut [ʃ] (Palatalisierung) erfolgte regelhaft erst zum Neuhochdeutschen (siehe Kap. IV.6.1.1).[233]

<v>:

- Im Klassischen Mittelhochdeutschen steht <v> eigentlich für einen sth. Reibelaut. Der Einfachheit halber kann er aber als stl. Reibelaut gesprochen werden, zu dem er bereits im 13. Jh. wurde. Abweichend vom Neuhochdeutschen ist mhd. /v/ niemals als [w] auszusprechen.

3 Schreibung des Mittelhochdeutschen

Da ältere Sprachstufen ausschließlich in schriftlicher Form überliefert sind, kann natürlich nur indirekt auf das tatsächlich gesprochene Wort geschlossen werden.

---

231 Das Graphem <tz> für die Affrikata findet sich vor allem in den Wörterbüchern, Gramatiken und normalisierten Textausgaben (nicht in den mittelalterlichen Handschriften).

232 Zum Tenues-Spiranten-Wandel der 2. LV siehe Kap. IV.3.1.1.

233 Nur ahd. /sk/ ist im bereits im Mittelhochdeutschen zum Zischlaut [ʃ] (<sch>) geworden (z. B. ahd. ***sc**rîban* > mhd. ***sch**rîben*).

Die schriftliche Aufzeichnung des Mittelhochdeutschen zielt zwar grundsätzlich auf eine phonologische, nicht auf eine phonetische Wiedergabe, verfährt aber dabei mindestens ebenso inkonsequent wie es auch bei der Verschriftlichung anderer Sprachen und Sprachstufen aller Zeiten und Räume der Fall war.

3.1 Schreibung in den mittelalterlichen Handschriften

Da die schriftliche Fixierung mittelhochdeutscher Texte auf der Basis des lateinischen Alphabets erfolgte, waren die Schreiber gezwungen, für diejenigen Phoneme, für die im Lateinischen kein entsprechendes Schriftzeichen existierte (wie z. B. für die Affrikaten, die Umlaute oder die Mehrzahl der Diphthonge), Grapheme zu erfinden. So verwundert es nicht, dass die mittelalterlichen Handschriften beträchtliche Divergenzen in der Schreibung aufweisen. Eine normativ geregelte Orthographie gab es nicht. Für die Diphthonge wurden mitunter diakritische Zeichen verwendet.[234] Auch für die Groß- und Kleinschreibung sowie für die Zusammen- und Getrenntschreibung von Wörtern oder die Wiedergabe von Umlauten existierten keine verbindlichen Regeln. Lange und kurze Vokale werden in den Handschriften nicht unterschieden, und in der Regel fehlen Interpunktionszeichen.[235] Zudem verwendeten die Schreiber vielfach Abkürzungen und Kürzel.

Die in den mittelalterlichen Handschriften bevorzugten Schriften waren die karolingische Minuskel und verschiedene gotischen Schrifttypen. Die **karolingische Minuskel** entstand in ahd. Zeit (2. Hälfte des 8. Jh.s) und breitete sich ab dem 9. Jh. sehr schnell im gesamten karolingischen Reich aus. Bis zum 12. Jh. war sie der vorherrschende Schrifttypus. Minuskelschrift bedeutet, dass im Unterschied zu den (spätantiken und frühmittelalterlichen) Majuskelschriften in der Regel ausschließlich Kleinbuchstaben verwendet werden. Nur Eigennamen und später auch der Vers- bzw. Satzbeginn werden durch Großbuchstaben hervorgehoben.

Gegen Ende des 11. Jh.s entwickelte sich aus der karolingischen Minuskel die **frühgotische Minuskel**, die sich schnell in ganz Europa verbreitet und die karolingische Minuskelschrift verdrängt hat. Von dieser unterscheidet sie sich vor allem durch die Streckung und gerade Aufrichtung aller Schäfte. Im Hochmittelalter (bis zum 15. Jh.) war die **gotische Textura** der vorherrschende

---

234 Diakritische Zeichen in mittelalterlichen Handschriften sind z. B. Striche, Häkchen, Kreise oder Vokale, die einem Buchstaben über- oder untergesetzt sind.

235 Die in vielen Liederhandschriften vorhandenen Punkte dienen lediglich dazu, das Ende eines Verses zu markieren (sog. Reimpunkte).

Abb. 30: Älteste datierbare karolingische Minuskel, um 765 geschrieben im Kloster Corbie (SBB-PK Berlin, Ms. theol. lat. fol. 354, fol. 1^{v}).

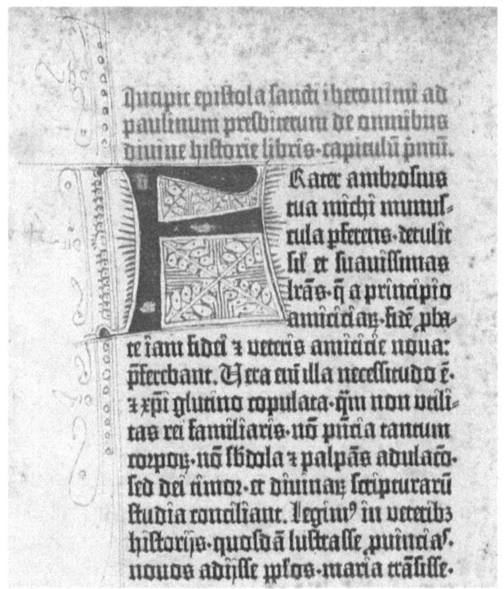

Abb. 31: Gotische Textura in der *Gutenbergbibel* (um 1454/55).

Schrifttypus. Ebenfalls zur Gruppe der gotischen Schriften gehört die **Bastarda,**[236] die sich gegen Ende des 14. Jh.s in den Handschriften durchsetzte und im 15. Jh. das gesamte Schriftwesen bestimmte. Mit der Geschichte der alten Schriften befasst sich die **Paläographie**.

236 Ihren Namen hat die Bastarda erhalten, weil sie eine ‚unechte' Buchschrift ist, die auch Merkmale einer Kanzleischrift aufweist. Daneben existiert auch die Bezeichnung Hybrida.

Von der Spätantike bis ins 15. Jh. wurde als Beschreibstoff **Pergament** verwendet. Hierbei handelt es sich um die Haut von Schafen, Ziegen oder Kälbern und somit um ein ausgesprochen kostbares Material. Denn aus der Haut eines Tieres konnten nur wenige Pergamentblätter gewonnen werden (je nach Größe des Tieres bzw. des Pergamentblattes mitunter nur ein einziges Pergamentblatt).[237] Zudem war die Herstellung sehr zeit- und kostenintensiv. Erst gegen Ende des Mittelalters wurde Papier der vorherrschende Beschreibstoff.[238]

3.2 Normalisierte Textausgaben und Methoden der Textkritik

3.2.1 Normalisierte Ausgaben

Um dem heutigen Leser das Textverständnis zu erleichtern, haben die Herausgeber mittelhochdeutscher Texte (ausgehend von dem von KARL LACHMANN im 19. Jh. geschaffenen „**Normalmittelhochdeutsch**") die verschiedenen – selbst innerhalb ein und derselben Handschrift vielfach schwankenden – Schreibweisen weitgehend normativ geregelt und somit beträchtliche Eingriffe in den handschriftlichen Text vorgenommen. Das „Mittelhochdeutsche", das in den meisten Textausgaben vorliegt, ist also eine künstlich geschaffene Sprachform, welche zwar das Textverständnis erheblich erleichtert, dem Leser aber zugleich einen Eindruck von der Vielfalt der Schreibweisen in den mittelalterlichen Handschriften verwehrt.[239]

Folgende normalisierende Eingriffe werden (in der Regel) von den Herausgebern mittelhochdeutscher Texte vorgenommen:

- Die Einführung von Längenzeichen über Langvokalen (wiedergegeben durch einen Zirkumflex ˆ).
- Die Gliederung des Textes durch die Einführung von Interpunktionszeichen (entsprechend den für das Neuhochdeutsche geltenden Regeln).

---

237 Die berühmte Große Heidelberger Liederhandschrift C (Codex Manesse) umfasst 426 Pergamentblätter!

238 Das Papier wurde bereits im 8. Jh. in China erfunden, gelangte aber erst im 13. und 14. Jh. nach Europa und verdrängte dort nach und nach das Pergament. Ab dem 15. Jh. sind nur noch Handschriften mit hohem Repräsentationsanspruch auf Pergament aufgezeichnet worden.

239 Möglicherweise hat sich allerdings bereits in mhd. Zeit (ab dem Ende des 12. Jh.s) bei den Dichtern eine überregionale Einheitssprache ausgebildet, die vorrangig auf dem Alemannischen und dem Ostfränkischen basierte. Hierbei dürfte es sich um eine Kunstsprache der höfischen Dichter gehandelt haben, die mit dem normalisierten Mittelhochdeutsch in den Editionen gar nichts zu tun hat. Ob es diese einheitliche Dichtersprache tatsächlich gegeben hat, ist in der Forschung allerdings umstritten. Fest steht nur, dass die mhd. Dichter (seit Heinrich von Veldeke) mundartliche Reime in der Regel gemieden haben.

- Die systematische Schreibung von <u> und <v> sowie von <i> und <j>.[240]
- Die einheitliche Wiedergabe von **Umlauten**:
  - Die Umlaute von **kurzen** Vokalen werden (wie im Neuhochdeutschen) mit zwei Punkten über dem Vokal wiedergegeben: <ä>, <ö>, <ü>.
  - Die Umlaute der **langen** Vokale /â/ und /ô/ werden mit <æ> und <œ> wiedergegeben, also z. B. mhd. *swære* [ä:], *hœren* [ö:]. Diese Buchstabenverbindungen werden **Ligaturen** (< lat. *ligare* ‚binden') genannt.
  - Der Umlaut des langen /û/ [ü:] wird mit dem Digraph **<iu>** wiedergegeben.[241]

Beachte

Bei dem Graphem <iu> handelt es sich (im Unterschied zum Althochdeutschen) im Mittelhochdeutschen um einen langen Monophthong **[ü:]**, nicht um einen Diphthong (siehe z. B. ahd. *triuwa* [i-u] > mhd. *triuwe* [ü:]).

- Eine möglichst konsequente Groß- und Kleinschreibung (d. h. Großschreibung nur bei Eigennamen und zu Beginn von Sätzen bzw. Versen).
- Die Zusammen- und Getrenntschreibung von Wörtern (entsprechend den für das Neuhochdeutsche geltenden Regeln).
- Die Auflösung von diakritischen Zeichen sowie von Abkürzungen und Kürzeln, wie z. B. Nasalstrichen,[242] einem hochgestellten ^{s} für *er* (z. B. *h*^{s}*ze* = *herze*), *dc* für *daz*, *wc* für *waz*, *vn̄/un̄* für *vnt/vnd/vnde*, einem hochgestellten Vokal für /r/ + Vokal (z. B. *g*^{o}*z* = *grôz*).

Einen Eindruck von den nicht-normierten Schreibweisen in den mittelalterlichen Handschriften soll der Abdruck eines einstrophigen Minneliedes (*Ich bi der sumerlangen tage so fro*) von Reinmar[243] aus der Großen Heidelberger Liederhandschrift C und der Weingartner Liederhandschrift B vermitteln.[244]

240 Das Graphem <v> (bzw. <f>) wird für den Reibelaut verwendet, <u> für den Kurzvokal; <j> für den Halbvokal und <i> für den Kurzvokal.

241 Der Umlaut û > [ü:] erscheint erstmals in spätalthochdeutscher Zeit (um 1000 bei Notker).

242 Die Nasale /m/ und /n/ werden durch einen Strich über dem vorhergehenden Vokal ersetzt (z. B. *vō* = *von; vrouwē* = *vrouwen*).

243 Reinmar (der Alte) ist neben Walther von der Vogelweide der berühmteste Verfasser von Liedern des Hohen Minnesangs (siehe hierzu Kap. II.2.2.2.2).

244 Zu den großen Liederhandschriften siehe Kap. II.2.2.1.2. Überdies weist die Strophe in beiden Handschriften beträchtliche inhaltliche Abweichungen auf.

Ich bin der ſvmer langē tage ſo fro · dc
ich nv húgende worden bin · des ſtet min
h^{s}ze vn̄ al min wille alſo · ich mīne ein
wib da mein ich hin · die iſt hohgemv̊t
vn̄ ist so ſchône · dc ich ſi da vō vor and^{s}n
wiben krône · wil aber ich vō ir tugē
dē ſagē · des wirt ſo vil ſwēne ichs erhe
be dc ichs iemer mv̊s gedagen

Diplomatischer Abdruck[245] nach dem Text der Großen Heidelberger Liederhandschrift

Abb. 32: Ausschnitt einer Seite aus der Großen Heidelberger Liederhandschrift (UB Heidelberg, cpg 848, fol. 100^{v}).

Zum Vergleich die Strophe in der Weingartner Liederhandschrift B:

Ich bin der ſvmer langē tage ſo vro · das ich nv hvͤ
gende worden bin · ŏch ſtat min herze vn̄ min wille
alſo · ich minne ain wib da mv̊s ich hin · dvͤ iſt
hohgemv̊t vn̄ niht ſo ſchône · das ich ſi da von vor
andern wiben krône · wil aber ich von ir tvgen
den ſagen · des wirt ſo vil das ich ſin niemer
darf gedagen ·

Diplomatischer Abdruck nach dem Text der Weingartner Liederhandschrift

Abb. 33: Ausschnitt einer Seite aus der Weingartner Liederhandschrift (HB XIII 1), fol. 68.

In der textkritischen Ausgabe *Des Minnesangs Frühling* (MF 165,1)[246] wird der Text folgendermaßen abgedruckt:

Ich bin der sumerlangen tage sô vrô,	Ich bin über die langen Sommertage so froh,
daz ich nu hügende worden bin.	dass ich nun freudig gestimmt bin.
des stêt mîn herze und al mîn wille alsô:	Mein Herz und mein Wille sind ebenso freudig gestimmt:
ich minne ein wîp, dâ mein ich hin.	Ich liebe eine Frau, auf die richte ich meine Gedanken.
Diu ist hôchgemuot und ist sô schœne,	Die ist hochgesinnt und so schön,
daz ich sî dâ von vor andern wîben krœne.	dass ich sie dafür vor anderen Frauen kröne.
wil aber ich von ir tugenden sagen,	Wollte ich aber von ihren Vorzügen erzählen,

245 Bei einem diplomatischen Abdruck wird der in der Handschrift überlieferte Text in allen Einzelheiten (siehe z. B. Graphie, Kürzel, Zeilenumbruch) wiedergegeben.

246 *Des Minnesangs Frühling.* Unter Benutzung der Ausgaben von K. Lachmann und M. Haupt, F. Vogt und C. von Kraus, bearbeitet von H. Moser und H. Tervooren. 38., erneut revidierte Auflage. Stuttgart 1988, S. 319.

des wirt sô vil, swenne ichz erhebe,	dann gibt es davon so viel, dass ich, wenn ich erst einmal damit beginne,
daz ichs iemer muoz gedagen.	davon niemals mehr schweigen kann.
	(nach eigener Übersetzung, T. H.)

Anmerkung

Die roten Markierungen zeigen die von den Herausgebern vorgenommenen Eingriffe an: Hinzufügung von Interpunktion- und Längenzeichen über Langvokalen, die Auflösung von diakritischen Zeichen und Kürzeln, die Wiedergabe von Umlauten sowie die systematische Schreibung von <u> und <v>.

3.2.2 Methoden der Textkritik

Karl Lachmann (1793–1851), auf den das normalisierte Mittelhochdeutsch zurückgeht, gilt auch als der Begründer der mediävistisch-germanistischen Textkritik. Als Vorbild dienten ihm die editionswissenschaftlichen Methoden der Klassischen Philologie. Sein Ziel war es, auch für die altgermanistischen Texte einen möglichst autor-/originalnahen Text (aus mehreren Handschriften) zu rekonstruieren (sog. Lachmannsche Methode). In einem 1. Schritt (*recensio*) werden die Textzeugen nach ihrer Entstehungszeit sortiert, die Abweichungen miteinander verglichen und die allen erhaltenen Handschriften gemeinsam zugrundeliegende Textfassung (Archetypus) rekonstruiert.[247] Die Abhängigkeitsverhältnisse zwischen den verschiedenen Überlieferungsträgern (berücksichtigt werden auch nicht-erhaltene Zwischenstufen) werden dann anhand eines Stammbaums (Stemmas) dargestellt. In einem 2. Schritt (*emendatio*) folgt der Versuch, vor allem durch Konjekturen (Ergänzungen sowie inhaltliche und stilistische Verbesserungen) den ‚ursprünglichen' Text des Autors wiederherzustellen. Von Lachmann stammen die ersten textkritischen Ausgaben der bedeutendsten mittelhochdeutschen Texte (darunter das *Nibelungenlied*, *Iwein*, *Gregorius*, die Lieder Walthers von der Vogelweide und die Werke Wolframs von Eschenbach). Sie gelten als Klassiker der germanistischen Editionsgeschichte. Gemeinsam mit Moriz Haupt hat Lachmann 1857 die Lyrikanthologie *Des Minnesangs Frühling* (kurz: MF) herausgegeben, eine Sammlung des frühen und Hohen Minnesangs (mit Ausnahme der Lieder Walthers von der Vogelweide).[248] Die Zählung der Lieder erfolgt noch heute grundsätzlich nach der Seiten- und Zeilenzahl dieser Erstausgabe.[249] Bereits einige seiner Zeitgenossen äußerten

247 Der Archetypus ist also keineswegs gleichzusetzen mit dem Original.

248 *Des Minnesangs Frühling*, hrsg. von K. Lachmann und M. Haupt. Leipzig 1857.

249 So findet sich das beispielsweise das im vorhergehenden Abschnitt dieser Einführung abgedruckte einstrophige Minnelied (*Ich bin der sumerlangen tage so fro*) von Reinmar in der

Kritik an LACHMANNS Annahme, es habe **ein** Original gegeben, und wiesen auf die Subjektivität und Entscheidungswillkür des Herausgebers bei der Anwendung der Lachmannschen Methode hin. Besonders deutlich zeigt sich dieses Problem bei der Überlieferung der mhd. Lyrik. Denn hier weisen die Handschriften besonders viele Divergenzen auf. Diese betreffen nicht nur die Anzahl der Strophen, ihre Reihenfolge und mitunter auch die Zuschreibung zu bestimmten Dichtern, sondern es zeigen sich auch vielfach beträchtliche Varianzen im Wortlaut. Eine Erklärung dafür ist sicherlich die lange mündliche Tradierung der Lieder. In der Regel erfolgte deren schriftliche Aufzeichnung erst viele Jahrzehnte (mitunter sogar ein bis zwei Jahrhunderte) nach ihrer Entstehungszeit. Eine andere Erklärungsmöglichkeit ist die Annahme, dass je nach Aufführungssituation bereits von Anfang an mehrere Fassungen eines Liedes parallel nebeneinander existiert haben. Die Abweichungen wären somit Reflexe der sich ständig wandelnden Aufführungssituationen, denen sich die Sänger/Dichter anpassen mussten. Es stellt sich also die Frage, ob es **das** Original überhaupt jemals gegeben hat.

In den letzten Jahrzehnten hat sich weitgehend eine andere textkritische Methode, das sog. **Leithandschriftenprinzip**, durchgesetzt. Im Unterschied zur Lachmannschen Textkritik ist es beim Leithandschriftenprinzip nicht das Ziel, einen möglichst originalnahen Text zu (re-)konstruieren, sondern **eine** Handschrift als Leithandschrift auszuwählen und deren Text möglichst getreu abzudrucken (überlieferungstreue Textkritik). Dabei werden möglichst wenig Verbesserungen (Konjekturalkritik) vorgenommen. Jeder Eingriff des Herausgebers wird durch Kursivierung gekennzeichnet, und die von der Leithandschrift abweichenden Lesarten der anderen (wichtigsten) Handschriften werden in einem textkritischen Apparat (unterhalb des Textes) angegeben. In der bereits erwähnten Lyrikanthologie *Des Minnesangs Frühling* wurde seit der 36. Auflage aus dem Jahr 1977 (hg. von H. MOSER und H. TERVOOREN)[250] die Lachmannsche textkritische Methode durch das Leithandschriftenprinzip abgelöst.

Die Unterschiede beider textkritischer Methoden, der autor-/originalnahen Textkritik LACHMANNS (Lachmannsche Methode) und dem Leithandschriftenprinzip, sollen anhand des Liedes *Von den elben* (MF 126,8) veranschaulicht werden. Das Lied stammt von Heinrich von Morungen und gilt als ein exempla-

Lachmannschen Erstausgabe von *Des Minnesangs Frühling* auf Seite 165, Zeile 1 ff. (kurz: MF 165,1).

250 *Des Minnesangs Frühling*. Unter Benutzung der Ausgaben von K. Lachmann und M. Haupt, F. Vogt und C. von Kraus, bearbeitet von H. Moser und H. Tervooren. 36., neu gestaltete und erweiterte Auflage. Stuttgart 1977.

risches Beispiel für den Hohen Minnesang.[251] Es umfasst insgesamt vier Strophen, abgedruckt werden hier aber nur die ersten beiden (MF 126,8 und 126,16) nach der Kleinen Heidelberger Liederhandschrift A.[252]

Zuerst der Abdruck aus der Erstausgabe von K. LACHMANN und M. HAUPT aus dem Jahr 1857, gefolgt von dem Abdruck aus der 38. Auflage von H. MOSER und H. TERVOOREN aus dem Jahr 1988.

Von der elbe wirt entsên vil manic man:
sô bin ich von grôzer liebe entsên
von der besten die ie kein man liep gewan.
wil si aber mich dar umbe vên,
mir ze unstaten stên,
mac si dan rechen sich,
tuo des ich si bite: sô frewet si sô mich,
daz ich dan vor liebe muoz zergên.
Sie gebiutet und ist in dem herzen mîn
frouwe und hêrer danne ich selbe sî:
hei wan solt ich ir noch sô gevangen sîn
daz si mir mit triuwen wære bî
ganzer tage drî
und eteslîche naht!
son verlür ich niht den lîp und al die maht.
nu ist si leider vor mir alze frî.

Abb. 34: *Des Minnesangs Frühling*, Erstausgabe von K. LACHMANN und M. HAUPT, Leipzig 1857.

251 Zum Hohen Minnesang siehe Kap. II.2.2.2.2.

252 Lachmann folgte der Kleinen Heidelberger Liederhandschrift A, da sie die älteste der drei Liederhandschriften ist (und somit, nach der Auffassung Lachmanns, dem vermeintlichen Original zeitlich näherstehen dürfte).

XIX. Heinrich von Morungen 243

V Von den elben

A: 1—4; B: 1, 4, 3; C: 1, 4, 3, 2

1 Von den elben wirt entsehen vil manic man, 126, 8 — *8 A*, 9 B, 17 CC^{a}
sô bin ich von grôzer liebe entsên
von der besten, die ſe dehein mán ze vriunt gewan.
wil aber sî der úmbè mich *vên*
Und ze unstaten stên,
mac si danne rechen sich
und tuo, des ich si bite. sô vréut si sô sḗre mich,
daz mîn lîp vor wunnen muoz zergên.

2 Sî gebiutet und ist in dem herzen mîn 126, 16 — *9 A*, 20 CC^{a}
vrowe und hêrer, danne ich selbe sî.
hei wan muoste ich ir alsô gewaltic sîn,
daz *si* mir mit triuwen waere bî
Ganzer tage drî
unde eteslîche na*ht*!
sô verlür ich niht den lîp und al die maht.
jâ ist si leider vor mir alze vrî.

V. 1, 1 *der elbe* BC. 2 *Also wart ich* BC. *entsehen* BC. 3 *kein* C^{a}. *man liep g.* BC. 4 *si mich darvmbe* BC. *vehen* ABC. 5 ¶ *Mir ze* BC. 7 *Und* fehlt BC. *da mitte vrôwet si so mich* BC. 8 *Das ich danne vor liebi (libe* C) BC.

2, 3 *wan solt ich ir noch so gevangen s.* C. 4 *Dc mir mir mit* A. 6 *nach* A. 7 *Son* C. *verlur* C, *verlüre* C^{a}. 8 *Nv ist* C.

V Strophenfolge nach A bevorzugen K(LV) Br, Schweiger 259 ff. Str. 4 vor 3 Schneider, Festschr. Baesecke 1941, 180 f, Kibelka 37; Folge BC Gottschau 343 und Schlosser in: Interpretationen mhd. Lyrik, hg. v. G. Jungbluth 1969, 120—35; vv. 5—6 L (v. 6 aber 3 v [!]), Pfeiffer Germ. 3, 491] Langzeile mit Inreim (3vb+3vc) K (Bartsch Germ. 3, 483, V). — 1, 2 *minne* K. 3 *dehein* tilgt K Br. 4 *Wil si aber mich dar u.* K(LV). 5 *Mir* K(LV). *zunstaten* K. 6 *dan* K(LV). 7 *Und* tilgt K(LV). *bite : si fröit sô sêre* K. 8 *wunne*] *liebe* K.

2, 8 *Nust* K.

Abb. 35: *Des Minnesangs Frühling*, 38. Auflage von H. Moser und H. Tervooren, Stuttgart 1988.

Zur Erinnerung

In allen textkritischen Editionen der frühen mhd. Lyrik wird die Zählung nach der Lachmannschen Erstausgabe angegeben. Diese findet sich in der Ausgabe von Moser/Tervooren am rechten Seitenrand neben dem ersten Vers einer jeden Strophe (z. B. 126, 8 = die Strophe findet sich auf Seite 126, beginnend mit Vers 8 in der Erstausgabe von MF).

Auch LACHMANN/HAUPT drucken einen textkritischen Apparat zu dem Lied mit den wichtigsten Lesarten aus der Großen Heidelberger Liederhandschrift C und der Weingartner Liederhandschrift B (sowie aus der Handschrift C^a, einer fragmentarischen Handschrift aus dem 14. Jh.) ab. Dieser findet sich allerdings im Anhang (MF, S. 279 f.):

126, 1=8 *B*, 16 CC^a. 4. nahe C^a. 5. fröiden CC^a. 7. von ir BCC^a. *8=8 *A*, 9 *B*, 17 CC^a. Von den elben *A*. entsehen $ABCC^a$. 9. also wart ich BCC^a. entsehen BCC^a. 10. ie kein C^a: ie dehein *ABC*. man ze vrúnt gewan *A*. 11. wil aber si $ABCC_a$. dar umbe mich *A*. vehen $ABCC^a$. 12. mir BCC^a: und *A*. 13. danne $ABCC^a$. 14. und tuo *A*. so vreut *A*, da mitte vrôwet BCC^a. so BCC^a, so sere *A*. 15. ich danne BCC^a, min lip *A*. vor wunnen *A*.

16=9 *A*, 20 CC^a. 18. hei wan muoste ich ir also gewaltic sin *A*. si mir CC^a: mir mir *A*. 21. nach *A*. 22. so *A*. 23. nu CC_a: ia *A*.

24=10 *A*, 11 *B*, 19 CC^a. 25. alse *B*, als CC^a. ein dúrre (túrre C^a) C^a, ainen *B*. 26. vrômede *B*, frômde CC^a. crenken *A*. mir *A*: so BCC^a. 27. alse *B*, als CC^a. wasser aine gluot BCC^a. 29. und ir schone und ir $ABCC^a$. werdecheit *A*. 30. tugende CC^a. 31. das ist BCC^a, daz wirt *A*. mir vil ubel $ABCC^a$. und ouch BCC^a: oder *A*.

32=11 *A*, 10 *B*, 18 CC^a. Wwenne, *aber mit vorgezeichnetem* s, C^a. also BCC^a. 33. an dur CC^a. herzen *B*. sehent *A*, sehen C^a. 34. danne get *A*. *vergl.* 134, 4 sô kumt ein wolken sô trüebez dar under daz ich des schînen von ir niht enhân. 35. wunne gar *A*, vrôde BCC^a. *etwa* fréwedé zergên? 36. wan ich danne stan BCC^a. 37. und warte der vrowen min BCC^a. 38. alse *B*, als CC^a. 39. geschehen *B*.

Abb. 36: *Des Minnesangs Frühling*, Erstausgabe von K. LACHMANN und M. HAUPT, Leipzig 1857, S. 279f.

Wie der Vergleich zeigt, haben LACHMANN/HAUPT mehrfach Eingriffe in den Text vorgenommen, ohne diese in irgendeiner Weise kenntlich zu machen. MOSER/TERVOOREN drucken hingegen den Text in der Regel streng nach der Kleinen Heidelberger Liederhandschrift A ab. Nur dort, wo offenkundige Abschreibfehler vorliegen (wie z. B. in Vers 4 der ersten Strophe) werden Konjekturen vorgenommen und diese durch Kursivdruck kenntlich gemacht (siehe *vên*, statt *vehen* wie in allen drei Handschriften). Dass es sich bei der Lesart *vehen* um einen Schreiberirrtum handeln muss, ergibt sich aus dem korrespondieren Reimwort im zweiten Vers (*ent**sên***). Zudem ermöglichen MOSER/TERVOOREN dem Leser (durch Angaben am Seitenrand und in den Überschriften sowie durch den textkritischen Apparat unterhalb des Textes statt im Anhang) einen schnelleren Überblick über die Überlieferungssituation des Liedes. So ist bereits durch die eingefügte Überschriftenzeile „A: 1 – 4; B: 1, 4, 3; C: 1, 4, 3, 2" auf einen Blick zu erkennen, dass das Lied in B und C eine andere Strophenreihung aufweist als in A und in B eine Strophe (Strophe zwei nach A) fehlt.

3.3 Satzphonetische Veränderungen

Sowohl in den mittelalterlichen Handschriften als auch in den normalisierten Ausgaben können (zumeist satzphonetisch bedingte) Abweichungen gegenüber den eigentlich grammatikalisch zu erwartenden vollen Wortformen auftreten. Es handelt sich hierbei um Reflexe der gesprochenen Sprache, die allerdings nach Zeit und Raum ganz verschieden auftreten können. Vielfach haben die verkürzten Formen metrische Gründe.[253] Mitunter sind die kürzeren abgeschwächten Formen sogar zur ‚klassischen Norm' geworden (wie beispielsweise bei der Apokope oder Synkope nach Liquid oder Nasal). Die wichtigsten dieser satzphonetisch bedingten Veränderungen werden in den nachfolgenden Kapiteln genannt.

3.3.1 Die Abschwächung von unbetonten Funktionswörtern

Funktionswörter wie Partikeln, Präpositionen, Pronomina, Artikel und Konjunktionen können in unbetonter Stellung abgeschwächt werden.[254]

Beispiele:

zuo	>	*z**e***
alsô	>	*als(**e**)*
dar mite	>	*d**e**rmit(**e**)*
eht	>	*êt/et*

Anmerkung

In schwacher Betonung vor Eigennamen und Titeln können auch die Substantiva mhd. *herre* und *vrouwe* abgeschwächt bzw. verkürzt werden zu *her* und *vrou*.

3.3.2 Proklise/Enklise

Unbetonte Funktionswörter (meist Pronomina, Artikel und Präpositionen) können ihre Eigenständigkeit aufgeben und sich proklitisch mit dem nachfolgenden oder enklitisch mit dem vorhergehenden Wort verbinden.

Beispiele:
Proklise:

***ich** ne*	>	***i**ne*
***ze** Ouwe*	>	***z**Ouwe*
***diu** ougen*	>	***d**ougen*

253 Zur Metrik siehe Kap. VIII.

254 Im Gegenzug dazu werden betonte Pronomina mitunter gedehnt (*du* > *dû*).

Enklise:

du ***in*** > *du**n***
im ***ez*** > *im**z***
ûf ***daz*** > *ûf**z***
tuost ***du*** > *tuost**u***[255]

Auch die tonschwache Negationspartikel mhd. *ne*[256] wird häufig enklitisch mit vorangehenden Pronomina oder Partikeln (z. B.: *ich* ***ne*** > *ich**n**/ich**ne***; *er* ***ne*** > *er**n***) oder proklitisch mit der nachfolgenden finiten Verbform (z. B. *er* ***en****ist/er* ***n****ist*) verbunden.

3.3.3 Apokope/Synkope

Die Abschwächung kann sogar dazu führen, dass das /e/ [ə] in unbetonter Silbe wegfällt.[257] Im Mittelhochdeutschen tritt dieser Schwund regelhaft nur in bestimmten Stellungen (nach Liquid oder Nasal bei vorausgehendem kurzen Tonvokal) ein. Schwindet das unbetonte /e/ im Wortauslaut, liegt eine **Apokope** vor, schwindet es innerhalb eines Wortes, eine **Synkope.**[258]

Beispiele:

*ich va**re*** > *var* (Apokope)
*de**me*** > *dem* (Apokope)
*geswo**ren*** > *gesworn* (Synkope)
*wo**ne**te* > *wonte* (Synkope)

Anmerkung

Synkope tritt gelegentlich auch in Präfixen ein (z. B. ahd. *gi-unnan* > mhd. ***ge****-unnen* > *gunnen*; mhd. ***ge****nâde/gnâde*), Apokope auch bei unbetonten Formen im Satz (z. B. mhd. *un**de*** neben *und*).

255 Das anlautende /d/ in ***du*** schwindet durch Assimilation.

256 Zur Negationspartikel mhd. *ne* siehe Kap. VII.3.

257 Apokope und Synkope sind zu unterscheiden von der Elision, die im Kapitel Metrik (Kap. VIII) behandelt wird.

258 Apokope und Synkope treten verstärkt vom Mittelhochdeutschen zum Frühneuhochdeutschen auf (dort erfolgen sie, ohne dass bestimmte Bedingungen vorliegen mussten, siehe hierzu Kap. IV.6.2.1.3).

3.3.4 Assimilationen

Unter Assimilation versteht man die artikulatorische Anpassung eines Lautes an einen benachbarten Laut. Bei vollständiger Angleichung liegt eine **totale Assimilation** vor, bei nur teilweiser eine **partielle Assimilation.**[259] Bei einer Vielzahl von Lautwandelerscheinungen im Laufe der Sprachgeschichte handelt es sich um Assimilationsprozesse. Im Mittelhochdeutschen werden Assimilationen nicht konsequent durchgeführt, sondern häufig durch Ausgleich wieder beseitigt. Es können daher assimilierte und nicht-assimilierte Formen nebeneinander auftreten.

Beispiele:

/n/ > /m/ (vor: /p/, /b/ oder /m/)

z. B.:	*i**nb**îz*	–	*i**mb**îz*
	*u**nm**ære*	–	*u**mm**ære*

/mb/ > /mm/

z. B.:	*u**mb**e*	–	*u**mm**e*
	*zi**mb**er*	–	*zi**mm**er*

/t/ > /d/ (nach: Nasal/Liquid)[260]

z. B.:	*so**lt**e*	–	*sol**d**e*
	*die**nt**e*	–	*dien**d**e*

3.4 Graphemvarianten

In den normalisierten Ausgaben (mitunter auch in den Handschriften) treten häufig folgende Graphemvarianten (unterschiedliche Zeichen für ein und denselben Laut) auf:

- die Affrikata **/pf/** wird gelegentlich (v. a. im Anlaut) mit <ph> (statt mit <pf>) wiedergegeben, z. B. mhd. ***ph**legen*/***pf**legen*, ***ph**affe*/***pf**affe*.
- die Affrikata **/ts/** kann mit <tz>, <zz> oder <z> wiedergegeben werden. Im Anlaut und nach Konsonant findet sich in der Regel die Schreibung <z>, z. B. mhd. *zît, holze*.

---

259 Je nach Einflussrichtung der Assimilation werden zudem **progressive** und **regressive Assimilation** unterschieden. Bei der progressiven Assimilation gleicht sich der nachfolgende Laut an den vorhergehenden an, bei der regressiven der vorausgehende Laut an den nachfolgenden.

260 Diese Assimilation wird mhd. Lenisierung genannt (siehe hierzu Kap. IV.5.1.2).

- Im Auslaut wird **/k/** in der Regel mit <c> wiedergegeben, siehe z. B. mhd. *ta**c***, im Wort- und Silbenanlaut hingegen mit <k>, z. B. mhd. ***k**unnen* (‚können'), *sin**k**en.*
- Die Grapheme **<f>** und **<v>** wechseln vielfach miteinander, sowohl im Anlaut (siehe z. B. mhd. ***v**rouwe*/***f**rouwe*) als auch im In- und Auslaut. Generell gilt jedoch die Regel, dass <f> im Wortauslaut steht, <v> hingegen im Wortanlaut sowie in intervokalischer Stellung, z. B. mhd. *der ho**f** – des ho**v**es.*[261]
- Der Reibelaut **/h/** wird im Auslaut statt mit <h> oftmals mit <ch> wiedergegeben, z. B. *er sah*/*er sa**ch**.*

4 Übungsaufgaben

1) Was ist der Unterschied zwischen Synchronie und Diachronie?
2) Wie sind die unterstrichenen Phoneme in folgenden mhd. Beispielwörtern auszusprechen?

swære	
liute	
leit	
naht	
liebe	

3) Was versteht man unter einem freien und einem kombinatorischen Lautwandel? Nennen Sie jeweils zwei Beispiele.
4) Was ist eine Karolingische Minuskel?
5) Welche Rolle spielt Karl Lachmann für die Editionsgeschichte mittelhochdeutscher Texte?
6) Wie können die zahlreichen Schreibvarianten in den mittelalterlichen Handschriften erklärt werden?
7) Was versteht man unter dem Begriff „Normalmittelhochdeutsch"?
8) Übertragen Sie die folgenden Beispielwörter aus dem Falkenlied des Kürenbergers (diplomatischer Abdruck nach der Großen Heidelberger Liederhandschrift) in ein normalisiertes Mittelhochdeutsch:

---

261 Im Aus- und Inlaut liegen genau genommen Allophone (keine Allographe) vor. Der Wechsel vor <f> und <v> im Anlaut ist nicht ganz geklärt.

Diplomatischer Abdruck:	**Normalisiertes Mittelhochdeutsch:**
einē	
do	
vn̄	
vf	
hv̊b	
flög	
fliegē	
fůrte	
riemē	

Zum Vergleich der entsprechende Abschnitt aus der Großen Heidelberger Liederhandschrift C, fol. 63ᵛ:

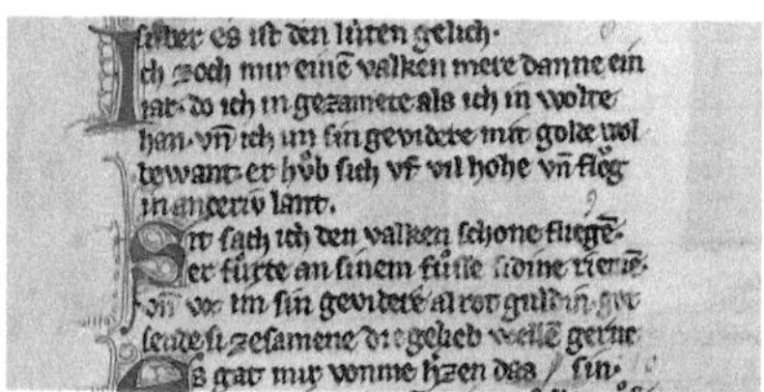

Abb. 37: Ausschnitt einer Seite aus der Großen Heidelberger Liederhandschrift (UB Heidelberg, cpg 848, fol. 63ᵛ).

9) Nennen Sie die Fachbegriffe für folgende satzphonetisch bedingte Varianten, und geben Sie die entsprechenden daneben existierenden mhd. Formen an:
   a) mhd. *zimber* (Substantiv)
   b) mhd. *imz* (Pronomina)
   c) mhd. *bater* (3. Sg. Prätertium von *bitten* + Personalpronomen)
   d) mhd. *diende* (3. Sg. Präteritum von *dienen*)
   e) mhd. *bern* (Infinitiv; vgl. nhd. ‚gebären')
   f) mhd. *unde* (Konjunktion)
10) Was sind die wesentlichen Merkmale einer textkritischen Ausgabe?
11) Was versteht man unter dem Begriff „Ligatur"?

12) Erklären Sie folgende Schreibungen im Auslaut:
    mhd. *zô**ch*** – *zô**h***
    mhd. *gescha**h*** – *gescha**ch***
13) Was ist der im Mittelalter vorherrschende Beschreibstoff und woraus besteht er?
14) Was ist eine Affrikata?
15) Was versteht man unter „autororientierter“ Textkritik? Nennen Sie eine weitere textkritische Methode und beschreiben Sie diese kurz.

Die Lösungen zu den Übungsaufgaben finden sich in Kap. IX.

IV Historische Phonologie

Dieses Kapitel bietet einen umfassenden Überblick über die historische Phonologie vom Indogermanischen bis zum Frühneuhochdeutschen. Hierbei werden Lautwandelprozessse im Konsonantismus und Vokalismus jeweils von einer Sprachstufe zur nächsten beschrieben (also vom Indogermanischen zum Germanischen, vom Germanischen zum Voralthochdeutschen, vom Voralthochdeutschen zum Althochdeutschen, vom Althochdeutschen zum Mittelhochdeutschen und vom Mittelhochdeutschen zum Frühneuhochdeutschen). Die jeweiligen Lautwandelprozesse werden (möglichst) in chronologischer Reihenfolge und nicht nach ihrer Bedeutsamkeit behandelt. In den ersten vier Kapiteln (Kap. IV.1–4), also bei den Lautwandelerscheinungen vom Indogermanischen bis zum Mittelhochdeutschen, werden in erster Linie diejenigen Lautwandelerscheinungen berücksichtigt, deren Kenntnis für die sprachhistorische (diachrone) Erklärung von Laut**wechsel**erscheinungen innerhalb des Mittelhochdeutschen (siehe Kap. IV.5) notwendig ist. Mit einer Ausnahme (siehe die Nebensilbenabschwächung vom Alt- zum Mittelhochdeutschen) werden nur Veränderungen in den Haupttonsilben behandelt. Der Überblick endet mit den Lautwandelerscheinungen vom Mittelhochdeutschen zum Frühneuhochdeutschen (Kap. IV.6). Dieses Kapitel soll dazu dienen, das Verständnis mhd. Texte (und somit das Übersetzen vom Mittelhochdeutschen ins Neuhochdeutsche) zu erleichtern.

Am Ende des Kapitels über die Historische Phonologie können die erworbenen Kenntisse mit Hilfe von Übungsaufgaben zu jedem der insgesamt sechs Unterkapitel überprüft werden.

1 Vom Indogermanischen zum Germanischen

In diesem Kapitel werden nur Lautwandelerscheinungen berücksichtigt, die bis zum **frühen** Germanischen (Gemeingermanisch) eingetreten sind. Im **Konsonantismus** sind dies vor allem die erste Lautverschiebung, die Spirantenerweichung nach dem Vernerschen Gesetz, der Primäre Berührungseffekt sowie Nasalschwund und Ersatzdehnung, im **Vokalismus** der Ablaut und einige freie Lautwandel. Phonologische Veränderungen im späteren Germanischen (nach Ausgliederung des Gotischen) werden im nachfolgenden Kapitel (Kap. IV.2: Vom Germansichen zum Voralthochdeutschen) behandelt.

1.1 Konsonantismus

Für das Indogermanische können folgende Konsonantengruppen erschlossen werden:

https://doi.org/10.1515/9783110464184-004

- **Verschlusslaute:** Tenues (stl.) und Mediae (sth.) sowie behauchte/aspirierte Mediae (Mediae aspiratae),[262]
- **Sonanten** (Nasale und Liquide)
- sowie eine einzige (stl.) **Spirans**

Überblick über das Konsonantensystem im Indogermanischen

Tenues	Mediae	Mediae aspiratae	Sonanten	Spiranten
/p/, /t/, /k/	/b/, /d/, /g/	/b^h/, /d^h/, /g^h/	/l/, /r/, /m/, /n/	/s/

1.1.1 Erste Lautverschiebung und die Spirantenerweichung nach dem Vernerschen Gesetz

Vermutlich seit dem Ende des 2. Jahrtausends (bis etwa 500/400 v. Chr.) hat sich das Germanische aus dem Verbund der idg. Sprachen ausgegliedert und ist in mehrfacher Hinsicht eigene Wege gegangen. Zu dieser Ausgliederung hat ganz wesentlich eine tiefgreifende Umschichtung des Konsonantensystems geführt, die **erste** (oder auch **germanische**) **Lautverschiebung** (kurz: 1. LV). Die durch sie bewirkten Veränderungen im germanischen Konsonantensystem hat als erster J. Grimm (1785–1863) systematisch untersucht und 1822 in seiner „Deutschen Grammatik" vorgestellt.[263] Die erste Lautverschiebung wird daher auch „Grimm's law" (‚Grimmsches Gesetz') genannt.

In der 1. LV wurden (in der Regel) alle idg. **Verschlusslaute** (in Reihenschritten) verschoben:[264]

1) Die Tenues /p/, /t/, /k/ wurden zu stl. Reibelauten (**Tenues-Spiranten-Wandel**).
2) Die Mediae /b/, /d/, /g/ wurden zu Tenues (**Mediae-Tenues-Wandel**).
3) Die Mediae aspiratae /b^h/, /d^h/, /g^h/ wurden zu sth. Reibelauten (**Mediae aspiratae-Spiranten-Wandel**).

Die **Sonanten** und die **Spirans /s/** waren von der 1. LV **nicht** betroffen (zu idg. /s/ > germ. /z/ siehe den nachfolgenden Abschnitt zur Spirantenerweichung nach dem Vernerschen Gesetz).

---

262 Neben den behauchten Mediae (Mediae aspiratae) gab es im Indogermanischen nach Meinung einiger Sprachwissenschaftler auch behauchte Tenues (Tenues aspiratae: /p^h/ /t^h/ /k^h/), die zum Germanischen die gleiche Entwicklung nahmen wie die unbehauchten idg. Tenues. In der vorliegenden Einführung bleiben die Tenues aspiratae völlig unberücksichtigt.

263 Grimm, Jacob: Deutsche Grammatik, 2. Ausgabe, Bd. 1. Göttingen 1822.

264 In der historischen Sprachwissenschaft spricht man von einem Phonemwandel. Dieser ist generell folgendermaßen zu beschreiben: z. B. „Die stl. dentale idg. Tenuis /t/ wird zur stl. dentalen germ. Spirans /þ/" (und nicht einfach: „/t/ wird zu /þ/").

zu 1) Tenues-Spiranten-Wandel

Die idg. **Tenues**[265] wurden zu den **stimmlosen Spiranten** germ. /f/, /þ/, /x/ verschoben.

idg.		germ.
/p/, /t/, /k/	→	/f/, /þ/, /x/

Beispiele:
- idg. ****p****iskos* (vgl. lat. ***p****iscis*) > germ. **f****iska-*[266]
- idg. ****t****rejes* (vgl. lat. ***t****rês*) > germ. ****þ****rej(ez)*[267]
- idg. ****k****u-ôn* (vgl. lat. ***c****anis*) > germ. ****h****unda-*[268]

Anmerkung

Bei der Spirans germ. **/þ/** handelt es sich um einen stl. interdentalen Reibelaut, den sog. **Thorn-Laut.** Dieser entspricht in der Aussprache engl. /th/ (wie z. B. in ***th****anks* oder *ba****th***). Die Spirans germ. **/x/** steht für einen stl. velaren Reibelaut (gutturale Spirans).[269]

Anmerkung

Da das Lateinische ebenso wie das Griechische, Altindische und das Altkirchenslawische (etc.) den idg. Konsonantenstand bewahrt hat, dienen im Weiteren wiederholt Beispielwörter aus diesen Sprachen als Repräsentanten für das (schriftlich nicht belegte) Indogermanische.

Ausnahmen vom Tenues-Spiranten-Wandel

In einigen Fällen ist der Tenues-Spiranten-Wandel nur teilweise oder gar nicht eingetreten:

---

265 Zur Erinnerung: Der Singular von Tenues lautet **Tenuis.** Die Bezeichnung für die Verschiebung einer einzelnen Tenuis zu einer Spirans (infolge des Tenues-Spiranten-Wandels) lautet daher: **Tenuis-Spirans-Wandel** (siehe analog dazu auch: Media-Tenuis-Wandel und Media aspirata-Spirans-Wandel).

266 germ. **fiska-* > ahd. *fisk* > mhd. *fisch.* Idg. /sk/ bleibt hingegen völlig unverschoben, da es in Verbindung mit /s/ steht (siehe unten: Ausnahmen vom Tenues-Spiranten-Wandel).

267 germ. **þrej(ez)* > ahd./mhd. *drî* > nhd. *drei.*

268 germ. **hunda-* > ahd./mhd. *hunt* (‚Hund‘).

269 Die gutturale Spirans [x] bleibt bis ins Mittelhochdeutsche erhalten. Seit der ahd. Lenisierung/Spirantenschwächung gibt es allerdings daneben auch den Hauchlaut [h] (siehe Kap. IV.3.1.2). In den Beispielwörtern wird der Einfachheit halber für das Phonem [x] das Graphem <h> verwendet.

a) In den Verbindungen **/sp/, /st/** und **/sk/** wurden die idg. Tenues nicht verschoben:
   z. B. idg. ****st**er*- (vgl. lat. *stella*) > germ. ****st**ernôn*[270]
   idg. **pi**sk**os* (vgl. lat. *piscis*) > germ. ****fisk**a*-[271]
b) In den Tenuesverbindungen **/pt/** und **/kt/** wurde nur die erste Tenuis, also /p/ bzw. /k/, zu einer Spirans verschoben:
   – idg. **/pt/** > (vor-)germ. **/ft/**
     z. B.: idg. **ne**pt**iə*- (vgl. lat. *neptis*) > germ. **ne**ft**i*- (‚Nichte/nahe Verwandte')[272]
   – idg. **/kt/** > (vor-)germ. **/xt/**
     z. B. idg. **no**kt***- (vgl. lat. *noctem*) > germ. **na**ht***-[273]

Anmerkung

Es ist allerdings umstritten, ob die Verschiebung von /pt/ und /kt/ zu /ft/ und /xt/ überhaupt zu den Ausnahmen der 1. LV zu zählen ist. In den meisten sprachhistorischen Grammatiken wird sie vielmehr als Ergebnis des sog. **Primären Berührungseffekts** angesehen, ein Lautwandel, der zeitlich noch vor der 1. LV (also im Vorgermanischen) eingetreten ist (siehe hierzu Kap. IV.1.1.2).

Spirantenerweichung nach dem Vernerschen Gesetz

Wie der dänische Sprachforscher Karl Verner im Jahr 1875 herausfand, wurden die durch den Tenues-Spiranten-Wandel entstandenen **stimmlosen Spiranten** (früh-)germ. **/f/, /þ/, /x/** noch beim Übergang zum Germanischen (vor der Festlegung des Wortakzents auf die Wurzelsilbe) zu **stimmhaften Spiranten /ƀ/, /đ/, /ḡ/** erweicht, wenn bestimmte Akzent- und Stellungsbedingungen im Indogermanischen (und Frühgermanischen) vorlagen:

1. **stimmhafte Umgebung**
2. **nachfolgender Wortakzent**[274]

---

270 germ. **sternôn* > ahd. *sterno* > mhd. *stern(e)* > nhd. *Stern*.

271 germ. **fiska*- > ahd. *fisk* > mhd. *fisch*.

272 germ. **nefti*- > ahd. *nifta* > mhd. *niftel* (mhd. *niftel* wurde seit dem 16. Jh. von niederdt. *nichte* ‚Nichte' verdrängt).

273 germ. **naht*- > ahd./mhd. *naht*.

274 Genauer lautet diese Bedingung für das Eintreten der Spirantenerweichung nach dem Vernerschen Gesetz: der Wortakzent durfte **nicht unmittelbar** vorangehen (in der Regel bedeutet das allerdings, dass er nachfolgte).

Anmerkung

Stimmhafte Umgebung liegt vor, wenn ein Konsonant zwischen Vokalen oder nach stimmhaftem Konsonant, also nach Nasal (/m/, /n/) oder Liquid (/l/, /r/), steht.
Der **Wortakzent** war im Indogermanischen und Vorgermanischen noch nicht auf die Wurzelsilbe festgelegt und konnte sich somit je nach Länge des Wortes auf die nachfolgenden Silben verlagern (= flexionsabhängiger Akzent). Die Festlegung des freien Wortakzents auf die Stammsilbe (Wurzelsilbe) (= **germanischer Initialakzent**), erfolgte zwar noch im (frühen) Germanischen,[275] aber **nach** der 1. LV bzw. der durch das Vernersche Gesetz beschriebenen Spirantenerweichung.[276]

idg.		**(früh-)germ.**		**germ.**
/-p≐/, /-t≐/, /-k≐/	→ (1.LV: Tenues-Spiranten-Wandel)	/-f≐/, /-þ≐/, /-x≐/	→ (Spirantenerweichung nach dem Vernerschen Gesetz)	/ƀ/, /đ/, /ǥ/[277]

Beachte

Die sth. germanischen Spiranten werden graphisch mit einem durchgestrichenen Schaft wiedergegeben.

Dieser Lautwandel (stl. Spiranten > sth. Spiranten) wird, da K. Verner die Gesetzmäßigkeit bei der Erweichung der Spiranten als erster erkannt hat, als das **Vernersche Gesetz** bezeichnet. Es trat nur ein, wenn **beide** o. g. Stellungsbedingungen (im frühen Germanischen) vorlagen. War auch nur eine **nicht** erfüllt, ging also vor der Festlegung des freien Wortakzents dieser unmittelbar voraus und/oder lag keine stimmhafte Umgebung vor, blieben die stl. Spiranten /f/, /þ/, /x/ im Germanischen (bis zum Althochdeutschen) unverändert erhalten.

---

275 In den anderen Nachfolgesprachen des Indogermanischen blieb der Wortakzent hingegen frei beweglich, also flexionsabhängig (vgl. z. B. lat. *Róma, Románus, Romanórum, Romanorúmque*). Im Mittelhochdeutschen wurde der Initialakzent noch strikter als im Neuhochdeutschen beibehalten. Im Neuhochdeutschen zeigt sich bei einigen Wörtern die Verlagerung des Akzents auf die letzte oder vorletzte Silbe. Betroffen sind hiervon vor allem Lehnwörter (wie z. B. nhd. *Parlamént*), aber auch einige wenige einheimische Wörter (wie z. B. mhd. *lébendic* > nhd. *lebéndig*; mhd. *hórnuz* > nhd. *Hornísse*). Bei Lehnwörtern sowie bei entlehnten Namensformen kann auch bereits im Mittelhochdeutschen die Akzentuierung schwanken (z. B. Ártûs – Artû́s).

276 Die germanische Initialbetonung führte im Laufe der Zeit zur Abschwächung unbetonter Silben (ein Prozess, der bis ins Neuhochdeutsche fortwirkt).

277 Hier wird eine stimmhafte Umgebung vorausgesetzt.

Beispiele:

- Ein Beispiel für das Eintreten des Tenues-Spiranten-Wandels **und** der anschließenden Spirantenerweichung nach dem Vernerschen Gesetz ist das Wort germ. **fa**þ**ár* (< idg. **pə**t**êr*). Hier ist zunächst der Tenuis-Spirans-Wandel (/t/ > /þ/) der 1. LV eingetreten. Da stimmhafte Umgebung vorlag und der Wortakzent nachfolgte (/-**þ**'-/, siehe germ. **faþár*), wurde die stl. Spirans **/þ/** durch die Spirantenerweichung nach dem Vernerschen Gesetz zur sth. Spirans germ. **/đ/** erweicht: idg. **pə**t**'êr* (vgl. lat. *pater*) > (germ. **fa**þ**ár*) > germ. **fa**đ**ár*.[278]
- Ein Beispiel für das Eintreten des Tenues-Spiranten-Wandels **ohne** Spirantenerweichung ist das Wort germ. **ƀrô**þ**êr* (< idg. **bhrâ**t**êr*): Hier ist der Tenuis-Spirans-Wandel (/t/ > /þ/) der 1. LV eingetreten, nicht aber die Spirantenerweichung nach dem Vernerschen Gesetz, da zwar stimmhafte Umgebung vorlag, aber der Wortakzent im frühen Germanischen unmittelbar vorherging, also nicht nachfolgte (/'**-þ-**/): idg. **bhrâ'**t**êr* (vgl. lat. *frâter*) > germ. **ƀrô**þ**êr*.[279]

Waren **beide** Voraussetzungen für das Eintreten der Spirantenerweichung nach dem Vernerschen Gesetz erfüllt (lag also nach den ursprünglichen idg. bzw. frühgermanischen Betonungsverhältnissen der Akzent **nicht** auf der unmittelbar vorhergehenden Silbe, sondern auf der nachfolgenden, und lag stimmhafte Umgebung vor), wurde auch die stl. Spirans idg. **/s/** zu germ. **/z/** (sth. Spirans) erweicht. War hingegen mindestens eine dieser Voraussetzungen nicht gegeben, blieb idg. /s/ unverändert (bis zum Mittelhochdeutschen) erhalten.

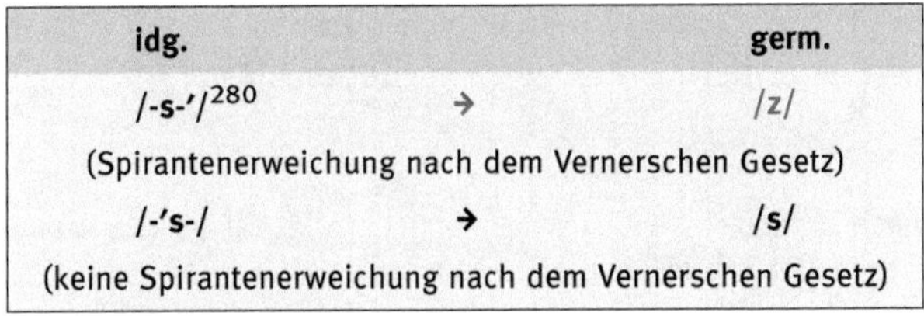

idg.		germ.
/-s-'/[280]	→	/z/
(Spirantenerweichung nach dem Vernerschen Gesetz)		
/-'s-/	→	/s/
(keine Spirantenerweichung nach dem Vernerschen Gesetz)		

Der (akzent- und stellungsbedingte) Wechsel zwischen den stl. Spiranten **/f/**, **/þ/**, **/x/**, **/s/** (< idg. /p/, /t/, /k/, /s/) und den sth. Spiranten **/ƀ/**, **/đ/**, **/ǥ/**, **/z/**

---

278 germ. **fađár* > ahd. *fater/vater* > mhd. *vater*.

279 Somit ist hier die Spirantenerweichung nach dem Vernerschen Gesetz unterblieben, /þ/ wurde nicht zu **/đ/** erweicht (germ. **ƀrôþêr* > ahd./mhd. *bruoder* > nhd. *Bruder*).

280 /-s-'/ steht zudem in stimmhafter Umgebung.

(< idg. /p/, /t/, /k/, /s/) wird seit J. GRIMM als **Grammatischer Wechsel** bezeichnet.[281] Hierbei handelt es sich also um einen Lautwechsel, der sich (seit dem frühen Germanischen bis zum Neuhochdeutschen) auf der synchronen Ebene zeigt, und der auf der diachronen Ebene durch die Spirantenerweichung nach dem Vernerschen Gesetz erklärt werden kann. Der Grammatische Wechsel im Mittelhochdeutschen, wo infolge weiterer Lautwandelprozesse /f/ und /b/, /d/ und /t/, /h/ und /g/ sowie /s/ und /r/ miteinander wechseln, wird daher im Kapitel „Lautwechselerscheinungen innerhalb des Mittelhochdeutschen" (Kap. IV.5.1.4) behandelt.

zu 2) Mediae-Tenues-Wandel

Die idg. Mediae wurden im Germanischen regelhaft zu Tenues verschoben.

idg.		germ.
/b/, /d/, /g/	→	/p/, /t/, /k/

Beispiele:

- idg. **sla**b**ós* (vgl. altkirchenslawisch[282] *slabu* ‚schwach') > germ. **sla**p**a-*[283]
- idg. ***d***ekm̥* (vgl. lat. *decem*) > germ. ***t***ehun*[284]
- idg. **a**g**ros* (vgl. lat. *ager*) > germ. **a**k**raz*[285]

zu 3) Mediae aspiratae-Spiranten-Wandel

Die behauchten stimmhaften idg. Mediae (Mediae aspiratae) wurden regelhaft zu den stimmhaften Spiranten germ. /ƀ/, /đ/, /g̱/ verschoben.[286]

281 Da das griech. Wort *gramma* ‚Buchstabe' bedeutet, bezeichnet der Ausdruck „Grammatischer Wechsel" ursprünglich einen „Buchstabenwechsel".

282 Das Altkirchenslawische gehört zur Südgruppe der slawischen Sprachen.

283 germ. **slapa-* > ahd./mhd. *slaf* (‚schlaff').

284 germ. **tehun* (vgl. engl. *ten*) > ahd. *zehan* > mhd. *zehen* > nhd. *zehn*. Bei diesem Beispiel (idg. ***d***ekm̥* > germ. ***t***ehun*) ist zudem der Tenuis-Spirans-Wandel von idg. /k/ > germ. /x/ eingetreten.

285 germ. **akraz* > ahd. *ackar* > mhd./nhd. *acker*.

286 Die sth. Spiranten germ. /ƀ/, /đ/, /g̱/ können also entweder aus idg. /bʰ/, /dʰ/, /gʰ/ oder aus germ. /f/ /þ/ /x/ entstanden sein. Die Verschiebung der Mediae aspiratae zu sth. Spiranten ist allerdings in der Forschung umstritten. Gegen die Annahme dieses Lautwandels ist z. B. Th. Vennemann (siehe Theo Vennemann: Hochgermanisch und Niedergermanisch. Die Verzweigungstheorie der germanisch-deutschen Lautverschiebungen. In: PBB 106 (1984), S. 1–45).

idg.		germ.
/bʰ/, /dʰ/, /gʰ/	→	/ƀ/, /đ/, /ǥ/

Beispiele:
- idg. ****bh****râtêr* (vgl. altind. *bhrâtâr*) > germ. ****ƀ****rôþêr*[287]
- idg. **me****dh****jo* (vgl. altind. *mâdhyah*) > germ. **me****đ****ja-*[288]
- idg. **stei****gh****-* (vgl. altind. *stigh-*) > germ. **stî****ǥ****-*[289]

Überblick über die Ergebnisse der 1. LV und der Spirantenerweichung nach dem Vernerschen Gesetz:

- Reduktion von **sechs** Mediae im Indogermanischen (/b/, /d/, /g/ und /bʰ/, /dʰ/, /gʰ/) auf **null** im Germanischen (infolge des Mediae-Tenues-Wandels und des Wegfalls der Mediae aspiratae in der 1. LV).[290]
- Entstehung von zwei Spirantenreihen:
  a.) **/f/, /þ/, /x/** (< idg. /p/, /t/, /k/; entstanden durch den Tenues-Spiranten-Wandel der 1. LV)
  b.) **/ƀ/, /đ/, /ǥ/:** entstanden entweder durch den Mediae aspiratae-Spiranten-Wandel der 1. LV (< idg. /bʰ/, /dʰ/, /gʰ/) oder durch die Spirantenerweichung nach dem Vernerschen Gesetz (< germ. /f/, /þ/, /x/).
- Entstehung der sth. Spirans /z/ (< idg. /s/) durch die Spirantenerweichung nach dem Vernerschen Gesetz

Beachte

Die Anzahl der Spiranten vermehrt sich infolge der 1. LV und der Spirantenerweichung nach dem Vernerschen Gesetz von **einer** Spirans im Indogermanischen auf **acht** Spiranten im Germanischen!

1.1.2 Stimmtonverlust vor idg. /t/ und Primärer Berührungseffekt

Folgte im Indogermanischen (bzw. Vorgermanischen), also noch **vor** der 1. LV, auf eine Media **unmittelbar** die Tenuis **/t/**, trat ein **Stimmtonverlust** ein, d. h. die Media wurde zur Tenuis assimiliert: aus der Verbindung **Media + /t/** entstand die Verbindung **Tenuis + /t/.**

---

287 germ. **ƀrôþêr* > ahd./mhd. *bruoder.*

288 germ. **međja-* > ahd. *mitti* > mhd. *mitte* (‚mitten', Adjektiv).

289 germ. **stîǥ-* > ahd. *stîg-* (wie z. B. in ahd. *stîgan* > mhd. *stîgen* > nhd. *steigen*).

290 Erst später, vom Germanischen bis (spätestens) zum Voralthochdeutschen, sind aus den sth. Spiranten /ƀ/, /đ/, /ǥ/ wieder Mediae entstanden (zur Veränderung der sth. Spiranten germ. /ƀ/, /đ/, /ǥ/ siehe Kap. IV.2.1.3).

idg.		vorgerm.
/**b**/ + /t/	→	/p/ + /t/
/**d**/ + /t/	→	/t/ + /t/
/**g**/ + /t/	→	/k/ + /t/

In den (durch Stimmtonverlust entstandenen) Tenuesverbindungen vorgerm. **/pt/** und **/kt/** wurde (ebenfalls noch im Vorgermanischen) der erste Bestandteil zu einer Spirans verschoben: aus der Verbindung **Tenuis + /t/** entstand in beiden Fällen die Verbindung **Spirans + /t/** (zur Entwicklung der Tenuesverbindung **/tt/** siehe unten):

vorgerm.		vorgerm.
/**p**/ + /t/	→	/f/ + /t/
/**k**/ + /t	→	/x/ + /t/

Diese Verschiebung von /pt/ > /ft/ und /kt/ > /xt/ wurde bereits bei den Ausnahmen des Tenues-Spiranten-Wandels der 1. LV erwähnt (siehe Kap. IV.1.1.1), obschon ein unmittelbarer Zusammenhang mit der 1. LV als unsicher gelten muss. In den meisten Grammatiken wird dieser Lautwandel als **Primärer Berührungseffekt** oder **Primärberührungseffekt** (kurz: PBE) bezeichnet.

Der PBE trat auch bei der (durch Stimmtonverlust entstandenen) Tenuisverbindung **/t/ + /t/** ein. Hier ist gar kein Zusammenhang mit dem Tenues-Spiranten-Wandel der 1. LV zu erkennen, da /tt/ durch den PBE zur **Doppelspirans /ss/**[291] wurde.

Zusammenfassung: Stimmtonverlust vor /t/ und PBE

idg.		vorgerm.		vorgerm.
/**b**/ + /t/	→	/**p**t/	→	/**f**t/
/**g**/ + /t/	→	/**k**t/	→	/**x**t/
/**d**/ + /t/	→	/**t**t/	→	/ss/
		(Ergebnis des Stimmtonverlusts vor /t/)		(Ergebnis des PBE)

291 Genauer hat sich im Indogermanischen in die Tenues-Verbindung /t/ + /t/ ein /s/ eingeschoben. Die Verbindung idg. ***tst*** wurde dann im Germanischen durch Assimilation zu ***ss***.

Beachte

Der PBE ist nur eingetreten, wenn die betreffenden Verschlusslaute **unmittelbar**, also **primär** (d. h. bereits im Vorgermanischen), aufeinandergeprallt sind!

Beispiele für das Eintreten des PBE finden sich in Kapitel V.1.21.5 und 1.3.6.

1.1.3 Nasalschwund und Ersatzdehnung

Im frühen Germanischen ist regelmäßig ein vor der stl. Spirans germ. /x/ stehender Nasal geschwunden (**Nasalschwund**). Unmittelbar mit dem Nasalschwund einher ging immer eine Dehnung des vorausgehenden kurzen Vokals (**Ersatzdehnung**).

germ. **anh*	→	***âh*** (z. B. **fanh-* > **fâh-*)[292]
germ. **unh*	→	***ûh*** (z. B. **þunhtô* > **þûhtô*)[293]
germ. **inh*	→	***îh*** (z. B. **þinh-* > **þîh-*)[294]

1.1.4 Zusammenfassung

Veränderungen bei den Tenues und der Spirans /s/ vom Indogermanischen zum frühen Germanischen

idg.		germ.		
/p/	→	/f/[295]	-->	/ƀ/[296]
/t/	→	/þ/[297]	-->	/đ/[298]

292 germ. **fah-* > ahd. *fâhan* > mhd. *vâhen* (‚fangen').

293 germ. **þûhtô* > ahd. *dûhta* > mhd. *dûhte* > nhd. *dünkte* (3. Sg. Prät. von *dünken*; die nhd. Verbform *er dünkte* ist durch Systemausgleich entstanden).

294 germ. **þîh-* > ahd. *dîhan* > mhd. *dîhen* (‚gedeihen').

295 /p/ > /f/ = 1. LV: Tenuis-Spirans-Wandel.

296 /f/ > /ƀ/: Spirantenerweichung nach dem Vernerschen Gesetz (wenn sth. Umgebung vorlag und der Wortakzent nachfolgte).

297 /t/ > /þ/ = 1. LV: Tenuis-Spirans-Wandel.

298 /þ/ > /đ/: Spirantenerweichung nach dem Vernerschen Gesetz (wenn sth. Umgebung vorlag und der Wortakzent nachfolgte).

(fortgesetzt)

idg.		germ.		
/k/	→	/x/[299]	-->	/g/[300]
/s/	→	/s/	-->	/z/[301]

Veränderungen bei den Mediae vom Indogermanischen zum Germanischen

idg.		germ.
/bʰ/	→	/ƀ/[302]
/dʰ/	→	/đ/[303]
/gʰ/	→	/g/[304]
/b/	→	/p/[305]
/d/	→	/t/[306]
/g/	→	/k/[307]

Überblick über das Konsonantensystem im frühen Germanischen

Tenues	Spiranten	Sonanten
/p/, /t/, /k/	stl.: /f/, /þ/, /x/, /s/ sth.: /ƀ/, /đ/, /g/, /z/	/l/, /r/, /m/, /n/

1.2 Vokalismus

Für das Indogermanische können folgende Vokale bzw. Vokalgruppen erschlossen werden:

---

299 /k/ > /x/ = 1. LV: Tenuis-Spirans-Wandel.
300 /x/ > /g/: Spirantenerweichung nach dem Vernerschen Gesetz (wenn sth. Umgebung vorlag und der Wortakzent nachfolgte).
301 /s/ > /z/: Spirantenerweichung nach dem Vernerschen Gesetz (wenn sth. Umgebung vorlag und der Wortakzent nachfolgte).
302 /bʰ/ > /ƀ/ = 1. LV: Media aspirata-Spirans-Wandel.
303 /dʰ/ > /đ/ = 1. LV: Media aspirata-Spirans-Wandel.
304 /gʰ/ > /g/ = 1. LV: Media aspirata-Spirans-Wandel.
305 /b/ > /p/ = 1. LV: Media-Tenuis-Wandel.
306 /d/ > /t/ = 1. LV: Media-Tenuis-Wandel.
307 /g/ > /k/ = 1. LV: Media-Tenuis-Wandel.

Überblick über das Vokalsystem im Indogermanischen

Kurzvokale	Langvokale	Diphthonge
/i/, /e/, /a/, /ə/, /o/, /u/	/î/, /ê/, /â/, /ô/, /û/	/ei/, /ai/, /oi, /eu/, /au/, /ou/

Zum frühen Germanischen reduziert sich die Anzahl der Vokale (insbesondere der Kurzvokale und der Diphthonge) beträchtlich, da durch freie Lautwandelerscheinungen mehrfach Phoneme zu einem Phonem verschmelzen (Phonemzusammenfall oder Phonemverschmelzung).

1.2.1 Ablaut

Beim Ablaut handelt es sich um einen regelmäßigen Wechsel des Wurzelvokals, der in der Wortbildung und der Tempusbildung der starken Verben eine zentrale Rolle spielt. Generell werden zwei Arten von Ablaut unterschieden: **qualitativer Ablaut** (auch „Abtönung" genannt), bei dem sich die Artikulationsstelle des Vokals verschiebt, und **quantitativer Ablaut,** bei dem die Vokallänge abgestuft wird (siehe daher auch die Bezeichnung „Abstufung"). Zumindest teilweise dürfte der Ablaut auf die Akzentverhältnisse im Indogermanischen zurückzuführen sein. Da es sich aber nur bedingt um eine Lautwandelerscheinung handelt und eine sprachhistorische Erklärung den Rahmen dieser Einführung sprengen würde, folgt hier nur eine Definition des Ablauts. An späterer Stelle wird das Phänomen Ablaut (aus synchroner mhd. Sicht) ausführlich behandelt (siehe Kap. V.1.1.1 und 1.1.2).

Definition

Ablaut ist der regelmäßige Wechsel bestimmter Vokale nach Qualität und Quantität in etymologisch verwandten Wörtern. Er begegnet sowohl bei der Wortbildung als auch bei der Formenbildung der starken Verben.

1.2.2 Freie Lautwandel

Durch freie (spontane) Lautwandelprozesse hat sich die Anzahl der **Kurzvokale** von sechs im Indogermanischen auf vier im Germanischen reduziert (Phonemzusammenfall bzw. Phonemverschmelzung).

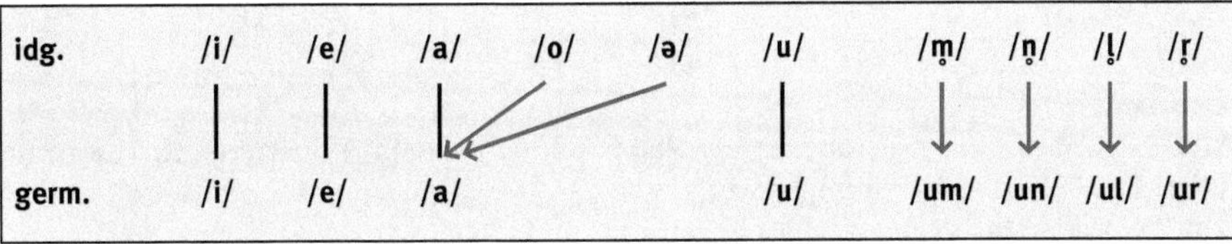

Anmerkung

Im Indogermanischen konnten Nasale und Liquide allein den Ton der Silbe tragen (**silbische Sonanten**). Die silbischen Sonanten werden zur Unterscheidung von den nichtsilbischen jeweils mit einem unten stehenden kleinen Kreis (◦) gekennzeichnet. Sie bilden zum Germanischen (vorwiegend aus Gründen der Artikulationserleichterung) den **Sprossvokal /u/** aus: idg. /l̥/, /r̥/, /m̥/, /n̥/ > germ. /**u**l/, /**u**r/, /**u**m/, /**u**n/. Das aus den silbischen Sonanten durch Sprossvokalbildung entstandene germ. /u/ fällt mit dem aus dem Idg. übernommenen /u/ zusammen. In einigen slawischen Sprachen sind silbische Nasale und Liquide bis heute erhalten geblieben (siehe z. B. tschechisch *krk* ‚Hals' oder den polnischen Halbvokal /ł/).[308]

Der Phonemzusammenfall von idg. **/o/** > germ. **/a/** wirkte sich auch auf den ersten Bestandteil der **Diphthonge** idg. /**o**i/ und /**o**u/ aus. Sie wurden zu germ. /**a**i/ und /**a**u/ und fielen somit mit den aus dem Indogermanischen unverändert übernommenen Diphthongen /ai/ und /au/ zusammen. Der Diphthong idg. /ei/ wird durch freien Lautwandel zu germ. **/î/**. Die Anzahl der Diphthonge reduziert sich somit von sechs (im Indogermanischen) auf drei (im Germanischen).

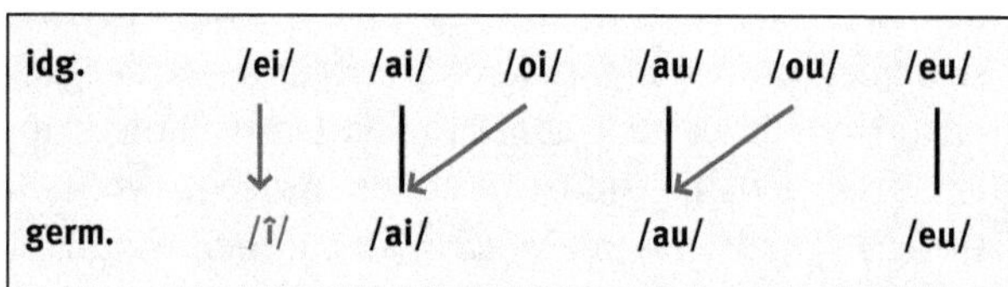

Auch bei den **Langvokalen** sind (vom Indogermanischen zum Germanischen) (freie) Lautwandel eingetreten. Zum einen fielen die idg. Langvokale **/â/** und **/ô/** im Germanischen zu **/ô/** zusammen, zum anderen entstand im Germanischen spontan ein zweites langes **/ê/**. Zur Unterscheidung von dem aus dem Indogermanischen übernommenen /ê/ (= **/ê$_1$/**) wird es als **/ê$_2$/** bezeichnet.

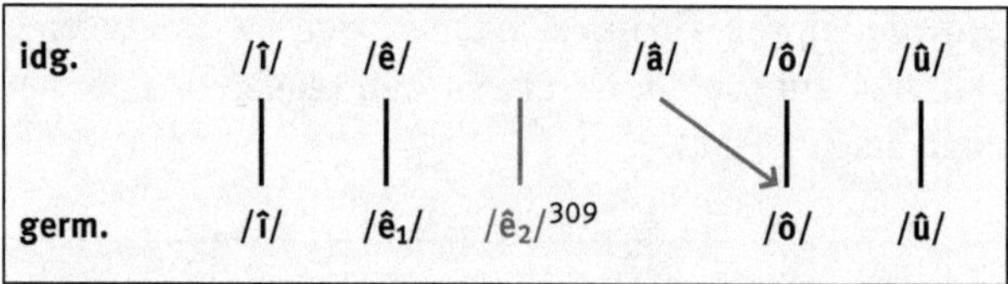

308 /ł/ ist im heutigen Polnischen ein Halbvokal, der wie ein /j/ ausgesprochen wird (im Deutschen kommt dieser Laut nicht vor).

309 Die Herkunft von germ. /ê$_2$/ ist ungeklärt.

Anmerkung

Im Germanischen ist der Langvokal /â/ infolge des Phonemzusammenfalls von idg. /â/ und /ô/ zu germ. /ô/ weggefallen. Aber noch im frühen Germanischen entstand infolge des **Nasalschwunds** und der nachfolgenden **Ersatzdehnung** sekundär ein neues langes /â/ (siehe hierzu Kap. IV.1.1.3).

1.2.3 Zusammenfassung

Überblick über das Vokalsystem im frühen Germanischen

Kurzvokale	Langvokale	Diphthonge
/i/, /e/, /a/, /u/	/î/, /ê$_1$/, /ê$_2$/, /ô/, /û/, /â/ (< germ. **anh*)	/eu/, /ai/, /au/

2 Vom Germanischen zum Voralthochdeutschen

In diesem Kapitel werden Lautwandelerscheinungen behandelt, die vom Gemeingermanischen bis zum späten Germanischen bzw. Voralthochdeutschen eingetreten sind. Hierzu zählen im Konsonantismus vor allem der nordwestgermanische Rhotazismus und die westgermanische Konsonantengemination. Nach der Ausgliederung des Gotischen, also im Nordwestgermanischen, sind (vor allem im Vokalismus) mehrere Lautwandelprozesse eingetreten, die für Lautwechselerscheinungen innerhalb des Mittelhochdeutschen (= synchrone Ebene) von zentraler Bedeutung sind. Hierzu zählen insbesondere die nordwestgermanische Hebung und Senkung.

2.1 Konsonantismus

2.1.1 Westgermanische Konsonantengemination

Ein unmittelbar vor /j/ stehender einfacher Konsonant (mit Ausnahme des Liquids /r/) ist im **Westgermanischen** (nicht im Ost- und Nordgermanischen!) verdoppelt (geminiert) worden, wenn ein kurzer Wurzelvokal vorherging.[310] Infolge der westgermanischen (kurz: wgerm.) Konsonantengemination erhöhte

---

310 Im Althochdeutschen wurden dann aber in der Regel alle Geminaten im Auslaut und vor Konsonant zu einfachen Konsonanten gekürzt. Diese Vereinfachung der Geminaten trat auch häufig nach Langvokal oder Diphthong ein.

sich die Anzahl an Geminaten gegenüber dem frühen Germanischen ganz beträchtlich.[311]

Beispiele:
- germ. **ƀeð**j**a-* (got. *biðjan*) > wgerm. **bi**dd**jan*[312]
- germ. **hal**j**ô* (got. *halja*) > wgerm. **ha**ll**ja*[313]

Die wgerm. Konsonantengemination trat außer vor /j/, allerdings weitaus seltener, auch vor unmittelbar nachfolgendem /r/, /l/ und /w/ ein.[314]

2.1.2 Nordwestgermanischer Rhotazismus

Die durch Spirantenerweichung nach dem Vernerschen Gesetz entstandene sth. Spirans **/z/** (< idg. /s/) wurde im Nordwestgermanischen im Inlaut (und selten auch im Auslaut) zum Liquid **/r/**.[315] Dieser Lautwandel wird als **nordwestgermanischer** (kurz: nwgerm.) **Rhotazismus** bezeichnet.[316]

germ.		nwgerm.
/z/	→	/r/

Beispiel:
- germ. **maizôn* > nwgerm. **mairôn*[317]

2.1.3 Verschiebung der stimmhaften Spiranten germ. /ƀ/, /đ/, /g/

Die sth. Spiranten germ. /ƀ/, /đ/, /g/ (entstanden aus idg. /b^h/, /d^h/, /g^h/ oder frühgerm. /f/, /þ/, /x/) wurden in der Regel spätestens in vorahd. Zeit zu den sth. Verschlusslauten **/b/, /d/, /g/** (**Spiranten-Mediae-Wandel**). Dieser Lautwandel trat in den einzelnen germanischen Sprachen und je nach Stellung im Wort gestaffelt ein. Bereits im Westgermanischen wurde /đ/ in allen Stellungen

---

311 Im frühen Germanischen gab es überwiegend nur die Geminaten /ll/, /mm/ und /nn/ sowie /ss/ (< idg. *tst*, siehe hierzu auch Kap. IV.1.1.2, Anm. 291).

312 wgerm. **biddjan* > ahd./mhd. *bitten*.

313 wgerm. **halja* > ahd. *hell(i)a* > mhd. *helle* (‚Hölle').

314 Die Gemination vor /l/ und /r/ trat nur bei /p/, /t/, /k/ ein. Vor /w/ ist nur /k/ geminiert worden.

315 In der Regel schwindet germ. /z/ im Auslaut (siehe z. B. germ. **sunu**z*** > ahd. *sunu*).

316 Siehe den griech. Buchstaben *rhô* (= /r/).

317 nwgerm. **mairôn* > ahd. *mêro* > mhd. *mêr* (‚mehr').

zur Media /d/, wohingegen /ƀ/ und /g/ nur in bestimmten Stellungen zu /b/ und /g/ wurden (/ƀ/ > /b/ im Anlaut und nach Nasal, /g/ > /g/ nur nach Nasal). In anderen Stellungen erfolgte der Spiranten-Mediae-Wandel von /ƀ/ > /b/ und /g/ > /g/ erst später, aber noch **vor** der 2. LV (also noch in vorahd. Zeit).[318]

2.1.4 Zusammenfassung

Verschiebungen im Konsonantismus vom Gemeingermanischen bis zum Voralthochdeutschen

germ.		vorahd.
/ƀ/	→	/b/[319]
/đ/	→	/d/
/g/	→	/g/[320]
/z/	→	/r/[321]

Überblick über das Konsonantensystem im Voralthochdeutschen

Tenues	Mediae	Spiranten	Sonanten
/p/, /t/, /k/	/b/, /d/, /g/	stl.: /f/, /þ/, /x/, /s/ sth.: /z/	/l/, /r/, /m/, /n/

2.2 Vokalismus

2.2.1 Nordwestgermanische Hebung /e/ > /i/

Nach der Ausgliederung des Gotischen, im Nordwestgermanischen, wurde der mittlere Vokal **/e/** zu einem **/i/** gehoben, wenn in der Folgesilbe ein **/i/** oder **/j/** stand oder unmittelbar auf das /e/ eine **Nasalverbindung** folgte. Dieser Laut-

318 Im Mittelfränkischen blieben /ƀ/ und /g/ hingegen in bestimmten Stellungen noch bis ins Althochdeutsche bewahrt. In- und auslautend nach Vokal (oder Liquid) wurde mittelfränk. /ƀ/ zur Spirans /v/.

319 /ƀ/ > /b/: Die Verschiebung der sth. Spirans /ƀ/ zur Media /b/ erfolgte dialektal- und stellungsbedingt unterschiedlich.

320 /g/ > /g/: Die Verschiebung der sth. Spirans /g/ zur Media /g/ erfolgte dialektal- und stellungsbedingt unterschiedlich.

321 /z/ > /r/ = nwgerm. Rhotazismus.

wandel wird als **nordwestgermanische** (kurz: nwgerm.) **Hebung** bezeichnet. Zeitlich etwas verzögert (im Voralthochdeutschen) ist die Hebung /e/ > /i/ dann auch vor **/u/** in der Folgesilbe eingetreten.[322]

Anmerkung

Eine **Nasalverbindung** ist die Verbindung von Nasal und direkt nachfolgendem Konsonanten. Dieser kann ebenfalls ein Nasal sein (= Doppelnasal).

Beispiele:
- germ. **nefti-* > nwgerm. **nifti-*[323]
- germ. **fehu-* > vorahd. **fihu*[324]
- germ. **ƀenđa-* > nwgerm.**binda-*[325]
- germ. **femf(e)* > nwgerm. **fimf(e)*[326]

Weitere Beispiele für die nwgerm. Hebung von /e/ > /i/ finden sich im Kapitel „Lautwechselerscheinungen innerhalb des Mittelhochdeutschen" (siehe Kap. IV.5.2.2).

Bei der nwgerm. Hebung handelt es sich um eine Phonemspaltung[327] (also um einen kombinatorischen Lautwandel), da das /e/ in der Wurzelsilbe nur dann zu einem /i/ gehoben wurde, wenn entweder die hohen Vokale /i/,[328] /j/,[329] /u/ in der Folgesilbe standen oder eine Nasalverbindung unmittelbar auf das /e/ folgte. War eine dieser Voraussetzungen gegeben, hat sich der mittlere Vokal /e/ während des Artikulationsvorgangs dem jeweiligen hohen Vokal in der Folgesilbe (bzw. der unmittelbar nachfolgenden Nasalverbindung) angeglichen (Assimilation).[330] Lag eine andere lautliche Umgebung vor, blieb das /e/ unverändert (bis zum Neuhochdeutschen) erhalten.

---

322 Wenngleich die Hebung von /e/ zu /i/ vor /u/ in der Folgesilbe erst zum Voralthochdeutschen eingetreten ist, lautet die Bezeichnung für diesen Lautwandel **nordwestgermanische** Hebung.

323 nwgerm. **nifti-* > ahd. *nift(a)* > mhd. *nift(el)* ‚Nichte'.

324 vorahd. **fihu* > ahd. *fihu* > mhd. *vihe* > nhd. *Vieh.*

325 nwgerm.**binda-* > ahd. *bintan* > mhd./nhd. *binden.*

326 nwgerm. **fimf(e)* > ahd. *fimf* > mhd. *finf* > nhd. *fünf.*

327 Phonemspaltung ist der Gegenbegriff zu Phonemzusammenfall oder Phonemverschmelzung. Bei einer Phonemspaltung werden Allophone zu unterschiedlichen Phonemen (zu den Begriffen ‚Allophone' und ‚Phoneme' siehe Kap. III.1).

328 Auch ein langes /î/ in der Folgesilbe hat die nwgerm. Hebung bewirkt.

329 Da /j/ ein Halbvokal ist, der unter bestimmten Bedingungen zu einem /i/ vokalisiert wird, wird /j/ hier zu den Vokalen gezählt.

330 Assimilation (< lat. *assimilatio*) bedeutet ‚Angleichung', ‚Anpassung' oder ‚Ähnlichmachung'.

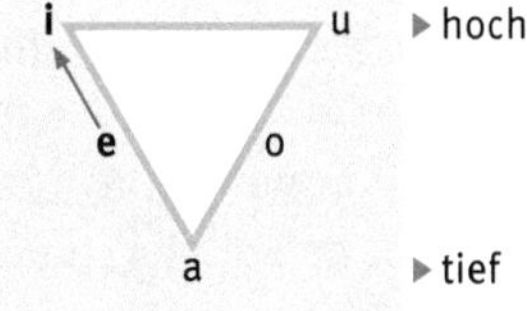

Abb. 38: nwgerm. Hebung.

Beachte

Als Ergebnis der nwgerm. Hebung können also (bis ins Neuhochdeutsche) die Vokale /e/ und /i/ in den Haupttonsilben etymologisch verwandter Wörter miteinander wechseln (alternieren).

2.2.2 Nordwestgermanische Senkung /u/ > /o/

Vom Germanischen zum Nordwestgermanischen ist ein weiterer Lautwandel eingetreten, der genau entgegengesetzt zur nwgerm. Hebung verläuft: die **nordwestgermanische** (kurz: nwgerm.) **Senkung** (in der älteren Forschung findet sich hierfür auch häufig die Bezeichnung „Brechung").[331] Betroffen ist vor allem der hohe Vokal **/u/.** Er wurde in der Regel **vor tiefen und mittleren Vokalen** in der Folgesilbe zu dem mittleren Vokal **/o/** gesenkt.[332]

Beispiele:
- germ. **wulfa*- > nwgerm. **wolfa*-[333]
- germ. **juka*- > nwgerm. **joka*-[334]

331 Der Begriff „Brechung" stammt von Jacob Grimm. Daneben gibt es für diesen Lautwandel auch die Bezeichnung „germanischer *a*-Umlaut". Diese Bezeichnung wird in dieser Einführung nicht verwendet, da die Senkung /u/ > /o/ nicht nur vor /a/ in der Folgesilbe, sondern auch vor /e/ und /o/ eingetreten ist.

332 Daneben ist auch die nwgerm. Senkung von /i/ > /e/ belegt. Diese erfolgte unter denselben Bedingungen wie die Senkung von /u/ > /o/, ist also ebenfalls vor tiefen und mittleren Vokalen in der Folgesilbe eingetreten. Da aber die Senkung von /i/ > /e/ nicht regelmäßig erfolgt ist, wird in dieser Einführung auf eine ausführliche Darstellung verzichtet. Die nwgerm. Senkung von /i/ > /e/ zeigt sich in folgenden Beispielwörtern: germ. **nista*- > nwgerm. **nesta*- > ahd./mhd. *nest* und germ. **wira*- > nwgerm. **wera*- > ahd./mhd. *wer* (‚Mann'; vgl. nhd. Werwolf).

333 nwgerm. **wolfa*- > ahd./mhd. *wolf.*

334 nwgerm. **joka* > ahd. *joh* > mhd. *joch.*

Bei der nwgerm. Senkung handelt es sich (wie auch bei der nwgerm. Hebung) um einen **kombinatorischen Lautwandel** (Phonemspaltung), da ein /u/ nur dann zu /o/ gesenkt wurde, wenn in der Folgesilbe der tiefe Vokal /a/ oder die mittleren Vokale /e/ oder /o/ standen. Während des Artikulationsvorgangs hat sich der hohe Vokal /u/ in der Haupttonsilbe dem jeweiligen tiefen oder mittleren Vokal in der Folgesilbe angeglichen, indem er zu einem /o/ gesenkt wurde (Assimilation). Lag eine andere lautliche Umgebung vor, ist das /u/ im Nordwestgermanischen unverändert erhalten geblieben.

Beachte

Als Ergebnis der nwgerm. Senkung können (bis ins Neuhochdeutsche) die Vokale /u/ und /o/ in den Haupttonsilben etymologisch verwandter Wörter miteinander wechseln.

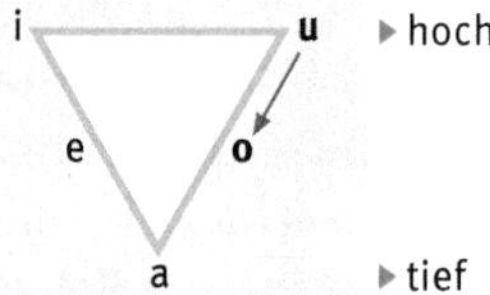

Abb. 39: nwgerm. Senkung.

Beachte

Die nwgerm. Senkung trat **nicht** ein, wenn unmittelbar auf das /u/ eine Nasalverbindung folgte oder ein /j/ in der Folgesilbe stand.
z. B.: germ. **tungôn* > nwgerm. **tungôn*[335]
germ. **furhtja-* > nwgerm. **furhtja-*[336]

Weitere Beispiele für das Eintreten der nwgerm. Senkung von /u/ > /o/ finden sich im Kapitel „Lautwechselerscheinungen innerhalb des Mittelhochdeutschen“ (Kap. IV.5.2.3).

335 nwgerm. **tungôn* > ahd. *zunga* > mhd. *zunge.*
336 nwgerm. **furhtja-* > ahd. *furhten* > mhd. *vürhten.*

2.2.3 Auswirkungen der nordwestgermanischen Hebung und Senkung auf den Diphthong germ. /eu/

Vor /i/, /j/, /u/ in der Folgesilbe oder einer unmittelbar nachfolgenden Nasalverbindung wurde der erste Bestandteil des Diphthongs germ. /eu/, also das /e/, zu einem /i/ gehoben. Der zweite Bestandteil, das /u/, blieb hingegen unverändert erhalten: germ. **/eu/** > nwgerm. **/iu/** (siehe z. B.: germ. ***ƀeuđu*** > nwgerm. ***ƀiuđu***).[337] Standen hingegen in der Folgesilbe der tiefe Vokal /a/ oder die mittleren Vokale /e/ oder /o/, wurde der zweite Bestandteil des Diphthongs, also das /u/, zu **/o/** gesenkt. Der erste Bestandteil, das /e/, blieb hingegen (im Nordwestgermanischen) unverändert erhalten: germ. **/eu/** > nwgerm. **/eo/** (siehe z. B.: germ. ***ƀeuđa***- > nwgerm. ***ƀeođa***-).[338]

Weitere Beispiele für das Eintreten der nwgerm. Senkung von germ. /eu/ > nwgerm. /eo/ (> ahd. /io/ > mhd. /ie/) finden sich im Kapitel „Lautwechselerscheinungen innerhalb des Mittelhochdeutschen" (Kap. IV.5.2.3.2).

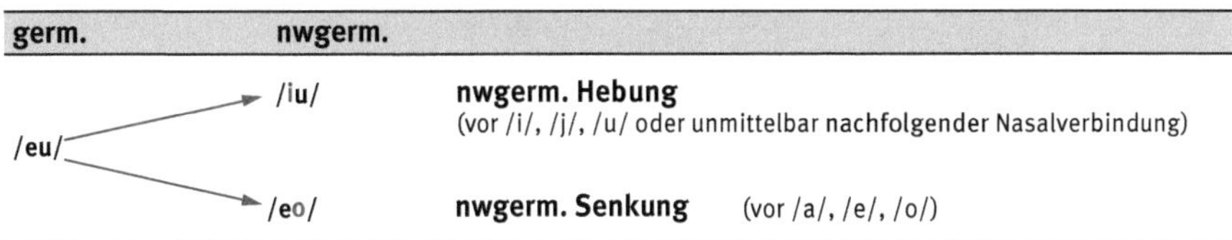

Abb. 40: Auswirkungen der nordwestgermanischen Hebung und Senkung auf den Diphthong germ. /eu/.

2.2.4 Freie Lautwandel

Vom Germanischen bis zum Voralthochdeutschen ist nur bei den **Langvokalen** ein freier Lautwandel zu verzeichnen: germ. **/$\hat{e}_1$/** > vorahd. **/â/** (germ. /$\hat{e}_2$/ blieb hingegen unverändert erhalten).

Beispiel:
- germ. **jêra*- > vorahd. *jâr* (‚Jahr')

337 nwgerm. **biudu* > ahd. *biutu* > mhd. *biute* (‚biete', 1. Sg. Ind. Präsens von *bieten*).
338 nwgerm. **beoda*- > ahd. *biotan* > mhd./nhd. *bieten*.

2.2.5 Zusammenfassung

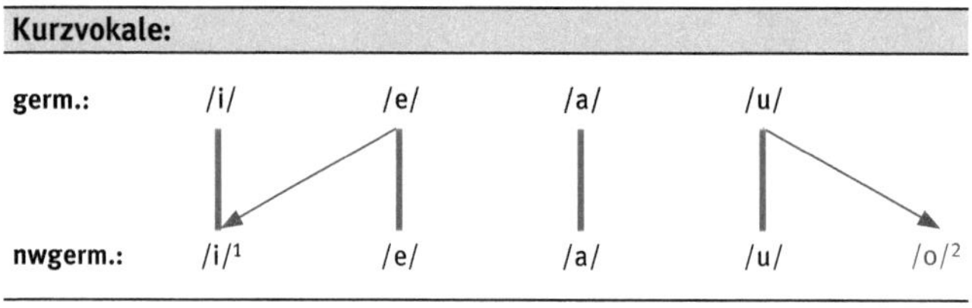

Kurzvokale:

germ.: /i/ /e/ /a/ /u/

nwgerm.: /i/[1] /e/ /a/ /u/ /o/[2]

Abb. 41: Entwicklung der Kurzvokale vom Germanischen zum Nordwestgermanischen.
[1] /e/ → /i/ = nwgerm. Hebung.
[2] /u/ → /o/ = nwgerm. Senkung.

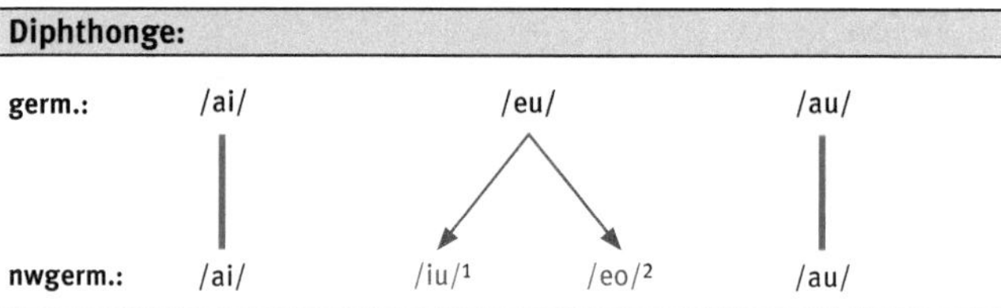

Abb. 42: Entwicklung der Diphthonge vom Germanischen zum Nordwestgermanischen.
[1] /eu/ → /iu/ = nwgerm. Hebung.
[2] /eu/ → /eo/ = nwgerm. Senkung.

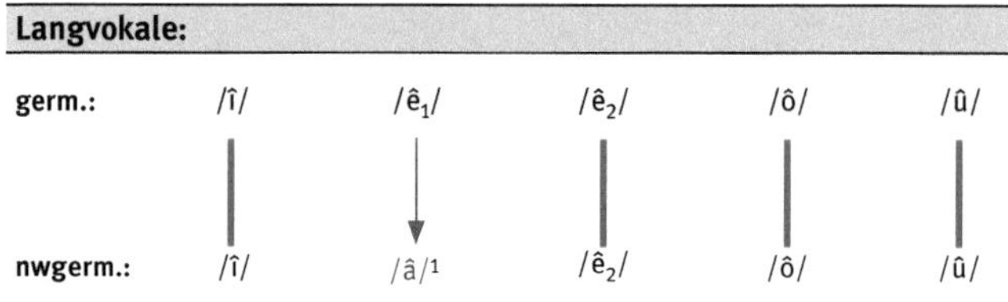

Abb. 43: Entwicklung der Langvokale vom Germanischen zum Nordwestgermanischen.
[1] /$ê_1$/ → /â/ = freier Lautwandel.

3 Vom Voralthochdeutschen zum Althochdeutschen

In diesem Kapitel werden sowohl Lautwandelerscheinungen vom Voralthochdeutschen zum Althochdeutschen als auch Lautwandelprozesse innerhalb des Althochdeutschen behandelt. Die wichtigste Lautwandelerscheinung im Konsonantismus ist die zweite Lautverschiebung. Zu den wichtigsten Lautwandelerscheinungen im Vokalismus zählen der Primärumlaut sowie die ahd. Monophthongierung und Diphthongierung.

3.1 Konsonantismus

3.1.1 Zweite (althochdeutsche) Lautverschiebung

Die zweite Lautverschiebung[339] (kurz: 2. LV) setzte (nach vorherrschender Forschungsmeinung)[340] im 6. Jh. im Süden des deutschen Sprachraums ein und überzog (bis zum 8. Jh.) das gesamte **hoch**deutsche Sprachgebiet wellen- oder strahlenartig in Richtung Norden mit abnehmender Intensität bis zur **Benrather-Linie**, der Grenze zum Niederdeutschen. Im Unterschied zur ersten zeigen sich bei der zweiten Lautverschiebung je nach Dialektgebiet unterschiedliche Durchführungsgrade (beim Tenues-Affrikaten-Wandel und Mediae-Tenues-Wandel, siehe unten). Am konsequentesten durchgeführt wurde die 2. LV im oberdeutschen Sprachraum, insbesondere im südlichen Alemannischen und Bairischen. Das fränkische Sprachgebiet wurde hingegen nur partiell erfasst.[341] Wie von der ersten sind auch von der zweiten Lautverschiebung ausschließlich die **Verschlusslaute**, insbesondere die Tenues betroffen. Je nach ihrer Stellung im Wort wurden germ. /p/, /t/, /k/ im Althochdeutschen entweder zu **Spiranten** oder **Affrikaten**. Von den Mediae (germ. /b/, /d/, /g/) wurden hingegen (nahezu) im gesamten hochdeutschen Sprachgebiet nur /d/ > /t/ und /dd/ > /tt/ verschoben.[342] In den nachfolgenden Abschnitten 1) bis 3) werden die einzelnen Lautwandelprozesse der 2. LV näher erläutert.

1) Tenues-Spiranten-Wandel

Der Tenues-Spiranten-Wandel hat den gesamten hochdeutschen Sprachraum (bis zur Benrather-Linie) erfasst.[343] Er trat ein, wenn den germanischen Tenues

---

339 Zur Bezeichnung „(alt-)hochdeutsche" Lautverschiebung siehe Kap. I.3.3.

340 Der zeitliche Verlauf der 2. LV ist ebenso wie deren Entstehungsgebiet und die Ausbreitungsart in der Forschung umstritten. Die vorliegende Einführung gibt die mehrheitliche Meinung wieder.

341 Die meisten Ausnahmen der 2. LV zeigen sich im Mittelfränkischen.

342 Die Mediae /b/ und /g/ wurden regional (v. a. im Oberdeutschen) teilweise zu /p/ und /k/ verschoben.

343 Lediglich im Mittelfränkischen bleibt das /t/ in schwachtonigen Wörtern (Pronomina) erhalten, siehe z. B. mfrk. *dat, wat, it.*

ein **Vokal** vorherging. In diesem Fall wurden /p/, /t/, /k/ zu stl. **Doppelspiranten** verschoben:

germ.		ahd.
/p/, /t/, /k/	→	/ff/, /zz/,[344] /xx/[345]

Anmerkung

Graphisch wird die Doppelspirans /xx/ bereits im Althochdeutschen mit <hh> oder <ch> wiedergegeben.

Beispiele:[346]
- as. *skipes* – ahd. *sciffes*[347]
- as. *etan* – ahd. *ezzan*[348]
- as. *makon* (vgl. engl. *to make*) – ahd. *mahhôn*[349]

Nach **langem Vokal** oder **Diphthong** sowie im **Auslaut** wurden die Doppelspiranten in der Regel zu einfachen Spiranten verkürzt (Degemination).[350]

germ.		ahd.
/ff/, /zz/, /xx	→	/f/, /z/, /x/

344 In sprachhistorischen Grammatiken wird die durch den Tenues-Spiranten-Wandel entstandene Spirans /z/, /zz/ (< germ. /t/) häufig mit dem Phonemzeichen /ʒ/ (= geschwänztes /s/) wiedergegeben.

345 In bestimmten Stellungen wurde die stl. Spirans ahd. /x/ im Althochdeutschen zum Hauchlaut [h] (zur ahd. Leniserung/Spirantenschwächung siehe Kap. IV.3.1.2). Daneben blieb der stl. Reibelaut [x] bis ins Mittelhochdeutsche erhalten.

346 Die altsächsischen (as.) Formen repräsentieren den unverschobenen (wgerm.) Konsonantenstand. Zur Erinnerung: Altsächsisch = Altniederdeutsch. Alternativ könnten natürlich auch andere westgermanische Sprachen (wie das Altenglische, das Altniederländische oder das Friesische) zum Vergleich herangezogen werden.

347 ahd. *sciffes* > mhd./nhd. *schiffes* (Genitiv Sg.).

348 ahd. *ezzan* > mhd. *ezzen*.

349 ahd. *brehhan* > mhd. *brechen*.

350 Im Oberdeutschen blieben allerdings Doppelspiranten nach Langvokal oder Diphthong zunächst häufig erhalten, wurden dann aber in der Regel später ebenfalls vereinfacht.

Anmerkung

Bei der Doppelspirans /xx/ erfolgte die Verkürzung zur einfachen Spirans /x/ nur im Auslaut. Nach Langvokal (und Diphthong) blieb /xx/ erhalten. Siehe z. B. ahd. *sprah* (3. Sg. Präteritum von ahd. *sprehhan*) – *wir spâhhun* (1. Pl. Präteritum von ahd. *sprehhan*).

Beispiele:
- as. *skip* – ahd. *skif*[351]
- as. *slâpan* (vgl. engl. *to sleep*) – ahd. *slâfan*
- as. *dat* (vgl. engl. *that*) – ahd. *daz*
- as. *lâtan* – ahd. *lâzan*
- as. *ik* – ahd. *ih*

2) Tenues-Affrikaten-Wandel

Im Anlaut, nach Konsonant (postkonsonantisch) und in der Gemination (Verdoppelung) wurden die Tenues zu Affrikaten verschoben.

germ.		ahd.
/p/, /t/, /k/, /pp/, /tt/, /kk/[352]	→	/pf/, /ts/, /kx/[353]

Beispiele:
- as. *pund* (vgl. engl. *pound*) – ahd. *pfunt*
- as. *appul* (vgl. engl. *apple*) – ahd. *apful*[354]
- as. *tîd* (vgl. engl. *time*) – ahd. *zît*[355]
- as. *settian* – ahd. *setzen*

Beachte

Für die Affrikaten **/pf/** und **/ts/** existieren **Graphemvarianten**, die bis ins Mittelhochdeutsche bewahrt bleiben. So kann /pf/ mit <ph> oder <pf> und /ts/ mit <tz>, <zz> oder <z> wiedergegeben werden (siehe Kap. III.3.4).[356]

---

351 ahd. *skif* > mhd. *schif* (‚Schiff').

352 /pp/, /tt/, /kk/ sind durch die wgerm. Konsonantengemination entstanden.

353 Für die Verschiebung von /k/, /kk/ zur Affrikate /kx/ (<kch>) werden keine Beispiele genannt, da sie nur regional (im Hochalemannischen) erfolgt ist.

354 ahd. *apful* > mhd. *apfel.*

355 ahd./mhd. *zît* > nhd. *Zeit.*

356 Im Anlaut wird die Affrikate /ts/ meist mit <z> wiedergegeben, im Inlaut hingegen mit <tz> oder <zz>.

Nach Liquid (/l/ oder /r/) wurde die Affrikata /pf/ sekundär zu /f/ vereinfacht.

Beispiele:
- as. *we**rp**an* – ahd. (*we**rpf**an*) > *we**rf**an*
- as. *he**lp**an* (vgl. engl. *to help*) – ahd. (*he**lpf**an*) > *he**lf**an*

Der Tenues-Affrikaten-Wandel erfolgte nicht einheitlich im gesamten hochdeutschen Sprachgebiet, sondern **regional gestaffelt**:
- germ. /t/ > ahd. /ts/: Die Verschiebung erfolgte im **gesamten hochdeutschen** Sprachraum.
- germ. /p/ > ahd. /pf/: Im Anlaut ist diese Verschiebung nur im **Bairischen, Alemannischen, Ostfränkischen, Südrheinfränkischen** und **Ostmitteldeutschen** eingetreten (im Westmitteldeutschen ist sie hingegen unterblieben).
- germ. /k/ > /kx/: Die Verschiebung ist nur im **Bairischen** und **Alemannischen** eingetreten und bleibt daher im Weiteren unberücksichtigt.

In Verbindung mit Spiranten, also **/sp/, /st/, /sk/, /ft/, /xt/,** blieben die Tenues unverschoben.[357] Ebenfalls unverschoben blieb die Konsonantenverbindung **/tr/**.

Beispiele:
- ahd. ***sp**il*[358] (vgl. as. ***sp**il*)
- ahd. ***st**ein* (vgl. as. ***st**ên*)
- ahd. ***sk**ôni*[359] (vgl. as. ***sk**ôni*)
- ahd. *ha**ft*** (vgl. as. *ha**ft***)
- ahd. *na**ht*** (vgl. as. *na**ht***)
- ahd. ***tr**iuwa*[360] (vgl. as. ***tr**euwa*).

3) Mediae-Tenues-Wandel (Medienverschiebung)

Die Verschiebung der Mediae ist von weitaus schwächerer Intensität als die der Tenues. Regional und je nach Stellung unterschiedlich wurden die germanischen Mediae im Althochdeutschen teilweise (v.a. im Bairischen) zu Tenues

357 Siehe analog dazu auch die Ausnahmen beim Tenues-Spiranten-Wandel der 1. LV (siehe hierzu Kap. IV.1.1.1).

358 ahd./mhd. *spil* > nhd. *Spiel*.

359 ahd. *skôni* > mhd. *schœne* > nhd. *schön*.

360 ahd. *triuwa* > mhd. *triuwe* > nhd. *Treue*.

verschoben. Diese Verschiebung zeigt sowohl in zeitlicher als auch in räumlicher Hinsicht und zudem stellungsbedingt ein ungemein verwirrendes Bild, das sich im Rahmen dieser Einführung nicht detailliert nachzeichnen lässt. Am bedeutsamsten ist der Media-Tenuis-Wandel von **germ. /d/ > ahd. /t/** bzw. von **germ. /dd/ > ahd. /tt/**, da er (im 7./8. Jh.) nahezu in allen Stellungen und fast im gesamten hochdeutschen Sprachgebiet (außer im Mittelfränkischen und Rheinfränkischen) erfolgt ist.[361]

germ.		ahd.
/d/	→	/t/
/dd/	→	/tt/

Beispiele:
- as. ***d**ag* (vgl. engl. *day*) – ahd. *tag*
- as. *bi**dd**ian* – ahd. *bitten*

3.1.2 Frühalthochdeutsche Lenisierung (Spirantenschwächung)

Zuerst in intervokalischer Stellung (und später auch im Anlaut vor Vokal) und zwischen Liquid und Vokal wurden die germanischen stl. Spiranten /f/, /þ/, /x/ (spätestens) im Frühalthochdeutschen vielfach stimmhaft.[362] Lag eine andere lautliche Umgebung vor (Auslaut oder postkonsonantische Stellung), blieben /f/, /þ/, /x/ unverändert erhalten. Bei der ahd. Lenisierung oder Spirantenschwächung handelt es sich also um einen kombinatorischen Lautwandel. Dieser ist aber nicht konsequent und zeitlich unterschiedlich eingetreten.[363] Von der Lenisierung betroffen ist vor allem die phonologische Ebene: Lagen die o. g.

361 Daneben blieben bis ins Mittelhochdeutsche (v. a. im Oberdeutschen und Ostfränkischen) in der Regel auch die Geminaten /pp/ (< germ. /bb/) und /kk/ (< germ. /gg/) bewahrt (siehe z. B. mhd. *sippe*, *rücke* ‚Rücken'). Der Mediae-Tenues-Wandel bei den einfachen Mediae ist hingegen nur auf das Oberdeutsche (v. a. das Bairische) beschränkt. Dort wurden auch /b/ zu /p/ und /g/ zu /k/ verschoben (in spätahd. Zeit wurde diese Verschiebung dann meist wieder rückgängig gemacht). Nur /p/ blieb in oberdeutschen Dialekten teilweise im Anlaut (bis ins Mittelhochdeutsche) erhalten.

362 Unter den genannten Bedingungen wurde auch die stl. Spirans germ. /s/ lenisiert [z]. Aufgrund der einheitlichen Schreibung (<s> für [s] und [z]) ist die ahd. Lenisierung hier nicht erkennbar und bleibt daher unberücksichtigt.

363 Im Falle von germ. /x/ ist die Lenisierung sogar bereits in germanischer Zeit eingetreten. Allerdings trat sie nur auf phonologischer, nicht auf graphematischer Ebene in Erscheinung.

Stellungsbedingungen vor, wurden in der Regel /f/ als [v], /þ/ als [ð][364] und /x/ als Hauchlaut [h] gesprochen. Auf graphematischer Ebene ist die Lenisierung nur gelegentlich, und zwar bei [v] (<v>, <u>) und [ð] (<th>, <dh>), in Erscheinung getreten.[365] Das Graphem <h> wurde sowohl für den nicht-lenisierten (stl.) gutturalen Reibelaut als auch für den durch die Lenisierung neu entstandenen Hauchlaut verwendet.[366] Die durch die Lenisierung (Spirantenschwächung) entstandene sth. Spirans [ð] (< germ. /þ/) wurde noch im 8. Jh. im Oberdeutschen (ausgehend vom Bairischen) in allen Positionen zu /d/ (ahd. Spirans-Media-Wandel). Dieser Lautwandel breitete sich vom 9.–11. Jh. im gesamten deutschen Sprachraum aus, erfasste also auch das **niederdeutsche** Sprachgebiet.

vorahd.		ahd.
/f/	→	[v]
/þ/	→	[ð] → /d/
/x/	→	[h]

Beispiele:
- vorahd. **fadar* > ahd. *fater/vater* [v] (siehe auch ahd. *gifatero/givatero*)[367]
- germ. **hafjan* > ahd. *heffen/heven*.[368]
- vorahd. **þurnu-* > frühahd. *thorn* [ð] > ahd. *dorn* [d].
- germ. **fehu-* [x] > ahd. *fihu/vihu*[369] [h]

3.1.3 Vereinfachung von Geminaten

Wie bereits beim Tenues-Spiranten-Wandel der 2. LV erwähnt,[370] wurden die durch den Tenues-Spiranten-Wandel der 2. LV entstandenen Doppelspiranten

364 Zur Unterscheidung von der frühgerm. sth. Spirans /đ/ (< /dʰ/ oder /þ/) wird im Weiteren für die aus germ. /þ/ durch Lenisierung entstandene Spirans die Notation [ð] verwendet.

365 Neben <v> blieb auch das alte Graphem <f> sowohl zur Kennzeichnung des stimmlosen wie auch des lenisierten (sth.) Reibelauts bewahrt. So erklärt sich das Nebeneinander von ahd. *fater* und *vater* sowie von ahd. *hof* (Nom. Sg.) und *hoves* (Gen. Sg.). Bei ahd. *fater/vater* handelt es sich um rein graphische Varianten (Allographe), bei *hof* – *hoves* hingegen um Phonemvarianten.

366 Auch in intervokalischer Stellung können im Mittelhochdeutschen die Grapheme <h> und <ch> wechseln. Hier gilt folgende Regel: <h> [h] entstanden aus germ. /x/ (ahd. Lenisierung); <ch> [x] entstanden aus germ. /k/.

367 ahd. *gifatero/givatero* > mhd. *gevater* (‚Gevatter‘).

368 ahd. *heffen/heven* > mhd. *heben* (‚heben‘).

369 ahd. *fihu/vihu* > mhd. *vihe* > nhd. *Vieh*.

370 Siehe hierzu Kap. IV.3.1.1.

/ff/, /hh/ und /zz/ im Auslaut stets zu einfachen Spiranten verkürzt. Daran anschließend wurden im weiteren Verlauf des Althochdeutschen **alle** Geminaten im **Wortauslaut** vereinfacht. Überdies trat die Geminatenvereinfachung auch **vor Konsonant** ein:

Beispiele:
- *bigi**nn**an* (Infinitiv; ‚beginnen') – *er biga**n*** (3. Sg. Präteritum)
- *tre**ff**an* (Infinitiv; ‚treffen') – *er tra**f*** (3. Sg. Präteritum)
- *bigi**nn**an* (Infinitiv; ‚beginnen') – *er bigo**n**da* (3. Sg. Präteritum)
- *bre**nn**en* (Infinitiv) – *er bra**n**ta* (3. Sg. Präteritum)

Auch im **Inlaut** (nach Langvokal oder Diphthong) zeigt sich im Althochdeutschen bei **allen** Geminaten die Tendenz zur Vereinfachung (wiederum analog zur Vereinfachung der durch den Tenues-Spiranten-Wandel der 2. LV entstandenen Doppelspiranten /ff/ und /zz/).[371] Da diese Geminatenvereinfachung aber in den einzelnen Dialekten unterschiedlich konsequent durchgeführt worden ist, wird hier auf Beispiele verzichtet.

3.1.4 Zusammenfassung

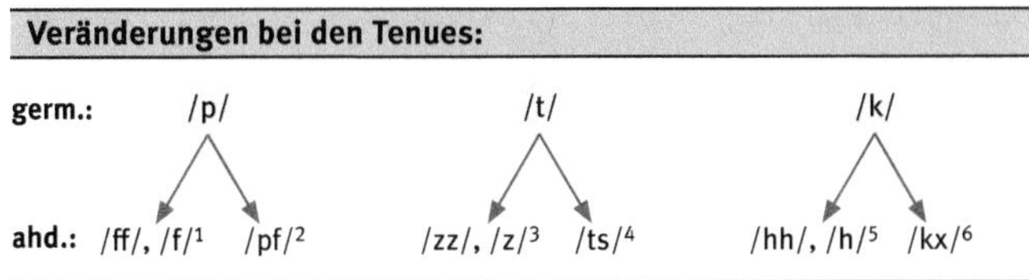

Abb. 44: Entwicklung der Tenues vom Germanischen zum Althochdeutschen.
[1] /p/ → /ff/, /f/ = 2. LV: Tenuis-Spirans-Wandel. Nach Langvokal/Diphthong oder im Auslaut wird /ff/ zu /f/.
[2] /p/ → /pf/ = 2. LV: Tenuis-Affrikata-Wandel (im Bairischen, Alemannischen, Ostfränkischen, Südrheinfränkischen und Ostmitteldeutschen).
[3] /t/ → /zz/, /z/ = 2. LV: Tenuis-Spirans-Wandel. Nach Langvokal/Diphthong oder im Auslaut wird /zz/ zu /z/.
[4] /t/ → /ts/ = 2. LV: Tenuis-Affrikata-Wandel (im gesamten hochdeutschen Sprachraum).
[5] /k/ → /h/, /h/ = 2. LV: Tenuis-Spirans-Wandel. Nach Langvokal/Diphthong oder im Auslaut wird /hh/ zu /h/.
[6] /k/ → /kch/ = 2. LV: Tenuis-Affrikata-Wandel (nur im Bairischen und Alemannischen).

371 Die durch den Tenuis-Spirantenwandel enstandene Doppelspirans /hh/ wurde hingegen nach Langvokal oder Diphthong nicht vereinfacht (siehe hierzu Kap. IV.3.1.1, Anm. zum Tenues-Spiranten-Wandel).

Veränderungen bei der Mediae:			
vorahd.:	/ƀ/[1]	/d/	/g̱/[2]
	↓	↓	↓
ahd.:	/b/	/t/[3]	/g/

Abb. 45: Entwicklung der Mediae vom Germanischen zum Althochdeutschen.
[1] /ƀ/ → /b/: Die Verschiebung der sth. Spirans /ƀ/ zur Media /b/ erfolgte dialektal- und stellungsbedingt unterschiedlich.
[2] /g̱/ → /g/: Die Verschiebung der sth. Spirans /g̱/ zur Media /g/ erfolgte dialektal- und stellungsbedingt unterschiedlich.
[3] /d/ → /t/ = 2. LV: Media-Tenuis-Wandel (im gesamten hochdeutschen Sprachraum).

Veränderungen bei den stl. Spiranten:			
germ.:	/f/	/þ/	/x/
	↓ ↘	↓	↓ ↘
ahd.:	/f/ /v/(<v>, <f>)[1]	/d/[2]	/h/ [x] /h/[3]

Abb. 46: Entwicklung der stl. Spiranten vom Germanischen zum Althochdeutschen.
[1] /f/ → /v/ = ahd. Lenisierung/Spirantenschwächung.
[2] /þ/ → /d/ = ahd. Lenisierung/Spirantenschwächung (/þ/ → [ð]) und Verschiebung zu ahd. /d/ (Spirans-Media-Wandel).
[3] /x/ → /h/ = ahd. Lenisierung/Spirantenschwächung ([x] → [h]).

Überblick über das Konsonantensystem im Althochdeutschen

Tenues	Mediae	Spiranten	Affrikaten	Sonanten
/p/, /t/, /k/	**/b/, /d/, /g/**	stl.: **/f/, /d/, /h/, /s/** sth.: **/v/, /z/**	**/pf/, /ts/, /kx/**[372]	**/l/, /r/, /m/, /n/**

3.2 Vokalismus

3.2.1 Diphthongwandel /eo/ > /io/

Der Diphthong nwgerm. **/eo/** wurde im Althochdeutschen zu **/io/**. Dieser freie Lautwandel trat zeitlich gestaffelt und dialektal in unterschiedlicher Intensität

372 Die Affrikata /kx/ kommt nur im südlichen Oberdeutschen vor.

ein. Im Fränkischen wurde /eo/ schon früh und in allen Stellungen zu /io/, im Oberdeutschen später und nur in bestimmten Stellungen (vor Dental oder /h/).

Beispiel:
- nwgerm. ***b*eo*da-*** > ahd. *b**io**tan*[373]

3.2.2 Der *i*-Umlaut (Primärumlaut)

Bei kombinatorischen Lautwandelerscheinungen handelt es sich oftmals um die Assimilation des Wurzelvokals an einen Vokal in der Folgesilbe. So wurde z. B. bei der nwgerm. Hebung der Wurzelvokal /e/ vor /i/ bzw. /j/ in der schwachbetonten Folgesilbe gehoben. Ein ganz ähnlicher Lautwandel, nämlich die Angleichung eines tiefen oder mittleren Vokals (außer /e/) in der Haupttonsilbe an ein /i/[374] oder /j/ in der unbetonten Folgesilbe, wird seit J. Grimm als **Umlaut** (genauer als ***i*-Umlaut**)[375] bezeichnet. Da beim *i*-Umlaut die Vokale nicht so weit gehoben werden, dass sie mit dem in der Folgesilbe stehenden /i/ (oder /j/) zusammenfallen, handelt es sich (anders als bei der nwgerm. Hebung) um eine nur teilweise Angleichung (**partielle Assimilation**). Mit Ausnahme des Gotischen hat der ***i*-Umlaut** alle germanischen Sprachen erfasst.

Beachte

Im Unterschied zur nwgerm. Hebung, wo neben /i/ bzw. /j/ auch ein /u/ in der Folgesilbe oder eine unmittelbar dem Wurzelvokal nachfolgende Nasalverbindung die Hebung bewirkten, trat der Umlaut nur bei /i/ bzw. /j/ in der Folgesilbe ein, daher auch die Bezeichnung ***i*-Umlaut**.

In den mittelalterlichen Handschriften tritt der *i*-Umlaut allerdings in zwei zeitlich unterschiedlichen Schüben in Erscheinung. Der früheste *i*-Umlaut ist bereits im frühen Althochdeutschen (seit dem 8. Jh.) belegt und wird daher auch **Primär**umlaut genannt. Er betrifft ausschließlich das kurze /a/, das vor /i/ oder /j/ in der Folgesilbe zu /e/ umgelautet wurde. Dieses durch den Primärumlaut entstandene /e/ unterscheidet sich in der Artikulation von dem aus dem Germanischen ererbten /e/. Die Artikulationsstelle liegt höher, der Lautwert ist also geschlossener. In den sprachhistorischen Grammatiken findet sich vielfach für dieses durch Primärumlaut entstandene /e/ die Schreibung **/ẹ/** (mit

373 ahd. *biotan* > mhd. *bieten*.

374 Das lange /î/ ist ebenso ein umlautbewirkender Faktor wie das kurze /i/. Im Weiteren wird es aber nicht mehr explizit genannt.

375 Da /i/ ein palataler Vokal ist, wird der *i*-Umlaut gelegentlich auch als Palatalisierung bezeichnet. Die Vokale, die im hinteren (velaren) Teil des Gaumens gebildet werden, verschieben ihre Artikulationsstelle nach vorne in Richtung Palatum.

Unterpungierung), für das aus dem Germanischen stammende halboffene /e/ hingegen die Schreibung /ë/ (mit Trema; siehe das Vokaldreieck).

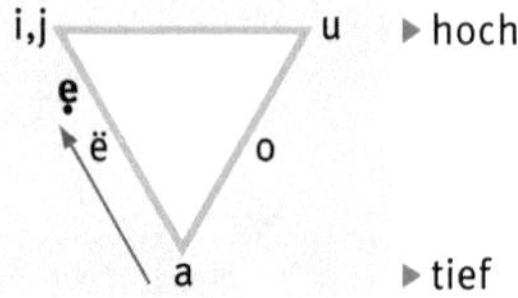

Abb. 47: Primärumlaut.

In der vorliegenden Einführung wird der Einfachheit halber in der Regel nicht zwischen der Schreibung für beide /e/-Laute unterschieden. Auch in den mittelalterlichen Handschriften wurde für beide das Graphem <e> verwendet. Da für die anderen vom *i*-Umlaut betroffenen Vokale im lateinischen Alphabet keine Grapheme existierten, wurden sie in althochdeutscher Zeit graphisch noch nicht realisiert. Dies erfolgte erst später (im Mittelhochdeutschen).[376] Daher werden die später in Erscheinung tretenden Umlaute als **Sekundär**- und **Restumlaut** bezeichnet (siehe hierzu Kap. IV.4.2.3).

Anmerkung

Dass die Umlaute in zwei zeitlich unterschiedlichen Schüben graphisch in Erscheinung getreten sind, bedeutet keineswegs, dass es auch unterschiedliche Zeitstufen bei ihrer Entstehung gegeben haben muss. Neuere Untersuchungen zeigen vielmehr, dass alle Umlaute bereits in ahd. bzw. sogar in frühahd. Zeit gesprochen worden sein dürften und nur graphisch – mit Ausnahme des Primärumlauts (für den ja ein Schriftzeichen zur Verfügung stand) – noch nicht realisiert wurden. Für die Wiedergabe der Umlaute in der Graphie bestand im Althochdeutschen keine Notwendigkeit, da das umlautbewirkende /i/ bzw. /j/ in der Folgesilbe in der Regel ja noch vorhanden war (eine Ausnahme ist die Infinitivendung germ. *-jan*, die im Althochdeutschen meist bereits zu *-en* abgeschwächt wurde). Unter funktionalem Aspekt war daher also die graphische Kennzeichnung der Umlaute redundant. Beim Übergang zum Mittelhochdeutschen trat durch die Abschwächung des vollen Endsilbenvokals ahd. /i/ zu einem unbetonten /ə/[377] eine entscheidende Veränderung ein: Nun wurde die graphematische Kennzeichnung der Umlaute zur Unterscheidung der Flexionsformen notwendig. Aus Umlaut-Allophonen wurden selbständige Phoneme.

376 Eine Ausnahme ist der Umlaut des langen /û/ (Restumlaut). Er ist bereits bei Notker (etwa um das Jahr 1000) belegt. Für diesen Umlaut stand (wie auch für den Primärumlaut) bereits ein Schriftzeichen zur Verfügung, das Graphem <iu> (zur Monophthongierung von ahd. /iu/ siehe Kap. IV.4.2.1).

377 Siehe hierzu Kap. IV.4.2.2.

Beispiele für den Primärumlaut:
- vorahd. **gasti* (Nominativ Pl. von *gast*) > ahd. *gesti*[378]
- vorahd. **krafti* (Nominativ Pl. von *kraft*) > ahd. *krefti*[379]
- zahlreiche weitere Beispiele finden sich in der Präsensflexion der starken Verben mit dem Wurzelvokal /a/ im Infinitiv.[380] Da in den Flexionsendungen für die 2. und 3. Singular Indikativ im Althochdeutschen noch ein /i/ enthalten war, ist hier in der Regel der Primärumlaut eingetreten, siehe z. B. ahd. *faran* (‚fahren'): *du verist – er verit* und ahd. *tragan* (‚tragen'): *du tregist – er tregit*.

Beachte

Seit dem Althochdeutschen können (bis ins Neuhochdeutsche) infolge des Primärumlauts die Vokale /a/ und /e/ in den Haupttonsilben etymologisch verwandter Wörter miteinander wechseln (im Neuhochdeutschen liegt allerdings durch das Prinzip der etymologisch-morphologischen Schreibung meist eine andere Schreibung, das umgelautete /a/ vor, z. B. *du fährst – er fährt* in Analogie zu *ich fahre* usw.).

Ausnahmen für das Eintreten des Primärumlauts

Unter bestimmten Bedingungen ist der Primärumlaut **nicht** eingetreten:

1) Wenn zwischen dem Wurzelvokal /a/ und dem /i/ oder /j/ in der Folgesilbe die Konsonantenverbindungen **/ht/, /hs/** oder **/rw/** standen.

   Beispiele:
   - ahd. *nahti* (Nominativ Pl. von *naht*)[381]
   - ahd. *er wahsit* (3. Sg. Präsens Ind. von *wahsan* ‚wachsen')
   - ahd. *farwen* (< germ. **farwjan*)[382]

Anmerkung

Die Endung germ. **-jan* ist bereits im Althochdeutschen zu *-en* abgeschwächt worden.

---

378 ahd. *gesti* > mhd. *geste* (‚Gäste'). Die nhd. Graphie *Gäste* folgt dem etymologisch-morphologischen Prinzip (Schreibung mit umgelautetem /a/, also <ä>, als Angleichung an den Wurzelvokal der Singularformen, siehe z. B. Nominativ Singular: *Gast*).

379 ahd. *kefti* > mhd. *krefte* (‚Kräfte'). Auch hier folgt die nhd. Schreibung *Kräfte* dem etymologisch-morphologischen Prinzip (Angleichung an den Wurzelvokal der Singularformen, siehe z. B. Nominativ Singular: *Kraft*). Insbesondere feminine Substantive weisen, wenn sie im Plural auf /-e/ enden, im Neuhochdeutschen regelmäßig Umlaut auf.

380 Siehe hierzu Kap. V.1.1.3.

381 ahd. *nahti* > mhd. *nähte* (‚Nächte').

382 ahd. *farwen* > mhd. *värwen* > nhd. *färben*.

2) Wenn /i/ oder /j/ nicht in der nächsten, sondern erst in der **übernächsten** Silbe standen.
   Beispiel:
   - ahd. *faterlîh/vaterlîh*[383]
   - ahd. *trahani* (Nominativ Pl. zu *trahan* ‚Träne').[384]

Wegen der Konsonantenverbindungen /ht/, /hs/ oder /rw/ oder der zu weiten Entfernung zum Wurzelvokal /a/ (bei /i/, /j/ in der übernächsten Silbe) besaß das /i/ nicht die ausreichende Schubkraft, um den Umlaut von /a/ zu /e/ zu bewirken. Hier trat (spätestens) zum Mittelhochdeutschen der Sekundärumlaut[385] ein (siehe hierzu Kap. IV.4.2.3).

3.2.3 Frühalthochdeutsche Monophthongierung und Kontaktassimilation in Diphthongen

Bereits im Frühalthochdeutschen (seit dem 7./8. Jh.) wurden die Diphthonge germ. **/ai/** und **/au/**, wenn bestimmte Konsonanten unmittelbar nachfolgten (siehe unten), zu **/ê/** bzw. **/ô/** monophthongiert (kombinatorischer Phonemwandel).

	germ.		frühahd.
vor /r/, /h/, /w/	/ai/	→	/ê/
vor /h/ oder allen Dentalen	/au/	→	/ô/

Beachte

Dentale sind: /t/, /d/, /s/, /z/, /ts/, /n/, /l/, /r/.

Beispiele:
- germ. **saira*- > ahd. *sêr*[386]
- germ. **hauha*- > ahd. *hôh*[387]
- germ. **skauni*- > ahd. *scôni*[388]

---

383 Im Anlaut vor Vokal ist /f/ im Althochdeutschen zu einem sth. Reibelaut [v] lenisiert worden (ahd. Lenisierung/Spirantenschwächung), der graphisch sowohl mit <f> als auch mit <v> wiedergegeben wird (siehe hierzu auch Kap. IV.3.1.2).

384 ahd. *trahani* > mhd. *trähene* (‚Tränen').

385 Beim Sekundärumlaut (/a/ > /ä/) handelt es sich nur um eine leichte Assimilation an das /i/ in der Folgesilbe.

386 ahd. *sêr* > mhd. *sêr* (‚Schmerz'): frühahd. Monophthongierung (vor /r/).

387 ahd. *hôh* > mhd. *hôch* (‚hoch'): frühahd. Monophthongierung (vor /h/).

388 ahd. *skôni* > mhd. *schœne* (‚schön'): frühahd. Monophthongierung (vor dem Dental /n/).

Folgten hingegen auf germ. **/ai/** und **/au/** andere Konsonanten (nicht /r/, /h/, /w/, /h/ oder Dental), trat die Monophthongierung **nicht** ein. Die Diphthonge /ai/ und /au/ blieben dann zunächst unverändert erhalten, wurden aber im 8./9. Jh. durch Assimilation zu ahd. **/ei/** und **/ou/** (= **Kontaktassimilation in Diphthongen**).[389]

germ.		ahd.
/ai/	→	/ei/
/au/	→	/ou/

Beispiele:
- germ. **haila* > ahd. *heil* (‚heil')
- germ. **staina-* > ahd. *stein* (‚Stein')
- germ. **gilaubija-* > ahd. *gilouben*[390]
- germ. **augôn* > ahd. *ouga*[391]

3.2.4 Althochdeutsche Diphthongierung

Im 8./9. Jh. wurden die Langvokale **/ê$_2$/** und **/ô/** (in Haupttonsilben) diphthongiert.[392] Dieser Lautwandel erfolgte unabhängig von der lautlichen Umgebung (freier Phonemwandel) und trat in den ahd. Dialekten zu unterschiedlicher Zeit in Erscheinung.

germ.		ahd.
/ê$_2$/	→	/ea/ → /ia/[393] (ca. 800) (ca. 850)
/ô/	→	/uo/[394] (gesamtahd. seit ca. 900)

389 Jeweils der erste Bestandteil des Diphthongs hat sich dem direkt nachfolgenden hohen Vokal partiell angeglichen.

390 ahd. *gilouben* > mhd. *gelouben* > nhd. *glauben*.

391 ahd. *ouga* > mhd. *ouge* > nhd. *Auge*.

392 In Nebentonsilben ist die ahd. Diphthongierung nicht eingetreten. Hier blieben die Monopthonge erhalten, siehe z. B. germ. **salbôda* > ahd. *salbôta* (mhd. *salbete* > nhd. *salbte*).

393 Um 900 wandelte sich der Diphthong ahd. /ia/ zu /ie/ (zu diesem Diphthongwandel siehe Kap. IV.3.2.5).

394 Die Diphthongierung von /ô/ > /uo/ zeigt sich zuerst im Fränkischen (um 750). Im gesamten ahd. Sprachgebiet hat sie sich erst um etwa 900 durchgesetzt.

Beispiele:
- ahd. *breaf* > *briaf* (‚Brief') – vgl.: as. *brêf*

Anmerkung

Die Diphthongierung erfasst nur das hochdeutsche Sprachgebiet (siehe daher as. *brêf*). Das Wort (as. *brêf*, ahd. *breaf* > *briaf*) ist eine Entlehnung aus lat. *breve*).[395]

- germ. **þrôþar* > ahd. *bruoder*[396]
- germ. **fôtuz* > ahd. *fuoz*[397]

3.2.5 Althochdeutscher Diphthongwandel

Im späteren Althochdeutschen wurden die Diphthonge **/io/** (< nwgerm. /eo/ < germ. /eu/) und **/ia/** (< frühahd. /ea/ < germ. /$ê_2$/) zu **/ie/** abgeschwächt. Der Diphthongwandel von **/ia/ > /ie/** trat um 900 ein, der von **/io/ > /ie/** hingegen erst beim Übergang zum Mittelhochdeutschen (Ende 10. Jh.).

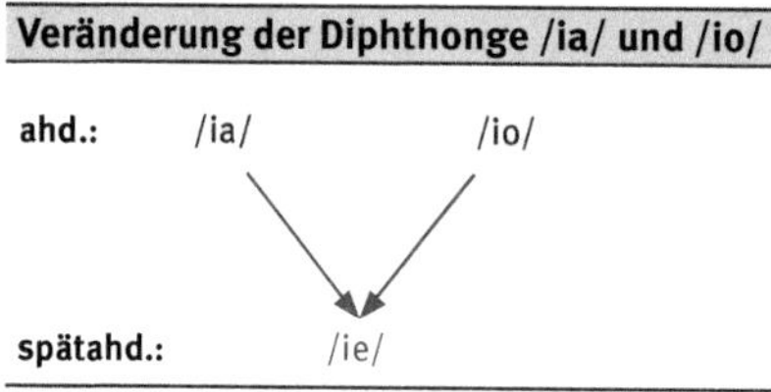

Abb. 48: Althochdeutscher Diphthongwandel.

Beispiele:
- ahd. *briaf* > *brief* (um 900)
- ahd. *biotan* > spätahd. *bietan*

395 Vor der Übernahme von lat. *breve* ins Althochdeutsche muss der kurze Wurzelvokal /e/ bereits gelängt worden sein (siehe auch as. *brêf*), da die ahd. Diphthongierung nur bei langem /ê/ (siehe germ. /$ê_2$/) eingetreten ist. Im Altsächsischen ist die Diphthongierung nicht eingetreten, hier blieb /ê/ bewahrt.

396 ahd. *bruoder* > mhd. *bruoder* > nhd. *Bruder*.

397 ahd. *fuoz* > mhd. *fuoz* > nhd. *Fuß*.

3.2.6 Zusammenfassung

Veränderungen bei den Kurzvokalen:

vorahd.:	/i/	/e/		/a/	/u/	/o/
ahd.:	/i/	/e/	/ẹ/[1]	/a/	/u/	/o/

Abb. 49: Entwicklung der Kurzvokale vom Voralthochdeutschen zum Althochdeutschen.
[1] /a/ → /ẹ/ = Primärumlaut.

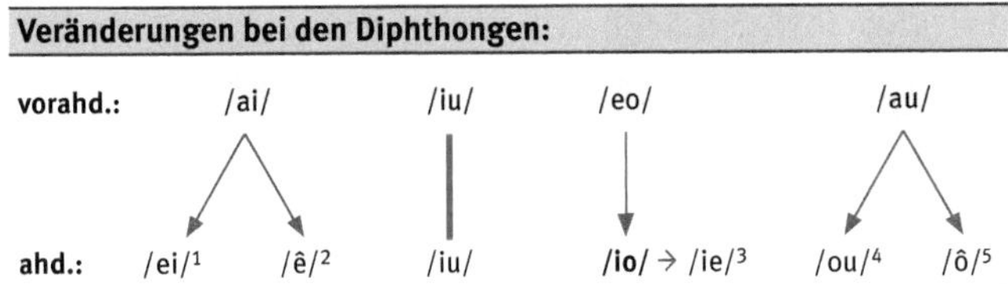

Abb. 50: Entwicklung der Diphthonge vom Voralthochdeutschen zum Althochdeutschen.
[1] /ai/ → /ei/ = Kontaktassimilation in Diphthongen.
[2] /ai/ → /ê/ = Frühalthochdeutsche Monophthongierung.
[3] /eo/ → /io/ = Diphthongwandel nwgerm. /eo/ → ahd. /io/ und spätahd. Diphthongwandel /io/ → /ie/.
[4] /au/ → /ou/ = Kontaktassimilation in Diphthongen.
[5] /au/ → /ô/ = Frühalthochdeutsche Monophthongierung.

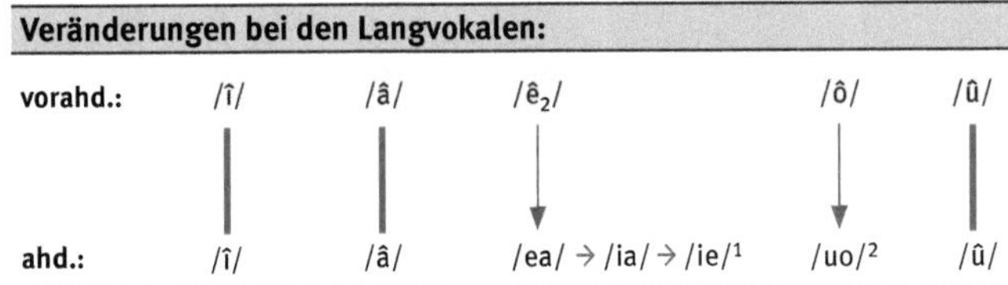

Abb. 51: Entwicklung der Langvokale vom Voralthochdeutschen zum Althochdeutschen.
[1] /$ê_2$/ → /ea/ = Althochdeutsche Diphthongierung; /ea/ → /ia/ → /ie/ = Diphthongwandel.
[2] /ô/ → /uo/ = Althochdeutsche Diphthongierung.

Überblick über das Vokalsystem im Althochdeutschen

Kurzvokale	Langvokale	Diphthonge
/i/, /e/, /ẹ/, /a/, /o/, /u/	/î/, /â/, /ê/, /ô/, /û/	/ei/, /iu, /io/, /ou/, /ea/ → /ia/ → /ie/, /uo/

4 Vom Althochdeutschen zum Mittelhochdeutschen

In diesem Kapitel werden sowohl Lautwandelerscheinungen vom Alt- zum Mittelhochdeutschen als auch im frühen Mittelhochdeutschen behandelt. Im Konsonantismus ist nur ein freier Lautwandel zu verzeichnen. Im Vokalismus zeigen sich hingegen mehrere phonologische Veränderungen. Von zentraler Bedeutung ist die Abschwächung der vollen ahd. Nebentonvokale zu einem unbetonten /ə/ beim Übergang vom Alt- zum Mittelhochdeutschen sowie die Kennzeichnung der restlichen *i*-Umlaute (Sekundär- und Restumlaut) auf graphematischer Ebene (insgesamt kommen acht Umlaute-Grapheme hinzu!). Die **Lautwechselerscheinungen** innerhalb des (Klassischen) Mittelhochdeutschen (= synchrone Ebene) sind Gegenstand von Kap. IV.5. Mitunter ist allerdings schwer zu entscheiden, welchem dieser beiden Kapitel die jeweiligen Phänomene zuzuordnen sind. So zeigen sich beispielsweise bereits in ahd. Zeit Ansätze zur Lenisierung und Auslautverhärtung. Da sich beide aber erst innerhalb des Mittelhochdeutschen vollständig ausgeprägt haben, werden sie im Kapitel „Lautwechselerscheinungen innerhalb des Mittelhochdeutschen" (Kap. IV.5.1.1 und 5.1.2) behandelt.

4.1 Konsonantismus

4.1.1 /sk/ > /sch/

Die Konsonantenverbindung ahd. /sk/ (<sk>/<sc>) wurde ab der Mitte des 11. Jh.s zu einem Zischlaut [ʃ] assimiliert. Dieser wird in der Regel im Mittelhochdeutschen mit der Graphemverbindung <sch> wiedergegeben.[398]

Beispiele:
- ahd. ***sc**rîban* > mhd. ***sch**rîben*
- ahd. ***sk**ôni* > mhd. ***sch**œne*

398 Ob dieser Zischlaut wie der heutige Zischlaut ausgesprochen wurde, ist nicht gesichert.

Anmerkung

Da im lateinischen Alphabet kein Zeichen für den Zischlaut [ʃ] existiert, finden sich im Mittelhochdeutschen unterschiedliche Schreibungen für diesen Laut. Mitunter blieb auch die ahd. Schreibung <sk> (= [ʃ]) bewahrt.

4.1.2 Zusammenfassung

Abgesehen von dem Lautwandel ahd. /sk/ > mhd. /sch/ zeigen sich vom Alt- zum Mittelhochdeutschen keine weiteren Veränderungen im Konsonantensystem.

Überblick über das Konsonantensystem im frühen Mittelhochdeutschen

Tenues	Mediae	Spiranten	Affrikaten	Sonanten
/p/, /t/, /k/	/b/, /d/, /g/	stl.: /f/, /d/, /h/, /s/ sth.: /v/, /z/	/pf/, /ts/, /kx/[399]	/l/, /r/, /m/, /n/

4.2 Vokalismus

Im Vokalsystem ergeben sich vom Alt- zum Mittelhochdeutschen beträchtliche Veränderungen.

4.2.1 Monophthongierung von /iu/

Durch freien Lautwandel wurde der Diphthong ahd. /iu/ (gesprochen: [i-u]) im Mittelhochdeutschen zu einem langen Monophthong (gesprochen: [**ü:**]). Das ahd. Graphem für den Diphthong, also <iu>, wurde aber unverändert beibehalten.[400]

Beispiel:
- ahd. *tr**iu**wa* [i-u] > mhd. *tr**iu**we* [**ü:**]

4.2.2 Nebensilbenabschwächung

Die bedeutsamste Lautwandelerscheinung im Vokalismus vom Alt- zum Mittelhochdeutschen ist die Nebensilbenabschwächung.[401] Alle vollen Vokale (Lang-

---

399 Die Affrikata /kx/ kommt nur im südlichen Oberdeutschen vor.

400 Auch in den mhd. Grammatiken wird (wie auch in dieser Einführung) das Phonemzeichen /iu/ ungeachtet des eingetretenen Phonemwandels beibehalten.

401 In der Regel werden in dieser Einführung aber (wie einleitend zum Kapitel „Historische Phonologie“ erwähnt) nur die Lautwandelprozesse in den Haupttonsilben behandelt.

und Kurzvokale) in unbetonten Silben wurden im Mittelhochdeutschen (vom 10.–12. Jh.) in der Regel zu einem unbetonten /ə/ (<e>) abgeschwächt.[402] In bestimmten Fällen (insbesondere nach Liquid oder Nasal bei vorhergehendem kurzen Tonvokal) ist der Reduktionsvokal /ə/ dann sogar ganz geschwunden. Diesen Schwund des unbetonten /ə/ im Wortauslaut bezeichnet man als **Apokope**, den Schwund des unbetonten /ə/ im Inlaut als **Synkope.**[403]

Beispiele:
- ahd. *zung**a*** > mhd. *zung**e***
- ahd. *bot**o*** > mhd. *bot**e***
- ahd. *geb**a**n* > mhd. *geb**e**n*
- ahd. *salb**ô**n* > mhd. *salb**e**n*
- ahd. ***gi***-(Präfix) > mhd. ***ge-*** (z. B. ahd. *g**i**seh**a**n* > mhd. *g**e**seh**e**n*)
- ahd. *tur**i*** > mhd. *tür* (= Apokope)
- ahd. *g**i**swor**a**n* > mhd. *g**e**sworn* (= Synkope nach /r/)

Der Auslöser für die Nebensilbenabschwächung war der germanische Initialakzent. Die Verlagerung der Betonung auf die Wurzelsilbe seit dem Germanischen führte bereits im Voralthochdeutschen in einigen Fällen zu einer Abschwächung oder zum Schwund unbetonter Endsilben. Zum Mittelhochdeutschen hat sich dieser Lautwandel zu einem charakteristischen Merkmal für das Mittelhochdeutsche ausgebildet. Nur in einigen Ableitungs- und Flexionssilben (siehe z. B. *-lîch, -lîn, -nisse, -inne, -inc, -ung(e), -schaft*) blieb der volle Vokal im Mittelhochdeutschen bewahrt.

Anmerkung

Die Nebensilbenabschwächung führte im Mittelhochdeutschen vielfach zu einem Formenzusammenfall in der Flexion der Substantive und hatte auch in der Konjugation der Verben tiefgreifende Veränderungen zur Folge.

4.2.3 Die restlichen *i*-Umlaute

Zur Erinnerung: Beim *i*-Umlaut handelt es sich um einen kombinatorischen Lautwandel, bei dem sich die Vokale in den Wurzelsilben (mit Ausnahme von /e/) an ein /i/ oder /j/ in der unbetonten Folgesilbe beim Artikulationsvorgang in unterschiedlichem Maße angeglichen haben. Wie bereits in Kap. IV.3.2.2 dar-

402 Im Bairischen und Alemannischen hingegen sind die vollen ahd. Vokale in Nebensilben mitunter erhalten geblieben (dies gilt insbesondere für die Langvokale).

403 Siehe hierzu Kap. III.3.3.

gelegt, dürften alle *i*-Umlaute bereits in ahd. Zeit gesprochen worden sein. Graphematisch trat aber zunächst nur der Primärumlaut /a/ > /e/ in Erscheinung, da hierfür das Graphem <e> bereits existierte. Die anderen Umlaute (Sekundär- und Restumlaut), für die es im lateinischen Alphabet keine entsprechenden Grapheme gab, sind erst seit dem 12. Jh. belegt (mit Ausnahme des Umlauts von /û/ zu /iu/).[404] Sie mussten in ahd. Zeit auch gar nicht zwingend graphisch realisiert werden, da der volle Endsilbenvokal /i/ (der Auslöser für den *i*-Umlaut) ja noch vorhanden war. Erst zum Mittelhochdeutschen, wo das /i/ der Folgesilbe durch die Nebensilbenabschwächung zu einem /ə/ abgeschwächt wurde, erfolgte die Phonemisierung der Umlaut-Allophone.

Beachte

Dass der Sekundär- und Restumlaut graphisch erst zu einer Zeit in Erscheinung getreten sind, in der das umlautbewirkende /i/ in der Folgesilbe infolge der Nebensilbenabschwächung bereits nicht mehr vorhanden war, ist ein deutliches Indiz dafür, dass alle Umlaute bereits in ahd. Zeit (als die vollen Nebentonvokale noch erhalten waren) gesprochen worden sind! Denn nur auf diese gesprochene Praxis konnte sich die spätere graphematische Umsetzung beziehen.

Wie bereits in Kapitel III.3.1 dargelegt, erfolgte die Phonemisierung der Umlaute in den mittelalterlichen Handschriften ausgesprochen inkonsequent. So wird der Restumlaut in den Handschriften entweder gar nicht oder mit ganz unterschiedlichen Graphemen wiedergegeben. Auch zwischen Primär- und Sekundärumlaut wird zumeist nicht unterschieden. Hinzu kommt, dass die Umlaute je nach Dialekt unterschiedlich intensiv durchgeführt wurden. Der *i*-Umlaut nahm seinen Ausgang im Norden des deutschen Sprachgebiets und verlor in Richtung Süden an Intensität. Daher sind insbesondere im Oberdeutschen die Umlaute vielfach unterblieben.[405]

a) Sekundärumlaut

In den Fällen, wo das Eintreten des Primärumlauts verhindert wurde, da zwischen dem Wurzelvokal /a/ und dem /i/ oder /j/ der Folgesilbe die Konsonantenverbindungen /ht/, /hs/ oder /rw/ standen oder /i/, /j/ erst in der übernächsten Silbe folgten, ist der Sekundärumlaut **/a/** > **/ä/** eingetreten.

404 Siehe hierzu Kap. IV.4.2.1.

405 Dies zeigt sich auch z. B. an den Ortsnamen *Osnabrück* (= niederdeutscher Sprachraum) und *Innsbruck* (= oberdeutscher Sprachraum). Zum zweiten Bestandteil *-brück*/*-bruck* siehe nhd. *Brücke* (< germ. *ƀrugjô*).

ahd.		mhd.
/a/	→	/ä/

Beachte

Wie im Falle des Primärumlauts ist auch vom Sekundärumlaut nur der Kurzvokal /a/ betroffen.

Beim Sekundärumlaut ist die Intensität der artikulatorischen Angleichung des /a/ an das /i/ aufgrund der zwischen dem Wurzelvokal und dem /i/ stehenden Konsonantenverbindungen oder der zu weiten Entfernung des /i/ (Stellung in der übernächten Silbe) abgeschwächt. Das /a/ gleicht sich nur teilweise dem /i/ an (partielle Assimilation), und es entsteht ein /e/-Laut, der offener ist als das durch den Primärumlaut entstandene /ẹ/ oder das ererbte germ. /ë/. In den sprachhistorischen Grammatiken und normalisierten Textausgaben wird dieses (über-)offene /e/ in der Regel mit dem Graphem <ä> wiedergegeben.

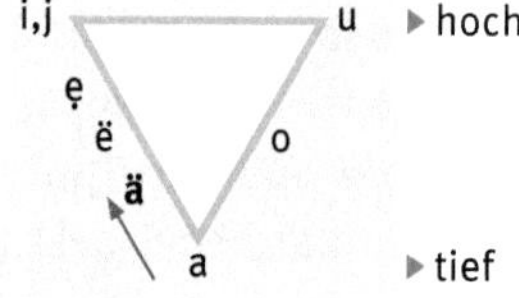

Abb. 52: Sekundärumlaut.

Beispiele:
- ahd. *mahti* > mhd. *mähte* (Nominativ Pl.)
- ahd. *wahsit* > mhd. *wähs(e)t* (3. Sg. Präsens von *wahsen*)
- ahd. *farwen* > mhd. *färwen* (‚gerben‘)
- ahd. *faterlîh/vaterlîh* > mhd. *väterlich*
- ahd. *trahani* > mhd. *trähene* (‚Tränen‘)

b) Restumlaut

War vom Primär- und Sekundärumlaut ausschließlich das kurze /a/ betroffen, erfasste der Restumlaut auch alle anderen umlautfähigen Vokale (Kurzvokale, Langvokale, Diphthonge). Die Voraussetzung für das Eintreten des Restumlauts war wiederum ein /i/ oder /j/ in der Folgesilbe (im Althochdeutschen). Allerdings trat der Restumlaut gelegentlich auch dann ein, wenn /i/ oder /j/ erst in der übernächsten Silbe standen (siehe die Ableitungssilben ahd./mhd. *-lîh* und *-lîn*).

	ahd.		mhd.
Kurzvokale	**/o/**	→	**/ö/**
	/u/	→	**/ü/**
Langvokale	**/ô/**	→	**/œ/**
	/â/	→	**/æ/**
	/û/	→	**/iu/ [ü:]**
Diphthonge	**/ou/**	→	**/öu/**
	/uo/	→	**/üe/**

Beachte

Das umgelautete mhd. /ö/ ist nicht mit den genannten lauthistorischen Veränderungsprozessen zu erklären, da ein /o/ im frühgerm. Vokalsystem (durch den Phonemzusammenfall von idg. /o/ und /a/ > germ. /a/, siehe hierzu Kap. IV.1.2.2) nicht mehr vorhanden war und erst durch die nwgerm. Senkung von /u/ zu /o/ (vor den tiefen/mittleren Vokalen /a/, /e/, /o/ in der Folgesilbe) wieder neu entstanden ist. Vor /i/ oder /j/ in der Folgesilbe konnte jedoch kein /o/ entstehen, da in diesen Fällen die nwgerm. Senkung nicht eingetreten ist. Hier ist das /u/ erhalten geblieben. Ein umgelautetes /o/ im Mittelhochdeutschen (wie z. B. in *töhterlîn*) kann folglich nur sekundär entstanden sein. In diesen Fällen wurde eine /i/-haltige Ableitungssilbe sekundär an ein Wort mit einem durch die nwgerm. Senkung entstandenen /o/ angefügt.

Beispiele:
- mhd. *töhterlîn* (Verkleinerungsform zu *tohter*)
- ahd. *wurfil* > mhd. *würfel*
- ahd. *hôhî* > mhd. *hœhe* (‚Höhe')
- ahd. *mâri* > mhd. *mære* (‚Erzählung', ‚Nachricht')
- ahd. *hûsir* > mhd. *hiuser* (‚Häuser')
- mhd. *öugelîn* (Verkleinerungsform zu *ouge;* ‚Auge')
- ahd. *gruoni* > mhd. *grüene* (‚grün')

4.2.4 Zusammenfassung

Überblick über das Vokalsystem im frühen Mittelhochdeutschen

Kurzvokale	Langvokale	Diphthonge
/i/, /e/, /ẹ/, /ə/, /ä/, /a/, /o/, /ö/, /u/, /ü/	/î/, /â/, /ê/, /ô/, /û/, /æ/, /œ/, /iu/	/ei/, /ie/, /ou/, /uo/, /öu/, /üe/

5 Lautwechselerscheinungen innerhalb des Mittelhochdeutschen

In diesem Kapitel erfolgt (zumindest in weiten Teilen) der Wechsel von der diachronen zur synchronen Ebene, von den Lautwandel- zu den Lautwechselerscheinungen. Behandelt wird der Wechsel von bestimmten Vokalen und Konsonanten (Alternanz) in etymologisch miteinander verwandten Wörtern. Zu den wichtigsten Lautwechselerscheinungen im mhd. Konsonantismus zählen die Auslautverhärtung, die Kontraktionen und der Grammatische Wechsel. Im Vokalismus sind vor allem die Vokalwechsel infolge der nwgerm. Hebung und Senkung zu nennen. Vielfach können Lautwechselerscheinungen sprachhistorisch (also durch Lautwandel) erklärt werden. Da die Lautwandelprozesse, die zu den Alternanzen innerhalb des Mittelhochdeutschen geführt haben, in den vorhergehenden Kapiteln ausführlich behandelt wurden, wird auf sie hier nur möglichst kurz eingegangen.

Anmerkung

Vom Mittelhochdeutschen zum Neuhochdeutschen sind Lautwechsel vielfach durch **Systemausgleich**, also durch Analogie zu den regelmäßigen Formen (zumindest teilweise) beseitigt worden.

Als ein Beispiel für einen Lautwechsel im **Konsonantismus** sei der Wechsel von /h/ und /g/ in bestimmten Flexionsformen des Verbums mhd./nhd. *ziehen* genannt. So lautet z. B. die 1. Pl. Präsens Ind. mhd./nhd. *wir ziehen*, die 1. Pl. Präteritum hingegen mhd. *wir zugen* (nhd. *wir zogen*). Diesen Lautwechsel bezeichnet man als Grammatischen Wechsel. Sprachhistorisch ist er durch das Eintreten der Spirantenerweichung nach dem Vernerschen Gesetz zu erklären.[406] Ein Lautwechsel innerhalb des **Vokalismus**, der sowohl im Mittel- als

406 Siehe hierzu Kap. IV.1.1.1.

auch im Neuhochdeutschen vorkommt, zeigt sich in der Präsensflexion (Indikativ) der starken Verben: Verben mit dem Infinitivvokal /e/ (wie z. B. mhd. *nemen*, nhd. *nehmen*) weisen in ihren Präsensformen den Wechsel von /i/ und /e/ in der Wurzelsilbe auf. So lautet z. B. die 1. Sg. Präsens Ind. mhd. *ich nime*, die 1. Pl. Präsens Ind. hingegen mhd. *wir nemen*. Dieser Vokalwechsel ist auf der diachronen Ebene durch das Eintreten der nwgerm. Hebung von /e/ zu /i/ (vor hohem Vokal in der Folgesilbe) zu erklären.[407] Da im gesamten Präsens Singular Indikativ in früheren Sprachstufen ein hoher Vokal in den Flexionssilben vorhanden war, hat mhd. *nemen* in allen drei Singularformen ein /i/ (im Unterschied zum Neuhochdeutschen, wo nur noch die 2. und 3. Sg. Ind. den Wurzelvokal /i/ aufweisen, siehe *du nimmst, er nimmt*). Die Pluralformen von mhd. *nemen* (Präsens Ind.) haben hingegen (wie auch im Neuhochdeutschen) durchgehend den Wurzelvokal /e/.[408]

Beide genannten Lautwechselerscheinungen (und viele weitere) werden in diesem Kapitel eingehend beschrieben (synchrone Ebene) und ggf. sprachhistorisch erklärt (diachrone Ebene). Da für die sprachhistorisch-genetische Erklärung der jeweiligen Lautwechselerscheinungen (zumindest der vokalischen) vielfach die Kenntnis der ehemals vollen Endsilbenvokale notwendig ist, diese aber beim Übergang vom Alt- zum Mittelhochdeutschen in der Regel zu einem unbetonten /e/ abgeschwächt wurden (**Nebensilbenabschwächung**) oder völlig geschwunden sind, werden im Weiteren für die Erklärung von Lautwechselerscheinungen innerhalb des Mittelhochdeutschen die vollen Flexionsendungen in früheren Sprachstufen (der Einfachheit halber vor allem die des Althochdeutschen) herangezogen.

5.1 Konsonantismus

5.1.1 Auslautverhärtung

Im Mittelhochdeutschen wurden die Mediae /b/, /d/, /g/ im **Wortauslaut** in der Regel zu den Tenues /p/, /t/, /k/ „verhärtet." Dieser Lautwandel wird als **Auslautverhärtung** (oder auch gelegentlich als „Stimmtonverlust im Auslaut") bezeichnet. Die Tendenz zur Auslautverhärtung zeigt sich (insbesondere bei /d/ > /t/) bereits im Spätalthochdeutschen (v. a. im Fränkischen und Bairi-

---

407 Siehe hierzu Kap. IV.2.2.1.

408 So lauten die mhd. Formen im Singular: *ich nime – du nimest – er nimet*, die nhd. Formen hingegen: *ich nehme – du nimmst – er nimmt* (das /e/ in der 1. Pers. Präsens ist durch Systemausgleich zu erklären).

schen).[409] Abgesehen von der Stellung im Auslaut werden im Mittelhochdeutschen auch Mediae **im Silbenauslaut vor /t/** zu Tenues verhärtet (**assimilatorische Auslautverhärtung**).

Die Auslautverhärtung wurde generell im Mittelhochdeutschen gesprochen, aber in den mittelalterlichen Handschriften – im Unterschied zu den normalisierten Textausgaben – vielfach (dialektal und zeitlich unterschiedlich) nicht realisiert. Dies betrifft insbesondere die Auslautverhärtung von /b/ > /p/ und /g/ > /k/. Infolge der Auslautverhärtung können im Mittelhochdeutschen je nach Stellung im Wort folgende Verschlusslaute miteinander wechseln:

im Inlaut		im Auslaut oder Silbenauslaut vor /t/
/b/	–	/p/
/d/	–	/t/
/g/	–	/k/ <c>

Beispiele für die Auslautverhärtung im Wortauslaut:
- mhd. *ge**b**en* (Infinitiv) – *er ga**p*** (3. Sg. Präteritum Ind.)
- mhd. *des kin**d**es* (Genitiv Sg.) – *daz kin**t*** (Nominativ Sg.)
- mhd. *des ta**g**es* (Genitiv Sg.) – *der ta**c*** (Nominativ Sg.)

Beispiele für die assimilatorische Auslautverhärtung im Silbenauslaut vor /t/:
- mhd. *lo**b**en* (Infinitiv) – *er gelo**p**te* (3. Sg. Präteritum ‚er gelobte')
- mhd. *hou**b**et* (Nom. Sg.), daneben: *hou**p**t* (‚Haupt')
- mhd. *nei**g**en* (Infinitiv) – *er nei**c**te* (3. Sg. Präteritum Ind. ‚er neigte')

Beachte

Die assimilatorische Auslautverhärtung wurde nicht konsequent durchgeführt. Oftmals finden sich im Mittelhochdeutschen daher auch Formen mit einer Media im Silbenauslaut vor /t/ (siehe z. B. *er gelo**b**te, er nei**g**te*).

409 So zeigt sich die Auslautverhärtung z. B. bereits im sog. ahd. *Tatian*, wo auslautendes /g/ und /b/ mitunter zu /k/ und /p/ verhärtet (<c>, <p>) sind. Für das Spätalthochdeutsche (v. a. das Bairische) erhöht sich die Anzahl der Belege für die Auslautverhärtung im Wortauslaut. Beachte: Bereits durch den Mediae-Tenues-Wandel der 2. LV (siehe Kap. IV.3.1.1) sind im oberdeutschen Sprachraum (in allen Positionen) die Mediae germ. /b/, /d/, /g/ zu Tenues /p/, /t/, /k/ verschoben worden.

Beachte

Abgesehen von den Verschlusslauten können im Mittelhochdeutschen auch <h> und <ch> sowie <f> und <v> miteinander wechseln, wie z. B. in mhd. *sehen* (Inf.) – *er sach* (3. Sg. Prät.) oder *der hof* (Nom. Sg.) – *des hoves* (Gen. Sg.). Hier liegt jedoch **keine Auslautverhärtung** vor! Die Ursache für den Wechsel der Spiranten <h> mit <ch> und <f> mit <v> liegt bereits im Althochdeutschen: Im Frühalthochdeutschen wurden die stl. Reibelaute germ. /h/ (< idg. /k/) und /f/ (< idg. /p/) in intervokalischer Stellung sowie im Anlaut vor Vokal zu sth. Reibelauten lenisiert (zur **ahd. Lenisierung** siehe Kap. IV.3.1.2). Im Auslaut unterblieb die Lenisierung; die stl. Reibelaute blieben erhalten. Im Mittelhochdeutschen wurde für die nicht-lenisierte (stl.) gutturale Spirans [x] im Auslaut häufig das Graphem <ch> verwendet (siehe z. B. mhd. *er sach*). Auch mhd. *des hoves* ist (im Unterschied zu *der hof*) durch das Eintreten der ahd. Lenisierung zu erklären. Hier muss aber in der Aussprache kein Unterschied zwischen der durch die ahd. Lenisierung entstandenen sth. Spirans /v/ und der bewahrten stl. Spirans /f/ angenommen werden.

Die Auslautverhärtung bleibt bis ins Neuhochdeutsche erhalten. Allerdings wird sie im Unterschied zum Mittelhochdeutschen nicht mehr graphisch realisiert (z. B. mhd. *kin**t*** > nhd. *Kind* [kin**t**]).

5.1.2 Lenisierung

Im Inlaut nach Nasal (/m/, /n/) oder Liquid (/l/, /r/) wurde im Mittelhochdeutschen (ausgehend vom ostmitteldeutschen Sprachgebiet) vielfach die Tenuis **/t/** zur Media **/d/** lenisiert, also „erweicht". Dieser Lautwandel, der völlig konträr zur mhd. Auslautverhärtung ist, wird als **mhd. Lenisierung** bezeichnet. Ansätze zur Lenisierung zeigen sich bereits in spätahd. Zeit (bei Notker). Die Lenisierung ist allerdings auch im Mittelhochdeutschen nicht regelmäßig eingetreten bzw. gelegentlich wieder rückgängig gemacht worden.[410] Am wenigsten durchgeführt wurde sie im oberdeutschen Sprachgebiet.

Beispiele:

- ahd. *bi**nt**an* > mhd. *bi**nd**en* (aber: *er ba**nt***)
- ahd. *sco**lt**a* > mhd. *er so**ld**e* (3. Sg. Präteritum Ind.; daneben gibt es auch mhd. *so**lt**e* ‚sollte').

Anmerkung

Im Neuhochdeutschen wurde die Lenisierung in der Regel (insbesondere nach Nasal) wieder rückgängig gemacht.

410 So gibt es im Mittelhochdeutschen, vor allem im Präteritum der schwachen Verben, häufig auch Formen ohne Lenisierung (z. B. *er bra**nt**e, er sa**nt**e*).

5.1.3 Kontraktionen

Charakteristisch für das Mittelhochdeutsche ist der seit Ende des 11. oder Anfang des 12. Jh.s einsetzende Ausfall von Konsonanten in intervokalischer Stellung und die damit verbundene Zusammenziehung (Kontraktion) der Vokale. Hier sind insbesondere die Kontraktion über die intervokalische Spirans /h/ und die Kontraktion über die intervokalischen Mediae /b/, /d/ und /g/ zu nennen.

a) Kontraktion über die intervokalische Spirans /h/

In intervokalischer Stellung konnte /h/ ausfallen, was zumeist eine Kontraktion der Vokale nach sich zog. Neben den kontrahierten blieben aber auch die unkontrahierten Formen erhalten. In der Regel sind diese Formen sogar die gebräuchlicheren.

Beispiele:
- mhd. *vâ**h**en* – *vân* (‚fangen‘)
- mhd. *sla**h**en* – *slân* (‚schlagen‘)
- mhd. *esche**h**en* – *geschên*

b) Kontraktion über die intervokalischen Mediae /b/, /d/ und /g/

In intervokalischer Stellung konnten die Mediae ausfallen, und die Vokale haben sich zu einem Langvokal oder Diphthong kontrahiert. Dies ist meist eingetreten, wenn ein /t/ nachfolgte. Auch hier blieben neben den kontrahierten die unkontrahierten Formen bewahrt.[411]

unkontrahierte Formen	kontrahierte Formen
-abe-	/â/
-ibe-	/î/
-age-	/ei/[412]
-ege-	/ei/
-ige-	/î/

411 Da die Kontraktion über die Media /d/ ausgesprochen selten vorkommt, bleibt sie im Weiteren unberücksichtigt. Hier sei nur ein Beispiel genannt: mhd. *er quidet* (3. Sg. Präsens Ind. von *queden* ‚sagen‘) – *er quît* (das Verb *queden* ist im Mittelhochdeutschen allerdings kaum noch gebräuchlich).

412 Die Kontraktion von *-age-* zu /ei/ ist weitgehend auf das Bairische beschränkt.

Beispiele:
- mhd. *haben* – *hân* (Infinitiv)[413]
- mhd. *er gibet* – *er gît* (3. Sg. Präsens Ind. von *geben*)
- mhd. *er sagete* – *er seite* (3. Sg. Präteritum von *sagen*)
- mhd. *er treget* – *er treit* (3. Sg. Präsens Ind. von *tragen*)
- mhd. *er liget* – *er lît* (3. Sg. Präsens Ind. von *ligen* ‚liegen‘)

Anmerkung

Bei den Beispielen wird exemplarisch nur eine Verbform genannt. Die Kontraktion kann aber auch in anderen Flexionsformen auftreten.

Weitere Beispiele für Kontraktionen im Mittelhochdeutschen sind: *maget* – *meit* (‚Mädchen‘), *er klagete* – *kleite* (3. Sg. Präteritum von *klagen*), *er leget* – *leit* (3. Sg. Präsens von *legen*), *gegen* – *gein* (‚gegen‘, Präposition), *hâhen* – *hân* (Infinitiv; ‚hängen‘), *vlêhen* – *vlên* (Infinitiv; ‚flehen‘).

Beachte

Da sich die kontrahierten Formen so stark von den entsprechenden unkontrahierten Formen unterscheiden, und somit eine große Fehlerquelle für die Übersetzung und die gramatikalische Bestimmung der Formen darstellen, ist es unbedingt notwendig, sich die genannten Beispiele für die Kontraktionen gut einzuprägen. Zum Neuhochdeutschen wurden die kontrahierten Formen meist durch Systemausgleich beseitigt.

5.1.4 Grammatischer Wechsel

Einleitend zu diesem Kapitel wurde als ein Beispiel für eine Lautwechselerscheinung im Konsonantismus der Wechsel von /h/ und /g/ in bestimmten Flexionsformen des Verbs mhd. *ziehen* genannt (siehe z. B. die 1. Pl. Präsens: *wir ziehen*, die 1. Pl. Präteritum: *wir zugen*). Diesen Lautwechsel bezeichnet man als **Grammatischen Wechsel.** Er zeigt sich (außer bei /h/ und /g/) bei drei weiteren Konsonantenpaaren (siehe unten). Der Wechsel von Konsonanten infolge des Grammatischen Wechsels begegnet aber nicht nur in der Flexionsbildung der starken Verben, sondern auch in der Wortbildung bei etymologisch miteinander verwandten Wörtern, also Wörtern, die auf ein und dasselbe Ursprungswort (Etymon) zurückgehen, wie z. B. nhd. *heben* – *Hefe, schneiden* – *Schnitte, ziehen* – *Zug, verlieren* – *Verlust* usw.

---

413 mhd. *hân* (‚haben‘) gehört zu den kontrahierten Verben (siehe Kap. V.1.3.4.1) und stellt insofern einen Sonderfall dar. Alle Präsensformen von *hân* weisen ein langes /â/ auf.

Definition

Unter **Grammatischem Wechsel** versteht man den Wechsel der Konsonanten /f/ und /b/, /d/ und /t/, /h/ und /g/, /s/ und /r/ in etymologisch verwandten Wörtern oder in verschiedenen Flexionsformen ein und desselben Wortes.

Beispiele:

- **/f/ – /b/**: Da dieser Wechsel in der mhd. Verbalflexion nur sehr selten belegt ist, wird hier ein Beispiel aus der Wortbildung angeführt: mhd. *dürfen* – *darben* (Infinitive). Die etymologische Verwandtschaft beider Wörter wird deutlich, wenn man beachtet, dass mhd. *dürfen* mit ‚bedürfen' zu übersetzen ist.
- **/d/ – /t/**: mhd. *wir snîden* (1. Pl. Präsens) – *wir sniten* (1. Pl. Präteritum) (vgl. nhd. *schneiden* – *schnitten*)
- **/h/ – /g/**: mhd. *wir ziehen* (1. Pl. Präsens) – *wir zugen* (1. Pl. Präteritum) (vgl. nhd. *ziehen* – *zogen*)
- **/s/ – /r/**: mhd. *er was* (3. Sg. Präteritum ‚er war') – *wir wâren* (1. Pl. Präteritum)

Wie die Beispielwörter zeigen, blieb der Grammatische Wechsel in einigen Fällen im **Neuhochdeutschen** erhalten, in anderen ist er hingegen durch **Systemausgleich** beseitigt worden (z. B. in nhd. *er war* – *wir waren*).

Die sprachhistorische Erklärung für den Grammatischen Wechsel ist die **Spirantenerweichung** von frühgerm. /f/, /þ/, /x/, /s/ zu /ƀ/, /đ/, /g/, /z/, ein Lautwandel, der nur eingetreten ist, wenn bestimmte Stellungsbedingungen vorlagen. Da der dänische Sprachforscher Karl Verner diese Zusammenhänge als erster beschrieben hat, wird dieser Lautwandel auch (verkürzt) als **Vernersche Gesetz** bezeichnet. Da dieses bereits im Kap. IV.1.1.1 ausführlich behandelt wurde, erfolgt hier nur ein kurzer zusammenfassender Überblick über **alle** Lautwandelprozesse, die dazu geführt haben, dass im Mittelhochdeutschen (also auf synchroner Ebene) /f/ und /b/, /d/ und /t/, /h/ und /g/, /s/ und /r/ miteinander wechseln können: Durch den **Tenues-Spiranten-Wandel** der 1. LV wurden die idg. Tenues **/p/, /t/, /k/** im frühen Germanischen zu den stl. Spiranten **/f/, /þ/, /x/** verschoben. Waren die Voraussetzungen für die Spirantenerweichung nach dem Vernerschen Gesetz **nicht** gegeben, wurden germ. /f/, /þ/, /x/ durch die **ahd. Lenisierung/Spirantenschwächung** zu **/f/** (<v>, <f>), **/d/** und **/h/** (<h>, <ch>). Die idg. Spirans **/s/** blieb in diesem Fall im Germanischen (bis zum Althochdeutschen) unverändert erhalten, da sie nicht der 1. LV unterlag. Zum Mittelhochdeutschen sind dann bei allen vier Konsonanten (/f/, /d/, /h/, /s/) keine weiteren Veränderungen eingetreten. So erklärt sich der Konsonantismus in den o. g. mhd. Beispielwörtern *wir dürfen, wir snîden, wir ziehen* und *er was*. Standen hingegen die stl. Spiranten **/f/, /þ/, /x/** und **/s/** im frühen Germanischen in einer bestimmten lautlichen Umgebung (siehe unten), wurden sie durch die durch das **Vernersche Gesetz** beschriebene Spirantenerweichung zu den sth. Spiranten **/ƀ/, /đ/, /g/** und **/z/**. Die Spirantenerweichung trat ein, wenn der im Indogermanischen und frühen Germanischen noch freie Wortakzent nicht unmittelbar vorherging und stimmhafte Umgebung vorlag. Vom Germanischen zum (Vor-)althochdeutschen wurden die sth. Spiranten /ƀ/, /đ/, /g/ dialekt- und stellungsbedingt unterschiedlich zu den Mediae **/b/, /d/, /g/**[414] und die germ. Spirans /z/ wurde durch den **nordwestgermanischen Rhotazismus** zu **/r/**.[415] Durch den **Media-Tenuis-Wandel** der 2. LV wurde dann vorahd. /d/ zu ahd. **/t/** verschoben.[416] So erklärt sich der Konsonantismus in den o. g. mhd. Beispielwörtern *wir darben, wir sniten, wir zugen* und *wir wâren.*

Verschiebung von idg. /p/, /t/, /k/ und /s/ ohne Spirantenerweichung nach dem Vernerschen Gesetz					
idg.		**(früh-)germ.**		**ahd./mhd.**	
/-'p-/	→	/-'f-/	→	/f/[417]	(siehe mhd. *dürfen*)
/-'t-/	→	/-'þ-/	→	/d/[418]	(siehe mhd. *snîden*)
/-'k-/	→	/-'x-/	→	/h/[419]	(siehe mhd. *ziehen*)
/-'s-/	→	/-'s-/	→	/s/	(siehe mhd. *was*)

Verschiebung von idg. /p/, /t/, /k/ und /s/ mit Spirantenerweichung nach dem Vernerschen Gesetz:							
frühgerm.		**nwgerm.**[420]		**vorahd.**		**ahd./mhd.**	
/-f-'/	→	/-'ƀ-/	→	/b/[421]	→	/b/	(siehe mhd. *darben*)
/-þ-'/	→	/-'đ-/	→	/d/[422]	→	/t/[423]	(siehe mhd. *sniten*)

414 Siehe Kap. IV.2.1.3.
415 Siehe Kap. IV.2.1.1.
416 Siehe Kap. IV.3.1.1.
417 Nach Konsonant (siehe *dürfen*) ist die ahd. Lenisierung ([f] > [v]) nicht eingetreten.
418 /þ/ > /d/: ahd. Lenisierung /þ/ > [ð] und ahd. Spirans-Media-Wandel [ð] > /d/.
419 In intervokalischer Stellung (siehe *ziehen*) ist die ahd. Lenisierung [x] > [h] eingetreten.
420 Noch im (frühen) Germanischen hat sich der Wortakzent auf die Wurzelsilbe verlagert (Initialakzent).
421 /ƀ/ > /b/: Diese Verschiebung erfolgte dialektal- und stellungsbedingt unterschiedlich. In Teilen trat sie bereits im Westgermanischen ein (siehe Kap. IV.2.1.3).
422 /đ/ wurde bereits im Westgermanischen in allen Positionen zu /d/.
423 /d/ > /t/: Media-Tenuis-Wandel der 2. LV.

(fortgesetzt)

Verschiebung von idg. /p/, /t/, /k/ und /s/ mit Spirantenerweichung nach dem Vernerschen Gesetz:								
frühgerm.		**nwgerm.**		**vorahd.**		**ahd./mhd.**		
/-x-'/	→	/-'g-/	→	/g/[424]	→	/g/		(siehe mhd. *zugen*)
/-s-'/ → /-'z-/	→	/-'r-/[425]	→	/r/	→	/r/		(siehe mhd. *wâren*)

Der im Vorgermanischen noch freie Wortakzent konnte flexionsabhängig (je nach Länge des Wortes) also entweder /f/, /þ/, /x/, /s/ vorangehen oder nachfolgen. In den Präsensformen sowie in der 1./3. Sg. Präteritum lag er in der Regel auf der Wurzelsilbe, ging also **voran**. Da somit zumindest eine der Voraussetzungen für die Spirantenerweichung nach dem Vernerschen Gesetz **nicht** gegeben war, wurden /f/, /þ/, /x/, /s/ nicht erweicht, sondern zu mhd. /f/, /d/, /h/, /s/ (siehe: *wir dürfen, wir snîden, wir ziehen* und *er was*). In den Pluralformen des Präteritums sowie im Partizip Präteritum lag der freie Wortakzent hingegen zumeist auf der nachfolgenden Silbe, da diese Formen länger waren. Wenn zudem stimmhafte Umgebung vorlag, ist somit in diesen Formen die Spirantenerweichung nach dem Vernerschen Gesetz eingetreten, d. h. germ. /f/, /þ/, /x/, /s/ wurden infolge der genannten Lautwandelerscheinungen zu mhd. /b/, /t/, /g/, /r/ (siehe: *wir darben, wir sniten, wir zugen* und *wir wâren*).

Weitere mhd. starke Verben mit Grammatischem Wechsel:

Infinitiv	1. Pl. Präteritum
mîden (‚meiden')	*miten*
lîden (‚leiden')	*liten*
sieden	*suten*
slahen (‚schlagen')	*sluogen*
zîhen (‚zeihen'; ‚bezichtigen')	*gezigen*
kiesen (‚wählen')	*kurn*
verliesen (‚verlieren')	*verlurn*
rîsen (‚fallen')	*rirn*
vriesen (‚frieren')	*vrurn*

Anmerkung

Genannt werden exemplarisch jeweils nur der Infinitiv sowie die 1. Plural Präteritum.

424 /g/ > /g/: Die Verschiebung erfolgte dialektal- und stellungsbedingt unterschiedlich. In Teilen trat dieser Lautwandel bereits im Westgermanischen ein (siehe Kap. IV.2.1.3).

425 /z/ > /r/: nwgerm. Rhotazismus.

5.1.5 Konsonantenwechsel infolge des Primären Berührungseffekts

Infolge des bereits im Vorgermanischen eingetretenen Primären Berührungseffekts (PBE)[426] vor unmittelbar nachfolgendem /t/ können im Mittelhochdeutschen in etymologisch verwandten Wörtern die Konsonanten /b/ und /f/ sowie /g/ und /h/ (vor /t/) miteinander wechseln. Zur Erinnerung: Bereits im Vorgermanischen wurden vor unmittelbar nachfolgendem /t/ die sth. Verschlusslaute /b/ und /g/ zunächst zu den stl. Verschlusslauten /p/ und /k/ (Stimmtonverlust vor /t/) und dann infolge des PBE zu /f/ + /t/ und /x/ + /t/. Auch bei der Verbindung /d/ + /t/ ist zunächst der Stimmtonverlust eingetreten (/d/ + /t/ > /t/ + /t/). Durch den PBE entstand aus /t/ + /t/ zunächst die Verbindung *tst*, die durch Assimilation zur Doppelspirans /ss/ wurde.

Beispiele:
- mhd. *geben*/*diu gebe* (‚Gabe') – *daz gift* (‚Gift/Geschenk')[427]
- mhd. *schrîben* – *schrift*
- mhd. *phlegen* – *phliht*

Weitere Beispiele für das Eintreten des PBE (auch für die durch PBE entstandene Doppelspirans /ss/) finden sich bei bestimmten schwachen und unregelmäßigen Verben (siehe hierzu Kap. V.1.2.1.5 und 1.3.6).

5.1.6 Zusammenfassung

Im Mittelhochdeutschen können folgende Konsonanten (in etymologisch verwandten Wörtern) miteinander wechseln:

/b/ ↔ /p/	(mhd. Auslautverhärtung)
/d/ ↔ /t/	(mhd. Auslautverhärtung)
/g/ ↔ /k/	(mhd. Auslautverhärtung)
/f/ ↔ /v/	(ahd. Lenisierung/Spirantenschwächung)
/t/ ↔ /d/	(mhd. Lenisierung)
/f/ ↔ /b/	(Grammatischer Wechsel oder PBE)
/d/ ↔ /t/	(Grammatischer Wechsel)
/h/ ↔ /g/	(Gramatischer Wechsel oder PBE)
/s/ ↔ /r/	(Gramatischer Wechsel)

Hinzu kommt das Nebeneinander von kontrahierten und unkontrahierten Formen (siehe hierzu Kap. IV.5.1.3).

---

426 Siehe Kap. IV.1.1.2.

427 Siehe Müller, Wilhelm; Zarncke, Friedrich: Mittelhochdeutsches Wörterbuch. Mit Benutzung des Nachlasses von Georg Friedrich Benecke. 3 Teile in 4 Bänden. Leipzig 1854–66. Nachdruck Stuttgart 1990, hier: Bd. I, Sp. 1012–1013, „*gift*". Vgl. auch engl. *gift* (‚Geschenk') oder nhd. *Mitgift*.

5.2 Vokalismus

5.2.1 Vokalwechsel infolge des Ablauts

Das starke Verb mhd. *nemen* weist in den **Präsens**formen einen anderen Wurzelvokal auf als in den **Präterital**formen. So lautet z. B. die 1. Pl. Präsens *wir nemen*, die entsprechende Form im Präteritum Ind. hingegen *wir nâmen*. Dieser Wechsel des Wurzelvokals vom Präsens zum Präteritum wird (seit J. GRIMM) als **Ablaut** bezeichnet.[428] Verben, die ihr Präteritum mit Hilfe des Ablauts bilden, werden **ablautende** oder **starke Verben genannt**. Sie lassen sich (je nach Art ihres Ablauts sowie der qualitativen bzw. quantitativen Beschaffenheit ihrer Wurzelsilbe) im Mittelhochdeutschen **sieben Ablautreihen** zuordnen. Der Wechsel von Vokalen infolge des Ablauts begegnet aber nicht nur in der Tempusbildung der starken Verben, sondern auch in der Wortbildung bei etymologisch miteinander verwandten Wörtern, also Wörtern, die auf ein und dasselbe Ursprungswort zurückgehen, wie z. B. nhd. *Hahn – Huhn, Band – Bund* usw. An dieser Stelle wird auf den Ablaut nicht näher eingegangen, sondern auf das Kapitel über die starken Verben (Kap. V.1.1) verwiesen.

5.2.2 Vokalwechsel infolge der nordwestgermanischen Hebung

Im Mittelhochdeutschen alternieren in der **Präsens**flexion Indikativ[429] der starken Verben mit dem Infinitivvokal /e/ die Vokale /e/ und /i/. In den Singularformen haben diese Verben durchgängig den Wurzelvokal /i/, in den Pluralformen (ebenso wie im Infinitiv) den Wurzelvokal /e/. Als Beispiel dient wiederum das Verb mhd. *nemen*.

Die mhd. Präsensformen lauten:

Sg. 1. *ich nim - e*
2. *du nim - est*
3. *er nim - et*

Pl. 1. *wir nem - en*
2. *ir nem - et*
3. *sie nem - ent*

428 Zur Definition des Ablauts siehe Kap. IV.1.2.1.

429 Im weiteren liegt, sofern keine anderen Angaben hinsichtlich des Modus erfolgen, stets der Indikativ vor.

Beachte

Die Flexionsendungen gelten für **alle** mhd. starken Verben. Nach Nasal oder Liquid kann das unbetonte /ə/ (<e>) allerdings schwinden (Synkope bzw. Apokope). Im Unterschied zum Neuhochdeutschen endet die 3. Pl. Präsens Indikativ auf ***-nt*!**

Diese Alternanz in der Wurzelsilbe geht auf die nwgerm. Hebung von /e/ > /i/ zurück, die vor /i/, /j/, /u/ in der Folgesilbe (oder vor unmittelbar nachfolgender Nasalverbindung) eingetreten ist.[430] Da aber infolge der Nebensilbenabschwächung vom Alt- zum Mittelhochdeutschen die mhd. Flexionsendungen keine vollen Vokale mehr aufweisen, sondern nur noch den Reduktionsvokal /ə/ (oder Vokalschwund), müssen für die sprachhistorische Erklärung die älteren Flexionsformen (in denen die vollen Nebentonvokale noch bewahrt sind) herangezogen werden.

Bereits die **althochdeutschen** Flexionsendungen zeigen ein ganz anderes Bild. Die Präsensformen von **ahd. *neman*** lauten:[431]

Sg. 1. *ich nim - **u***
2. *du nim - **is**(t)*
3. *er nim - **it***
Pl. 1. *wir nem - **a**mês (-emês/-ên)*
2. *ir nem - **e**t*
3. *sie nem - **a**nt (-ent)*

Die **althochdeutschen** Flexionsendungen im Präsens Singular enthalten die hohen Vokale /u/ oder /i/! Da diese Vokale auch bereits in den germanischen Endungen vorhanden waren, ist im **Singular** die nwgerm. Hebung von /e/ > /i/ eingetreten. In den **Plural**formen finden sich hingegen mittlere oder tiefe Vokale, vor denen die nwgerm. Hebung unterblieben ist.[432]

Anmerkung

Auch der Wurzelvokal /i/ im starken Verb mhd. *binden* ist durch das Eintreten der nwgerm. Hebung zu erklären. Hier hat aber nicht der Vokal in der Folgesilbe die He-

---

430 Siehe hierzu Kap. IV.2.2.1.

431 Die ahd. Flexionsendungen werden hier anstelle der nicht belegten nwgerm. Endungen verwendet. Bei den in runden Klammern stehenden Flexionsendungen handelt es sich um jüngere ahd. Formen.

432 Auch die Infinitivendung enthält ein /a/ (siehe ahd. *neman*). Im gesamten Konjunktiv Präsens stand im Althochdeutschen ein /ê/ (bzw. /e/ im Auslaut) in allen Flexionsformen. Daher ist hier die nwgerm. Hebung durchgängig **nicht** eingetreten.

bung verursacht, sondern die unmittelbar auf den Wurzelvokal germ. /e/ nachfolgende Nasalverbindung (siehe germ. **ƀenđan*). Da diese in allen Flexionsformen des Präsens vorhanden war, weist dieses Verb keinen Wechsel im Wurzelvokalismus auf (der Wurzelvokal lautet durchgängig /i/).[433]

Der Wechsel von /i/ und /e/ infolge der nwgerm. Hebung begegnet aber nicht nur bei der Präsensflexion der starken Verben, sondern auch in der Wortbildung bei etymologisch miteinander verwandten Wörtern, wie z. B. mhd./nhd. *melken* (Infinitiv) – mhd./nhd. *milch* (Nominativ Sg.) und mhd./nhd. *berg* (Nominativ Sg.) – mhd./mhd. *gebirge* (Nominativ Pl.).

5.2.3 Vokalwechsel infolge der nordwestgermanischen Senkung

5.2.3.1 Wechsel von /u/ und /o/

Bei etymologisch verwandten Wörtern können (siehe vor allem die Präteritalflexion der starken Verben) die Wurzelvokale /u/ und /o/ miteinander wechseln.

Beispiele:
- mhd. *wir bugen* (1. Pl. Präteritum von mhd./nhd. *biegen*) – mhd./nhd. *gebogen* (Partizip Präteritum)
- mhd./nhd. *wir wurden* (1. Pl. Präteritum von mhd./nhd. *werden*) – mhd. *worden*[434] (Partizip Präteritum)

Anmerkung

Der Wechsel von /u/ und /o/ ist im Neuhochdeutschen oftmals durch Systemausgleich beseitigt worden; siehe z. B. nhd. *wir bogen – gebogen* (vgl. mhd. *wir bugen – gebogen*).

Diese Alternanzen gehen auf die **nwgerm. Senkung** zurück.[435] Im Nordwestgermanischen wurde der Wurzelvokal /u/ regelhaft vor tiefen und mittleren Vokalen in der Folgesilbe (also vor /a/, /e/, /o/) zu /o/ gesenkt. Auch hier werden, da im Mittelhochdeutschen die einst vollen Nebensilbenvokale zu /e/ abgeschwächt sind, zur Erklärung ältere Sprachstufen (mit noch vollen Neben-

---

433 Die Präsensformen von mhd. *binden* lauten: *ich binde, du bindest, er bindet – wir binden, ir bindet, sie bindent.*

434 Bei mhd. *werden* handelt es sich um ein perfektives Verb (siehe hierzu Kap. V.1.3.1). Dadurch erklärt sich das Fehlen des Präfixes *ge-* im Partizip Präteritum.

435 Siehe Kap. IV.2.2.2.

tonvokalen) herangezogen. Auch hier zeigen die **althochdeutschen** Flexionsendungen bereits ein ganz anderes Bild. So lauten die entsprechenden Formen zu den o. g. mhd. Beispielwörtern:

- ahd. *wir bugun* (1. Pl. Präteritum) – *gibogan* (Partizip Präteritum)
- ahd. *wir wurtun* (1. Pl. Präteritum) – *wortan*[436] (Partizip Präteritum)

Vor /a/ in der Folgesilbe (siehe das Partizip Präteritum) ist die nwgerm. Senkung von /u/ > /o/ eingetreten, vor dem hohen Vokal /u/ in der Folgesilbe (siehe 1. Pl. Präteritum) hingegen nicht.

Beachte

Die nwgerm. Senkung ist nicht eingetreten, wenn eine Nasalverbindung unmittelbar auf das /u/ folgte oder ein /j/ in der Folgesilbe vor /a/, /e/, /o/ stand (siehe z. B. mhd. *wir bunden* (1. Pl. Präteritum von mhd. *binden*) – mhd. *gebunden* (Partizip Präteritum).

5.2.3.2 Wechsel von /iu/ und /ie/

Da sich die nwgerm. Hebung **und** Senkung auch auf die einzelnen Bestandteile des Diphthongs germ. /eu/ ausgewirkt haben,[437] wechseln im Mittelhochdeutschen /iu/ und /ie/ in bestimmten Flexionsformen miteinander.

Beispiele:
- mhd. *bieten* (Infinitiv) – mhd. *ich biute* (1. Sg. Präsens; ‚ich biete‘)
- mhd. *ziehen* (Infinitiv) – mhd. *ich ziuhe* (1. Sg. Präsens; ‚ich ziehe‘)

Dieser Wechsel des Wurzelvokals tritt regelmäßig in der **Präsens**flexion Indikativ der starken Verben mit dem Infinitivvokal /ie/ auf: In den Pluralformen (ebenso wie im Infinitiv) lautet der Wurzelvokal /ie/, in den Singularformen /iu/. Als Beispiel dient das Verb mhd. *bieten*.

Die mhd. Präsensformen lauten:
Sg. 1. *ich biut - e*
2. *du biut - est*
3. *er biut - et*

436 Im Althochdeutschen weist das Verb *werdan* (mhd. *werden*) noch Grammatischen Wechsel von /d/ und /t/ auf (ahd. *werdan – ward – wurtun – wortan*). Im Mittelhochdeutschen ist der Grammatische Wechsel bei diesem Verb bereits ausgeglichen worden.
437 Siehe Kap. IV.2.2.3.

Pl. 1. *wir **bie**t - en*
2. *ir **bie**t - et*
3. *sie **bie**t - ent*

Anmerkung

Im Neuhochdeutschen ist dieser Wechsel von /ie/ und /iu/ durch Systemausgleich beseitigt worden (siehe nhd. ***bieten**: ich **biete**, du **bietest** ...* – vgl. mhd. ***bieten**: ich **biute**, du **biutest** ...* oder auch: nhd. ***ziehen**: ich **ziehe**, du **ziehst** ...* – vgl. mhd. ***ziehen***: ich ***ziuhe**, du **ziuhest** ...*).

Zur Erinnerung: Der Wurzelvokal mhd. /ie/ geht auf den Diphthong germ. /eu/ zurück. Standen in der nachfolgenden Silbe die hohen Vokale /i/, /j/, /u/ oder folgte direkt eine Nasalverbindung, wurde im Nordwestgermanischen der erste Bestandteil des Diphthongs /**e**u/ zu einem /i/ gehoben. Der zweite Diphthongteil blieb hingegen unverändert erhalten: germ. **/eu/** > nwgerm. **/iu/**. Vom Alt- zum Mittelhochdeutschen wurde der Diphthong ahd. /iu/ zu einem langen [ü:] (<iu>) monophthongiert.[438] Folgten hingegen die tiefen bzw. mittleren Vokale /a/, /e/, /o/ in der nachfolgenden Silbe, wurde germ. **/eu/** zunächst durch die nwgerm. Senkung zu **/eo/** und dann durch zweimaligen Diphthongwandel zu ahd. **/io/** und mhd. **/ie/**.[439]

germ.		nwgerm.		ahd.		mhd.
/eu/	→	**/iu/: nwgerm. Hebung** (vor /i/, /j/, /u/ oder Nasalverbindung)	→	/iu/	→	/iu/ [ü:]
	→	**/eo/: nwgerm. Senkung** (vor /a/, /e/, /o/)	→	/io/	→	/ie/

Abb. 53: Entwicklung des Diphthongs germ. /eu/.

Beachte

Auch wenn in der mhd. Graphie das ahd. Phonem /iu/ unverändert mit <iu> wiedergegeben wird, ist bei der Aussprache unbedingt darauf zu achten, dass es sich im Mittelhochdeutschen im Unterschied zum Althochdeutschen nicht mehr um einen Diphthong [i-u], sondern einen langen Monophthong [ü:] handelt (zur spätahd. Monophthongierung von /iu/ siehe Kap. IV.4.2.1).

438 Siehe Kap. IV.4.2.1.
439 Siehe Kap. IV.3.2.1 und 3.2.5.

Betrachtet man auch hier wieder die vollen **althochdeutschen** Flexionsendungen, wird deutlich, dass in den Singularformen die nwgerm. Hebung von /eu/ > /iu/ (vor /u/ bzw. /i/) eingetreten ist, in den Pluralformen hingegen (wegen des mittleren/tiefen Vokals in der Folgesilbe) die nwgerm. Senkung von /eu/ > /eo/, gefolgt einem zweimaligem Diphthongwandel (nwgerm. /eo/ > ahd. /io/ > spätahd. /ie/).

Die Präsensformen von **ahd. *biotan*** lauten:
Sg. 1. *ich **biut** - **u***
2. *du **biut** - **is**(t)*
3. *er **biut** - **it***
Pl. 1. *wir **biot**- **am**ês (-emês/-ên)*
2. *ir **biot** - **et***
3. *sie **biot** - **a**nt (-ent)*

Anmerkung

Im gesamten Konjunktiv Präsens lautet der Wurzelvokal durchgehend mhd. /ie/ (< ahd. /io/), da im Althochdeutschen in allen konjunktivischen Flexionsformen ein /ê/ (bzw. im Auslaut ein /e/) stand.

5.2.4 Vokalwechsel infolge des *i*-Umlauts

Im Mittelhochdeutschen können infolge des *i*-Umlauts folgende Vokale in etymologisch verwandten Wörtern miteinander wechseln:

/a/	–	/e/	(Primärumlaut)
/a/	–	/ä/	(Sekundärumlaut)
/â/	–	/æ/	(Restumlaut)
/o/	–	/ö/	(Restumlaut)
/ô/	–	/œ/	(Restumlaut)
/u/	–	/ü/	(Restumlaut)
/û/	–	/iu/	(Restumlaut)
/ou/	–	/öu/	(Restumlaut)
/uo/	–	/üe/	(Restumlaut)

Diese Alternanzen im Wurzelvokalismus sind auf den Primär-, Sekundär- oder Restumlaut zurückzuführen.[440] Standen in der Folgesilbe ein /i/ oder /j/, haben

440 Siehe hierzu Kap. IV.3.2.2 und 4.2.3.

sich spätestens zum Mittelhochdeutschen alle umlautfähigen Vokale in der Haupttonsilbe diesem hohen Vokal angeglichen (***i*-Umlaut**). In einigen Fällen haben sich die umgelauteten Formen bis in die Gegenwartssprache erhalten (siehe z. B. nhd. das Adjektiv ***hö**fisch* und das entsprechende Substantiv der ***Ho**f*). Vielfach sind jedoch die Umlaute im Neuhochdeutschen zugunsten der umgelauteten oder nicht-umgelauteten Formen ausgeglichen worden (Systemausgleich).

Der Wechsel von /a/ und /e/ infolge des Primärumlauts

Infolge des Primärumlauts wurde das kurze /a/ vor /i/ (oder /j/) in der Folgesilbe (abgesehen von bestimmten Ausnahmen) zu /e/ umgelautet. In früheren Sprachstufen (siehe z. B. das Althochdeutsche) findet sich häufig noch die Flexionsendung /i/ bei der Pluralbildung der Substantive, vor allem im Nominativ Plural. Daher trat hier bei den Substantiva mit dem Wurzelvokal /a/ im frühen Althochdeutschen der Primärumlaut (/a/ > /e/) ein.

Beispiel:
- vorahd. *g**a**sti* (Nominativ Pl. von *gast*) > ahd. *g**e**sti* > mhd. *g**e**ste* (nhd. *Gäste*[441]).

Auch in der **Präsens**flexion Indikativ[442] starker Verben mit dem Infinitivvokal /a/ wechseln seit dem Althochdeutschen infolge des Primärumlauts regelmäßig die Vokale /a/ und /e/. Betroffen sind die 2. und 3. Singular. Als Beispiel dient das Verb mhd. *varn.*

Die mhd. Präsensformen lauten:

Sg. 1. *ich var*
2. *du v**e**r - st*
3. *er v**e**r - t*

Pl. 1. *wir var - n*
2. *ir var - t*
3. *sie var - nt*

Beachte

Nach /r/ ist das unbetonte /e/ der Flexionsendung durch Apokope/Synkope ausgefallen.

---

441 Die nhd. Schreibung (*Gäste*) erklärt sich durch etymologische Schreibung.

442 Im Weiteren liegt, wenn keine anderen Angaben hinsichtlich des Modus erfolgen, immer der Indikativ vor.

Den Grund für das Eintreten des Primärumlauts in der 2. und 3. Sg. Präsens zeigt wiederum ein Blick auf die **althochdeutschen** Flexionsendungen.

Die Präsensformen von **ahd. *faran*** lauten:

Sg. 1. *ich far - **u***
2. *du fer - **is**(t)*
3. *er fer - **it***

Pl. 1. *wir far - **a**mês (-emês/-ên)*
2. *ir far - **et***
3. *sie far - **a**nt (-ent)*

Beachte

Da der Primärumlaut nur vor /i/ (oder /j/) in der Folgesilbe eingetreten ist, werden nur die 2. und 3. Sg. umgelautet!

Wie *varn* weisen z. B. auch die mhd. Verben *graben, halten, walten* (,Gewalt haben/herrschen') und *slahen* („schlagen') in der 2. und 3. Sg. Präsens den Primärumlaut auf.

Der Wechsel von /a/ und /ä/ infolge des Sekundärumlauts

Der Primärumlaut ist unterblieben, wenn zwischen dem Wurzelvokal /a/ und dem /i/ bzw. /j/ der Folgesilbe die Konsonantenverbindungen **/ht/, /hs/** oder **/rw/** standen oder /i/ bzw. /j/ erst in der **übernächsten** Silbe folgte. In diesen Fällen ist der Sekundärumlaut von /a/ zu /ä/ eingetreten.[443] Somit können im Mittelhochdeutschen die Wurzelvokale /a/ und /ä/ in etymologisch miteinander verwandten Wörtern miteinander wechseln.

Beispiele:
- ahd. *m**a**hti* (Nominativ Pl. von *maht*) > mhd. *m**ä**hte* (,Mächte')
- ahd. *f**a**terlîh* > mhd. *v**ä**terlîch*

Als ein Beispiel für den Wechsel von /a/ und /ä/ in der **Präsens**flexion (Indikativ) dient das Verb mhd. *w**a**hsen*. Hier hat die Konsonantenverbindung /hs/ dazu geführt, dass in den Flexionsformen, die ursprünglich ein /i/ enthielten (siehe die ahd. Flexionsendungen), der Sekundärumlaut /a/ > /ä/ eingetreten ist.

443 Siehe hierzu Kap. IV.4.2.3.

Die mhd. Präsensformen lauten:

Sg.	1.	*ich wahse*	(vgl. ahd. *wahs-u*)
	2.	*du wähsest*	(vgl. ahd. *wahs-**is**/-**ist***)
	3.	*er wähset*	(vgl. ahd. *wahs-**it***)
Pl.	1.	*wir wahsen*	(vgl. ahd. *wahs-amês*)
	2.	*ir wahset*	(vgl. ahd. *wahs-et*)
	3.	*sie wahsent*	(vgl. ahd. *wahs-ant*)

Vokalwechsel infolge des Restumlauts

Auch alle anderen umlautfähigen Vokale wurden, wenn ein /i/ oder /j/ in der Folgesilbe (oder gelegentlich auch erst in der übernächsten Silbe) stand, umgelautet (= Restumlaut). Somit können im Mittelhochdeutschen folgende Wurzelvokale in etymologisch miteinander verwandten Wörten alternieren:

/o/	→	/ö/	z. B. mhd. *tohter* – ***ö**hterlîn* (‚Töchterlein')
/ô/	→	/œ/	z. B. mhd. ***hôh*** (Adj.) – *h**œ**he* (Nom. Sg. ‚Höhe')
/u/	→	/ü/	z. B. mhd. *wurf* (Nom. Sg.) – *w**ü**rfel* (Nom. Pl.)
/û/	→	/iu/ [ü:]	z. B. mhd. *h**û**s* (Nom. Sg. ‚Haus') – *h**iu**ser* (Nom. Pl. ‚Häuser')
/â/	→	/æ/	z. B. mhd. *m**â**ze* (Nom. Sg. ‚Maß') – *m**æ**zec* (Adj./Adv.‚mäßig')
/ou/	→	/öu/	z. B. mhd. ***ou**ge* – ***öu**gelîn* (‚Äuglein')
/uo/	→	/üe/	z. B. mhd. *gr**uo**z* (Nom. Sg.) – *gr**üe**ze* (Nom. Pl. ‚Grüße')

5.2.5 Zusammenfassung

Im Mittelhochdeutschen können in etymologisch verwandten Wörtern (infolge verschiedener Lautwandelprozesse) folgende Vokale miteinander wechseln:

Kurzvokale			
/e/	–	/i /	(nwgerm. Hebung)
/u/	–	/o/	(nwgerm. Senkung)
/a/	–	/e/	(Primärumlaut)
/a/	–	/ä/	(Sekundärumlaut)
/o/	–	/ö/	(Restumlaut)
/u/	–	/ü/	(Restumlaut)
Langvokale			
/ô/	–	/œ/	(Restumlaut)
/â/	–	/æ/	(Restumlaut)
/û/	–	/iu/	(Restumlaut)

Diphthonge			
/ie/	–	**/iu/**	(**/ie/**: nwgerm. Senkung /eu/ > /eo/ + Diphthongwandel: /eo/ > ahd. /io/ > mhd. /ie/) (**/iu/**: nwgerm. Hebung /eu/ > /iu/)
/ou/	–	**/öu/**	(Restumlaut)
/uo/	–	**/üe/**	(Restumlaut)

Hinzu kommen der Wechsel von Langvokal und Kurzvokal infolge des **Nasalschwunds vor /h/** und der **Ersatzdehnung** im Germanischen sowie der Wechsel der langen Vokale /ê/ und /ô/ und der Diphthonge /ei/ und /ou/ infolge der **ahd. Monophthongierung** oder der **Kontaktassimilation in Diphthongen**.

/â/ (< idg. **anh*)	–	**/a/**	(siehe z. B. mhd. *vâhan* – *gefangen*)
/û/ (< idg. **unh*)	–	**/u/**	(siehe z. B. ahd. *dûhta* [3. Sg. Prät.] – ahd. *dunken* > mhd. *dünken*)
/î/ (< idg. **inh*)	–	**/i/**	(siehe z. B. mhd. *dîhen* – *gedigen*)
/ê/ (< germ. /ai/) (ahd. Monophthongierung)	–	**/ei/ (< germ. /ai/)** (Kontaktassimilation)	(siehe z. B. die 2. SF der AR Ib und Ia: *er dêh* (Inf. *dîhen*, AR Ib) – *er reit* (Inf. *rîten*, AR Ia))
/ô/ (< germ. /au/) (ahd. Monophthongierung)	–	**/ou/** (Kontaktassimilation)	(siehe z. B. die 2. SF der AR IIb und IIa: *er bôt* (Inf. *bieten*, AR IIb) – *er bouc* (Inf. *biegen*, AR IIa))

6 Vom Mittelhochdeutschen zum Frühneuhochdeutschen

In den vorhergehenden Kapiteln wurden die Lautwandelerscheinungen vom Indogermanischen bis zum Mittelhochdeutschen (siehe Kap. IV.1–4) sowie die Lautwechselerscheinungen innerhalb des Mittelhochdeutschen (siehe Kap. IV.5) ausführlich dargestellt. Bevor sich die nachfolgenden Kapitel der Morphologie, Semantik, Syntax und Metrik zuwenden, seien noch die wichtigsten Lautwandelerscheinungen im Vokalismus und Konsonantismus genannt, die beim Übergang vom Mittelhochdeutschen zum Frühneuhochdeutschen eingetreten sind, da deren Kenntnis das Übersetzen aus dem Mittelhochdeutschen mitunter beträchtlich erleichtert. Denn vielfach können die nhd. Entsprechungen zu mhd. Wörtern ganz ohne die Zuhilfenahme von mhd. Wörterbüchern (nur durch die Kenntnis der jeweiligen Lautwandelprozesse) erschlossen werden (siehe z. B. mhd. *hûs* > nhd. *Haus*, mhd. *liute* > nhd. *Leute*).

Beachte

Bei einer Vielzahl von Wörtern ist allerdings vom Mittel- zum Neuhochdeutschen ein Bedeutungswandel eingetreten (siehe dazu Kap. VI).

Im Konsonantismus sind zwar zahlreiche, aber eher wenig bedeutsame Lautwandelprozesse zu verzeichnen. Die Lautwandelerscheinungen im Vokalismus sind hingegen bedeutsamer. Zu nennen wären hier vor allem die frühnhd. Dehnung und der Vokalschwund des unbetonten /e/ (auf der quantitativen Ebene) sowie die frühnhd. Monophthongierung und Diphthongierung (auf der qualitativen Ebene). Einige dieser Lautwandelerscheinungen setzen zwar ungefähr zur gleichen Zeit ein, laufen aber völlig gegensätzlich ab (siehe z. B. Diphthongierung – Monophthongierung oder Dehnung – Kürzung). Da dieses Phänomen generell ein Charakteristikum der historischen Phonologie ist, ist es auch bei früheren Sprachstufen zu beobachten. Aber beim Übergang vom Mittel- zum Frühneuhochdeutschen tritt es besonders häufig auf.

6.1 Konsonantismus

Im Konsonantismus sind beim Übergang vom Mittel- zum Frühneuhochdeutschen, wie eingangs erwähnt, viele kleinere phonologische Veränderungen eingetreten. Diese werden nach der Stellung der betreffenden Konsonanten im Wort untergliedert in: Veränderungen im **Anlaut, Inlaut** und **Auslaut.**[444] Bei den Beispielwörtern werden (der Einfachheit halber) im Weiteren die neuhochdeutschen (statt der frühnhd.) Formen angegeben.

6.1.1 Veränderungen im Anlaut

Palatalisierung von /s/ vor Konsonant

Die Konsonantenverbindung /sk/ wurde bereits Mitte des 11. Jh.s zum Zischlaut [ʃ] assimiliert. Ausgehend vom Südwesten des deutschen Sprachgebiets erfasste dieser Lautwandel im Laufe des 13. Jh.s weitere Verbindungen von /s/ + Konsonant im Wortanlaut: *sl-*, *sm-*, *sn-*, *sw-*. Da [ʃ] eine palatale Spirans ist, wird dieser Lautwandel auch als **Palatalisierung** bezeichnet.[445] Graphisch wird der Zischlaut [ʃ] in der Regel mit der Graphemverbindung <sch> (Trigraph) wiedergegeben.

---

444 Nur die Mediae-Tenues-Schwankungen werden in einem eigenen Abschnitt behandelt (siehe Kap. IV.6.1.4), da sie im Anlaut, Inlaut und Auslaut auftreten können.

445 Nach /r/ tritt diese Palatisierung auch im In- und Auslaut auf (z. B. mhd. *kirse* > mhd. *Kirsche*).

mhd.		frühnhd.
sl-, sm-, sn-, sw-	→	*schl-, schm-, schn-, schw-*

Beispiele:
- mhd. ***sl**ange* > nhd. ***Schl**ange*
- mhd. ***sm**al* > nhd. ***schm**al*
- mhd. ***sn**el* > nhd. ***schn**ell*
- mhd. ***sw**în* > nhd. ***Schw**ein*

Mit zeitlicher Verzögerung erfolgte die Palatalisierung auch in den Konsonantenverbindungen *sp-* und *st-*. Allerdings trat sie hier nur auf phonologischer Ebene ein. In der Graphie blieben *sp-* und *st-* unverändert (bis ins Neuhochdeutsche) bewahrt (z. B. mhd. ***st**ein* > nhd. ***St**ein*, mhd. ***sp**il* > nhd. ***Sp**iel*).[446]

6.1.2 Veränderungen im Inlaut

a) Ausfall der Halbvokale /w/ und /j/ bzw. deren Veränderung zu Mediae

Nach langer Wurzelsilbe (Langvokal oder Dipththong) sind die Halbvokale **/w/** und **/j/** ausgefallen.

Beispiele:
- mhd. *bû**w**en* > nhd. *bauen*
- mhd. *vrou**we*** > nhd. *Frau*[447]
- mhd. *sæ**j**en* > nhd. *säen*

Nach Liquid (/l/ oder /r/) wurden **/w/** und **/j/** hingegen zu den Mediae **/b/** und **/g/**.

Beispiele:
- mhd. *var**w**e* > nhd. *Far**b**e*
- mhd. *ver**j**e* > nhd. *Fer**g**e*[448]

446 In norddeutschen Dialekten werden *sp-* und *st-* noch heute mitunter als [s-p] bzw. [s-t] gesprochen.

447 Bei mhd. *vrouwe* > nhd. *Frau* ist eine Bedeutungsveränderung eingetreten (siehe hierzu Kap. VI).

448 nhd. *Ferge* ist veraltet und kommt nur noch in der Dichtersprache vor. Die Bedeutung ist ‚Fährmann', ‚Schiffer'.

b) Ausfall der Spirans /h/

In **intervokalischer** Stellung sowie **nach Liquid** (/l/ oder /r/) ist die Spirans **/h/** zum Frühneuhochdeutschen ausgefallen. Hiervon betroffen ist aber nur die phonologische, nicht die graphematische Ebene. Nur in den Verbindungen /hs/ und /ht/ wird das /h/ in der nhd. Graphie mit dem Graphem <ch> wiedergegeben. Die Aussprache bleibt aber unverändert (siehe z. B. mhd. *wahsen* > nhd. *wachsen*, mhd. *niht* > nhd. *nicht*).

Beispiele:
- mhd. *hœ**he*** > nhd. [hØ:ə]
- mhd. *se**hen*** > nhd. [ze:ən]
- mhd. *sta**hel*** > nhd. [ʃta:l]
- mhd. *bevel**hen*** > nhd. [bəfe:lən]

Beachte

Das <h> in der nhd. Schreibung ist in diesen Fällen ein reines Längenzeichen (siehe nhd. *Höhe, sehen, Stahl, befehlen*).

6.1.3 Veränderungen im Wort- und Silbenauslaut

a) Veränderungen von /r/ und *-re*

Im Wortauslaut wurden mhd. **/r/** und ***-re*** nach /î/, /û/ oder /iu/ vielfach zu frühnhd. ***-er***.

Beispiele:
- mhd. *gî**r*** > nhd. *Geier*
- mhd. (*ge*)*bû**r*** > nhd. *Bauer*
- mhd. *lî**re*** > nhd. *Leier*
- mhd. *mû**re*** > nhd. *Mauer*
- mhd. *gehiu**re*** > nhd. *geheuer*

b) Veränderungen bei Dentalen[449]

Bei den Dentalen sind vom Mittel- zum Frühneuhochdeutschen vier Lautwandelerscheinungen zu verzeichnen.

1) Seit dem 13. Jh. zeigt sich im Wort- und Silbenauslaut vor allem nach den Dentalen /n/, /z/ und /s/ vielfach eine **Dentalepithese** (unorganisch hinzugefügtes /t/ oder /d/).

449 Zur Erinnerung: Zu den Dentalen zählen neben /t/ und /d/ auch /s/, /z/, /ts/, n/, /l/, /r/.

Beispiele:
- mhd. *nieman* > nhd. *niemand*
- mhd. *enzwei* > nhd. *entzwei*
- mhd. *eigenlich* > nhd. *eigentlich*
- mhd. *obez* > nhd. *Obst*
- mhd. *selbes* > nhd. *selbst*

2) In der Präsensflexion ist bei der 3. Person Pl. Indikativ das auslautende **/t/** in der Flexionsendung weggefallen (in Analogie zur Endung *-en* der 1. Person Pl.).

Beispiele:
- mhd. *sie nement* > nhd. *sie nehmen*
- mhd. *sie sehent* > nhd. *sie sehen*

3) Bis ins 13. Jh. unterscheidet sich die Aussprache der aus dem Indogermanischen ererbten Spirans /s/ von der nhd. Lautung. Angenommen wird gemeinhin eine Aussprache ähnlich der des Zischlauts [ʃ] (geschrieben: <sch>). In spätmhd. Zeit trat dann eine phonologische Veränderung ein: /s/ wird seitdem wie im Neuhochdeutschen ausgesprochen (**mhd. /s/-Wandel**). Der Grund für diesen Lautwandel ist der Phonemzusammenfall von /s/ im Auslaut und inlautend nach Konsonant (außer Nasal und Liquid) und /z/ in intervokalischer Stellung (< germ. /t/, Tenuis-Spirans-Wandel der 2. LV). Beim Lesen mhd. Texte muss aber generell kein Unterschied zwischen der mhd. und der nhd. Aussprache von /s/ gemacht werden.
4) Im Neuhochdeutschen werden die Spiranten mhd. /z/ (< germ. /t/) und /s/ (< idg. /s/) in der Regel mit den Graphemen <ss>, <s> oder <ß> wiedergegeben. Die nhd. Graphie folgt hier dem etymologisch-morphologischen Prinzip. Im Auslaut wird <ss> in der Regel zu <s> vereinfacht. In Analogie zu den flektierten Formen, die inlautend die Schreibung <ss> haben, findet sich hier aber auch mitunter die Schreibung <ss>.

Beispiele:
- mhd. *saz* > nhd. *saß*
- mhd. *haz* > nhd. *Hass* (in Analogie zum Gen. Sg.: *des Hasses*)
- mhd. *waz* > nhd. *was*
- mhd. *glas* > nhd. *Glas*
- mhd. *ros* > nhd. *Ross* (in Analogie zum Gen. Sg.: *des Rosses*)

6.1.4 Weitere Veränderungen

Mediae-Tenues-Schwankungen

Mitunter werden beim Übergang zum Frühneuhochdeutschen (ganz unabhängig von ihrer Stellung im Wort) Mediae zu Tenues und umgekehrt. Da diese Mediae-Tenues-Schwankungen nicht regelhaft und sowohl zeitlich als auch regional sehr unterschiedlich eingetreten sind, werden sie hier nur erwähnt, aber nicht näher erläutert.

mhd.		frühnhd.
/d/	→	/t/
/b/	→	/p/
/t/	→	/d/

Beispiele:
- mhd. ***d****ôn* > nhd. *Ton*
- mhd. *un**d**er* > nhd. *unter*
- mhd. *en**b**ore* > nhd. *empor*
- mhd. *tûsen**t*** > nhd. *tausend*
- mhd. ***t****unkel* > nhd. *dunkel*

6.2 Vokalismus

Die Lautwandelerscheinungen im Vokalismus werden untergliedert in: Veränderungen der **Vokalquantität** und **Vokalqualität.** Eine Vielzahl der im Weiteren beschriebenen Phänomene wird in den meisten Grammatiken und Einführungen mit dem Zusatz „frühneuhochdeutsch" (oder „neuhochdeutsch") versehen. Zum einen dient dies der Abgrenzung gegenüber gleichnamigen Lautwandelerscheinungen in früheren Sprachstufen. Zum anderen setzen viele dieser Lautwandelerscheinungen zwar bereits in mhd. Zeit ein, gelten aber, da sie erst im Frühneuhochdeutschen ihre volle Ausprägung erfahren haben, als ein charakteristisches Merkmal des Frühneuhochdeutschen (bzw. Neuhochdeutschen). Bei den **quantitativen Veränderungen** sind vor allem die (früh-)nhd. Dehnung und Kürzung sowie der Vokalschwund in schwachtonigen Silben zu nennen, bei den **qualitativen Veränderungen** die (früh-)nhd. Diphthongierung und Monopthongierung, der Diphthongwandel und die Rundung.

6.2.1 Quantitative Veränderungen

6.2.1.1 Frühneuhochdeutsche Dehnung

Die Dehnung ist der am weitesten verbreitete Lautwandel im Vokalismus. Ausgehend vom niederfränkischen Sprachgebiet breitete sie sich bereits im 12./13. Jh. im gesamten mitteldeutschen Raum aus und erfasste im 14. Jh. auch den oberdeutschen Sprachraum (mit Ausnahme des Südalemannischen). Die Dehnung ist regelhaft in offenen Tonsilben eingetreten und in Ausnahmefällen auch in geschlossenen Tonsilben.

Dehnung in offener Tonsilbe

Alle kurzen Vokale in offener Tonsilbe werden regelhaft zu den entsprechenden langen Vokalen gedehnt.

Beachte

Eine Tonsilbe ist **offen**, wenn sie auf Vokal endet. Handelt es sich bei diesem um einen kurzen Vokal, so liegt folglich eine kurze offene Silbe vor, wie z. B. in mhd. ***ta***-*ges*, ***le***-*ben*, ***wo***-*nen*. Ist der silbenauslautende Vokal hingegen ein Langvokal oder ein Diphthong, ist die Silbe lang und offen, wie z. B. mhd. ***lie***-*ben*, ***slâ***-*fen*.[450]

Beispiele:

- mhd. *l**e**ben* [ə] > nhd. *l**e**ben* [e:]
- mhd. *s**a**gen* [a] > nhd. *s**a**gen* [a:]
- mhd. *v**o**gel* [ɔ] > nhd. *V**o**gel* [o:]

Anmerkung

In der nhd. Orthographie wird die Dehnung in kurzer (offener) Tonsilber gelegentlich (keineswegs konsequent!) angezeigt durch ein sog. Dehnungs-*h* (z. B. mhd. *w**o**nen* [ɔ] > nhd. *w**oh**nen* [o:]) oder ein <e> (z. B. mhd. *bel**i**ben* [i] > nhd. *bl**ie**ben* [i:]).

Beachte

Vor /t/, /n/ und /m/ ist die Dehnung in kurzer, offener Tonsilbe häufig nicht eingetreten. Die unterbliebene Dehnung wird im Neuhochdeutschen graphisch angezeigt

450 Die phonetische Silbengrenze liegt also zwischen dem silbenauslautenden Vokal und dem darauf folgenden Konsonanten der nächsten Silbe. Endet die Tonsilbe auf einen oder mehrere Konsonanten, ist sie geschlossen und gilt daher als lang, z. B. mhd. *tac*, *werl-de*. Die phonetische Silbengrenze (z. B. *ta-ges*) ist also von der etymologischen (*tag-es*) streng zu trennen.

durch eine Verdoppelung des anlautenden Konsonanten der nachfolgenden Silbe. Die ursprünglichen Silbengrenzen werden auf diese Weise in der Graphie verschoben (statt einer offenen liegt nun eine geschlossene Tonsilbe vor), siehe z. B. mhd. *ve-ter, ko-men, do-ner* > nhd. *Vet-ter, kom-men, Don-ner.*

Dehnung in geschlossener Tonsilbe

In folgenden Ausnahmefällen kann die Dehnung auch in **geschlossener** Silbe eintreten:

– Bei einsilbigen auf Konsonant endenden Wörter, wenn in den entsprechenden zweisilbigen Flexionsformen eine kurze offene Tonsilbe vorliegt (= **analoge Dehnung**).

  Beispiel:
  – mhd. *tac* [a] > nhd. *Tag* [a:]
  (analoge Dehnung zu den zweisilbigen Flexionsformen mit kurzer, offener Tonsilbe, wie z. B. mhd. *des ta-ges* [a] oder *dem ta-ge* [a]).[451]

– Bei einsilbigen auf Konsonant endenden Wörtern, wenn der silbenauslautende Konsonant ein Liquid (**/l/, /r/**) oder ein Nasal (**/m/, /n/**) ist. Zumeist handelt es sich in diesen Fällen um Pronomina.

  Beispiele:
  – mhd. *wem* [ə] > nhd. *wem* [e:]
  – mhd. *den* [ə] > nhd. *den* [e:]
  – mhd. *ir* [i] > nhd. *ihr* [i:] (mit sog. Dehnungs-*h*)

– Bei einsilbigen Wörtern, die auf **/r/ + Dental** enden.

  Beispiele:
  – mhd. *vart* [a] > nhd. *Fahrt* [a:] (mit sog. Dehnungs-*h*)
  – mhd. *swert* [ə] > nhd. *Schwert* [e:]

6.2.1.2 Frühneuhochdeutsche Kürzung

Gegenläufig zur Dehnung wurden seit dem 12. Jh. ausgehend vom mitteldeutschen Sprachraum Langvokale gekürzt, wenn mehrere Konsonanten nachfolg-

451 mhd. *des ta-ges* [a] > nhd. *des Tages* [a:]; mhd. *dem ta-ge* [a] > nhd. *dem Tage* [a:]).

ten (Konsonantenhäufung). Die Kürzung wurde nicht konsequent durchgeführt, trat aber häufig vor **/ht/** und **/r/ + Konsonant** ein.

Beispiele:
- mhd. *br**â**hte* [a:] > nhd. *br**a**chte* [a]
- mhd. *l**ê**rche* [e:] > nhd. *L**e**rche* [ɛ]
- mhd. *h**ê**rlîch* [e:] > nhd. *h**e**rrlich* [ɛ]
- mhd. *h**ô**rchen* [o:] > nhd. *h**o**rchen* [ɔ]

Daneben kommt gelegentlich (insbesondere bei Wörtern, die auf die Ableitungssilben *-en* oder *-er* enden) die Kürzung auch vor einfacher Konsonanz vor.

Beispiele:
- mhd. *w**â**fen* [a:] > nhd. *W**a**ffen* [a]
- mhd. *j**â**mer* [a:] > nhd. *J**a**mmer* [a]

6.2.1.3 Vokalschwund (Apokope/Synkope)

Bereits seit dem 13. Jh. ist (ausgehend vom Bairischen) ein schwachtoniges /e/ [ə] in bestimmten Stellungen geschwunden (siehe Kap. III.3.3). Zum (Früh-)Neuhochdeutschen trat dieser Schwund in den Nebentonsilben dann regelhaft und unbeinflusst von der Stellung im Wort ein. Zur Erinnerung: Den Schwund des unbetonten /e/ im absoluten Wortauslaut bezeichnet man als **Apokope**, den Schwund im Wortinneren (zwischen zwei Konsonanten) als **Synkope**.

Beispiele:
- mhd. *dann**e*** > nhd. *dann*
- mhd. *schœn**e*** > nhd. *schön*
- mhd. *ang**e**st* > nhd. *Angst*
- mhd. *g**e**nâde* > nhd. *Gnade*

> **Anmerkung**
>
> Apokope und Synkope können auch zusammen in einem Wort auftreten, wie z. B. in mhd. *g**e**lück**e*** > nhd. *Glück*.

6.2.1.4 Bildung des Sprossvokals /e/

Zum Frühneuhochdeutschen wurde vor allem im Auslaut zwischen /î/, /iu/, /û/ und /r/ bzw. *-re* mitunter (aus Gründen der Artikulationserleichterung) der Sprossvokal /e/ eingefügt.

Beispiele:
- mhd. ***gîr*** > nhd. *Geier*
- mhd. ***viur*** > nhd. *Feuer*
- mhd. ***mûre*** > nhd. *Mauer*

6.2.2 Qualitative Veränderungen

6.2.2.1 Frühneuhochdeutsche Monophthongierung

Die (fallenden) mhd. Diphthonge /ie/, /üe/ und /uo/ wurden unabhängig von ihrer Stellung im Wort zu den Langvokalen nhd. /i:/, /ü:/ und /u:/ monophthongiert (freier Lautwandel).

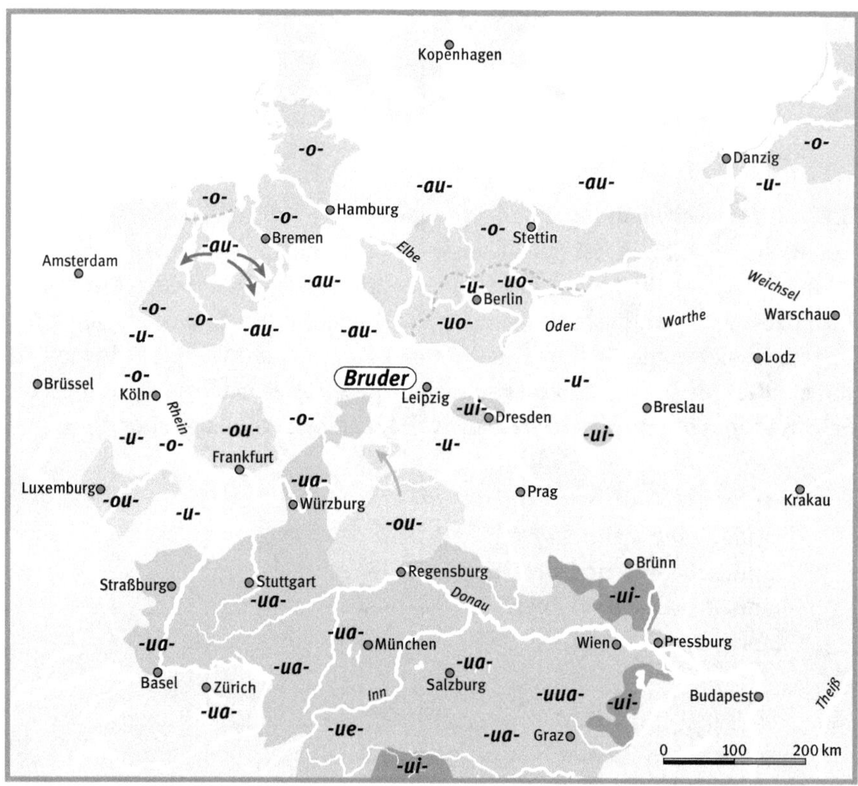

Abb. 54: Geographische Verbreitung der Monophthongierung am Beispiel von frühnhd. *Bruder*.

mhd.		nhd.
/ie/	→	/i:/[452]
/üe/	→	/ü:/
/uo/	→	/u:/

Merksatz für die Frühneuhochdeutsche Monophthongierung		
mhd.: *lieber müeder bruoder*	→	nhd.: *lieber müder Bruder*

Die (früh-)nhd. Monophthongierung setzte bereits im 11./12. Jh. im westmitteldeutschen Sprachraum ein und breitete sich von dort aus weiter im mitteldeutschen Sprachgebiet aus. In den oberdeutschen Dialekten, insbesondere im Bairischen und Hochalemannischen, ist sie hingegen unterblieben. Hier werden die Diphthonge bis heute gesprochen.

6.2.2.2 Frühneuhochdeutsche Diphthongierung

Die mhd. Langvokale /î/, /iu/, /û/ wurden unabhängig von ihrer Stellung im Wort zu den nhd. Diphthongen /ei/, /eu/, /au/ (freier Lautwandel).

mhd.		nhd.
/î/	→	/ei/ [ai] (<ei>, selten <ai>)
/iu/[453]	→	/eu/ [ɔʏ̯] (<eu>, <äu>)
/û/	→	/au/ (<au>)

Merksatz für die Frühneuhochdeutsche Diphthongierung		
mhd.: *mîn niuwez hûs*	→	nhd.: *mein neues Haus*

Die (früh-)nhd. Diphthongierung setzte im 12. Jh. im Südosten des deutschen Sprachgebiets ein und breitete sich von dort nach Nordwesten aus. Gegen Ende des 13. Jh.s erfasste sie auch das Mitteldeutsche. Das Niederdeutsche und Teile des alemannischen Sprachraums sind von diesem Lautwandel nicht betroffen.

---

452 In der nhd. Graphie wird das lange /i/ (< mhd. /ie/) vielfach durch die historische Schreibung <ie> als lang gekennzeichnet, wie z. B. in nhd. Liebe (sog. Dehnungs-*e*).

453 Zur Erinnerung: Bei mhd. /iu/ handelt es sich um den langen Monophthong [ü:].

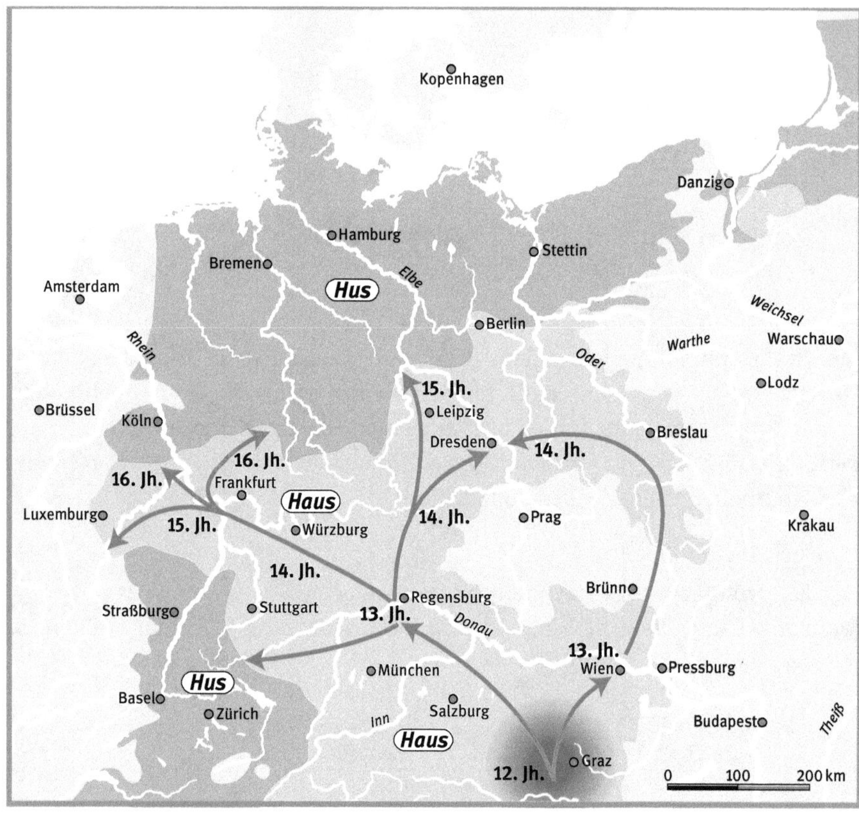

Abb. 55: Geographische Verbreitung der Diphthongierung am Beispiel von frühnhd. *Haus*.

6.2.2.3 Diphthongwandel

Seit dem 13. Jh. wurde der erste Bestandteil der Diphthonge /ei/, /öu/ und /ou/ sowohl gesenkt als auch geöffnet. Dieser Lautwandel wird als **Diphthongwandel** oder **Senkung des ersten Diphthongteils** bezeichnet. Die entsprechenden Diphthonge im Neuhochdeutschen lauten: /ei/ [ai] (<ei>, <ai>), /eu/ [ɔy̯] (<eu>, <äu>) und /au/. Sie fallen mit den durch die früh-(neuhochdeutsche) Diphthongierung entstandenen Diphthongen zusammen (Phonemzusammenfall).

mhd.		nhd.
/ei/	→	ei/ [ai] (<ei>, <ai>)[454]
/öu/	→	/eu/ [ɔʏ̯] (<eu>, <äu>)
/ou/	→	/au/

Beispiele:

- mhd. ***ei**n* > nhd. ***ei**n* [ain] (hier ist die Senkung nur auf phonologischer Ebene erfolgt)
- mhd. *k**ei**ser* > nhd. *K**ai**ser* (hier ist die Senkung auf phonologischer und graphematischer Ebene erfolgt)
- mhd. *vr**öu**de* > nhd. *Fr**eu**de*
- mhd. *b**öu**me* > nhd. *B**äu**me* (die nhd. Graphie folgt hier dem etymologisch-morphologischen Prinzip; siehe nhd. *der Baum*)
- mhd. *b**ou**m* > nhd. *B**au**m*
- mhd. ***ou**ge* > nhd. ***Au**ge*

6.2.2.4 Rundung

In einigen Wörtern werden die Vokale mhd. /e/, /i/, /ie/, /â/ (gesprochen mit ungerundeter, im Falle von /i/ sogar gespreizter Lippenstellung) im Frühneuhochdeutschen mit gerundeter Lippenstellung gesprochen (/ö/ [Ø:], /ü/ [y], /ü/ [y:] und /o/ [o:]). Diese Lautwandelerscheinung wird daher als **Rundung** (oder gelegentlich auch als Labialisierung) bezeichnet. Sie ist seit dem 12. Jh. belegt (vor allem im alemannischen Sprachraum), tritt aber nur sporadisch auf.[455]

mhd.		frühnhd.
/e/	→	/ö/ [Ø:]
/i/	→	/ü/ [y]
/ie/	→	/ü/ [y:]
/â/	→	/o/ [o:]

454 Im Neuhochdeutschen existieren für den Diphthong /ei/ zwei Grapheme, <ai> und <ei>, wobei <ai> selten ist; meist wird es zur Unterscheidung von homophonen (gleichklingenden) Wortpaaren verwendet (wie z. B. bei: nhd. *S**ei**te* – *S**ai**te*).

455 Daneben ist seit Ende des 12. Jh.s auch eine gegenläufige Tendenz zu beobachten, eine Entrundung (oder auch Delabialisierung). Sie betrifft mhd. /ü/, /iu/, /öu/, die zu /i/, /ei/, /ei/ „entrundet" wurden. Da die Entrundung noch sporadischer auftritt als die Rundung, wird sie nicht eingehender erläutert.

Beispiele:
- mhd. *swern* > nhd. *schwören*
- mhd. *finf* > nhd. *fünf*
- mhd. *liegen* > nhd. *lügen*
- mhd. *mâne* > nhd. *Mond*

6.2.2.5 Frühneuhochdeutsche Vokalsenkung

Die hohen Vokale /u/ und /ü/ wurden zum Frühneuhochdeutschen mitunter (also nicht konsequent!) zu /o/ und /ö/ gesenkt. Diese Vokalsenkung trat insbesondere vor Nasal (/m/ oder /n/) ein und breitete sich (ausgehend vom mitteldeutschen Sprachgebiet) im gesamten deutschen Sprachraum aus.

Beispiele:
- mhd. *sunne* > nhd. *Sonne*
- mhd. *sumer* > nhd. *Sommer*
- mhd. *künec* > nhd. *König*

7 Übungsaufgaben

Übungsaufgaben zu den Lautwandelerscheinungen vom Indogermanischen bis zum Mittelhochdeutschen (Kap. IV.1–4)

1) Erklären Sie – ausgehend von den lateinischen Beispielwörtern – den etymologischen Zusammenhang im Konsonantismus folgender Wortpaare (siehe die unterstrichenen und fettgedruckten Konsonanten). Eine kleine Hilfestellung: das Lateinische steht hier als Repräsentant für das nicht erhaltene Indogermanische.
   - lat. ***g**ens* (‚Geschlecht') – ahd. ***k**ind* (‚Kind')
   - lat. ***c**or* (vgl. engl. *heart*) – germ. **hertôn* (‚Herz')
   - lat. *o**ct**o* – germ. **a**ht**au* (‚acht')
   - lat. ***c**anis* – ahd./mhd. ***h**unt* (‚Hund')
   - lat. ***p**es* – germ. *****f**ôt-u-* (‚Fuß')
   - lat. ***c**a**p**tus* – ahd./mhd. ***h**a**f**t* (‚Haft/Fessel')
2) Um welchen Laut handelt es sich beim sog. Thorn-Laut /þ/? Skizzieren Sie kurz dessen sprachgeschichtliche Veränderung bis zum Mittelhochdeutschen.
3) Nennen Sie die Voraussetzungen für das Eintreten der Spirantenerweichung nach dem Vernerschen Gesetz.
4) Der Vergleich mit der lateinischen Entsprechung zum Substantiv ahd. ***p**îna* (‚Pein'), ***p**oena*, zeigt, dass das anlautende /p/ in ahd. *pîna* nicht von der 2. Lautverschiebung erfasst worden ist. Was könnte eine Erklärung hierfür sein?

5) Ordnen Sie folgende Lautwandelerscheinungen (siehe die entsprechenden Nummern) nach der Reihenfolge ihrer Entstehungszeit: Primärer Berührungseffekt (1) – nwgerm. Rhotazismus (2) – nwgerm. Hebung (3) – Spirantenerweichung nach dem Vernerschen Gesetz (4) – wgerm. Konsonantengemination (5) – Nasalschwund (6).
6) In welcher Beziehung stehen das sog. Vernersche Gesetz und der Grammatische Wechsel zueinander?
7) Was versteht man unter dem Begriff „Primärer Berührungseffekt“ bzw. „Primärberührungseffekt“?
8) Benennen Sie die Lautwandelerscheinungen im Vokalismus, die vom Germanischen zum Althochdeutschen in den folgenden Beispielwörtern eingetreten sind (siehe die unterstrichenen Vokale):

ahd. Beispielwörter:	**Lautwandelerscheinungen:**
wint (vgl. lat. *ventus*)	
fogal < germ. **fugla*- (‚Vogel‘)	
sibun (vgl. lat. *septem*)	
tor < germ. **dura*- (‚Tor‘)	

9) Erklären Sie den Konsonantismus in germ. **laiza* und wgerm. **laira* (‚Lehre‘).
10) Welcher Lautwandel vom Germanischen zum Althochdeutschen ist bei dem anlautenden /d/ in germ. ****d****ag*- (vgl. engl. ***d****ay*) eingetreten?
11) Erklären Sie – ausgehend vom lateinischen Substantiv *menta* – den Konsonantismus und Vokalismus von mhd. *minze* sprachhistorisch.
12) Benennen Sie die Lautwandelerscheinungen, die zu dem Wechsel der unterstrichenen und fettgedruckten Konsonanten in den folgenden etymologisch miteinander verwandten mhd. Wörtern geführt haben:

mhd. Beispielwörter:	**Lautwandelerscheinungen:**
*schrî**b**en* (Infinitiv) *schri**ft*** (Substantiv; ‚Geschriebenes/Inschrift‘)	
*we**g**en* (Infinitiv ‚wiegen‘) *gewi**ht**e* (Substantiv; ‚Gewicht‘)	
*gra**b**en* (Infinitiv) *gru**ft*** (Substantiv)	
*tra**g**en* (Infinitiv) *tra**ht*** (Substantiv; ‚Tracht‘)	

13) Geben Sie eine umfassende sprachhistorische Erklärung für den Konsonantismus in mhd. *er wa**s*** (3. Sg. Präteritum) und *wir wâ**r**en* (1. Pl. Präteritum).
14) Erklären Sie ausgehend vom germ. Substantiv **haljô* die Lautwandelerscheinungen, die bis zu mhd. *helle* (‚Hölle') eingetreten sind.
15) Wie ist das Unterbleiben der nwgerm. Senkung von /u/ > /o/ bei germ. **w**u**nda-* > ahd. *w**u**nt* (‚verwundet') zu erklären?
16) Erklären Sie den Wurzelvokalismus in vorahd. **f**a**rti* > ahd. *f**e**rti* (‚Fährte').
17) Geben Sie ausgehend von dem germanischen Verb **l**eu**g-a-* (Infinitiv) eine umfassende sprachhistorische Erklärung für den Wurzelvokalismus von mhd. *l**ie**gen* (‚lügen').
18) Welche Lautwandelerscheinungen vom Germanischen bis zum Mittelhochdeutschen sind beim Verb germ. **taljan* (Infinitiv) eingetreten? Wie lautet das Verb im Mittelhochdeutschen?
19) Wie lautet die (lautgesetzliche) mhd. Entsprechung zu ahd. *gislahti* (Substantiv)? Welche Lautwandelerscheinungen sind eingetreten?
20) Erklären Sie den etymologischen Zusammenhang im Konsonantismus folgender Wortpaare (siehe die unterstrichenen und fettgedruckten Konsonanten):

Altsächsisch	Althochdeutsch	Lautwandelerscheinungen:
*bî**t**an* (vgl. engl. *to bite*)	*bî**z**an* (‚beißen')	
***p**î**p**a*	***pf**î**f**a* (‚Pfeife')	
***t**ehan*	***z**ehan* (‚zehn')	
***d**or*	***t**or* (‚Tor')	
*swar**t***	*swar**z*** (‚schwarz')	
***p**legan*	***pf**legan/**ph**legan*	
*thor**p***	*dor**f***	

21) Nennen Sie die mhd. Entsprechungen zu folgenden altsächsischen Wörtern:

Altsächsisch	Mittelhochdeutsch
ape (vgl. engl. *ape*)	
ût (vgl. engl. *out*)	
brekan (vgl. engl. *to break*)	
holt	
herta (vgl. engl. *heart*)	
appul (vgl. engl. *apple*)	
etan (vgl. engl. *to eat*)	
helpan (vgl. engl. *to help*)	

22) Unterstreichen Sie im mhd. Text (rechte Spalte) zehn Beispiele für die vom Alt- zum Mittelhochdeutschen eingetretene Nebensilbenabschwächung.

Weißenburger Katechismus **(Ende 8. Jh.)**	***Millstätter Psalter*** **(12. Jh.)**
Gilaubiu in got fater almahtigōn	*Ich geloube an got vater almehtigen*
scepphion himiles enti erda.	*schephær himels unde der erde.*
Endi in heilenton Christ	*Unde an Jesum Christ*
suno sīnan einagon truhtin unseran.	*sun sînen einigen herren unseren.*
Ther infangenēr ist fona heiligemo geiste	*Der enphangen wart von dem heiligen geiste*
giboran fona Mariūn magadi	*gebor(e)n von sante Marien der meide*
giwīzzinōt bi pontisgen Pilate.	*gemartert unter dem rihtære Pylato.*
In crūci bislagan toot enti bigraban.	*Gekrûziget tôt unde begraben.*
Nidhar steig ci helliu,	*Er fuor ze helle,*
in thritten dage arstuat fona tootēm.	*des dritten tages erstuont er von dem tôde.*

23) Welcher Lautwandel ist im Althochdeutschen bei ahd. ***th****er* und ahd. ***th****ritten* (siehe den Beispieltext zu Aufgabe 22, Z. 5 und 10) eingetreten?

24) Nennen Sie die mhd. Entsprechungen zu folgenden ahd. Beispielwörtern:

Althochdeutsch	**Mittelhochdeutsch**
mûsi	
hôhî	
fuozi	
sâlida	
sûri	
wunni	
gruoni	
turi	
viskâri	

25) Erklären Sie den Wurzelvokalismus in ahd. *m**a**n* (‚Mann') und ahd. *mennisco* (‚Mensch').

26) Geben Sie ausgehend vom germanischen Verb **bed-ja-* (Infinitiv) eine sprachhistorische Erklärung für den Vokalismus und Konsonantismus von mhd. *bitten.*

Die Lösungen zu den Übungsaufgaben finden sich in Kap. IX.

Übungsaufgaben zu den Lautwechselerscheinungen innerhalb des Mittelhochdeutschen (Kap. IV.5)

1) Bilden Sie die 1. Sg. und die 1. Pl. Ind. Präsens der starken Verben mhd. *lesen* und *finden*, und erklären Sie den Vokalismus der Wurzelsilbe in diesen Formen.
2) Erklären Sie die unterstrichenen Konsonanten in folgenden mhd. Wörtern:
   a) *lo**b**en* (Infinitiv) – *lo**p*** (Substantiv; ‚Lob‘) – *lo**p**te* (3. Sg. Präteritum)
   b) *sla**c*** (Nom. Sg.) – *sla**g**es* (Gen. Sg.)
   c) *dien**t**e* – *dien**d**e* (3. Sg. Präteritum von mhd./nhd. *dienen*)
   d) *nî**t*** (Nom. Sg.; ‚Hass‘) – *nî**d**es* (Gen. Sg.)
   e) ahd. *kin**d*** > mhd. *kin**t*** (Nom. Sg.)
   f) *gelou**b**en* (Infinitiv; ‚glauben‘) – *gelou**p**te* (3. Sg. Präteritum)
3) Erklären Sie den Konsonantismus in folgenden Verbformen: *sla**h**en* (Infinitiv) – *er sluo**c*** (1. Sg. Präteritum) – *wir sluo**g**en* (1. Pl. Präteritum).
4) Erklären Sie den Konsonantismus in mhd. *grî**f**en* (Infinitiv) – *grei**f*** (3. Sg. Präteritum) – *gri**ff**en* (1. Pl. Präteritum). Wieso weist das Verb mhd. *rîten* (Infinitiv), das derselben Ablautreihe wie *grîfen* angehört, in den entsprechenden Formen durchgängig einfache Konsonanz auf? Siehe *rî**t**en* (Infinitiv) – *rei**t*** (3. Sg. Präteritum) – *ri**t**en* (1. Pl. Präteritum).
5) Geben Sie eine sprachhistorische Erklärung für den Vokalismus in mhd. *ich k**iu**se* (1. Sg. Präsens) und *k**ie**sen* (Infinitiv; ‚wählen‘).
6) Nennen Sie die 1.–3. Sg. Ind. Präsens von mhd. *graben*, und erklären Sie den Wurzelvokalismus aller drei Formen sprachhistorisch.
7) Geben Sie eine sprachhistorische Erklärung für den Wurzelvokalismus von mhd. *kr**e**ftic* (Adj.) – *kr**a**ft* (Substantiv; Nom. Sg.) – *kr**e**fte* (Substantiv; Nom. Pl.). Eine Hilfestellung: die entsprechenden ahd. Formen lauten: *kreftig* – *kraft* – *krefti*.
8) Bilden Sie alle indikativischen Präsensformen des Verbs mhd. *liegen* (‚lügen‘), und geben Sie eine sprachhistorische Erklärung für den Vokalismus der Wurzelsilbe.
9) Benennen Sie die Lautwechsel- und Lautwandelerscheinungen im Konsonantismus (siehe die unterstrichenen und fettgedruckten Konsonanten) in folgenden mhd. Wörtern:
   a) *sla**h**en* (Infinitiv; ‚schlagen‘) – *gesla**g**en* (Partizip Präteritum)
   b) *gesla**g**en* (Partizip Präteritum) – *er sluo**c*** (3. Sg. Präteritum)
   c) *he**b**en* (Infinitiv) – *he**f**e* (‚Hefe‘)
   d) *schei**d**en* (Infinitiv) – *schei**t**el* (‚Scheitel‘)
   e) *hâ**h**en* (Infinitiv; ‚hängen‘) – *er hien**c*** (3. Sg. Präteritum) – *gehan**g**en* (Partizip Präteritum)

f) *rûmde* – *rûmte* (beide Formen = 3. Sg. Präteritum von *rûmen*; ‚räumen‘)
g) *list* (‚Klugheit/Kunst/Wissenschaft‘) – *lêre* (‚Lehre‘)

10) Bilden Sie die 1. Sg. und die 1. Pl. Ind. Präsens von mhd. *geben,* und geben Sie eine sprachhistorische Erklärung für den Vokalismus der Wurzelsilbe.
11) Bilden Sie die Singularformen Präsens Indikativ von mhd. *slahen,* und geben Sie eine sprachhistorische Erklärung für den Vokalismus der Wurzelsilbe.
12) Erklären Sie sprachhistorisch den Vokalismus und Konsonantismus in folgenden Formen des Verbs mhd. *vâhen* (‚fangen‘):
    a) *vâ**h**en* (Infinitiv) – *gevan**g**en* (Partizip Präteritum)
    b) *vâ**h**en* (Infinitiv) – *v**â**n* (Infinitiv)
    c) *vien**c*** (1./3. Sg. Präteritum) – *vien**g**en* (1./3. Pl. Präteritum)
13) Bestimmen Sie die unterstrichenen und fettgedruckten Verbformen, und nennen Sie den Infinitiv:
    a) *ouch ist uns ofte vor **geseit** daz ein kint niene **treit** sînes vater schulde* (*Gregorius*, V. 473 f.)
    b) *daz phert er ze stete bant: dar ûf **leite** er sîn gewant* (*Erec*, V. 296 f.)
    c) *das **gît** gelücke und hôhen muot* (*Parzival* 128,1)
    d) *sô er an sînem bette **lît*** (*Erec*, V. 3919)
    e) *und hiez dô kinz wîp und man **vân** und mit im vüren dan* (Rudolf von Ems, *Alexander*, V. 17303 f.).
    f) *dâ wart daz schœne kindelîn mit manigen trahen in **geleit*** (*Gregorius*, V. 708 f.)
    g) *Alexander **cleite** diu nôt* (Ulrich von Etzenbach, *Alexander*, V. 23048)
14) Welche vokalischen Lautwandelerscheinungen liegen in folgenden mhd. Wörtern vor?
    a) *gr**uo**z* (Substantiv; ‚Gruß‘) – *gr**üe**zen* (Infinitiv)
    b) *t**ô**t* (Substantiv) – *t**œ**ten* (Infinitiv)
    c) *h**û**s* (Nom. Sg.; ‚Haus‘) – *h**iu**ser* (Nom. Pl.; daneben *hûs*)
    d) *v**a**rt* (Nom. Sg.; ‚Fahrt‘) – *gev**e**rte* (Nom. Sg.; ‚Gefährte‘)
    e) *h**uo**n* (Nom. Sg.; ‚Huhn‘) – *h**üe**ner* (Nom. Pl.)
    f) *w**u**rf* (Nom. Sg.) – *w**ü**rfel* (Nom. Sg.)
15) Erklären Sie das Nebeneinander von mhd. *sol**t**e* und *sol**d**e* (3. Sg. Präteritum von *suln* ‚sollen‘).

Die Lösungen zu den Übungsaufgaben finden sich in Kap. IX.

Übungsaufgaben zu den Lautwandelerscheinungen vom Mittelhochdeutschen zum Frühneuhochdeutschen (Kap. IV.6)

1) Welche Auslautveränderung ist bei mhd. *palas* > nhd. *Palas**t*** eingetreten?
2) Nennen Sie die nhd. Entsprechungen zu folgenden mhd. Wörtern, und benennen Sie die eingetretenen Lautwandelerscheinungen:

Mittelhochdeutsch	Neuhochdeutsch	Lautwandelerscheinungen:
boum		
tûbe		
liuhten		
wirde		
grüezen		
bein		
donreslac		
mûs		
miuse		
helle		
troum		
abet		
viur		
hemede		
snê		
brût		
loufen		

3) Welche Lautwandelerscheinung vom Mittel- zum Neuhochdeutschen ist in mhd. *tr**ie**gen* – nhd. *(be-)tr**ü**gen* eingetreten?
4) Geben Sie eine Erklärung für das Unterbleiben der nhd. Dehnung in mhd. *erde* > nhd. *Erde* und mhd. *gate* > nhd. *Gatte.*
5) Geben Sie eine Erklärung für das Eintreten der nhd. Dehnung (trotz geschlossener Tonsilbe) in mhd. *sal* > nhd. *Saal.*
6) Nennen Sie die nhd. Formen zu den unterstrichenen und fettgedruckten Wörtern aus dem *Parzival*, und benennen Sie die Lautwandelerscheinungen zum Neuhochdeutschen:

	Parzival **1,1–17**	**nhd. Formen:**	**Lautwandelerscheinungen:**
	*Ist **zwîvel** herzen nâchgebûr,*		
	*daz muoz der sêle werden **sûr.***		
	*gesmæhet **unde** gezieret*		
	ist, swâ sich parrieret ***unverzaget** mannes **muot,***		
	*als agelstern **varwe** tuot.*		
	der mac dennoch wesen geil: *wande an **im** sint beidiu **teil.***		
	*des **himels** und der **helle.*** *der unstæte geselle*		
	*hât die swarzen **varwe** gar,*		
	*und wirt **ouch** nâch der vinster var:*		
	*sô habet sich an **die** blanken*		
	der mit stæten gedanken.		
	*diz **vliegende** bîspel*		
	*ist tumben **liuten** gar ze **snel,*** *sine mugens niht erdenken:*		
	wand ez kan vor in wenken *rehte alsam **ein** schellec **hase.***		

7) Benennen Sie die Lautwandelerscheinungen (siehe die unterstrichenen und fettgedruckten Wörter) aus dem *Armen Heinrich* zum Neuhochdeutschen:

	Der Arme Heinrich	**Lautwandelerscheinungen:**
	***Ein** ritter sô **gelêret** was,*	
	*daz er an **den** buochen **las,***	
	*swaz er dar an **geschriben** vant:*	
	der was Hartman genant,	
	dienstman** was er z**Ouwe.	
	*er **nam** im manige **schouwe***	
	*an mislîchen **buochen**:*	
	*dar an begunde er **suochen,***	

(fortgesetzt)

Der Arme Heinrich	**Lautwandelerscheinungen:**
ob er iht des vunde,	
dâ mite er swære ***stunde***	
möhte senfter machen,	
und von sô gewanten sachen,	
daz gotes êren töhte	
und dâ ***mite*** *er sich möhte*	
gelieben *den* ***liuten****.*	
nu beginnet er iu ***diuten***	
ein ***rede****, die er* ***geschriben*** *vant.*	
dar umbe hât er sich genant,	
daz er ***sîner*** ***arbeit,***	
die er dar an hât geleit	
iht ***âne*** *lôn* ***belîb****e,*	
und swer nâch ***sînem*** ***lîbe***	
sî hœre ***sagen*** *oder lese,*	
daz er im bittende wese	
der sêle heiles hin ze ***gote****.*	

8) Übersetzen Sie Substantiva mhd. *buoch* und *bûch* ins Neuhochdeutsche, und benennen Sie die eingetretenen Lautwandelerscheinungen.

Die Lösungen zu den Übungsaufgaben finden sich in Kap. IX.

V Morphologie

Vom Indogermanischen bis zum Alt- und Mittelhochdeutschen trat eine Vielzahl von morphologischen Veränderungen ein. Zu den wichtigsten gehören in der Nominalflexion die Reduktion von acht Kasus (im Indogermanischen) auf vier. Zudem wurden im Laufe der Sprachgeschichte die Flexionsendungen der Substantiva und Verben zunehmend vereinfacht, mit der Folge, dass sich im Westgermanischen der bestimmte und unbestimmte Artikel entwickelt hat und der Gebrauch von Personalpronomina seit dem Althochdeutschen immer stärker zunahm (Übergang vom synthetischen zum analytischen Sprachbau), ein Prozess, der vor allem durch die Nebensilbenabschwächung vom Alt- zum Mittelhochdeutschen immer mehr an Bedeutung gewann. Auch im Tempussystem zeigen sich gravierende Veränderungen. Gab es im Germanischen nur zwei Tempora (Präsens und Präteritum), bildeten sich seit dem Althochdeutschen analytische Tempora (wie Futur, Plusquamperfekt und Perfekt) aus.

In diesem Kapitel werden alle Klassen von Verben (starke Verben, schwache Verben, unregelmäßige Verben) und Nomina (Substantiva, Adjektiva, Pronomina, Numeralia) aus synchroner mhd. Sicht vorgestellt, unter besonderer Berücksichtigung der wichtigsten sprachhistorischen Veränderungen. Am Ende der jeweiligen Kapitel zu den Verben, Substantiva und Adjektiva im Mittelhochdeutschen finden sich Übungsaufgaben, anhand derer die neu erworbenen Kenntnisse überprüft werden können.[456]

1 Verben

1.1 Starke Verben

Wie bereits erwähnt bildet eine große Gruppe von Verben seit dem Indogermanischen ihr Präteritum durch Ablaut des Wurzelvokals: die **ablautenden** oder **starken Verben**. Je nach Ablautverhältnis und Qualität bzw. Quantität ihrer Wurzelsilbe können sie einer von insgesamt sieben Ablautreihen zugeordnet werden. Im mediävistischen Grundstudium lernt jeder Studierende ein starkes Verb seiner Ablautreihe zuzuordnen und die sog. **Stammformen** anzugeben. In der vorliegenden Einführung werden im Weiteren stets vier Stammformen genannt. Diese stehen exemplarisch für bestimmte Tempora bzw. Ablautstufen: die 1. Stammform für den Infinitiv, die 2. Stammform für die 1./3. Sg. Präteritum,

456 Für die Pronomina und Numeralia wird auf entsprechende Übungsaufgaben verzichtet.

https://doi.org/10.1515/9783110464184-005

die 3. Stammform für die 1. Pl. Präteritum und die 4. Stammform für das Partizip Präteritum.[457]

Beachte

Davon abweichend werden in einigen Einführungskursen **fünf** Stammformen angegeben: Zusätzlich zu den genannten vier die 1. Person Sg. Präsens Indikativ.[458] Da aber in dieser Form kein Tempuswechsel, und somit auch kein Ablaut vorliegt, werden in dieser Einführung nur die o. g. **vier** Stammformen genannt. Es sei aber eindringlich daran erinnert, dass die starken Verben mit dem Wurzelvokal /e/ in der 1. Person Sg. Präsens Indikativ (ebenso wie auch in der 2. und 3. Sg.) den Wurzelvokal /i/ (statt /e/) haben. Diese Alternanz des Wurzelvokals ist durch das Eintreten der nordwestgermanischen Hebung von germ. /e/ zu nwgerm. /i/ zu erklären (siehe Kap. IV.2.2.1).

Als ein Beispiel für ein starkes Verb dient mhd. *nemen* (‚nehmen'), ein Verb der vierten Ablautreihe. Die vier Stammformen lauten: *nemen – nam – nâmen – genomen*. Da drei der insgesamt sieben Ablautreihen noch in Untergruppen untergliedert werden, erscheint das Ablaut-System im Mittelhochdeutschen aus rein synchroner Sicht möglicherweise etwas unsystematisch. Doch hinter den Ablautreihen verbirgt sich (aus diachroner Sicht) eine erstaunliche Systematik. Im Weiteren folgt eine historisch-genetische Erklärung für die Ausbildung der jeweiligen Ablautreihen bzw. Ablautstufen im Mittelhochdeutschen vom Indogermanischen zum Germanischen, und vom Alt- zum Mittelhochdeutschen. Da die jeweiligen Lautwandelprozesse bereits im Kapitel „Historische Phonologie" (Kap. IV) ausführlich behandelt wurden, wird deren Kenntnis hier vorausgesetzt.

1.1.1 Ablautreihen I–V

Die Verben der ersten fünf Ablautreihen beruhen (anders als die Verben der sechsten und siebenten Ablautreihe) auf dem **idg. *e*/*o*-Ablaut** (auch *e*/*o*-Abtönung genannt). Das heißt, sie hatten im Indogermanischen in der Grundstufe, also im Infinitiv (= **1. Stammform**), den Wurzelvokal /e/, der in der 1./3. Sg. Präteritum (= **2. Stammform**) zu /o/ abgetönt wurde (Abtönungsstufe[459]). Die Differenzierung in fünf Ablautreihen ist in erster Linie darauf zurückzuführen, dass auf das /e/ im Infinitiv (bzw. das /o/ in der Abtönungsstufe) weitere Vokale oder Konsonanten bzw. Konsonantenverbindungen folgten. In der **3. Stamm-**

457 Zu den anderen Flexionsformen der starken Verben siehe Kap. V.1.1.3.

458 In diesen Fall steht die 1. Stammform für den Infinitiv, die 2. für die 1. Sg. Präsens Ind., die 3. für die 1./3. Sg. Präteritum, die 4. für die 1. Pl. Präteritum und die 5. für das Partizip Präteritum.

459 Bei der *e*/*o*-Abtönung handelt es sich um einen qualitativen Ablaut.

form (= 1. Pl. Präteritum) weisen die Verben der Ablautreihe I–V folgende Unterschiede auf: in der Ablautreihe I–III liegt eine Schwundstufe[460] vor, d. h. der Wurzelvokal /e/ ist geschwunden und nur der hinzugetretene Vokal bzw. die hinzugetretene Konsonantenverbindung blieb erhalten. Bei den Verben der Ablautreihen IV und V wurde hingegen in der 3. Stammform der Wurzelvokal idg. /e/ gedehnt (Dehnstufe). In der **4. Stammform** (Partizip Präteritum) liegt bei allen Verben der Ablautreihe I–IV die Schwundstufe vor, bei den Verben der Ablautreihe V hingegen die Grundstufe, d. h. derselbe Vokal wie im Infinitiv (1. Stammform). Im Weiteren folgt ein detaillierter Überblick über die einzelnen Ablautreihen.

1.1.1.1 Ablautreihe I

In der ersten Ablautreihe (AR I) trat bereits im Indogermanischen der Vokal /i/ zu dem Wurzelvokal der jeweiligen Stammformen hinzu. Der Wurzelvokal der 1. Stammform war im Indogermanischen ein /e/ (Grundstufe), also: **/e/** + /i/. In der 2. Stammform wurde das /e/ zu einem /o/ abgetönt (Abtönungsstufe), also: **/o/** + /i/. Bezogen auf die ersten beiden Stammformen spricht man daher auch vom **idg. *e*/*o*-Ablaut + /i/**. In der 3. und 4. Stammform ist der Wurzelvokal /e/ geschwunden (Schwundstufe), erhalten blieb nur das /i/. Somit ergibt sich für die erste Ablautreihe folgender Vokalismus in den Wurzelsilben der jeweiligen Stammformen (kurz: SF):[461]

	Infinitiv (1. SF) (Grundstufe)	**1./3. Sg. Prät.** (2. SF) (Abtönungsstufe)	**1. Pl. Prät.** (3. SF) (Schwundstufe)	**Part. Prät.** (4. SF) (Schwundstufe)
idg.	**/e/** + /i/	**/o/** + /i/	/i/	/i/

Zum Germanischen traten zwei freie Lautwandelprozesse ein: idg. **/ei/** wurde zu germ. **/î/** monophthongiert (siehe die 1. SF)[462] und idg. **/o/** > germ. **/a/** (siehe die 2. SF).[463]

germ.	/î/	/ai/	/i/	/i/

Zum Althochdeutschen spaltete sich die erste Ablautreihe in zwei Unterklassen (AR Ia und Ib) auf. Diese unterscheiden sich lediglich im Wurzelvokalismus der

460 Bei der Schwundstufe handelt es sich um einen quantitativen Ablaut.

461 Bei den Stammformen werden keine Beispiele aus dem Indogermanischen und Germanischen angegeben.

462 Bis zum Mittelhochdeutschen blieb der Wurzelvokal /î/ in der 1. Stammform unverändert erhalten.

463 Zu diesen Lautwandelerscheinungen siehe Kap. IV.1.2.2.

2. Stammform. **AR Ia:** Der Diphthong germ. /ai/ wurde im Althochdeutschen (sofern nicht bestimmte Konsonanten nachfolgten, siehe AR Ib) zu **/ei/**[464] (= Kontaktassimilation in Diphthongen). **AR Ib:** Folgten im Germanischen die Konsonanten /r/, /h/ oder /w/ unmittelbar auf den Diphthong /ai/, wurde dieser im frühen Althochdeutschen zu **/ê/**[465] monophthongiert.[466]

AR Ia

ahd.	/î/	/**ei**/	/i/	/i/
z. B.	*grîfan*	*gr**ei**f*	*griffun*	*gigriffan*

Zum Mittelhochdeutschen blieben die Wurzelvokale aller Stammformen unverändert erhalten.

mhd.	/î/	/ei/	/i/	/i/
z. B.	*grîfen*	*gr**ei**f*	*griffen*	*gegriffen*

AR Ib

ahd.	/î/	/ê/	/i/	/i/
z. B.	*dîhan*	*d**ê**h*	*digun*	*gidigan*

Beachte

Einige starke Verben (so auch ahd. *dîhan* > mhd. *dîhen* ‚gedeihen') weisen im Konsonantismus der Wurzelsilbe Grammatischen Wechsel auf (siehe hierzu Kap. IV.5.1.4). Bei Verben der AR I–V ist der Grammatische Wechsel meist zwischen der 2. und der 3. SF eingetreten. Bei Verben der AR VI und VII ist in der 2. SF zumeist bereits ein Ausgleich zugunsten der Formen mit Grammatischem Wechsel (siehe 3. und 4. SF) eingetreten.

Zum Mittelhochdeutschen blieben die Wurzelvokale aller Stammformen unverändert erhalten.

mhd.	/î/	/ê/	/i/	/i/
z. B.	*dîhen*	*d**ê**ch*	*digen*	*gedigen*

---

464 Der Wurzelvokal /ei/ (2. SF) blieb unverändert bis zum Mittelhochdeutschen erhalten.
465 Der Wurzelvokal /ê/ (2. SF) blieb unverändert bis zum Mittelhochdeutschen erhalten.
466 Zur Kontaktassimilation in Diphthongen und zur frühahd. Monophthongierung siehe Kap. IV.3.2.3.

Anmerkung

Die Schreibung <ch> in der 2. SF (*dêch*) erklärt sich dadurch, dass im Auslaut die früh-ahd. Lenisierung von [x] > /h/ unterblieben ist (siehe hierzu Kap. IV.3.1.2).

1.1.1.2 Ablautreihe II

In der zweiten Ablautreihe (AR II) trat im Indogermanischen der Vokal /u/ zum Wurzelvokal der jeweiligen Stammformen hinzu. Somit lautete der Vokalismus in der 1. SF **/e/** + /u/ und in der 2. SF **/o/** + /u/ (> **idg. *e*/*o*-Ablaut** + **/u/**). In der 3. und 4. SF ist der Wurzelvokal /e/ geschwunden (Schwundstufe), erhalten blieb nur /u/.

	Infinitiv (1. SF) (Grundstufe)	**1./3. Sg. Prät.** (2. SF) (Abtönungsstufe)	**1. Pl. Prät.** (3. SF) (Schwundstufe)	**Part. Prät.** (4. SF) (Schwundstufe)
idg.	**/e/** + /u/	**/o/** + /u/	/u/	/u/

Zum Germanischen wurde **/o/** (siehe die 2. SF) durch freien Lautwandel zu germ. **/a/**.

germ.	/eu/	/au/	/u/	/u/

Der Diphthong germ. /eu/ (siehe die 1. SF) wurde durch die nwgerm. Senkung von /u/ > /o/ (vor tiefem Vokal, siehe die Flexionsendung ahd. *-an*) und durch den Diphthongwandel (/eo/ > /io/) im frühen Althochdeutschen zu ahd. **/io/** (idg. /eu/ > nwgerm. /eo/ > ahd. > /io/).[467] Der Diphthong germ. /au/ (siehe die 2. SF) entwickelte sich im Althochdeutschen (sofern nicht bestimmte Konsonanten nachfolgten, siehe AR IIb) durch Kontaktassimilation in Diphthongen zu **/ou/**[468] oder wurde im frühen Althochdeutschen, wenn ein Dental oder die Spirans /h/ (< idg. /k/) unmittelbar voranging, zu **/ô/** monophthongiert.[469] Zum Althochdeutschen spaltete sich also die zweite Ablautreihe, je nachdem, ob in der 2. SF die Kontaktassimilation in Diphthongen oder die Monophthongierung eingetreten ist, in zwei Unterklassen (**AR IIa** und **IIb**) auf. In der 4. SF trat die nwgerm. Senkung von germ. /u/ zu nwgerm. /o/ ein, da hier ein tiefer Vokal in der Folgesilbe stand (siehe die Flexionsendung ahd. *-an*).

---

467 Siehe hierzu Kap. IV.2.2.2 und 3.2.1.

468 Der Wurzelvokal /ou/ in der 2. SF blieb unverändert bis zum Mittelhochdeutschen erhalten.

469 Zur Kontaktassimilation in Diphthongen und zur frühahd. Monopthongierung siehe Kap. IV.3.2.3. Der Wurzelvokal /ô/ in der 2. SF blieb unverändert bis zum Mittelhochdeutschen erhalten.

AR IIa

ahd.	**/io/**	**/ou/**	**/u/**	**/o/**
z. B.	*b**io**gan*	*b**ou**g*	*b**u**gun*	*gib**o**gan*

Im Spätalthochdeutschen wurde der Diphthong **/io/** (siehe die 1. SF) durch den ahd. Diphthongwandel zu **/ie/**.[470]

mhd.	/ie/	/ou/	/u/	/o/
z. B.	*b**ie**gen*	*b**ou**c*	*b**u**gen*	*geb**o**gen*

> **Anmerkung**
>
> Die Schreibung <c> in der 2. SF (*bouc*) erklärt sich durch die mhd. Auslautverhärtung (siehe hierzu Kap. IV.5.1.1).

AR IIb

ahd.	/io/	/ô/	/u/	/o/
z. B.	*b**io**tan*	*b**ô**t*	*b**u**tun*	*gib**o**tan*
mhd.	/ie/	/ô/	/u/	/o/
z. B.	*b**ie**ten*	*b**ô**t*	*b**u**ten*	*geb**o**ten*

Ausnahmen in der AR II

In der zweiten Ablautreihe sind einige Verben mit abweichendem Wurzelvokal enthalten:

- Drei Verben gehören der AR IIa an, obwohl sie in der 1. SF (Infinitiv) statt des Diphthongs /ie/ ein **/û/** als Wurzelvokal haben: *l**û**chen* (‚schließen'), *s**û**fen* (‚saufen') und *s**û**gen* (‚saugen').
- Ebenfalls der AR IIa zuzuordnen sind Verben mit dem Wurzelvokal **/iu/ + /w/** in der 1. SF (Infinitiv). Hierzu gehören zum Beispiel mhd. *bl**iuw**en* (‚schlagen'), *br**iuw**en* (‚brauen'), *k**iuw**en* (‚kauen') und *r**iuw**en* (‚schmerzen'). Diese Verben bewahren /iu/ in allen Präsensformen,[471] weisen also keinen Wechsel des Wurzelvokals (d. h. /iu/ in den Singularformen und /ie/ in den Pluralformen) auf, wie die Verben mit dem Infinitivvokal mhd. /ie/.[472] In der

470 Siehe hierzu Kap. IV.3.2.5.

471 Der Wurzelvokal /iu/ in allen Präsensformen erklärt sich dadurch, dass das /u/ hier erst später entstanden ist (germ. *-eww-* > wgerm. *-euw-* > ahd./mhd. *-iuw-*).

472 Zu den Lautwandelprozessen, die zur Alternanz von /iu/ und /ie/ geführt haben, siehe Kap. IV.2.2 und 3.2.5).

2. SF haben die Verben wie alle Verben der AR IIb den Wurzelvokal /ou/, in der 3. und 4. SF hingegen den abweichenden Wurzelvokal **/û/** (z. B. *blûwen – geblûwen*; 3. und 4. SF von *bliuwen*).

1.1.1.3 Ablautreihe III

In der dritten Ablautreihe (AR III) folgte im Indogermanischen eine **Nasal- oder Liquidverbindung** (kurz: N/L + K) auf den Wurzelvokal der jeweiligen Stammformen.

> **Anmerkung**
>
> Eine Nasal- oder Liquidverbindung liegt dann vor, wenn auf den Nasal (/m/, /n/) oder Liquid (/l/, /r/) unmittelbar ein weiterer Konsonant folgt.

Somit hatten die Verben der dritten Ablautreihe im Indogermanischen in der 1. SF den Wurzelvokal **/e/ + N/L + K** und in der 2. SF **/o/ + N/L+K (= idg. *e/o*-Ablaut + N/L + K).** In der 3. und 4. SF (Schwundstufe) blieb nur die Nasal- oder Liquidverbindung erhalten. Im Indogermanischen konnte ein Nasal oder Liquid noch allein den Ton der Silbe tragen. Diese silbischen Nasale und Liquide werden mit einem Kreis unter dem Nasal bzw. Liquid gekennzeichnet (N̥/L̥).

	Infinitiv (1. SF) (Grundstufe)	**1./3. Sg. Prät.** (2. SF) (Abtönungsstufe)	**1. Pl. Prät.** (3. SF) (Schwundstufe)	**Part. Prät.** (4. SF) (Schwundstufe)
idg.	**/e/** + N/L+K	**/o/** + N/L + K	N̥/L̥ + K	N̥/L̥ + K

Zum Germanischen trat in der 2. SF wiederum der freie Lautwandel idg. **/o/** > germ. **/a/** ein. In der 3. und 4. SF (Schwundstufe) wurde im Germanischen aus Gründen der Artikulationserleichterung der Sprossvokal /u/ eingefügt (idg. /l̥/, /r̥/, /m̥/, /n̥/ > germ. /**u**l/, /**u**r/, /**u**m/, /**u**n/).

germ.	**/e/** + N/L +K	/**a**/ + N/L + K	/**u**/ + N/L + K	/**u**/ + N/L + K

Zum Nordwestgermanischen erfolgte die Aufspaltung in zwei Unterklassen (AR IIIa und IIIb), je nachdem, ob eine Nasal- **oder** eine Liquidverbindung auf den Wurzelvokal folgte. In **AR IIIa** folgte eine Nasalverbindung, in **AR IIIb** eine Liquidverbindung. Die beiden Unterklassen unterscheiden sich hinsichtlich ihres Wurzelvokalismus in zweifacher Hinsicht: Die Verben der AR IIIa haben in der 1. SF ein /i/ (entstanden durch die nwgerm. Hebung /e/ > /i/ vor einer direkt nachfolgenden Nasalverbindung). In der 4. SF hat hingegen die Nasalverbindung das Eintreten der nwgerm. Senkung (/u/ > /o/) verhindert. Somit blieb im Partizip Präteritum germ. /u/ unverändert erhalten. Bei den Verben der AR IIIb blieb hingegen in der 1. SF der Wurzelvokal /e/ unverändert erhalten (da vor einer Liquidverbindung die nwgerm. Hebung unterblieben ist). In der 4. SF trat die nwgerm. Senkung /u/ > /o/ vor tiefem Vokal ein (da keine Nasalverbindung dazwischen stand).

AR IIIa

ahd.	/i/ + N + K	/a/ + N + K	/u/ + N + K	/u/ + N + K
z. B.	*bintan*	*bant*	*buntun*	*gibuntan*

Zum Mittelhochdeutschen blieben die Wurzelvokale aller Stammformen unverändert erhalten.

mhd.	/i/ + N + K	/a/ + N + K	/u/ + N + K	/u/ + N + K
z. B.	*binden*	*bant*	*bunden*	*gebunden*

Anmerkung

Die Media /d/, die im Mittelhochdeutschen in allen Stammformen des Verbs *binden* (mit Ausnahme der 2. SF) vorliegt, ist durch die mhd. Lenisierung nach Nasal entstanden (/nt/ > /nd/).[473] In der 2. SF (*bant*) ist hingegen die Lenisierung im Auslaut unterblieben.

AR IIIb

ahd.	/e/ + L + K	/a/ + L + K	/u/ + L + K	/o/ + L + K
z. B.	*werfan*	*warf*	*wurfun*	*giworfan*
mhd.	/e/ + L + K	/a/ + L + K	/u/ + L + K	/u/ + L + K
z. B.	*werfen*	*warf*	*wurfen*	*geworfen*

1.1.1.4 Ablautreihe IV

In der vierten Ablautreihe (AR IV) folgte im Indogermanischen ein einfacher Nasal (kurz: **N**) oder Liquid (kurz: **L**) (keine Nasal- oder Liquidverbindung!) auf den Wurzelvokal der jeweiligen Stammformen. Somit hatten die Verben der AR IV im Indogermanischen in der 1. SF **/e/ + N/L** und in der 2. SF **/o/ + N/L (= idg. *e*/*o*-Ablaut + N/L).** In der 3. SF liegt (im Unterschied zu den AR I–III) Dehnstufe vor (d. h. der Wurzelvokal /e/ wurde zu /ê/ gedehnt). In der 4. SF (Schwundstufe) blieb hingegen nur der Nasal oder Liquid erhalten.

473 Zur mhd. Lenisierung siehe Kap. IV.5.1.2.

	Infinitiv (1. SF) (Grundstufe)	**1./3. Sg. Prät.** (2. SF) (Abtönungsstufe)	**1. Pl. Prät.** (3. SF) (Dehnstufe)	**Part. Prät.** (4. SF) (Schwundstufe)
idg.	**/e/** + N/L	**/o/** + N/L	/ê/ + N/L	N̥/L̥

Zum Germanischen trat in der 2. SF wiederum der freie Lautwandel idg. **/o/** > germ. **/a/** ein, und in der 4. SF (Schwundstufe) wurde der Sprossvokal /u/ eingefügt.

germ.	**/e/** + N/L	/a/ + N/L	/ê/ + N/L	/u/ + N/L

Zum Voralthochdeutschen wurde der Wurzelvokal germ. /ê/ (3. SF) durch freien Lautwandel zu vorahd. /â/.[474] Der Wurzelvokal /u/ (4. SF) wurde durch das Eintreten der nwgerm. Senkung vor tiefem Vokal (siehe die ahd. Flexionsendung *-an;* ahd. *ginoman*) zu /o/.

ahd.	**/e/** + N/L	/a/ + N/L	/â/ + N/L	/o/ + N/L
z. B.	*neman*	*nam*	*nâmun*	*ginoman*

Zum Mittelhochdeutschen blieben die Wurzelvokale aller Stammformen unverändert erhalten.

mhd.	**/e/** + N/L	/a/ + N/L	/â/ + N/L	/o/+ N/L
z. B.	*nemen*	*nam*	*nâmen*	*genomen*

Ausnahmen in der AR IV

In der vierten Ablautreihe sind folgende Ausnahmen enthalten:

- Bei einigen Verben steht das Klassenkennzeichen für diese Reihe (einfacher Nasal oder Liquid) nicht nach, sondern **vor** dem Wurzelvokal.[475] Der Wurzelvokal der Stammformen entspricht aber dem der Verben der AR IV. Zu diesen Verben gehören u. a. mhd. *treffen, bresten* (‚mangeln'), *brechen, rechen* (‚rächen'), *vlehten* und *sprechen.*
- Verben mit der Spirans /h/ (<h>, <ch>) oder /sch/ nach dem Wurzelvokal /e/. Hierzu gehören mhd. *stechen, vehten, dehsen* (‚Flachs schwingen') und *leschen* (‚löschen').

---

474 Siehe hierzu Kap. IV.2.2.4.

475 Wenn man den Nasal oder Liquid wieder in die richtige Position rückt (nach dem Wurzelvokal), folgt auf das /e/ allerdings eine Nasal- oder Liquid**verbindung**, das Klassenkennzeichen für die AR III. Dementsprechend gehörten die genannten Verben im Althochdeutschen noch der AR III an. Zum Mittelhochdeutschen wechselten sie in die AR IV über und weisen seitdem in all ihren Stammformen den Wurzelvokal dieser Ablautreihe auf.

- das Verb mhd. *k**o**men*, trotz des abweichenden Wurzelvokals (/o/ statt /e/). Die Zuordnung zur AR IV wird einsichtig, wenn man den Infinitiv im Althochdeutschen betrachtet: *qu**e**man*.

Anmerkung

Im Klassischen Mittelhochdeutschen ist der in /qu/ enthaltene [w]-Laut geschwunden und der nachfolgende Vokal zu /o/ verdumpft worden (siehe z. B. die Wurzelsilbe des Infinitivs ahd. *que-* > mhd. *ko-*).

Die mhd. Präsensformen von *komen* zeigen noch weitere Abweichungen im Wurzelvokalismus. Im Singular gibt es in der 2. und 3. Person Nebenformen mit Umlaut (Restumlaut). Im Plural gibt es neben den lautgesetzlichen Formen mit dem Wurzelvokal /o/ Nebenformen mit /u/.[476]

Sg. 1. *kume*
2. *kum(e)st/küm(e)st*
3. *kum(e)t/küm(e)t*
Pl. 1. *komen/kumen*
2. *kom(e)t/kum(e)t*
3. *koment/kument*

Anmerkung

Das /o/ in den Pluralformen ist seit dem 13. Jh. auch in die Singularformen gedrungen (mhd. *ich kome, du komst, er komt*), das /u/ der Singularformen hingegen gelegentlich in die Pluralformen (siehe die o. g. Nebenformen).

Abgesehen vom Infinitiv (mit dem Wurzelvokal /o/ statt /e/) lautet der Vokalismus in den Stammformen ganz regelmäßig: *kam* (2. SF) – *kâmen* (3. SF) – *komen*[477] (4. SF).

1.1.1.5 Ablautreihe V

In der fünften Ablautreihe (AR V) folgte im Indogermanischen ein einfacher Konsonant (kurz: **K**) (kein Nasal- oder Liquid!) auf den Wurzelvokal der jeweili-

476 Bei den Pluralformen mit dem Wurzelvokal /o/ ist aufgrund des ursprünglich vorhandenen tiefen bzw. mittleren Vokals in der Folgesilbe (siehe z. B. die ahd. Flexionsendungen) die nwgerm. Senkung von /u/ > /o/ eingetreten (siehe hierzu Kap. IV.2.2.2). Bei den Formen mit dem Wurzelvokal /u/ ist sie hingegen in Analogie zu dem Singularformen unterblieben.
477 Mhd. *komen* gehört zu den perfektiven Verben und bildet daher das Partizip Präteritum ohne *ge*-Präfix (zu den perfektiven Verben siehe Kap. V.1.3.1).

gen Stammformen. Die Verben der AR V haben in den ersten drei Stammformen denselben Wurzelvokal wie die Verben der AR IV (1. SF: idg. **/e/ + K**; 2. SF: idg. **/o/ + K,** 3. SF: idg. /ê/ (Dehnstufe). Nur die 4. SF weicht ab: Grundstufe statt Schwundstufe (der Wurzelvokal ist also derselbe wie in der 1. SF).[478]

	Infinitiv (1. SF) (Grundstufe)	**1./3. Sg. Prät.** (2. SF) (Abtönungsstufe)	**1. Pl. Prät.** (3. SF) (Dehnstufe)	**Part. Prät.** (4. SF) (Grundstufe)
idg.	**/e/** + K	**/o/** + K	/ê/ + K	/e/ + K

Zum Germanischen trat wiederum der freie Lautwandel von idg. **/o/** > germ. **/a/** (2. SF) ein.

germ.	**/e/** + K	/**a**/ + K	/ê/ + K	/e/ + K

Zum Voralthochdeutschen wurde (wie auch bei den Verben der AR IV) der Wurzelvokal germ. /ê/ (3. SF) durch freien Lautwandel zu vorahd. /â/.[479]

ahd.	**/e/** + K	/a/ + K	/**â**/ + K	/e/ + K
z. B.	*geban*	*gab*	*gâbun*	*gigeban*

Zum Mittelhochdeutschen blieben die Wurzelvokale aller Stammformen unverändert erhalten.

mhd.	**/e/** + K	/a/ + K	/â/ + K	/e/ + K
z. B.	*geben*	*gap*	*gâben*	*gegeben*

Anmerkung

In der 2. SF (mhd. *gap*) liegt Auslautverhärtung vor.

Ausnahmen in der Ablautreihe V

In der fünften Ablautreihe sind drei Verben enthalten, deren Präsensformen in mehrfacher Hinsicht von denen der anderen Verben dieser Ablautreihe abwei-

---

478 Der Grund für die Dehnstufe in der 3. und die Grundstufe in der 4. SF ist in dem Klassenkennzeichen für diese Ablautreihe, dem einfachen Konsonanten, zu sehen. Läge in diesen Formen eine Schwundstufe vor, würde, da dann ja der Vokal ausfiele, nur der einfache Konsonant erhalten bleiben. Eine Sprossvokalbildung wie in der AR III und IV konnte in der AR V nicht erfolgen, da hier der Konsonant gerade kein Nasal oder Liquid (also kein silbischer Sonant) ist. In der AR IV wäre hingegen, da das Klassenkennzeichen für diese Ablautreihe ein Nasal oder Liquid ist, die Schwundstufe in der 3. SF (mit Sprossvokalbildung) zu erwarten gewesen. Der Grund dafür, dass hier ebenfalls (wie in AR V) Dehnstufe vorliegt, dürfte in einer Analogiebildung zur Dehnstufe in AR V zu sehen sein.

479 Siehe hierzu Kap. IV.2.2.4.

chen: mhd. ***bitten, sitzen*** und ***ligen***. Sie gehören zur Gruppe der sog. ***j*-Präsentien**, da bei ihnen im Germanischen ein *j*-Infix in die **Präsens**formen eingefügt wurde – daher auch die Bezeichnung ***j*-Präsentien** (Singular: ***j*-Präsens**). Durch das hinzugefügte /j/ sind die Abweichungen in den Präsensformen (siehe unten) zu erklären. Im Präteritum, wo kein *j*-Infix vorhanden war, zeigen die *j*-Präsentien keine Abweichungen gegenüber den regelmäßigen Verben der AR V.

1) Alle drei *j*-Präsentien haben im Infinitiv sowie in sämtlichen Präsensformen den Wurzelvokal **/i/**. Zur Erklärung: Wegen des /j/ (bzw. /i/) in der Folgesilbe ist die **Nordwestgermanische Hebung** /e/ > /i/ eingetreten.[480]
2) Vor /j/ trat im Westgermanischen (bei kurzem Wurzelvokal) eine Verdoppelung des vorhergehenden Konsonanten ein (**wgerm. Konsonantengemination**).[481] Im Mittelhochdeutschen sind die Doppelkonsonanten oftmals durch Ausgleich zugunsten der nicht-geminierten Formen beseitigt worden (siehe z. B. vorahd. **liggjan* > mhd. *ligen*).[482]

Beim *j*-Präsens mhd. ***bitten*** ist die wgerm. Konsonantengemination im Infinitiv, in der 1. Sg. Präsens (*ich bitte*) sowie in den pluralischen Präsensformen (*wir bitten, ir bittet, sie bittent*) noch auf den ersten Blick zu erkennen. Die 2. und 3. Sg. Präsens weisen hingegen (lautgesetzlich) keine Gemination auf (*du bitest, er bitet*), da die Flexionsendungen im Germanischen ein /i/ enthielten (wie noch an den ahd. Flexionsendungen *-is*/*-it* ersichtlich ist). Somit ergab sich in diesen Formen zunächst die Verbindung *-ji*. Wenig später (noch vor dem Eintreten der wgerm. Konsonantengemination) fiel hier das /j/ aus und die Gemination ist daher unterblieben.[483] Im Mittelhochdeutschen haben sich allerdings in diesen sowie in anderen Flexionsformen **Doppelformen** ausgebildet. Dadurch erklärt sich das Nebeneinander von: *bitte*/*bite* (1. Sg. Präsens) – *bittest*/*bitest* (2. Sg. Präsens) – *bittet*/*bitet* (3. Sg. Präsens) – *bitten*/*biten* (Infinitiv).

Auch beim *j*-Präsens mhd. ***sitzen*** ist die wgerm. Konsonantengemination eingetreten (germ. /t/ > wgerm. /tt/). Durch den Tenuis-Affrikata-Wandel[484] der 2. LV

480 Siehe hierzu Kap. IV.2.2.1.
481 Siehe Kap. IV.2.1.1.
482 mhd. *ligen* weist in allen Präsensformen einfache Konsonanz auf.
483 Auf den Wurzelvokal hatte der Wegfall von /j/ in der 2./3. Sg. Präsens keine Auswirkungen, da die nwgerm. Hebung sowohl vor /i/ als auch vor /j/ eingetreten ist.
484 Zur Erinnerung: Die Singularformen von Tenues, Affrikaten und Spiranten lauten Tenuis, Affrikata und Spirans. Daher lauten die Bezeichnungen für die Verschiebung einer einzelnen Tenuis zu einer Affrikata oder Spirans (infolge der 2. LV): Tenuis-Affrikata-Wandel und Tenuis-Spirans-Wandel.

(wgerm. /tt/ > ahd. /tz/)[485] entstand im Infinitiv sowie in den Präsensformen (mit Ausnahme der 2./3. Sg.) die Affrikata /ts/ <tz>. Die Formen mit Affrikata haben sich im Mittelhochdeutschen (durch Analogiebildungen) im gesamten Präsens durchgesetzt (siehe die 2./3. Sg. *du sitzest, er sitzet*).

	Infinitiv (1. SF)	**3. Sg. Prät.** (2. SF)	**1. Pl. Prät.** (3. SF)	**Part. Prät.** (4. SF)
AR Ia	/î/ *grîfen*	/ei/ *greif*	/i/ *griffen*	/i/ *gegriffen*
AR Ib	/î/ *dîhen*	/ê/ *dêch*	/i/ *digen*	/i/ *gedigen*
AR IIa	/ie/ *biegen*	/ou/ *bouc*	/u/ *bugen*	/o/ *gebogen*
AR IIb	/ie/ *bieten*	/ô/ *bôt*	/u/ *buten*	/o/ *geboten*
AR IIIa	/i/ *binden*	/a/ *bant*	/u/ *bunden*	/u/ *gebunden*
AR IIIb	/e/ *werfen*	/a/ *warf*	/u/ *wurfen*	/o/ *geworfen*
AR IV	/e/ *nemen*	/a/ *nam*	/â/ *nâmen*	/o/ *genomen*
AR V	/e/ *geben*	/a/ *gap*	/â/ *gâben*	/e/ *gegeben*

Abb. 56: Übersicht über die AR I–V im Mittelhochdeutschen.

1.1.2 Ablautreihen VI und VII

Die sechste und siebente Ablautreihe weichen beträchtlich vom Ablautsystem der AR I–V ab, da sie nicht (oder nicht unmittelbar) wie diese auf dem idg. *e*/*o*-Ablaut beruhen.

485 Siehe hierzu Kap. IV.3.1.1.

Anmerkung

Zur Erinnerung: Liegt bei Verben der AR VI und VII Grammatischer Wechsel vor, tritt er nicht, wie bei den Verben der AR I–V, zwischen der 2. und der 3., sondern zwischen der 1. und der 2. SF auf, da sich der Konsonantismus der 2. SF in der Regel dem der 3./4. SF angeglichen hat (Systemausgleich).

1.1.2.1 Ablautreihe VI

In der sechsten Ablautreihe liegt kein qualitativer Ablaut, sondern ein rein quantitatives Ablautverhältnis (Abstufung) vor. Ursprünglich basiert diese Ablautreihe im Wesentlichen auf zwei quantitativ ablautenden Reihen. Die Verben der AR VI hatten im Indogermanischen der 1. und 4. SF (Grundstufe) den Wurzelvokal **/a/** oder **/o/**, der in der 2. und 3. SF zu **/â/** bzw. **/ô/** gedehnt wurde (Dehnstufe).

	Infinitiv (1. SF) (Grundstufe)	**1./3. Sg. Prät.** (2. SF) (Dehnstufe)	**1. Pl. Prät.** (3. SF) (Dehnstufe)	**Part. Prät.** (4. SF) (Grundstufe)
idg.	**/a/** oder **/o/**	**/â/** oder **/ô/**	**/â/** oder **/ô/**	**/a/** oder **/o/**

Zum Germanischen trat ein Phonemzusammenfall von idg. /a/ und /o/ > germ. /a/ (siehe 1. und 4. SF) und idg. /â/ und /ô/ > germ. /ô/ (siehe 2. und 3. SF) ein.[486]

Anmerkung

Somit ergibt sich im Germanischen ein **scheinbares** Abtönungsverhältnis von /a/ und /ô/. Ursprünglich (siehe die idg. Ablautstufen) liegt hier aber lediglich eine Abstufung (Grundstufe – Dehnstufe) vor.

germ.	**/a/**	**/ô/**	**/ô/**	**/a/**

Im Althochdeutschen wurde germ. /ô/ zu ahd. /uo/ diphthongiert (ahd. Diphthongierung).[487]

ahd.	**/a/**	/uo/	/uo/	**/a/**
z. B.	*tr**a**gan*	*tr**uo**g*	*tr**uo**gun*	*gitr**a**gan*

Zum Mittelhochdeutschen blieben die Wurzelvokale aller Stammformen unverändert erhalten.

---

486 Siehe hierzu Kap. IV.1.2.2.

487 Siehe hierzu Kap. IV.3.2.4.

mhd.	**/a/**	**/uo/**	**/uo/**	**/a/**
z. B.	*tragen*	*truoc*	*truogen*	*getragen*

Anmerkung

In der 2. SF (mhd. *truoc*) liegt Auslautverhärtung vor.

Ausnahmen in der Ablautreihe VI

Auch in der sechsten Ablautreihe sind drei *j*-Präsentien enthalten: mhd. *heben*[488]/*heven* (‚heben'), *schepfen* (‚schaffen', nicht zu verwechseln mit dem gleichlautenden schwachen Verb *schepfen* ‚eine Flüssigkeit schöpfen') und *swern* (‚schwören'). Auch hier zeigen sich durch das im Germanischen eingefügte *j*-Infix Abweichungen in den Präsensformen:

1) Im Infinitiv sowie in sämtlichen Präsensformen haben diese Verben den Wurzelvokal **/e/**. Erklärung: durch das /j/ (bzw. /i/) in der Folgesilbe ist im Althochdeutschen der **Primärumlaut /a/** > **/e/** eingetreten.[489]
2) Wie bei den *j*-Präsentien der AR V ist im Westgermanischen auch bei mhd. *heben/heven* und *schepfen* die **wgerm. Konsonantengemination** eingetreten (siehe wgerm. **haffjan* und **skappjan*). Bei mhd. *swern* ist sie hingegen unterblieben, da /r/ nicht geminiert wurde (germ. **swarjan* > wgerm. **swarjan* > ahd. *swerien* > mhd. *swern*). Betrachtet man den ahd. Infinitiv (*heffen*), ist die Gemination noch unmittelbar zu erkennen.[490] Die einfache Konsonanz in mhd. *heben/heven* ist wiederum durch Ausgleich zu den nicht-geminierten Formen zu erklären.

Bei mhd. *schepfen* ist die Affrikata im Infinitiv sowie in den Präsensformen (mit Ausnahme der 2./3. Sg.) lautgesetzlich durch den Tenuis-Affrikata-Wandel der 2. LV zu erklären (wgerm. **skappjan* > ahd. *skepfen* > mhd. *schepfen*).[491] Auch

488 Die Media /b/ im sekundär gebildeten Infinitiv *heben* ist aus dem Präteritum übernommen worden. Bei der älteren Nebenform mhd. *heven* (< ahd. *heffen*) zeigt sich hingegen noch der Grammatische Wechsel von /f/ – /b/ zwischen der 1. und 2. SF. Die mhd. Nebenform *heven* (anstelle der ahd. Form mit Doppelkonsonanz *heffen* < wg. **haffjan*) ist analog zur 2./3. Sg. Präsens (ahd. *hevis* – *hevit*) entstanden. In diesen Formen unterblieb durch den Ausfall des /j/, der wiederum auf das /i/ in der Flexionsendung zurückzuführen ist, die wgerm. Konsonantengemination.

489 Siehe hierzu Kap. IV.3.2.2.

490 Auch in den anderen Präsensformen (mit Ausnahme der 2./3. Sg.) liegt im Althochdeutschen Gemination vor.

491 Siehe hierzu Kap. IV.3.1.1.

hier haben sich (wie bei *sitzen*) die Formen mit Affrikata im Mittelhochdeutschen (durch Analogiebildung) im gesamten Präsens durchgesetzt (siehe die 2./3. Sg.: *du sche**pf**est, er sche**pf**et*).

Anmerkung

Zum Infinitiv *schepfen* wurde noch im späteren Mittelhochdeutschen sekundär – in Analogie zur 4. SF (mhd. *geschaffen*) – der neue Infinitiv *schaffen* gebildet. Dieses Verb ist somit sekundär völlig regelmäßig geworden.

In seinen präteritalen Stammformen weist mhd. *schepfen* (verglichen mit den regelmäßigen Verben der AR VI) keine Abweichungen auf.[492] Anders mhd. ***heben/heven*** und ***swern***:

Infinitiv (1. SF)	**1./3. Sg. Prät.** (2. SF)	**1. Pl. Prät.** (3. SF)	**Part. Prät.** (4. SF)
*h**e**ben/h**e**ven*	*h**uo**p*	*h**uo**ben*	***er**h**a**ben*

Anmerkung

In der 2. SF (mhd. *huo**p***) liegt Auslautverhärtung vor.

Beachte

Das Präfix der 4. SF (Partizip Präteritum: *erhaben*) lautet abweichend ***er-*** (nicht *ge-*)!

Infinitiv (1. SF)	**1./3. Sg. Prät.** (2. SF)	**1. Pl. Prät.** (3. SF)	**Part. Prät.** (4. SF)
*sw**e**rn*	*sw**uo**r*	*sw**uo**ren*	*gesw**o**rn*

Beachte

Der Wurzelvokal in der 4. SF (Partizip Präteritum: *gesworn*) lautet nicht, wie erwartet, /a/, sondern **/o/**. Das /o/ ist möglicherweise in Analogie zur entsprechenden Form der Verben der AR IV (vgl. z. B. *gen**o**men*) entstanden. Hinzu kommt die Synkope des schwachtonigen /e/ nach /r/ (siehe hierzu Kap. III.3.3). Daher lauten die 1. und 4. SF *swern* und *gesworn*.

1.1.2.2 Ablautreihe VII

In der siebenten Ablautreihe sind verschiedene Gruppen von Verben enthalten. Da die sprachhistorisch-genetische Entwicklung dieser Ablautreihe in der Forschung zum Teil noch ungeklärt ist, beschränkt sich der folgende Überblick

492 Die Stammformen lauten: *sch**e**pfen – sch**uo**f – sch**uo**fen – gesch**a**ffen*.

im Wesentlichen auf die Stammformen im Mittelhochdeutschen, also auf die synchrone Ebene. Zur sprachhistorischen Entwicklung sei nur soviel gesagt: Im Indogermanischen haben einige Verben ihre Präteritalformen durch sog. **Reduplikation** gebildet. Hierbei wurde der wurzelanlautende Konsonant, gefolgt von dem Reduplikationsvokal /e/, der Wurzelsilbe vorangestellt. Einige Verben bildeten ihr Präteritum allein durch Reduplikation, andere durch Reduplikation und Ablaut. Im Nordwestgermanischen ist dann aus nicht eindeutig geklärter Ursache die Reduplikation aufgegeben und durch Ablaut ersetzt worden. Daher werden die Verben der AR VII auch als „ehemals reduplizierende Verben" bezeichnet. Im Ostgermanischen (Gotischen) ist die Reduplikation noch belegt und soll anhand der Präteritalformen von got. *haitan* (‚heißen') kurz erläutert werden.

	Infinitiv (1. SF) (Grundstufe)	**1./3. Sg. Prät.** (2. SF) (Reduplikationsstufe)	**1. Pl. Prät.** (3. SF) (Reduplikationsstufe)	**Part. Prät.** (4. SF) (Grundstufe)
got.	*haitan*	***hai**hait*	***hai**haitum*	*haitans*

Anmerkung

Das /ai/ in der Reduplikationssilbe hat den Lautwert [e] (= Reduplikationsvokal).

Beachte

Nur beim Wurzelverb mhd. ***tuon*** hat sich die Reduplikation (zumindest teilweise) bis ins Mittelhochdeutsche erhalten: die 1./3. Sg. Präteritum lautet mhd. *er tete* (siehe Kap. V.1.3.3.2).

Im Mittelhochdeutschen gehören der AR VII Verben an, die in der 1. und 4. SF als Wurzelvokal die Langvokale /â/ oder /ô/, die Diphthonge /ei/, /ou/, /uo/ oder den Kurzvokal /a/ haben. Dadurch, dass auch die Verben der AR VI den Wurzelvokal /a/ aufweisen (siehe z. B. mhd. *tragen*), wird die Zuordnung zu einer dieser beiden Ablautreihen erschwert. In der Regel gilt: folgt auf das /a/ eine Liquidverbindung (Liquid + Konsonant) oder eine Nasalverbindung (Nasal + Konsonant), wie z. B. in mhd. *ha**lt**en* und *spa**nn**en*, gehört das betreffende Verb der AR VII an.

Der Wurzelvokal in der 2. und 3. SF[493] lautet bei allen Verben der AR VII **/ie/**.

493 Im Althochdeutschen hatten Verben mit dem Wurzelvokal /a/, /â/ oder /ei/ in der 2. und 3. SF den Diphthong /ia/ bzw. /ie/, Verben mit einem /ô/, /uo/ oder /ou/ als Wurzelvokal hingegen den Diphthong /io/. Erst beim Übergang zum Mittelhochdeutschen ist durch Pho-

	Infinitiv (1. SF)	**1./3. Sg. Prät.** (2. SF)	**1. Pl. Prät.** (3. SF)	**Part. Prät.** (4. SF)
	(Grundstufe)	(Reduplikationsstufe)	(Reduplikationsstufe)	(Grundstufe)
	/a/, /â/, /ei/, /ou/, /ô/, /uo	**/ie/**	**/ie/**	**/a/, /â/, /ei/, /ou/, /ô/, /uo/**
z. B.	*h**a**lten*	*h**ie**lt*	*h**ie**lten*	*geh**a**lten*
	*sl**â**fen*	*sl**ie**f*	*sl**ie**fen*	*gesl**â**fen*
	*h**ei**zen*	*h**ie**z*	*h**ie**zen*	*geh**ei**zen*
	*l**ou**fen*	*l**ie**f*	*l**ie**fen*	*gel**ou**fen*
	*st**ô**zen*	*st**ie**z*	*st**ie**zen*	*gest**ô**zen*
	*r**uo**fen*	*r**ie**f*	*r**ie**fen*	*ger**uo**fen*

	Infinitiv (1. SF)	**3. Sg. Prät.** (2. SF)	**1. Pl. Prät.** (3. SF)	**Part. Prät.** (4. SF)
AR VI	**/a/** *tragen*	/uo/ *truoc*	/uo/ *truogen*	**/a/** *getragen*
AR VII	**/a/, /â/, /ei/, /ou/, /ô/, /uo/** *halten* *slâfen* *heizen* *loufen* *stôzen* *ruofen*	/ie/ *hielt* *slief* *hiez* *lief* *stiez* *rief*	/ie/ *hielten* *sliefen* *hiezen* *liefen* *stiezen* *riefen*	**/a/, /â/, /ei/, /ou/, /ô/, /uo/** *gehalten* *geslâfen* *geheizen* *geloufen* *gestôzen* *geruofen*

Abb. 57: Übersicht über die AR VI und VII im Mittelhochdeutschen.

1.1.3 Die Flexionsformen der starken Verben

In diesem Kapitel erfolgt ein systematischer Überblick über sämtliche Flexionsformen (Präsens und Präteritum, Indikativ und Konjunktiv) am Beispiel von mhd. *werfen* (AR IIIb) und *graben* (AR VI). Vorab noch eine kurze allgemeine Bemerkung zu den Tempora im Mittelhochdeutschen: Im Mittelhochdeutschen gibt es nur zwei einfache (nicht-zusammengesetzte) Tempora: **Präsens** und **Präteritum.** Wie im Neuhochdeutschen dient das Präsens zum Ausdruck der Gegenwart, kann aber auch futurische Bedeutung haben (siehe z. B. *ob sîn got*

---

nemzusammenfall (siehe den ahd. Diphthongwandel) der einheitliche Diphthong /ie/ in den entsprechenden Stammformen entstanden.

nû ruochet, der vindet ir hie teil, Erec, V. 4341 f.; ‚wenn Gott es für ihn wünscht, werdet ihr hier reichlich davon finden‘).[494] Neben dem Präsens kann das Futur im Mittelhochdeutschen aber auch mit Hilfe der Verben *suln, wellen, müezen* + Infinitiv umschrieben werden. Beim Präteritum ist jedoch beim Übersetzen Vorsicht geboten. Je nachdem, ob ein Bezug zur Gegenwart vorliegt oder nicht, wird das Präteritum im Neuhochdeutschen mit Präteritum oder Perfekt übersetzt. Es kann aber auch Vorzeitigkeit ausdrücken. In diesen Fällen ist es mit dem Plusquamperfekt zu übersetzen. Bei der Übersetzung präteritaler Formen ist also stets das zeitliche Verhältnis des erzählten Geschehens (siehe den Kontext) zu berücksichtigen.

Präsens Indikativ

Sg.	1.	*ich w**i**rfe*	*ich gr**a**be*
	2.	*du w**i**rf(e)st*	*du gr**e**b(e)st*
	3.	*er w**i**rf(e)*	*er gr**e**b(e)t*
Pl.	1.	*wir w**e**rfen*	*wir gr**a**ben*
	2.	*ir w**e**rf(e)t*	*ir gr**a**b(e)t*
	3.	*sie w**e**rfent*	*sie gr**a**bent*

Beachte

Bei *werfen* ist in allen Singularformen ist die nwgerm. Hebung /e/ > /i/ eingetreten, bei *graben* der Primärumlaut /a/ > /e/ in der 2./3. Sg. (siehe hierzu Kap. IV.2.2.1 und 3.2.2).

Präsens Konjunktiv

Sg.	1.	*ich w**e**rfe*	*ich gr**a**be*
	2.	*du w**e**rfest*	*du gr**a**best*
	3.	*er w**e**rfe*	*er gr**a**be*
Pl.	1.	*wir w**e**rfen*	*wir gr**a**ben*
	2.	*ir w**e**rfet*	*ir gr**a**bet*
	3.	*sie w**e**rfen*	*sie gr**a**ben*

Beachte

Im Unterschied zu den indikativischen Formen weisen die konjunktivischen Präsensformen keine Alternanzen im Wurzelvokalismus auf. Zu beachten sind aber stets die vom Indikativ abweichenden Flexionsendungen in der 3. Sg. und 3. Pl. Konjunktiv.

---

494 Das Präsens Historicum (zum Ausdruck der Vergangenheit) kommt nur äußerst selten vor.

Präteritum Indikativ

Sg.	1.	*ich warf*	*ich gruop*
	2.	*du **ü**rfe*	*du gr**üe**be*
	3.	*er warf*	*er gruop*
Pl.	1.	*wir wurfen*	*wir gruoben*
	2.	*ir wurfet*	*ir gruobet*
	3.	*sie wurfen*	*sie gruoben*

Beachte

Die 2. Sg. (siehe *würfe* und *grüebe*) zeigt starke Abweichungen gegenüber der nhd. Form (vgl. nhd. *du warfst* und *du grubst*).[495] Sie wird im Mittelhochdeutschen folgendermaßen gebildet: 1.) Der Wurzelvokal ist der der 3. SF (1. Pl. Präteritum). Ist dieser umlautfähig, ist Umlaut eingetreten. 2.) Die Flexionsendung lautet mhd. *-e* (< ahd. *-i*). Dadurch erklärt sich der Umlaut bei umlautfähigem Wurzelvokal.
In der 3. Sg. (siehe *warf* und *gruop*) liegt aus synchroner Sicht ein Nullmorphem, eine sog. Nullendung vor.

Anmerkung

In der 1. und 3. Sg. (*gruo**p***) liegt Auslautverhärtung vor.

Präteritum Konjunktiv

Sg.	1.	*ich würfe*	*ich grüebe*
	2.	*du würfest*	*du grüebest*
	3.	*er würfe*	*er grüebe*
Pl.	1.	*wir würfen*	*wir grüeben*
	2.	*ir würfet*	*ir grüebet*
	3.	*sie würfen*	*sie grüeben*

Beachte

Im Konjunktiv Präteritum tritt bei umlautfähigem Wurzelvokal in allen Formen Umlaut ein, da im Althochdeutschen ein /ī/ (inlautend) oder /i/ (auslautend) in den Flexionsendungen stand.

---

495 Die Abweichungen, sich sich im Mittelhochdeutschen in der 2. Sg. Prät. der starken Verben zeigen, gehen auf das Westgermanische zurück. Dies hatte im Unterschied zu den anderen germanischen Sprachen statt der idg. Perfektendung /-t/ in der 2. Sg. Prät. (die sich allerdings auch im Mhd. bei der 2. Sg. Präsens der Präteritopräsentien [siehe Kap. V.1.3.6] erhalten hat) ein /i/, das wahrscheinlich aus den Optativformen übernommen wurde. Dadurch erklärt sich auch der Umlaut des Wurzelvokals im Mittelhochdeutschen.

Imperativ

Sg.	2.	*wirf*	*grap*
Pl.	1.	*werfen*	*graben*
	2.	*werfet*	*grabet*

Anmerkung

Bei *grap* (2. Sg. Imperativ) liegt wiederum Auslautverhärtung vor.

Partizip Präteritum

geworfen *gegraben*

Das **Partizip Präsens** wird durch Anhängen der Endung *-de* an den Infinitiv gebildet (siehe z. B. mhd. *werfende* und *grabende*).

1.2 Schwache Verben

Im Germanischen entstand eine neue große Gruppe von Verben, die J. GRIMM als **schwache Verben** bezeichnete. Im Unterschied zu den starken bilden die schwachen Verben das Präteritum nicht durch Ablaut des Wurzelvokals, sondern durch das Anhängen eines **Dentalsuffixes** (mhd. *-te*, 1./3. Sg.) an die Verbwurzel.[496] Das Dentalsuffix dürfte (so die vorherrschende Forschungsmeinung) durch umschreibende (periphrastische) Formenbildung mit Hilfe des Präteritums von *tuon* (‚tun'), das enklitisch an die jeweilige Verbwurzel angefügt wurde, entstanden sein.[497] Die schwachen Verben weisen zudem (im Unterschied zu den meisten starken Verben) in ihren Präsensformen **keine Alternanzen** im Wurzelvokalismus auf. Ein Beispiel ist mhd. *legen*. Hier bleibt die Wortwurzel (*leg-*) in allen Konjugationsformen des Präsens völlig unverändert erhalten (sie-

496 Das Dentalsuffix *-te* wird gelegentlich nach Nasal oder Liquid zu *-de* lenisiert (zur mhd. Lenisierung siehe Kap. IV.5.1.2).

497 Im Gotischen ist die periphrastische Formenbildung mit den Präteritalformen von *tun* noch deutlich zu erkennen. So lautet beispielsweise die 1. Pl. von got. *salbôn* (Infinitiv) *salbô**dêdum***. Hier liegt Reduplikation vor (got. *dêdum* = ahd. *tâtum*/*tâtun* > *-tun* > mhd. *-ten*). Auch in der nhd. Umgangssprache findet sich gelegentlich noch diese Art der Präteritalbildung (z. B. *da* ***tat*** *ich ein Buch* ***lesen*** statt *da las ich ein Buch*). Vgl. auch die Fragebildung im Englischen, z. B. ***do*** *you* ***read*** *a book?* In der Forschung wird die Herkunft des Dentalsuffixes allerdings durchaus kontrovers diskutiert, da etliche Präteritalformen eindeutig germ. *-tô*, und nicht *-dô* voraussetzen.

he Präsens Indikativ: *ich/er lege, du legest, wir legen, ir leget, sie* legent). Auch im Präteritum bleibt die Wortwurzel (*leg-*) unverändert bewahrt: Wurzel (*leg-*) + **Bindevokal /e/**[498] + Dentalsuffix: *ich/er legete, du legetest, wir/sie legeten, ir legetet*. Auch im Partizip Präteritum tritt (zumindest in der unflektierten Form)[499] das Dentalsuffix /-t/ an die Wurzel (*leg-*) und dem Bindevokal /e/ (siehe z. B. *gelege**t***).

Anmerkung

Nicht alle schwachen Verben haben (wie *legen*) in ihren Präteritalformen den Bindevokal /e/ zwischen ihrer Wurzel und dem Dentalsuffix! Dieser kann entweder im Mittelhochdeutschen durch Synkope geschwunden oder bereits in einer früheren Sprachstufe ausgefallen sein. Dies ist der Fall bei den langwurzligen *jan*-Verben (siehe hierzu Kap. V.1.2.1.2).

Bei den schwachen Verben ist es (im Unterschied zu den starken Verben) nicht notwendig, vier Stammformen anzugeben. Es genügt die Nennung des Infinitivs, der 1./3. Sg. Präteritum und des (unflektierten) Partizips Präteritum.[500] Bezogen auf das Verb *legen* lauten die Formen: *legen – legete – geleget.*

Anmerkung

Allerdings erweisen sich nicht alle schwachen Verben hinsichtlich ihrer Präteritalflexion als so unkompliziert wie das Beispielverb *legen*. Generell werden (aus diachroner Perspektive) drei Klassen von schwachen Verben unterschieden (siehe Kap. V.1.2.1 und 1.2.2).

Beachte

Seit dem Germanischen werden alle neu gebildeten Verben schwach flektiert. Zum Neuhochdeutschen sind sogar einige mhd. starke Verben zu den schwachen Verben übergetreten. Hierzu gehören z. B.:

---

498 Der Bindevokal /e/ zwischen der Verbwurzel und der Flexionsendung ist der Rest des stammbildenden Suffixes, welches im Germanischen bei der Bildung der schwachen Verben in der Regel an die jeweilige Wortwurzel angefügt wurde.

499 Bei den schwachen Verben werden generell zwei Formen des Partizips Präteritum unterschieden: die unflektierte Form mit der Endung *-(e)t* (z. B. *geleget*) und die flektierte Form mit der Endung *-ter* (z. B. *geleg[e]ter*).

500 Von mhd. *legen* gibt es auch die kontrahierte Formen *legete – leite, geleget – geleit* (zu den Kontraktionen über die inlautenden Mediae siehe Kap. IV.5.1.3). Hartmann von Aue hat ausschließlich diese Formen verwendet.

- mhd. ***pflegen***: ein starkes Verb der AR V (die Stammformen lauten: *pflegen – pflac – pflâgen – gepflegen*). Im Nhd. wird *pflegen* hingegen schwach flektiert (nhd. *pflegen – pflegte – gepflegt*).
- mhd. ***sweifen***: ein starkes Verb der AR VII (die Stammformen lauten: *sweifen – swief – swief – gesweifen*). Im Nhd. wird *schweifen* hingegen schwach flektiert (nhd. *schweifen – schweifte – geschweift*).
- mhd. ***kneten***: ein starkes Verb der AR V (die Stammformen lauten: *kneten – knat – knâten – gekneten*). Im Nhd. wird *kneten* hingegen schwach flektiert (nhd. *kneten – knetete – geknetet*).

Bei der Bestimmung eines mhd. Verbs als stark oder schwach kann also nicht automatisch vom Neuhochdeutschen ausgegangen werden.

Zunächst ein kurzer sprachhistorischer Überblick über die Entstehung der schwachen Verben: Im Unterschied zu den starken sind die schwachen Verben nicht bereits im Indogermanischen, sondern erst seit dem (frühesten) Germanischen entstanden. Sie wurden mit Hilfe unterschiedlicher Suffixe entweder von starken Verben oder Nomina (Substantiva oder Adjektiva) abgeleitet. Im ersten Fall handelt es sich um **Deverbativa** (die weitaus produktivste Gruppe bei der Bildung der schwachen Verben), im zweiten um **Denominativa**. Schwache Verben sind also sekundäre Neubildungen und werden daher auch als **sekundäre Verben** bezeichnet.

Die schwachen Verben lassen sich, je nach Art des Suffixes, welches **im Germanischen(!)** zur Bildung des Infinitivs an die Wurzel des zugrundeliegende Primärverbs oder Adjektivs/Substantivs angehängt wurde, in drei Klassen einteilen: ***jan*-Verben, *ôn*-Verben, *ên*-Verben.** Die größte Klasse ist die der ***jan*-Verben.**

Im Althochdeutschen sind die Infinitivsuffixe *-ôn* und *-ên* noch voll erhalten, während *-jan* in der Regel bereits zu *-en* abgeschwächt wurde (dennoch hat das /j/ noch in ahd. Zeit bei umlautfähigem Wurzelvokal Umlaut bewirkt). Im Mittelhochdeutschen haben hingegen (infolge der Abschwächung der vollen Nebentonvokale vom Alt- zum Mittelhochdeutschen) alle schwachen Verben im Infinitiv die Endung *-en*, wodurch die Zuordnung zu einer der drei ursprünglichen Klassen von schwachen Verben ganz beträchtlich erschwert wird. Oftmals ist es gar nicht mehr möglich, auf synchroner mhd. Ebene eine Zuordnung vorzunehmen. Nur die *jan*-Verben mit umlautfähigem Wurzelvokal können noch im Mittelhochdeutschen von den *ôn-/ên*-Verben unterschieden werden, da sie z. B. im Präsens und im Infinitiv Umlaut (und Konsonantengemination) aufweisen.[501]

501 Diese Lautwandelerscheinungen sind bedingt durch das /j/.

Auf semantischer Ebene wurde im Germanischen durch das Anhängen des Suffixes *-jan*, *-ôn*, *-ên* eine besondere Bedeutungsnuance gegenüber dem zugrundeliegenden Primärverb, Adjektiv oder Substantiv ausgedrückt. Vielfach hat sich diese im Mittelhochdeutschen erhalten. So kann bei den Deverbativa die Bedeutung des Primärverbs beispielsweise gesteigert (**Intensiva**) oder die Dauer bzw. das Einsetzen, der Beginn einer Handlung, betont werden (**Durativa** bzw. **Inchoativa**). Bei der überwiegenden Mehrzahl der *jan*-Verben handelt es sich um **Kausativa** (< lat. *causâre* ‚bewirken'). Sie lassen sich daher umschreiben mit „machen/bewirken". Am Beispiel von mhd. *setzen* soll dies näher erläutert werden: Das Verb gehört zur Klasse der *jan*-Verben und ist ein Kausativum zum starken Verb mhd. *sitzen* (ein *j*-Präsens der AR V). Die Bedeutung von *setzen* lässt sich umschreiben mit: „machen/bewirken, dass jemand/etwas sitzt."[502]

1.2.1 *jan*-Verben

Zunächst ein kurzer Blick auf die historisch-genetische Entwicklung der von starken Verben abgeleiteten *jan*-Verben (Deverbativa) vom Germanischen bis zum Mittelhochdeutschen: Wird das *jan*-Verb von einem starken Verb der AR I–VI abgeleitet, wurde im Germanischen bei der Bildung des neuen Infinitivs das Suffix *-jan* an die Wurzel der 2. SF (Abtönungsstufe) des starken Verbs gehängt. Gehörte das (starke) Primärverb hingegen der AR VII an, trat die Endung *-jan* nicht an die Wurzel der 2. SF, sondern an die Wurzel der 1. SF (Grundstufe) des starken Verbs. Dies soll am Beispiel der *jan*-Verben mhd. *nern* (‚gesund machen/retten/ernähren')[503] und *vellen* (‚fällen') näher beschrieben werden.

Das *jan*-Verb ***nern*** ist abgeleitet vom starken Verb idg. **nes-* > germ. **ga-nes-a-* > ahd. *ginesan* > mhd. (*ge*)*nesen* (‚gesund werden/am Leben bleiben'), ein Verb der AR V. Bei der Bildung des neuen (schwachen) Infinitivs wurde im Germanischen die Endung *-jan* an die Wurzel der 2. SF (Abtönungsstufe) gehängt. Die Wurzel lautete germ. **nas-* (< idg. **nos-*). Der Infinitiv des neuen schwachen Verbs lautete also ursprünglich germ. **nasjan*. Noch im frühen Germanischen

---

502 Bei den *ôn*- und *ên*-Verben handelt es sich meist zum Denominativa. Semantisch gesehen sind die *ôn*-Verben in der Regel Ornativa (< lat. *ornare* ‚schmücken'). Sie lassen sich daher umschreiben mit „versehen mit etwas" (siehe z. B. ahd. *salbôn* > mhd./nhd. *salben* = „mit Salbe versehen"). Die *ên*-Verben sind hingegen zumeist Inchoativa (< lat. *inchoâre* ‚anfangen'). Sie lassen sich daher umschreiben mit „werden" (siehe z. B. ahd. *fûlên* > mhd. *fûlen* ‚faulen' = „faul werden").

503 Bei der nhd. Schreibung *ernähren* liegt das etymologisch-morphologische Prinzip vor: analoge Schreibung zum Substantiv *Nahrung*.

wurde dieser (infolge der Spirantenerweichung nach dem Vernerschen Gesetz) zu **nazjan*. Vom Germanischen bis zum Mittelhochdeutschen traten dann weitere Lautwandelprozesse (bis zu mhd. *nern*) ein.

	starkes Verb (AR V)		*jan*-Verb
	Infinitiv (1. SF)	**1./3. Sg. Prät.** (2. SF)	
	(Grundstufe)	(Abtönungsstufe)	
idg.	**nes -*	****nos -***	--------

Vom Indogermanischen zum Germanischen wurde idg. **/o/** durch freien Lautwandel zu germ. **/a/** (siehe die 2. SF). Aus der Wurzel der 2. SF (germ. **nas-*) entstand noch im Germanischen zunächst der neue Infinitiv (**nasjan*), der aber noch im frühen Germanischen (infolge der **Spirantenerweichung** von /s/ > /z/ nach dem Vernerschen Gesetz) zu **nazjan* wurde.[504]

germ.	**nes -*	****nas -***	**nas + jan* (neuer Infinitiv) > ****nazjan***

Im Nordwestgermanischen ist der **Rhotazismus /z/ > /r/** und im Althochdeutschen der **Primärumlaut /a/ > /e/** eingetreten. Da das /j/ nach dem Liquid /r/ stets zu einem /i/ vokalisiert wurde, blieb die volle Flexionsendung im Althochdeutschen erhalten (germ. *-jan* > ahd. *-ian*).

ahd.	*(gi)nesan*	*(gi)nas*	*nerian*[505]

Zum Mittelhochdeutschen wurde das Suffix ahd. *-ian* zunächst zu *-en* abgeschwächt. Dann trat nach dem Liquid /r/ Synkope des unbetonten /e/ ein.

mhd.	*(ge)nesen*	*(ge)nas*	*nern*

Beachte

Wie das Beispiel mhd. *nesen* (starkes Verb) und *nern* (schwaches Verb) zeigt, weisen die schwachen Verben mitunter Grammatischen Wechsel auf. Die Erklärung hiefür ist, dass bei den neu gebildeten schwachen Verben der im Frühgermanischen noch freie Wortakzent auf der Ableitungssilbe lag, also nachfolgte. Somit war schon einmal eine der beiden Voraussetzungen für die Spirantenerweichung nach dem Vernerschen Gesetz gegeben.

---

504 Zur Spirantenerweichung nach dem Vernerschen Gesetz siehe Kap. IV.1.1.1. Bei diesem Verb lag stimmhafte Umgebung vor und der (noch freie) Wortakzent folgte nach.

505 Bei <i> und <j> handelt es sich im Althochdeutschen lediglich um graphische Varianten. Beide Grapheme können sowohl das Phonem /i/ als auch das Phonem /j/ ausdrücken. Hier liegt wohl der Reibelaut, also /j/, vor. Dieser blieb im Althochdeutschen nach /r/ erhalten.

Das *jan*-Verb ***vellen*** ist abgeleitet von der Wurzel der Grundstufe (1. SF) des starken Verbs idg. **fall-* > germ. **fall-eja-a-* > ahd. *fellen* > mhd. *vellen* (‚fällen'),[506] ein Verb der AR VII. Der neugebildete (schwache) Infinitiv lautete also germ. **falljan.*

	starkes Verb (AR VII) **Infinitiv** (1. SF) (Grundstufe)	*jan*-Verb
idg.	**fall-*	--------
germ.	**fall-eja-a*	****fall + jan***

Im Althochdeutschen trat **Primärumlaut /a/ > /e/** vor /j/ in der Folgesilbe ein sowie die Abschwächung von germ. *-jan* > ahd. *-en.*[507]

ahd.	*fallan*	*fellen*

Im frühen Althochdeutschen wurde der stl. Reibelaut germ. /f/ im Anlaut vor Vokal zu einem sth. Reibelaut lenisiert, der aber häufig noch mit dem Graphem <f> wiedergegeben wird.[508] Im Mittelhochdeutschen überwiegt hingegen die Schreibung <v>.

mhd.	*vallen*	*vellen*

Bei den *jan*-Verben werden – je nach Quantität der Wurzelsilbe im Germanischen(!) – zwei Gruppen unterschieden: **kurzwurzlige** und **langwurzlige** *jan*-Verben.

Anmerkung

Eine Wurzelsilbe gilt (zumindest aus synchroner Sicht) als lang, wenn der Wurzelvokal entweder ein Langvokal oder ein Diphthong ist (**Naturlänge**), z. B. mhd. ***lêr**-en, **hœr**-en,* oder in der Wurzelsilbe mindestens zwei Konsonanten auf einen kurzen Vokal folgen (**Positionslänge**),[509] siehe z. B. mhd. ***brenn**-en.*

1.2.1.1 Kurzwurzlige *jan*-Verben

Bei den kurzwurzligen *jan*-Verben hat das /j/ (auch wenn es bereits im Althochdeutschen nicht mehr erhalten ist) im Infinitiv und in den Flexionsformen des

506 Im nhd. Verb *fällen* liegt etymologisch-morphologische Schreibung analog zum Substantiv *Fall* vor.

507 Siehe hierzu Kap. IV.3.2.2 und 4.2.2.

508 Siehe hierzu Kap. IV.3.1.2.

509 Auch mehrsilbige Verben zählen zu den langwurzligen Verben. Da es nur wenige Beispiele für mehrsilbige Verben gibt und in diesen Fällen zumeist ohnehin Positionslänge vorliegt

Präsens Umlaut und (mit Ausnahme der 2. und 3. Sg.) die Gemination des vorhergehenden Konsonanten bewirkt.[510]

Anmerkung

Da die 2. und 3. Sg. Präsens im Westgermanischen ein /i/ in ihren Flexionsendungen hatten, ist das /j/ in diesen Formen ausgefallen. Hier liegt folglich, da die wgerm. Konsonantengemination nicht eingetreten ist, einfache Konsonanz vor.

Beachte

Durch das Eintreten der wgerm. Konsonantengemination wurde vielfach eine ursprünglich kurze Wurzelsilbe durch Positionslänge sekundär lang.[511] Spricht man von kurzwurzligen *jan*-Verben, ist aber immer die Quantität der Wurzelsilbe im Germanischen (**vor** Eintreten der wgerm. Konsonantengemination) gemeint!

Hinsichtlich ihrer Präsensformen unterscheiden sich die kurzwurzligen *jan*-Verben nicht von den langwurzligen. Aber im **Präteritum** zeigen sich bedeutsame Unterschiede: Nur bei den kurzwurzligen *jan*-Verben ist das /j/ im Präteritum als Bindevokal ahd. /i/ (> **mhd. /e/**) erhalten geblieben. Daher ist hier (ebenso wie im Infinitiv und im Präsens) bei umlautfähigem Wurzelvokal durchgängig Umlaut eingetreten. Mit anderen Worten: Die kurzwurzligen *jan*-Verben haben im Präsens und Präteritum denselben Wurzelvokal. Im Konsonantismus ist allerdings zu beachten, dass im Präteritum die wgerm. Konsonantengemination in allen Formen unterblieben ist, da sie nur vor /j/ (nicht vor /i/) eingetreten ist.

Anmerkung

Mitunter ist der Bindevokal /e/ der kurzwurzligen *jan*-Verben im Mittelhochdeutschen durch Synkope geschwunden.

(z. B. mhd. *antwürten*), werden die mehrsilbigen schwachen Verben hier nicht als eigene Unterklasse angeführt.

510 Der Umlaut konnte natürlich nur eintreten, wenn ein umlautfähiger Wurzelvokal vorlag. Zur wgerm. Konsonantengemination siehe Kap. IV.2.1.1.

511 Die 2. und 3. Sg. Präsens hatten bereits ein /i/ in ihren Flexionsendungen, so dass das /j/ hier ausfiel. Folglich liegt in diesen Formen, in denen die wgerm. Konsonantengemination unterblieben ist, einfache Konsonanz vor. Im Präteritum, wo /j/ zu /i/ vokalisiert wurde, kommen ohnehin nur ungeminierte Formen vor. Häufig haben allerdings die nicht-geminierten Formen durch Ausgleich die geminierten Formen verdrängt.

Die Flexionsformen der kurzwurzligen *jan*-Verben (am Beispiel von mhd. *legen*)[512]

Indikativ Präsens

Sg. 1. *ich leg - e*
2. *du leg - (e)st*
3. *er leg - (e)t*
Pl. 1. *wir leg - en*
2. *ir leg - (e)t*
3. *sie leg - ent*

Konjunktiv Präsens

Sg. 1. *ich leg - e*
2. *du leg - est*
3. *er leg - e*
Pl. 1. *wir leg - en*
2. *ir leg - et*
3. *sie leg - en*

Anmerkung

Die Präsensendungen **aller** schwachen Verben (*jan-*, *ôn-*, *ên*-Verben) stimmen im Mittelhochdeutschen mit denen der starken Verben überein. Eine Ausnahme bildet lediglich die 2. Sg. Imperativ: im Unterschied zu den starken, endet sie bei den schwachen Verben auf /-e/ (siehe unten).[513]

Indikativ und Konjunktiv Präteritum

Sg. 1. *ich leg**e** - te*
2. *du leg**e** - test*
3. *er leg**e** - te*
Pl. 1. *wir leg**e** - ten*
2. *ir leg**e** - tet*
3. *sie leg**e** - ten*

Anmerkung

Bei den schwachen Verben sind Indikativ und Konjunktiv Präteritum identisch! Aufschluss darüber, welcher Modus vorliegt, gibt nur der jeweilige Kontext.

512 Das schwache Verb mhd. *legen* wurde vom starken Verb *ligen* (einem *j*-Präsens der AR V) abgeleitet.

513 Endete jedoch die Verbwurzel der schwachen Verben auf den Liquid /l/ oder /r/ und lag zudem ein kurzer Wurzelvokal vor, wurde das /-e/ der Imperativendung für die 2. Sg. im Mittelhochdeutschen apokopiert. So lautet z. B. die 2. Sg. Imperativ von mhd. *nern*: *ner*.

Imperativ

Sg. 2. *leg - e*
Pl. 1. *leg - en*
2. *leg - et*

Partizip Präteritum:

unflektiert: *ge - leg - et*
flektiert: *ge - leg - ter*

Beachte

Von dem Verb *legen* gibt es im Mittelhochdeutschen auch kontrahierte Formen (Kontraktion von *-ege-* > *-ei-*). Diese lauten: *leite* (1./3. Sg. Präteritum), *geleit* (Partizip Präteritum) etc. Zu den Kontraktionen im Mittelhochdeutschen siehe Kap. IV.5.1.3.

1.2.1.2 Langwurzlige *jan*-Verben

Im Unterschied zu den kurzwurzligen weisen die langwurzligen *jan*-Verben den Umlaut des Wurzelvokals nur im Infinitiv und in den Präsensformen auf,[514] **nicht im Präteritum**! Siehe z. B. mhd. *küssen* (Infinitiv) – *kuste* (3. Sg. Präteritum), *brennen* (Infinitiv) – *brante* (3. Sg. Präteritum) oder *hœren* (Infinitiv) – *hôrte* (3. Sg. Präteritum). Die Erklärung hierfür ist, dass bei den langwurzligen *jan*-Verben der Bindevokal im Präteritum (ahd. /i/ > mhd. /e/) in der Regel bereits vor dem Eintreten des Umlauts geschwunden ist. Das Nichteintreten des Umlauts im Präteritum hatte J. Grimm als **„Rückumlaut"** bezeichnet, da er fälschlicherweise annahm, dass auch die Präteritalformen der langwurzligen *jan*-Verben zunächst umgelautet worden wären, der Umlaut aber später rückgängig gemacht worden sei. Erst später fand man heraus, dass der Bindevokal (ahd. /i/) bereits zum Zeitpunkt des Umlautes ausgefallen war, weshalb die Bezeichnung „Rückumlaut" schlichtweg falsch ist.[515] In Ermangelung einer besseren Bezeichnung wurde sie jedoch beibehalten. Man sollte aber stets vom **sogenannten Rückumlaut** sprechen oder den Begriff in Anführungszeichen setzen.

---

514 Wie bei den kurzwurzligen hat auch bei den langwurzligen *jan*-Verben das /j/ (auch wenn es bereits im Althochdeutschen nicht mehr erhalten war) im Infinitiv und in den Flexionsformen des Präsens (bei umlautfähigem Wurzelvokal) Umlaut bewirkt.

515 Es gibt zudem einige langwurzligen *jan*-Verben, bei denen der Bindevokal im Präteritum nicht ausgefallen ist, sondern niemals vorhanden war. Für diese Verben (siehe Kap. V.1.2.1.5) ist die Bezeichnung **Rück**umlaut folglich noch unzutreffender.

Anmerkung

Im Neuhochdeutschen sind in der Regel die „rückumgelauteten" Präteritalformen der langwurzligen *jan*-Verben (also die Formen ohne Umlaut) zugunsten der umgelauteten Formen des Infinitivs und des Präsens ausgeglichen worden, so dass zumeist durchgängig Umlaut des Wurzelvokals vorliegt (z. B. nhd. *hören – hörte – gehört*). Nur diejenigen Verben, bei denen die Nasalverbindung /nn/ oder /nd/ auf den Wurzelvokal folgt, haben den sog. Rückumlaut, also das umlautlose Präteritum, noch im Neuhochdeutschen bewahrt (z. B. nhd. *rennen – rannte – gerannt*; *kennen – kannte – gekannt*; *nennen – nannte – genannt; brennen – brannte – gebrannt*). Einige dieser Verben haben allerdings Doppelformen, sowohl mit als auch ohne sog. Rückumlaut, ausgeprägt (z. B. nhd. *senden – sendete/sandte – gesendet/gesandt* oder *wenden – wendete/wandte – gewendet/gewandt*).

Anmerkung

Vor Dentalsuffix wurden Doppelkonsonanten bereits vom Voralthochdeutschen zum Althochdeutschen vereinfacht (siehe mhd. *er ku**s**te* und *er bra**n**te;* zur Vereinfachung von Geminaten siehe Kap. IV.3.1.3).

Langwurzlige *jan*-Verben mit **nicht-umlautfähigem Wurzelvokal** haben sowohl im Präsens als auch im Präteritum durchgehend denselben Wurzelvokal. Beispiele hierfür sind: mhd. *w**î**hen* (‚weihen'), *l**ê**ren* (‚lehren') und *n**ei**gen* (‚neigen'). Die entsprechenden Formen lauten:

wîhen
1./3. Sg. Präteritum: *wîhte*
Partizip Präteritum:
unflektiert: *ge - wîh - et* (oder: *gewîht*)
flektiert: *ge - wîh - ter*

lêren
1./3. Sg. Präteritum: *lêrte*
Partizip Präteritum:
unflektiert: *ge - lêr - et* (oder: *gelêrt*)
flektiert: *ge - lêr - ter*

neigen
1./3. Sg. Präteritum: *neicte*
Partizip Präteritum:
unflektiert: *ge - neig - et* (oder: *geneict*)
flektiert: *ge - neic - ter*

Anmerkung

Zur Erinnerung: Auch im Silbenauslaut vor /-t/ ist im Mittelhochdeutschen vielfach Auslautverhärtung eingetreten (zur assimilatorischen Auslautverhärtung siehe Kap. IV.5.1.1).

Beachte

Endet die Wurzel eines langwurzligen *jan*-Verbs auf die Dentale /d/ oder /t/, kommt es beim Anfügen des Dentalsuffixes meist zu einer Verschmelzung beider Dentale. Dies ist z. B. der Fall bei mhd. ***trœsten***. Hier lautet z. B. die 3. Sg. Präteritum *er trôste* (statt: *er trô**stt**e*).

Die Flexionsformen der langwurzligen *jan*-Verben (am Beispiel von mhd. *hœren*)

Indikativ Präsens
Sg. 1. *ich hœr - e*
2. *du hœr - (e)st*
3. *er hœr - (e)t*
Pl. 1. *wir hœr - en*
2. *ir hœr - (e)t*
3. *sie hœr - ent*

Konjunktiv Präsens
Sg. 1. *ich hœr - e*
2. *du hœr - (e)st*
3. *er hœr - e*
Pl. 1. *wir hœr - en*
2. *ir hœr - (e)t*
3. *sie hœr - en*

Indikativ und Konjunktiv Präteritum
Sg. 1. *ich hôr - te*
2. *du hôr - test*
3. *er hôr - te*
Pl. 1. *wir hôr - ten*
2. *ir hôr - tet*
3. *sie hôr - ten*

Imperativ
Sg. 2. *hœr – e*
Pl. 1. *hœr – en*
2. *hœr – et*

Partizip Präteritum

Die unflektierte Form weist in der Regel Umlaut auf, die flektierte nicht (da hier der sog. Rückumlaut vorliegt). In Analogie zum flektierten existiert aber auch im unflektierten Partizip Präteritum die Form *gehôrt*.[516]

unflektiert: *gehœret*/*gehôrt*
flektiert: *gehôrter*

1.2.1.3 Unterscheidung kurzwurzlige/langwurzlige *jan*-Verben

Steht man vor der Aufgabe, ein mhd. *jan*-Verb einer der beiden Unterklassen (kurzwurzlig/langwurzlig) zuordnen und das Präteritum bilden zu wollen, ist zunächst die Wurzelsilbe als kurz oder lang zu bestimmen. Ist sie **kurz** (wie z. B. bei mhd. ***leg**en*), hat das Verb in allen Präsens- und Präteritalformen denselben Wurzelvokal.[517] Im Präteritum tritt im Mittelhochdeutschen in diesem Fall in der Regel der Bindevokal /e/ an die Verbwurzel, gefolgt vom Dentalsuffix *-te*. So lautet z. B. die 3. Sg. Präteritum *er leg-e-te*. Liegt hingegen (aus synchroner Sicht) eine **lange** Wurzelsilbe vor, so ist zu beachten, dass die Länge der Wurzelsilbe bei den langwurzligen *jan*-Verben bereits im Germanischen vorhanden gewesen musste. Davon kann ausgegangen werden, wenn eine **Naturlänge** (Langvokal oder Diphthong), wie z. B. in mhd. ***hœr**en*, vorliegt. Eine **Positionslänge** (kurzer Wurzelvokal gefolgt mindestens zwei Konsonanten in der Wurzelsilbe) kann hingegen auch erst sekundär entstanden sein (siehe hierzu Kap. V.1.2.1.4). In diesen Fällen ist das Verb (meist auch noch im Mittelhochdeutschen) den kurzwurzligen *jan*-Verben zuzuordnen.

Handelt es sich hingegen um ein primär **langwurzliges** *jan*-Verb (siehe mhd. ***hœr**en*), ist im Präteritum der Bindevokal schon früh ausgefallen, und der Wurzelvokal weist daher **keinen** Umlaut auf (= sog. Rückumlaut). Die 3. Sg.

---

516 Das Nebeneinander von umgelautetem und nicht-umgelautetem Wurzelvokal im Partizip Präteritum bei den langwurzligen *jan*-Verben erklärt sich also durch die Bildung von Analogieformen. In der unflektierten Form blieb der Bindevokal /i/ bewahrt, so dass hier in der Regel der sog. Rückumlaut nicht eingetreten ist. Daher liegt in den Präterital- wie auch in den Präsensformen und im Infinitiv Umlaut vor (z. B. *hœren* – *gehœret*). Im flektierten Partizip Präteritum ist hingegen das /i/ vor dem Eintreten des Umlauts ausgefallen. Daher ist hier der sog. Rückumlaut eingetreten (z. B. *gehôrter*). Im Mittelhochdeutschen hat sich, wie gesagt, das unflektierte Partizip Präteritum (mit Umlaut) dem flektierten (ohne Umlaut) vielfach angeglichen, so dass z. B. *gehœret* und *gehôrt* nebeneinander existieren.

517 Bei einer kurzen Wurzelsilbe im Mittelhochdeutschen ist davon auszugehen, dass diese bereits im Germanischen vorlag. Eine lange Wurzelsilbe im Mittelhochdeutschen kann hingegen (insbesondere bei Positionslänge) auch sekundär entstanden sein (siehe hierzu Kap. V.1.2.1.4).

Präteritum von *hœren* lautet daher ***hôr**-te*. Findet sich in einem mhd. Text die Form *er hôrte* und möchte man den dazugehörigen Infinitiv bilden, muss der Wurzelvokal umgelautet (/ô/ > /œ/) und die Infinitivendung *-en* an die Wurzel gehängt werden. Der gesuchte Infinitiv lautet daher *hœren*.

1.2.1.4 Sekundär langwurzlige *jan*-Verben

Bei der Bestimmung eines mhd. Verbs als langwurzliges *jan*-Verb aufgrund vorliegender Positionslänge in der Wurzelsilbe ist Folgendes zu beachten: Infolge der wgerm. Konsonantengemination ist vielfach eine ursprünglich kurze Wurzelsilbe erst sekundär langwurzlig geworden. Die Unterscheidung langwurzliges/kurzwurzliges *jan*-Verb bezieht sich aber grundsätzlich auf die Quantität der Verbwurzel **im Germanischen!** Im Mittelhochdeutschen kann also ein Verb langwurzlig sein, obwohl ursprünglich (im Germanischen) eine kurze Wurzelsilbe vorlag. In diesen Fällen ist es (auch noch im Mittelhochdeutschen), von einigen wenigen Ausnahmen (siehe unten) abgesehen, der Klasse der kurzwurzligen *jan*-Verben zuzuordnen!

Zu den langwurzligen *jan*-Verben mit Positionslänge: Liegt eine Doppelkonsonanz vor, so kann diese bereits im Germanischen vorhanden gewesen sein (= primäre Positionslänge; siehe z. B. mhd. *brennen* < germ.* *bra**nn**-eja-*) oder erst im Westgermanischen (durch die wgerm. Konsonantengemination vor /j/) entstanden sein (= sekundäre Positionslänge; siehe z. B. mhd. *dennen* < germ. *þa**n**-eja-)*. Folgt im Mittelhochdeutschen auf einen kurzen Wurzelvokal eine Affrikata (also /pf/, /ts/ <tz> wie in mhd. *ste**pf**en, se**tz**en*, siehe unten), liegt ebenfalls eine sekundäre Positionslänge vor. Die Lautwandelprozesse, die dazu geführt haben, dass die Verben mit einer Affrikata nach kurzem Wurzelvokal erst im Laufe ihrer sprachhistorischen Entwicklung sekundär langwurzlig geworden sind, werden, ebenso wie die Lautwechselerscheinungen, die sich bei den Verben mit einer Affrikata im Mittelhochdeutschen zeigen, im Weiteren näher erläutert:

Bei ***jan*-Verben mit einer Affrikata** lag im Germanischen einfache Konsonanz (/p/, /t/ oder /k/) vor. Vor dem /j/ wurden germ. /p/, /t/, /k/ im Westgermanischen geminiert (germ. /p/, /t/, /k/ > wgerm. /pp/, /tt/, /kk/). Infolge des Tenues-Affrikaten-Wandels der 2. LV wurden wgerm. /pp/, /tt/ (und /kk/) zu den Affrikaten ahd./mhd. /pf/, /ts/ <tz> (und /kch/)[518] verschoben.[519] Im **Präte-**

---

518 Der Tenuis-Affrikata-Wandel von germ. /k/, /kk/ zu ahd. /kch/ ist nur im südoberdeutschen Sprachgebiet erfolgt, und bleibt daher im Weiteren unberücksichtigt. In den anderen hochdeutschen Sprachgebieten blieben /k/ und die Geminate /kk/ <ck> erhalten.

519 Zum Tenues-Affrikatenwandel der 2. LV siehe Kap. IV.3.1.1.

ritum müssten diese Verben, da sie ja im Germanischen kurzwurzlig waren, im Mittelhochdeutschen zum einen durchgängig den Bindevokal /e/ im Präteritum und zum anderen denselben Wurzelvokal wie im Präsens aufweisen (da **kein** sog. Rückumlaut eingetreten ist). Doch es handelt sich bei den Verben mit einer Affrikata um Ausnahmen, da sie sich zumeist den primär langwurzligen *jan*-Verben angeschlossen und daher häufig **Doppelformen** ausgebildet haben: Formen ohne Bindevokal und mit sog. Rückumlaut im Präteritum (entsprechend den primär langwurzligen *jan*-Verben) und Formen mit Bindevokal und ohne sog. Rückumlaut, (entsprechend den kurzwurzligen *jan*-Verben). Vor allem im unflektierten Partizip Präteritum bleiben bei diesen Verben die Formen mit Bindevokal und Umlaut bewahrt.

Beispiele:
- mhd. *ste**pf**en*[520] (‚schreiten/stapfen')
  Die Formen mit sog. Rückumlaut lauten z. B.: ***stapfte*** (3. Sg. Präteritum) – ***gestapft*** (Partizip Präteritum). Formen mit Bindevokal und ohne den sog. Rückumlaut kommen von diesem Verb so gut wie nicht vor.
- mhd. *se**tz**en*
  Neben Formen mit sog. Rückumlaut, siehe z. B.: ***sazte*** (3. Sg. Präteritum) – ***gesazt*** (Partizip Präteritum) gibt es Formen mit Bindevokal und ohne den sog. Rückumlaut: ***setzete*** (3. Sg. Präteritum) – ***gesetzet*** (Partizip Präteritum).

Im **Präsens** ist bei den genannten *jan*-Verben mit einer Affrikata in der Regel bereits im Althochdeutschen in den Singularformen ein Ausgleich zugunsten der Formen mit Affrikata erfolgt. Lautgesetzlich müsste in der 2./3. Sg., da aufgrund des ursprünglichen /i/ in der Flexionsendung dieser beiden Formen (siehe germ. *-is*/*-it*) die wgerm. Konsonantengemination nicht eingetreten ist (Ausfall des /j/ vor dem /i/ in der Flexionsendung) und infolgedessen der Tenues-Affrikaten-Wandel der 2. LV. unterblieben ist, eine einfache oder doppelte Spirans vorliegen (infolge des Tenues-Spiranten-Wandels der 2. LV).[521] Durch Ausgleich zugunsten der Formen mit Affrikata ist aber die Affrikata (sekundär) in **allen** Präsensformen vorhanden.

---

520 Im Mittelhochdeutschen findet sich neben *stepfen* gelegentlich auch schon der Infinitiv *stapfen*, der in Analogie zu den Präteritalformen entstanden ist. Dieser neu gebildete Infinitiv hat sich zum Neuhochdeutschen durchgesetzt.

521 Zum Tenues-Affrikaten-Wandel und Tenues-Spiranten-Wandel der 2. LV siehe Kap. IV.3.1.1.

Beispiel:
mhd. *se**tz**en*
Sg. 1. *ich se**tz**e* (< wgerm. **sa**tt**ju*)
2. *du se**tz**est* (< wgerm. **sa**t**is*)
3. *er se**tz**(e)t* (< wgerm. **sa**t**it*)
Pl. 1. *wir se**tz**en*
2. *ir se**tz**et*
3. *sie se**tz**ent*

Anmerkung

In der 2. und 3. Sg. ist ein Ausgleich zugunsten der Formen mit Affrikata erfolgt. Lautgesetzlich hätte hier (infolge des Tenuis-Spirans-Wandels der 2. LV) die Doppelspirans /zz/ vorliegen müssen (wgerm. /t/ > ahd./mhd. /zz/).[522]

Nicht nur die Verben mit einer Affrikata, sondern auch *jan*-Verben mit **/l/** oder **/t/** nach kurzem Wurzelvokal, haben sich sekundär den langwurzligen *jan*-Verben angeschlossen. Auch sie haben daher häufig Doppelformen (Formen ohne und mit sog. Rückumlaut) ausgebildet.

Beispiele:
- mhd. *ze**l**n* (‚zählen')
  Neben Formen mit sog. Rückumlaut, siehe z. B.: ***zalte*** (3. Sg. Präteritum) – ***gezalt*** (Partizip Präteritum) gibt es Formen ohne den sog. Rückumlaut: ***zelte*** (3. Sg. Präteritum) – ***gezelt*** (Partizip Präteritum).[523]
- mhd. *tre**t(t)**en* (‚treten')
  Neben Formen mit sog. Rückumlaut, siehe z. B.: ***tratte*** (3. Sg. Präteritum) – ***getrat*** (Partizip Präteritum) gibt es Formen mit Bindevokal und ohne den sog. Rückumlaut: ***tretete*** (3. Sg. Präteritum) – ***getretet*** (Partizip Präteritum).

Auch die sekundär langwurzligen *jan*-Verben mit mhd. **/ck/** (< germ. /k/) nach kurzem Wurzelvokal, wie z. B. mhd. *sme**ck**en* (‚schmecken/riechen'), *strecken*

---

522 Zur Erinnerung: Die Singularformen von Tenues, Affrikaten und Spiranten lauten Tenuis, Affrikata und Spirans. Daher lauten die Bezeichnungen für die Verschiebung einer einzelnen Tenuis zu einer Affrikata oder Spirans (infolge der 2. LV): Tenuis-Affrikata-Wandel und Tenuis-Spirans-Wandel.
523 Bei *zelte und gezelt* ist der Bindevokal /e/ im Mittelhochdeutschen nach Liquid ausgefallen (siehe hierzu auch Kap. III.3.3).

(‚strecken'), *decken* (‚decken/bedecken'), haben sich sekundär den langwurzligen *jan*-Verben angeschlossen und daher häufig Doppelformen (Formen ohne und mit sog. Rückumlaut) ausgebildet.

Beispiel:
- mhd. *smecken* (‚schmecken/riechen'),
  Neben Formen mit sog. Rückumlaut, siehe z. B.: ***smacte*** (3. Sg. Präteritum) – ***gesmact*** (Partizip Präteritum) gibt es Formen mit Bindevokal und ohne den sog. Rückumlaut: ***smeckete*** (3. Sg. Präteritum) – ***gesmecket*** (Partizip Präteritum).

Beachte

Einige dieser sekundär langwurzligen *jan*-Verben mit der Geminate /ck/ nach kurzem Wurzelvokal weisen in den Präteritalformen (neben dem sog. Rückumlaut) auch eine Veränderung im Konsonantismus auf: Vor dem /t/ des Dentalsuffixes steht anstelle der Tenuis /k/ die Spirans /h/. Beide Formen (mit /kt/ oder /ht/) existieren nebeneinander (siehe z. B. *decken*: *dahte* – *dacte* und *strecken*: *strahte* – *stracte*). Die Formen mit /ht/ sind die älteren Formen.[524]

Auch bei den **sekundär langwurzligen *jan*-Verben mit Doppelkonsonanz** (infolge der wgerm. Konsonantengemination) ist seit dem Spätalthochdeutschen häufig ein Ausgleich erfolgt, meist zugunsten der nicht-geminierten Formen (siehe die 2./3. Sg.). Als Beispiel dient mhd. *denen* (germ. **daneja-* > wgerm. **dannjan* > ahd. *dennen* > mhd. *denen*). Hier weisen im Mittelhochdeutschen in der Regel **alle** Präsensformen (und der Infinitiv) analog zur 2./3. Sg. sekundär einfache Konsonanz, also eine kurze Wurzelsilbe, auf.

Die mhd. Formen von *denen* lauten:

Sg. 1. *ich dene*
2. *du denest*
3. *er denet*

Pl. 1. *wir denen*
2. *ir denet*
3. *sie denent*

524 Hier sind der Tenuis-Spirans-Wandel der 2. LV (germ. /t/ > ahd. /x/) und die frühahd. Lenisierung von ahd. /x/ > ahd./mhd. /h/ eingetreten (siehe hierzu Kap. IV.3.1.1 und 3.1.2).

Anmerkung

Daneben kommen (allerdings eher selten) auch Formen mit Gemination vor (siehe z. B. den Infinitiv mhd. *dennen*).

1.2.1.5 Die *jan*-Verben *denken, dünken, würken*

denken, dünken (‚scheinen') und *würken* (‚machen/tun/schaffen') sind (primär) langwurzlige *jan*-Verben, die sich aber von den anderen (primär) langwurzligen *jan*-Verben unterscheiden. Anders als diese haben sie ihr Präteritum von vornherein ohne Bindevokal gebildet (der Bindevokal ist also nicht erst sekundär ausgefallen). Das hatte beträchtliche Auswirkungen auf den Konsonantismus: Die Wurzel dieser drei Verben endete im Vorgermanischen auf den Dental /k/ (siehe germ. **þan**k**-*, **þun**k**-* und **wur**k**-*). Bei der Bildung des Präteritums ist das wurzelauslautende /k/ (wegen des nicht vorhandenen Bindevokals) unmittelbar mit dem /t/[525] des Dentalsuffixes zusammengestoßen, und es kam zum **Primären Berührungseffekt (PBE)**. Dadurch wurde vorgerm. /kt/ > germ. /xt/ (> ahd./mhd. /ht/).[526]

Beachte

Der PBE ist nur eingetreten, wenn die betreffenden Verschlusslaute **primär** (also bereits im Vorgermanischen) zusammengestoßen sind. Bei anderen langwurzligen *jan*-Verben, deren Wurzel ebenfalls (im Germanischen) auf einen Verschlusslaut auslautete (siehe z. B. mhd. *nei**g**en, tren**k**en*) ist der PBE nicht eingetreten, da hier im Präteritum ursprünglich ein Bindevokal vorhanden war und dieser erst sekundär ausgefallen ist. Da die Verbindung von dem wurzelauslautendem Verschlusslaut /k/ + /t/ sekundär entstanden ist, lauten die Präteritalformen *er nei**ct**e/er tran**ct**e* (3. Sg.) und *gene**ict**/getran**ct*** (Partizip Präteritum).[527]

Abgesehen vom Primären Berührungseffekt sind bei den langwurzligen *jan*-Verben *denken, dünken* und *würken* noch weitere Lautwandelerscheinungen bei der Bildung des Präteritums eingetreten:

---

525 Beim nachfolgenden dentalen Verschlusslaut handelt es sich seit dem Germanischen in der Regel um ein /t/. Dieses kann auf idg. /t/, /th/, /d/ oder /dh/ zurückgehen. Das Indogermanische bleibt hier unberücksichtigt. Es sei an dieser nur Stelle angemerkt, dass die idg. Mediae aspiratae /b^h/ und /g^h/ ebenso wie die einfachen Mediae /b/ und /g/, wenn sie unmittelbar vor dentalem Verschlusslaut standen, ebenfalls durch PBE zu germ. /ft/ und /xt/ wurden.

526 Zum PBE siehe Kap. IV.1.1.2, zur Entwicklung von germ. /x/ > ahd. /h/ siehe Kap. IV.3.1.2 (frühahd. Lenisierung/Spirantenschwächung).

527 Im Silbenauslaut vor /t/ ist im Mittelhochdeutschen die Auslautverhärtung /g/ > /k/ (<c>) eingetreten (siehe hierzu Kap. IV.5.1.1).

denken

Der Infinitiv lautete germ. **þank-jan* (> ahd./mhd. *denken*).[528] Infolge des PBE ist in den Präteritalformen die Konsonantenverbindung germ. /xt/ (> ahd./mhd. /ht/) entstanden (siehe z. B. die 3. Sg. Prät.: vorgerm. **þan**kt**ô* > germ. **þan**ht**ô*[529]). Noch im Germanischen ist der vor der Spirans /x/ (< vorgerm. /k/) stehende Nasal /n/ geschwunden (**Nasalschwund**) und der vorausgehende kurze Vokal wurde infolge der unmittelbar anschließenden **Ersatzdehnung** gedehnt (germ. **þan**ht**ô*[530] > **þ**â**htô* > ahd. *d**â**hta*). Im Mittelhochdeutschen lautet die 3. Sg. Präteritum daher: ***er dâhte.***[531]

dünken

Der Infinitiv lautete germ. **þunk-jan-* (> ahd. *dunken* > mhd. *dünken* ‚dünken').[532] Hier haben im Präteritum folgende Lautwandelprozesse stattgefunden: 1.) PBE (germ. /kt/ > /xt/ > ahd./mhd. /ht/), 2.) **Nasalschwund** vor germ. /x/ 3.) **Ersatzdehnung** (/u/ > /û/). Im Mittelhochdeutschen lautet die 3. Sg. Präteritum: ***er dûhte*** (siehe germ. **þun**k-t**ô* > **þun**h-t**ô* > **þ**û**h-tô* > ahd. *d**û**hta* > mhd. *dûhte*).

würken

Auch bei *würken* (germ. **wurk-jan* > ahd. *wurken* > mhd. *würken* ‚wirken') ist zuerst im Präteritum der PBE /kt/ > /ht/ eingetreten. Da hier vor der germanischen Spirans /x/ kein Nasal, sondern der Liquid /r/ stand, sind sowohl der Nasalschwund als auch die Ersatzdehnung unterblieben (germ. **wur**k-t**ô* > germ. **wur**h-t**ô*). Der Wurzelvokal mhd. /o/ ist infolge der **nwgerm. Senkung** /u/ > /o/ (vor dem /ô/ des Dentalsuffixes) entstanden.[533] Die 3. Sg. Präteritum lautet im Mittelhochdeutschen: ***er worhte***.

---

528 Der Wurzelvokal germ. /a/ wurde durch Primärumlaut zu ahd. /e/ umgelautet (siehe hierzu Kap. IV.3.2.2). Zur Entwicklung von germ. /þ/ > ahd. /d/ siehe Kap. IV.3.1.2.

529 In den germanischen Beispielwörtern wird der Einfachheit halber für das Phonem [x] das Graphem <h> verwendet.

530 Der Vokal in der Wurzelsilbe des Präteritums vor dem Eintreten der Ersatzdehnung lautete /a/ (da es sich um ein langwurzliges *jan*-Verb handelt, ist hier der sog. Rückumlaut eingetreten).

531 Die 3. Sg. Prät. steht auch im Weiteren exemplarisch für alle Präteritalformen. Im Falle von *denken* lauten diese: im Sg.: *ich/er dâhte – du dâhtest* und im Pl.: *wir dâhten – ir dâhtet – sie dâhten.*

532 Der Wurzelvokal ahd. /u/ wurde durch Restumlaut zu mhd. /ü/ umgelautet (siehe hierzu Kap. IV.4.2.3).

533 Siehe hierzu Kap. IV.2.2.2.

Im Konjunktiv Präteritum trat bei *denken, dünken* und *würken* (anders als bei den anderen langwurzligen *jan*-Verben) im Mittelhochdeutschen Umlaut ein.[534]

Infinitiv	3. Sg. Prät. Ind.	3. Sg. Prät. Konj.
denken	*dâhte*	*dæhte*
dünken	*dûhte*	*diuhte*
würken	*worhte*	*wörhte*

1.2.2 *ôn-/ên*-Verben

Durch die Nebensilbenabschwächung vom Alt- zum Mittelhochdeutschen[535] sind die ursprünglichen Infinitivsuffixe (ahd. *-ôn* und *-ên*) zu mhd. *-en* und der ursprüngliche volle Bindevokal im Präteritum (ahd. /ô/ bzw. /ê/) zu mhd. /e/ abgeschwächt worden. Somit sind die *ôn-/ên*-Verben im Mittelhochdeutschen zu einer Klasse zusammengefallen.[536] Die *jan*-Verben bleiben hingegen noch im Mittelhochdeutschen als eigene Verbklasse bestehen, wenngleich auch sie im Infinitiv auf *-en* enden. Der Grund dafür ist, dass sie (im Unterschied zu den *ôn-/ên*-Verben) bei umlautfähigem Wurzelvokal Umlaut im Infinitiv sowie in den Präsensformen und bei (primär) langer Wurzelsilbe im Präteritum den sog. Rückumlaut aufweisen.[537]

1.2.3 Unterschiede zwischen *jan-* und *ôn-/ên*-Verben

Bei den *jan*-Verben ist generell (vorausgesetzt, es lag ein umlautfähiger Wurzelvokal vor) im Unterschied zu den *ôn-/ên*-Verben im Infinitiv sowie in den Präsensformen Umlaut eingetreten. Ansonsten stimmen die Formen der kurzwurzligen *jan*-Verben im Präsens und im Präteritum (aus synchroner mhd. Sicht) mit denen der *ôn-/ên*-Verben überein: Alle haben in der Regel im Präteritum den Bindevokal mhd. /e/ bewahrt und weisen in den Präsens- und Präteritalformen keine Alternanzen im Wurzelvokalismus auf.

534 Auch hier steht die 3. Sg. Prät. Konj. exemplarisch für alle Präteritalformen des Konjunktivs.

535 Zur Nebensilbenabschwächung siehe Kap. IV.4.2.2.

536 Bei den *ôn*-Verben handelt es sich zumeist um Denominativa, also um Ableitungen von Nomina oder Adjektiva. Zahlreiche *ên*-Verben sind ebenfalls Denominativa, aber viele werden auch von starken Primärverben abgeleitet (Deverbativa).

537 Siehe hierzu Kap. V.1.2.1.2.

Beispiele:
- mhd. *legen* (ein kurzwurzliges *jan*-Verb)
  Die Formen im Präteritum lauten: *legete* (3. Sg.) – *geleget* (Partizip)
- mhd. *loben* und *klagen* (*ôn*-Verben)
  Die Formen im Präteritum lauten: *lobete* (3. Sg.) – *gelobet* (Partizip) und *klagete* (3. Sg.) – *geklaget* (Partizip)
- mhd. *lernen* und *leben* (*ên*-Verben)
  Die Formen im Präteritum lauten: *lernete* (3. Sg.) – *gelernet* (Partizip) und *lebete* (3. Sg.) – *gelebet* (Partizip).

Beachte

Im Mittelhochdeutschen ist der Bindevokal /e/ im Präteritum der *ôn-/ên*-Verben (ebenso wie bei den kurzwurzligen *jan*-Verben) vielfach durch Synkope ausgefallen. Siehe z. B. *er lobete/lopte* (3. Sg. Präteritum), *gelobet/gelopt* (Partizip Präteritum); *er lebete/lebte* (3. Sg. Präteritum), *gelebet/gelebt* (Partizip Präteritum). Bei kurzer auf Liquid endender Wurzelsilbe trat im Mittelhochdeutschen sogar regelmäßig Synkope ein; siehe z. B. das kurzwurzlige *jan*-Verb *nern* (Infinitiv), er *nerte* (3. Sg. Präteritum), *genert* (Partizip Präteritum).

Die langwurzligen *jan*-Verben mit umlautfähigem Wurzelvokal unterscheiden sich im Präteritum von den *ôn-/ên*-Verben durch den sog. Rückumlaut (Umlaut im Präsens, kein Umlaut im Präteritum) sowie durch den geschwundenen Bindevokal.

1.2.4 Zusammenfassung

Um ein schwaches Verb einer der genannten Verbklassen (langwurzlige[538]/kurzwurzlige *jan*-Verben, *ôn-/ên*-Verben) zuzuordnen, empfiehlt sich folgende Vorgehensweise:

→ Liegt bei umlautfähigem Wurzelvokal ein **Umlaut** vor? Wenn ja, handelt es sich um ein *jan*-Verb. Hier schließt sich die Frage an: ist die Wurzelsilbe kurz oder lang?

→ Liegt ein **kurzwurzliges** Verb mit **umlautfähigem Wurzelvokal** vor, ist aber der Umlaut im Infinitiv (und im Präsens) unterblieben, handelt es sich um ein *ôn-/ên*-Verb, liegt hingegen Umlaut vor, um ein *jan*-Verb.

→ Gibt es im Präteritum einen Bindevokal? Wenn ja, handelt es sich zumindest nicht um ein langwurzliges *jan*-Verb (kurzwurzlige *jan*-Verben und

538 Im Weiteren wird bei langwurzligen Verben vorausgesetzt, dass es sich um eine primär lange Wurzelsilbe handelt.

ôn-/ên-Verben haben hingegen im Präteritum den Bindevokal mhd. /e/, sofern dieser nicht durch Synkope ausgefallen ist).

→ Liegt ein **kurzwurzliges** Verb mit **nicht-umlautfähigem Wurzelvokal** vor (wie z. B. mhd. *spiln* ‚spielen'), kann aus synchroner mhd. Sicht keine Zuordnung zu einer der drei schwachen Verbklassen erfolgen. Auch bei Verben mit dem Wurzelvokal /e/ ist im Mittelhochdeutschen nicht zu entscheiden, ob dieser durch den Primärumlaut (< ahd. /a/) entstanden ist (in diesem Falle läge ein *jan*-Verb vor) oder ob er bereits im Germanischen vorhanden war.

→ Liegt ein **langwurzliges** Verb mit **umlautfähigem Wurzelvokal** vor, ist, wenn es sich um ein *jan*-Verb handelt, im Infinitiv (sowie im Präsens) Umlaut eingetreten, im Präteritum hingegen nicht. Hier ist der Umlaut unterblieben, da der Bindevokal vor dem Eintreten des Umlauts ausgefallen ist (sog. Rückumlaut). Liegt im Infinitiv (sowie im Präsens) kein Umlaut vor, handelt es sich um ein *ôn-/ên*-Verb. Bei den *ôn-/ên*-Verb gibt es daher keine Alternanzen des Wurzelvokals, da hier weder im Präsens noch im Präteritum jemals Umlaut eingetreten ist.

→ Liegt ein **langwurzliges** Verb mit **nicht-umlautfähigem Wurzelvokal** vor, kann nur im Präteritum eine Zuordnung zur Klasse der *ôn-/ên*-Verben oder *jan*-Verben erfolgen. Ausgehend vom Infinitiv oder einer Präsensform ist keine Zuordnung zu einer der drei Verbklassen möglich. Im Präteritum haben aber, wie gesagt, die *ôn-/ên*-Verben, im Unterschied zu den *jan*-Verben, in allen Formen in der Regel den **Bindevokal /e/** zwischen Verbwurzel und Dentalsuffix. Beachte: Mitunter ist allerdings der Bindevokal /e/ bei den *ôn-/ên*-Verben durch Synkope weggefallen. In diesem Fall kann aus synchroner Sicht keine Zuordnung zu einer der drei Verbklassen erfolgen.

1.3 Unregelmäßige Verben

1.3.1 Perfektive Verben

Sowohl die starken als auch die schwachen Verben bilden in der Regel ihr Partizip Präteritum mit Hilfe des Präfixes mhd. *ge-*, welches die Abgeschlossenheit eines Vorgangs zum Ausdruck bringt. So lautet z. B. das Partizip Präteritum von mhd. *nemen* (starkes Verb der AR IV) ***ge**nomen*, das von mhd. *leben* (schwaches Verb) ***ge**lebet*. Bei Verben, deren Wortwurzel bereits untrennbar mit einem anderen Präfix (oder dem Präfix *ge-*) verbunden ist, wie z. B. mhd. ***ver**nemen* (starkes Verb), ***ge**winnen* (starkes Verb) oder ***er**louben* (schwaches Verb), fällt hingegen das *ge*-Präfix im Partizip Präteritum weg (***ver**nomen*, ***ge**wunnen* und ***er**loupt*/***er**loubet*). Ist bereits ein Präfix vorhanden, das aber nicht untrennbar mit dem

Verb verbunden ist, tritt das *ge*-Präfix zwischen das vorhandene Präfix und die Wortwurzel. So lautet z. B. das Partizip Präteritum von mhd. *ûfstân* (‚aufstehen'): *ûf-**ge**-stân.*

Es gibt im Mittelhochdeutschen aber insgesamt fünf Verben, die ihr Partizip Präteritum ganz ohne Präfix bilden. Hier ist das Präfix nicht etwa sekundär weggefallen, sondern war ursprünglich nicht vorhanden, da diese Verben semantisch punktuelle Vorgänge oder Handlungen bezeichnen, so dass die Abgeschlossenheit bereits allein durch das Präteritum ausgedrückt wird. Diese fünf Verben werden **perfektive Verben** genannt.

Perfektive Verben

Infinitiv	Partizip Präteritum
vinden	*vunden*
komen	*komen*
treffen	*troffen*
werden	*worden*
bringen	*brâht* (*brungen*)[539]

Beachte

Im Neuhochdeutschen sind die perfektiven Verben durch Systemausgleich verschwunden. Analog zum Partizip Präteritum der anderen Verben ist bei den betreffenden Verben sekundär ein *ge*-Präfix vorangestellt worden (nhd. ***ge**funden, **ge**kommen, **ge**troffen, **ge**worden, **ge**bracht*). Daher ist es zu empfehlen, sich die perfektiven Verben im Mittelhochdeutschen besonders gut einzuprägen!

1.3.2 Mischverben

Bei mhd. *bringen* und *beginnen* scheint es sich auf den ersten Blick, ausgehend vom Infinitiv (und den Präsensformen), um regelmäßige starke Verben der Ablautreihe IIIa (Wurzelvokal /i/ + Nasalverbindung) zu handeln. Doch in der Flexion des Präteritums zeigen sich neben den lautgesetzlichen starken auch entsprechende signifikant abweichende Formen (Doppelformen).

539 mhd. *bringen* gehört zu den Mischverben (siehe Kap. V.1.3.2). Neben *brâht* (Mischverb) gibt es im Partizip Präteritum (sowie in anderen Formen des Präteritums) die starke Form *brungen*.

bringen

Die vier Stammformen lauten entsprechend den Ablautstufen der Ablautreihe IIIa:

	Infinitiv (1. SF) (Grundstufe)	**1./3. Sg. Prät.** (2. SF) (Abtönungsstufe)	**1. Pl. Prät.** (3. SF) (Schwundstufe)	**Part. Prät.** (4. SF) (Schwundstufe)
mhd.	*bringen*	***branc***	***brungen***	***brungen***

Anmerkung

In der 1./3. Sg. Prät. (2. SF) ist die mhd. Auslautverhärtung eingetreten (*branc*). Das Partizip Präteritum (4. SF) wird ohne *ge*-Präfix gebildet, da *bringen* zu den perfektiven Verben gehört.[540]

In den mhd. Texten kommen die starken präteritalen Stammformen (*branc – brungen – brungen*) jedoch nur vereinzelt vor. Es überwiegen Präteritalformen mit dem Wurzelvokal **/â/** und einem Dentalsuffix (**dem** Hauptkennzeichen der schwachen Verben). Diese Formen lauten:

	Infinitiv	**1./3. Sg. Prät.**	**1. Pl. Prät.**	**Part. Prät.**
mhd.	*bringen*	***brâhte***	***brâhten***	***brâht***

Anmerkung

Auch hier fehlt im Partizip Präteritum das *ge*-Präfix (perfektives Verb).

Diese Formen lassen sich sprachhistorisch folgendermaßen erklären:

1) Das Präteritum wurde (wie bei den schwachen Verben) sekundär (im Vorgermanischen) mit Hilfe eines Dentalsuffixes (germ. *-*tô* > ahd. -*ta* > mhd. -*te*) gebildet. Das Dentalsuffix trat an die Wurzel der 2. SF (1./3. Sg. Prät.), also an die Abtönungsstufe der starken Flexion (germ. **brang*-).
2) Zwischen der Verbwurzel und dem Dentalsuffix stand (bereits im Vorgermanischen) **kein** Bindevokal. Somit kam es zum direkten Zusammenprall des wurzelauslautenden Verschlusslauts /g/ mit dem /t/ des Dentalsuffixes, und infolgedessen zum Stimmtonverlust vor /t/ und Primärem Berührungseffekt (vorgerm. /g/+/t/ > germ. /k/+/t/ > germ. /xt/ > ahd./mhd. /ht/).
3) Vor der Spirans germ. /x/ trat im Germanischen Nasalausfall ein, gefolgt von der Ersatzdehnung des Vokals (/a/ > /â/).

540 Siehe hierzu Kap. V.1.3.1.

Zusammengefasst stellt sich die sprachhistorische Entwicklung von mhd. *brâhte* (1./3. Sg.) folgendermaßen dar:

vorgerm. **brang-tô* > germ. **branhtô* > germ. **brâhtô* > ahd. *brâhta* > mhd. *brâhte.*

Da *bringen* (ebenso wie *beginnen*) im Infinitiv und in den Präsensformen den Wurzelvokal eines starken Verbs und im Präteritum sowohl Ablaut (wie die starken Verben) als auch ein Dentalsuffix (wie die schwachen Verben) aufweist, wird es als **Mischverb** bezeichnet.

Anmerkung

Zum Neuhochdeutschen haben sich im Präteritum die Formen des Mischverbs durchgesetzt: nhd. *brachte* (1./3. Sg.) – *gebracht* (Partizip).

beginnen

Die sprachhistorische Entwicklung von mhd. *beginnen* verlief ähnlich wie die von *bringen*. Auch hier finden sich im Präteritum neben den regelmäßigen starken Formen nach der AR IIIa Formen mit Ablaut und Dentalsuffix.

Die regelmäßigen Stammformen lauten:

	Infinitiv (1. SF) (Grundstufe)	**1./3. Sg. Prät.** (2. SF) (Abtönungsstufe)	**1. Pl. Prät.** (3. SF) (Schwundstufe)	**Part. Prät.** (4. SF) (Schwundstufe)
mhd.	*beginnen*	***began***[541]	***begunnen***	***begunnen***[542]

Die Formen mit Ablaut und Dentalsuffix (Mischverb) lauten:

	Infinitiv	**1./3. Sg. Prät.**	**1. Pl. Prät.**	**Part. Prät.**
mhd.	*beginnen*	***begunde***	***begunden***	***begunden***

Zur sprachhistorischen Erklärung: Anders als bei *bringen* trat das Dentalsuffix nicht an die Wurzel der 2. SF (1./3. Sg. Prät.), sondern an die der 3. SF (1. Pl. Prät.; germ. **begun-*). Da diese nicht auf einen Verschlusslaut auslautete, sind (im Unterschied zu *bringen*) weder PBE noch Nasalschwund und Ersatzdehnung eingetreten. Im Mittelhochdeutschen wurde das Dentalsuffix (*-te*) nach Nasal zu *-de* lenisiert.[543]

---

541 Im Auslaut sind Doppelkonsonanten vereinfacht worden.

542 Da hier das vorhandene Präfix *be-* untrennbar mit der Verbwurzel verbunden ist, tritt kein *ge*-Präfix dazwischen.

543 Zur mhd. Lenisierung siehe Kap. IV.5.1.2.

Anmerkung

Im Mittelhochdeutschen sind die regelmäßigen starken Formen (*began – begunnen – begunnen*) weitgehend von den Formen des Mischverbs (*begunde – begunden – begunden*) verdrängt worden. Nur im Partizip Präteritum blieb die stark flektierte Form (*begunnen*) in den meisten Dialekten als alleinige Form bewahrt. Zum Neuhochdeutschen sind dann die Mischformen völlig ausgestorben (siehe nhd. *begann;* 1./3. Sg. – *beginnen;* Partizip Präteritum).

1.3.3 Wurzelverben (*mi*-Verben)

Eine kleine Gruppe von Verben hat ihr **Präsens** seit jeher ohne einen sog. Themavokal zwischen Wurzel und Flexionsendung gebildet. Hier trat die Personalendung also unmittelbar an die Verbwurzel. Daher werden diese Verben als **Wurzelverben** oder, wegen des fehlenden Themavokals, als **athematische Verben** bezeichnet. Hierzu gehören mhd. ***sîn*** (‚sein'), ***tuon*** (‚tun'), ***stân/stên*** (‚stehen') und ***gân/gên*** (‚gehen'). Alle vier Wurzelverben haben einsilbige Präsensformen und enden in der 1. Sg. Präsens abweichend auf /-n/ (*ich bi**n**, ich tuo**n**, ich stâ**n**/stê**n*** und *ich gâ**n**/gê**n***). Da diese Endung auf die idg. Flexionsendung *-mi* zurückgeht, werden die Wurzelverben auch als ***mi*-Verben** bezeichnet. Ein weiteres Charakteristikum dieser Verben ist, dass sie (mit Ausnahme von *tuon*) nur Präsensformen ausgebildet haben. Die Lücke (fehlende Präteritalformen) wird dadurch gefüllt, dass hier als Ersatz andere (starke) Verben eingesprungen sind (= Suppletivformen).[544]

1.3.3.1 *sîn*

Das Wurzelverb *sîn* wird auch als *verbum substantivum* bezeichnet, da es sich auf das Dasein, die Existenz (und nicht auf Tätigkeiten, Verhaltensweisen etc.) bezieht.

Im **Indikativ Präsens** lauten die Formen:

Sg. 1. *ich bi**n*** (*-n* < idg. *-*mi*)
2. *du bist*
3. *er ist*

Pl. 1. *wir birn/sîn*
2. *ir birt/sît*
3. *sie sint*

544 Siehe lat. *supplēre* (‚ergänzen/wieder vollmachen').

Anmerkung

Noch im Klassischen Mittelhochdeutschen sind in der 1. und 2. Pl. die Doppelformen (*sîn*/*birn* und *sît*/*birt*) belegt. Bei *sîn* und *sît* handelt es sich um Analogieformen zur 3. Pl. *sint*. Sie haben (seit dem 13. Jh.) die alten Formen *birn* und *birt* zunehmend verdrängt.

Auffällig sind die divergent anlautenden Wurzelsilben. Sie erklären sich im Wesentlichen dadurch, dass sie auf verschiedene idg. Wurzeln zurückgehen: Die mit /b-/ anlautenden Wurzelsilben (siehe die 1./2. Sg. und 1./2. Pl.) gehen auf die idg. Wurzel **bhû*- zurück, die in den genannten Formen eine Verbindung mit der Wurzel idg. **es*- eingegangen ist. In der mit /i-/ anlautenden Wurzelsilbe (3. Sg.) ist die Wurzel idg. **es*- voll erhalten. In den Formen mit anlautendem /s-/ (siehe die 3. Pl. Ind. sowie sämtliche Formen des Konjunktivs) liegt die Schwundstufe der Wurzel idg. **es*- (also: idg. **s*-) vor.

Im **Konjunktiv Präsens** lauten die Formen:

Sg. 1. *ich sî*
2. *du sîst*
3. *er sî*
Pl. 1. *wir sîn*
2. *ir sît*
3. *sie sîn*

Das Präteritum wird von mhd. ***wesen***, einem starken Verb der AR V, gebildet. Die ursprünglichen Präsensformen von *wesen* sind mit Ausnahme des Infinitivs und Imperativs im Mittelhochdeutschen nicht mehr vorhanden.[545]

Im **Indikativ Präteritum** lauten die Formen:

Sg. 1. *ich was*
2. *du* ***wære***[546]
3. *er was*
Pl. 1. *wir wâren*
2. *ir wâr(e)t*
3. *sie wâren*

---

545 Im Neuhochdeutschen existiert nur noch der Infinitiv *sein*. Der Infinitiv mhd. *wesen* ist aber beispielsweise noch in den nhd. Substantiva *das Wesen* oder *die Anwesenheit* bewahrt. Der mhd. Infinitiv *sîn* (neben *wesen*) ist seit dem 9. Jh. belegt.

546 Zur Bildung der 2. Sg. Präteritum Ind. der starken Verben siehe Kap. V.1.1.3.

Beachte

wesen ist ein Verb mit Grammatischem Wechsel (siehe hierzu Kap. IV.5.1.4).

Im **Konjunktiv Präteritum** ist durchgängig Umlaut eingetreten:

Sg. 1. *ich wære*
2. *du wærest*
3. *er wære*

Pl. 1. *wir wæren*
2. *ir wær(e)t*
3. *sie wæren*

Im **Partizip Präteritum** lautet die Form:
- *gewesen*
- daneben (selten): *gesîn*[547]

Im **Imperativ** sind sowohl Formen von *sîn* als auch von *wesen* belegt:

Sg. 2. *wis*/daneben (selten): *bis*[548]

Pl. 2. *sît*/*weset*

1.3.3.2 *tuon*

Im **Indikativ Präsens** lauten die Formen:[549]

Sg. 1. *ich tuo***n** (/-n/ < idg. **-mi*)
2. *du tuost*
3. *er tuot*

Pl. 1. *wir tuon*
2. *ir tuot*
3. *sie tuont*

Im **Konjunktiv Präsens** liegen völlig regelmäßige Formen vor: [550]

Sg. 1. *ich tuo*
2. *du tuost*
3. *er tuo*

---

547 Die seltenere Form *gesîn* hat sich in einigen Dialekten bis in die Gegenwartssprache erhalten.

548 Der nhd. Imperativ *sei* ist erst seit dem 15. Jh. belegt.

549 In der 2./3. Sg. sowie im gesamten Plural ist das unbetonte /e/ in der Flexionsendung ausgefallen.

550 In allen Formen ist das unbetonte /e/ in der Flexionsendung ausgefallen.

Pl. 1. *wir tuon*
2. *ir tuot*
3. *sie tuon*

Die Präteritalformen wurden (im Unterschied zu den der anderen Wurzelverben) **nicht** von einem anderen (starken) Verb gebildet, sondern von *tuon* selbst. Die absolute Besonderheit hierbei ist, dass noch im Mittelhochdeutschen in der 1./3. Sg. Reduplikation vorliegt, d. h. für die Bildung des Präteritums wurde der wurzelanlautende Konsonant /t/ vorangestellt, gefolgt von dem Reduplikationsvokal /e/. Die 1./3. Sg. Präteritum lautet daher mhd. ***te**-t(e)*.[551] Diese Art der Tempusbildung ist (mit Ausnahme des Gotischen) im Germanischen untergegangen. Mhd. *tete* ist das einzige Beispiel für die Reduplikation im Mittelhochdeutschen!

Anmerkung

Bei der 2. Silbe von *tete* (*-te*) handelt es sich also um die Wurzelsilbe, nicht um ein Dentalsuffix!

Im **Indikativ Präteritum** lauten die Formen:
Sg. 1. *ich tet(e)*
2. *du* ***tæte***
3. *er tet(e)*
Pl. 1. *wir tâten*
2. *ir tâtet*
3. *sie tâten*

Anmerkung

Die Formen im Plural Präteritum haben sich denen der starken Verben der AR V angeglichen (siehe die Dehnstufe). Im Neuhochdeutschen haben sich dann wiederum die Singularformen den Pluralformen angeglichen (nhd. *ich/er tat* [a:], *du tatest* [a:]).

Im **Konjunktiv Präteritum** ist durchgängig Umlaut eingetreten:
Sg. 1. *ich tæte*
2. *du tætest*
3. *er tæte*

---

551 Das unbetonte auslautende /-e/ wurde bereits im Mittelhochdeutschen mitunter apokopiert.

Pl. 1. *wir tæten*
2. *ir tætet*
3. *sie tæten*

Im **Partizip Präteritum** lautet die Form:
– *getân*

Im **Imperativ** lauten die Formen:
Sg. 2. *tuo*
Pl. 2. *tuot*

1.3.3.3 *stân/stên*

Die Formen mit dem Wurzelvokal /â/ kommen vorwiegend im alemannischen und rheinfränkischen, die mit dem Wurzelvokal /ê/ hingegen im bairischen Sprachgebiet vor. Im Konjunktiv Präsens überwiegen jedoch generell die Formen mit /ê/. Bei der Verteilung /â/ – /ê/ scheint also zusätzlich zu der dialektalen eine modale Differenzierung vorzuliegen.

Im **Indikativ Präsens** lauten die Formen:[552]
Sg. 1. *ich stâ**n**/stê**n*** (*-n* < idg. **-mi*)
2. *du stâst/stêst*
3. *er stât/stêt*
Pl. 1. *wir stân/stên*
2. *ir stât/stêt*
3. *sie stânt/stênt*

Im **Konjunktiv Präsens** lauten die Formen meist völlig regelmäßig:
Sg. 1. *ich stê/(stâ)*
2. *du stêst/(stâst)*
3. *er stê/(stâ)*
Pl. 1. *wir stên/(stân)*
2. *ir stêt/(stât)*
3. *sie stên/(stân)*

Das Präteritum wird mit einem starken Verb der AR VI gebildet (siehe ahd. *stantan*[553]).

---

552 Wie bei *tuon* ist auch bei *stân/stên* das unbetonte /e/ in den Flexionsendungen ausgefallen (siehe auch die Formen im Konjunktiv Präsens).
553 Der ahd. Infinitiv *stantan* ist im Mittelhochdeutschen nicht mehr belegt.

Im **Indikativ Präteritum** lauten die Formen:

Sg. 1. *ich stuont*
2. *du* ***stüende***
3. *er stuont*

Pl. 1. *wir stuonden*
2. *ir stuondet*
3. *sie stuonden*

Anmerkung

Nach Nasal ist die mhd. Lenisierung /nt/ > /nd/ eingetreten. Im Auslaut (siehe die 1./3. Sg. Prät.) ist sie unterblieben.

Im **Konjunktiv Präteritum** ist durchgängig Umlaut eingetreten:

Sg. 1. *ich stüende*
2. *du stüendest*
3. *er stüende*

Pl. 1. *wir stüenden*
2. *ir stüendet*
3. *sie stüenden*

Im **Partizip Präteritum** ist überwiegend das starke Verb (siehe ahd. *stantan*) belegt, daneben (selten) auch das Wurzelverb mhd. *stân*:

- *gestanden*
- daneben (selten): *gestân*

Im **Imperativ** ist im Singular sowohl das starke Verb (siehe ahd. *stantan*) belegt als auch das Wurzelverb *stân/stên*. Im Plural ist hingegen nur das Wurzelverb belegt:

Sg. 2. *stant, stâ/stê*

Pl. 2. *stât/stêt*

1.3.3.4 *gân/gên*

Die Präsensflexion von *gân/gên* ist der von *stân/stên* sowohl im Indikativ als auch im Konjunktiv so ähnlich, dass hier lediglich auf das entsprechende Paradigma verwiesen wird.[554] Auch hinsichtlich der geographischen und modusdif-

554 Im Neuhochdeutschen gibt keine Formen mit /â/ bzw. /a/, sondern nur die gedehnten zweisilbigen Formen *gehen* etc. (ebenso *stehen* etc.).

ferenzierten Verteilung der Formen mit dem Wurzelvokal /â/ und /ê/ gilt das bereits für *stân/stên* Gesagte.

Das Präteritum wird durch ein starkes Verb der AR VII gebildet (siehe ahd. *gangan*).[555]

Im **Indikativ Präteritum** lauten die Formen:

Sg. 1. *ich gienc/gie*[556]
2. *du* ***gienge***
3. *er gienc/gie*

Pl. 1. *wir giengen*
2. *ir gienget*
3. *sie giengen*

Anmerkung

In der 1./3. Sg. (*gienc*) ist Auslautverhärtung eingetreten.

Im **Konjunktiv Präteritum** ist aufgrund des nicht-umlautfähigen Wurzelvokals in allen Formen der Diphthong /ie/ vorhanden. Die Formen lauten ganz regelmäßig:

Sg. 1. *ich gienge*
2. *du giengest*
3. *er gienge*

Pl. 1. *wir giengen*
2. *ir gienget*
3. *sie giengen*

Im **Partizip Präteritum** ist überwiegend das starke Verb (siehe ahd. *gangan*) belegt, daneben (selten) auch das Wurzelverb mhd. *gân*:

- *gegangen*
- daneben: *gangen*[557] und (selten): *gegân*[558]

---

555 Wie ahd. *stantan* ist auch der Infinitiv ahd. *gangan* im Mittelhochdeutschen nicht mehr belegt.

556 Neben der Form *gienc*, die vor allem im oberdeutschen Sprachraum vorkommt, ist in der 1./3. Sg. Prät. auch die kürzere Neubildung mhd. *gie* belegt.

557 Bei der Form *gangen* (ohne Präfix) ist das unbetonte /e/ zwischen gleichen Konsonanten ausgefallen.

558 Bei *gegân* handelt es sich um eine Neubildung, die nur gelegentlich im Mittelhochdeutschen belegt ist.

Im **Imperativ** sind im Singular vorwiegend Formen des starken Verbs (siehe ahd. *stantan*) belegt, daneben (selten) aber auch die des Wurzelverbs *gân/gên*. Im Plural ist hingegen nur das Wurzelverb belegt.

Sg. 2. *ganc/genc, ginc, gienc* (daneben auch selten: *gâ/gê*)
Pl. 2. *gât/gêt*

Anmerkung

In der 2. Sg. Imperativ (*ganc/genc, ginc, gienc*) ist Auslautverhärtung eingetreten.

1.3.4 Kontrahierte Verben

Die im Mittelhochdeutschen vorkommenden Kontraktionen über die Mediae /b/, /d/ und /g/ in intervokalischer Stellung, wie z. B. bei *legete – leite* (3. Sg. Präteritum) und *gesaget – geseit* (3. Sg. Präteritum) wurden, ebenso wie die Kontraktion über die Spirans /h/ (siehe z. B. *vâhen – vân;* Infinitiv, ‚fangen'), bereits in einem vorhergehenden Kapitel behandelt.[559] Überdies haben sich im Mittelhochdeutschen die kontrahierten Verben ***hân*** und ***lân*** ausgebildet. Sie stellen innerhalb der unregelmäßigen Verben eine eigene Klasse dar. In ihrer Präsensflexion und Lautgestalt stimmen sie weitgehend mit den Wurzelverben[560] überein (wie diese haben sie einsilbige Formen), sind aber hinsichtlich ihrer historisch-genetischen Entwicklung strikt von den Wurzelverben zu trennen. Wie die Wurzelverben haben auch *hân* und *lân* beispielsweise die Flexionsendung /-n/ in der 1. Sg. Präsens, doch im Unterschied zu den Wurzelverben geht diese Endung nicht auf idg. **-mi* zurück, sondern ist eine sekundär gebildete Analogieform. Zudem bilden die kontrahierten Verben *hân* und *lân* ihr Präteritum ohne andere Verben, also ohne Suppletivformen.

1.3.4.1 *hân* (< *haben*)

Beim Verb *hân* (Infinitiv) liegt eine Kontraktion des schwachen Verbs mhd. *haben* (ein ursprüngliches *ên*-Verb) vor. Neben den kontrahierten Formen (siehe *hân*) sind in allen Formen auch die des nicht-kontrahierten schwachen Verbs *haben* belegt. Hier zeigt sich allerdings eine semantische Differenzierung. Denn die kontrahierten Formen werden vor allem als Hilfsverb, die nicht-kontrahierten hingegen in der Regel als Vollverb mit der Bedeutung ‚halten/besitzen' gebraucht.[561]

---

559 Siehe hierzu Kap. IV.5.1.3.
560 Siehe hierzu Kap. V.1.3.3.
561 Im Konjunktiv Präsens werden allerdings die Fomen des schwachen Verbs (also die nicht-kontrahierten Formen) als Hilfsverb verwendet.

Im **Indikativ Präsens** lauten die (kontrahierten) Formen:[562]
Sg. 1. *ich hân*
2. *du hâst*
3. *er hât*
Pl. 1. *wir hân*
2. *ir hât*
3. *sie hânt*

Im **Konjunktiv Präsens** finden sich in der Regel nur die Formen des schwachen Verbs *haben*. In seltenen Fällen sind daneben aber auch die kontrahierten Formen belegt (diese stehen in Klammern):
Sg. 1. *ich habe* (*hâ*)
2. *du habest* (*hâst*)
3. *er habe* (*hâ*)
Pl. 1. *wir haben* (*hân*)
2. *ir habet* (*hât*)
3. *sie haben* (*hân*)

Im **Indikativ Präteritum** gibt es neben den regelmäßig kontrahierten Formen auch zahlreiche Varianten (diese stehen in Klammern):[563]
Sg. 1. *ich hâte* (*hete/hête/hatte/hæte*)
2. *du hâtest* (*hetest/hêtest/hattest/hætest/hæte*)
3. *er hâte* (*hete/hête/hatte/hæte*)
Pl. 1. *wir hâten* (*heten/hêten/hatten/hæten*)
2. *ir hâtet* (*hetet/hêtet/hattet/hætet*)
3. *sie hâten* (*heten/hêten/hatten/hæten*)

Die Formen des **Konjunktivs Präteritum** sind (wie bei den schwachen Verben) identisch mit denen des Indikativs.

Im **Partizip Präteritum** ist überwiegend das nicht-kontrahierte schwache Verb *haben* belegt:
- *gehabet*
- daneben auch: *gehapt* (analog zur flektierten Form *gehapter*[564])

562 Die Formen des schwachen Verbs *haben* lauten im Singular: *ich habe, du habest, er hat*; im Plural: *wir haben, ir habet, sie habent*.
563 Die Formen des schwachen Verbs *haben* lauten im Singular: *ich habete, du habetest, er habete*; im Plural: *wir habeten, ir habetet, sie habeten* (in allen Form kann das unbetonte /e/ gelegentlich auch ausfallen).
564 Bei *gehapter* liegt Synkope und assimilatorische Auslautverhärtung im Silbenauslaut vor /t/ vor (siehe hierzu auch Kap. III.3.3 und Kap. IV.5.1.1).

1.3.4.2 *lân* (< *lâzen*)

Bei *lân* (Infinitiv) handelt es sich um die kontrahierte Form des starken Verbs mhd. *lâzen* (‚lassen/unterlassen'), einem Verb der AR VII. Im Präsens existieren neben den kontrahierten Formen (siehe *lân*) auch die nicht-kontrahierten Formen des starken Verbs *lâzen*.

Im **Indikativ Präsens** lauten die (kontrahierten) Formen:[565]

Sg. 1. *ich lân* (selten: *lâ*)
2. *du lâst*
3. *er lât*
Pl. 1. *wir lân*
2. *ir lât*
3. *sie lânt*

Im **Konjunktiv Präsens** sind die kontrahierten Formen nur selten belegt und stehen daher in Klammern:

Sg. 1. *ich lâze* (*lâ*)
2. *du lâzest* (*lâst*)
3. *er lâze* (*lâ*)
Pl. 1. *wir lâzen* (*lân*)
2. *ir lâzet* (*lât*)
3. *sie lâzen* (*lân*)

Der **Indikativ Präteritum** wird überwiegend vom starken Verb *lâzen* gebildet. Nur in der 1./3. Sg. gibt es daneben auch die Formen des kontrahierten Verbs *lân*.

Sg. 1. *ich liez/lie*
2. *du lieze*
3. *er liez/lie*
Pl. 1. *wir liezen*
2. *ir liezet*
3. *sie liezen*

Im **Konjunktiv Präteritum** existieren nur die nicht-kontrahierten Formen des starken Verbs *lâzen*.[566]

---

565 Die Formen des starken Verbs *lâzen* lauten im Singular: *ich lâze, du lâzest, er lâzet*; im Plural: *wir lâzen, ir lâzet, sie lâzent.*

566 Diese lauten im Singular: *ich lieze, du liezest, er lieze*; im Plural: *wir liezen, ir liezet, sie liezen.*

Im **Partizip Präteritum** ist überwiegend das kontrahierte Verb *lân* belegt, daneben (selten) auch das starke Verb mhd. *lâzen*:
- *gelân*
- daneben (selten): *gelâzen*

Im **Imperativ** existieren nur die kontrahierten Formen:
Sg. 2. *lâ*
Pl. 2. *lât*

1.3.5 *wellen*

Die Flexionsformen von mhd. *wellen* (‚wollen') weisen einige Unregelmäßigkeiten auf, die sich im Wesentlichen durch die Annahme einer Modusverschiebung vom Indogermanischen zum Germanischen erklären lassen. Ursprünglich handelte es sich um ein regelmäßiges starkes Verb. Doch bereits im Indogermanischen wurden die Optativformen des Präsens[567] indikativisch verwendet. Im Germanischen wurden daher (analog zur Formenbildung der *jan*-Verben) neue Formen gebildet, welche die Funktionen des Konjunktivs im Germanischen übernahmen. Dementsprechend lautete der neu gebildete Infinitiv germ. **waljan* (> ahd./mhd. *wellen*). Die (neugebildeten) Formen des **Konjunktiv Präsens** lauten im Mittelhochdeutschen daher ganz regelmäßig: *ich/er welle, du wellest, wir/sie wellen, ir wellet.* Hier ist im Konsonantismus die wgerm. Konsonantengemination vor /j/ eingetreten, im Vokalismus der Wurzelsilbe der Primärumlaut /a/ > /e/).[568] Auch im Infinitiv und in den Pluralformen des Präsens Indikativs haben sich die Formen des neugebildeten schwachen Verbs mhd. *wellen* durchgesetzt (im Präsens Plural lauten die Formen daher: *wir wellen, ir wellet, sie wellent/wellen*). Im Singular **Präsens Indikativ** hat sich hingegen der Optativstamm idg. **wel* noch erhalten. Hier lauten die Formen: *ich wil, du wil/wilt,*[569] *er wil.* Der Wurzelvokal /i/ ist durch das Eintreten der nwgerm. Hebung von /e/ > /i/ (infolge des /i/ im idg. Optativ) zu erklären. Hier noch einmal alle Formen im Überblick:

---

567 Im Indogermanischen wurde der Optativ Präsens vor allem dazu verwendet, Wünsche und Möglichkeiten auszudrücken (potentialer Optativ). In den germanischen Sprachen wurde der alte idg. Optativ zum Konjunktiv.

568 Zu diesen Lautwandelprozessen siehe Kap. IV.2.1.1 und 3.2.2.

569 Die Flexionsendung /-t/ in der 2. Sg. Präsens ist wahrscheinlich in Analogie zu der entsprechenden Endung der Präterito-Präsentien (siehe Kap. VII.1.3.6) entstanden. Daneben gibt es vorwiegend im Oberdeutschen auch die Form *wil.* Das /-t/ der 2. Sg. Präsens *wilt* blieb bis ins 17. Jh. erhalten, auch wenn daneben seit dem Spätmittelhochdeutschen auch die Form *du wilst* belegt ist.

Indikativ Präsens:

Sg. 1. *ich wil*
2. *du wil/wilt*
3. *er wil*

Pl. 1. *wir wellen*
2. *ir wellet*
3. *sie wellent*

Anmerkung

In mitteldeutschen Dialekten haben der Infinitiv und die Pluralformen des Präsens anstelle von /e/ den Wurzelvokal /o/. Sie lauten also: *wollen* (Infinitiv); *wir wollen, ir woll(e)t, sie wollent.* Die mitteldeutschen Formen sind seit dem 14. Jh. auch in das Oberdeutsche eingedrungen und bleiben bis ins Neuhochdeutsche erhalten.

Konjunktiv Präsens:

Sg. 1. *ich welle*
2. *du wellest*
3. *er welle*

Pl. 1. *wir wellen*
2. *ir wellet*
3. *sie wellen*

Präteritum:

Das neu gebildete schwache **Präteritum** von mhd. *wellen* (< germ. **waljan*) entspricht der Flexion der kurzwurzlichen *jan*-Verben. Doch im Unterschied zu diesen ist das Dentalsuffix ohne Bindevokal an die Wurzel getreten. Eine weitere Besonderheit bei der Präterialbildung dieses Verbs sind (abgesehen von dem fehlenden Bindevokal mhd. /e/) die im Mittelhochdeutschen häufig belegten Formen mit dem Dentalsuffix *-de* (statt *-te*). Hier ist aufgrund des vorangehenden Liquids /l/ im Mittelhochdeutschen die Lenisierung der Tenuis /t/ zur Media /d/ eingetreten:[570]

Sg. 1. *ich wolte/wolde*
2. *du woltest/woldest*
3. *er wolte/wolde*

Pl. 1. *wir wolten/wolden*
2. *ir woldet/woldet*
3. *sie wolten/wolden*

---

570 Siehe hierzu Kap. IV.5.1.2.

Die Formen des **Konjunktivs Präteritum** sind (da es sich bei mhd. *wellen* um ein schwaches Verb handelt) identisch mit denen des Indikativs.

Das **Partizip Präteritum** ist erst spät belegt. Die Formen lauten:
- *gewellet/gewelt*.[571]

1.3.6 Präterito-Präsentien

Findet sich in einem mhd. Text beispielsweise die Verbform *er reit*, ist diese als 3. Sg. Präteritum Indikativ (2. SF) des starken Verbs *rîten* (AR Ia) zu bestimmen und daher mit ‚er ritt' zu übersetzen. Die vier Stammformen von *rîten* lauten völlig regelmäßig *rîten – reit – riten – geriten*. Auch bei mhd. *er weiz* scheint auf den ersten Blick die 2. SF eines regelmäßigen starken Verbs der AR Ia vorzuliegen, haben doch beide Verben in der 3. Sg. Prät. Ind. denselben Wurzelvokal (/ei/) und eine sog. Nullendung.[572] Doch bei der Tempusbestimmung (und somit auch bei der Übersetzung) von *weiz* ist Vorsicht geboten! Ausgehend vom Neuhochdeutschen übersetzt man zwar meist ganz spontan und korrekt diese Form mit ‚er weiß', also mit dem Präsens, und nicht (wie *reit*) mit dem Präteritum, aber warum? Und wieso lautet der Infinitv von *weiz* mhd. *wizzen* (mit kurzem /i/ statt wie in der AR I üblich mit langem /î/)? Die Antwort: *wizzen* gehört, ebenso wie acht weitere Verben im Mittelhochdeutschen, zu den **Präterito-Präsentien** (Sg.: Präterito-Präsens). Hierbei handelt es sich um Verben, deren (starke) Präteritalformen im frühen Germanischen Präsensbedeutung angenommen haben. Es fand also ein Tempuswandel vom Präteritum zum Präsens statt (daher die Bezeichnung „Präterito-Präsentien").[573] Dieser Tempuswandel hatte für die Präterito-Präsentien gravierende Folgen.

1) Die ursprünglichen Präsensformen (inklusive des Infinitivs) gingen im Germanischen verloren, da ja das Präteritum die Funktion des Präsens übernommen hatte. Der Infinitiv wurde (noch im Germanischen) neu gebildet

---

571 Daneben gibt es auch Formen mit dem Wurzelvokal /o/ (siehe die mitteldeutschen Formen des Präteritums).

572 Das Nichtvorhandensein einer Flexionsendung (Nullmorphem) wird durch das Symbol Ø ausgedrückt (siehe hierzu auch Kap. III.1).

573 Dieser semantische Vorgang begegnet auch in anderen idg. Sprachen. So bedeutet z. B. im Lateinischen das Perfektum *cognôvi* (*nôvi*) zum Präsens *cognôsco* (*nôsco*) ‚ich lerne kennen' nicht nur ‚ich habe kennengelernt', sondern auch ‚ich kenne/ich weiß'. Die Wurzel idg. **gnô-/ *gno-/*gne-/*gn-* liegt auch mhd. *ich kan* ‚ich kann/ich verstehe' zugrunde. Ähnlich wie bei lat. *nôscere* sind die semantischen Verhältnisse auch bei der idg. Wurzel **weid-/*woid-* (vgl. lat. *video* ‚ich sehe, erblicke'), aus der mhd. *wizzen* hervorgeht.

durch das Anhängen der Infinitivendung (germ. *-*an*) an die Wurzel der 3. SF (1. Pl.) des (ursprünglich starken) Präteritums (beachte: seit dem Germanischen hat die ursprüngliche 3. SF Präsensbedeutung!).

Anmerkung

Infolge der Nebensilbenabschwächung vom Alt- zum Mittelhochdeutschen sind sowohl die Infinitivendung ahd. *-an* als auch die Flexionsendung der ursprünglichen 1. Pl. Prät. ahd. *-un* zu mhd. *-en* abgeschwächt worden. Da der neue Infinitiv zudem von der Wurzel der ursprünglichen 1. Pl. Prät. (seit dem Germanischen = 1. Pl. Präsens) abgeleitet wurde, sind beide Formen identisch.

Die Bildung des neuen Infinitivs soll am Beispiel von mhd. ***wizzen*** näher erläutert werden: Im Germanischen trat die Endung *-*an* an die Wurzel der ursprünglichen 3. SF (1. Pl. Prät.) germ. **wit-*. Der neue Infinitiv lautete daher germ. **witan*. Inlautend nach kurzem Vokal wurde die Tenuis germ. /t/ infolge des Tenues-Spiranten-Wandels der 2. LV[574] zu ahd. /zz/ verschoben (germ. **witan* > ahd. *wizzan*). Durch die Nebensilbenabschwächung vom Alt- zum Mittelhochdeutschen wurde ahd. *wizzan* zu mhd. *wizzen*. Abweichend von den regulären Verben der AR I (wie z. B. *rîten*) hat *wizzen* somit den Wurzelvokal /i/ (ebenso wie auch in der ursprünglichen 3. SF; siehe mhd. *wir wizzen*).

2) Aufgrund des Tempuswandels (vom Präteritum zum Präsens) mussten neue Präteritalformen gebildet werden. Dies geschah noch im frühen Germanischen analog zur Formenbildung der schwachen Verben, also durch das Anhängen eines Dentalsuffixes. Hierbei ist Folgendes zu beachten: Das Dentalsuffix trat bei den Präterito-Präsentien direkt (ohne Bindevokal) an die Wurzel der 3. SF (1. Pl.) des (ursprünglich starken) Präteritums. Lautete diese auf einen Verschlusslaut aus, trat (noch im Vorgermanischen) der Primäre Berührungseffekt ein. Das Eintreten des PBE ist bei vier der insgesamt neun Präterito-Präsentien zu verzeichnen.

Es folgt ein detaillierter sprachhistorischer Überblick über die Entstehung und Entwicklung der Präterito-Präsentien vom (Indo-)germanischen bis zum Mittelhochdeutschen[575] am Beispiel von mhd. *wizzen*:

---

574 Siehe hierzu Kap. IV.3.1.1.

575 Aus pragmatischen Gründen werden im Weiteren nur die ersten drei Stammformen genannt (am wichtigsten ist die ursprüngliche 3. SF, da von ihrer Wurzel sowohl der neue Infinitiv als auch das neue Präteritum abgeleitet wurden).

	Infinitiv (1. SF) (Grundstufe)	**1./3. Sg. Prät.** (2. SF) (Abtönungsstufe)	**1. Pl. Prät. (3. SF)** (Schwundstufe)
idg.	**ueid-*	**uoid-*	****uid-***

Im (frühesten) Germanischen haben die Präteritalformen Präsensbedeutung angenommen und die ursprünglichen Präsensformen gingen (mitsamt dem Infinitiv) verloren. Von der Wurzel der 3. SF (germ. **wit-*) wurden ein neuer Infinitiv (germ. **witan*) und neue schwache Präteritalformen gebildet. Hierbei trat bei der 3. Sg. Prät. das Dentalsuffix germ. *-tô* (direkt) an die Wurzel germ. **wit-*. Das wurzelauslautende /t/ (germ. **wit-*) stieß somit direkt mit dem /t/ des Dentalsuffixes (*-tô*) zusammen, und durch PBE wurde /tt/ zu /ss/ (germ. **wit**t**ô* > ****wissô***). Daneben entstand die Form: germ. **wis**t**ô* (ebenfalls 3. Sg. Prät.), bei der in Analogie zum Präteritum der schwachen Verben nochmals ein Dentalsuffix an die Wurzel mit PBE (germ. **wis-*) angefügt wurde. Das Präterito-Präsens germ. **witan* hat somit in der 1./3. Sg. Präteritum Doppelformen: germ. **wissô* (= lautgesetzliche Form) und germ. **wis**t**ô* (= Analogiebildung). Der Wurzelvokal idg. /o/ (siehe die ursprüngliche 2. SF) wurde durch freien Lautwandel zu germ. /a/.

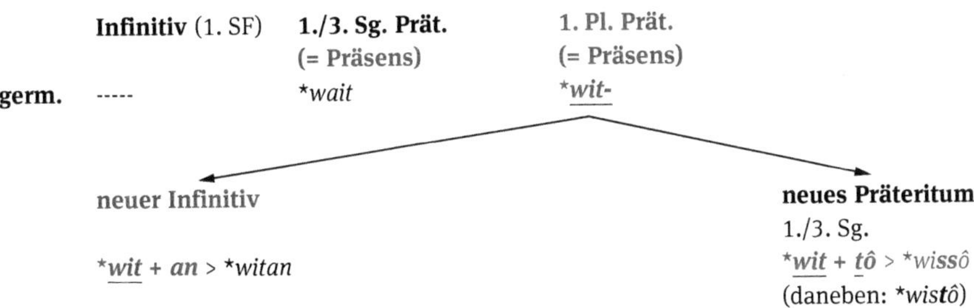

Zum Althochdeutschen wurde die Tenuis /t/ (siehe die Wurzel germ. **wit-* im Infinitiv und in der 1. Pl. Präsens) inlautend nach kurzem Vokal zur Doppelspirans ahd. /zz/ verschoben (siehe ahd. *wizzan* und *wir wizzun*). Im Auslaut (und nach langem Vokal) wurde die Doppelspirans /zz/ zu /z/ vereinfacht (siehe ahd. *ich/er weiz*). Im Vokalismus wurde der Diphthong germ. /ai/ (siehe die 1./3. Sg. Präsens) durch Kontaktassimilation zu ahd. /ei/. Im Präteritum sind neben der 1./3 Sg. ahd. ***wissa/wista*** auch die (vorwiegend mitteldeutschen) Formen ahd. ***wessa*** und ***westa*** belegt.[576]

	Infinitiv	**1./3. Sg. Präsens**	**1. Pl. Präsens**	**1./3. Sg. Prät.**
ahd.	*wizzan*	*weiz*	*wizzun*	*wissa/wista* *wessa/westa*

576 In den Formen ahd. *wessa* und *westa* ist die (selten auftretende) nwgerm. Senkung /i/ > /e/ (siehe Kap. IV.2.2.2) eingetreten.

Zum Mittelhochdeutschen traten (abgesehen von der Nebensilbenabschwächung) keine weiteren phonologischen Veränderungen ein.

mhd.	*wizzen*	*weiz*	*wizzen*	*wisse/wiste* *wesse/weste*[577]

Das **neue schwache Präteritum** wurde bei den Präterito-Präsentien, wie gesagt, aus der Wurzel der (ursprünglichen) 3. SF im Germanischen abgeleitet. In den Fällen, wo diese den Wurzelvokal /u/ aufwies, ist im Nordwestgermanischen die Senkung von /u/ zu /o/ eingetreten (siehe mhd. *tohte, dorfte, torste, solde/solte, mohte*).[578] Im Konsonantismus ist bei den Präterito-Präsentien, deren Wurzel im frühen Germanischen auf einen Verschlusslaut endete, bei der Bildung des neuen schwachen Präteritums der PBE eingetreten, da zu keiner Zeit ein Bindevokal vorhanden war. Dies ist bei folgenden vier Präterito-Präsentien der Fall (als Paradigma für die Präterialformen dient die 1./3. Sg.):

Infinitiv	1./3. Sg. Präteritum
mhd. *wizzen*	mhd. *wisse* (germ. *wit + tô > *wissô > ahd. *wissa* > mhd. *wisse*) daneben: mhd. *wiste* (Analogiebildung)
mhd. *müezen*	mhd. *muose* (germ. *môt + tô > *môssô > ahd. *muosa* > mhd. *muose*) daneben: mhd. *muoste* (Analogiebildung)

Hier ist infolge des PBE (im frühen Germanischen) die Doppelspirans **/ss/** (< /t/ + /t/) entstanden. Nach Länge wurde diese zu /s/ vereinfacht (germ. **môssô* > ahd. *muosa* > mhd. *muose*).[579] Neben den lautgesetzlichen Formen (mhd. *wisse* und *muose*) gibt es die sekundären Analogieformen mhd. *wiste* und *muoste*, die noch im Germanischen durch nochmaliges Anhängen des Dentalsuffixes (germ. *-*tô*) an die Wurzel mit PBE (germ. **wis*- und **môs*-) entstanden sind. Diese sekundären Analogieformen haben sich spätestens im 13. Jh. gegenüber den lautgesetzlichen Formen durchgesetzt.

---

577 Die nhd. Form *wusste* geht auf die spätmhd. (ostmitteldeutsche) Nebenform *wuste* zurück. Der Wurzelvokal /u/ ist durch den Einfluss des anlautenden /w-/ entstanden.

578 Auch von mhd. *gunde* und *kunde* sind Nebenformen mit der Senkung von /u/ > /o/ belegt (mhd. *gonde* und *konde*). Das /o/ kann hier nur sekundär (durch Analogie) entstanden sein, da das Eintreten der nwgerm. Senkung durch die nachfolgende Nasalverbindung verhindert wurde.

579 Zur Geminatenvereinfachung vom Voralthochdeutschen zum Althochdeutschen siehe Kap. IV.3.1.3.

Infinitiv	1./3. Sg. Präteritum
tugen	*tohte* (germ. **dug* + *tô* > ahd. *tohta* > mhd. *tohte*)
mugen	*mohte* (germ. **mug* + *tô* > ahd. *mohta* > mhd. *mohte*)

Hier ist bei beiden Präterito-Präsentien im frühen Germanischen zunächst der Stimmtonverlust vor /t/ (/gt/ > /kt/) und infolgedessen der PBE /k/ + /t/ > /xt/ eingetreten (siehe mhd. *to**h**te*, *mo**h**te*). Der Wurzelvokal /o/ ist entstanden durch die nwgerm. Senkung /u/ > /o/.[580]

Bei den anderen Präterito-Präsentien ist kein PBE eingetreten, da deren Wurzel im frühesten Germanischen nicht auf einen Verschlusslaut auslautete. In einigen Fällen, bei einem Wurzelauslaut auf Nasal oder Liquid, ist das Dentalsuffix im Mittelhochdeutschen lenisiert worden: mhd. *-te* > *-de* (siehe mhd. *gun**de**, kun**de**, sol**de***).[581]

Wenngleich sich die **Präsensformen** der Präterito-Präsentien aus den Präteritalformen der starken Verben entwickelt haben und sich die Präterito-Präsentien daher aufgrund ihres Wurzelvokals den Ablautreihen der starken Verben zuordnen lassen, zeigen sie einige bedeutsame Abweichungen gegenüber den regelmäßig ablautenden Verben:

1) Vor allem im Infinitiv (und somit auch in der 1. Plural) zeigt sich das Nebeneinander von umgelautetem und nicht-umgelautetem Wurzelvokal, siehe z. B. *t**u**gen/t**ü**gen, s**u**ln/s**ü**ln*. Für die umgelauteten Formen gibt es keine lautgesetzliche Erklärung, da niemals /i/ oder /j/ in der Folgesilbe standen. Möglicherweise handelt es sich um Analogiebildungen zu den langwurzligen *jan*-Verben mit sog. Rückumlaut.
2) Die Präterito-Präsentien der AR IV und V müssten im Infinitiv und in der 1. Pl. lautgesetzlich den dehnstufigen Wurzelvokal /â/ aufweisen. Bei *suln* (AR IV) und *mugen* (AR V) liegt jedoch in dieser Form keine Dehnstufe, sondern Schwundstufe und der Wurzelvokal /u/ vor (analog zu den Verben der AR II und III).
3) Die Flexionsendungen im Präsens entsprechen (bis auf eine Ausnahme) denen der starken Verben im Präteritum. Die Ausnahme ist die 2. Sg. (= ursprünglich die 2. Sg. Präteritum). Während die regelmäßigen starken Verben die 2. Sg. Prät. mit dem Wurzelvokal der 3. SF + Flexionsendung mhd. *-e* (< ahd. *-i*) bilden, wird diese Form bei den Präterito-Präsentien durch das Anhängen von /-t/ (einer alten idg. Perfektendung) an die Wurzel der

580 Siehe hierzu Kap. IV.2.2.2.

581 Zur mhd. Lenisierung siehe Kap. IV.5.1.2.

(ursprünglichen) 2. SF gebildet! Im Unterschied zur 2. Sg. Prät. der starken Verben, wo aufgrund des hohen Vokals (siehe ahd. *-i*) in der Flexionsendung bei umlautfähigem Wurzelvokal Umlaut eingetreten ist (siehe z. B. mhd. *du næme* und *du grüebe*), haben die Präterito-Präsentien in dieser Form folglich keinen Umlaut. Hinzu kommen mitunter weitere Abweichungen in dieser Form. In der nachfolgenden Tabelle wird die 2. Sg. Präsens von jedem Präterito-Präsens (nicht nach Ablautreihen geordnet) angegeben und zum Vergleich zusätzlich die 1./3. Sg. genannt (da diese denselben Wurzelvokal aufweist):

Infinitiv[582]	1./3. Sg. Präsens	2. Sg. Präsens
durfen	*ich/er d**a**rf*	*du d**a**rf**t***[583]
suln	*ich/er s**o**l*	*du s**o**l**t***[584]
mugen	*ich/er m**a**c*	*du m**aht***

Beachte

In der 2. Sg. Präsens *du maht* ist durch den direkten Zusammenprall von wurzelauslautendem Dental und dem /t/ in der 2. Sg. im frühesten Germanischen zunächst der Stimmtonverlust (/g/ + /t/ > /kt/) und dann der PBE (/gt/ > /xt/) eingetreten.

wizzen	*ich/er w**ei**z*	*du w**ei**st*
müezen	*ich/er m**uo**z*	*du m**uo**st*

Beachte

Bei *du weist* und *du muost* handelt es sich **nicht** um lautgesetzliche Formen. Diese müssten ***weis** und ***muos** lauten, da in beiden Fällen der PBE (/tt/ > /ss/) eingetreten ist und die Doppelspirans /ss/ nach Länge (siehe den Diphthong in der Wurzelsilbe) zum Althochdeutschen zu /s/ vereinfacht wurde:

- germ. **wait-t-* > **waiss* > **wais* > ahd./mhd. **weis*
- germ. **môt-t-* > **môss* > **môs* > ahd./mhd. **muos*

Analog zu den anderen Präterito-Präsentien, deren 2. Sg. Präsens auf /-t/ endet (siehe z. B. *du darft, du solt, du maht*), wurde nachträglich (noch im Germanischen) an die lautgesetzlichen Formen für die 2. Sg. Präsens (siehe germ. **wais* und **môs*) ein /-t/

582 Hier werden nur die Infinitive genannt, die am häufigsten belegt sind.

583 Zusehends setzte sich die Analogieform *darfst* durch (abgeschlossen ist diese Entwicklung aber erst im 15. Jh.).

584 Die 2. Sg. Präsens *solt* ist bis zum 15. Jh. gut belegt und wird erst später durch die Analogieform nhd. *sollst* verdrängt.

angefügt. Die sekundär gebildeten (nicht lautgesetzlichen) Formen *du weist* und *du muost* haben bereits im Althochdeutschen die lautgesetzlichen Formen völlig verdrängt. Da diese folglich nicht belegt sind, werden sie mit einem Asteriskus versehen.

gunnen	*ich/er gan*	*du ganst*
kunnen	*ich/er kan*	*du kanst*

Beachte

Auch *du ganst* und *du kanst* sind **keine** lautgesetzlichen Formen. Diese müssten **gant* und **kant* lauten. Bei *ganst* und *kanst* handelt es sich um Analogieformen zu *du weist* und *du muost*, bei denen das /s/ lautgesetzlich ist, nicht hingegen das /-t/!

turren	*ich/er tar*	*du tarst*

Beachte

Die 2. Sg. *du tarst* ist lautgesetzlich entwickelt, da /s/ hier der Wurzelauslaut im Germanischen war. In den anderen Flexionsformen entstand durch die Spirantenerweichung von idg. /s/ > germ. /z/ nach dem Vernerschen Gesetz (bzw. in Analogie dazu) und des nwgerm. Rhotazismus von germ. /z/ > nwgerm. /r/ die Doppelkonsonanz /**rr**/ (siehe z. B. den Infinitiv *turren*).

tugen	*ich/er touc*	------

Anmerkung

tugen ist ein Verb mit unvollständigen Flexionsformen (= defektives Verb). Meist wird es unpersönlich gebraucht (daher ist die 2. Sg. Präsens nicht belegt).

Abschließend ein Überblick über alle mhd. Präterito-Präsentien mitsamt den wichtigsten indikativischen und konjunktivischen Flexionsformen (mit Ausnahme der 2. Sg. Präsens), inklusive der Zuordnung zur jeweiligen Ablautreihe:

	Präsens			Präteritum		
	1./3. Sg. Ind.	**1./3. Sg. Konj.**	**1./3. Pl. Ind. (= Infinitiv)**	**1./3. Sg. Ind.**	**1./3. Sg. Konj.**	**Part. Prät.**
AR I	*weiz*	*wizze*	*wizzen* (‚wissen‘)	*wisse/wesse* *wiste/weste*	*wisse/wesse* *wiste/weste*	*gewist/* *gewest*
AR II	*touc*	*tuge/tüge*	*tugen/tügen*[585] (‚taugen/nützen‘)	*tohte*	*töhte*	-----
AR IIIa	*gan*	*gunne* (*günne*)	*gunnen/günnen* (‚gönnen/erlauben‘)	*gunde* (*gonde*)	*günde/gunde*	*gegunnen/* *gegunnet* (*gegunst*)
	kan	*kunne/künne*	*kunnen/künnen* (‚etwas geistig können/ vermögen‘)	*kunde* (*konde*)	*künde/kunde*	-----
AR IIIb	*darf*	*durfe/dürfe*	*durfen/dürfen* (‚bedürfen/brauchen‘)	*dorfte*	*dörfte*	*bedorft*
	tar	*turre/türre*	*turren/türren* (‚wagen/sich trauen‘)	*torste*	*törste*	-----
AR IV	*sol* (*sal*)	*sul/sül*	*suln/süln/soln* (‚sollen/ schuldig sein‘) oft Futurbedeutung (‚werden‘)	*solde/solte*	*sölde/solte*	-----
AR V	*mac*	*muge/müge*	*mugen/mügen/magen/megen* (‚etwas physisch können / vermögen / imstande sein‘)	*mohte/mahte*	*möhte/mähte*	-----
AR VI	*muoz*	*müeze*	*müezen* (‚*müssen*/können/sollen/dürfen‘) auch Futurbedeutung (‚werden‘)	*muose/muoste*	*müese/müeste*	-----

585 Neben *tugen/tügen* ist seit dem 13. Jh. auch der Infinitiv *tougen* belegt. Ab dem 12. Jh. (endgültig aber erst im 17. Jh.) trat das Präterito-Präsens *tugen/tügen* über in die Gruppe der schwachen Verben.

Anmerkung

Bei der Übersetzung ist zu beachten, dass einige Präterito-Präsentien im Mittelhochdeutschen ein breiteres Bedeutungsspektrum haben als im Neuhochdeutschen.

1.4 Übungsaufgaben

Übungsaufgaben zu den starken Verben

1) Bestimmen Sie die unterstrichenen Verbformen aus dem *Erec* nach Tempus, Numerus und Modus. Nennen Sie zudem die jeweilige Ablautreihe und die vier Stammformen.

***Erec*, V. 910–926:**
*dô **was** Êrec der rede vrô.*
*ze ruowe **sâzen** si dô:*
*ir houbet si **enbunden**.*
*und als si des **emphunden***
daz si geruowet hâten,
*zesamene si dô **trâten***
*und **griffen** an ir altez spil,*
als ich iu nû sagen wil.
mit guoter kunst, mit niuwer kraft
und mit alsô gelîcher meisterschaft
*si spilende **beliben**.*
*dâ siz vil lange **getriben**,*
daz witzige und tumbe
die stuonden dar umbe
*mit nihte **erkiesen** kunden*
weder zuo den stunden
eins ougen wæger hæte.

2) Bilden Sie die 2. Singular Indikativ Präteritum zu folgenden Verben:

Infinitiv	**2. Sg. Präteritum**
rîten	
liegen (‚lügen')	
vinden	
komen	
pflegen	

(fortgesetzt)

Infinitiv	**2. Sg. Präteritum**
graben	
ruofen	
heizen	
wesen	
grîfen	
kiesen	

3) Nennen Sie die Ablautreihe und die restlichen drei Stammformen folgender Verben:

Infinitiv	**AR**	**3. Sg. Prät.** (2. SF)	**1. Pl. Prät.** (3. SF)	**Part. Prät.** (4. SF)
bitten				
komen				
sitzen				
swern				
vlehten				
bliuwen				
versinnen				
sûfen				
heben				
treffen				
schaben				

4) Erklären Sie den Begriff *j*-Präsens, und nennen Sie alle mhd. *j*-Präsentien. Welche Abweichungen gegenüber den regulären starken Verben der AR V und VI weisen die Infinitive der *j*-Präsentien auf? Geben Sie eine sprachhistorische Erklärung dafür.
5) Bilden Sie die 3. Singular Präsens Indikativ und Konjunktiv folgender Verben:

Infinitiv	3. Sg. Präsens Indikativ	3. Sg. Präsens Konjunktiv
nemen		
vinden		
triegen (‚betrügen‘)		
grîfen		
bevelhen (‚befehlen‘)		
ruofen		

Die Lösungen zu den Übungsaufgaben finden sich in Kap. IX.

Übungsaufgaben zu den schwachen Verben

1) Worin unterscheidet sich das Präteritum der schwachen Verben von dem der starken Verben?
2) Welche Klassen von schwachen Verben werden vom Germanischen bis zum Mittelhochdeutschen unterschieden?
3) Was unterscheidet die kurzwurzligen *jan*-Verben von den langwurzligen?
4) Woran kann man noch im Mittelhochdeutschen in einigen Fällen die *jan*-Verben von den *ôn-/ên*-Verben unterscheiden?
5) Unterstreichen Sie alle schwachen Verben in dem folgenden Textausschnitt, und nennen Sie den Infinitiv:

***Erec*, V. 148–162:**

sô lange er dô urloubes gerte
unz daz si ins gewerte.
ouch dâhte der juncherre,
im wære daz ze verre,
ob er zen selben zîten
hin wider wolde rîten
dâ er sînen harnasch hâte,
und daz er alsô drâte
in nimmer genæme
(swie schiere er wider kæme,
sô wæren si im entriten gar),
und îlte in nâch alsô bar.
dô er in begunde gâhen nâ,
dô kam er rehte ûf ir slâ
von den im schade was geschehen.

6) Bilden Sie die 3. Singular Präteritum Indikativ und Konjunktiv zu folgenden Verben, und bestimmen Sie die Verbklasse:

Infinitiv	3. Sg. Prät. Indikativ/Konjunktiv	Verbklasse
hœren		
wænen		
tröumen		
füeren		
sagen		
triuten		
dünken		
loben		
trenken		
neigen		
senden		
küssen		

7) Bestimmen Sie die unterstrichenen Verbformen aus dem *Iwein,* und nennen Sie den Infinitiv und die Verbklasse.

***Iwein*, V. 1414–1430:**
diu juncvrouwe sich dô stal
von dem gesinde dan
und ***gruozte*** *den verborgen man*
und ***trôst*** *in als ein hövesch maget.*
ouch enwas her Îwein niht ***verzaget****:*
im hete diu minne einen muot
gegeben, als sî manegem tuot,
daz er den tôt niht entsaz.
doch hal er die maget daz
daz er sîner vîendinne
truoc sô grôzer minne.
Er ***gedâhte*** *‚wie gesihe ich sî?‘*
nû was im sô nâhen bî
diu stat dâ man in ***leite****,*
daz er sam gereite
hôrte *alle ir swære*
sam er under in wære.

8) Bestimmen Sie die unterstrichenen Verbformen, und nennen Sie den Infinitiv:
   a) ***Erec*, V. 3053 ff:**
      zehant hiez er si ûf stân,
      daz si sich wol ***kleite***
      unde ane ***leite***
      daz beste gewæte
      daz si iender hæte.
   b) ***Iwein*, V. 7640 ff:**
      daz êren er im niht vertruoc:
      wan ***redet*** *er wol, sô* ***redet*** *er baz.*
      hie was zorn âne haz.
   c) ***Erec*, V. 3384f:**
      als schiere si imz ***seite,***
      ze wer er sich ***bereite****.*
   d ***Iwein*, V. 7654 f.:**
      die juncvrouwen ***ladet*** *er dar.*
      er sprach [...]
   e) ***Parzival*, 159,29f:**
      ob dem künege von Kukûmerlant,
      den ***tôte*** *Parzivâles hant,*
   f) ***Erec*, V. 6212 f.:**
      des râtes was der grâve vrô.
      vrouwen Ênite ***trôste*** *er dô*
9) Erklären Sie das Nebeneinander von mhd. *er stepfete* und *er stapfte* (3. Singular Ind. Präteritum von mhd. *stepfen* ‚stapfen').
10) Nennen Sie die Verbklasse und den Infinitiv zu folgenden mhd. Verbformen:
   a) *er wânde – er wande*
   b) *er brante – er bran*
11) Bilden Sie zu dem Infinitiv mhd. *denken* die 3. Sg. Ind. Präteritum, und geben Sie eine umfassende sprachhistorische Erklärung für den Vokalismus und Konsonantismus dieser Form.

Die Lösungen zu den Übungsaufgaben finden sich in Kap. IX.

Übungsaufgaben zu den unregelmäßigen Verben

1) Bestimmen Sie bei den unterstrichenen Verben aus dem *Gregorius* Tempus, Numerus und Modus. Nennen Sie den Infinitiv, ordnen Sie die Verben ihrer jeweiligen Klasse zu, und erklären Sie die vorliegenden Formen sprachhistorisch:

   ***Gregorius*, V. 2361–2376:**
   *ich **wânde** ir **westetz** michel baz.*
   *jâ vrouwe, waz **mac** wesen daz*
   daz er vor iu sô gar verstilt,
   wan er iuch anders niht enhilt?
   zewâre, vrouwe, swaz ez sî,
   im wonet ein grôziu swære bî.
   *ich **hân**s ouch mê war genomen:*
   *nû **bin** ichs an ein ende komen*
   *daz er sô grôzen kumber **treit***
   *den er noch nieman **hât** geseit.*
   sît er disses landes phlac,
   *so en**lie** er nie deheinen tac*
   *er en**gienge** ie wider morgen*
   eine und verborgen
   in die kemenâten,
   vreude wol berâten.

2) Erläutern Sie den Begriff „Präterito-Präsentien". Was unterscheidet diese Verben generell von den regelmäßigen starken Verben?
3) Bilden Sie die 2. Singular Präsens folgender Präterito-Präsentien:

Infinitiv	**2. Sg. Präsens**
wizzen	
kunnen	
durfen	
mugen	

4) Bilden Sie die 3. Singular Indikativ Präteritum folgender Präterito-Präsentien, und erklären Sie die Formen sprachhistorisch:

Infinitiv	**3. Sg. Ind. Präteritum**
müezen	
mugen	
durfen	

5) Ordnen Sie folgende Infinitive einer Verbklasse zu, und bilden Sie die 3. Singular Ind. Präteritum:

Infinitiv	**Verbklasse**	**3. Sg. Ind. Präteritum**
tuon		
hân		
stân		
sîn		
beginnen		
lân		
turren		

6) Erklären Sie das Nebeneinander von *branc* und *brâhte* (3. Singular Ind. Präteritum von mhd. *bringen*).
7) Bilden Sie den Infinitiv zu *lie* und *gie* (3. Sg. Präteritum), und nennen Sie die Verbklasse.

Die Lösungen zu den Übungsaufgaben finden sich in Kap. IX.

2 Substantiva

Zu dem in den mediävistischen Grundkursen üblicherweise vermittelten Wissen gehört auch die nähere Bestimmung der Substantiva und deren Zuordnung zu einer Deklinationsklasse. Auch dies kann dem besseren Textverständnis dienlich sein, wie folgendes Beispiel aus dem *Parzival* zeigen soll: Dort heißt es in 459,21 f.: *dâ inne was sîniu* ***buoch*** *dar an der kiusche las.* Die nhd. Übersetzung lautet: ‚darin waren seine **Bücher**, in denen der Reine (= der Einsiedler Trevrizent) las.' Das Substantiv mhd. *buoch* muss hier also mit Plural übersetzt werden! Ohne die Kenntnis der mhd. Substantivflexion würde man aber vermutlich *buoch* fälschlicherweise als Nominativ Singular übersetzen. Hierfür spräche auch, dass das Verb (*was*) ebenfalls im Singular steht. Doch hier liegt eine syntaktische Besonderheit vor, die öfter im Mittelhochdeutschen vorkommt, eine Numerusinkongruenz (siehe hierzu Kap. VII.2.2). Um derartige potentielle Übersetzungsfehler zu vermeiden, ist es notwendig, die Substantiva zunächst exakt zu bestimmen, und zwar nach dem **Genus**[586] (Maskulinum, Femininum, Neutrum), dem **Numerus** (Singular oder Plural) und dem **Kasus**. Daraufhin kann die Zuordnung zu einer **Deklinationsklasse** erfolgen.

Zur Bestimmung des **Genus**: Hierbei kann in der Regel vom Neuhochdeutschen ausgegangen werden. Bei einigen Substantiva ist jedoch Vorsicht geboten, da hier zum Neuhochdeutschen ein Genuswechsel eingetreten ist. So sind folgende Substantiva im Mittelhochdeutschen (im Unterschied zum Neuhochdeutschen) in der Regel **Maskulina**: der *lop* (vgl. nhd. ***das*** *Lob*), der *luft* (vgl. nhd. ***die*** *Luft*), der *vane* (vgl. nhd. ***die*** *Fahne*), der *gewalt* (vgl. nhd. ***die*** *Gewalt*), der *humbel* (vgl. nhd. ***die*** *Hummel*) und der *list* (vgl. nhd. ***die*** *List*). Bei mhd. *honec* (‚Honig') handelt es sich (im Unterschied zum Neuhochdeutschen) um ein **Neutrum** (mhd. *daz honec* – nhd. ***der*** *Honig*).

Zur **Kasusbestimmung**: Im Mittelhochdeutschen gibt es durch den Zusammenfall mehrerer Kasus (Kasus-Synkretismus) vier Kasus: Nominativ, Genitiv, Dativ und Akkusativ. Im Indogermanischen waren es hingegen noch acht Kasus! Der Nominativ wird auch als ***casus rectus*** bezeichnet, die anderen drei Kasus als ***casus obliqui***. Infolge der zunehmenden Reduktion der (vollen) Nebensilben vom Indogermanischen zum Mittelhochdeutschen lassen die Endungen dieser vier Kasus aus synchroner mhd. Sicht häufig keine Unterschiede mehr erkennen. Die syntaktischen Funktionen der ursprünglichen vollen Kasusendungen wurden im Mittelhochdeutschen ersatzweise meist von Präpositionen und Artikeln übernommen (Übergang vom **synthetischen** zum **analytischen Sprachbau**).

---

586 Der Plural lautet Genera.

Zu den **Deklinationsklassen**: Diese richten sich nach dem stammbildenden Suffix, welches im Germanischen zwischen Wurzel und Kasusendung stand.[587] Aus synchroner mhd. Sicht ist das stammbildende Suffix allerdings meist nicht mehr eindeutig zu bestimmen. Je nachdem, ob es im Indogermanischen auf einen Vokal oder einen Konsonanten endete, werden zwei Hauptklassen unterschieden: die **vokalische (= starke)** und die **konsonantische (= schwache) Deklination**.

Bei der **vokalischen (starken) Deklination** werden wiederum, je nach dem sog. Themavokal im Germanischen, drei Hauptklassen unterschieden (*ô*-Deklination, *a*-Deklination, *i*-Deklination). Zur konsonantischen (schwachen) Deklination gehören im Mittelhochdeutschen vor allem Substantiva mit einem *n*-haltigen stammbildenden Suffix (< germ. *-**an**, -j**an**, -**ôn**, -j**ôn*** oder *-î**n***). Nur diese bezeichnete J. Grimm als schwache Substantiva. Aufgrund des *n*-haltigen Suffixes wird die konsonantische Deklinationsklasse auch als ***n*-Deklination** bezeichnet. Von den anderen konsonantischen (schwachen) Klassen haben sich hingegen im Mittelhochdeutschen meist nur Reste (einzelne Kasus) erhalten. Die meisten dieser (ursprünglich schwachen) Substantiva haben sich der vokalischen (starken) Deklination angeschlossen.

Zur konsonantischen (schwachen) Flexion gehören eigentlich auch einige wenige Substantiva ohne stammbildendes Suffix im Germanischen. Da hier der sog. Themavokal fehlt und die Flexionsendung unmittelbar an die konsonantisch auslautende Wurzel getreten ist, werden sie als athematische Substantiva oder **Wurzelnomina** bezeichnet. Sie werden zumeist (mit einigem Recht) als eigene Deklinationsklasse angesehen, auch wenn sie im Mittelhochdeutschen meist zur starken Deklination übergetreten sind.

Hauptdeklinationsklassen im Mittelhochdeutschen
- vokalische (starke) Deklination
- konsonantische (schwache) Deklination (oder *n*-Deklination)

Anmerkung

Im Neuhochdeutschen kommt zur starken und schwachen Flexion die **gemischte Flexion** hinzu. Bei dieser enden im Singular sämtliche Kasus auf /-e/, im Plural hingegen auf *-en*.

587 Ein Substantiv besteht in der Regel aus: Wortwurzel, stammbildendem Suffix und Flexionsendung. Nicht nur die Kasusbestimmung, sondern auch die Einteilung in die verschiedenen Deklinationsklassen wird durch die Reduktion der ursprünglich vollen Endsilben stark beeinträchtigt. Allein auf Basis des Mittelhochdeutschen ist eine Zuordnung zu den Deklinationsklassen kaum mehr möglich.

Bedingt durch den Übergang vom synthetischen zum analytischen Sprachbau übernahm der bestimmte Artikel zunehmend die grammatischen Funktionen der ursprünglichen Flexionsendungen. Er hat sich aus dem ursprünglichen Demonstrativpronomen entwickelt, das seit dem Germanischen zunehmend seine hinweisende (deiktische) Funktion verloren hatte. Der bestimmte Artikel ist somit für die Bestimmung der Substantiva oftmals von großer Wichtigkeit.

Die **Flexionsformen des bestimmten Artikels** lauten im Mittelhochdeutschen:

		Maskulinum	Femininum	Neutrum
Sg.	**Nom.**	*der*	***diu***	*daz*
	Gen.	*des*	*der*	*des*
	Dat.	*dem*	*der*	*dem*
	Akk.	*dem*	*die*	*daz*
Pl.	**Nom.**	*die*	*die*	***diu***
	Gen.	*der*	*der*	*der*
	Dat.	*den*	*den*	*den*
	Akk.	*die*	*die*	***diu***

Anmerkung

Diejenigen Formen, die sich von den nhd. Formen unterscheiden, sind durch Fettdruck hervorgehoben.

Am Ende des Kapitels finden sich Übungsaufgaben zur Bestimmung der Substantiva.

2.1 Die vokalische (starke) Deklination

Der vokalischen (starken) Deklination gehören – wie gesagt – Substantiva an, deren stammbildendes Suffix ursprünglich einen Vokal (sog. Themavokal) enthielt. Seit dem **Germanischen** werden (je nach Themavokal im Germanischen) vier vokalische Deklinationsklassen unterschieden: die ***a*-, *ô*-, *i*-** und die ***u*-Deklination.**[588] Der Themavokal ist im Ostgermanischen (Gotischen) in bestimm-

588 Im Indogermanischen wurden *o*-Stämme, *â*-Stämme, *i*-Stämme und *u*-Stämme unterschieden. Da idg. /o/ und /â/ durch freien Phonemwandel zu germ. /a/ und /ô/ wurden (siehe hierzu Kap. IV.1.2.2), gibt es seit dem Germanischen die *a*-, *ô*-, *i*- und die *u*-Stämme.

ten Formen wie z. B. im Dativ Plural noch erhalten, wie folgende Beispielwörter zeigen: got. *dag-**a**-m* (Dativ Plural von got. *dags* ‚Tag'; *a*-Deklination), *gib-**ô**-m* (Dativ Plural von got. *giba* ‚Gabe'; *ô*-Deklination), *anst-**i**-m* (Dativ Plural von got. *ansts* ‚Freude; Dank'; *i*-Deklination) und *sun-**u**-m* (Dativ Plural von got. *sunus* ‚Sohn'; *u*-Deklination). Die ersten drei genannten vokalischen Deklinationsklassen (***a***-, ***ô***- und ***i***-Deklination) blieben bis ins Mittelhochdeutsche bewahrt, obwohl die germanischen Themavokale infolge der Nebensilbenabschwächung vom Alt- zum Mittelhochdeutschen entweder zu dem Reduktionsvokal mhd. /ə/ abgeschwächt oder völlig geschwunden sind. Nur die ***u***-Deklination hat sich im Mittelhochdeutschen nicht erhalten.[589]

Im Germanischen wurde das System der vokalischen Deklinationsklassen weiter differenziert, indem die ***a***- und ***ô***-Deklination durch das Hinzutreten der Halbvokale /j/ und /w/ zum jeweiligen stammbildenden Suffix Unterklassen ausgebildet haben: die ***j**a*- und ***w**a*-Deklination und die ***j**ô*- und ***w**ô*-Deklination. Auch diese blieben bis ins Mittelhochdeutsche bewahrt.

Die vokalischen Deklinationsklassen im Mittelhochdeutschen

Hauptklassen	Unterklassen
a-Deklination	***ja***- und ***wa***-Deklination
ô-Deklination	***jô***- und ***wô***-Deklination
i-Deklination	

Obschon der germanische Themavokal im Mittelhochdeutschen nicht mehr erhalten ist, ist die Zuordnung eines mhd. Substantivs zu einer der vokalischen Deklinationsklassen möglich. Hierzu sollte in einem ersten Schritt das Genus bestimmt werden. Denn dadurch, dass in keiner der Deklinationsklassen alle drei Genera, sondern höchstens zwei enthalten sind, wird die Zuordnung zu einer Deklinationsklasse schon einmal beträchtlich erleichtert:

– Die ***a*-Deklination** enthält nur Maskulina und Neutra (ebenso die ***ja*-** und ***wa*-Deklination**).

589 Der *u*-Deklination gehören bereits im Althochdeutschen nur noch sehr wenige Substantiva an. Mit der Abschwächung bzw. dem Ausfall der germanischen vollen Themavokale lösten sich die einst festen Grenzen zwischen den vokalischen Deklinationsklassen zusehends auf. So ist die überwiegende Mehrzahl der alten idg. und germ. *u*-Stämme bereits im Althochdeutschen in die *i*- oder *a*-Deklination übergetreten. Ausnahmen sind, abgesehen von einigen wenigen Reliktformen einzelner Kasus, die kurzsilbigen maskulinen ehemaligen *u*-Stämme mhd. *mete* (‚Met'), *site* (‚Sitte'), *fride* (‚Friede') und *sige/sic* (‚Sieg'), da sie sich im Mittelhochdeutschen nicht den *i*- oder *a*-, sondern den *ja*-Stämmen angeschlossen haben.

- Die ***ô*-Deklination** enthält nur Feminina (ebenso die ***jô***- und ***wô*-Deklination**).
- Die ***i*-Deklination** enthält nur Feminina und Maskulina.

Ein **Femininum** kann also (bezogen auf die Hauptdeklinationsklassen) nur der *ô*- oder *i*-Deklination, ein **Maskulinum** nur der *a*- oder *i*-Deklination und ein **Neutrum** nur der *a*-Deklination angehören. In einem weiteren Schritt muss dann, vorausgesetzt, es handelt sich um ein Substantiv der *ô*- oder *a*-Deklination, gegebenenfalls die jeweilige Unterklasse (*jô*-/*wô*- bzw. *ja*-/*wa*-Deklination) bestimmt werden.

Unabhängig von der jeweiligen Deklinationsklasse zeigen die mhd. Flexionsformen folgende Gemeinsamkeiten:
- Sowohl im Singular als auch im Plural sind die Formen im Nominativ und Akkusativ identisch.
- Der Dativ Plural endet immer auf *-en*, der Dativ Singular auf /-e/. Mitunter wird das /-e/ im Dativ Singular (insbesondere im Reim und regelmäßig nach kurzem Vokal + /r/) aber apokopiert (insbesondere im Bairischen).
- Der Genitiv Singular endet bei den Maskulina und Neutra stets auf *-(e)s*, bei den Feminina hingegen in der Regel auf /-e/.

2.1.1 *a*-Deklination

Die *a*-Deklination enthält sowohl **Maskulina** als auch **Neutra**. Ihr gehört die überwiegende Mehrzahl der mhd. Maskulina an. Sie zeigen in ihrer Flexion kaum Abweichungen gegenüber dem Neuhochdeutschen.[590] Anders als die Maskulina haben die Neutra der *a*-Deklination im Mittelhochdeutschen im Nominativ und Akkusativ Plural eine sog. Nullendung (siehe z. B. *diu buoch-Ø* ‚die Bücher'),[591] und somit im Nominativ und Akkusativ Plural dieselbe Flexionsendung wie im Nominativ und Akkusativ Singular. Hier ist also Vorsicht beim Übersetzen geboten (siehe auch das einleitend zu Kap. V.2 genannte Beispiel aus dem *Parzival*)! Das stammbildende Suffix dieser Deklinationsklasse, der Themavokal germ. /a/, ist zu mhd. /e/ abgeschwächt worden oder ganz ausgefallen.

---

590 Hier wäre höchstens die Endung /-e/ im Dativ Singular zu nennen, die bereits im Mittelhochdeutschen gelegentlich apokopiert wurde. Auch in der Gegenwartssprache ist das /-e/ im Dativ Singular zwar gelegentlich noch vorhanden, wirkt aber ausgesprochen antiquiert.
591 Nur rein synchron (aus Sicht des Mittelhochdeutschen) betrachtet, liegt eine Nullendung vor. Diese ist jedoch sekundär (durch den Verfall ursprünglich voller Endsilben) entstanden.

Als Paradigma für die Maskulina der *a*-Deklination dient mhd. *tac* (mit Auslautverhärtung im Nominativ und Akkusativ Sg.), für die Neutra mhd. *wort*.

Sg.	**Nom.**	*tac*	*wort*
	Gen.	*tages*	*wortes*
	Dat.	*tag**e***	*wort**e***
	Akk.	*tac*	*wort*
Pl.	**Nom.**	*tage*	***wort***
	Gen.	*tage*	*worte*
	Dat.	*tagen*	*worten*
	Akk.	*tage*	***wort***

Anmerkung

Im Nominativ und Akkusativ Sg. haben die Maskulina (ebenso wie die Neutra) eine Nullendung (-Ø), in den entsprechenden Pluralformen enden sie (anders als die Neutra) auf /-e/.

Die Maskulina und Neutra der ***ja***- und ***wa*-Deklination** unterscheiden sich in mehrfacher Hinsicht von denen der ***a*-Deklination.**

2.1.1.1 *ja*-Deklination

Die *ja*-Stämme weisen im Mittelhochdeutschen aufgrund des /j/ im stammbildenden Suffix folgende Besonderheiten gegenüber den *a*-Stämmen auf:

1) Gemination des vorhergehenden Konsonanten (wgerm. Konsonantengemination).[592]
2) Umlaut bei umlautfähigem Wurzelvokal oder den Wurzelvokal /i/ (entstanden durch die nwgerm. Hebung von /e/ > /i/).
3) Die Endung /-e/[593] im Nominativ und Akkusativ Sg. (und bei den Neutra auch im Nominativ und Akkusativ Pl.).

Ein Neutrum wie mhd. *künne* (‚Geschlecht‘) erfüllt alle drei genannten Kriterien: Doppelkonsonanz, Umlaut des Wurzelvokals und die Endung /-e/ im Nominativ Sg. (ebenso wie im Akkusativ Sg. und Nominativ/Akkusativ Pl.).

592 Siehe hierzu Kap. IV.2.1.1. Nur bei /r/ ist die wgerm. Konsonantengemination unterblieben.

593 Bei der Endung mhd. /-e/ handelt es sich um das abgeschwächte stammbildende Suffix germ. *-ja*.

Sg.	**Nom.**	***künne***
	Gen.	*künnes*
	Dat.	*künne*
	Akk.	***künne***
Pl.	**Nom.**	***künne***
	Gen.	*künne*
	Dat.	*künnen*
	Akk.	***künne***

Anmerkung

Zu den neutralen *ja*-Stämmen gehören auch Kollektiva mit dem Präfix *ge-* (wie z. B. mhd. *daz gebirge* und *daz gebeine*).

Es müssen allerdings nicht alle drei genannten Kriterien erfüllt sein, um ein Substantiv der *ja*-Deklination zuzuordnen. Ein Maskulinum wie mhd. *hirte* weist beispielsweise weder Gemination auf (da bei dreifacher Konsonanz Vereinfachung eingetreten ist) noch Umlaut. Der Wurzelvokal /i/ ist zwar auf die nwgerm. Hebung /e/ > /i/ vor dem /j/ in der Folgesilbe zurückzuführen, aber eindeutiger für die Zuordnung zur *ja*-Deklination spricht die Endung /-e/ (im Nominativ Sg.). Denn diese Endung kommt außer bei der *ja*-Deklination in diesem Kasus sonst nur bei der schwachen Substantivflexion vor (siehe hierzu Kap. V.2.2.1).

Die Flexionsformen von mhd. *hirte* lauten:

Sg.	**Nom.**	*hirte*
	Gen.	*hirtes*
	Dat.	*hirte*
	Akk.	*hirte*
Pl.	**Nom.**	*hirte*
	Gen.	*hirte*
	Dat.	*hirten*
	Akk.	*hirte*

Anmerkung

Zu den maskulinen *ja*-Stämmen gehören u. a. alle *Nomina agentis* auf mhd. *-ære* (z. B. mhd. *vischære*).[594]

594 *Nomina agentis* sind Substantiva, die handelnde Personen bezeichnen.

Beachte

Das /-e/ im Nominativ Sg. der *ja*-Stämme kann, insbesondere bei Substantiva mit kurzem Wurzelvokal, die auf Liquid (/l/ oder /r/) enden, im Mittelhochdeutschen durch Apokope geschwunden sein. In diesen Fällen ermöglichen allein die Doppelkonsonanz oder der Umlaut des Wurzelvokals die Zuordnung zur *ja*-Deklination.

2.1.1.2 *wa*-Deklination

Bei einer kleinen Anzahl von Substantiva trat zum stammbildenden Suffix germ. /a/ der Halbvokal /w/ hinzu. Dieser ist im Mittelhochdeutschen bei den maskulinen *wa*-Stämmen in allen Kasus (außer im Nominativ und Akkusativ Sg.) erhalten geblieben. Bei den Neutra konnte er hingegen in allen Flexionsformen wegfallen, schwindet aber erst im Neuhochdeutschen regelhaft durch Systemausgleich. Die mhd. Flexionsformen, die das /w/ bewahrt haben, unterscheiden sich nicht von denen der *a*-Deklination. Ein Beispiel für ein Maskulinum der *wa*-Deklination ist mhd. *sê* (‚See‘), für ein Neutrum *knie*:

Sg.	**Nom.**	*sê*	*knie*
	Gen.	*sêwes*	*knie(we)s*
	Dat.	*sêwe*	*knie(we)*
	Akk.	*sê*	*knie*
Pl.	**Nom.**	*sêwe*	*knie*
	Gen.	*sêwe*	*knie(we)*
	Dat.	*sêwen*	*knie(we)n*
	Akk.	*sêwe*	*knie*

Anmerkung

Die *wa*-Stämme kommen (wie auch die *wô*-Stämme) im Mittelhochdeutschen nur ganz vereinzelt vor. Zu nennen wären vor allem die Maskulina mhd. *klê* (‚Klee‘), *snê* (‚Schnee‘) und *bû* (‚Bau‘).

2.1.2 *ô*-Deklination

Die *ô*-Deklination, die ausschließlich **Feminina** enthält, zeigt noch im Mittelhochdeutschen einige flexivische Besonderheiten gegenüber den anderen Deklinationsklassen, obschon der Themavokal germ. /ô/ (wie bei den anderen vokalischen Klassen) in allen Kasus zu /e/ abgeschwächt ist.[595]

595 Im Althochdeutschen ist der germ. Themavokal /ô/ noch im Dativ Plural bewahrt. Dementsprechend lautet der Dativ Pl. zu ahd. *geba* (Nominativ): ahd. *geb-**ôm**/-**ôn***.

Sg.	**Nom.**	*gebe*
	Gen.	*gebe*
	Dat.	*gebe*
	Akk.	*gebe*
Pl.	**Nom.**	*gebe*
	Gen.	*geb**en***
	Dat.	*geben*
	Akk.	*gebe*

Beachte

Die Feminina der *ô*-Deklination enden im Mittelhochdeutschen im Nominativ Sg. auf /-e/. Im Neuhochdeutschen ist dieses auslautende /-e/ mitunter durch Apokope geschwunden (z. B. mhd. *diu stirne* > nhd. *die Stirn*).

Der gesamte Singular sowie der Nominativ/Akkusativ Pl. enden auf /-e/.[596] Die Flexionsendung im Genitiv und Dativ Pl. lautet hingegen *-en*. Diese Endung im Dativ Pl. ist allen starken (aber auch den schwachen) Deklinationsklassen gemein, aber im Genitiv Pl. ist sie ein Charakteristikum der *ô*-Deklination, da sie in diesem Kasus in keiner anderen vokalischen Deklinationsklasse vorkommt.

Anmerkung

Im Neuhochdeutschen gehören die Feminina, die im Mittelhochdeutschen der *ô*-Deklination angehören, der gemischten Deklination an.

Die beiden Untergruppen der *ô*-Deklination, also die ***jô***- und ***wô*-Deklination**, unterscheiden sich, vorausgesetzt es liegen die vollen (nicht-apokopierten) Formen vor, hinsichtlich ihrer Flexionsendungen nicht von den *ô*-Stämmen.

2.1.2.1 *jô*-Deklination

Die Feminina der *jô*-Deklination weisen aufgrund des /j/ im stammbildenden Suffix folgende Besonderheiten gegenüber den Feminina der *ô*-Deklination auf:

1) Gemination des vorhergehenden Konsonanten (außer /r/) in allen Kasus (infolge der wgerm. Konsonantengemination).

---

596 Im Unterschied zu den Feminina der *ô*-Deklination enden die Maskulina und Neutra im Genitiv Sg. nicht auf /-e/ (wie z. B. *gebe*), sondern auf *-es* (siehe z.B. *tages, wortes*).

2) Umlaut des Wurzelvokals in allen Kasus (vorausgesetzt, es lag ein umlautfähiger Vokal vor)[597]oder Wurzelvokal /i/ (entstanden durch die nwgerm. Hebung von /e/ > /i/ vor /j/ in der Folgesilbe).

Ein Femininum wie mhd. *wünne* (‚Wonne') erfordert also aufgrund seiner Genuszugehörigkeit sowie der Flexionsendung /-e/ im Nominativ Sg. in einem ersten Schritt die Zuordnung zur *ô*-Deklination. Die Doppelkonsonanz und der umgelautete Wurzelvokal zeigen in einem zweiten Schritt die Zugehörigkeit zu den *jô*-Stämmen an. Die Flexionsendungen von mhd. *wünne* entsprechen denen eines Femininums der *ô*-Deklination.

Sg.	**Nom.**	*wünne*
	Gen.	*wünne*
	Dat.	*wünne*
	Akk.	*wünne*
Pl.	**Nom.**	*wünne*
	Gen.	*wünn**en***
	Dat.	*wünnen*
	Akk.	*wünne*

2.1.2.2 *wô*-Deklination

Im Mittelhochdeutschen ist der zum stammbildenden Suffix /ô/ hinzugetretene Halbvokal /w/ entweder erhalten oder ausgefallen. Daher existieren neben den vollen Formen (mit /w/) auch verkürzte Formen, in denen das /w/ ausgefallen und der Vokal der Flexionsendung (also mhd. /-e/) mit der vokalisch auslautenden Wurzel verschmolzen ist. Zum Neuhochdeutschen haben sich in der Regel die vollen Flexionsformen durchgesetzt.[598] Deren Flexionsendungen unterscheiden sich nicht von denen der *ô*-Deklination. Ein Beispiel für ein Femininum der *wô*-Deklination ist mhd. *brâwe*/*brâ* (‚Braue'):[599]

Sg.	**Nom.**	*brâwe*/*brâ*
	Gen.	*brâwe*/*brâ*
	Dat.	*brâwe*/*brâ*
	Akk.	*brâwe*/*brâ*

597 Bereits im Althochdeutschen ist das /j/ des stammbildenden Suffixes in allen Kasus geschwunden. Zuvor hat es aber noch Umlaut bewirkt.

598 Nach Liquid (/l/ oder /r/) wird mhd. /w/ im Neuhochdeutschen zu /b/ (z. B. mhd. *varwe* > nhd. *Farbe*, siehe hierzu Kap. IV.6.1.2).

599 Ahd. *brâwa*/*brâ* < germ. **brâa* (vgl. auch mhd. *var*/*varwe* ‚Farbe').

Pl.	**Nom.**	*brâwe/brâ*
	Gen.	*brâw**en**/brâ**n***
	Dat.	*brâwen/brân*
	Akk.	*brâwe/brâ*

Anmerkung

Nur sehr wenige Feminina gehören den *wô*-Stämmen an (siehe z. B. mhd. *klâwe/klâ* (‚Klaue') und *diuwe/diu* (‚Dienerin').

2.1.3 *i*-Deklination

In der *i*-Deklination sind **Maskulina** und **Feminina** enthalten. Das stammbildende Suffix dieser Deklinationsklasse, der Themavokal germ. /i/, ist im Mittelhochdeutschen zwar bereits zu /e/ abgeschwächt worden oder ganz ausgefallen, hat aber in einigen Flexionsformen noch den Umlaut des Wurzelvokals bewirkt.[600] Die Maskulina der *i*-Deklination weichen in ihrer Flexion gegenüber den Feminina der *i*-Deklination mitunter beträchtlich ab. Beiden gemein ist aber die Nullendung im Nominativ und Akkusativ Sg. (siehe z. B. *der gast-Ø, diu kraft-Ø*).

Bei den (starken) **Maskulina**, die ja entweder der *a*- oder der *i*-Deklination angehören können, lässt sich allerdings allein anhand der Nullendung im Nominativ und Akkusativ Sg. die Zugehörigkeit zu einer der beiden Deklinationsklassen nicht erkennen. Aber im Mittelhochdeutschen sind in der *i*-Deklination nur Maskulina mit **umgelautetem Wurzelvokal** im gesamten Plural enthalten. Die Maskulina mit **nicht**-umlautfähigem Wurzelvokal sind mit den Maskulina der *a*-Deklination zusammengefallen, da beide Deklinationsklassen im Mittelhochdeutschen identische Flexionsendungen haben.[601] Der Umlaut des Wurzelvokals in den Pluralformen ist somit das einzige Unterscheidungskriterium, welches bei den Maskulina die Zuordnung zur *i*-Deklination ermöglicht.[602] Er ist durch das stammbildende Suffix /i/ zu erklären, das im Althochdeutschen noch in sämtlichen Formen des Plurals erhalten war. In den Singularformen ist es hingegen bereits vor dem Eintreten des Umlauts geschwunden. Als Paradigma für ein Maskulinum der *i*-Deklination dient mhd. *der gast*.

600 Im Althochdeutschen ist das /i/ unter anderem noch im Dativ Pl. vorhanden (siehe z. B. ahd. *gest-**im*** und *kreft-**im***).

601 Maskulina mit nicht-umlautfähigem Wurzelvokal, die ursprünglich der *i*-Deklination angehörten, sind bereits im Voralthochdeutschen zur *a*-Deklination übergetreten.

602 Maskuline Substantiva mit umgelautetem Wurzelvokal kommen – abgesehen von der *i*-Deklination – auch in der *ja*-Deklination vor. Bei dieser liegt jedoch zum einen Umlaut auch in den Singularformen vor und zum anderen endet der Nominativ/Akkusativ Sg. auf /-e/. Hinzu kommt ggf. noch die Konsonantengemination.

Sg.	**Nom.**	*gast*
	Gen.	*gastes*
	Dat.	*gast**e***
	Akk.	*gast*
Pl.	**Nom.**	*geste*
	Gen.	*geste*
	Dat.	*gesten*
	Akk.	*geste*

Anmerkung

Im Plural ist im Althochdeutschen durchgängig der Primärumlaut /a/ > /e/ (vor /i/ in der Folgesilbe) eingetreten.

Steht man nun vor der Aufgabe, ein Maskulinum (ausgehend vom Nominativ Sg.) einer der beiden starken Deklinationsklassen zuzuordnen, muss also eine Pluralform (vorzugsweise der Nominativ) gebildet werden. Gegebenenfalls kann man hierbei vom Neuhochdeutschen ausgehen. Liegt hier im Plural ein umgelauteter Wurzelvokal vor (wie z. B. in nhd. *Gast – Gäste*), gehört das betreffende Maskulinum der *i*-Deklination an. In einigen Fällen ist jedoch Vorsicht geboten, da Maskulina mit Umlaut in den nhd. Pluralformen diesen mitunter erst zum Neuhochdeutschen angenommen haben! Wenn aber im Mittelhochdeutschen noch kein Umlaut vorliegt, gehören diese Maskulina nicht den *i*-, sondern den *a*-Stämmen an (siehe z. B. mhd. *der boum – die boume*; nhd. *der Baum – die Bäume*). In derartigen Fällen kann nur ein Blick in ein mhd. Wörterbuch weiterhelfen.

Anmerkung

Einige Maskulina ohne Umlaut, aber mit umlautfähigem Wurzelvokal, die also eigentlich der *a*-Deklination angehören, haben bereits im Mittelhochdeutschen neben nichtumgelauteten auch umgelautete Pluralformen. So lautet z. B. der Nominativ Pl. von mhd. *der nagel* sowohl *die nagele* als auch *die nägele.*

Bei den **Feminina** ist eine eindeutige Zuordnung zur *ô*- oder *i*-Deklination bereits allein aufgrund der Flexionsendung im Nominativ und Akkusativ Sg. möglich. Denn im Unterschied zu den entsprechenden endungslosen Formen der *i*-Stämme (siehe *diu/die kraft*-Ø), haben die Feminina der *ô*-Deklination im Nominativ und Akkusativ Sg. die Endung /-e/ (siehe *diu/die geb-**e***). Die Feminina der *i*-Deklination unterscheiden sich von denen der *ô*-Deklination (wie z. B. *diu geb**e***) in zweifacher Hinsicht: Erstens durch die Nullendung im Nominativ und Akkusativ Sg. (siehe z. B. *kraft*-Ø und *vrist*-Ø ‚Frist'). Nahezu alle femininen *i*-Stämme enden in diesen Formen auf /-t/.[603] Zweitens weisen die Feminina der *i*-Stämme mit umlautfähigem Wurzelvokal (wie z. B. *kr**a**ft)* in allen Pluralformen Umlaut auf. Anders als bei den Maskulina sind aber auch Feminina mit nicht-umlautfähigem Vokal in der *i*-Deklination enthalten (wie z. B. mhd. *diu vr**i**st*).

Im Genitiv und Dativ Sg. haben die femininen *i*-Stämme Doppelformen ausgebildet. Neben den älteren Formen mit auslautendem /-e/ (< ahd. /-i/) und Umlaut bei umlautfähigem Wurzelvokal (siehe z. B. *kr**e**fte*) entstanden im Mittelhochdeutschen (möglicherweise in Analogie zu den Maskulina der *i*-Deklination) sekundär Formen mit Nullendung (siehe z. B. *kraft-Ø* und *vrist-Ø*). Bei nicht-umlautfähigem Wurzelvokal (wie z. B. *vrist*) unterscheiden sich die Doppelformen im Genitiv und Dativ Sg. nur durch die Endung (siehe z. B. *vrist**e**/vrist*), bei umlautfähigem Wurzelvokal hingegen durch das /-e/ in der Endung und Umlaut (siehe z. B. *kr**e**ft**e**/kr**a**ft*). Die Doppelformen im Genitiv und Dativ Sg. sind eine Besonderheit der femininen *i*-Stämme. Im Laufe ihrer sprachhistorischen Entwicklung haben die kürzeren Formen mit Nullendung zusehends die älteren Formen verdrängt.

Die Flexionsformen von mhd. *kraft* und *vrist* lauten:

Sg.	**Nom.**	*kraft*
	Gen.	*kr**e**fte/kraft*
	Dat.	*kr**e**fte/kraft*
	Akk.	*kraft*
Pl.	**Nom.**	*kr**e**fte*
	Gen.	*kr**e**fte*
	Dat.	*kr**e**ften*
	Akk.	*kr**e**fte*

Beachte

Im Plural ist im Althochdeutschen durchgängig der Primärumlaut /a/ > /e/ (vor /i/) eingetreten. Im Genitiv und Dativ Sg. gibt es Doppelformen: ältere Formen mit der Endung /-e/ und Primärumlaut und sekundäre Formen mit Nullendung ohne Umlaut. Beim Genitiv eines Femininums der *i*-Deklination mit umgelautetem Wurzelvokal (z. B. *krefte*), bleibt also zunächst offen, ob Singular oder Plural vorliegt, da hier beide Numeri vollkommen identische Formen haben. Diese Frage kann nur durch den Kontext geklärt werden. Steht das betreffende Substantiv jedoch in keinem kontextuellen Zusammenhang oder gibt dieser keine eindeutige Auskunft über die Numeruszugehörigkeit, sind prinzipiell beide Möglichkeiten bei der Formenbestimmung anzugeben.

603 Das auslautende /-t/ erklärt sich dadurch, dass es sich bei den femininen *i*-Stämmen in der Regel um idg. *-ti*-Abstrakta, wie z. B. mhd. *pfliht* zu *pflegen* handelt. Bei diesen Abstrakta ist nur /i/ stammbildendes, /t/ hingegen wortbildendes Suffix.

Sg.	**Nom.**	*vrist*
	Gen.	*vriste/vrist*
	Dat.	*vriste/vrist*
	Akk.	*vrist*
Pl.	**Nom.**	*vriste*
	Gen.	*vriste*
	Dat.	*vristen*
	Akk.	*vriste*

Beachte

Im Genitiv und Dativ Sg. gibt es wiederum Doppelformen.

Das nachfolgende Schema soll die Zuordnung der Substantiva zu einer der starken Deklinationsklassen ausgehend vom Nominativ Sg. erleichtern. Hierbei sind folgende Fragen der Reihenfolge nach zu beantworten:

1) Welches Genus hat das betreffende Substantiv?
2) Welche Flexionsendung liegt im Nominativ Sg. vor: /-e/ oder /-Ø/ (sog. Nullendung)?
3) Ist (bei umlautfähigem Wurzelvokal) Umlaut eingetreten? Wenn ja, in welchen Formen?

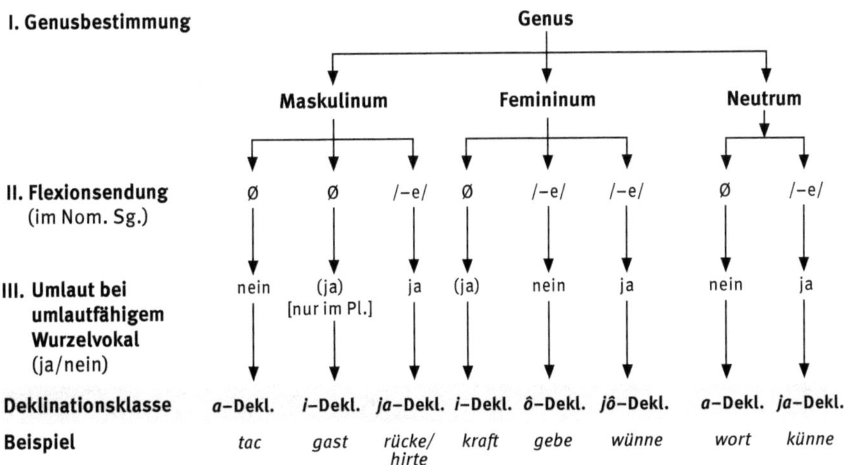

Abb. 58: Zuordnung der Substantiva zu starken Deklinationsklassen.

2.2 Die konsonantische (schwache) Deklination

Im Indogermanischen und Germanischen wurden im Unterschied zum Alt- und Mittelhochdeutschen je nach stammauslautendem Konsonanten mehrere konsonantische Deklinationsklassen unterschieden. Im Mittelhochdeutschen haben sich nur die *n*-Stämme erhalten.

2.2.1 *n*-Deklination

In der *n*-Deklination sind Substantiva aller drei Genera (**Maskulinum, Femininum, Neutrum**) enthalten. Infolge der Nebensilbenabschwächung vom Alt- zum Mittelhochdeutschen enden – mit Ausnahme des Nominativs Sg.[604] aller drei Genera sowie des Akkusativs Sg. der Neutra – alle Formen auf *-**en*** (daher die Bezeichnung *n*-Deklination).[605] Als Paradigmen für die Flexionsformen der schwachen Deklination dienen mhd. *der bote* (Maskulinum), *diu zunge* (Femininum) und *daz herze* (Neutrum).

		Maskulinum	**Femininum**	**Neutrum**
Sg.	**Nom.**	*bot**e***	*zung**e***	*herz**e***
	Gen.	*boten*	*zungen*	*herzen*
	Dat.	*boten*	*zungen*	*herzen*
	Akk.	*boten*	*zungen*	*herz**e***
Pl.	**Nom.**	*boten*	*zungen*	*herzen*
	Gen.	*boten*	*zungen*	*herzen*
	Dat.	*boten*	*zungen*	*herzen*
	Akk.	*boten*	*zungen*	*herzen*

Bei den **Maskulina** der *n*-Deklination ist die Endung /-e/ im Nominativ Sg. zum Neuhochdeutschen häufig durch Apokope weggefallen (z. B. mhd. *der herr**e*** > nhd. *der Herr*). Einige schwache Maskulina weisen bereits im Mittelhochdeutschen (nach Nasal oder Liquid) die apokopierte Form auf (siehe z. B. *swan* ‚Schwan' statt *swane*). Im Gegenzug dazu haben einige schwache Maskulina (ohne apokopiertes /e/) bereits im Mittelhochdeutschen die Endung /-n/ der obliquen Kasus auch in den Nominativ Sg. übernommen (siehe z. B. mhd. *der*

604 Der Nominativ Sg. war im Germanischen endungslos, d. h. er endete unmittelbar mit dem stammbildenden Suffix *-an, -jan, -ôn, -jôn* oder *-în*, von dem das /-n/ zum Teil schon im Germanischen geschwunden ist. Bei den Neutra ist auch im Akkusativ Sg. das /-n/ frühzeitig (zum Teil schon im Germanischen) ausgefallen.

605 In den obliquen Kasus (abgesehen vom Akkusativ Sg. Neutrum) liegen also im Mittelhochdeutschen identische Flexionsendungen vor.

brate/braten ‚Braten'). Diese Entwicklung setzt sich im Neuhochdeutschen verstärkt fort. Gehörten im Mittelhochdeutschen noch viele Maskulina der *n*-Deklination an, ist zum Neuhochdeutschen eine große Anzahl zur starken Flexion übergetreten. Vereinzelt sind im Mittelhochdeutschen Mischformen beider Flexionen belegt (siehe z. B. *buochstap* – *buochstabe* ‚Buchstabe'; Nominativ Sg.).

Beachte

Die Flexionsendung /-e/ im Nominativ Sg. kommt auch bei den starken Maskulina der *ja*-Deklination vor. Liegen bei einem maskulinen Substantiv im Nominativ Sg. keine eindeutigen Kriterien für die Zuordnung zu den *ja*-Stämmen vor (da beispielsweise der Wurzelvokal nicht umlautfähig ist und die Gemination infolge von Konsonantenhäufung vereinfacht wurde (wie z. B. bei mhd. *der hirte*), kann ohne Kenntnis des Genitivs Sg. oder Nominativs Pl. keine eindeutige Bestimmung der Deklinationsklasse erfolgen. In diesem Falle müssen beide Möglichkeiten (*ja*- oder *n*-Deklination) angegeben werden. Eine weitere Übereinstimmung mit der starken Flexion zeigt sich in der Flexionsendung des Dativs Pl. (mhd. *-en*). Hier kann es sich, wenngleich auch nur eingeschränkt, als hilfreich erweisen, den Nominativ Sg. zu bilden. Endet dieser auf /-e/, gehört das betreffende Maskulinum entweder der *n*- oder der *ja*-Deklination an. Ist er hingegen endungslos, kommen nur die *a*- und die *i*-Deklination in Frage. Hier ist dann wiederum entscheidend ob, und wenn ja, in welchen Formen, ein Umlaut des Wurzelvokals vorliegt.

Bei den **Feminina** der *n*-Deklination zeigt sich bereits im Mittelhochdeutschen die Tendenz, Mischformen zwischen starker und schwacher Flexion auszubilden. Zum Neuhochdeutschen fallen dann ohnehin beide Deklinationsklassen in der gemischten Deklination, in der die Singularformen stark, die Pluralformen hingegen schwach flektieren, zusammen.

Beachte

Da anders als im Neuhochdeutschen – abgesehen vom Nominativ Sg. – alle Flexionsendungen auf *-en* enden, ist hier Vorsicht beim Übersetzen geboten! Denn so kann z. B. mhd. *die vrouwen* sowohl Akkusativ **Singular** als auch Nominativ/Akkusativ **Plural** sein! Hierüber entscheidet allein der Kontext.

Beachte

Nicht nur die schwachen Feminina enden im Nominativ Sg. auf /-e/, sondern auch die Feminina der *jô*- und *ô*-Deklination. Während die femininen *jô*-Stämme zusätzlich Umlaut des Wurzelvokals und/oder Konsonantengemination aufweisen, haben die femininen *n*- und *ô*-Stämme im Nominativ Sg. absolut identische Formen. Ohne Kenntnis der obliquen Kasus bzw. ohne Hilfsmittel (wie z. B. mhd. Wörterbücher), kann hier keine exakte Zuordnung zu einer der beiden Klassen erfolgen. Zudem haben die Feminina der *n*-, *ô*- und *jô*-Deklination im Genitiv und Dativ Pl. die Flexionsendung mhd. *-en*, ebenso wie die femininen *i*-Stämme im Dativ Pl. Während die *jô*-, und *i*-Stämme in erster Linie an dem umgelauteten Wurzelvokal zu erkennen sind, kann ohne Zuhilfenahme eines mhd. Wörterbuchs keine exakte Zuordnung zu einer der beiden anderen Deklinationsklassen (*n*- und *ô*-Deklination) erfolgen.

Die **Neutra** der *n*-Deklination können beträchtlich leichter und zudem eindeutiger (als die Maskulina und Feminina) als stark oder schwach bestimmt werden. Denn es gibt im Mittelhochdeutschen nur insgesamt vier bzw. fünf schwache Neutra: *herze*, *ouge* (‚Auge'), *ôre* (‚Ohr'), und *wange*. Hierbei handelt es sich also durchweg um Bezeichnungen für Organe bzw. Körperteile. Hinzu kommt das seltene Neutrum *diu hîwen* (‚die Ehegatten'), ein sog. Pluraletantum, d. h. ein Substantiv, das nur im Plural belegt ist. Alle anderen Neutra gehören folglich entweder der *a*- oder der *ja*-Deklination an.

Anmerkung

Bei mhd. *wange* ist zum Neuhochdeutschen ein Genuswechsel eingetreten (mhd. ***daz*** *wange* - nhd. ***die*** *Wange*).

Beachte

Neutra haben im Nominativ und Akkusativ stets identische Flexionsformen, d. h. sie enden in beiden Formen (im Unterschied zu den schwachen Maskulina und Feminina) auf /-e/.

2.2.2 Reste anderer indogermanischer konsonantischer Deklinationsklassen

Im Indogermanischen und Germanischen wurden je nach stammauslautendem Konsonanten neben der *n*-Deklination, die im Mittelhochdeutschen erhalten geblieben ist, weitere konsonantische Deklinationsklassen unterschieden: die neutralen idg. *es*-/*os*- bzw. germ. *iz*-/*az*-Stämme, die idg. *ter*-Stämme und die idg. *nt*-Stämme. Spätestens seit dem Althochdeutschen haben sich diese Klassen zwar den vokalischen (starken) Deklinationsklassen angeschlossen, weisen aber mitunter noch einige flexivische Besonderheiten auf.

2.2.2.1 idg. *es*-/*os*- bzw. germ. *iz*-/*az*-Stämme

Diese kleine Gruppe ursprünglich konsonantischer Stämme enthielt ursprünglich ausschließlich Neutra. Diese haben sich zwar (bereits im Althochdeutschen) den *a*-Stämmen angeschlossen, weisen aber noch in den Pluralformen einige Abweichungen von diesen auf. Im Singular ist hingegen ein totaler Zusammenfall mit den *a*-Stämmen eingetreten. **Das** charakteristische Merkmal dieser Neutra ist die Erweiterung des Pluralstamms durch das Suffix mhd. *-er* (< ahd. *-ir*). Dieses Suffix geht auf idg. *-es*/*-os* > germ. *-iz*/*-az* zurück und war bis zum Germanischen auch in den Singularformen vorhanden. In den Pluralformen ist es erhalten geblieben und hat (aufgrund des /i/, siehe ahd. *-ir*) bei umlautfähigem Wurzelvokal Umlaut bewirkt. Als Beispiel für einen alten neutralen idg. *es-/os-* bzw. germ. *iz-/az*-Stamm dient mhd. *lamp* (‚Lamm').

Sg.	**Nom.**	*lamp*
	Gen.	*lambes*
	Dat.	*lambe*
	Akk.	*lamp*
Pl.	**Nom.**	*lemb**er***
	Gen.	*lemb**er***
	Dat.	*lemb**er**(e)n*
	Akk.	*lemb**er***

Anmerkung

Im Nominativ und Akkusativ Sg. (***lamp***) ist die mhd. Auslautverhärtung eingetreten und im gesamten Plural der Primärumlaut /a/ > /e/ (vor dem /i/ in der Folgesilbe, siehe das Pluralsuffix ahd. *-ir*). Im Dativ Pl. ist das /e/ nach dem Liquid /r/ mitunter synkopiert worden.

Beim Pluralmorphem dieser Neutra (mhd. *-er*) handelt es sich, wie gesagt, ursprünglich nicht um eine Flexionsendung, sondern um den Stammauslaut der idg. *es-/os-* bzw. germ. *iz-/az*-Stämme. Doch bereits in ahd. Zeit wurde er zunehmend als Pluralkennzeichen (ahd. *-ir*) aufgefasst und in dieser Funktion mitunter auf die Neutra der *a*-Deklination übertragen, da bei diesen aufgrund der Identität der Kasusendungen im Nominativ/Akkusativ Plural und Singular die Numerusdifferenzierung nicht gewährleistet war (Nullendung in allen vier Flexionsformen). Seit dem Althochdeutschen gibt es daher bei einigen Neutra im Plural neben endungslosen Formen (siehe die *a*-Stämme) auch Formen auf *-ir* (> mhd. *-er*). So ist z. B. von mhd. *daz kint* im Nominativ und Akkusativ Pl. neben den Formen nach der *a*-Deklination, also *diu kint*, auch die sekundäre Analogiebildung *diu kind**er*** belegt.

Anmerkung

Im Mittelhochdeutschen weist nur eine relativ kleine Gruppe von Neutra regulär das (scheinbare) Pluralmorphem *-er* (< ahd. *-ir*) auf. Hierzu gehören vor allem *lamp, kalb, huon* (‚Huhn'), *rint* (‚Rind'), *blat* (‚Blatt') und *ei* (‚Ei'). Zum Frühneuhochdeutschen stieg die Anzahl der Neutra, die ihre Pluralformen auf diese Weise bildeten, stark an. Seit dem 14. Jh. ist die Pluralbildung mit Hilfe des Suffixes *-er* sogar auf einige Maskulina (sowohl der *a*- als auch der *i*-Deklination) sowie auf das Wurzelnomen mhd. *man* übertragen worden. Mitunter sind im Neuhochdeutschen Doppelformen erhalten. In diesen Fällen ist aber eine Bedeutungsdifferenzierung eingetreten (siehe z. B. nhd. *Mannen – Männer, Schilde – Schilder*).

2.2.2.2 idg. *ter*-Stämme

Einige (schwach flektierte) Substantiva hatten im Indogermanischen das stammbildende Suffix *-ter* (vgl. lat. *pa-ter*). Im Mittelhochdeutschen weisen nur noch fünf Substantiva, allesamt Verwandtschaftsbezeichnungen, das Suffix *-ter* (bzw. *-der*) auf: *va***ter**, *bruo***der**, *muo***ter**, *swes***ter** und *toh***ter**. Auch wenn sie zum Mittelhochdeutschen in die **starke** Deklination übergetreten sind (die femininen Verwandtschaftsbezeichnungen in die *ô*- und die maskulinen in die *a*-Deklination), haben sie in manchen Kasus ihre ursprünglichen Flexionsformen bewahrt. Dies zeigt sich vor allem bei den **femininen *ter*-Stämmen**, also bei *muoter, swester* und *tohter*. Sie weisen nicht nur im Nominativ, sondern in allen Singularformen das stammbildende Suffix *-ter* + Nullendung -Ø auf (Einheitsformen). Bei den **Maskulina** kommen hingegen im Genitiv und Dativ Sg. neben den ursprünglichen endungslosen Formen auf *-ter* (bzw. *-der*) auch starke Flexionsformen nach der *a*-Deklination vor, also z. B. *vater***(e)s**, *vater***e**. Im Plural findet sich, abgesehen vom Dativ, der auf /-n/ endet, auch die Nullendung -Ø.

Seit dem Mittelhochdeutschen gibt es bei den idg. *-ter*-Stämmen zudem (unabhängig vom Genus) im Plural (mit Ausnahme von *swester*) in Analogie zur *i*-Deklination auch Formen mit umgelautetem Wurzelvokal (siehe *v***e***ter, br***üe***der, m***üe***ter, t***ö***hter*). Mit Ausnahme des Dativs weisen aber auch die neugebildeten umgelauteten Pluralformen im Mittelhochdeutschen Nullendung (-Ø) auf. Zum Neuhochdeutschen wurden die neuen umgelauteten stark flektierten Pluralformen vorherrschend.

Als Beispiele für die idg. *-ter*-Stämme dienen mhd. *muoter* und *vater*.

Sg.	**Nom.**	*muoter*	*vater*
	Gen.	*muoter*	*vater/vater(e)s*
	Dat.	*muoter*	*vater/vatere*
	Akk.	*muoter*	*vater*
Pl.	**Nom.**	*muoter(e)/müeter*	*vater(e)/veter*
	Gen.	*muoter(e)n /müeter*	*vater(e)/veter*
	Dat.	*muoter(e)n/müeter(e)n*	*vater(e)n/veter(e)n*
	Akk.	*muoter(e)/müeter*	*vater(e)/veter*

2.2.2.3 idg. *nt*-Stämme

Das stammbildende Suffix *-nt* wurde ursprünglich zur Bildung des Partizips Präsens verwendet und ist bereits im Germanischen nur noch bei wenigen substantivierten Partizipia Präsentis erhalten. Im Althochdeutschen sind die Partizipialstämme auf *-nt* in der Regel in die *a*-Deklination übergetreten. Im Mittelhochdeutschen sind nur noch von *vriunt* (‚Freund') im Nominativ und Akkusativ Pl. (neben den Formen nach der *a*-Deklination, siehe: *vriunde*) die alten Formen mit Nullendung belegt (siehe: *vriunt-Ø*). Alle anderen ursprünglichen *nt*-Stämme, allesamt Maskulina, wie z. B. *vîent* (‚Feind'), *heilant* (‚Heiland'), *vâlant* (‚Teufel) und *wîgant* (‚Kämpfer'), flektieren durchgehend nach der *a*-Deklination.

2.3 Die athematische Deklination (Wurzelnomina)

Von den Substantiva, bei denen die Flexionsendung im Indogermanischen unmittelbar – ohne Themavokal – an die Wurzel getreten ist (Wurzelnomina), sind im Mittelhochdeutschen nur noch wenige erhalten. Das einzige maskuline Wurzelnomen ist mhd. ***man*** (‚Mann'). Daneben gibt es die beiden femininen Wurzelnomina ***naht*** und ***brust***. Mhd. ***man*** ist in die *a*-Deklination übergetreten, hat aber neben den neugebildeten stark flektierten Formen (nach der *a*-Deklination) vielfach die alten endungslosen Formen (*man*) bewahrt. In Analogie zu diesen sind sogar im Genitiv und Dativ Pl. neben den Formen nach der *a*-Deklination die endungslosen Formen (*man*) belegt. Da sie sekundär gebildet wurden, werden sie in der nachfolgenden Tabelle in Klammern gesetzt.

Sg.	**Nom.**	*man*
	Gen.	*man/mannes*
	Dat.	*man/manne*
	Akk.	*man*
Pl.	**Nom.**	*man/manne*
	Gen.	*(man)/manne*
	Dat.	*(man)/mannen*
	Akk.	*man/manne*

Das feminine Wurzelnomen ***naht*** ist zu den *i*-Stämmen übergetreten und müsste daher in den neugebildeten Flexionsformen (Genitiv/Dativ Sg. und im gesamten Plural) durchgehend Umlaut des Wurzelvokals aufweisen. Doch neben den Formen mit Umlaut gibt es auch Formen ohne Umlaut. Zusätzlich zu diesen Doppelformen sind im Nominativ und Akkusativ Pl. die alten endungslosen Formen (*naht*) bewahrt geblieben.

Sg.	**Nom.**	*naht*
	Gen.	*naht/nähte/nahte*
	Dat.	*naht/nähte/nahte*
	Akk.	*naht*
Pl.	**Nom.**	*naht/nähte/nahte*
	Gen.	*nahte/nähte*
	Dat.	*nahten/nähten*
	Akk.	*naht/nähte/nahte*

Das feminine Wurzelnomen ***brust*** ist (im Unterschied zu *naht*) nahezu vollständig in die *i*-Deklination übergetreten. Im Mittelhochdeutschen sind die alten umlautlosen Pluralformen (*bruste, brusten;* Genitiv, Dativ) nur noch ganz vereinzelt belegt.

2.4 Übungsaufgaben

1) Bestimmen Sie Kasus, Numerus, Genus und die Deklinationsklasse der unterstrichenen Substantiva:

Parzival, 109,2- 110,1
*diu **frouwe** hête getragn*
*ein **kint**, daz in ir **lîbe** stiez,*
*die man ân **helfe** ligen liez.*
*ahzehen **wochen** hete gelebt*
*des **muoter** mit dem tôde strebt,*
frou Herzeloyd diu künegin.
*die andern heten kranken **sin**,*
*daz si hulfen niht dem **wîbe**:*
wan si truoc in ir lîbe
*der aller ritter **bluome** wirt,*
ob in sterben hie verbirt.
Anmerkung *verbern* (hier: ‚verschonen')
*dô kom ein altwîser **man***
*durch **klage** über die **frouwen** sân,*
Anmerkung *sân* (‚sogleich')
*dâ si mit dem **tôde** ranc.*
*die **zene** err von ein ander twanc:*
Anmerkung *err = er ir*
*man gôz ir **wazzer** in den **munt**.*
aldâ wart ir versinnen kunt.
si sprach «ôwê war kom mîn trût?»
Anmerkung *trût* (‚Geliebter')
diu frouwe in klagete über lût.

«mînes ***herzen*** *freude breit*
was Gahmuretes ***werdekeit****.*
den nam mir sîn vrechiu ger.
ich was vil junger danne er,
und bin sîn muoter und sîn wîp.
ich trage alhie doch sînen lîp
und sînes ***verches*** *sâmen.*
den gâben unde nâmen
unser zweier ***minne****.*
hât ***got*** *getriwe* ***sinne****,*
sô lâzer mirn ze ***frühte*** *komn.*

Anmerkung *ger* (‚Wurfspieß')

Anmerkung *sînes verches sâmen* (hier: ‚sein Kind')

2) Bilden Sie den Nominativ Plural zu folgenden Neutra, und nennen Sie die Deklinationsklasse:

Nominativ Singular:	**Nominativ Plural:**	**Deklinationsklasse:**
velt		
kalp (‚Kalb')		
huon (‚Huhn')		
ouge		
ende		
kint		
rint		
buoch		
herze		
gelücke		
wîp		
hûs		

3) Bestimmen Sie die unterstrichenen Substantiva nach Kasus, Numerus und Genus, und nennen Sie die Deklinationsklasse:

a) ***Parzival*, 7,18 f.:**
zem künge er güetlîchen sprach
*„****hêrre*** *unde* ***bruoder*** *mîn [...]"*

Anmerkung *künge* = *künege* (Nom.: *künec*)

b) ***Gregorius*, V. 303 ff.:**
Dô dise ***wünne*** *und den* ***gemach***
der ***werlde vîent*** *ersach,*
der durch ***hôchvart*** *und durch* ***nît***

versigelt in der ***helle*** *lît,*
ir beider ***êren*** *in verdrôz [...]*

c) ***Iwein*, V. 6871 f.:**
dar kêrt er zehant,
dâ er die ***juncvrouwen*** *vant*

d) ***Erec*, V. 8553:**
an ***lobe*** *bin ich verdorben*
unz an disen tac.

e) ***Gregorius*, V. 3660 ff.:**
nû was vil harte kleine
sînes armen lîbes ***maht****.*
nû beliben si die ***naht***
mit dem ***vischære***

f) ***Parzival*, 42,18 f.:**
die ***gote*** *heten mir gesant*
einen küenen werden ***gast***

g) ***Erec*, V. 5524 f.:**
Êrec erbeizte dô:
des was der ***rise*** *vrô*

h) ***Gregorius*, V. 671 ff.:**
Der guote ***sündære***
von dem disiu ***mære***
von allerêrste erhaben sint.

3) Bestimmen Sie die unterstrichenen Formen aus dem ***Parzival*** (nach Kasus, Numerus und Genus), und geben Sie eine Erklärung für das Nebeneinander der Formen:

- *dir was diu sicherheit vil leit,*
  die mir tâten zwêne ***man*** (50,9 f.)
- *er hiez Killirjacac,*
  aller ***manne*** *schœne er widerwac* (46,25 f.)
- *der wart dem küenen* ***manne***
  hundert dâ bereitet (59,14)
- *einen brief, den schreib ir* ***mannes*** *hant* (55,18)
- *von allen sînen* ***mannen***
  schiet er al eine dannen (223,29)

Die Lösungen zu den Übungsaufgaben finden sich in Kap. IX.

3 Adjektiva

Analog zur Flexion der Substantiva wird auch bei den Adjektiva je nach stammbildendem Suffix im (Indo-)germanischen zwischen **starker** und **schwacher Flexion** unterschieden. Im Unterschied zu den Substantiva, die entweder der starken oder schwachen Deklinationsklasse angehören, können Adjektiva sowohl stark als auch schwach dekliniert werden. Am Ende des Kapitels finden sich Übungsaufgaben zur Bestimmung von Adjektiva.

Anmerkung

Adjektiva können einem Substantiv sowohl **attributiv** als auch **prädikativ** zugeordnet werden, siehe z. B.: *guoter herre, ein guoter/guot herre, der guote herre,* (*der/ein herre guot*) (attributiv), **aber** *der herre ist guot* (prädikativ).

3.1 Die vokalische (starke) Deklination

Die vokalische (starke) Adjektivflexion zeigt mitunter erhebliche Abweichungen von der vokalischen (starken) Flexion der Substantiva. Unterschieden werden die **nominal starke** und die **pronominal starke Flexion.**

3.1.1 Nominal starke Flexion

Ähnlich wie bei den starken Deklinationsklassen der Substantiva werden auch bei den starken Adjektiva je nach Genus im Mittelhochdeutschen *a*- bzw. *ja*-Stämme (Maskulina und Neutra) und *ô*-bzw. *jô*-Stämme (Feminina) unterschieden.[606] Im Laufe der sprachhistorischen Entwicklung sind von der nominal starken Adjektivflexion aber nur der Nominativ Sg. aller drei Genera und der Akkusativ Sg. Neutrum erhalten geblieben.

Die nominal stark flektierten Adjektiva der ***a*- und *ô*-Deklination** weisen im Mittelhochdeutschen im Nominativ Sg. Nullendung (-Ø) auf. Dementsprechend lautet z. B. das Adjektiv mhd. *blint* in allen drei Genera gleich (*der herre/diu vrouwe/daz kint ist* ***blint***-Ø).[607] Die neutralen Adjektiva (der *a*-Deklination) weisen die endungslose Form auch im Akkusativ Sg. auf.

606 Es gab im Germanischen auch adjektivische *u*-und *i*-Stämme. Diese sind jedoch bereits im Althochdeutschen zu den *ja-/jô*-Stämmen übergetreten. Die wenigen im Mittelhochdeutschen erhaltenen *wa-/wô*-Stämme bleiben im Weiteren unberücksichtigt, da sich das /w/ nur inlautend erhalten hat, im Auslaut hingegen geschwunden ist.

607 Anstelle des bestimmten Artikels könnte hier, ebenso wie vielfach auch bei den nachfolgend genannten Beispielen, auch der unbestimmte Artikel stehen (und umgekehrt).

Anmerkung

Die Nullendung (-Ø) liegt nur aus synchroner Sicht vor, da der Nominativ Sg. im Indogermanischen noch eine Flexionsendung hatte. Diese ist im Germanischen geschwunden.

Die Adjektiva der ***ja-/jô*-Stämme** enden hingegen im Nominativ Sg. (die neutralen Adjektiva auch im Akkusativ Sg.) auf /-e/. Zum Neuhochdeutschen ist das /-e/ meist apokopiert worden. Das /j/ in der Flexionsendung hat den Umlaut des umlautfähigen Wurzelvokals bewirkt: siehe z. B. mhd. *der herre/diu vrouwe/daz kint ist* ***küene*** (‚kühn'). Bei kurzem Wurzelvokal weisen die ***ja-/jô*-Stämme** zudem Doppelkonsonanz (infolge der wgerm. Konsonantengemination) auf.

Im Mittelhochdeutschen können die nominal starken Formen in bestimmten syntaktischen Verwendungsweisen auch in anderen Kasus (außer im Nominativ Sg.) auftreten. So kommen sie in prädikativer Stellung auch im Nominativ Pl. vor (siehe z. B.: *die herren/die vrouwen/diu kint sint* ***blint****; die herren/die vrouwen/diu kint sint* ***küene***). In attributiver Verwendung erscheint die nominal starke Adjektivflexion gelegentlich auch in allen anderen Kasus, regelmäßig aber nur, wenn das adjektivische Attribut nachgestellt wird (siehe z. B. *der herre/diu vrouwe/daz kint* ***blint****, der herre/diu vrouwe/daz kint* ***küene***). Gelegentlich ist das adjektivische Attribut aber auch vorangestellt, siehe z. B. *ein/(der)* ***blint*** *herre, ein/(der)* ***küene*** *herre.*

3.1.2 Pronominal starke Flexion

Im Germanischen entwickelte sich neben der nominal starken Adjektivflexion auch eine pronominal starke. Sie kommt in allen Kasus vor. Ihre Flexionsendungen entsprechen weitgehend denen des bestimmten Artikels bzw. einfachen Demonstrativpronomens (siehe hierzu Kap. V.2). Zum besseren Vergleich wird der bestimmte Artikel in den nachfolgenden Tabellen in Klammern angegeben. Als Paradigma für ein pronominal starkes Adjektiv dient *blint*.

Maskulinum

Sg.	**Nom.**	*blind-* ***er***	(vgl. *d**er***)
	Gen.	*blind-* ***es***	(vgl. *d**es***)
	Dat.	*blind-* ***em***	(vgl. *d**em***)
	Akk.	*blind-* ***en***	(vgl. *d**en***)
Pl.	**Nom.**	*blind-* ***e***	(vgl. *di**e***)
	Gen.	*blind-* ***er***	(vgl. *d**er***)
	Dat.	*blind-* ***en***	(vgl. *d**en***)
	Akk.	*blind-* ***e***	(vgl. *di**e***)

Femininum

Sg.	**Nom.**	*blind-* ***iu***	(vgl. *d**iu***)
	Gen.	*blind-* ***er***	(vgl. *d**er***)
	Dat.	*blind-* ***er***	(vgl. *d**er***)
	Akk.	*blind-* ***e***	(vgl. *d**ie***)
Pl.	**Nom.**	*blind-* ***e***	(vgl. *d**ie***)
	Gen.	*blind-* ***er***	(vgl. *d**er***)
	Dat.	*blind-* ***en***	(vgl. *d**en***)
	Akk.	*blind-* ***e***	(vgl. *d**ie***)

Neutrum

Sg.	**Nom.**	*blind-* ***ez***	(vgl. *d**az***)[608]
	Gen.	*blind-* ***es***	(vgl. *d**es***)
	Dat.	*blind-* ***em***	(vgl. *d**em***)
	Akk.	*blind-* ***ez***	(vgl. *d**az***)
Pl.	**Nom.**	*blind-* ***iu***	(vgl. *d**iu***)
	Gen.	*blind-* ***er***	(vgl. *d**er***)
	Dat.	*blind-* ***en***	(vgl. *d**en***)
	Akk.	*blind-* ***iu***	(vgl. *d**iu***)

Im Mittelhochdeutschen zeichnet sich die eindeutige Präferenz ab, in attributiver Verwendung nach unbestimmtem oder fehlendem Artikel die pronominal starke Flexion zu gebrauchen, siehe z. B. *(ein)* ***blinder*** *herre, (ein)* ***blindiu*** *vrouwe, (ein)* ***blindez*** *kint.*

3.2 Die konsonantische (schwache) Deklination

Von allen indogermanischen konsonantischen (schwachen) Adjektivstämmen sind im Germanischen nur die *n*-Stämme erhalten geblieben. Da deren Flexionsformen vollständig mit denen der *n*-Deklination der Substantiva übereinstimmen (siehe hierzu Kap. V.2.2.1), werden sie hier nicht nochmals aufgelistet. Hier sei nur daran erinnert, dass die schwachen Substantiva (und somit auch die schwachen Adjektiva) im Mittelhochdeutschen auf *-en* enden, abgesehen vom Nominativ aller drei Genera und dem Akkusativ Sg. der Neutra.[609]

---

608 Die Endung des bestimmten Artikels im Nominativ/Akkusativ Sg. (mhd. *-az*) wird bei der pronominalen Adjektivflexion zu *-ez* abgeschwächt.

609 Der Nominativ aller drei Genera und der Akkusativ Sg. der Neutra enden auf mhd. /-e/.

Beachte

Anders als im Neuhochdeutschen endet also auch beispielsweise der Akkusativ Sg. der schwachen femininen Adjektiva auf *-en*. Hier ist also Vorsicht bei der Übersetzung geboten! So kann z. B. mhd. *die blinden vrouwen* sowohl Singular- als auch Pluralbedeutung haben, also je nach Kontext übersetzt werden mit: ‚die blinde Dame' oder ‚die blinden Damen.'

Ein Adjektiv wird in der Regel (wie im Neuhochdeutschen) schwach flektiert, wenn es in attributiver Stellung nach bestimmtem Artikel steht, z. B. *der* ***blinde*** *man, diu* ***blinden*** *kint, der* ***blinden*** *vrouwen.*

3.3 Steigerung

Bei der Steigerung der Adjektiva werden zwei Stufen unterschieden: der **Komparativ** und der **Superlativ**. Beide wurden ursprünglich (im Indogermanischen) durch zwei unterschiedliche Suffixe gebildet, die an die Grundstufe (Positiv) angefügt wurden. Infolge der Nebensilbenabschwächung vom Alt- zum Mittelhochdeutschen sind beide Suffixe zusammengefallen zu mhd. ***-er*** (Komparativ) und ***-est(e)*** (Superlativ). Im Mittelhochdeutschen werden die Formen des Komparativs und des Superlativs sowohl stark als auch schwach flektiert.

Anmerkung

Die Steigerungsformen der mehrsilbigen Adjektiva der *a-/ô*-Flexion weisen in der Regel keinen Umlaut auf, da sie im Althochdeutschen mittels des *ô*-Suffixes gebildet wurden. Bei den einsilbigen Adjektiva gibt es hingegen im Althochdeutschen auch Doppelformen mit und ohne Umlaut. Deren Anzahl nimmt im Mittelhochdeutschen zu, siehe z. B. mhd. *lanc* – ***lenger/langer*** – ***lengest****(e)*/***langest****(e)*. Die Adjektiva der *ja-/jô*-Stämme haben hingegen ihre Steigerungsformen in der Regel mit dem *i*-haltigen Suffix gebildet und weisen daher meist Umlaut auf.

3.3.1 Komparativ

Zur Bildung des Komparativs traten im Indogermanischen die Steigerungssuffixe idg. *-is* oder *-ôs* an die Grundstufe des Adjektivs. Beide Suffixe sind im Mittelhochdeutschen zu *-er* zusammengefallen. Ihre sprachhistorische Entwicklung vom Indogermanischen bis zum Mittelhochdeutschen stellt sich folgendermaßen dar:

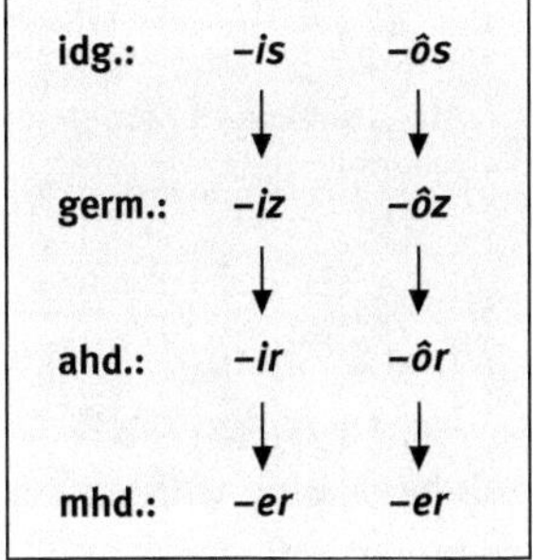

Abb. 59: Bildung des Komparativs vom Idg. zum Mhd.

Anmerkung

Im Vorgermanischen ist die Spirantenerweichung nach dem Vernerschen Gesetz eingetreten (idg. ***-is/-ôs*** > germ. ***-iz/-ôz***). Infolge des nwgerm. Rhotazismus wurde dann die sth. Spirans /z/ zum Liquid /r/.

Beiden Steigerungssuffixen folgte im Indogermanischen und Germanischen das *n*-Suffix der schwachen Deklination (siehe z. B. Grundstufe + germ. *-iz* + *ô*(*n*) oder Grundstufe + germ. *-ôz* + *ô*(*n*). Im Verlauf der sprachhistorischen Entwicklung wurde die Endung germ. *-ô*(*n*) entweder zu mhd. /-e/ abgeschwächt oder ist durch Apokope geschwunden.

Als Beispiele für die Bildung des Komparativs dienen die Adjektiva mhd. *lanc* und *hôch*:

	Positiv	**Komparativ**
germ.	**lang-az*	**lang-iz-ô(n)*
ahd.	*lang*	***le**ng-ir-o*
mhd.	*lanc*	***le**ng-er(e)*

Anmerkung

Im Althochdeutschen ist vor dem /i/ in der Endung des Komparativs der Primärumlaut /a/ > /e/ eingetreten.

germ.	**hauh-az*	**hauh-ôz-ô(n)*
ahd.	*hôh*	*hôhôro*
mhd.	*hôch*	*hôher(e)*

Anmerkung

Vor der Spirans /h/ wurde der Diphthong germ. /au/ zu ahd. /ô/ monophthongiert (zur Frühahd. Monophthongierung siehe Kap. IV.3.2.3).

Obschon im Mittelhochdeutschen die beiden ursprünglichen Steigerungssuffixe des Komparativs zu *-er* zusammengefallen sind, ist in einigen Fällen noch anhand des umgelauteten bzw. nicht-umgelauteten Wurzelvokals eine Unterscheidung möglich. Lag im Positiv ein umlautfähiger Wurzelvokal vor, ist im Falle der Komparativbildung mittels des Suffixes idg. *-is* > germ. *-iz* > ahd. *-ir* > mhd. *-er* Umlaut eingetreten, wie z. B. in mhd. *lanc* – ***le**ng-er(e)*.

3.3.2 Superlativ

Bei der Bildung des Superlativs wurde an die beiden Komparativsuffixe idg./germ. *-is* und *-ôs* das Suffix /t/ angehängt, wiederum gefolgt von dem *n*-Suffix der schwachen Deklination (germ. *-ô[n]*, das im Mittelhochdeutschen entweder zu /-e/ abgeschwächt wurde oder durch Apokope geschwunden ist). Im Mittelhochdeutschen sind beide Endungen, also idg./germ. *-is-t-ô(n)* und *-ôs-t-ô(n)* zu *-est(e)* zusammengefallen. Die sprachhistorische Entwicklung beider Suffixe vom Indogermanischen bis zum Mittelhochdeutschen stellt sich folgendermaßen dar:

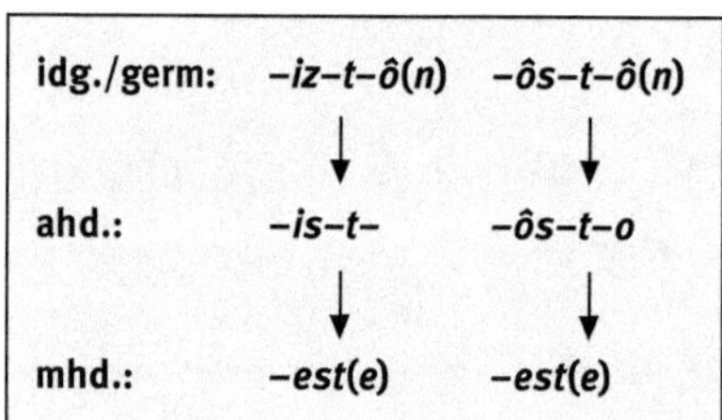

Abb. 60: Bildung des Superlativs vom Idg. zum Mhd.

Anmerkung

Anders als beim Komparativ ist hier die Spirantenerweichung nach dem Vernerschen Gesetz nicht eingetreten, da keine stimmhafte Umgebung vorlag.

Als Beispiele für die Bildung des Superlativs dienen wiederum die Adjektiva mhd. *lanc* und *hôch*:

	Positiv	**Superlativ**
germ.	**lang-az*	**lang-is-t-ô(n)*
ahd.	*lang*	***le**ng-is-t-o* (Primärumlaut /a/ > /e/)
mhd.	*lanc*	***le**ng-est(e)*

Anmerkung

Im Althochdeutschen ist vor dem /i/ in der Endung des Superlativs der Primärumlaut /a/ > /e/ eingetreten.

germ.	**hauh-az*	**hauh-ôs-t-ô(n)*
ahd.	*hôh*	*hôh-ôs-t-o*
mhd.	*hôch*	*hôh-est(e)*

Anmerkung

Vor der Spirans /h/ wurde der Diphthong germ. /au/ zu ahd. /ô/ monophthongiert (zur Frühahd. Monophthongierung siehe Kap. IV.3.2.3).

Wie beim Komparativ gibt es auch beim Superlativ aufgrund der beiden ursprünglich unterschiedlichen Bildungssuffixe ein Nebeneinander von umgelauteten und nicht-umgelauteten Formen.

3.3.3 Suppletivsteigerung

Einige Adjektiva weichen hinsichtlich ihrer Steigerungsformen von den genannten Bildungsweisen ab, da sie den Komparativ und Superlativ aus einer anderen Wurzel als der des Positivs bilden. Diese unregelmäßige Bildungsweise mit Hilfe von Ersatzformen aus anderen Stämmen bezeichnet man als **Suppletivsteigerung**. Sie kommt bei folgenden mhd. Adjektiva vor:

Positiv	Komparativ	Superlativ
guot	*bezzer(e)*	*bezzest(e)/beste*
übel (‚schlecht')	*wirser(e)*	*wirsest(e)/wirste*
lützel (‚klein')	*minner(e)/minre*	*minnest(e)/minste*
michel (‚groß')	*mêr(e)*	*meist(e)*[610]

610 Die verkürzten Nebenformen (*beste, wirste* usw.) sind v. a. durch Synkope entstanden.

3.4 Adjektivadverbien

Adverbien können generell sowohl aus Adjektiva als auch aus Substantiva abgeleitet werden. Hier werden ausschließlich die aus Adjektiva abgeleiteten Adverbien (Adjektivadverbien) behandelt. Diese können auf zwei verschiedene Weisen gebildet werden:

1) Die meisten Adjektivadverbien werden durch das Anhängen des Adverbialsuffixes mhd. /-e/ (< ahd. /-o/ < germ. /-ô/) an die Wurzel des Adjektivs gebildet.

Beispiele:
- mhd. *lanc* (Adjektiv) – *lang**e*** (Adverb)
- mhd. *hôch* (Adjektiv) – *hôh**e*** (Adverb)

Da die Adjektiva der *ja-*/*jô*-Deklination bereits auf /-e/ enden, kann bei den aus ihnen abgeleiteten Adverbien das adverbielle Bildungssuffix mhd. /-e/ nicht mehr antreten. Daher haben sowohl die Adjektiva als auch die Adverbien der *ja-*/*jô*-Stämme im Mittelhochdeutschen die Endung /-e/. Siehe z. B. *klein**e*** (Adjektiv) und *klein**e*** (Adverb).

Anmerkung

Bereits im späten Mittelhochdeutschen konnte bei den Adjektivadverbien (außer bei denen der *ja*-Deklination) die Endung /-e/ durch Apokope wegfallen.[611]

Im Unterschied zu den Adjektiva der *ja-*/*jô*-Deklination, bei denen das /j/ den Umlaut des (umlautfähigen) Wurzelvokals bewirkt hat (siehe z. B. mhd. *sch**œ**ne, v**e**ste*), ist bei den Adverbien das adverbielle Suffix (germ. /-ô/) direkt an die Wurzel angehängt worden, so dass hier kein Umlaut eintreten konnte (siehe mhd. *sch**ô**ne, v**a**ste*). Liegt also ein umlautfähiger Wurzelvokal vor, ist das Ein- bzw. Nichteintreten des Umlauts das alleinige Unterscheidungskriterium für die Adjektiva und die Adverbien der *ja-*/*jô*-Stämme (d. h. umgelauteter Wurzelvokal bei Adjektiva, nicht-umgelauteter Wurzelvokal bei Adverbien). Dies gilt allerdings nur für zweisilbige Adjektiva bzw. Adverbien. Adverbialformen zu mehrsilbigen Adjektiva weisen in der Regel wie diese ebenfalls Umlaut im Wurzelvokalismus auf. Hier ist der Umlaut

611 Im Neuhochdeutschen erfolgte bei den Adjektiva und Adverbien dann grundsätzlich der Ausgleich zugunsten **einer** Form, zumeist der des Adjektivs (mit apokopiertem /-e/, siehe z. B. nhd. *fest, schön*). Daneben existiert gelegentlich auch noch das Adverb (ebenfalls mit apokopiertem /-e/) mit einer anderen Bedeutung (siehe z. B. nhd. *fast, schon*).

auf eine *i*-haltige Nebensilbe vor dem stammbildenden Suffix zurückzuführen. In diesen Fällen können Adjektiva und Adverbien nicht voneinander unterschieden werden. Siehe z. B. mhd. *edele* (Adjektiv) und *edele* (Adverb).[612]

Beachte

Im Mittelhochdeutschen ist bei den Adverbien der *ja-/jô*-Deklination mitunter bereits ein Ausgleich zugunsten der umgelauteten Formen eingetreten. So lautet beispielsweise das Adverb zu mhd. ***stæte*** (Adjektiv) oftmals ebenfalls ***stæte***.

2) Einige Adjektiva bilden ihre Adverbialformen durch das Anhängen von mhd. **-*lîche*** an den Wortstamm. Siehe z. B. mhd. *sælec* (Adjektiv) und *sælec-**lîche*** (Adverb). In Analogie zu *sæleclîche* entstanden vielfach Adverbien mit einem erweiterten Bildungssuffix, d. h. vor das Adverbialsuffix *-lîche* trat die Adjektivendung *-ec-* (wie bei *sælec*, wo diese Endung wie gesagt zur Wurzel gehört). Das auf diese Weise entstandene Suffix -***eclîche*** wird im Mittelhochdeutschen zu einem verbreiteten Mittel der Adverbialbildung. Siehe z. B. mhd. *snel* (Adjektiv) – *snel*-***ec-lîche*** (Adverb).

Abgesehen von den beiden genannten Bildungsweisen mit Hilfe von Adverbialsuffixen gibt es einige Adjektivadverbien, die aus sog. **erstarrten Kasus** entstanden sind. Hierzu gehören u. a.:

- ***lützel*** (‚klein/geringfügig'), ***vil, wênec*** (‚wenig'), ***genuoc*** (‚genug/viel'), ***gar/garwe*** (‚ganz/vollständig'), ***allez*** (‚ganz') und ***nâch*** (‚beinahe').
  Sie gehen auf einen erstarrten **Akkusativ Sg. Neutrum** zurück.
- ***alles*** (‚ganz und gar'), ***gâhes*** (‚schnell'), ***gelîches*** (‚gleich') und ***stætes*** (‚stets').
  Sie gehen auf einen erstarrten **Genitiv Sg. Neutrum** zurück.

Ein singulärer Fall liegt bei der Adverbialbildung zum Adjektiv mhd. ***guot*** vor. Das entsprechende Adverb lautet mhd. ***wol*** und geht auf eine andere Wurzel als das Adjektiv zurück (suppletive Bildungsweise).

Beachte

wol hat keine abschwächende, sondern verstärkende Bedeutung und ist daher mit ‚durchaus/sehr wohl/trefflich/gut' zu übersetzen (und nicht mit ‚wohl' oder ‚möglicherweise').

---

612 Hierbei handelt es sich um eine Ableitung vom Substantiv ahd. *adal* ‚Adel'.

Steigerung der Adjektivadverbien

Die Steigerungsformen der Adverbien stimmen im Mittelhochdeutschen in der Regel mit denen der Adjektiva überein. Die Adverbien enden folglich im Komparativ auf *-er* (< ahd. *-ôr*) und im Superlativ auf *-est* (< ahd. *-ôst* oder *-ist*). Der Wurzelvokal weist keinen Umlaut auf. Siehe z. B. mhd. *langer* (Komparativ) und *langest* (Superlativ). Liegen hingegen Adjektiva vor, die ihren Komparativ mit Hilfe von Suppletivformen bilden (siehe hierzu Kap. V.3.3), haben auch die entsprechenden Adverbien unregelmäßige Komparativformen:

Adjektiv (Komparativ)	Adjektivadverb (Komparativ)
bezzer(e)	*baz*
wirser(e)	*wirs*
minner(e)/minre	*min/minre*
mêr(e)	*mê/mêre*

Die Adverbien der Superlative werden hingegen stets regelmäßig gebildet.

3.5 Übungsaufgaben

1) Bestimmen Sie die unterstrichenen Adjektiva aus dem *Armen Heinrich* Hartmanns von Aue (V. 233–255) nach Kasus, Numerus, Genus und Deklinationsklasse:

*Nu erkande der **arme** Heinrich*
daz dar wære unmügelich
daz iemen den erwürbe
der gerne vür in stürbe.
alsus was im der trôst benomen
ûf den er dar was komen,
und dar nâch vür die selben vrist
enhete er ze sîner genist
dehein gedingen mêre.
des wart sîn herzesêre
*alsô **kreftic unde grôz***
*daz in des **aller meist** verdrôz,*
ob er langer solde leben.
nû vuor er heim und begunde geben
sîn erbe und ouch sîn varnde guot,
als in dô sîn selbes muot

und ***wîser*** *rât lêrte,*
da erz aller beste kêrte.
er begunde bescheidenlîchen
sîne ***armen*** *vriunt rîchen*
und trôste ouch ***vremede*** *armen,*
daz sich got erbarmen
geruochte über der sêle heil.

2) Bilden Sie den Komparativ und Superlativ zu folgenden Adjektiva:

Positiv	**Komparativ**	**Superlativ**
grôz		
übel		
klein		
lanc		
wênic		
lützel		

3) Bestimmen Sie die unterstrichenen Adjektiva nach Kasus, Numerus und Genus, und nennen Sie die Deklinationsklasse:
   a) *Erec*, V. 12 f.:
   eine juncvrouwen ***gemeit****,*
   schœne *und wol* ***gekleit****.*
   b) *Gregorius*, V. 1504 f.:
   daz ***süeze*** *honec ist* ***bitter***
   c) *Gregorius*, V. 2257 f.:
   er was ***guot*** *rihtære,*
   von sîner milte ***mære****.*
   d) *Iwein*, V. 3489 ff.:
   wande si daz wol erkande
   daz ***schemelîchiu*** *schande*
   dem ***vrumen*** *manne wê tuot*
   unde barc sich durch ir ***hövschen*** *muot,*
   daz sin in sach unde er si niht.
   e) *Tristan*, V. 4037 ff.:
   sîn arme und sîniu bein wol ***lanc****,*
   schœne *unde hêrlîch was sîn ganc,*

sîn lîp was aller wol gestalt.
*ern was weder ze **junc** noch z'**alt**,*
*wan in der aller **besten** tugent [...]*

Die Lösungen zu den Übungsaufgaben finden sich in Kap. IX.

4 Pronomina

Wie die Substantiva, als deren Stellvertreter ja im Allgemeinen die Pronomina fungieren, werden auch diese in der Regel dekliniert, also nach Kasus, Numerus und Genus unterschieden. In ihrer sprachgeschichtlichen Entwicklung zeigen die Pronomina gegenüber den Substantiva allerdings zum Teil beträchtliche Abweichungen. Pronomina sind ausgesprochen heterogen, können aber je nach Art ihrer Flexion und ihrer ursprünglich zugrundeliegenden Wortart in drei Hauptklassen unterteilt werden:

1) **Ungeschlechtige Pronomina:** Es werden keine Genera unterschieden. Die Flexionsformen weichen stark von denen der Substantiva ab.
2) **Geschlechtige Pronomina**. Wie auch bei den anderen Nomina werden drei Genera unterschieden. Die Flexionsformen der geschlechtigen Pronomina weisen einige Gemeinsamkeiten mit denen der Substantiva auf. Da die geschlechtigen Pronomina aber ohne stammbildendes Suffix gebildet werden, ist eine Zuordnung zu einer Deklinationsklasse nicht möglich.
3) **Pronominaladjektiva**. In dieser Klasse enthalten sind Adjektiva, die erst sekundär (teilweise) zur pronominalen Flexion übergetreten sind. In der Regel flektieren sie wie starke Adjektiva, haben also ein stammbildendes Suffix.

Ausgehend von ihrer **semantischen Funktion** werden die Pronomina zumeist in folgende Gruppen eingeteilt:

- **Personal- und Reflexivpronomina**
- **Possessivpronomina**
- **Demonstrativpronomina**
- **Interrogativpronomina**
- **Relativpronomina**
- **Indefinitpronomina**

4.1 Personal- und Reflexivpronomen

Personalpronomina lassen sich in drei Untergruppen einteilen:
- Personalpronomina der 1. und 2. Person (Nominativ Sg.: *ich, du/dû*)[613]
- Personalpronomina der 3. Person (Nominativ Sg.: *er, siu/si/sie, ez*)
- Reflexivpronomina

4.1.1 Das Personalpronomen der 1. und 2. Person

		1. Person	**2. Person**
Sg.	**Nom.**	*ich*	*dû/du*[614]
	Gen.	***mîn***[615]	***dîn***
	Dat.	*mir*	*dir*
	Akk.	*mich*	*dich*
Pl.	**Nom.**	*wir*	*ir*
	Gen.	*unser*	*iuwer*
	Dat.	*uns*	***iu***
	Akk.	*uns (unsich)*[616]	*iuch*

Die Personalpronomina der 1. und 2. Person sind (seit dem Indogermanischen) im Unterschied zu denen der 3. Person ungeschlechtig, werden also nicht nach Genera unterschieden. Die starken Unregelmäßigkeiten der jeweiligen Kasusformen erklären sich zum größten Teil dadurch, dass ihnen vier verschiedene idg. Wurzeln zugrunde liegen. Hierauf kann aber im Rahmen dieser Einführung nicht näher eingegangen werden.

Beachte

Bei den Pronomina kommt es häufig zu **Wortverschmelzungen** mit Verben, anderen Pronomina und der Negationspartikel *-en/-ne/-n* (zur **Proklise, Enklise** und **Krasis**

---

613 Die (in etwa) gleichberechtigt nebeneinander existierenden Formen werden durch Schrägstriche voneinander abgegrenzt. Nebenformen werden in Klammern gesetzt.

614 Zum schwachbetonten Pronomen *du* bildet sich im Mittelhochdeutschen die gedehnte Variante *dû* aus. Beide Formen existieren gleichermaßen nebeneinander.

615 Die Genitivform *mîner* (siehe die entsprechende nhd. Form), ist erst seit in spätmhd. Zeit belegt (ebenso die 2. Person: *dîner*).

616 Bei der pluralischen Akkusativform *unsich* handelt es sich um eine alte Form, die im Mittelhochdeutschen nur noch selten belegt ist. Sie wurde im Laufe ihrer sprachhistorischen Entwicklung von der Dativ-Pluralform *uns* nahezu vollständig verdrängt.

siehe Kap. III.3.3). Beispiele für Verschmelzungen mit dem Pronomen *du* sind: ***bistu***, ***gibestu***,[617] ***dune***.

4.1.2 Das Personalpronomen der 3. Person

Anders als die Pronomina der 1. und 2. Person ist das Pronomen der 3. Person geschlechtig. Es werden also Maskulinum, Femininum und Neutrum unterschieden.

		Maskulinum	Femininum	Neutrum
Sg.	Nom.	*er*	***siu***/*sî* (*si*[618]/*sie*[619])	***ez***
	Gen.	***sîn*** (*es*)[620]	***ir***(*e*)	***es***
	Dat.	*im*(*e*)	*ir*(*e*)	*im*(*e*)
	Akk.	*in* (*inen*)[621]	*sie* (*sî*/*si*/*siu*)[622]	***ez***
Pl.	Nom.	*sie* (*sî*/*si*)	*sie* (*sî*/*si*)	***siu*** (*sie*/*sî*/*si*)
	Gen.	***ir***(*e*)	***ir***(*e*)	***ir***(*e*)
	Dat.	***in***	***in***	***in***
	Akk.	*sie* (*sî*/*si*)	*sie* (*sî*/*si*)	***siu*** (*sie*/*sî*/*si*)

Beachte

Auch hier ist häufig **Enklise** (z. B. ***dôs*** *< dô si*; ***ern*** *< er ne;* ***bater*** *< bat er*), **Krasis** (z. B. *deiz < daz ez*) oder **Kontraktion** (z. B. *zim < ze im*) eingetreten.

4.1.3 Das Reflexivpronomen

Die Formen des Reflexivpronomens der 1. und 2. Person sind mit denen des Personalpronomens der 1. und 2. Person in den obliquen Kasus vollkommen identisch und werden daher hier nicht nochmals angeführt. Aufgrund des refle-

---

617 Bei *gibestu* ist im Althochdeutschen das auslautende /-t/ der 2. Person erst aus enklitischem *du* entstanden, das sich dann im Mittelhochdeutschen mitunter nochmals an die auf *-st* auslautende Verbform angelehnt hat und auch abgeschwächt werden konnte (z. B. *bistu* > *biste*).

618 Bei *si* handelt es sich lediglich um die abgeschwächte Variante zu *sî*.

619 Die Form *sie* ist vereinzelt aus dem Akkusativ Sg. in den Nominativ eingedrungen.

620 Die lautgesetzliche Form des Genitivs Sg. Maskulinum lautet *es*. Sie wurde bereits im Althochdeutschen von dem reflexivischen *sîn* verdrängt, blieb aber im Genitiv Sg. Neutrum erhalten.

621 Die alte längere Form *inen* (< ahd. *inan*) kommt im Mittelhochdeutschen nur sehr selten vor.

622 Gelegentlich dringen die regulären Formen des Nominativs Sg. bzw. deren abgeschwächte Varianten, also *siu*/*sî* oder *si*, auch in den Akkusativ Sg. ein.

xivischen Gebrauchs existieren im Nominativ (Singular und Plural) keine Formen. Im Unterschied zur 1. und 2. gibt es bei der 3. Person im Genitiv Sg. des Maskulinums und Neutrums sowie im Akkusativ Singular und Plural aller Genera zwei echte reflexivische Formen: *sîn* und *sich*. In den anderen Kasus werden die Formen des Personalpronomens der 3. Person verwendet. Hier liegt also Suppletivbildung vor. Das Reflexivpronomen ist nur im Singular geschlechtig, im Plural hingegen ungeschlechtig.

		Maskulinum	**Femininum**	**Neutrum**
Sg.	**Nom.**	–	–	–
	Gen.	***sîn***	***ir***	***sîn***
	Dat.	*im(e)*	*ir(e)*	*im(e)*
	Akk.	*sich*	*sich*	*sich*
Pl.	**Nom.**		–	
	Gen.		***ir****(e)*	
	Dat.		***in***	
	Akk.		*sich*	

Anmerkung

Erst Ende des 15./Anfang des 16. Jh.s ist die Reflexivform des Akkusativs, also *sich*, in den Dativ Singular und Plural eingedrungen (siehe auch den nhd. Gebrauch). Im Klassischen Mittelhochdeutschen heißt es aber beispielsweise noch: *er tuot* ***im*** *selben wê* (‚er tut **sich** selbst weh‘).

4.2 Possessivpronomen

Bei den im Mittelhochdeutschen in der Regel stark flektierenden Formen der Possessivpronomina[623] handelt es sich um Pronominaladjektiva, die aus den Genitivformen (Singular und Plural) der Personal- bzw. Reflexivpronomina gebildet wurden.

		Maskulinum/Neutrum	**Femininum**
Sg.	1. Pers.	*mîn*	*mîn*
	2. Pers.	*dîn*	*dîn*
	3. Pers.	*sîn*	***ir***

623 Der Nominativ Sg. aller drei Genera, *mîn, dîn, sîn* ist in der Regel auf die nominale Flexion beschränkt (daher die Nullendung -Ø).

Pl.	1. Pers.	*unser*	*unser*
	2. Pers.	*iuwer*	*iuwer*
	3. Pers.	*ir(e)*	*ir(e)*

Anmerkung

Die Form *ir* bleibt im Klassischen Mittelhochdeutschen in allen Kasus unflektiert. Alle anderen Possessivpronomina flektieren hingegen in der Regel wie starke Adjektiva.

4.3 Demonstrativpronomen

Das einfache Demonstrativpronomen *der, diu, daz* (Nominativ Sg.) hat im Laufe seiner sprachhistorischen Entwicklung zumeist seine hinweisende (deiktische) Funktion verloren und sich nach und nach, im Zuge des Übergangs vom synthetischen zum analytischen Sprachbau, zum bestimmten Artikel entwickelt.[624] Für die Formen des Demonstrativpronomens sei daher auf das Paradigma für die Formen des bestimmten Artikels (siehe Kap. V.2) verwiesen. Nur gelegentlich hat das einfache Demonstrativpronomen noch im Mittelhochdeutschen seine ursprüngliche deiktische Funktion bewahrt. In der Mehrzahl der Fälle wird diese Funktion von anderen Demonstrativpronomina (wie mhd. *jener, ander, selp*, siehe unten), vor allem aber von dem **zusammengesetzten Demonstrativpronomen** übernommen. Dieses wird gebildet aus einfachem Demonstrativpronomen und der deiktischen Partikel *-se*. Alle Demonstrativpronomina können sowohl adjektivisch als auch substantivisch gebraucht werden.

4.3.1 Das zusammengesetzte Demonstrativpronomen

		Maskulinum	**Femininum**	**Neutrum**
Sg.	**Nom.**	*dirre/diser/dise*	*disiu*	*ditze, diz*[625]
	Gen.	*dises, disse, disses*	*dirre, diser(e)*	*dises, disse, disses*
	Dat.	*disem(e)*	*dirre,diser(e)*	*disem(e), disme*
	Akk.	*disen*	*dise*	*ditze, diz*

624 Daneben wird der bestimmte Artikel bzw. das einfache Demonstrativpronomen auch als Relativpronomen verwendet.

625 Der Nominativ/Akkusativ Sg. Neutrum *diz* weicht in seiner Bildungsweise von den anderen Formen ab, da hier nicht die verstärkende Partikel *-se* an den Stamm des einfachen Demonstrativpronomens getreten ist.

Pl.	**Nom.**	*dise*	*dise*	*disiu*
	Gen.	*dirre, diser(e)*	*dirre, diser(e)*	*dirre, diser(e)*
	Dat.	*disen*	*disen*	*disen*
	Akk.	*dise*	*dise*	*disiu*

Anmerkung

Im Genitiv und Dativ Sg. Femininum sowie im Genitiv Pl. aller Genera kommt neben *diser(e)* in einigen Dialekten bereits relativ früh *dirre* vor. Diese Form ist entstanden durch Assimilation von /s/ an das /r/ mit anschließender Synkope des unbetonten /e/. Die Form *dirre* dringt allmählich auch in den Nominativ Maskulinum ein, wo sie im Alemannischen und im Rheinfränkischen *diser* und *dise* verdrängt.

4.3.2 Die Demonstrativpronomina *jener*, *ander* und *selp*

jener/jeniu/jenez

Hierbei handelt es sich um ein Pronominaladjektiv, das im Unterschied zu den einfachen Demonstrativpronomina *der, diu, daz* und dem zusammengesetzten Demonstrativpronomen auf das Entferntere hinweist. *Jener* flektiert wie ein Adjektiv, hat aber keine endungslosen oder schwachen Formen.

ander

Hierbei handelt es sich ebenfalls um ein Pronominaladjektiv. Es flektiert sowohl stark als auch schwach und kann als Ordinalzahl (‚zweiter') und in demonstrativer und adversativer Funktion verwendet werden.

selp

Hierbei handelt es sich um ein Identitätspronomen. Im Unterschied zu *jener* weist es nicht auf das Entferntere hin, sondern auf das Gemeinte zurück, übt also eine gegenüber *jener* konträre Funktion aus. Es flektiert einerseits stark (z. B. nach dem Genitiv des Personalpronomens, wie in *mîn* ***selbes*** *lîp*, ‚mein eigenes Leben'), andererseits schwach (vor allem im Nominativ). Die schwachen Flexionsformen von *selp* können sich mit dem bestimmten Artikel verbinden (z. B. *der selbe, diu selbe, daz selbe*).

4.4 Interrogativpronomen

Die Flexionsformen des Interrogativpronomens sind mit denen des bestimmten Artikels *der, diu, daz* weitestgehend identisch. Es existieren allerdings keine Pluralformen. Im Singular stimmen die Formen der Maskulina exakt mit denen der Feminina überein. Nur das Neutrum hat hier im Nominativ und Akkusativ abweichende Formen. Das Interrogativpronomen wird ausschließlich substantivisch verwendet: das Maskulinum und Femininum *wer* für die Frage nach Personen, das Neutrum *waz* für die Frage nach Sachen.

		Maskulinum/Femininum	**Neutrum**
Sg.	**Nom.**	*wer*	*waz*
	Gen.	*wes*	*wes*[626]
	Dat.	*wem(e)*	*wem(e)*
	Akk.	*wen*	*waz*

4.5 Relativpronomen

In den germanischen Sprachen gab es kein eigentliches Relativpronomen. Als Ersatz dienen seit dem Althochdeutschen die Formen des einfachen Demonstrativpronomens bzw. bestimmten Artikels. Daher sei hier auf den tabellarischen Überblick zum bestimmten Artikel in Kap. V.2 verwiesen.

Beachte

Von den Interrogativpronomina *wer* und *waz* (aber auch von *weder* und *welch*) haben sich durch Voranstellung von mhd. *sô* (> *s-*) **verallgemeinernde Relativa** ausgebildet, also ***swer*** (‚wer auch immer'), ***swaz*** (‚was auch immer'), ***sweder*** (‚wer auch immer von beiden') und ***swelich/swelch*** (‚welches auch immer').

4.6 Indefinitpronomen

Unter den zahlreichen Indefinitpronomina, die zur Bezeichnung von unbestimmten Personen oder Sachen dienen, gibt es lediglich ein altes, aus dem Germanischen ererbtes Indefinitpronomen, mhd. ***sum*** (‚irgendeiner/mancher'). Es kommt im Mittelhochdeutschen nur noch selten vor (höchstens im Plural, wo es die Bedeutung ‚einige' hat) und stirbt noch in mhd. Zeit aus. Seit dem Althochdeutschen fungieren auch das ursprüngliche Zahlwort ***ein*** (das als Indefinitpronomen die Bedeutung ‚irgendein/ein gewisser' hat), das ursprüngliche Substantiv ***man*** sowie die ursprüngliche Quantitätsbezeichnung ***manec*** (‚viel') als indefinite Pronomina.

Bei der Mehrzahl der mhd. Indefinitpronomina handelt es sich um Zusammensetzungen (Komposita), bei denen in erster Linie das Suffix *-lîch* an das jeweilige Grundwort oder an ein verallgemeinerndes Präfix (wie z. B. *ge-*, *ie-*,

626 Der Genitiv *wes* hat im Neutrum auch die Bedeutung ‚weshalb'.

ete-) angehängt wurde. So erklären sich z. B. die indefiniten Formen mhd. ***gelîch*** (‚jeder'), ***etelîch*** (‚irgendeiner/mancher') und ***sumelîch*** (‚irgendeiner/mancher'). Daneben gibt es auch Komposita, bei denen ein Präfix an ein Grundwort, wie z. B. *ein* oder *man*, getreten ist. Dies ist der Fall bei: ***dehein*** (‚irgendeiner/keiner'), ***nehein*** (‚keiner'), ***ieman*** (‚jemand/niemand') und ***nieman*** (‚niemand').

Das nicht-zusammengesetzte Indefinitpronomen ***al*** fasst eine unbestimmte Anzahl von Mitgliedern einer Menge bzw. Teile von dieser zusammen und flektiert in der Regel wie ein starkes Adjektiv. Im Neutrum Plural kommt mitunter die umgelautete Form ***elliu*** vor. Vor Artikel und Pronomina weist ***al*** hingegen in allen Kasus Nullendung auf.

Das Indefinitpronomen ***iht*** ‚etwas' dient vorwiegend der Bezeichnung einer kleineren unbestimmten Menge von Dingen. Ursprünglich bedeutete *iht* daher ‚irgendein Wesen/Ding' (< ahd. *io* + *wiht*). Im Mittelhochdeutschen bedeutet *iht* ‚etwas', ist aber in bestimmten Verwendungsweisen auch mit ‚nicht/nichts' zu übersetzen.[627] Durch die Verschmelzung von *wiht* mit der Negationspartikel ahd. *ni* sind u. a. die ahd./mhd. Formen *niwiht*, ***niht***, *nit* ‚nichts' entstanden.[628] Die Flexionsformen von *iht*/*niht* entsprechen denen eines neutralen Substantivs der *a*-Stämme.

Indefinitpronomina erscheinen häufig in substantivischer Verwendung und werden dann im Mittelhochdeutschen (anders als im Neuhochdeutschen) häufig mit dem ***genitivus partitivus*** verbunden, siehe z. B. *ir gelîch* ‚jeder von ihnen', *brôtes iht* ‚etwas Brot', *brôtes niht* ‚kein Brot'.[629]

5 Numeralia

Numeralia (Zahlwörter) werden in zwei Hauptklassen unterteilt: Kardinal- und Ordinalzahlen. Diese (wie z. B. mhd. *êrste, dritte*) bleiben im Weiteren unberücksichtigt. Die **Kardinalzahlen** erweisen sich hinsichtlich ihrer Flexion als ausgesprochen heterogen, da sie zwischen substantivischer und adjektivischer Deklination schwanken. Einige der flexivischen Unterschiede wurden im Laufe der sprachhistorischen Entwicklung durch Ausgleich beseitigt, aber noch im Mittelhochdeutschen grenzen sich folgende Gruppen voneinander ab:

627 Siehe hierzu Kap. VII.3.2.1.

628 Ursprünglich bedeutete ahd. *niwiht* also ‚nicht ein Wesen/Ding'. Die nhd. Form *nichts* hat sich aus dem erstarrten Genitiv Sg. *nihtes*/*nihts* entwickelt. Bei der Negationspartikel *niht* ‚nicht' handelt es sich hingegen um den adverbial gebrauchten erstarrten Akkusativ Sg.

629 Zum Gebrauch des *genitivus partitivus* siehe Kap. VII.1.3.

- die Zahlen eins bis drei
- die Zahlen vier bis zwölf
- die Zahlen dreizehn bis zwanzig
- die Zahlen von zwanzig bis hundert.

Die Zahlen eins bis drei

Hier werden alle drei Genera unterschieden. Wie im Neuhochdeutschen fungiert auch mhd. *ein* als Zahlwort, unbestimmtes Pronomen (‚irgendeiner') oder unbestimmter Artikel.[630] Im Mittelhochdeutschen flektiert es grundsätzlich wie ein Adjektiv, bei substantivischem Gebrauch meist pronominal stark (*einer, einiu, einez*), bei adjektivischem Gebrauch stark und (nach bestimmtem Artikel) schwach.

Beachte

Im Nominativ Sg. (ebenso im Akkusativ Sg. Neutrum) flektiert *ein,* als Adjektiv verwendet, niemals pronominal stark. Dementsprechend heißt es im Mittelhochdeutschen z. B. ***ein** man, **ein** vrouwe* (im Neuhochdeutschen hingegen ***eine!***), ***ein** kint*. In der Bedeutung ‚allein' flektiert *ein* in der Regel nur schwach. Steht es allerdings nach einem Possessivum (= Genitiv des Personalpronomens) wird es stark flektiert. Es heißt im Mittelhochdeutschen also z. B. *er ist **eine*** ‚er ist allein', aber *dîn **eines** hûs* (‚dein nur dir gehörendes Haus').

Abgesehen vom Nominativ und Akkusativ (Singular und Plural) haben die Zahlwörter *zwei* und *drei* im Mittelhochdeutschen in allen drei Genera identische Formen:

	Maskulinum	Femininum	Neutrum
Nom.	*zwêne*	*zwô (zwuo/zwâ)*	*zwei*
Gen.	*zweier*	*zweier*	*zweier*
Dat.	*zwei(e)n*	*zwei(e)n*	*zwei(e)n*
Akk.	*zwêne*	*zwô (zwuo/zwâ)*	*zwei*

	Maskulinum	Femininum	Neutrum
Nom.	*drî/drîe*	*drî/drîe*	*driu*
Gen.	*drîer*	*drîer*	*drîer*
Dat.	*drin/drî(e)n*	*drin/drî(e)n*	*drin/drî(e)n*
Akk.	*drî/drîe*	*drî/drîe*	*driu*

630 Als Adverb hat mhd. *ein* die Bedeutung ‚allein'. Nhd. *allein* geht auf verstärktes mhd. *eine* zurück (mhd. *al eine* ‚ganz allein').

Die Zahlen vier bis zwölf

Diese Kardinalzahlen werden im adjektivischen Gebrauch in der Regel nicht flektiert, sind also endungslos. Im substantivischen Gebrauch oder nachgestellt flektieren sie wie starke Adjektiva. In diesem Fall lautet z. B. die Zahl *vier* im Nominativ Sg. *vier**e*** (Maskulinum und Femininum) bzw. *vier**iu*** (Neutrum).

Die Zahlen dreizehn bis neunzehn

Sie bestehen aus unflektierter Einerzahl und dem Suffix mhd. *-zehen* (also: *drî-**zehen**, vier-**zehen*** usw.) und bleiben ebenso wie alle nachfolgenden Kardinalzahlen in der Regel unflektiert.

Anmerkung

Alle Zahlen von eins bis neunzehn können sowohl substantivisch als auch adjektivisch verwendet werden. Liegt der substantivische Gebrauch vor, so steht häufig der ***genitivus partitivus*** (z. B. *sîner ritter drî*; siehe hierzu Kap. VII.1.3).

Die Zahlen von zwanzig bis hundert

Bei diesen handelt es sich um neutrale indeklinable Substantiva. Bis neunzig werden sie gebildet aus unflektierter Einerzahl, gefolgt von dem Zehnersuffix mhd. ***-zic*/*-zec*** (z. B. *drî-**zec**, vier-**zec***). Die Zahl hundert lautet im Klassischen Mittelhochdeutschen in der Regel bereits *hundert* (im frühen Mittelhochdeutschen ist hingegen gelegentlich auch noch die Form *zehenzic* belegt).

VI Historische Semantik

Die Semantik[631] befasst sich mit der Bedeutungsebene von sprachlichen Zeichen. Diese unterliegen im Verlauf der Sprachgeschichte vielfach Veränderungen auf semantischer Ebene (**Bedeutungswandel**). Abgesehen davon, dass neue Lexeme entstehen und bereits existierende schwinden, kann sich deren Bedeutung im Laufe der Zeit erweitern oder verengen (quantitativer Bedeutungswandel) bzw. verschlechtern oder verbessern (qualitativer Bedeutungswandel). Die Gründe für den Bedeutungswandel sind vielfältig. Oftmals spielen soziologische, geschichtliche, politische und/oder psychologische Faktoren eine entscheidende Rolle. Am Beispiel von mhd. *vrouwe* soll dies kurz erläutert werden: Auf phonologischer Ebene sind (vom Mittel- zum Frühneuhochdeutschen) Diphthongwandel von mhd. /ou/ > nhd. /au/, Ausfall des innervokalischen /w/ und Apokope des auslautenden unbetonten /e/ zu verzeichnen.[632] Mhd. *vrouwe* wird also zu nhd. *Frau*. Aber hier ist beim Übersetzen Vorsicht geboten, da auf der Bedeutungsebene eine entscheidende Veränderung eingetreten ist. Im Mittelhochdeutschen bezeichnet *vrouwe* ausschließlich die sozial höherstehende adelige Dame, die Herrin, und darf daher keinesfalls mit ‚Frau' übersetzt werden! Derartige Fälle von Bedeutungswandel werden auch als **„falsche Freunde"** (*faux amis*) bezeichnet, da der Leser mhd. Texte (ausgehend von der nhd. Bedeutung) glaubt, nicht nur das Wort, sondern auch dessen Bedeutung zu kennen und daher bei der Übersetzung auf das Nachschlagen im Wörterbuch verzichtet. Um derartige Übersetzungsfehler zu vermeiden, wird zunächst ein Überblick über die verschiedenen Arten des Bedeutungswandels vom Mittel- bis zum Neuhochdeutschen gegeben, gefolgt von einer Liste mit zentralen mhd. Lexemen und deren nhd. Bedeutungen. Hierbei handelt es sich um eine Art Grundwortschatz, um Vokabeln, deren Kenntnis für das Übersetzen aus dem Mittelhochdeutschen absolut unerlässlich ist. Die auf dem Gebiet der Semantik erworbenen Kenntnisse können mit Hilfe von Übungsaufgaben am Ende des Kapitels überprüft werden.

Zunächst aber noch ein Hinweis zu mittelhochdeutschen Wörterbüchern:

Neben kleineren mhd. Wörterbüchern (wie z. B. dem sog. „Kleinen Lexer"[633] und dem Wörterbuch von Beate Hennig[634]), die in der Regel für die Einfüh-

631 Semantik < griech. *sēma* ‚Zeichen'; *semantikos* ‚zum Zeichen/Wort gehörig.'

632 Siehe hierzu Kap. IV.6.1 und 6.2.

633 Lexer, Matthias: Mittelhochdeutsches Taschenwörterbuch. Mit den Nachträgen von Ulrich Pretzel. 38., unveränderte Aufl. Stuttgart 1992.

634 Hennig, Beate: Kleines Mittelhochdeutsches Wörterbuch. 6., durchgesehene Aufl. Berlin/Boston 2014.

https://doi.org/10.1515/9783110464184-006

rungskurse in das Mittelhochdeutsche und die mediävistischen Proseminare und Übungen ausreichend sind, gibt es zwei große (mehrbändige) mhd. Wörterbücher:

1) Das Wörterbuch von **Benecke, Müller, Zarncke** (kurz BMZ):
   Müller, Wilhelm; Zarncke, Friedrich: Mittelhochdeutsches Wörterbuch. Mit Benutzung des Nachlasses von Georg Friedrich Benecke. 3 Teile in 4 Bänden. Leipzig 1854–66. Nachdruck Stuttgart 1990.
   Hier finden sich zahlreiche Textbelege aus mhd. Werken.
2) Der sog. **„Große Lexer"**:
   Lexer, Matthias: Mittelhochdeutsches Handwörterbuch. Zugleich als Supplement und alphabetischer Index zum mittelhochdeutschen Wörterbuch von Benecke-Müller-Zarncke. 3 Bde. Leipzig 1869–78. Nachdruck Stuttgart 1979.

Beide Wörterbücher gibt es auch in digitaler Version unter: **http://woerterbuchnetz.de**.

Beachte

Für die Benutzung des Wörterbuchs von Benecke, Müller, Zarncke (BMZ) sind folgende Hinweise zu beachten:

1) Verben finden sich nicht unter dem Infinitiv, sondern unter der 1. Person Singular Präsens Indikativ.
2) Die Lexeme werden nach dem Anlaut ihrer Wurzelsilbe (nicht unter Vorsilben) verzeichnet.

   Beispiel:
   Der Eintrag zu der Verbform *er genas* (3. Sg. Ind. Präteritum des starken Verbs *genesen*) findet sich unter dem Buchstaben **N**, genauer unter *nise* (= 1. Sg. Präs. Ind.)! (siehe BMZ, Bd. II/1, Sp. 379b bis 382b).

1 Bedeutungswandel

Unterschieden werden folgende Arten von Bedeutungswandel: Bedeutungserweiterung, Bedeutungsverengung und Bedeutungsverschiebung (**quantitativer Bedeutungswandel**) sowie Bedeutungsverschlechterung und Bedeutungsverbesserung (**qualitativer Bedeutungswandel**).

1.1 Quantitativer Bedeutungswandel

1.1.1 Bedeutungserweiterung (Generalisierung/Amplifikation)

Hierbei verliert das Lexem im Verlauf der Wortgeschichte mindestens ein distinktives Merkmal. Das Ergebnis ist eine Erweiterung des Bedeutungsumfangs.

Beispiele:

- mhd. ***vrouwe*** muss übersetzt werden mit ‚adelige Dame/Herrin'[635] (es handelt sich um eine Femininbildung zu germ. **frau-jôn* > ahd. *frō* ‚Herr'). Seit dem Spätmittelhochdeutschen hat das Lexem *vrouwe* zunehmend seine standesspezifische Bedeutung verloren und wurde zu einer Bezeichnung für die Frau schlechthin.

Anmerkung

Die standesspezifische Bedeutung von mhd. *vrouwe* liegt auch in dem Kompositum mhd. *juncvrouwe* vor. Die nhd. Übersetzung lautet daher ‚unverheiratete adelige Frau'.

- ***vertec*** (Adj.) ist mit ‚bereit zur Fahrt/bereit zum Aufbruch' zu übersetzen. Zum Neuhochdeutschen hat sich das Bedeutungsspektrum erweitert, und zugleich ist eine Bedeutungsverschiebung eingetreten. Denn nhd. *fertig* bedeutet generell ‚bereit sein zu etwas', aber auch ‚im endgültigen Zustand befindlich/vollendet/abgeschlossen sein' oder ‚(psychisch/physisch) am Ende sein.'

1.1.2 Bedeutungsverengung (Spezialisierung)

Durch das Hinzukommen mindestens eines distinktiven Merkmals im Laufe der Wortgeschichte verkleinert sich der ursprüngliche Bedeutungsumfang des Lexems.

Beispiele:

- mhd. ***hôch(ge)zît*** (< ahd. *diu hôha gezît* ‚die hohe Zeit') bezeichnet jedes (höfische oder kirchliche) Fest und ist daher ganz allgemein mit ‚Fest' zu übersetzen. Erst im Frühneuhochdeutschen (bei Luther) hat sich die Bedeutung auf ein ganz spezielles Fest, die Hochzeit/Vermählung, verengt.

Anmerkung

Das mhd. Wort für nhd. *Hochzeit* lautet: *brûtlouf(t)* (wörtlich: „Brautlauf").

- mhd. ***muot*** hat ein sehr breites Bedeutungsspektrum. Es bezeichnet ganz allgemein wechselnde Gemütszustände und ist daher in der Regel zu übersetzen mit: ‚Stimmung/Gesinnung/Einstellung/innere Verfassung/Sinn/Verstand/Absicht' (vgl. auch engl. *mood*). Die Bedeutungsverengung zu *Mut* (= Tapferkeit, Furchtlosigkeit) erfolgt erst zum Neuhochdeutschen. Mhd. *muot* ist nur dann, wenn es näher bestimmt ist (wie z. B.

635 mhd. *mîn vrouwe* entspricht dem Französischen *madame*.

mannes muot, küener muot etc.), mit ‚Mut' (in der nhd. Bedeutung) zu übersetzen.
- mhd. ***riuwe*** bezeichnet jede Art von seelischem Schmerz (bei diesem kann es sich z. B. um Minneschmerz, Trauer, aber auch Reue im religiösen Sinne handeln). Die Bedeutung ‚Reue' ist aber im Mittelhochdeutschen ausgesprochen selten. Mhd. *riuwe* wird vorwiegend übersetzt mit ‚Kummer/Leid/Schmerz/Betrübnis'. Erst zum Neuhochdeutschen hat sich die Bedeutung auf *Reue* im religiös-moralischen Sinne verengt.

1.1.3 Bedeutungsverschiebung

Die Bedeutungsverschiebung wird mitunter auch als Bedeutungsübertragung bezeichnet. Bei dieser Art des Bedeutungswandels wird die ursprüngliche Bedeutung zumeist ins Abstrakte umgedeutet.

Beispiele:
- Das Adjektiv mhd. ***hövesch/hübesch*** (eine Lehnübersetzung von frz. *courtois*) ist abgeleitet vom Substantiv mhd. *hof* und demzufolge mit ‚höfisch/hofgemäß/fein gebildet/gesittet' zu übersetzen. Ende des 12. Jh.s ist *hövesch/hübesch* zu einem der zentralen Leitbegriffe der höfischen Gesellschaft geworden und wurde generell als Ausdruck für das höfische galante Benehmen der Hofgesellschaft und deren moralische Wertvorstellungen gebraucht.[636] Zum Neuhochdeutschen hat sich die Bedeutung zu *hübsch* (= schön anzusehen) verschoben. Daneben ist im 19. Jh. das nhd. Wort *höfisch* (in seiner mhd. Bedeutung) wiederbelebt worden.[637]
- mhd. ***begrîfen*** hat die Bedeutung ‚etwas ergreifen/anpacken/fassen/festhalten.' Siehe z. B.: *wenn sie begrîfen einen man, den wellen sie nimmer von in lân* (Ulrich von Etzenbach *Alexander*, V. 25729 f.; ‚wenn sie einen Mann fangen, würden sie ihn niemals mehr entkommen lassen wollen'). Zum Frühneuhochdeutschen wird das Verb zunehmend in abstrakter Bedeutung gebraucht, bis zu nhd. *begreifen* (= etwas intellektuell erfassen/verstehen).

1.2 Qualitativer Bedeutungswandel

1.2.1 Bedeutungsverschlechterung (Pejoration)

Im Laufe der Wortgeschichte erhält das Lexem eine negative Konnotation. Das Ergebnis dieses Bedeutungswandels ist folglich eine Abwertung, eine Ver-

---

636 Der entgegengesetzte Begriff zu mhd. *hövesch/hübesch* ist *dörperlîch* ‚bäurisch/unhöfisch'.

637 Seit dem 19. Jh. existieren also beide Adjektive, *hübsch* und *höfisch*, in ihrer heutigen Bedeutung nebeneinander.

schlechterung der Bedeutung. Diese Art des Bedeutungswandels kommt sehr häufig vor und tritt oftmals zusammen mit einer Bedeutungsverengung oder -verschiebung auf.

Beispiele:
- Die ursprüngliche Bedeutung von ahd. *thiorna/diorna* (‚Jungfrau') ist in mhd. ***diern(e)*** oftmals noch erhalten. Hinzu kommt aber bereits im Mittelhochdeutschen eine pejorative Bedeutungskomponente (siehe: ‚Magd/Dienerin'). Mhd. *diern(e)* kann also je nach Kontext mit ‚Mädchen' oder ‚Magd/Dienerin' übersetzt werden. Zum Neuhochdeutschen tritt eine (weitere) Bedeutungsverschlechterung (und zugleich eine Bedeutungsverengung) zu *Dirne* (= Prostituierte) ein. In einigen Mundarten hat sich jedoch die ursprüngliche Bedeutung noch erhalten (siehe z. B. bairisch *Dirndl;* niederdt. *Deern*).
- mhd. ***wîp*** ist die allgemeine (standesunspezifische) Bezeichnung für das weibliche Geschlecht und daher mit nhd. ‚Frau' zu übersetzen. Zumeist bezeichnet mhd. *wîp* die verheiratete Frau (vgl. engl. *wife*). Zum Neuhochdeutschen hat sich die Bedeutung sowohl verschlechtert als auch verengt (siehe nhd. *Weib* = niederstehende, grobe Frau).
- Bei mhd. ***maget*** kündigt sich die Bedeutungsverschlechterung und -verengung zu nhd. *Magd* (= Dienerin) bereits in spätmhd. Zeit an. Im Klassischen Mittelhochdeutschen bezeichnet *maget* jedoch noch das ‚Mädchen', die ‚Jungfrau'. In dieser ursprünglichen Bedeutung erscheint *maget* noch im Diminutivum nhd. *Mädchen* (< *Mägdchen*) sowie in der kontrahierten mundartlichen Variante *Maid.*

1.2.2 Bedeutungsverbesserung (Amelioration)

Im Laufe der Wortgeschichte erhält das Lexem eine positive Konnotation und somit eine Aufwertung seiner Bedeutung. Diese Art des Bedeutungswandels ist weitaus seltener als die Bedeutungsverschlechterung und tritt oftmals zusammen mit einer Bedeutungsverengung oder -verschiebung auf.

Beispiele:
- Im Althochdeutschen hat das Substantiv ***marahscalc*** die Bedeutung ‚Pferdeknecht'.[638] Zum Mittelhochdeutschen ist eine deutliche Bedeutungsverbesserung eingetreten: mhd. *marschalc* bezeichnet einen höfischen (oder städtischen) Beamten, der für die Reisen und Heereszüge des

638 ahd. *marah* ‚Pferd', ahd. *scalc* ‚Diener/Knecht.'

Fürsten zuständig ist, und wird daher mit dem Fachterminus ‚Marschall' (= eines der vier Hofämter, neben Kämmerer, Mundschenk und Truchsess) übersetzt. Zum Neuhochdeutschen trat dann nochmals eine Bedeutungsverbesserung ein (verbunden mit einer Bedeutungsverengung). Nhd. *Marschall* ist seit dem 16./17. Jh. eine Bezeichnung für den höchsten militärischen Rang.

- Das Adjektiv mhd. ***tol/dol*** bedeutet ‚töricht/unsinnig'. Im Laufe der Wortgeschichte erhielt es eine zunehmend positive Konnotation bis hin zu nhd. *toll* (= großartig).

2 Wichtige Vokabeln/Grundwortschatz

Um das Verständnis von mhd. Texten zu erleichtern, ist es unbedingt notwendig, eine Liste von häufig vorkommenden mhd. Wörtern, eine Art Grundwortschatz, im Kopf zu haben. Bei einer Vielzahl der nachfolgend (in alphabetischer Reihenfolge) aufgelisteten Lexeme handelt es sich um zentrale Leitwörter der mhd. Klassik. Angegeben werden nur die Grundbedeutungen. In einigen Fällen ist zum Neuhochdeutschen ein Bedeutungswandel eintreten, einige Lexeme sind hingegen ganz aus dem nhd. Sprachschatz geschwunden. Nicht berücksichtigt werden Konjunktionen (siehe hierzu Kap. VII.7) und Pronomina (siehe hierzu Kap. V.4).

A

aber (Adv.)	abermals/erneut/wieder
als(ô), als(e) (Adv.)	so/ebenso/auf diese Weise
alrêrst, alrest (Adv.)	erst/zum ersten Mal
ambet, ambaht (Subst.)	Amt/Tätigkeit/Dienst/Pflicht/Messe/Gottesdienst
angest (Subst.)	Furcht/Schrecken/Bedrängnis
angestlich (Adj.)	gefährlich/Angst erregend/schrecklich
ar(e)beit (Subst.)	Mühe/Mühsal/(körperliche) Anstrengung/Not (insbesondere ‚Kampfesnot')[639]
art (Subst.)	Abstammung/Herkunft/angeborene Eigenschaft/Beschaffenheit
âventiure (Subst.; Lehnwort aus afrz. *aventure* < mlat. *adventura*)	1. wunderbare/gefährliche Begebenheit/gefährliches Unternehmen/ritterlicher Kampf. 2. Ereignis, das auf einen zukommt (= providentielle Bedeutung) oder bewusst gesucht wird. 3. Erzählung/

639 Nur ganz vereinzelt ist das Lexem *arbeit* bereits im Mittelhochdeutschen im nhd. Sinne einer beruflichen, zweckmäßigen Tätigkeit belegt.

	Bericht über das Ereignis/Dichtung/literarische Quelle bzw. ein bestimmter Abschnitt eines literarischen Werkes (siehe z. B. die Einteilung des *Nibelungenliedes* in 39 Âventiuren).[640]

B

balt (Adj.)	mutig/tapfer
baz (Adv.)	besser/lieber
beiten (schw. V.) oder ***bîten*** (st. V.)	warten
bejagen (schw. V.)	erringen/erwerben
benamen (Adv.)	wirklich/wahrlich/gewiss
benemen (st. V.)	(weg-)nehmen/rauben/entziehen
bern (st. V.)	hervorbringen/tragen/fruchtbar sein/gebären
bescheiden (Adj.)	klug/erfahren/verständig/fähig zu unterscheiden
bescheidenheit (Subst.)	Klugheit/Verständigkeit/Urteilsfähigkeit/Unterscheidungsvermögen
bestân, bestên (Wurzelverb)	erhalten/überleben/angreifen/überfallen
bewegen (st. V.)	auf etwas verzichten/aufgeben/refl.: sich zu etwas entschließen/entscheiden für
biderbe (Adj.)	rechtschaffen/tüchtig/tapfer
bœse (Adj.)	gering/von niedrigem Stand/schwach/wertlos
brœde (Adj.)	vergänglich/schwach/niedrig
bûhurt (Subst.)	Lehnwort aus afrz. *bo(u)hourt, behort*. Mhd. *bûhurt* bezeichnet ein ritterliches Schaureiten in Gruppen. Im nhd. Sprachgebrauch existiert es nicht mehr.

D

da, dar (Adv.)	da/dorthin/dort
dagen (schw. V.)	schweigen
danc (Subst.)	Dank/Gedenken/Vorsatz/Wille; ***âne danc***: gegen meinen Willen
dannen, dan (Adv.)	von dannen/weg
des (Adv.)	deshalb/daher

640 Der ritterliche Âventiurebegriff hat also kaum etwas mit dem daraus entstandenen nhd. Wort *Abenteuer* gemein, sondern umfasst ein beträchtlich breiteres Bedeutungsspektrum. Hier ist zum Neuhochdeutschen also Bedeutungsverengung eingetreten.

dicke (Adv.) oft/häufig

dien(e)stman (Subst.) Ein *terminus technicus* der Ende des 12. Jh.s eine Gruppe von rechtlich Unfreien mit hohem sozialem Status bezeichnet (= die mhd. Bezeichnung für lat. *ministerialis* ‚Ministerialer'). Der gehobene Sozialstatus der Ministerialen erklärt sich aus deren zentraler Funktion in der Hofverwaltung und Landesverteidigung (in der Regel bekleideten die Ministerialen wichtige ehrenvolle Hofämter; die vier wichtigsten sind: Truchsess, Kämmerer, Mundschenk und Marschall). Ende des 13. Jh.s sind die Ministerialen in den niederen Adel aufgestiegen.

dörper (Subst.) bäuerisch roher, ungebildeter Mensch/Bauerntölpel (vgl. afrz. *vilain*). Das aus dem niederdeutschen Sprachraum stammende Wort meint also den Gegensatz zum adelig-höfischen Menschen. Dementsprechend bezeichnet das Adjektiv ***dörperlîch*** den Gegensatz zu *hövesch*.

drâte (Adv.) schnell/eilig/sofort

durch (Präp.) um einer Sache willen/wegen

durfen, dürfen (Präterito-Präsens) brauchen/bedürfen/sollen

E

ê (Subst.) Recht/Gesetz/Ehe; ***alte/niuwe ê***: Altes/Neues Testament

ê (Adv.) bevor/ehe/früher/lieber

edel(e) (Adj.) Eine nicht genau festgelegte Standesbezeichnung, mit der ganz allgemein eine soziale Qualität bezeichnet wird, welche in einer adeligen Abstammung begründet liegt. Daher kann *edel(e)* übersetzt werden mit ‚von vornehmer/adeliger Geburt'. Ist *edel(e)* hingegen auf Dinge bezogen, hat es die Bedeutung ‚herrlich/kostbar/edel'.

Anmerkung

Im *Tristan* Gottfrieds von Straßburg ist *edel* hingegen eindeutig nur auf innere Qualitäten bezogen (siehe den Begriff der *edele herzen*). Zum Neuhochdeutschen schränkt sich die Bedeutung von *edel* dann generell auf die innerlich-ethische Komponente ein, und die ursprüngliche Bedeutung wird durch das Adjektiv *adelig* ausgedrückt.

eht, et (Adv.)	nur/bloß/etwa/eben/wohl; häufig bleibt *eht/et* unübersetzt
eine (Adv.)	allein
ellen (Subst.)	Mut
ellende	Subst.: fremdes Land/Ausland/Leben in der Fremde oder in der Verbannung. In der Heimat- und Schutzlosigkeit ist bereits die nhd. Bedeutung ‚elend/unglücklich' impliziert. Adj.: in einem anderen, fremden Land (ohne Rückhalt der Sippe)/fremd/fern der Heimat/einsam/verbannt/verlassen (< ahd. *elilenti* < germ. **alja-landja-*)
enbern (st. V.)	auf etwas verzichten/entbehren
enbieten (st. V.)	bereit sein für/mitteilen/anbieten/einladen
entriuwen, entrûwen (Adv.)	wahrlich/fürwahr (= Beteuerungsformel)
enzît (Adv.)	beizeiten/sofort
ervinden (st. V.)	(heraus-)finden/erfahren/erkennen

G

gâch (Adj.)	eilig/schnell/ungeduldig
gâhen (schw. V.)	eilen
gar, garwe (Adj.)	bereit/fertig/gerüstet
garzûn (Subst)	(Edel-)Knappe
gast (Subst.)	Fremder/(selten: Gast)
gebresten (st. V.)	fehlen/mangeln
gedinge (Subst.)	Bedingung/Abmachung/Hoffnung/Zuversicht
gehiure (Adj.)	angenehm/schön
geil (Adj.)	froh/fröhlich
gemach (Subst)	Bequemlichkeit/Wohlbefinden/Ruhe
gemeit (Adj.)	fröhlich/heiter/schön/stattlich
genesen (st. V.)	am Leben bleiben/überleben/gerettet werden
geniezen (st. V.)	Vorteil/Nutzen von etwas haben
gereit(e) (Adj.)	bereit/fertig
gern (schw. V.)	begehren/verlangen
gewalt (Subst.)	Macht/Herrschaft
gewerren (st. V.)	verwirren/schaden/hindern/stören
gewinnen (st. V.)	erwerben/haben/erhalten
gunnen (Präterito-Präsens)	gönnen/wünschen/gewähren

H

harte, hart (Adv.)	höchst/sehr/ganz
heim(e)lich, -lîche (Adj.)	vertraut/vertraulich/geheim
heln (st. V.)	verheimlichen/geheim halten
hêr(e) (Adj.)	hoch/vornehm/herrlich/erhaben
hêrlich, -lîche (Adj.)	vornehm/ausgezeichnet/prächtig
hôch(ge)zît (Subst.)	(höfisches oder kirchliches) Fest
hôher muot, hôchmuot (Subst.)	Hochgefühl/edle Gesinnung/Freude/ (selten: Hochmut)
huote (Subst.)	Aufsicht/Bewachung/Fürsorge

J

jehen (st. V.)	sagen/behaupten/bekennen

Beachte

Im Anlaut vor /i/ wurde mhd. /j/ > /g/. Die Formen von *jehen* im Sg. Präsens Ind. lauten daher: *ich **g**ihe, du **g**ihest, er **g**ihet/**g**iht.*

K

karc (Adj.)	klug/listig/geizig
kiesen (st. V.)	erkennen/wahrnehmen/prüfen/wählen
kiusche	Adj.: rein/sittsam/unschuldig/schamhaft Subst.: Reinheit/Sittsamkeit/Tugendhaftigkeit/ Schamhaftigkeit
klâr (Adj.)	hell/rein/glänzend/schön
kneht (Subst.)	junger Mann/Knappe/Ritter
kranc (Adj.)	schwach (körperlich)/kraftlos/geringwertig

Anmerkung

Das mhd. Wort für nhd. ‚krank' lautet *siech*. Erst seit dem 14. Jh. wird *siech* durch *kranc* (= nhd. *krank*) verdrängt.

kûm(e) (Adv.)	schwerlich/kaum/wenig
künne (Subst.)	Verwandtschaft/Verwandter/Geschlecht

Anmerkung

Siehe dazu auch mhd. *künec/küneginne* (‚König/Königin', also Abkömmlinge eines vornehmen Geschlechts).

kunst (Subst.)	Können/Weisheit/Wissen

Anmerkung

kunst ist ein Abstraktum zum Präterito-Präsens *kunnen/künnen*.

L

laster (Subst.)	Schmähung/Beschimpfung/Schande/Unehre/Makel
lieben (schw. V.)	gefallen/Freude an etwas haben/sich angenehm (beliebt) machen
lîp (Subst.)	1. Leben (in dieser Bedeutung kommt *lîp* vor allem in festen Wendungen vor, wie z. B. *den lîp verliesen* ‚sterben'), 2. Leib/Körper/Gestalt, 3. *lîp* dient auch häufig der Umschreibung der Person (z. B. *mîn lîp* ‚ich', *sîn lîp* ‚er', *iuwer lîp* ‚ihr').
list (Subst.)	1. Klugheit/Weisheit; 2. ‚Kunst/Wissenschaft/Kenntnis/handwerkliche Kunstfertigkeit (vgl. lat. *ars*); 3. Lebensklugheit/Gewitztheit. Daneben existiert bereits im Mittelhochdeutschen (selten) auch die pejorative Bedeutung ‚Trug/Listigkeit', die sich in nhd. *List* durchgesetzt hat.

Anmerkung

mhd. *list* ist etymologisch mit den Verben *lêren* und *lernen* verwandt.

M

mâc/mâge (Subst.)	(Bluts-)Verwandter
mære	Subst.: Erzählung/Nachricht/Bericht/Quelle/Märe (Gattungsbegriff) Adj.: bekannt/berühmt/herrlich
maget/meit (Subst.)	Jungfrau/unverheiratete Frau/Mädchen

Anmerkung

Im Unterschied zu *juncvrouwe* ist *maget* ein standesunspezifischer Begriff.

manec, manic (Adj.)	viele/vielfach
mâze (Subst.)	(abgeleitet vom Verb mhd. *mezzen*). Neben der ursprünglichen Bedeutung ‚Maß/Maßstab' bezeichnet *mâze* eine der Kardinaltugenden für den höfischen Menschen (vgl. lat. *temperantia*). Gemeint ist ‚das richtige Maßhalten im Sinne der

	Mäßigung/die Mitte zwischen dem Zuviel und dem Zuwenig/die Angemessenheit/Selbstbeherrschung‘.
meinen (schw. V.)	sinnen/(nach-)denken/lieben/bedeuten
miete (Subst.)	Lohn/Belohnung/Vergeltung
milte	Adj.: freigebig. Subst.: Freigebigkeit (eine **der** zentralen Herrschertugenden)
minne (Subst.)	Die Grundbedeutung ist ‚Liebe/liebendes Gedenken‘. Mhd. *minne* ist in seiner Bedeutung ausgesprochen komplex, da es sowohl die christliche Nächstenliebe (*caritas*), die Liebe Gottes zu den Menschen und umgekehrt (*amor Dei*), eine tiefe innere (nicht an ein bestimmtes Geschlecht geknüpfte) Verbundenheit, Freundschaft (*amicitia*) als auch die sinnliche Liebe bezeichnen kann. In der klassischen mhd. Literatur ist *minne* der Zentralbegriff für das Phänomen der höfischen Liebe schlechthin.
minneclich, -lîche (Adj./Adv.)	lieblich/schön/liebenswert
minner, minre (Adj./Adv.)	kleiner/weniger/geringer
mugen, mügen (Präterito-Präsens)	können/vermögen/imstande sein
müezen (Präterito-Präsens)	sollen/dürfen/können/mögen
muot (Subst.)	Stimmung/Gesinnung/Einstellung/innere Verfassung/Sinn/Absicht
muoze (Subst.)	Muße/Untätigkeit/Ruhe

N

nern (schw. V.)	am Leben erhalten/heilen/retten

O

orden (Subst.)	Lehnwort aus lat. *ordo*; mhd. *orden* bedeutet vor allem (sozialer) ‚Stand‘, aber auch ‚Ordnung/Reihenfolge/Stufe/Regel/Befehl‘
ors, ros (Subst.)	Pferd/Ross

Anmerkung

Die Verschiebung von /r/ wird als *r-Metathese* bezeichnet.

P

pfaffe (Subst.)	Kleriker/Geistlicher
pflegen (st. V.)	sich kümmern um/sorgen für/tun/handeln/ machen/beschützen

R

rât (Subst.)	Rat/Hilfe/Abhilfe/Vorrat/Ratgeber/ Ratsversammlung
rede (Subst.)	Rede/Gegenstand der Rede/Erzählung/Nachricht/ Sache
ritter (Subtest.)	*Nomen agentis* zum Verb mhd. *rîten*. Noch im 11. Jh. bezeichnete *rîtære* (oder *rîter*) den (schwergerüsteten) Reiter, der seinem Herren zu militärischem Dienst verpflichtet ist. Gegen Ende des 12. Jh.s entwickelte sich *ritter* zu einem Leitwort in der Höfischen Dichtung. Damit einher ging auch eine Bedeutungsverschiebung, denn *ritter* bezeichnet im Klassischen Mittelhochdeutschen nicht mehr den ‚Reiter', sondern den Angehörigen einer höfisch-adeligen Gesellschaftskultur (vgl. frz. *chevalier*). Es handelt sich nicht um eine festgelegte Standesbezeichnung, sondern um ein (vorwiegend fiktives) Erziehungs- und Bildungsideal. Erst seit dem späten 13. Jh. wird *ritter* zu einer festen Standesbezeichnung für den Angehörigen des Ritterstandes (= niederer Adel).
riuwe (Subst.)	seelischer Schmerz/Leid/Trauer/(selten: Reue)
ruochen (schw. V.)	bereit sein, etwas zu tun/seine Gedanken auf etwas richten

S

sâ, sân (Adv.)	sofort/gleich/sodann
sælde (Subst.)	weltliches Glück/himmlische Seligkeit/Heil

Anmerkung

In der Klassischen mhd. Literatur bezeichnet *sælde* die guten Eigenschaften von Menschen, die vom Schicksal, vom Glück oder durch die Gnade, den Segen Gottes, mit allen Vorzügen versehen sind. Zum Nhd. setzt sich allein die religiöse Bedeutung durch (siehe das Lexem nhd. *Seligkeit*), wohingegen das irdische Glück im Neuhochdeutschen mit *Glück* (< mhd. *gelücke*) bezeichnet wird.

sælic (Adj.)	glücklich/gesegnet/heilig
schiere (Adv)	sofort/gleich/schnell
schimpf (Subst.)	Scherz/Spott/Verhöhnung
schimpfen (schw. V.)	scherzen/spotten/verhöhnen
schulde (Subst.)	Ursache/Grund/Verschulden (siehe auch: ***âne schulde***: ohne Grund; ***mit/von schulde***: um etwas willen/wegen/mit Recht)
sêr(e)	Adj./Adv.: verwundet/leidend/sehr/heftig/schmerzlich Subst.: Leid/ Schmerz/Qual
sin (Subst.)	Verstand/intellektuelle Kompetenz/Denken/Absicht
slehte, sleht (Adj./Adv.)	gerade/geradeaus/schlicht/einfach
snel (Adj.)	schnell/gewandt/kräftig/tapfer
spæhe	Adv.: kunstvoll/zierlich/sonderbar Adj.: weise/schlau/kunstvoll/schön/seltsam
stæte	Subst.: Beständigkeit/Beharrlichkeit (vgl. lat. *constantia*) Adj.: beständig/fest/beharrlich
suht (Subst.)	Krankheit
sunder (Adj./Adv./Präp.)	abgesondert/allein/abseits/außer/ohne
sus (Adv.)	so/auf solche Weise/so sehr
stunt, stunde (Subst.)	Zeitpunkt/Zeitabschnitt/Augenblick; ***ander stunt***: wiederum/zum 2. Mal; ***tûsent stunt***: tausendmal

T

tihten (schw.V.)	dichten/verfassen/schaffen/hervorbringen
tiure (Adj./Adv.)	wertvoll/kostbar/vornehm/herrlich/teuer/selten
tjost(e) (Subst.)	Tjost (= ritterlicher Zweikampf zu Pferd mit der Stoßlanze); bei *tjost(e)* handelt es sich um ein Lehnwort aus afrz. *joste/jouste*.

Anmerkung

Bei einer Tjost zielt der Reiter mit einer Stoßlanze (mhd. *sper*) auf den Schild des Gegners, um diesen vom Pferd zu stechen.

tougen (Adj./Adv.)	heimlich/geheim/verborgen
triuten (schw. V.)	lieben/liebkosen/umarmen
triuwe (Subst.)	Zuverlässigkeit/Aufrichtigkeit/Einhaltung gegenseitiger Verpflichtungen und Versprechen/Treueverhältnis

Anmerkung

triuwe ist einer der zentralen höfischen Wertbegriffe und zugleich ein wichtiger Terminus der Rechtssprache und des mittelalterlichen Lehnswesens (< germ. **trewwo/trūwō* ‚Vertrag/Versprechen'). Im feudalrechtlichen Sinne verpflichtete allein die *triuwe* sowohl den Lehnsmann als auch den Lehnsherren dazu, alle Handlungen, die dem anderen zum Nachteil gereichen, zu unterlassen. Das Wort wurde auch auf das Verhältnis zwischen Mann – Frau (bzw. Minnediener – Minneherrin) und Gott – Mensch angewendet und kann daher auch ‚Liebe' bedeuten.

trôst (Subst)	Zuversicht/Vertrauen
tugen, tügen (Präterito-Präsens)	nützlich/förderlich sein/taugen/passend sein/geeignet sein
tugent/tugend (Subst.)	Abgeleitet vom Präterito-Präsens *tugen* (‚taugen/nützlich/förderlich sein'). Mhd. *tugent* umfasst in der Klassischen Höfischen Literatur die Gesamtheit aller positiven Eigenschaften und Qualitäten, die einen höfischen Menschen auszeichnen. Das Lexem bezeichnet also auch äußere Vorzüge, primär jedoch die Vorbildlichkeit des höfischen Verhaltens sowie der höfischen Gesinnung, und wird daher meist mit ‚höfische Vorbildlichkeit/Vortrefflichkeit/edler Sinn/Vollkommenheit' übersetzt.
trût/trûtgeselle (Subst.)	Freund/Geliebter/Freundin/Geliebte
turren, türren (Präterito-Präsens)	wagen/den Mut haben
tweln (schw. V.)	sich aufhalten/verweilen/zögern

U

underwinden (st. V.)	auf sich nehmen/übernehmen/annehmen
ungemach	Subst.: Unruhe/Verdruss/Unglück/Leid Adj.: ungestüm/unfreundlich/lästig/unbequem
ungevüege, ungevuoge (Adj.)	unhöflich/unfreundlich/unpassend/plump
unmære (Adj.)	unlieb/zuwider/gleichgültig
urloup (Subst.)	Erlaubnis (insbesondere die Erlaubnis gehen/Abschied nehmen zu dürfen)

V

varn (st. V.)	sich (fort-)bewegen (*varn* bezeichnet jede Art der Fortbewegung, im Höfischen Roman oft ‚reiten')
varwe (Subst.)	Farbe/Aussehen/Schönheit

vaste (Adv.)	fest/stark/sehr
veige (Adj.)	zum Tod bestimmt/verdammt/verflucht
verbern (st. V.)	nicht haben/sich enthalten/unterlassen/von etwas ablassen
verre (Adv.)	fern/entfernt/weit/sehr/viel
versprechen (st. V.)	verweigern/beschuldigen/widersprechen/ablehnen/verschmähen/zurückweisen
vrech (Adj.)	tapfer/mutig/kühn
vrevel(e)	Adj.: mutig/kühn/verwegen Subst.: Mut/Kühnheit/Verwegenheit
vriunt (Subst.)	Freund/Geliebter/Verwandter
vrouwe (Subst.)	im Unterschied zu *wîp* (‚Frau‘) ein standesspezifischer Begriff, der die adelige Frau, also die ‚Herrin‘ bzw. die ‚Dame‘ bezeichnet (vgl. *mîn vrouwe* = frz. *madame*). Bereits im Spätmittelhochdeutschen hat *vrouwe* die soziale ständische Bedeutung verloren und wurde zu einer allgemeinen Bezeichnung für die Frau.
vrum	Adj.: tüchtig/tapfer/angesehen Subst.: Nutzen/Gewinn/Vorteil

Anmerkung

Im 15./16. Jh. schränkte sich die Bedeutung auf die religiöse Komponente ein (siehe nhd. *fromm*).

vrumen (schw. V.)	nützen/helfen/förderlich sein/schaffen/bewirken
vrümekeit (Subst.)	Tüchtigkeit/Tapferkeit
vuoge (Subst.)	Anstand/Würde/passende Art und Weise/Geschicklichkeit

W

wân (Subst.)	Hoffnung/Erwartung/Vermutung
wætlich, -lîche (Adj./Adv.)	schön/stattlich/angemessen
warten (schw. V.)	schauen/wahrnehmen/lauern/sorgen für
werren (st. V.)	verwirren/stören/hindern/schaden/bekümmern
wert (Adj.)	wert/würdig/kostbar/angesehen/vornehm
wîp (Subst.)	Frau allgemein/Ehefrau (*wîp* ist eine standesunspezifische Bezeichnung)

wirs (Adv./Komparativ zu *übel*) übler/schlimmer

wirt (Subst.) Gastgeber/Hausherr/Burgherr

witze (Subst.) Verstand/Klugheit

Anmerkung

witze ist ein Abstraktum zum Präterito-Präsens *wizzen*.

wol (Adv.) sehr/völlig/gewiss/durchaus

wunder (Subst.) Verwunderung/Wunder/Erstaunliches/Unmenge

wunsch (Subst.) Vollkommenheit/Ideal/Inbegriff des Schönsten oder Besten

Z

zage (Adj.) feige/zaghaft

zehant (Adv.) sofort/sogleich

zemen (st. V.) sich geziemen/angemessen sein/passen

zeswe, zese (Adj.) rechts

zewâre (Adv.) wahrlich/wahrhaftig/fürwahr

zuht (Subst.) Verbalabstraktum zu *ziehen* (< ahd. *ziohan*): Erziehen/Aufziehen/ (höfische) Erziehung/(höfische, feine) Bildung/(höfische) Lebensart/Anstand/ höfische Manieren

zunge (Subst.) Zunge/Sprache/Volk; ***mit gemeiner zunge***: einstimmig

3 Übungsaufgaben

1) Welche Art des Bedeutungswandels vom Mittel- zum Neuhochdeutschen ist bei folgenden Wörtern eingetreten? Nennen Sie die gebräuchlichsten nhd. Übersetzungen.

Mittelhochdeutsch	nhd. Übersetzung	Bedeutungswandel
hôch(ge)zît		
bescheidenheit		
kiusche (Subst.)		
maget/meit		

(fortgesetzt)

Mittelhochdeutsch	nhd. Übersetzung	Bedeutungswandel
muot		
orden		
tugent		
ar(e)beit		
vrum (Adj.)		
wîp		
wirt (Subst.)		

2) Übersetzen Sie die Strophen 1–4 aus dem ***Nibelungenlied*** (nach der Hs. C):

Uns ist in alten mæren wunders vil geseit
Von heleden lobebæren, von grôzer arebeit,
von freude und hôchgezîten, von weinen und von klagen,
von küener recken strîten muget ir nû wunder hœren sagen.

Ez wuohs in Burgonden ein vil edel magedîn
daz in allen landen niht schœners sîn,
Kriemhilt geheizen: diu wart ein schœne wîp.
dar umbe muosen degene vil verliesen den lîp.

Anmerkung *degen* (‚Held‘)

Ir pflâgen drî künege edel unde rîch,
Gunther unde Gêrnot, die recken lobelîch,
und Gîselher der junge ein wætlîcher degen.
diu frouwe was ir swester die helde hetens in ir pflegen.

Die herren wâren milte, von arde hôch erborn,

Anmerkung *arde* (Nom. Sg. = *art*)

mit kraft unmâzen küene, die recken ûzerkorn.
dâ zen Burgonden sô was ir lant genant.
si frumten starkiu wunder sît in Etzelen lant.

3) Übersetzen Sie den folgenden Textausschnitt.

Erec, V. 2924–2953:
Êrec was biderbe unde guot,
ritterlîche stuont sîn muot
ê er wîp genæme
und hin heim kæme:

nû sô er heim komen ist,
dô kêrte er allen sînen list
an vrouwen Ênîten minne.
sich vlizzen sîne sinne
wie er alle sîne sache
wante zuo gemache.
sîn site er wandeln began.
als er nie würde der man,
alsô vertreip er den tac.
des morgens er nider lac,
daz er sîn wîp trûte
unz daz man messe lûte.
sô stuonden si ûf gelîche
vil müezeclîche.

Anmerkung siehe *muoze* (Subst.)

ze handen si sich viengen,
zer kappeln si giengen:

Anmerkung = *kapelle*

dâ was ir tweln alsô lanc

Anmerkung *tweln* = substantivierter Infinitiv

unz daz man messe gesanc.
diz was sîn meistiu arbeit:
sô was der imbîz bereit.

Anmerkung *imbîz* (‚Essen‘)

swie schiere man die tische ûf zôch,
mit sînem wîbe er dô vlôch
ze bette von den liuten.
dâ huop sich aber triuten.
von danne enkam er aber nie
unz er ze naht ze tische gie.

4) Skizzieren Sie das Bedeutungsspektrum von mhd. *muot* und *riuwe*.
5) Was versteht man unter der Bezeichnung „*faux amis*"?

Die Lösungen zu den Übungsaufgaben finden sich in Kap. IX.

VII Syntax

Für das Verständnis eines mittelhochdeutschen (Vers-)textes sind neben Kenntnissen in der Phonologie, Morphologie und Semantik zumindest Basiskenntnisse auf dem Gebiet der mhd. Syntax, also der Anordnung und Verknüpfung von sprachlichen Elementen (Morphemen, Wörtern und Satzgliedern) in Satzteilen oder Sätzen, unbedingt erforderlich, da sich hier mitunter beträchtliche Abweichungen vom Neuhochdeutschen zeigen. Die wichtigsten sind: Abweichungen beim **Kasusgebrauch** (insbesondere beim Gebrauch des Genitivs), Inkongruenzen (***Constructio ad Sensum***) und die **Negation**. Probleme bei der Übersetzung bereiten außerdem oftmals **Auslassungen (Ellipsen)** sowie die **Konstruktion *Apokoinu*.** Überdies werden in diesem Kapitel der **Gebrauch des Konjunktivs** und die wichtigsten nebensatzeinleitenden **Konjunktionen** behandelt. Da in den Kursen des mediävistischen Grundstudiums nahezu ausschließlich epische Texte in Höfischen Paarreimversen oder Lyrik (Minnesang, Sangspruchdichtung) zugrunde gelegt werden, beschränkt sich die vorliegende Einführung auf die wichtigsten syntaktischen Besonderheiten der gebundenen Rede im Mittelhochdeutschen. Am Ende des Kapitels können die neu erworbenen Kenntnisse der mhd. Syntax anhand von Übungsaufgaben überprüft werden.

Einleitend ein kurzer Überblick über die **Wortstellung** im mhd. Aussagesatz: Wenngleich zumeist (wie im Neuhochdeutschen) die Zweitstellung der finiten Verbform vorliegt, wie z. B. in: *si **was** ein edel wîp* (‚sie war eine edle Frau‘) oder: *er **reit** ûf âventiure* (‚er ritt auf Âventiure aus‘), ist die Stellung des Prädikats generell freier als im Neuhochdeutschen. So kann es auch an die dritte Stelle oder an das Ende des Satzes treten.

Beispiele:
- *den troum si dô **sagete** ir muoter Uoten* (*Nibelungenlied*, Str. 14,1; ‚den Traum erzählte sie ihrer Mutter Ute‘)
- *ein rîchiu küneginne, frou Uote ir muoter **hiez*** (*Nibelungenlied*, Str. 7,1; ‚ihre Mutter hieß Ute, (sie war) eine mächtige Königin‘)
- *den gast man sît vil gerne dâ zen Burgonden **sach*** (*Nibelungenlied*, Str. 128,4; ‚den Fremden sah man später sehr gerne dort bei den Burgunden‘)

Auch die Stellung der Attribute ist freier als im Neuhochdeutschen. Zudem sind im Unterschied zum Neuhochdeutschen flexionslose Formen des Adjektivs durchaus gebräuchlich.

https://doi.org/10.1515/9783110464184-007

Beispiele:
- *ein vil* ***edel*** *magedîn* (*Nibelungenlied*, Str. 2,1; ‚ein sehr **edles** Mädchen')
- *drîe künege* ***edel*** *unde* ***rîch*** (*Nibelungenlied*, Str. 4,1; ‚drei **edle** und **mächtige** Könige')
- *enthalt dich,* ***edel*** *ritter* ***guot*** (*Erec*, V. 898; ‚hör auf, **edler guter** Ritter')

1 Gebrauch des Genitivs

Beim Gebrauch des Genitivs zeigen sich beträchtliche Abweichungen gegenüber dem Neuhochdeutschen. Während die anderen Kasus (von einigen Ausnahmen abgesehen) ähnlich wie im Neuhochdeutschen verwendet werden, erweist sich der Genitiv im Mittelhochdeutschen als ein ausgesprochen polyfunktionaler Kasus. Er wird daher weitaus häufiger und vielfältiger als im Neuhochdeutschen verwendet. Mit dem Genitiv verbunden werden vielfach Substantiva, Pronomina, Numeralia (Zahlwörter), Adjektiva, einige Präpositionen und Interjektionen – vor allem aber zahlreiche Verben.[641] Überdies gibt es die adverbialen bzw. konjunktionalen (neutralen) Genitive *des* ‚deshalb' und *wes* ‚weshalb'. Zum Neuhochdeutschen werden die Genitivkonstruktionen meist durch andere Kasus (bevorzugt durch den Akkusativ) oder präpositionale Verbindungen verdrängt. Beim Genitiv in Verbindung mit Substantiva (adnominaler Genitiv) ist generell zu beachten, dass der Genitiv im Mittelhochdeutschen (anders als im Neuhochdeutschen) sowohl **vor** als auch **nach** dem Substantiv stehen kann (z. B. ***der êren*** *krône, Iwein*, V. 10; ‚eine Krone der Ehre' oder *ein ganziu krône* ***der zuht,*** *Armer Heinrich*, V. 63; ‚eine vollkommene Krone an höfischer Erziehung'). Insbesondere aber in Verbindung mit Verben (adverbaler Genitiv) wird der Genitiv im Mittelhochdeutschen, wie gesagt, weitaus häufiger verwendet.

1.1 Der Genitiv in Verbindung mit Verben (Objektsgenitiv)

Im Mittelhochdeutschen steht bei einer Vielzahl von Verben sehr häufig der Objektsgenitiv.

Beispiele:
- *dô si* ***sînes pherdes*** *phlac* (*Erec*, V. 363; ‚als sie sich um sein Pferd kümmerte')

641 In der vorliegenden Einführung wird nur der Genitivgebrauch bei Verben (adverbaler Genitiv) und Substantiva, Pronomina, Numeralia und Adjektiva (adnominaler Genitiv) behandelt.

- *sô muoz er mich* [...] *ergetzen* ***mîner riuwen*** (*Erec*, V. 2069 f.; ‚so muss er mich [...] für mein Leid entschädigen‘)
- ***urloubes*** *gerte er sâ ze dem künege Artûse* (*Erec*, V. 2861 f.; ‚er begehrte umgehend Abschied von König Artus‘)

Zu den mhd. Verben, die häufig mit dem Genitiv verbunden werden, gehören:
- ***(be)dürfen*:** etwas brauchen/bedürfen
- ***(be)gern*:** etwas begehren/verlangen
- ***bîten*:** warten auf
- ***enbern*:** auf etwas verzichten/entbehren
- ***ergetzen*:** entschädigen für
- ***erwinden*:** ablassen von
- ***geniezen*:** Vorteil/Nutzen von etwas haben
- ***hüeten*:** bewachen/achtgeben auf
- ***jehen*:** sagen/behaupten/bekennen
- ***phlegen*:** sich kümmern um/sorgen für/tun/handeln/machen/beschützen
- ***(ge)ruochen*:** bereits sein etwas zu tun/seine Gedanken auf etwas richten
- ***vâren*:** nachstellen
- ***walten*:** Gewalt haben über/herrschen über
- ***warten***: schauen/wahrnehmen/lauern/sorgen für
- ***zîhen*:** beschuldigen

Hinzu kommen reflexive und unpersönlich gebrauchte Verben wie z. B.:
- ***sich bewegen*:** sich zu etwas entschließen/sich für etwas entscheiden
- ***sich genieten*:** mit etwas zu tun haben/sich abgeben mit
- ***sich vlîzen*:** sich um etwas bemühen
- ***gebresten*:** *mir (ge)bristet (eines dinges)*: mir fehlt etwas/mir mangelt es an etwas
- ***betrâgen*:** *mich betrâget (eines dinges)*: mich verdrießt etwas
- ***gelüsten*:** *mich gelüstet (eines dinges)*: mich gelüstet es nach etwas

1.2 *genitivus subiectivus* und *genitivus obiectivus*

Bezogen auf einen substantivierten Infinitiv oder ein Verbalabstraktum (adnominaler Genitiv) kann der subjektive Genitiv **(*genitivus subiectivus*)** oder der objektive Genitiv **(*genitivus obiectivus*)** stehen. Hier ist Vorsicht beim Übersetzen geboten! Denn beide Genitivkonstruktionen sind ganz unterschiedlich zu übersetzen. Entscheidend ist die Frage, ob sich der vorliegende Genitiv auf das Subjekt/den Urheber eines Vorgangs, einer Tätigkeit oder Empfindung bezieht (= *genitivus subiectivus*) oder auf das Objekt/das Ziel (= *genitivus obiectivus*).

Das Verhältnis von Genitiv und Bezugswort erschließt sich aus dem jeweiligen Kontext. Folgende Beispielsätze sollen die unterschiedlichen Übersetzungsmöglichkeiten veranschaulichen:

Beispiele:
- ***eines anderen wîbes*** *minne* kann übersetzt werden mit:
  1) ‚die Liebe einer anderen Frau' (***genitivus subiectivus***)
     → Frage: **wer** liebt? Die Antwort lautet: die andere Frau (= Subjekt)
  2) ‚die Liebe **zu** einer anderen Frau' (***genitivus obiectivus***)
     → Frage: auf **wen** ist die Liebe gerichtet? Die Antwort lautet: auf eine andere Frau (= Objekt)
- *durch* ***ir sunes*** *liebe* kann übersetzt werden mit:
  1) ‚wegen der Liebe des Sohnes (zu ihr)' (***genitivus subiectivus***)
     → Frage: **wer** liebt? Die Antwort lautet: der Sohn (= Subjekt)
  2) ‚aus Liebe **zu** ihrem Sohn' (***genitivus obiectivus***)
     → Frage: auf **wen** ist die Liebe gerichtet? Die Antwort lautet: auf den Sohn (= Objekt)

Der *genitivus subiectivus* ist auch im Neuhochdeutschen üblich. Aber anstelle des *genitivus obiectivus* findet sich im Neuhochdeutschen meist eine präpositionale Umschreibung (vor allem mit den Präpositionen *zu, vor, nach, um, auf*).

1.3 *genitivus partitivus*

1.3.1 partitives Genitivobjekt (adverbaler Genitiv)

Im Mittelhochdeutschen findet sich der ***genitivus partitivus***, der einen Teil einer Gesamtheit bezeichnet,[642] häufig als Objekt transitiver Verben. Im Neuhochdeutschen werden partitive Genitivobjekte hingegen nur noch sehr selten verwendet.

Beispiel:
- *er az daz brôt unde tranc dâ zuo* ***eines wazzers*** (*Iwein*, V. 3311 f.; ‚er aß das Brot und trank dazu Wasser')

1.3.2 partitives Genitivsubjekt (adnominaler Genitiv)

Vor allem in Verbindung mit den substantivierten Indefinit- und Interrogativpronomina ***ieman*** ‚jemand', ***nieman*** ‚keiner', ***iht*** ‚irgendein/etwas', ***niht*** ‚nicht/nichts' und **(s)*waz*** ‚was (auch immer)' oder **Numeralia** kann der Genitiv im Mittelhochdeutschen eine partitive Bedeutung ausdrücken.

642 Genaugenommen steht aber im Genitiv nicht nur ein Teil, sondern das Ganze.

Beispiele:
- *ieman/nieman mâge*: ‚ein/kein Verwandter'
- *iht/niht guotes*: ‚etwas/nichts Gutes'
- (*s*)*waz wunders*: ‚was (auch immer) an wunderbaren Dingen'
- *unser drî*: ‚drei von uns'
- *der helden drî*: ‚drei Helden'
- *wînes ein becher vol*: ‚ein Becher voll mit Wein'
- *nû sehet, ir sint drîe* (*Erec*, V. 1176; ‚nu seht, von ihnen sind es drei')

Der *genitivus partitivus* wird zudem häufig in Verbindung mit den Quantitätsadjektiven ***vil, wênec, lützel, genuoc*** verwendet.

Beispiele:
- *vil* (*der*) *êren*: ‚viel Ansehen'
- *wênec brôtes*: ‚wenig Brot'
- *lützel wazzers*: ‚wenig Wasser'
- *ezzens genuoc*: ‚viel Essen'[643]

1.4 *genitivus qualitatis*

In diesem Falle wird durch den (adnominalen) Genitiv eine Beschaffenheit oder Eigenschaft ausgedrückt. Die Fragestellung lautet dementsprechend: „von welcher Eigenschaft?" oder „was für ein?"

Beispiele:
- *ein* ***scharlaches*** *mäntelîn* (*Iwein*, V. 326; ‚ein Mäntelchen aus Scharlach')
- *die türne gezieret obene mit* ***goldes*** *knophen rôt* (*Erec*, V. 7865; ‚die Türme waren oben verziert mit Knäufen aus rotem Gold')

1.5 *genitivus possessivus*

In diesem Falle bezeichnet der (adnominale) Genitiv ein Besitz- oder Zugehörigkeitsverhältnis. Die Fragestellung lautet dementsprechend: „wessen?" oder „von wem?"

---

643 Mhd. *genuoc* hat häufig untertreibende Bedeutung (die nhd. Übersetzung lautet in diesen Fällen ‚viel').

Beispiele:
- ***Artûses*** *wîp*: ‚die Frau von König Artus'
- ***des ritters*** *vriundin*: ‚die Freundin/Geliebte des Ritters'

1.6 Der Genitiv in Verbindung mit Adjektiven

In Verbindung mit bestimmten Adjektiven können durch ein Substantiv im Genitiv folgende Bedeutungen ausgedrückt werden:

1. Eine **Relation:** Diese lässt sich im Neuhochdeutschen meist umschreiben mit „in Bezug auf."

   Beispiel:
   - *der êren rîche und lasters arm* [...] (*Parzival*, 581,1 f.; ‚der in Bezug auf Ehre Reiche und in Bezug auf Schande Arme [...]').

2. In Verbindung mit Adjektiven, die eine Gemütsbewegung ausdrücken (wie z. B. *vrô, unvrô, geil, gemeit* oder *gram*), hat der Genitiv oftmals eine **kausale Bedeutung**.

   Beispiel:
   - *ir komens was er vil gemeit* (*Erec*, V. 2069; ‚er war sehr froh, weil sie gekommen war').

3. Bei Adjektiven, die eine **räumliche** oder **zeitliche Ausdehnung** ausdrücken, kann der Genitiv diese näher bezeichnen.

   Beispiel:
   - *in stach der künec von Zazamanc hinderz ors wol spers lanc* (*Parzival*, 79,27 f.; ‚der König von Zazamanc stach ihn, so dass er gut eine Länzenlänge hinter das Pferd fiel').

2 Inkongruenzen/*Constructio ad Sensum*

Im Mittelhochdeutschen zeigen sich deutlich häufiger als im Neuhochdeutschen Inkongruenzen (= Nichtübereinstimmungen) hinsichtlich des **Numerus** (Singular, Plural) oder des **Genus** (Maskulinum, Femininum, Neutrum). Eine syntaktische Konstruktion, die sich allein nach dem semantischen Sinngehalt richtet, wird als ***Constructio ad Sensum*** (wörtlich: eine „Konstruktion nach dem Sinn") bezeichnet.

2.1 Inkongruenz des Genus

Mitunter richtet sich ein Pronomen nicht nach dem grammatischen Geschlecht des jeweiligen Bezugswortes (also nach dem Genus), sondern nach dessen **natürlichem Geschlecht**.

Beispiele:
- *die ersach von êrste* ***daz wîp,*** *wan* ***si*** *verre vor reit* (*Erec*, V. 3123 f.; ‚die Frau sah sie zuerst, weil sie weit voraus ritt')
  → syntaktisch korrekt müsste der Satz lauten: *die ersach von êrste* ***daz wîp, wan ez*** *verre vor reit*
- *des burcgrâven tohterlîn* ***diu*** *sprach* [...] (*Parzival* 372,15 f.; ‚das Töchterlein des Burggrafen das/es sprach [...]').
  → syntaktisch korrekt müsste der Satz lauten: *des burcgrâven tohterlîn* ***daz*** *sprach* [...].

Daneben gibt es auch den Fall, dass Pronomina oder Adjektive, wenn sie sich zusammenfassend auf mehrere Substantiva mit unterschiedlichem Genus beziehen, im Neutrum stehen.

Beispiele:
- *guot spîse und dar nach senfter slâf* ***diu*** (= Nom. Pl. Neutrum) *wâren im bereit hie* (*Iwein*, V. 4818 f.; ‚gute Speise und angenehmer Schlaf wurden ihm hier bereitet').
- *er vuorte daz wîp unde den man, unde volget im doch* ***dewederz*** (= Nom. Sg. Neutrum) *dan* (*Iwein*, V. 2987 f.; ‚er führte die Frau und den Mann mit sich, und dennoch folgte ihm keiner von beiden').

2.2 Inkongruenz des Numerus

Im Normalfall stimmen Subjekt (Substantiv oder Pronomen) und finites Verb in Hinblick auf den Numerus überein. Allerdings kann das Verb gelegentlich (insbesondere bei Voranstellung) im Singular stehen, das Subjekt hingegen im Plural.

Beispiele:
- *dâ inne* ***was sîniu buoch*** (*Parzival* 459,21 f.; ‚darin **waren** seine Bücher')
- *dô* ***weinde wîp unde man*** (*Erec*, V. 5282; ‚da **weinten** alle').

Auch der umgekehrte Fall (finites Verb im Plural, Subjekt im Singular) kommt gelegentlich vor, insbesondere, wenn das Subjekt eine kollektive Bedeutung hat.

Beispiel:
- *daz al der tavelrunder* ***schar*** *sînes dienstes* ***nemen*** *war* (*Parzival* 650,3 f.; ,dass die ganze Tafelrunde/die ganze Schar der Tafelrunder seinen Dienst wahrnehmen möge').

3 Negation

In diesem Kapitel wird – nach einem kurzen sprachgeschichtlichen Überblick über die Negation vom Alt- zum Mittelhochdeutschen (bis zum Neuhochdeutschen) – zunächst die Verneinung in Aussagesätzen (Kap. 3.1), dann in Nebensätzen (Kap. 3.2) behandelt.

Wie der Vergleich zwischen dem Althochdeutschen, Mittelhochdeutschen und Neuhochdeutschen zeigt, sind bei der Negation im Laufe der sprachhistorischen Entwicklung beträchtliche Veränderungen eingetreten. Im Althochdeutschen wurde die Negation in der Regel allein durch die Negationspartikel ***ni*** (> mhd. *ne*), die unmittelbar vor dem Verb stand, ausgedrückt (z. B. ahd. ***ni*** *bim sioh* (,ich bin nicht krank'). Erst in spätahd. Zeit konnten (fakultativ) verstärkende Negationswörter (Adverbien oder Pronomina, siehe unten) hinzutreten, am häufigsten war *niht*. Nach wie vor war aber *ni* ausreichend um einen Satz zu verneinen. Doch nach und nach haben die zusätzlichen (ursprünglich fakultativen und nur der Verstärkung der Negation dienenden) verneinenden Adverbien und Pronomina ein immer größeres Eigengewicht erhalten, so dass ihr Gebrauch bei der Negation im Mittelhochdeutschen schließlich obligatorisch wurde. Diese Entwicklung ist eine Folge der Nebensilbenabschwächung vom Alt- zum Mittelhochdeutschen. Denn die zu mhd. *ne* (< ahd. *ni*) abgeschwächte Negationspartikel war (in der Regel) zu tonschwach, um allein einen Satz zu verneinen. Aus rein sprachhistorischer Sicht liegt daher im Mittelhochdeutschen im Regelfall eine **doppelte Verneinung** vor (Negationspartikel *ne* + weiteres Negationswort).[644] Der o. g. Beispielsatz ahd. ***ni*** *bim sioh*, lautet daher im Mittelhochdeutschen: *ich* ***en****bin* ***niht*** *siech*. Diese „doppelte" Negation hat weder negationsaufhebende oder negationsverstärkende noch eine stilistische Bedeutung. In einigen Sprachen, wie zum Beispiel dem Französischen ist sie bis heute die übliche Form der Verneinung (siehe u. a. frz. *ne … pas*).

Das zweite (ursprünglich rein verstärkende) Negationswort ist entstanden durch die Verschmelzung von *ne* mit einem **Adverb**, wie z. B.: *ne + iht* > ***niht***[645]

---

644 Ob diese Art der Verneinung im Mittelhochdeutschen noch als „doppelte" Negation empfunden wurde, ist ungeklärt.
645 mhd. *niht* < ahd. *ni + wiht*.

(wörtliche Bedeutung: ‚nicht etwas' = ‚nicht/nichts') oder einem **Pronomen**, wie z. B.: *ne + ieman* > ***nieman/niemen***[646] (wörtliche Bedeutung: ‚nicht jemand' = ‚niemand').

Verneinende Adverbien:
- ***niht***: ‚nicht/nichts'
- ***nie***: ‚niemals'
- ***niemer***: ‚niemals'
- ***niender(t)***: ‚nirgendwo'
- ***niene***: ‚absolut nicht'
- ***niergen(t)***: ‚nirgendwo'

Verneinende Pronomina:
- ***nieman/niemen***: ‚niemand'
- ***nehein/dehein***: ‚kein'
- ***neweder/deweder***: ‚keiner von beiden'

Im Mittelhochdeutschen haben sich von der Negationspartikel ***ne*** die Varianten ***en, n-*** oder ***-n*** ausgebildet. Alle können sich **proklitisch** mit dem Verb (siehe z. B. *ich **en**bin; er **n**ist*) oder **enklitisch** mit dem vorhergehenden Wort, meist einem Personalpronomen, verbinden (z. B. *ich**ne** bin/ich**n** bin*).

Beachte

Bei der Verbindung von Pronomen und enklitischer Negationspartikel treten mitunter Kürzungen auf, die das Erkennen der Negationspartikel erheblich erschweren, wie z. B.:
- *ich + en* > ***in***
- *dû + ne* > ***dûn***
- *sô + ne* > ***sôn***

Beispiele für die „doppelte" Negation im Mittelhochdeutschen:
- *ich **en**bin **niht** der ich wânde sîn* (*Gregorius*, V. 1403; ‚ich bin nicht der, der ich zu sein glaubte')
- *ich**n** gewan **nie** liep noch ungemach* (*Gregorius*, V. 798; ‚ich hatte niemals weder Annehmlichkeiten noch Unannehmlichkeiten')
- *daz getwerc **en**wolde ir **niht** sagen* (*Erec*, V. 44; ‚der Zwerg wollte ihr nichts sagen')
- *nu**ne** was da **nieman** inne [...].* (*Tristan*, V. 11667 f.; ‚nun war da niemand drinnen [...]')

646 mhd. *ieman* < ahd. *ni + eoman/ioman*.

- *dâ* ***en****liuge ich iu* ***niht*** *an* (*Gregorius*, V. 1179; ‚da lüge ich euch nicht an')
- *ich* ***en****gesihe iuch* ***niemer*** *mê* (*Erec*, V. 2743; ‚ich werde euch nie mehr wiedersehen')

Mitunter findet sich anstelle der üblichen „doppelten" Verneinung im Klassischen Mittelhochdeutschen die **einfache Verneinung** (nur mit *ne* oder nur durch ein Adverb oder Pronomen),[647] aber auch **mehrfache Verneinung** (mit mehreren Adverbien oder Pronomina + *ne* oder ohne *ne*). Bei mehrfacher Verneinung wird die Negation in keinem Fall aufgehoben. Derartige Sätze haben also immer eine negative Bedeutung.

Beispiele für die mehrfache Negation:
- *daz iu* ***nieman niht en****tuot* (*Armer Heinrich*, V. 1331; ‚damit euch niemand etwas (an-)tut').
- *ich****n*** *gehôrte bî mînen tagen* ***nie*** *selhes* ***niht*** *gesagen* (*Iwein*, V. 547 f.; ‚ich habe zu meine Lebzeiten nie so etwas erzählen hören').
- *daz* ***nie kein*** *künecriche eim künege me gediende baz* (*Tristan*, V. 448 f.; ‚dass nie mehr ein Königreich einem König besser gedient habe').

Daneben gibt es auch andere (stilistische und syntaktische) Möglichkeiten, eine Negation auszudrücken bzw. zu verstärken, wie zum Beispiel durch die Verwendung von untertreibenden oder bildhaften Ausdrücken (siehe Kap. 3.1.2 und 3.1.3.) oder mit Hilfe von Adverbien oder Pronomina mit positiver Bedeutung (siehe Kap. 3.2.1).

3.1 Negation in Aussagesätzen

3.1.1 Einfache Negation durch *ne*

In Verbindung mit bestimmten Verben genügt noch im Klassischen Mittelhochdeutschen die einfache Negationspartikel ***ne*** (*en*, *n*- oder -*n*) zum Ausdruck der Negation. Hierzu gehören:

---

647 Bereits seit Ende des 12. Jh.s zeigt sich die Tendenz, die Negation allein durch verneinende Adverbien oder Pronomina auszudrücken. Dies zeigt sich insbesondere bei *nie*, *nieman*, *dehein*/*dekein* und *deweder*. Hierbei handelt es sich um einen Prozess, der sich zum (Früh-) Neuhochdeutschen fortsetzt. Siehe auch die Negation im heutigen (gesprochenen) Französisch: Wegfall von *ne*; einfache Verneinung mit *pas*. Zur einfachen Negation mit *ne* im Aussagesatz siehe Kap. 3.1.1.

- Die Modalverben ***mugen*** (‚können/imstande sein'), ***suln/soln*** (‚sollen'), ***turren*** (‚wagen/den Mut haben), ***dürfen*** (‚etwas bedürfen/brauchen'), ***kunnen*** (‚können/vermögen/verstehen') und ***wellen*** (‚wollen'). Hier findet sich die Verneinung allein durch *ne* vor allem dann, wenn der vom Modalverb abhängige Infinitiv ausgelassen ist.

  Beispiele:
  - *wan er im gedâhte des nahtes belîben dâ, wan er **enmöhte**[648] anderswâ* (*Erec*, V. 257 ff.; ‚denn er hatte sich überlegt, die Nacht über dort zu bleiben, weil er anderswo nicht hätte übernachten können')
  - *done **torste**[649] ich vrâgen vürbaz* (*Iwein*, V. 3020; ‚da wagte ich nicht weiter zu fragen')
  - *wan ern **mohte** nochn **solde*** (*Iwein*, V. 5096; ‚denn weder konnte noch wollte er')
  - *si **enwolde** rîten vürbaz* (*Erec*, V. 49; ‚sie wollte nicht weiter reiten')
  - *der **endorfte** diu ougen ruowen lân* (*Erec*, V. 2467; ‚der durfte die Augen nicht ruhen lassen')
  - *er sprach „ichn **mac** noch **enkan*** […]" (*Iwein*, V. 2286; ‚er sprach: „ich bin weder körperlich noch geistig dazu in der Lage […]"')

- Die Verben ***lâzen/lân*** (‚lassen'), ***tuon*** (‚tun'), ***wizzen*** (‚wissen'), und ***ruochen*** (‚bereit sein, etwas zu tun/seine Gedanken auf etwas richten').

  Beispiele:
  - *ich **enweiz** zwiu mir das leben sol* (*Erec*, V. 126; ‚ich weiß nicht, wozu ich noch am Leben bin')
  - *daz ir **enruochte** der tôt* (*Erec*, V. 8679; ‚dass der Tod sich ihrer nicht annahm')
  - *vil **enliez** in der gedanc den er hin wider hâte* (*Erec*, V. 2545 f.; ‚ihn ließ der Gedanke daran gar nicht los')
  - *weder er genese noch **entuo*** (*Tristan*, V. 6119; ‚ob er entweder am Leben bleibe oder nicht')

3.1.2 Negation durch untertreibende Ausdrücke (Litotes)

Die Negation kann auch mit Hilfe von untertreibenden Ausdrücken wie z. B. ***lützel*** (‚klein/wenig'), ***wênec*** (‚wenig/klein'), ***kleine*** (‚klein/gering/schwach')

---

648 *möhte* = 3. Sg. Konj. Präteritum von *mugen* (*mugen* ist ein Präterito-Präsens, siehe Kap. V.1.3.6).

649 *torste* = 3. Sg. Ind. Präteritum von *turren* (*turren* ist ein Präterito-Präsens, siehe Kap. V.1.3.6).

oder ***selten*** ausgedrückt werden. Bei dieser Sonderform der Negation handelt es sich um ein rhetorisches Stilmittel, eine ironische Untertreibung (**Litotes**), wenngleich es im Mittelhochdeutschen nicht in allen Fällen als ein Stilmittel empfunden worden sei dürfte, da mitunter zusätzlich zu den untertreibenden Ausdrücken die Negationspartikel *ne* verwendet wird.

Als Litotes verwendet, haben die o. g. Wörter folgende negative Bedeutungen:
- ***lützel/wênec*:** ‚(überhaupt) nicht/nichts'

Anmerkung

lützel kann auch mit den Indefinitpronomen ***dehein*** und ***ieman*** verbunden werden (*lützel dehein* ist dann mit ‚kein', *lützel ieman* mit ‚niemand/überhaupt keiner' zu übersetzen.

- ***kleine*:** (überhaupt) ‚nicht'
- ***selten*:** ‚niemals'

Die negative Bedeutung des Satzes ergibt sich meist aus dem kontextuellen Zusammenhang.

Beispiele:
- *sîn lip wart* ***lützel*** *dâ gespart* (*Erec*, V. 2624; ‚er wurde da überhaupt nicht geschont')
- *daz weste* ***lützel iemen*** (*Erec*, V. 423; ‚das wusste niemand')
- *den künec* ***wênec*** *des verdrôz* (*Parzival*, 10,6; ‚der König war darüber überhaupt nicht verärgert')
- *des nam aber Tristan* ***cleine*** *war* (*Tristan*, V. 6059; ‚Tristan nahm es überhaupt nicht wahr')
- *slege tuont* ***selten*** *ieman vrô* (*Erec*, V. 6556; ‚Schläge machen niemals jemanden froh').

Die Verneinung mit Hilfe von untertreibenden Ausdrücken kann z. B. durch Adverbien wie ***vil*** oder ***harte*** noch gesteigert werden.

Beispiele:
- *des im* ***vil lützel*** *der vertruoc der slac engegen slage sluoc* (*Erec*, V. 862 f.; ‚das ließ sich derjenige, der Schlag mit Schlag vergalt, keineswegs gefallen').
- *sîns schildes was* ***vil wênec*** *ganz* (*Parzival* 121,25; ‚sein Schild war völlig zerschlagen').
- ***vil selten*** *geschach im daz* (*Erec*, V. 773; ‚das ist ihm noch niemals widerfahren').

- *und nam es* ***harte cleine*** *war* (*Tristan*, V. 1291; ‚und sie hat es überhaupt nicht wahrgenommen).

3.1.3 Negation durch bildhafte Ausdrücke

Eine Negation kann durch bildhaft gebrauchte Substantiva (im Akkusativ), die etwas sehr Kleines oder Geringwertiges bezeichnen, ausgedrückt oder verstärkt werden. Zu diesen bildhaften Ausdrücken zählen v. a.:

- *ein bast* (‚Bast/Bastseil')
- *eine bône* (‚Bohne')
- *ein ei*
- *ein hâr*
- *ein strô*
- *ein wint* (‚Wind')

In dieser Funktion werden diese Substantiva mit ‚nichts' bzw. ‚gar nichts' übersetzt (vgl. z. B. den nhd. Ausdruck: „das interessiert mich nicht die Bohne").

Wenn derartige bildhafte Ausdrücke die übliche Negation (mit *ne* + Negationswort) ersetzen, handelt es sich in der Regel um eine stilistische Variante.

Beispiele:

- *er sprach: ich sag iu* ***ein bast*** (*Iwein*, V. 6273; ‚er sprach: ich sage euch überhaupt nichts').
- *ich wolte geben drumbe* ***ein ei*** (*Engelhard*, V. 1890; ‚ich wollte darauf überhaupt nichts geben').
- *alle ritter die nû sint, daz ist et wider in* ***ein wint*** (*Erec*, V. 8810 f.; ‚alle Ritter, die es gibt, sind gar nichts gegen ihn').

Mitunter werden die genannten bildhaften Ausdrücke aber auch zur Verstärkung einer bereits vorhandenen Negation gebraucht.

Beispiele:

- *sine heten umbe ein bezzer leben* ***niht eine bône*** *gegeben* (*Tristan*, V. 16880; ‚sie hätten gar nichts für ein besseres Leben gegeben').
- *von hiute über hundert jâr gewancte ichs* ***nimmer*** *umbe* ***ein hâr*** (*Erec*, V. 9520 f.; 'von heute an über hundert Jahre wich ich niemals auch nur im Geringsten davon ab').
- *und fürhte iuch alle* ***niht ein strô*** (*Tristan*, V. 8869; ‚und ich fürchte euch alle überhaupt nicht').

3.2 Negation in Nebensätzen

3.2.1 Negation in abhängigen Objekt- und Finalsätzen

In bestimmten (nicht negierten) Sätzen können Adverbien oder Pronomina mit positiver Bedeutung wie ***iht*** (‚etwas'), ***ieman*** (‚jemand'), ***ie*** (‚stets'), ***iemer*** (‚immer') eine negative Bedeutung ausdrücken. Hierzu gehören Objekt- und Finalsätze, die mit der Konjunktion ***daz*** eingeleitet werden, sowie konjunktionslose Sätze, die von dem Verb ***wænen*** (‚glauben/meinen/vermuten') abhängen. Je nach Kontext werden in diesen Sätzen die Adverbien *iht* mit ‚nicht/nichts', *ieman* mit ‚niemand', *ie* mit ‚nie' und *iemer* mit ‚nimmer/niemals' übersetzt (d. h. *iht, ieman, ie, iemer* werden hier wie *niht, nieman, nie, niemer* verwendet). Vorzugsweise steht das Verb in diesen Fällen im Konjunktiv.

Beispiele:

- *dar umbe hât er sich genant,* ***daz*** *er sîner arbeit, die er dar an hât geleit,* ***iht*** *âne lôn belîbe* (*Armer Heinrich*, V. 18 ff.; ‚er hat sich deswegen genannt, damit er für seine Mühe, die er darauf verwendet hat, **nicht** ohne Lohn bleiben möge')
- *dan er* ***ie*** *da vor getæte* (*Tristan*, V. 1099; ‚so wie er es **nie** zuvor getan hatte')
- *ich* ***wæne iemen*** *anderswâ funde zwêne als rîche man* [...] *als Parzivâl unt Feirefîz* (*Parzival* 796,22 ff.; ‚ich glaube, **niemand** fände woanders zwei so mächtige Männer wie Parzival und Feirefiz')
- *ich* ***wæn' ie*** *ingesinde sô grôzer milte gepflac* (*Nibelungenlied* Str. 41,4; ‚ich glaube, dass **nie** zuvor eine Hofgesellschaft so große Freigebigkeit übte.')

3.2.2 Pleonastische Negation

Bisweilen werden die Negationspartikel *ne* und andere Negationswörter in abhängigen Sätzen (zumindest für das nhd. Sprachgefühl) rein pleonastisch[650] verwendet, d. h. sie erscheinen in semantischer Hinsicht redundant, da durch sie gar keine Verneinung ausgedrückt wird. Die positive Bedeutung dieser Sätze ergibt sich meist aus dem kontextuellen Zusammenhang. Der (zumindest in gewisser Hinsicht) mitunter pleonastische Gebrauch von *ne* in abhängigen Sätzen mit exzipierender Bedeutung (negativ exzipierender Satz) wird in einem eigenen Kapitel behandelt (siehe Kap. 3.2.3).

---

650 Das entsprechende Substantiv lautet Pleonasmus (siehe griech. *pleonasmós* ‚Überfluss').

1) In konjunktivischen (konjunktionslosen) Nebensätzen kann *ne* pleonastisch gebraucht werden, wenn der übergeordnete Satz eine Negation enthält. Zumeist drückt das Verb im übergeordneten Satz ein Verhindern, Unterlassen, Vergessen, Versäumen, Zweifeln, einen Verdruss u. a. aus, wie z. B.: *(ver-)lân/ verlâzen/verbern* ‚unterlassen', *vergezzen* ‚vergessen', *versûmen* ‚versäumen', *zwîveln* ‚zweifeln', *verdriezen/betrâgen* ‚verdrießen', *widersagen* ‚versagen/verbieten'. In diesen Fällen enthält der abhängige Satz eine positive Aussage. Bei der Übersetzung wird meist die Konjunktion **‚dass'** eingefügt oder der Satz mit **Infinitiv + ‚zu'** (ohne Negation) übersetzt.

Anmerkung

In einigen Einführungen und Grammatiken werden diese Sätze als **„Ergänzende Nebensätze"** bezeichnet.

Beispiele:
- *diu juncvrouwe des* ***niht enliez*** *si entæte als si ir vater hiez* (*Erec*, V. 352 f.; ‚Die Jungfrau unterließ es nicht zu tun, was ihr ihr Vater befohlen hatte')
- *Parzivâl des* ***niht vergaz,*** *ern holte sînes bruoder swert* (*Parzival* 754,22 f.; ‚Parzival vergaß nicht, das Schwert seines Bruders zu holen')
- *mîn vrouwe sol iuch* ***niht erlân*** *irn saget iuwer mære* (*Iwein*, V. 226 f.; ‚Meine Herrin wird es euch nicht erlassen, dass ihr eure Neuigkeiten erzählt/ eure Neuigkeiten zu erzählen')
- *er sprach:" nû* ***en****ist des* ***niht*** *rât, ich enmüeze von iu scheiden* (*Gregorius*, V. 214 f.; ‚Nun gibt es keine Abhilfe dagegen, dass ich mich von euch trennen muss'/ [...] mich von euch zu trennen').

Anmerkung

Das Negationwort *niht* im übergeordneten Satz kann (in seltenen Fällen) entfallen; siehe z. B.: *ob ich dô daz* ***verbære*** *ichn versuochte waz ez wære* (*Iwein*, V. 633 f.; ‚wenn ich nun es unterließe, herauszufinden, was es damit auf sich hatte').

2) Die pleonastische Verwendung von *ne* im abgängigen Satz zeigt sich auch, wenn im übergeordneten Satz anstelle einer Negation ein hypothetisches Satzgefüge vorliegt. Der Modus ist der Konjunktiv.

Beispiele:
- *möhte ich mîne sache zêren und ze gemache verwandeln, so* ***en****tæte ich* (*Erec*, V. 3860 f.; ‚könnte ich meine Angelegenheiten zu Ehre und Ruhe wandeln, so würde ich es tun').

- *obe ich dô daz verbære ich**n** versuochte waz daz wære* (*Iwein*, V. 633f; ‚wenn ich es da unterließe herauszufinden, was es damit auf sich hatte').

3) Verneinende Adverbien oder Pronomina können pleonastisch gebraucht werden in *daz*-Sätzen, die von Verben des Verbietens und Verhinderns oder von anderen Verben mit verneinendem Sinn abhängen (wie z. B. *vermîden* ‚vermeiden', *verbieten* ‚verbieten', *verlân* ‚unterlassen'). Diese Sätze werden meist mit **Infinitiv + ‚zu'** (ohne Negation) übersetzt.

Beispiele:
- *ouwi wie kûme er daz **verlie,*** [...] ***daz** er **niht** wider sî sprach* (*Iwein*, V. 1700 ff.; ‚Ach, mit welcher Mühe er es unterließ, [...] sie anzusprechen').
- *mirst **verboten, daz** ich mit iu **iht** rûne noch zuo ziu **niht** sitzen sol* (Neidhart, Lied 9, Str. 3,7 f.; ‚mir wurde verboten mit euch zu flüstern oder mich zu euch zu setzen').
- *jâ **verbôt** ich iu an den lîp daz ir **niht** ensoldet sprechen* (*Erec*, V. 3239 f.; ‚ich habe euch unter Androhung der Todesstrafe verboten zu sprechen').

3.2.3 Negativ exzipierende Sätze

Liegt in einem konjunktionslosen Nebensatz nicht die übliche „doppelte" Negation (*ne* + verneinendes Adverb oder Pronomen) vor, sondern nur die Negationspartikel *ne*, ist beim Übersetzen stets Vorsicht geboten. Zum einen könnte es sich um einen der bereits beschriebenen Fälle von pleonastischem Gebrauch von *ne* handeln (siehe Kap. 3.2). Zum anderen könnte aber auch ein sog. **negativ exzipierender Satz** vorliegen. Bei diesem handelt es sich um einen Nebensatz mit exzipierender Bedeutung, d. h. es wird die Bedingung ausgedrückt, unter der eine im übergeordneten Satz zum Ausdruck gebrachte Ausnahme eintreten könnte (in einigen Einführungen und Grammatiken findet sich daher auch die Bezeichnung **„Einschränkende Nebensätze"**). Negativ exzipierende Sätze bereiten beim Übersetzen vielfach beträchtliche Probleme, da je nach Kontext eine entsprechende Konjunktion eingefügt werden muss. Die einfache Negation mit *ne* ist, wie gesagt, noch kein eindeutiges Indiz dafür, dass es sich zwingend um einen negativ exzipierenden Satz handeln muss. Bei diesem müssen insgesamt **drei Voraussetzungen** erfüllt sein:

1. **Einfache** Negation mit *ne*.
2. Das Verb steht im **Konjunktiv** (Konjunktiv Präsens, wenn der übergeordnete Satz im Präsens, Konjunktiv Präteritum, wenn der übergeordnete Satz im Präteritum steht).

3. Die Wortstellung ist die eines einfachen **Aussagesatzes** (nicht die eines Nebensatzes).[651]

Ein negativ exzipierender Satz ist dem übergeordneten Satz meist nachgestellt, kann diesem aber auch vorangehen.

Liegt ein negativ exzipierender Satz vor, muss bei der Übersetzung je nach Kontext eine der folgenden Konjunktionen eingefügt werden: **‚es sei denn, dass‘** oder ‚**wenn nicht**‘ (seltener auch **‚wofern nicht‘**).

Beispiele:
- ***ez enwelle got der guote mit sînen gnâden understân,*** *si muoz ouch die verlorn hân* (*Gregorius*, V. 920 ff.). Dieser Satz kann übersetzt werden mit: ‚Sie wird auch die verlieren, **wenn nicht** der gnädige Gott mit seiner Gnade zu Hilfe kommt‘ oder mit ‚sie wird auch die verlieren, **es sei denn, dass** der gnädige Gott mit seiner Gnade zu Hilfe kommt.‘
- *er enmöhte [...] vor dem hunger nicht geleben,* ***im enwære gegeben der trôstgeist von Kriste*** (*Gregorius*, V. 3114 ff.; ‚er hätte vor Hunger nicht überleben können, **wenn** ihm **nicht** der Geist der Zuversicht (der Heilige Geist) von Christus gesandt worden wäre‘).
- ***ich ensterbe in kurzer vrist,*** *sô sol ichz versuochen* (*Erec*, V. 129 f.; ‚**wenn** ich **nicht** demnächst sterbe, werde ich es versuchen‘).

Beachte

In einem negativ exzipierenden Satz kann die Negationspartikel *ne* mitunter auch fehlen, wenn der übergeordnete Satz verneint ist! Dies ändert aber nichts an den genannten Übersetzungsmöglichkeiten. Siehe z. B. *ich ensinge niht,* ***ez wolde*** *tagen* (Walther von der Vogelweide, L 58,29; ‚ich singe nicht, **es sei denn, dass** es Tag werden will‘).

Auch Sätze, die mit ***wan (daz)*** eingeleitet werden, haben eine exzipierende Bedeutung. Sie werden übersetzt mit ‚außer dass/nur dass‘. Aus syntaktischer Sicht unterscheiden sie sich deutlich von den (konjunktionslosen) negativ exzipierenden Sätzen, da z. B. weder Konjunktiv noch die Negationspartikel *ne* vorliegen.

---

651 Da bei den negativ exzipierenden Sätzen die einleitende Konjunktion fehlt und zudem die Wortstellung des einfachen Aussagesatzes vorliegt, werden diese Sätze oftmals fälschlicherweise nicht wie Nebensätze, sondern wie Hauptsätze übersetzt, was in der Regel zu einer ganzen Reihe von schwerwiegenden Übersetzungsfehlern führt.

Beispiele:
- ***wan daz*** *iu sol und muoz schade und laster hie geschehen, sô* [...] (*Erec*, V. 8977 ff.; ‚wenn euch hier nicht (zweifellos) Schimpf und Schande zuteil werden sollen, so [...]')
- [...] ***wan daz*** *im harte grôz wâren arme unde bein* (*Erec*, V. 4285 f.; ‚[...] nur dass seine Arme und Beine sehr lang waren')
- [...] *und gesellelôs ze velde kam,* ***wan daz*** *er vünf knaben zuo im nam* (*Erec*, V. 2506 f.; ‚[...] und ohne Gefährten auf das Kampffeld kam, außer dass er fünf Knappen mit sich führte').

3.2.4 Erläuternde Nebensätze

Die drei Voraussetzungen für einen negativ exzipierenden Satz (einfache Negation mit *ne*, Verb im Konjunktiv, Wortstellung des einfachen Aussagesatzes) liegen auch bei sog. **Erläuternden Nebensätzen** vor. Diese sind folglich nur schwer von den negativ exzipierenden Sätzen abzugrenzen. Im Unterschied zu diesen wird hier aber keine Bedingung ausgedrückt, unter der eine im übergeordneten Satz zum Ausdruck gebrachte Ausnahme eintreten könnte (exzipierende Bedeutung), sondern es wird das im übergeordneten Satz Gesagte näher erläutert. Häufig ist der übergeordnete Satz verneint oder enthält ***sô*** oder ***solh***. Bei der Übersetzung werden je nach Kontext die Konjunktionen **‚dass nicht'**, **‚ohne dass'** oder **‚ohne zu'** eingesetzt. Mitunter ist auch die Übersetzung durch einen Relativsatz (Relativpronomen + Verneinung) möglich.

Beispiele:
- *ich wæne ieman* (= *nieman*)[652] *lebe,* ***ern habe ein leit*** (Reinmar, Lied 29, Str. 3,1). Dieser Vers kann übersetzt werden mit: 1) ‚ich glaube, niemand lebt, **ohne** Kummer **zu haben**' oder ‚ich glaube, niemand lebt, **ohne dass** er Kummer hat' oder 2) ‚ich glaube, es lebt niemand, **der keinen** Kummer hat'.
- *so enwart ni mannes missetât ze dirre werlde sô grôz,* ***er enwerde ir ledic unde blôz*** (*Gregorius*, V. 46–48; ‚So hat in dieser Welt niemals jemand eine so große Missetat begangen, **dass** er ihrer **nicht** ledig und frei würde').
- *ez enist dehein sünde mê,* ***man enwerde ir mit der riuwe ledic unde niuwe*** [...] *niuwan der zwîvel eine* (*Gregorius*, V. 162–166; ‚abgesehen von der Verzweiflung gibt es in der Welt keine so große Sünde, **dass** man sich durch Reue **nicht** von ihr befreien und reinwaschen könne').

---

652 In mit dem Verb *wænen* eingeleiteten Sätzen können Adverbien oder Pronomina mit positiver Bedeutung eine negative Bedeutung ausdrücken (siehe Kap. VII.3.2.1).

4 Ellipsen

Im Mittelhochdeutschen können Satzteile, die für das Textverständnis nicht erforderlich sind (meist das pronominale Subjekt oder der Infinitiv), ausgespart werden. Sie lassen sich meist leicht aus dem kontextuellen Zusammenhang erschließen. Bei derartigen Auslassungen (Ellipsen) handelt es sich vielfach um rein stilistische Varianten.

4.1 Nicht-Bezeichnung des pronominalen Subjekts

Sowohl bei gleichem als auch bei unterschiedlichem Subjekt (jeweils in parataktischer und hypotaktischer Fügung) kann das pronominale Subjekt ausgelassen werden.

Beispiele:
- *dar vuorte sin bî der hant, und* **[Auslassung von *si*]** *gesâzen zein ander* . (Iwein, V. 6492 f.; ‚da führte sie ihn an der Hand und **sie** setzen sich zueinander')
- *sich, jâ was ez ie dîn site unde* **[Auslassung von *du*]** *hâst mir dâ mite gemachet manige swære* [...] (*Gregorius*, V. 2349 ff.; ‚ja siehe nur, es war stets deine Gewohnheit, und damit hast **du** mir vielfachen Kummer bereitet')

4.2 Nicht-Bezeichnung des Infinitivs

Nach Modalverben sowie nach *lâzen* (‚lassen/unterlassen') kann die Wiederholung des Verbs (im Infinitiv) unterbleiben, wenn eine zugehörige finite Verbform vorangeht.

Beispiele:
- *sîn sun geviel im wol, als einem man sîn kint* **[Auslassung von *gevallen*]** *sol* [...] (*Erec*, V. 2912 f.; ‚sein Sohn gefiel ihm gut, wie einem Mann sein Kind gefallen soll')
- *nu tuoz durch dîne gesellekeit, und lâz dir mîn laster leit* **[Auslassung von *sîn/wesen/tuon*]** (*Parzival*, 159,1 f.; ‚Nun tu es um der Freundschaft willen und lass dir meine Schande leid sein' (besser: ‚[...] leid tun')

5 Die Konstruktion *Apokoinu*

Bei dieser Konstruktion bezieht sich ein Wort oder Satzglied grammatisch und syntaktisch zugleich auf zwei andere Satzteile (< griech. *apo koinou* ‚vom Gemeinsamen‘). In der Regel steht der gemeinsame Teil (*koinou*) in der Mitte des Satzes und bezieht sich sowohl auf das Vorhergehende als auch auf das Nachfolgende. Diese syntaktische Besonderheit ist erst seit dem 12. Jh. belegt und kommt vor allem in der Heldenepik (und im *Parzival* Wolframs von Eschenbach) vor.

Beispiele:
- *dô spranc von dem gesindele/**her Hagene** alsô sprach [...]* (*Kudrun*, Str. 538,2 ‚da sprang Hagen von seinem Sitz auf und Hagen sprach folgende Worte [...]‘)
- *dô volgeten si dem râte unt truogen für die tür/**sîben tûsent tôten** wurfen si darfür* (*Nibelungenlied*, Str. 2013,1 f.; ‚Da folgten sie dem Rat und trugen die 7000 Toten vor die Tür und warfen sie hinaus‘)
- *Gâwân an den zîten sach **in der siule** rîten ein ritter und ein frouwen moht er dâ beidiu schouwen* (*Parzival* 592,21 ff.; ‚Gawan sah in dem Moment in der Säule einen Ritter und eine Dame reiten. In der Säule konnte er beide erblicken‘)

6 Gebrauch des Konjunktivs in Nebensätzen

Im Mittelhochdeutschen ist der Modusgebrauch (Konjunktiv/Indikativ) in abhängigen Sätzen nicht exakt festgelegt. Mitunter ist die Verwendung des Konjunktivs allein durch Reimzwang oder durch die Metrik begründet. Daher können konjunktivische Sätze im Neuhochdeutschen oftmals indikativisch übersetzt werden. In der Regel wird aber im Mittelhochdeutschen (wie auch im Neuhochdeutschen) mit dem Konjunktiv eine Möglichkeit (Potentialis) oder eine Unwirklichkeit (Irrealis) zum Ausdruck gebracht. Beim Tempus des Konjunktivs ist aber Folgendes zu beachten: Im Unterschied zum Neuhochdeutschen gilt im Mittelhochdeutschen das Gesetz der Zeitenfolge (*consecutio temporum*). Demzufolge muss das Tempus im konjunktivischen untergeordneten Satz mit dem Tempus im übergeordneten Satz übereinstimmen!

Hauptsatz		Nebensatz
Präsens	→	Konjunktiv Präsens
Präteritum	→	Konjunktiv Präteritum

Bei der nhd. Übersetzung kann hingegen durchaus freier mit den Zeitenfolgen umgegangen werden.

7 Konjunktionen

In diesem Kapitel werden die häufigsten (und somit für die Übersetzung besonders relevanten) nebensatzeinleitenden Konjunktionen nach ihrer Funktion aufgelistet und anhand von Beispielen aus dem *Erec* Hartmanns von Aue exemplifiziert. Durch Konjunktionen werden die Zeit, der Grund, die Art und Weise, die verschiedenen Formen der Bedingung, der Zweck, die Einschränkung oder die Folge des im übergeordneten Satz beschriebenen Geschehens angegeben. Dementsprechend werden unterschieden:

- **Temporalsätze** (die entsprechende Fragestellung lautet: wann? bis wann? seit wann? wie lange?)
- **Kausalsätze** (die entsprechende Fragestellung lautet: warum? weshalb? wieso? weswegen? aus welche Grund?)
- **Modalsätze** (die entsprechende Fragestellung lautet: wie? wodurch? auf welche Weise/Art? unter welchen Begleitumständen? mit welchem Mittel?)
- **Konditionalsätze** (die entsprechende Fragestellung lautet: unter welcher Bedingung? unter welcher Voraussetzung?)
- **Finalsätze** (die entsprechende Fragestellung lautet: wozu? zu welchem Zweck? mit welcher Absicht?)
- **Konzessivsätze** (die entsprechende Fragestellung lautet: trotz wessen? trotz welchen Grundes? trotz welcher Umstände?)
- **Konsekutivsätze** (die entsprechende Fragestellung lautet: mit welcher Folge? mit welcher Wirkung?)

Dadurch, dass im Laufe der sprachgeschichtlichen Entwicklung vom Alt- zum Mittelhochdeutschen die Sätze immer komplexer wurden (Übergang von der Parataxe zur Hypotaxe), aber zum Ausdruck für die neuen Funktionen/Bedeutungen in der Regel nur die wenigen bereits im Althochdeutschen vorhandenen Konjunktionen zur Verfügung standen, ist die mitunter große Vielfalt an Bedeutungen und Funktionen einiger mhd. Konjunktionen zu erklären. Ausgesprochen polysem sind z. B. ***sît*** (das je nach Kontext entweder zur Einleitung von Temporal- oder Kausalsätzen verwendet wird) und mhd. ***und(e).***

Anmerkung

Die Konjunktion ***daz*** hat hingegen im Mittelhochdeutschen in der Regel (mit Ausnahme von finalen und modal-konsekutiven Nebensätzen) keinen eigenen semantischen Wert, sondern übt eine rein syntaktische Funktion aus. Mitunter wird sie nur dazu verwendet, eine Wiederholung anderer Konjunktionen zu vermeiden. Über die jeweils vorliegende Bedeutung entscheidet also allein der Kontext. In der Verbindung mit *wan* hat *daz* allerdings eine spezielle, nämlich entweder eine einschränkende (exzipierende) oder adversative Bedeutung, ist also zu übersetzen mit: ‚nur dass/außer dass/wenn nicht' oder mit ‚aber/sondern.' Überdies wird *daz* natürlich auch als bestimmter Artikel und Pronomen verwendet.

Am Ende des Kapitels findet sich eine Liste mit den wichtigsten Konjunktionen in alphabetischer Reihenfolge (ohne Beispiele).

7.1 Einleitung von Temporalsätzen

1) ***dô*:** als/nachdem

Beispiel:
- ***dô*** *Êrec hin ze hove kam* [...] (*Erec*, V. 1840; ‚als/nachdem Erec zum Hof kam [...]').

Beachte

Seit dem 12. Jh. sind ***dô*** (temporale Bedeutung) und ***dâ*** (lokale Bedeutung) austauschbar (siehe z. B. ***dô*** *im* ***dô*** *sô tiure die herberge wâren*, *Erec*, V. 253 f.; ‚**als** er **dort/da** keine Herberge fand').

2) ***unz (daz)***: bis/bis dass/solange (wie)

Beispiele:
- ***unz*** *an den andern tac* (*Erec*, V. 4628; ‚bis zum nächsten Tag')
- *zehant huop sich Êrec,* ***unz*** *er in sô nâhen kam daz der getwerc die rede vernam* (*Erec*, V. 73 ff.; ‚Erec machte sich sogleich auf, bis (dass) er ihnen so nahe kam, dass der Zwerg seine Worte hörte')

3) ***sît (daz)***: seitdem/nachdem

Beispiele:
- [...] *daz er si mit gruoze meit* ***sît*** *er mit ir von hûse reit* (*Erec*, V. 6777 f.; ‚[...] dass er ihr den Gruß verweigerte/nicht mehr mit ihr sprach, seitdem er mit ihr von der Burg fortgeritten war')
- [...] ***sît daz*** *er was von im geriten* (*Erec*, V. 7051; ‚[...] seitdem/nachdem er von ihm fortgeritten war')

Beachte

Seit dem 13. Jh. wird *sît* auch zur Einleitung von Kausalsätzen verwendet.

4) ***als*/(*al*)sô:** als

Beispiele:
- ***als*** *diz der künec Artûs vernam* [...] (*Erec*, V. 5018; ‚als König Artus dies hörte [...]')
- ***alsô*** *ez dô morgen wart* [...] (*Erec*, V. 5270; ‚als es da Morgen wurde [...]')

5) ***ê (daz)***: bevor/ehe
Beispiele:
- *vür in wil ich sterben* ***ê*** *ich in sihe verderben* (*Erec*, V. 3174 f.; ‚ich will für ihn sterben, ehe/bevor ich ihn sterben sehe')
- ***ê*** *daz sich Êrec ûf machete ûf den wec* [...] (*Erec*, V. 4028 f.; ‚bevor/ehe sich Erec auf den Weg gemacht hatte' [...])

6) ***swenne/swanne***: (dann), wenn/wann immer
Beispiel:
- ***swenne*** *ir komet in daz lant* [...] (*Erec*, V. 5690; ‚wenn/wann immer ihr in das Land kommt [...]')

7.2 Einleitung von Kausalsätzen

1) ***sît (daz)***: da/weil
Beispiele:
- ***sît*** *ir bî mir niht enwellet sîn* [...] (*Erec*, V. 1365; ‚weil/da ihr nicht bei mir sein wollt [...]')
- ***sît daz*** *der strît sol wesen vruo sô ensûmet uns niht mêre* (*Erec*, V. 583 f.; ‚weil/da der Kampf morgen früh stattfinden wird, so lasst uns nicht länger warten')

Beachte

sît kann auch zur Einleitung von Temporalsätzen gebraucht werden (siehe oben).

2) ***wande/wan***: weil/da/denn
Beispiele:
- [...] ***wan*** *dô weinde wîp und man* (*Erec*, V. 5282 ‚[...] weil dort alle weinten'/‚denn dort weinten alle')
- [...] ***wande*** *er enweste niht umbe dise geschiht* (*Erec*, V. 6720 f.; ‚[...] denn er wusste nichts davon'; ‚weil/da er davon nichts wusste')

Anmerkung

Kausalsätze können auch eingeleitet werden durch eine **Präposition +** ***daz***: ***umbe daz/ durch daz/für daz***. Die nhd. Übersetzung lautet in allen drei genannten Fällen ‚deswegen/weil.'

7.3 Einleitung von Modalsätzen

1) ***sô/alsô/als:*** wie/so wie
   Beispiele:
   - *vil gerne ich si wolde loben* ***als*** *ich solde* (*Erec*, V. 7179; ‚sehr gerne wollte ich sie rühmen, wie ich es sollte')
   - *ir wâren zehene,* ***sô*** *man zalt* (*Erec*, V. 1942; ‚von ihnen waren es zehn, wie man erzählt)
   - *nû heten die zwêne grôzen man weder schilt noch sper noch swert* ***alsô*** *er* (*Erec*, V. 5381 ff.; ‚da hatten die beiden großen Männer weder Schild noch Lanze oder Schwert wie er')

2) ***(al-)sam:*** in gleicher Weise wie/wie
   Beispiele:
   - *wîz* ***alsam*** *ein swan* (*Erec*, V. 330; ‚weiß wie ein Schwan')
   - *swarz* ***sam*** *ein raben* (*Erec*, V. 1962; ‚schwarz wie ein Rabe')

3) ***swie:*** wie auch immer/ganz so wie
   Beispiel:
   - *ez ergê mir* ***swie*** *got welle* (*Erec*, V. 3176; ‚es möge mir ergehen ganz so wie/wie auch immer Gott will').

7.4 Einleitung von Konditionalsätzen

Konditionalsätze werden meist durch die Konjunktionen ***ob*** (‚wenn') und ***swenne*** (‚wenn') eingeleitet.[653]

Beispiele:
- *ich kum morgen,* ***ob*** *ich mac* (*Erec*, V. 1091; ‚ich komme morgen, wenn ich kann')
- *[...]* ***ob*** *dû gedienen woldest daz ich dir immer spræche wol* (*Erec*, V. 5937 f.; ‚wenn du erreichen wolltest, dass ich stets gut über dich spreche').
- *got gebe im heil,* ***swenne*** *er* [= Erec] *sîn gert* (*Erec*, V. 2531; ‚Gott möge ihn schützen, wenn er sich ihn als Gegner wünscht').

---

653 Vielfach werden Konditionalsätze ohne einleitende Konjunktion mit Anfangsstellung des Verbs gebildet, z. B. *wæret ir nû wîse, ir holtet iuwer spîse hie mit vollem munde* (‚wäret ihr weise, so holtet ihr eure Speise hier mit vollem Mund'; *Erec*, V. 5850 f.). Solchen Konditionalsätzen kann auch *und* voranstehen, das dann aber unübersetzt bleibt, siehe z. B. *und wæret ir nû wîse* [...].

7.5 Einleitung von Finalsätzen

Finalsätze werden hauptsächlich eingeleitet durch einfaches ***daz*** (‚damit‘), mitunter auch durch die Präpositionen ***durch/ûf + daz*** (‚damit‘). Zu beachten ist, dass der Modus im Finalsatz im Mittelhochdeutschen stets der Konjunktiv ist.

Beispiele:
- *ich wil rîten dar,* ***daz*** *ich iu diu mære ervar* (*Erec*, V. 70 f.; ‚ich will dorthin reiten, damit ich für euch die Neuigkeit erfahre‘)
- *er bat im ez zeigen dar,* ***durch daz*** *er næme war ob ez im reht wære* (*Erec*, V. 614 ff.; ‚er bat ihn, es ihm dort zu zeigen, damit er sehen könne, ob es passend für ihn sei‘)

Anmerkung

Nur als Einleitung von Finalsätzen (und Sätzen mit modal-konsekutiver Bedeutung) hat die Konjunktion ***daz*** einen eigenen semantischen Wert. Ansonsten übt sie eine rein syntaktische Funktion aus.

7.6 Einleitung von Konzessivsätzen

Konzessivsätze werden hauptsächlich eingeleitet durch die Konjunktion ***swie*** (‚obgleich/obwohl/wenn auch‘).

Beispiel:
- ***swie*** *er deheinen turnei suochte* (*Erec*, V. 2958; ‚obwohl er selbst kein Turnier aufsuchte‘)

7.7 Einleitung von Konsekutivsätzen

Konsekutivsätze werden in der Regel eingeleitet durch die Konjunktion ***(sô) daz*** (‚so dass‘ = ‚mit der Folge, dass ...‘).

Beispiel:
- *er reit in al****sô*** *verre nâch* ***daz*** *er si sach und si in niht* (*Erec*, V. 165 f.; ‚er ritt ihnen in solcher Entfernung nach, so dass er sie sah und sie ihn nicht‘).

Anmerkung

Eine Abgrenzung von den mit *daz* eingeleiteten Modalsätzen ist mitunter nur schwer möglich.

7.8 Überblick über die wichtigsten Konjunktionen in alphabetischer Reihenfolge

- ***als/(al)sô/als***: als (temporal); wie/so wie (modal)
- ***(al-)sam***: in gleicher Weise wie/wie (modal)
- ***daz/(sô) daz***: damit (final); mit der Folge, dass ... (konsekutiv)
- ***dô***: als/nachdem (temporal); da (lokal)
- ***ê (daz)***: bevor/ehe (temporal)
- ***ob***: wenn (konditional)
- ***sît (daz)***: seitdem/nachdem (temporal); da/weil (kausal)
- ***swie***: wie auch immer; ganz so wie (modal); obgleich/obwohl/wenn auch (konzessiv)
- ***swenne/swanne***: wenn/wann immer (temporal); wenn (konditional)
- ***unz (daz)***: bis/bis dass/solange/solange wie temporal)
- ***wan (daz)***: außer dass/nur dass/wenn nicht (kausal)
- ***wande/wan***: weil/da/denn (kausal)

8 Übungsaufgaben

1) Unterstreichen Sie in dem folgenden Textausschnitt alle Genitive.

   ***Iwein* V. 210–221**:
   ichn möhte niht geniezen
   iuwers lobes noch iuwer vriuntschaft,
   wan iuwer rede hât niht kraft:
   ouch enwil ich niht engelten
   swaz ir mich muget geschelten.
   warumbe solt ir michs erlân
   ir habt ez tiurem man getân.
   doch sol man ze dirre zît
   und iemer mêre swâ ir sît
   mînes sagens enbern.
   mîn vrouwe sol ich des gewern
   daz ichs mit ir hulden über sî.

2) Welche Genitivkonstruktionen (siehe die fettgedruckten Wörter) liegen in den folgenden Beispielen vor?
   a) ***Parzival*, 535,17 f.:**
      nu wert iuch, ob ir kunnet wern:
      iuch enmac **anders** *niht ernern.*

b) ***Iwein*, V. 160 ff.:**
er sprach: „vrouwe, es ist genuoc.
*ir habt mir***s** *ouch ze vil gesagt:*
*unde het ir***s** *ein teil verdagt,*
ez zæme iuwerm namen wol.

c) ***Tristan*, V. 2258 f.:**
niwan Tristan al eine,
und sîn meister, der ***sîn*** *pflac*

d) ***Parzival*, 237,1 f.:**
der taveln *muosen hundert sîn,*
die man dâ truoc zer tür dar în.

e) ***Parzival*, 121,25:**
sînes schildes *was vil wênic ganz.*

f) ***Erec*, V. 3776 f.:**
der vlîzet sich dar zuo
wan er iu ***leides*** *getuo.*

g) ***Nibelungenlied*, Str. 1021,4:**
dô kômen tûsent recken, ***des küenen Sîfrides*** *man.*

h) ***Parzival*, 19,12:**
[...] ***guoter videlære*** *drî.*

i) ***Iwein*, V. 2069 f.:**
sô muoz er mich mit triuwen,
ergetzen ***mîner riuwen***

3) Übersetzen Sie die folgenden Verse, und benennen Sie die vorliegenden syntaktischen Besonderheiten.

a) ***Gregorius*, V. 803 f.:**
[...] *wan ez wære von ir schaden*
tûsent herze überladen.

b) ***Iwein*, V. 5097 ff.:**
[...] *dô antwurt er unde sîn wîp*
beide guot unde lîp
vil gar in sîne gewalt.

Anmerkung *antwürten* ‚übergeben'

c) ***Gregorius*, V. 552 f.:**
und trôste si vil harte wol,
sô man den vriunt nâch leide sol

d) ***Armer Heinrich*, V. 672:**
mich lobet man unde wîp

e) ***Gregorius*, V. 1303 f.:**
„sich her, tæte dû im iht?"
„muoter, weizgot nein ich niht."

4) Übersetzen Sie die folgenden Textbeispiele. Welche Sonderformen der Negation liegen hier vor?
   a) ***Iwein*, V. 6273:**
      er sprach: „ich sag iu ein bast [...].“
   b) ***Erec*, V. 6556:**
      [...] slege tuont selten iemen vrô.
   c) ***Iwein*, V. 4604 ff.:**
      unde wizzet wol swer mich jage
      daz ich sîn wol erbîte — **Anmerkung** *erbîten* ‚warten‘
      unde daz ich niemer gerîte
      deste drâter umb ein hâr. — **Anmerkung** *drâter* ‚schneller‘
   d) ***Erec*, V. 423:**
      daz weste lützel ieman.

5) Wie sind die nebensatzeinleitenden Konjunktionen in den folgenden Textausschnitten zu übersetzen?
   a) ***Gregorius*, V. 187 ff.:**
      der kinde muoter erstarp,
      ***dô** si in das leben vol erwarp.*
      ***dô** diu kint wâren*
      komen ze zehen jâren,
      dô ergreif den vater ouch der tôt.
   b) ***Nibelungenlied*, Str. 6:**
      Ze Wormez bî dem Rîne — si wonten mit ir kraft.
      in diente von ir landen — vil stolziu ritterscaft
      *mit lobelîchen êren — **unz** an ir endes zît*
      *si sturben **sît** jæmerlîche — von zweier edelen frouwen nît*
      Anmerkung V. 1: *kraft* ‚Machtfülle‘; V. 4: *nît* ‚Hass‘
   c) ***Gregorius*, V. 421 ff.:**
      ***Alsô** der junge*
      selhe wandelunge
      an sîner swester gesach,
      er nam si sunder unde sprach [...] — **Anmerkung** *sunder* ‚beiseite‘
   d) ***Armer Heinrich*, V. 918 ff.:**
      ***sît** ez alsus umbe iuch stât* — **Anmerkung** *stât* ‚steht‘
      daz man iu gehelfen mac, — **Anmerkung** *mac* ‚kann‘
      ich engesûme iuch niemer tac. — **Anmerkung** *gesûmen* ‚warten lassen‘
   e) ***Erec*, V. 6719 ff.:**
      vil ebene stuont sîn gedanc, — **Anmerkung** ‚er war ganz ohne Besorgnis‘
      ***wande** er enweste niht*
      umbe diese geschiht.

f) ***Armer Heinrich*, V. 563 f.:**
__ê__ ich in sehe verderben
ich wil __ê__ vür in sterben.

g) ***Iwein*, V. 3001 ff.:**
er muoz verzagen __als__ ein wîp,
__sît__ wîbes herze hât sîn lîp
unde si mannes herze hât

Anmerkung *sîn lîp* ‚er'

h) ***Armer Heinrich*, V. 451 f.:**
und mir wær niht anders guot
__wan__ von ir herzen daz bluot.

i) ***Gregorius*, V. 1198 f.:**
er hete noch gelernet mê,
__wan daz__ er wart geirret dran.

Anmerkung *irren* ‚hindern'

j) ***Iwein*, V. 4078 f.:**
[...] daz ez iu an den lîp gât,
__ob__ ir iuch niht mugt erwern.

6) Was sind die typischen Merkmale eines negativ exzipierenden Satzes?
7) Welche Arten der Negation liegen in den folgenden Textausschnitten vor? Übersetzen Sie die Beispiele ins Neuhochdeutsche.

a) ***Gregorius*, V. 1152 ff.:**
ouch lie der herre unmanigen tac
er __en__wolde selbe spehen
wie daz kint wære besehen.

Anmerkung *spehen* ‚betrachten/schauen'
Anmerkung *besehen* (hier: ‚versorgt')

b) ***Iwein*, V. 7904 ff.:**
ichn mac iuch des niht erlân
ir__n__ geheizet imz mit eide
ê daz ich von iu scheide.

Anmerkung *geheizen* (hier: ‚versprechen')

c) ***Gregorius*, V. 469 ff.:**
und vint uns etelîchen rât,
[...] daz doch unser kindelîn
mit uns __iht__ verlorn sî,

Anmerkung *vint* = Imperativ Sg. von *vinden*
Anmerkung *verlorn* (hier: ‚verdammt')

d) ***Gregorius*, V. 3114 ff.:**
er enmöhte der spîse die er nôz
als ich iu rehte nû sage,
weizgot vierzehen tage
vor dem hunger niht geleben,
im __en__wære gegeben
der trôstgeist von Kriste [...]

e) ***Iwein*, V. 632 ff.:**
ez wære eine unmanheit

ob ich dô daz verbære
*ich**n** versuochte waz ez wære.*

f) ***Nibelungenlied*, Str. 14:**
Den troum si dô sagete ir muoter Uoten.
*sî**ne** kundes besceiden baz der guoten:*
„der valke, den du ziuhest, daz ist ein edel man.
*in **welle** got behüeten, du muost in sciere vloren hân.“*

g) ***Iwein*, V. 632 ff.:**
mîn vrouwe sol iuch niht enlân
*ir**n** saget iuwer mære* [...]

h) ***Gregorius*, V. 3091 ff.:**
*dich **en**vüere mit sînen sinnen*
der tiuvel von hinnen,
dû enkumest hin abe niemer mê.

i) ***Nibelungenlied*, Str. 1051,2:**
*ich wæne man dâ **iemen** âne weinen vant*

j) ***Armer Heinrich*, V. 203 f.:**
des sît ir iemer ungenesen,
*got **en**welle der arzât wesen.*

Anmerkung *arzât* ‚Arzt‘

k) ***Gregorius*, V. 1107 f.:**
der arme vischære niht enliez
*er **en**tæte als in sîn herre hiez.*

l) ***Nibelungenlied*, Str. 101, 1 f.:**
Wir suln den herren enpfâhen deste baz,
***daz** wir **iht** verdienen des jungen recken haz.*

Die Lösungen zu den Übungsaufgaben finden sich in Kap. IX.

VIII Metrik

Zum mediävistischen Grundwissen gehören auch Kenntnisse auf dem Gebiet der Metrik. Ein mhd. Verstext muss mit metrischer Betonung gelesen und metrisch analysiert werden können. Am Ende dieses Kapitels finden sich Übungsaufgaben zur mhd. Metrik (siehe Kap. 3).

Die mhd. Metrik basiert auf der Abfolge von stark- und schwachbetonten Silben (**akzentuierende Metrik**). Im Idealfall, der grundsätzlich in der Klassischen mhd. Literatur angestrebt wird, weist ein Vers die regelmäßige Abfolge von Hebung und Senkung auf (**Alternation**). Bei regelmäßig alternierenden Versen ist die Quantität einer Silbe (zumindest im Versinneren) vollkommen irrelevant. Doch für das Reimwort am Ende des Verses (**Kadenz**), sowie bei nicht-regelmäßig alternierenden Versen ist sie (bei betonten Silben) von Bedeutung.[654] Silben sind metrisch (nicht etymologisch!)[655] **lang**, wenn sie einen Langvokal oder Diphthong enthalten (Naturlänge) oder auf einen kurzen Wurzelvokal mindestens **ein** Konsonant folgt. Dieser schließt die Tonsilbe, und geschlossene Tonsilben sind metrisch gesehen immer **lang**! Silben, die auf einen kurzen Vokal enden, sind hingegen **kurz** (und offen).

Beispiele für die Silbenquantität:

a) **lange** Wurzelsilbe:
mhd. *sl**â**-fen, l**ie**-ben, h**iel**-ten* (Naturlänge)
*ste**r**-ben, we**rl**-de, mi**n**-ne, ta**c*** (geschlossene Tonsilben)

b) **kurze** (offene) Wurzelsilbe:
mhd. *l**e**-ben, w**o**-nen, v**o**-gel, g**a**-be, v**i**-he*

Beachte

Bei zweisilbigen Wörtern mit intervokalischem *-ch-* (siehe z. B. mhd. *lachen, sachen*) ist die erste Silbe geschlossen und somit lang, da /ch/ im Mittelhochdeutschen die Doppelkonsonanz /hh/ wiedergibt. Die Silben werden also folgendermaßen getrennt: mhd. *lah-hen, sah-hen*. Im Neuhochdeutschen wird /ch/ hingegen nur noch als ein einziger Laut angesehen (hier ist die erste Silbe folglich kurz und offen: nhd. *la-chen, sa-chen*).

Die Betonung der Wörter entspricht in der Regel der natürlichen Wortbetonung. Abweichungen (**Tonbeugung**) kommen nur in sehr seltenen Fällen vor.

---

654 Auch hierin unterscheidet sich die mittelhochdeutsche Metrik von der neuhochdeutschen, bei der die Silbenquantität gar keine Rolle spielt.

655 In der Phonologie liegt hingegen erst dann eine Positionslänge vor, wenn auf einen kurzen Wurzelvokal mindestens **zwei** Konsonanten in derselben Silbe folgen.

https://doi.org/10.1515/9783110464184-008

Anmerkung

Wird die alternierende Abfolge von Hebung und Senkung über die Versgrenzen hinaus weitergeführt, indem ein Vers auf einer Hebung endet und der nachfolgende Vers mit einem Auftakt beginnt, spricht man von **Fugung** oder **Synaphie**. Wird der regelmäßige Rhythmus von Hebung und Senkung unterbrochen, da am Ende eines Verses und Beginn des nächsten Verses zwei Hebungen oder zwei Senkungen aufeinanderprallen, liegt eine **Asynaphie** vor.

Für den Fall, dass die Alternation, also die regelmäßige Abfolge von Hebung und Senkung, im Versinneren durch überzählige Senkungssilben gestört würde, finden sich bereits in den mhd. Texten vielfach Wortverschmelzungen (sog. **Metaplasmen**) und Wortkürzungen. Die wichtigsten sind: **Apokope** oder **Synkope** des schwachtonigen /e/ oder die Verschmelzung zweier ursprünglich getrennter Wörter durch **Proklise**, **Enklise** oder **Krasis**.[656]

Beachte

Diese Maßnahmen zur Reduktion von überzähligen Silben dürfen allerdings nicht nachträglich vom Leser durchgeführt werden, sondern müssen bereits in den mittelalterlichen Handschriften bzw. kritischen Textausgaben vorliegen.

Daneben gibt es noch zwei weitere Möglichkeiten zur Silbenreduktion: die **Elision** und die **Aphärese**.[657] Im Unterschied zu den vorher genannten Mitteln sind diese vom Leser durchzuführen, allerdings nur dann, wenn ansonsten der alternierende Rhythmus durch überzählige Silben gestört würde. Beide Möglichkeiten zur Reduktion überzähliger Silben sind aber an bestimmte Bedingungen geknüpft.

– **Elision:** Hierbei wird ein unbetontes /e/ im Auslaut getilgt (= elidiert), vorausgesetzt, das nachfolgende Wort beginnt mit einem Vokal (z. B. *begundẹ er*). Eine durchgeführte Elision wird durch Unterpungierung, also durch einen Punkt unter dem unbetonten /e/, markiert (*begundẹ er*). Das unterpungierte /ẹ/ ist somit getilgt und darf nicht gelesen werden! In einigen kritischen Textausgaben sind Elisionen bereits von den Herausgebern durchgeführt worden.

656 Siehe hierzu auch Kap. III.3.3.

657 Überdies gibt es noch die **Ekthlipsis** (eine Art Synkope), bei der ein unbetontes auslautendes /-e/, wenn es zwischen zwei Konsonanten steht, die an der gleichen Artikulationsstelle gebildet werden, getilgt wird (z. B. *richtẹ daz*). Da es sich bei der Ekthlipsis nur um eine nachrangige Möglichkeit der Silbenreduktion handelt, bleibt sie im Weiteren unberücksichtigt.

– **Aphärese:** Hierbei fällt ein anlautender Vokal weg. Die Voraussetzung dafür ist, dass das vorhergehende Wort auf einen Langvokal endet. Aphärese kommt weitaus seltener vor als die Elision. Wie bei dieser wird auch bei der Aphärese der zu tilgende Vokal durch Unterpungierung markiert.[658] Bei diesem muss es sich aber nicht zwingend um ein unbetontes /e/ handeln. Beispiele für die Aphärese sind: *nû ẹnist* oder: *dô ịch.*

Beachte

Elision und Aphärese dürfen aber, wie gesagt, nur dann durchgeführt werden, wenn sonst der alternierende Rhythmus des Verses gestört wurde. Ist dies nicht der Fall, wird der Zusammenprall zweier Vokale (**Hiat**) nicht als störend empfunden, z. B. *got grüeze* ***iuch****, geselle* (*Erec*, V. 32)

Wird die Alternation durch überzählige Silben gestört, sind aber die Bedingungen für die Durchführung einer Elision oder Aphärese **nicht** gegeben, müssen bei der metrischen Analyse andere Maßnahmen (Spaltung der Hebungs- oder Senkungssilbe) ergriffen werden (siehe unten).

Um einen mhd. Vers metrisch zu analysieren, bedarf es eines **Grundinventars** an metrischen Zeichen:[659]

×	Bei diesem Zeichen handelt es sich um die Grundeinheit (**Mora**; Pl.: Moren). Eine Mora entspricht in der Musik dem Wert einer **Viertelnote.**
—	Dieses metrische Zeichen (**Doppelmora**) entspricht in der Musik dem Wert einer **halben Note.**
◡	Dieses Zeichen hat in der Musik den Wert einer **Achtelnote.**
^	Hier liegt ein **pausiertes Viertel** vor. In den Texten der Höfischen Klassik kommt es in der Regel nur am Versende vor.
|	Taktstrich
||	Diese beiden aufeinanderfolgenden Längsstriche markieren das Ende eines Verses, stehen also nach dem Reimwort (Kadenz).

Die Hebungen in einem Vers, also die betonten Silben, werden immer mit einem Akzent, zumeist einem **Hauptakzent** (Haupthebung), mitunter aber auch ei-

658 Eine auch graphisch bereits vom Dichter/Schreiber oder Herausgeber durchgeführte Aphärese bezeichnet man als **Synalöphe**.

659 Das nachfolgend aufgelistete metrische Zeicheninventar ist an den Schweizer Mediävisten A. Heusler († 1940) angelehnt (Heusler, Andreas: Deutsche Versgeschichte (= Grundriss der germanischen Philologie 8). 3 Bde. Berlin u. a. 1925–1929; 2. unveränderte Aufl. Berlin 1956).

nem **Nebenakzent** (Nebenhebung) versehen.[660] Der Hauptakzent wird graphisch mit dem Zeichen ˊ (Akut) wiedergegeben, der Nebenakzent mit dem Zeichen ˋ (Gravis). Hinsichtlich der Zählung der Hebungen (insgesamt vier) sind beide Akzente als gleichwertig anzusehen. Jeder Vers wird in **Takte** untergliedert und jeder Takt durch Taktstriche vom nachfolgenden abgesetzt. Ein Takt beginnt immer mit einer Hebung (niemals mit einer Senkung) und endet vor der nächsten Hebung, d. h. ein Vers enthält in der Regel vier Takte.

Beachte

Die in einem **Takt** enthaltenen Silben dürfen zusammengenommen (auch bei unregelmäßiger Taktfüllung) niemals den **Wert einer halben Note** unter- oder überschreiten!

In Kap. 1.1 werden ausschließlich Beispiele aus dem *Erec*, dem *Iwein*, dem *Armen Heinrich* und dem *Gregorius* Hartmanns von Aue ausgewählt, da diese üblicherweise dem Textkanon für Einführungen in das Mittelhochdeutsche angehören. Es folgen ein Überblick über die Strophenform des *Nibelungenliedes* und die metrische Struktur der Nibelungenstrophe (Kap. 1.2) sowie ein Überblick über die Kanzonenstrophe des Hohen Minnesangs (Kap. 2).

1 Epik

1.1 Der Höfische Reimpaarvers

Der Höfische Reimpaarvers ist das Versmaß, in dem die überwiegende Mehrzahl der Höfischen Versromane verfasst ist. Er besteht aus **vierhebigen** durch Paarreim (aa bb cc usw.) miteinander verbundenen Versen. Ein Vers wird unterteilt in:

- Auftakt[661]
- das Versinnere
- Versschluss (Kadenz)

1.1.1 Auftakt

Ein Vers kann mit einem Auftakt beginnen, muss es aber nicht (mitunter kann in dieser Frage keine absolute Eindeutigkeit erzielt werden). Als Auftakt werden

660 Der Nebenakzent kommt im Versinneren nur nach einer sog. beschwerten Hebung vor (siehe hierzu Kap. VIII.1.1.2).

661 Nicht jeder Vers beginnt mit einem Auftakt.

alle Silben bezeichnet, die **vor** der ersten Hebung stehen, also unbetont sind. Somit kann ein Auftakt einsilbig, zweisilbig oder manchmal sogar auch drei- oder viersilbig sein. Die unbetonten im Auftakt stehenden Silben stehen **vor** dem ersten Taktstrich und können durch ein beliebiges Zeichen (zumeist ein ×, aber auch durch einen Punkt oder ein Häkchen) notiert werden. In dieser Einführung wird für jede im Auftakt stehende Silbe das Zeichen × verwendet. Da die Auftaktsilben unbetont sind und somit vor dem ersten Takt stehen, haben sie (im Unterschied zu den Moren im restlichen Vers) keinen metrischen Wert.

Beispiele:[662]

- ***bî*** *ir und bî ir wîben* (*Erec*, V. 1)
  Da hier die erste Hebung nicht auf *bî*, sondern auf *ir* (*bi* ***ír***) liegt, liegt mit *bî* ein einsilbiger Auftakt vor. In der metrischen Analyse wird der Vers folgendermaßen notiert:
  bî *ir und bî ir wîben*
  × | x́ × | x́ × | ‒́ | x̀ ^ ||
- ***die be****gunden sô gebâren* (*Gregorius*, V. 228)
  In diesem Vers liegt die erste Hebung erst auf der Wurzelsilbe -***gun***- (*die* ***begún***-). Der Auftakt ist also zweisilbig. Hier einen zweisilbigen Auftakt zu lesen ist allerdings nur dadurch begründet, dass der Vers ohne Auftakt fünf Hebungen hätte (was dem Prinzip der Vierhebigkeit widerspräche). In der metrischen Analyse wird der Vers folgendermaßen notiert:
  die be*gunden sô gebâren*
  × × | x́ × | x́ × | ‒́ | x̀ ^ ||

Beachte

Die Silben im Auftakt stehen immer **vor** dem ersten Taktstrich!

1.1.2 Das Versinnere

Ab der ersten Hebung beginnt mit dem ersten Taktstrich das Versinnere. Da die Silben in einem Takt insgesamt den Wert einer halben Note ergeben müssen, ist ein Takt bei regelmäßiger Abfolge von Hebung und Senkung zweisilbig (| x́ × |). Daneben gibt es aber auch unregelmäßige Taktfüllungen, also Takte, die nur eine Silbe oder drei Silben enthalten. Für den klassischen mhd. Reimpaarvers gibt es für das Versinnere folgende vier Möglichkeiten der Taktfüllung:

---

662 Bei allen Beispielen zum Auftakt wird der gesamte Vers angegeben, auch wenn das Versinnere und das Versende (Kadenz) hier vorläufig weitgehend unbeachtet bleiben können.

1) Die regelmäßige **zweisilbige Taktfüllung**, bestehend aus Hebung und Senkung, also aus zwei Moren (je mit dem Wert einer Viertelnote). Die erste Mora ist in der Regel mit einem Hauptakzent zu versehen: | ×́ × |
Hier spielt die Quantität der Silben, wie gesagt, überhaupt keine Rolle.

Beispiel:
– *Ein ritter sô gelêret was* (*Armer Heinrich*, V. 1)
× | ×́ × | ×́ × | ×́ × | ×́ ^ || (einsilbiger Auftakt)

2) Die **einsilbige Taktfüllung**, bestehend aus einer Doppelmora (mit dem Wert einer halben Note), versehen mit einem Hauptakzent: | –́ |.
Diese Taktfüllung wird **beschwerte Hebung** genannt. Im Unterschied zur zweisilbigen Taktfüllung ist hier die Quantität der Silbe entscheidend, da nur **lange Silben** in der metrischen Analyse mit einer Doppelmora (beschwerten Hebung) wiedergegeben werden können. Oftmals handelt es sich um die Wurzelsilbe besonders sinntragender Wörter wie beispielsweise Namen. Ist die Silbe Bestandteil eines mehrsilbigen Wortes, erhält die darauf folgende Hebung (= Beginn des nächsten Taktes) einen Nebenakzent: | –́ | ×̀ × |. Folgt hingegen auf eine beschwerte Hebung ein anderes Wort, so ist die nachfolgende Silbe ebenfalls mit einem Hauptakzent zu versehen: | –́ | ×́ × |. In diesem (seltenen) Fall liegt ein **Hebungsprall** vor.

Beispiele:
– *der was Hartman genant* (*Armer Heinrich*, V. 4)
| ×́ × | –́ | ×̀ × | ×́ ^ || (kein Auftakt; beschwerte Hebung ohne Hebungsprall)

Anmerkung

Die betreffende Silbe (*Hart-*) ist metrisch gesehen lang, da sie geschlossen ist.

– *sînen tôt niht gesehen.* (*Armer Heinrich*, V. 1275)
| ×́ × | –́ | ×́ × | ◡́ ◡ ^ || (kein Auftakt; beschwerte Hebung mit Hebungsprall)

3) Die **dreisilbige Taktfüllung**. Hier gibt es zwei Möglichkeiten:
   a) Auch hier ist hier die Quantität der Hebungssilbe entscheidend. Ist die erste, also die betonte, Silbe **kurz**, wird die **erste** Mora in zwei Achtel aufgespalten (◡◡) und das erste Achtel mit einem Hauptakzent versehen. Die zweite Mora bleibt unverändert (ungeachtet der Quantität der Silbe) bestehen. Der gesamte Takt ist also folgendermaßen wiederzuge-

ben: |◡́ ◡ ×|. Auch hier entspricht die Taktfüllung insgesamt dem Wert einer halben Note (zwei Achtelnoten + eine Viertelnote). Da bei dieser dreisilbigen Taktfüllung die erste Mora aufgespalten wird, liegt eine **gespaltene Hebung** vor.

Beispiel:

– *der nam im manige schouwe* (*Armer Heinrich*, V. 6)
 × | ×́ × | ◡́ ◡ ×| –́ | ×̀ ^ || (einsilbiger Auftakt)

Anmerkung

Bei ***manige*** wird die Hebung gespalten, da die Silbe (*ma-*) kurz ist (= offene kurze Tonsilbe). Die Quantität der nachfolgenden Silben ist vollkommen irrelevant.

b) Ist die erste (betonte) Silbe metrisch **lang**, darf sie nicht in Achtel aufgespalten werden, sondern wird mit einer Mora (inklusive Hauptakzent) wiedergegeben (×́). In diesem Fall wird die Senkung, also die zweite Mora, (ungeachtet ihrer Silbenquantität) in zwei Achtel aufgespalten. Der gesamte Takt ist also folgendermaßen wiederzugeben: | ×́ ◡ ◡ |. Daher wird diese Taktfüllung als **gespaltene Senkung** bezeichnet.

Beispiel:

– *die ein ritter in sîner jugent* (*Armer Heinrich*, V. 34)
 | ×́ × | ×́ ◡ ◡| ×́ × | ◡́ ◡ ^ || (ohne Auftakt)

Anmerkung

Da die Hebungssilbe bei ***rit-ter*** auf Konsonant endet, ist sie metrisch gesehen lang (= geschlossene Tonsilbe). Die Quantität der nachfolgenden Silben ist wiederum vollkommen irrelevant.

Beachte

Weicht ein Vers vom regelmäßig alternierenden Schema ab, so muss – im Falle, dass zu viele Silben vorliegen – zunächst unbedingt überprüft werden, ob nicht eine der beiden eingangs erwähnten Möglichkeiten zur Silbenreduktion, also **Elision** oder **Aphärese**, durchgeführt werden kann. Nur wenn keine dieser Möglichkeiten gegeben ist, muss (je nach Quantität der Hebungssilbe) entweder die Hebung oder die Senkung aufgespalten werden. Mit anderen Worten: Elision oder Aphärese sind als Möglichkeiten zur Reduktion überzähliger Silben im Versinneren gegenüber einer gespaltenen Hebung oder Senkung stets zu bevorzugen!

1.1.3 Versschluss (Kadenz)

Ab der letzten Haupthebung beginnt der Versschluss, die sog. **Kadenz**. Sie umfasst ausschließlich das Reimwort. Zwei durch Paarreim miteinander verbundene Verse (Höfischer Reimpaarvers) haben also immer dieselbe Kadenz! Je nachdem, wie viele Silben das jeweilige Reimwort aufweist bzw. bei zweisilbigen Reimwörtern je nach der Quantität der ersten Silbe, werden für die Höfische Epik um 1200 hauptsächlich vier Kadenztypen unterschieden. Daneben gibt es zwei weitere (zweisilbige) Kadenztypen, von denen nur eine, die sog. **Strickerkadenz**, in epischen Texten vorkommt. Sie kann als eine besondere Ausprägung der einsilbig vollen Kadenz angesehen werden und wird daher in dieser Einführung zusammen mit dieser behandelt (siehe unten). Beim anderen (sechsten) Kadenztypus handelt es sich um die sog. **weiblich volle Kadenz**. Sie kommt in der Regel nur in der Lyrik vor und wird daher in Kap. VIII.2 behandelt.

Zunächst aber zu den vier Hauptkadenztypen in der Höfischen Epik: Je nach Silbenanzahl des Reimwortes werden **einsilbige, zweisilbige** und **dreisilbige Kadenzen** unterschieden (bei zweisilbigen Kadenzen gibt es wiederum zwei unterschiedliche Kadenztypen). Da der Höfische Versroman in Paarreimversen verfasst ist, empfiehlt es sich, bei der Bestimmung der Silbenanzahl eines Reimwortes das korrespondierende Reimwort des nachfolgenden bzw. vorangehenden Verses zu berücksichtigen. Unter einem Reim versteht man Gleichklang ab der letzten **betonten** Silbe. Daraus folgt (bei einem mehrsilbigen) Wort, dass das letzte Wort eines Verses nicht notwendigerweise zugleich das Reimwort ist, wie folgende Beispiele aus dem *Gregorius* zeigen:

a) V. 41 f.:
*die ich durch mîne müezi**keit***
*ûf mich mit worten hân ge**leit***
V. 57 f.:
*älliu sündigiu **diet***
*die der tiuvel ver**riet***

Da hier jeweils nur die letzte Silbe reimt (siehe ***-keit*/*-leit*** und ***diet*/*-riet***), liegt in allen vier Versen eine **einsilbige Kadenz** vor: | x́ ^ ||.

b) V. 69 f.:
*sô tuot er wider dem ge**bote***
*und verzwîvelt er an **gote***

Hier liegt eine **zweisilbige Kadenz** vor (auch wenn Vers 69 auf ein dreisilbiges Wort endet); genauer, eine zweisilbig volle Kadenz: | ◡́ ◡ ^ ||.

V. 759 f.:
*und daz er ouch der ge**dæhte***
*diu in zer werlde **bræhte***

Auch hier liegt (obwohl Vers 759 auf ein dreisilbiges Wort endet) eine **zweisilbige Kadenz** vor, eine zweisilbig klingende Kadenz: |⏊ | x̀ ^ ||

c) V. 3111 f.:
*im wâren kleider **vremede,***
*niuwan ein hærîn **hemede***

Hier liegt eine **dreisilbige** Kadenz vor (dreisilbig klingende Kadenz), da hier alle drei Silben zum Reimwort gehören: | x́ × | x̀ ^ ||.

Für alle Kadenztypen (mit Ausnahme der zweisilbig vollen Kadenz) gilt:
- Die letzte realisierte Silbe trägt eine Hebung (Haupt- oder Nebenhebung).
- Am Ende steht immer ein pausiertes Viertel (^), das an die Stelle der fehlenden Senkungssilbe tritt. Somit ergibt sich auch für den letzten Takt eines Verses insgesamt immer der Wert einer halben Note.

Die Kadenzen werden in zwei Kategorien unterteilt, in **volle** und **klingende Kadenzen**. Die vollen Kadenzen umfassen jeweils nur den letzten Takt, die klingenden hingegen den letzten und vorletzten Takt.

1.1.3.1 Volle Kadenzen

Je nach Silbenanzahl des Reimwortes werden **einsilbig volle** und **zweisilbige volle Kadenz** unterschieden.
- | x́ ^ || = **einsilbig volle Kadenz** (kurz: 1 voll)
  Die einsilbig volle Kadenz (in der älteren Forschung auch als „einsilbig männlich“ bezeichnet) besteht aus einer Mora mit Hauptakzent und dem pausierten Viertel (insgesamt ergibt sich also wieder der Wert einer halben Note). Dieser Kadenztypus liegt bei allen einsilbigen **Reim**wörtern vor, ist also nicht an bestimmte phonetische Bedingungen gebunden.

  Beispiele:
  - *daz rieten im diu tumben **jâr*** (*Gregorius*, V. 5)
  - *dû bist noch ein junger **man*** (*Gregorius*, V. 12)
  - *so enwart nie mannes misse**tât*** (*Gregorius*, V. 46)

Beachte

Wie das letzte Beispiel (*missetât*) zeigt, liegt die einsilbig volle Kadenz nicht nur bei einsilbigen Reimwörtern vor, sondern auch bei schweren Suffixen oder Teilen von Komposita. Hier empfiehlt es sich, einen Blick auf das korrespondierende Reimwort zu werfen (so reimt z. B. in diesem Fall *missetât* auf *hât*; V. 46 und 45).

Ein besonderer Fall ist die sog. **Strickerkadenz.**[663] Sie liegt vor, wenn die letzte Silbe vor der Kadenz lang und betont ist. In diesem Fall wird sie mit einer Doppelmora wiedergegeben, meist gefolgt von der einsilbig vollen Kadenz. Hier prallen also zwei Haupthebungen aufeinander: | –́ | x́ ^ ||.

Beispiele für die sog. Stricker-Kadenz:
- *eine alsô schœne hôch**zît*** (*Iwein*, V. 35)
  × × | x́ × | x́ × | –́ | x́ ^ ||
- *sô belibe mir der lîp **niht*** (*Iwein*, V. 176)
  × × | x́ × | x́ × | –́ | x́ ^ ||

Das Reimwort ist in beiden Versen einsilbig (die korrespondierenden Reimwörter lauten: ***sît*** und ***iht***), da aber die vorletzte Silbe betont ist, ist hier die Strickerkadenz zu lesen.

- | ◡́ ◡ ^ || = **zweisilbig volle Kadenz** (kurz: 2 voll)
  Die zweisilbig volle Kadenz (in der älteren Forschung auch als „zweisilbig männlich" bezeichnet) besteht aus zwei Achtel, von denen das erste den Hauptakzent trägt, gefolgt von dem pausierten Viertel (insgesamt ergibt sich also wieder der Wert einer halben Note). Dieser Kadenztypus liegt nicht bei allen zweisilbigen Reimwörtern vor, sondern ist an eine bestimmte phonetische Bedingung gebunden: Die erste (= betonte) Silbe des Reimwortes muss **kurz** sein!

Beispiele:
- *umbe daz êwige **leben*** (*Gregorius*, V. 32)
- *und verzwîvelt er an **gote*** (*Gregorius*, V. 70)
- *sô hât der zwîvel im be**nomen*** (*Gregorius*, V. 74)

663 Dieser Kadenztypus ist benannt nach dem Stricker, einem der berühmtesten spätmittelhochdeutschen Dichter (zum Stricker siehe auch Kap. II.2.3.2.1).

Beachte

Die zweisilbig volle Kadenz liegt auch in drei- oder viersilbigen Wörtern vor, vorausgesetzt, dass nur die letzten beiden Silben zum Reimwort gehören (so reimt z. B. ***benomen*** auf ***komen***, V. 74 und 73).

1.1.3.2 Klingende Kadenzen

Je nach Silbenanzahl des Reimwortes werden die **zweisilbige klingende** und die **dreisilbige klingende Kadenz** unterschieden. Beide umfassen zwei Takte.

- | –́ | x̀ ^ || = **zweisilbig klingende Kadenz**[664] (kurz: 2 kl.)
  Der erste Takt besteht aus einer Doppelmora mit Hauptakzent, der zweite immer aus einer Mora mit Nebenakzent, gefolgt von dem pausierten Viertel (insgesamt ergibt sich also wieder für jeden der beiden Takte der Wert einer halben Note). Diesem Kadenztypus liegt (wie auch bei der zweisilbig vollen Kadenz) ein zweisilbiges Reimwort zugrunde. Die zweisilbig klingende Kadenz ist an folgende phonetische Bedingung gebunden: Die erste (= betonte) Silbe, die mit der Doppelmora wiedergegeben wird, muss metrisch **lang** sein! Sie füllt allein den (vorletzten) Takt. Die nachfolgende (letzte) Silbe wird hingegen (ungeachtet ihrer Quantität) immer durch eine Mora mit Nebenakzent wiedergegeben.

  Beispiele:
  - *einem snellen* ***ende*** (*Gregorius*, V. 23)
  - *und solde im sîne* ***sêle*** (*Gregorius*, V. 28)
  - *daz in got gerne em****phâhet*** (*Gregorius*, V. 156)

  Beachte

  Die zweisilbig klingende Kadenz liegt auch in drei- oder viersilbigen Wörtern vor, vorausgesetzt, dass nur die letzten beiden Silben zum Reimwort gehören (so reimt z. B. *em****phâhet*** auf ***gâhet***, V. 156 und 155).

- | x́ x | x̀ ^ || = **dreisilbig klingende Kadenz** (kurz: 3 kl.)
  Der erste Takt besteht (ganz regelmäßig) aus zwei Moren, von denen die erste den Hauptakzent trägt. Der zweite Takt beginnt mit einer Mora mit **Nebenakzent**, gefolgt von dem pausierten Viertel (insgesamt ergibt sich

---

664 Um terminologische Verwechslungen mit den überwiegend nur in der Lyrik vorkommenden weiblich vollen Kadenz vorzubeugen, ist die in der älteren Forschung ebenfalls gebräuchliche Bezeichnung für die zweisilbig klingende Kadenz, „weibliche Kadenz“, unbedingt zu vermeiden.

also wieder für jeden der beiden Takte der Wert einer halben Note). Dieser Kadenztypus liegt bei jedem dreisilbigen Reimwort vor, ist also an keine phonetische Bedingung gebunden. Die dreisilbig klingende Kadenz kommt aber selten vor.

Beispiele:
- *im wâren kleider* ***vremede*** (*Gregorius*, V. 3111)
- *niuwan ein hærîn* ***hemede*** (*Gregorius*, V. 3112)
- *dan si sich noch ieman ver****sagete*** (*Gregorius*, V. 1703)
- *der si ze rehte* ***jagete*** (*Gregorius*, V. 1704)

Beachte

Bei der dreisilbig klingenden Kadenz endet die letzte Silbe immer mit einer Nebenhebung! Nur so ist diese Kadenz von der einsilbig vollen Kadenz mit vorhergehender regelmäßiger Taktfüllung zu unterscheiden.

<table>
<tr><th colspan="2">Volle Kadenzen:</th></tr>
<tr><td>1.) einsilbig volle Kadenz</td><td>|x́ ^ ||</td></tr>
<tr><td>2.) zweisilbig volle Kadenz</td><td>|◡́ ◡ ^ ||</td></tr>
<tr><th colspan="2">Klingende Kadenzen:</th></tr>
<tr><td>1.) zweisilbig klingende Kadenz</td><td>|–́ | x̀ ^ ||</td></tr>
<tr><td>2.) dreisilbig klingende Kadenz</td><td>|x́ × | x̀ ^ ||</td></tr>
</table>

Abb. 61: Überblick über die vier Hauptkadenztypen in der mhd. Epik.

1.1.4 Zusammenfassung

Es empfiehlt sich, bei der metrischen Versanalyse immer mit der Kadenz zu beginnen. Da für den Höfischen Reimpaarvers das Prinzip der Vierhebigkeit gilt (unabhängig davon, ob es sich bei den Hebungen um Haupt- oder Nebenhebungen handelt), bleiben, je nachdem, ob eine volle oder eine klingende Kadenz vorliegt, für den gesamten restlichen Vers entweder noch drei oder nur noch zwei Hebungen übrig.

Ein **einsilbiges Reimwort** wird immer durch die einsilbig volle Kadenz, ein **dreisilbiges Reimwort** immer durch die dreisilbig klingende Kadenz wiedergegeben. Beide Kadenztypen sind an keine phonetischen Bedingungen gebunden, d. h. die Silbenquantität spielt keine Rolle. Nur bei einem **zweisilbigen Reimwort** steht man vor der Entscheidung, ob eine zweisilbig volle oder eine zweisilbig klingende Kadenz vorliegt. Hier entscheidet allein die Quantität der ersten (= betonten) Silbe. Ist diese kurz, handelt es sich um die zweisilbig volle Kadenz, ist sie hingegen lang, um die zweisilbig klingende Kadenz.

Bei den Taktfüllungen im **Versinneren** sowie bei der Entscheidung, ob ein Auftakt zu lesen ist oder nicht, gibt es hingegen (im Unterschied zur Bestimmung des vorliegenden Kadenztypus) bisweilen gewisse Entscheidungsfreiheiten. Zu beachten ist aber stets, dass die Betonung in der Regel der natürlichen Wortbetonung entspricht (d. h. die Betonung liegt auf den Wurzelsilben). Ist keine alternierende Abfolge von Hebung und Senkung möglich, da der Vers zu viele Silben enthält, muss der Leser zunächst überprüfen, ob eine Elision oder Aphärese durchführt werden kann. Ist dies nicht möglich, muss je nach Quantität der betonten Silbe entweder die Hebung oder die Senkung aufgespalten werden. Bei einer zu geringen Silbenanzahl im Vers muss hingegen ein Takt mit nur einer Silbe gefüllt werden (beschwerte Hebung). Voraussetzung hierfür ist, dass die Silbe metrisch lang ist.

1.2 Die Strophenform des *Nibelungenliedes*

Im Unterschied zum Höfischen Roman sind die Heldenepen in der Regel in Strophen verfasst. Am berühmtesten ist die Nibelungenstrophe. Sie weitgehend identisch mit der Kürenberger-Strophe des frühen (Donauländischen) Minnesangs[665] und besteht aus vier paarweise gereimten Langzeilen (Reimschema: aabb), die durch eine Zäsur in der Mitte in Anvers und Abvers unterteilt sind.

Beispiel (*Nibelungenlied* nach der Hs. C, Str. 1,1):
Uns ist in alten mæren *wunders vil geseit*
(Anvers) **(Abvers)**

Die Anverse haben vier Hebungen und enden auf einer (zwei- oder dreisilbig) klingenden Kadenz. Die Abverse enden auf einer (ein- oder zweisilbig) vollen Kadenz. Die ersten drei Abverse haben drei Hebungen, der vierte Anvers vier, wodurch das Ende, die Abgeschlossenheit, der Strophe besonders betont wird. Der Auftakt in den An- und Abversen ist frei. Somit ergibt sich für die Nibelungenstrophe folgendes Schema:

Vers	Anvers Hebungen/Kadenz	Abvers Hebungen/Kadenz	Reim
1	4 klingend	3 voll	a
2	4 klingend	3 voll	a
3	4 klingend	3 voll	b
4	4 klingend	4 voll	b

665 Zum Donauländischen Minnesang siehe Kap. II.2.1.2.2.

Anmerkung

Abweichend davon realisieren einige (wenige) Mediävisten die Kadenzen der Anverse statt als klingende Kadenzen als weiblich volle Kadenzen (| x́ × ||). Dadurch reduziert sich die Anzahl der Hebungen in den Anversen auf drei.

Anvers:	**Abvers:**
3 weiblich voll	3 voll
3 weiblich voll	3 voll
3 weiblich voll	3 voll
3 weiblich voll	4 voll

Da die weiblich volle Kadenz in der Regel der Lyrik vorbehalten ist,[666] ist das o. g. Strophenschema mit vierhebigen Anversen zu bevorzugen.

Beispiele aus dem *Nibelungenlied* (nach der Hs. C)

1. Strophe:

Uns ist in alten mæren	*wunders vil geseit*
× | x́ × | x́ × | –́ | x̀ ^|| (2 kl.)	| x́ × | x́ × | x́ ^ || (1 voll)
von heleden lobebæren,	*von grôzer arebeit,*
× | ◡́ ◡ × | x́ × | –́ | x̀ ^ || (2 kl.)	× | x́ × | x́ × | x́ ^ || (1 voll)
von freudẹ und hôchgezîten,	*von weinen und von klagen,*
× | x́ × | x́ × | –́ | x̀ ^|| (2 kl.)	× | x́ × | x́ × | ◡́ ◡ ^ || (1 voll)
von küener recken strîten	*muget ir nû wunder hœren sagen.*
× | x́ × | x́ × | –́ | x̀ ^|| (2 kl.)	× × | x́ × | x́ × | x́ × | ◡́ ◡ ^ || (2 voll)

Beachte

Im zweiten Anvers liegt bei *heleden* eine gespaltene Hebung vor, da die betonte Silbe kurz ist. Im dritten Anvers ist bei *freudẹ* eine Elision zu lesen und im vierten Abvers ein zweisilbiger Auftakt.

Anmerkung

Eine metrische Besonderheit der ersten Strophe ist, dass hier auch die Anverse Paarreim aufweisen.

2. Strophe:

Ez wuohs in Burgonden	*ein vil edel magedîn*
× | –́ | x́ × | –́ | x̀ ^|| (2 kl.)	× × | x́ × | x́ × | x́ ^ || (1 voll)
daz in allen landen	*niht schœners mohte sîn,*
| x́ × | x́ × | –́ | x̀ ^ || (2 kl.)	× | x́ × | x́ × | x́ ^ || (1 voll)

666 Zur weiblich vollen Kadenz siehe Kap. VIII.2.

Kriemhilt geheizen:
| ⏜ | x̂ × | ⏜ | x̂ ^ || (2 kl.)
dar umbe muosen degene
× | x́ × | x̀ × | x́ ×| x̂ ^ || (3 kl.)

diu wart ein schœne wîp.
× | x́ × | x̀ × | x́ ^ || (1 voll)
vil verliesen den lîp.
|x́ × | ⏜ | x̀ × | x́ ^ || (1 voll)

2 Lyrik

In der Lyrik gelten im Prinzip für die Füllung eines Verses dieselben metrischen Regeln wie für die Epik. Doch im Unterschied zum vierhebigen Reimpaarvers des Höfischen Romans und der festen Strophenform der Heldenepik (siehe die Nibelungenstrophe) ist die Anzahl der Hebungen in lyrischen Versen nicht festgelegt. Die lyrische Strophe kennt kein festes Strophenschema, d. h. die Anzahl der Verse pro Strophe kann ebenso variieren wie die Anzahl der Hebungen pro Vers. So können beispielsweise Verse mit nur zwei oder drei Hebungen und Verse mit mehr als acht Hebungen in einer Strophe vorkommen. Auch hinsichtlich des **Reimschemas** zeigen sich viel größere Freiheiten. Neben Paarreim (aa bb usw.) kommen häufig Kreuzreim (ab ab), erweiterter/verschränkter Kreuzreim (abc abc), umarmender/umschließender Reim (abba cddc) und Schweifreim (aab ccb) vor. Mitunter sind auch einzelne Verse ganz ohne Reim eingestreut (sog. **Waisen**).

Grundlegend ist, dass die Strophen eines mehrstrophigen Liedes stets metrisch und musikalisch gleich gebaut sind, d. h. hinsichtlich der Anzahl der Verse, der Anzahl der Hebungen, des Reimschemas und der Kadenzen übereinstimmen.

In der Lyrik gibt es, wie bereits erwähnt, neben den vier genannten Hauptkadenztypen einen weiteren Kadenztypus: die **weiblich volle Kadenz** | x́ × ||. Wie die zweisilbig klingende umfasst auch diese Kadenz zweisilbige Reimwörter mit langer betonter Silbe. Im Unterschied zu allen anderen Kadenzen endet die weiblich volle Kadenz nicht mit einem pausierten Viertel, da die Taktfüllung mit den zwei Moren bereits dem Wert einer halben Note entspricht. Endet also ein Vers mit einem zweisilbigen Reimwort mit langer betonter Silbe, gibt es folglich zwei Möglichkeiten: Es kann entweder eine klingende oder eine weiblich volle Kadenz gelesen werden. Dies hat lediglich Auswirkungen auf die Anzahl der Hebungen: Bei der weiblich vollen Kadenz reduziert sich die Zahl der Hebungen um eine. Da aber die Anzahl der Hebungen für lyrische Verse generell nicht festgelegt ist, ist es dem Leser überlassen, welcher der beide Kadenzen er den Vorzug gibt.

Beispiel:
mir ist ein nôt vor allem mîme leide (Heinrich von Morungen, MF 169,9)
× | x́ × | x̀ × | x́ × | x̀ × | ⏜ | x̂ ^ || (klingende Kadenz)
× | x́ × | x̀ × | x́ × | x̀ × | x́ × || (weiblich volle Kadenz)

Wird der Vers mit zweisilbig klingender Kadenz gelesen, beläuft sich die Anzahl der Hebungen auf insgesamt sechs, mit weiblich voller Kadenz hingegen auf fünf.

Im Weiteren folgt ein kurzer Überblick über den Aufbau einer **Kanzonenstrophe**, in der etwa 80 % der überlieferten mhd. Minnelieder verfasst sind. Wie bereits in Kap. III.2.2.2.2 dargelegt, besteht die Kanzonenstrophe zumeist aus drei Teilen: zwei metrisch identischen Stollen (A A), die zusammen den Aufgesang bilden, und einem metrisch-musikalisch anders gebauten Abgesang (B). Die Stollen des Aufgesangs haben also stets dieselbe Anzahl von Versen und Hebungen, dieselben Kadenzen und dieselben Reime. Die Grundform, die einfachste Bauform einer Kanzonenstrophe, besteht aus sechs Versen, von denen die ersten vier Verse (zwei Verse pro Stollen) den Aufgesang und die letzten beiden Verse den Abgesang bilden.

Als ein Beispiel dient die erste Strophe eines fünfstrophigen Minneliedes von Heinrich von Morungen: *Mir ist ein nôt* (MF 169,9).

Mir ist ein nôt vor allem mîme leide,
doch durch disen winter niht.
waz dar umbe, valwet grüene heide?
solher dinge vil geschiht,
Der ich aller muoz gedagen.
ich han mêr ze tuonne denne bluomen klagen.

Die Stollen des Aufgesangs beginnen jeweils mit einem sechshebigen Vers mit zweisilbig klingender Kadenz und enden jeweils mit einem vierhebigen Vers mit voller Kadenz (Reimschema: abab). Der erste Vers des Abgesangs hat vier Hebungen, der zweite sechs. Beide enden auf einer zweisilbig vollen Kadenz (Reimschema: cc).

Aufgesang (A)		
6 kl.	a	→ I. Stollen (A)
4 voll	b	
6 kl.	a	→ II. Stollen (A')
4 voll	b	
Abgesang (B)		
4 voll	c	
6 voll	c	

Abb. 62: Die Kanzonenstrophe am Beispiel von MF 169,9.

Die metrische Analyse dieser Strophe sieht folgendermaßen aus:

Mir ist ein nôt vor allem mîme leide,
× | x́ × | x́ × | x́ × | x́ × | –́ | x̀ ^ || (2 kl.)
doch durch disen winter niht.
| x́ × | x́ × | x́ × | x́ ^ || (1 voll)
waz dar umbe, valwet grüene heide?
| x́ × | x́ × | x́ × | x́ × | –́ | x̀ ^ || (2 kl.)
solher dinge vil geschiht,
| x́ × | x́ × | x́ × | x́ ^ || (1 voll)
Der ich aller muoz gedagen.
| x́ × | x́ × | x́ × | ◡́ ◡ ^ || (2 voll)
ich han mêr ze tuonne denne bluomen klagen.
| x́ × | x́ × | x́ × | x́ × | x́ × | ◡́ ◡ ^ || (2 voll)

Die meisten Kanzonenstrophen umfassen aber mehr als sechs Verse. Die Grundform der Kanzonenstrophe (AAB) wurde bereits seit Friedrich von Hausen (2. Hälfte 12. Jh.) auf vielfache Weise variiert und weiterentwickelt.[667] So gibt es im Hohen Minnesang beispielsweise auch Kanzonenstrophen mit einem zweigeteilten Abgesang, der wiederum aus zwei identischen Teilen (B+B) oder annähernd identischen Teilen (B+B′) bestehen kann.

3 Übungsaufgaben

1) Bestimmen Sie die folgenden (beliebig ausgewählten) Kadenzen aus dem *Erec* (die Reimwörter sind fettgedruckt):

Reimwort	**Kadenz**
klagen	
*geisel**slac***	
schande	
*ge**winnen***	
*er**biten***	
*tugent**rîche***	

667 Zu Friedrich von Hausen siehe auch Kap. II.2.2.2.2.

(fortgesetzt)

Reimwort	**Kadenz**
blüete	
*ge**burt***	
*sæli**keit***	
*ge**schehe***	
*ver**nomen***	
*ge**mache***	

2) Analysieren Sie die metrische Struktur folgender Verse aus dem *Iwein*, und benennen Sie die Kadenzen.

Iwein (V. 1597–1608)
diu vrouwe beleip mit ungehabe
alters eine bî dem grabe.
dô sî her Îwein eine ersach
unde ir meinlich ungemach,
ir starkez ungemüete
unde ir stæte güete,
ir wîplîche triuwe
und ir senlîche riuwe,
dô minnet er sî deste mê,
und im wart nâch ir alsô wê
daz diu minne nie gewan
grœzern gewalt an deheinem man.

3) Welche Kadenz liegt in den folgenden Versen vor?
   a) *Gregorius*, V. 3169 f.
      diu triuwe und diu wârheit
      daz ir wort was ein eit
   b) *Iwein*, V. 8121 f.
      Dô sprach diu künegîn
      „her Îwein, lieber herre mîn
   c) *Gregorius*, V. 703 f.
      der wirt huop sich verstolne
      und gewan vil verholne
   d) *Iwein*, V. 8104 f.
      zewâre daz riuwet mich.
      ouch ist das gewonlich

e) *Erec*, V. 2932 f.
wie er alle sîne sache
wante zuo gemache

f) *Armer Heinrich*, V. 293 f.
diu im ze lîdenne geschach:
er schuof ime rîch gemach

g) *Iwein*, V. 7623 f.
mich het brâht in arbeit
mîn unreht unde sîn manheit

h) *Gregorius*, V. 2353 f.
noch baz dû gedagetest
dan dû die lüge sagetest

i) *Iwein*, V. 15 f.
er hât den lop erworben,
ist im der lîp erstorben

4) Analysieren Sie die metrische Struktur der 20. Strophe des *Nibelungenliedes* (nach der Hs. B) und skizzieren Sie das typische Schema der Nibelungenliedstrophe.

Dô wuohs in Niderlanden eines edelen küneges kint,
des vater der hiez Sigemunt, sîn muoter Sigelint,
in einer rîhen bürge wîten wol bekannt,
nidene bî dem Rîne: diu was ze Santen genant.

Die Lösungen zu den Übungsaufgaben finden sich in Kap. IX.

IX Anhang

1 Lösungen zu den Übungsaufgaben

Kapitel I: Sprachgeschichtliches Grundlagenwissen

1) Die zweite Lautverschiebung (auch alt**hochdeutsche** Lautverschiebung genannt).
2) Das Nordwestgermanische umfasst die Gemeinschaft der germanischen Sprachen (Nordgermanisch und Westgermanisch) nach der Ausgliederung des Gotischen, das zu den ostgermanischen Sprachen gehört. Die Goten begannen noch vor dem 2. Jh. n. Chr. in Richtung Süden zu wandern.
3) Die heutigen romanischen Sprachen (siehe z. B. das Französische und Italienische) gehörten ebenso wie das Deutsche ursprünglich zur Familie der indogermanischen Sprachen. Das Verwandtschaftsverhältnis zwischen diesen Sprachen zeigt sich noch heute in der gleichlautenden Wurzelsilbe der o. g. Beispielwörter frz. *soleil*, ital. *sole* und dt. *Sonne* (< ahd. *sunna*).
4) Die älteste Sprachstufe des Deutschen ist das Althochdeutsche (ca. 750–900/1050). Etwa 765 (möglicherweise auch erst um 785) ist das erste deutsche Buch entstanden (der sog. *Abrogans*). Davor, seit etwa dem 6. Jh., gab es das vorliterarische Frühalthochdeutsche oder Voralthochdeutsche, das vorwiegend in Runeninschriften überliefert ist.
5) Das Germanische (Urgermanische) hat sich in erster Linie durch die erste Lautverschiebung, die frühestens Ende des 2. Jahrtausends v. Chr. einsetzte und frühestens um 500 v. Chr. abgeschlossen war, aus der Gruppe der indogermanischen Sprachen ausgegliedert. Die 1. LV wird daher auch als „germanische" Lautverschiebung bezeichnet.
6) Die „Appel-Apfel-Linie" bezeichnet die Dialektgrenze (Isoglosse) zwischen den oberdeutschen und den mitteldeutschen Mundarten. Während im Oberdeutschen die Geminata /pp/ zu /pf/ verschoben wurde (siehe *apfel*), ist sie im Mitteldeutschen (wie auch im Niederdeutschen) bewahrt geblieben (siehe *appel*).
7) Zu den idg. Sprachen bzw. Sprachgruppen gehören beispielsweise das Germanische, das Griechische, die baltischen, slawischen und die romanischen Sprachen.
8) Das Althochdeutsche wurde um ca. 1050 vom Mittelhochdeutschen abgelöst. Aber bereits um 900 wurde für ca. anderthalb Jahrhunderte die kontinuierliche schriftliche Überlieferung der althochdeutschen Sprache unterbrochen. Da es aus diesem Zeitraum nur wenige ahd. Texte gibt, lassen einige Einführungen, historische Grammatiken oder Literaturgeschichten das Althochdeutsche bereits um 900 enden.

https://doi.org/10.1515/9783110464184-009

9) Das Mittelhochdeutsche lässt sich im Wesentlichen in drei zeitliche Phasen unterteilen: das Frühmittelhochdeutsche (1050–1170), das sog. Klassische Mittelhochdeutsche (1170–1220) und das Spätmittelhochdeutsche (1220–1350).
10) Zu den westgermanischen Sprachen gehören (neben dem Deutschen) das Englische, Niederländische und das Friesische (sowie das Jiddische und Afrikaans).
11) Ein außersprachliches Kriterium für das Ende des Frühneuhochdeutschen um 1650 ist das Ende des Dreißigjährigen Krieges mit dem Westfälischen Frieden (Datum: 15. 5.–24. 10. 1648).
12) Die zweite Lautverschiebung begann im Süden des deutschen Sprachgebiets und strahlte von dort mit abnehmender Intensität in Richtung Norden aus. An der Benrather Linie, der Grenze zwischen dem Hoch- und dem Niederdeutschen, kam sie schließlich vollends zum Erliegen.
13) „Indogermanisch" bezeichnet die geographische Spannweite dieser riesigen Sprachfamilie (von Indien bis Germanien). Daneben findet sich (vor allem außerhalb Deutschlands) auch vielfach die Bezeichnung „Indoeuropäisch" (statt „Indogermanisch"). Da es aber auch europäische Sprachen gibt, die nicht dieser Sprachfamilie angehören (wie die finno-ugrischen Sprachen, das Baskische und die Turksprachen), ist die Bezeichnung „Indogermanisch" zu bevorzugen.

Kapitel II: Literaturgeschichtliches Grundlagenwissen

1) Das erste (erhaltene) Buch in deutscher Sprache, der *Abrogans*, ist um 765 (oder um 785) im Kloster Freising entstanden. Es handelt sich um ein (alphabetisch geordnetes) lateinisch-althochdeutsches Synonymenwörterbuch. Benannt wurde es nach seinem ersten Eintrag, lat. *abrogans* (= ahd. *dheomodi* ‚bescheiden, demütig').
2) In alt- und frühmittelhochdeutscher Zeit entstand Literatur ausschließlich in den Skriptorien der Klöster. Bekannte Skriptorien gab es u. a. in den Klöstern Freising, St. Gallen, Reichenau, Weißenburg, Bamberg, Lorsch und Fulda. Ab ca. 1150 spielten neben den Klöstern die Höfe der (weltlichen) Fürsten eine zunehmend wichtige Rolle als Orte der Literaturproduktion. Hier entstanden vorwiegend weltliche Texte. Gegen Ende des 12. Jh.s entwickelten sich die weltlichen Fürstenhöfe zu Zentren der Literaturproduktion.
3) Der deutsche Minnesang von 1150 bis 1220 wird überwiegend in drei Phasen eingeteilt. Die früheste Phase ist der Donauländische Minnesang (entstanden um 1150 im bairisch-österreichischen Sprachraum). Um 1170 entstand in der Gegend am Oberrhein der Rheinische Minnesang (die sog. von Hau-

sen-Schule). Um 1190 wurde diese zweite Phase abgelöst von der Phase des Klassischen Minnesangs (von ca. 1190–1220).

4) Das (nur fragmentarisch erhaltene) ahd. *Hildebrandslied* gehört zur Gattung der Heldenepik. Es handelt sich um das älteste erhaltene germanische Heldenepos. Aufgezeichnet wurde es in der 1. Hälfte des 9. Jh.s im Kloster Fulda (erhalten sind nur 68 Langzeilen).

5) Latein galt neben Griechisch und Hebräisch als heilige Sprache (*lingua sacra*). In ahd. (bis frühmhd.) Zeit erfolgte die Verschriftlichung volkssprachlicher Texte im Kontext der lateinischen Literarizität, also der lateinischen Schriftkultur. Für die Verschriftlichung der Volkssprache stand den Schreibern nur das lateinische Alphabet zur Verfügung. Die ahd. Literatur ist zum überwiegenden Teil Übersetzungsliteratur. Am Anfang stehen die ahd. Glossen, einzelne ahd. Übersetzungen bzw. Erklärungen lateinischer Wörter oder Textstellen, gefolgt von umfangreichen Glossaren (Wörterbüchern). Das bekannteste ist der sog. *Abrogans*, ein (alphabetisch geordnetes) lateinisch-althochdeutsches Synonymenwörterbuch. Es folgen (neben einigen Bearbeitungen) zahlreiche Übersetzungen religiöser lateinischer Texte).

6) Ab ca. 1170 entstand eine neue Gattung, der Höfische Roman. In der Regel handelt es sich bei diesem um Übersetzungen bzw. Bearbeitungen weltlicher französischer Vorlagen. Den Anfang macht ein Antikenroman (Stoffkreis: *matière de Rome)*, die *Eneit* Heinrichs von Veldeke. Er gilt als der erste deutschsprachige Höfische Roman. Eine breitere Rezeption erfuhr im deutschen Sprachgebiet aber eine andere (fiktionale) Gattung, die auf keltischem Erzählgut basiert (Stoffkreis: *matière de Bretagne*). Hierzu zählen vor allem die Artusromane. Obgleich kein Artusroman, sondern ein klassischer Minneroman, wird auch der *Tristan* Gottfrieds von Straßburg (um 1210) zur Gattung des Höfischen Romans gerechnet, ebenso wie der *Parzival* Wolframs von Eschenbach, eine Mischung von Artus- und Gralroman. Den Höfischen Romanen gemein ist ein stark idealisiertes Bild der adelig-höfischen Gesellschaft. Im Mittelpunkt steht der höfische Ritter, dessen Verhalten von einem streng normierten höfisch-ritterlichen Verhaltenskodex bestimmt wird. Die vorherrschende Form des Höfischen Romans ist der vierhebige Reimpaarvers.
Beispiele für den Höfischen Roman sind: der *Erec* und der *Iwein* Hartmanns von Aue, der *Tristan* Gottfrieds von Straßburg und der *Parzival* Wolframs von Eschenbach.

7) Ab 1220/30 haben sich die Entstehungsbedingungen für Literatur deutlich geändert. Die Volkssprache ist in immer mehr Lebensbereiche eingedrungen, das Bildungsniveau sowie die Zahl der Städte sind stetig angestiegen. Die Einwohner der Städte (vor allem die adelige Oberschicht und das Patri-

ziat) nahmen als Produzenten, vor allem aber als Rezipienten zunehmend Einfluss auf die Literatur. Das literarische Gattungsspektrum erweiterte sich ganz beträchtlich. Die Volkssprache eroberte nun auch Textsorten, die zuvor nahezu ausschließlich dem Lateinischen vorbehalten waren (wie z. B. Urkunden, Rechtsbücher, Chroniken, Predigten und wissensvermittelnde Literatur). Zudem entstanden neue epische Textgattungen wie lehrhafte Kurzerzählungen, das geistliche Spiel, Rechtsbücher, medizinische und naturwissenschaftliche Fachprosa, Chroniken und umfangreiche Lehrgedichte (oftmals nach lateinischem Vorbild oder unabhängig von bestimmten Vorlagen).

8) Eine mögliche Erklärung für die beträchtlichen Abweichungen in der handschriftlichen Überlieferung der mhd. Lyrik ist das erst späte Einsetzen der schriftlichen Überlieferung. Die meisten Lieder und Sprüche sind erst viele Jahrzehnte nach ihrer Entstehungszeit in Handschriften überliefert (die Mehrzahl in den großen Sammelhandschriften Ende 13./Anfang 14. Jh.). Aus dem 12. Jh. gibt es nur Einzeleinträge deutschsprachiger Lieder in lateinischen Handschriften (sog. Streuüberlieferung).

9) Das sog. Doppelwegschema (auch **doppelter Kursus** genannt) ist charakteristisch für den sog. klassischen Artusroman, findet sich aber in idealtypischer Weise nur im ersten Artusroman, dem *Erec* Hartmanns von Aue. In den nachfolgenden Artusromanen zeigen sich bereits einige Abweichungen. Grundsätzlich ist die Handlung des klassischen Artusromans untergliedert in zwei Âventiurenwege, die der Protagonist durchlaufen muss (daher die Bezeichnung „Doppelwegschema"). Auf dem ersten Âventiurenweg bricht der (zumeist junge) Ritter vom Artushof auf und gewinnt (durch eine ritterliche Bewährungsprobe) rasch Glück und große Ehre. Anschließend stürzt er durch eine Verfehlung in eine tiefe Krise. Auf seinem zweiten – ungleich längeren – Âventiurenweg durchläuft er verschiedene (auf seine frühere Verfehlung bezogene) Bewährungsproben, deren Schwierigkeitsgrad sich zunehmend steigert, und gewinnt nach und nach seine Ehre zurück. Der zweite Âventiurenweg ist untergliedert in zwei Âventiurenreihen, in deren Mitte die Zwischeneinkehr am Artushof steht. Den Höhepunkt bildet die Schlussâventiure, in welcher der Protagonist zum Erlöser einer ganzen Gesellschaft wird und somit endgültig beweist, dass er seine frühere Verfehlung überwunden und sich innerlich gewandelt hat.

10) Während die Lieder des Hohen Minnesangs in der Regel aus mehreren Strophen (bis zu sechs) bestehen, die inhaltlich aufeinander bezogen und formal identisch sind, also auf dieselbe Melodie gesungen wurden, stellt ein Sangspruch eine thematische abgeschlossene Einheit dar und ist daher in der Regel einstrophig. Haben Sprüche dasselbe metrisch-musikalische Grund-

schema, bilden sie einen Ton. Die Anzahl der Sprüche eines Tons in der Sangspruchlyrik ist nahezu unbegrenzt. So umfasst z. B. der König Friedrichton Walthers von der Vogelweide, ein sog. Großton, 22 Sprüche.

11) Vier beliebte Themen in der Sangspruchlyrik sind: Morallehre, Politik, Religion und Gesellschaftkritik (u. a.).

12) Friedrich von Hausen ist der erste deutsche Minnesänger, der um 1170 am Oberrhein Lieder nach romanischem Vorbild gedichtet hat. Da er mit seinem Stil viele Minnesänger (vor allem im Umkreis des staufischen Königshofs) beeinflusst hat, gilt er als Begründer der sog. Hausen-Schule, der u. a. Bligger von Steinach, Ulrich von Gutenburg, Bernger von Horheim und Hartwig von Raute zugerechnet werden. Mit dem Tod Friedrichs von Hausen (1190) endet die Phase des Rheinischen Minnesangs.

13) Zum Stoffkreis der *matière de Bretagne* gehören z. B. der *Erec* und der *Iwein* Hartmanns von Aue sowie der *Tristan* Gottfrieds von Straßburg.

14) Bei *mære* und *bîspel* handelt es sich um didaktischee Kleinepik in Reimpaarversen. Bei beiden entstammen die Protagonisten zumeist dem bürgerlich-bäuerlichen Milieu. Die Werke zeichnen sich durch eine ausgesprochene Themenvielfalt aus. Besonders beliebte Themen sind Minne, Ehebruch und Ehestreit, List und Gegenlist, Konflikte zwischen Armen und Reichen sowie alle möglichen Arten von Verführungen und Versuchungen. *Mæren* haben in der Regel einen Umfang von 150 bis zu 2000 Versen, und auf einen erzählenden Teil folgt meist eine moralische Ausdeutung. Unterschieden werden (nach HANNS FISCHER) höfisch-galante, moralisch-exemplarische und schwankhaften Mären. Diesem Typus sind die meisten Mären zuzurechnen. Beim *bîspel* ist im Unterschied zum Märe der Erzählteil zugunsten des Auslegungsteils deutlich reduziert und oftmals schon ganz auf diesen ausgerichtet. Die moralisierende Nutzanwendung steht somit im Vordergrund. Der Gesamtumfang eines *bîspels* reicht von nur 8 bis zu 500 Versen.

15) Das Heldenepos (wie z. B. das *Nibelungenlied*) ist in Strophen verfasst, was auf den gesanglichen Vortrag hindeutet (vermutlich eine Art Sprechgesang). Die Strophen (siehe die Nibelungenstrophe) bestehen aus vier paarweise gereimten Langzeilen, von denen jede durch eine Zäsur in zwei Halbverse (An- und Abvers) gegliedert ist. Die Anverse sind vier-, die Abverse der ersten drei Verse dreihebig, der vierte Abvers ist vierhebig. Diese Strophenform ist identisch mit der sog. Kürenberger-Strophe. Im Unterschied dazu ist der Höfische Roman in fortlaufenden (zumeist vierhebigen) Reimpaarversen verfasst, dem sog. Höfischen Reimpaarvers. Ein weiterer formaler Unterschied ist die vor allem für das *Nibelungenlied* charakteristische Einteilung in (insgesamt 39) Âventiuren. Hierbei handelt es sich um kapitelartige Erzähleinheiten von unterschiedlicher Länge. Im Höfischen Roman

findet sich die Einteilung der Handlung in Âventiuren nicht. Hier bezeichnet der Begriff Âventiure die ritterlichen Bewährungsproben, die der Ritter auf seinem Weg zum endgültigen Glück zu bestehen hat, im Heldenepos hingegen den Bericht von Âventiuren.

16) Die Mehrzahl der Lieder des Hohen Minnesangs sind Minnekanzonen. Die Kanzonenform haben die deutschen Minnesänger (seit Friedrich von Hausen) von ihren romanischen Vorbildern (den provenzalischen Troubadours und nordfrz. Trouvères) übernommen. Das zentrale Thema einer Kanzone im Klassischen Minnesang ist die Hohe Minne, das unerfüllte Werben um ein unerreichbare Minnedame. Eine Kanzonenstrophe besteht aus drei Teilen: zwei gleichgebauten Stollen (A+A), die zusammen den Aufgesang bilden und auf dieselbe Melodie gesungen werden, also dasselbe metrische Schema aufweisen, und einem metrisch anders gebauten Abgesang (B). Diese Grundform (AAB) wurde von den deutschen Dichtern auf vielfache Weise variiert und weiterentwickelt.

17) Die Lieder des Donauländischen Minnesangs sind inhaltlich und formal noch nicht von der provenzalischen Troubadourlyrik beeinflusst (im Unterschied zu den Liedern des Hohen Minnesangs). In den Liedern zeigt sich eine natürliche und ungekünstelte Auffassung von Minne und Erotik. Sexuelle Liebesbegegnungen bzw. entsprechende Wunschvorstellungen werden recht unverhüllt geschildert. Sowohl der Mann als auch die Frau gehören dem Adel an und begegnen einander auf Augenhöhe. Beliebte Themen im Donauländischen Minnesang sind: die Behinderung der Liebe durch die Hofgesellschaft, die räumliche Trennung der Liebenden, unerwiderte Liebe, gegenwärtiges Leid und Sehnsucht der Frau sowie Untreue des Mannes. Vor allem die Frau ist Trägerin von Gefühlswerten (siehe die sog. Frauenstrophen).

Typische formale Merkmale sind die paargereimte Langzeilenstrophe (mit einer Zäsur in der Mitte) und die häufig noch unreinen Reime. Die bevorzugten Formen sind: einstrophige Liebeslieder, der sog. Wechsel (bestehend aus mindestens einer Männer- und einer Frauenstrophe, die jeweils monologisch gestaltet sind und räumliche Trennung voraussetzen) und das Tagelied (das die Trennung der Liebenden am Morgen nach gemeinsam verbrachter Nacht zum Inhalt hat).

18) Mit dem sog. ABC des Minnesangs werden die wichtigsten Überlieferungsträger für die mhd. Lyrik (nach ihren Siglen) bezeichnet: A = Kleine Heidelberger Liederhandschrift (cpg 357), B = Weingartner Liederhandschrift (Stuttgart, Württembergische Landesbibliothek cod. HB XIII 1) und C = Große Heidelberger Liederhandschrift (cpg 848), auch Codex Manesse genannt. Alle drei Handschriften enthalten sowohl Minnelieder als auch Sangsprü-

che. Die wichtigste Handschrift für die mhd. Lyrik ist die Große Heidelberger Liederhandschrift C. Sie enthält auf 426 Pergamentblättern fast 6.000 Strophen von 140 Dichtern.

19) Ab Mitte des 12. Jh.s (bis zum Ende der mhd. Klassik um 1220) zeigt sich in zahlreichen Lebensbereichen eine zunehmende Orientierung nach Frankreich. Die höfische Kultur und Literatur Frankreichs wurden zum Vorbild für die deutsche Kultur und Literatur. So bildete sich eine neue adelige Lebenskultur nach dem Ideal der französischem *courtoisie* (mhd. *hövescheit*) aus. Bereits um 1150 entstanden Romane nach französischen Vorlagen, und ab 1170 wurde auch die Minnelyrik der provenzalischen Troubadours (bzw. der nordfrz. Trouvères) von den deutschen Minnesängern adaptiert.

20) Die großen Fürstenhöfe entwickelten sich zur Zeit der sog. Höfischen Klassik zu Zentren der Literaturproduktion und -rezeption. Nach dem Vorbild der Könige traten immer mehr Adelige als Förderer von Literatur (= Mäzene) in Erscheinung. Sie beschäftigten die (epischen) Dichter meist für einen längeren Zeitraum an ihrem Hof, übernahmen die hohen Herstellungskosten (u. a. das teure Pergament), besorgten mitunter die französischen Vorlagen und nahmen so auch häufig Einfluss auf die Auswahl der Stoffe und erhöhten auf diese Weise ihr Prestige. Die bedeutendsten Mäzene waren der Landgraf Hermann von Thüringen († 1217), (vermutlich) das alemannische Fürstengeschlecht der Zähringer, Wolfger von Erla, der staufische und der babenbergische Hof in Wien. Im Unterschied zu den Verfassern epischer Werke oder den Sangspruchdichtern, die in der Regel nicht-adelige Berufsdichter und somit auf die finanzielle Unterstützung durch wohlhabende Gönner angewiesen waren, ist der Minnesang adelige Repräsentationskunst. Einige Fürsten (wie der staufische König Heinrich VI.) haben auch selbst Minnelieder verfasst (so sind im Autorenverzeichnis der Großen Heidelberger Liederhandschrift C die Namen von Königen, Herzögen, Grafen usw. aufgeführt).

21) Der *Parzival* Wolframs von Eschenbach ist eine eine Mischung von Artus- und Gralroman. Er weist zwar Analogien zur Doppelwegstruktur (Symbolstruktur) der „klassischen“ Artusromane auf, aber es zeigen sich auch deutliche Abweichungen. Die wichtigsten sind: a) Der Artushof ist nicht länger das alleinige Zentrum. Daneben gibt es die Welt des Grals (*Terre de Salvæsche*), in die man nur gelangen kann, wenn man durch Gott dorthin berufen wurde; b) Es gibt nicht nur einen, sondern zwei Protagonisten, den Gralsritter Parzival und den Artusritter Gawan. Deren Âventiuren verlaufen parallel, sind aber immer wieder ineinander verschachtelt; c) Das Versagen Parzivals (also die typische Krise des Helden) lässt sich nicht durch ritterliche Âventiuren, die sein Versagen widerspiegeln, wieder gut machen, sondern bedarf der Gnade Gottes.

22) Der *Willehalm* und das *Rolandslied* sind Bearbeitungen von Stoffen aus der französischen Heldenepik (Chansons de geste), in denen die Heldentaten herausragender Kämpfer aus karolingischer Zeit geschildert werden. Beide Werke können daher auch als „deutsche Chanson de geste" bezeichnet werden. Der *Willehalm* ist die Bearbeitung einer nicht erhaltenen Fassung der altfranzösischen Chanson de geste *La Bataille d'Aliscans* und wurde um 1220 von Wolfram von Eschenbach verfasst. Das *Rolandslied* entstand vermutlich um 1172 im Auftrag Heinrichs des Löwen von dem Pfaffen Konrad (also einem Kleriker).
23) Um 1170 entstanden in der Gegend am Oberrhein Lieder mit dem Konzept der Hohen Minne (nach romanischen Vorbildern). Im Unterschied zum frühen Minnesang (Donauländischer Minnesang) wirbt der Sänger (das lyrische Ich) um eine unerreichbare sozial höherstehende (verheiratete) Dame (mhd. *vrouwe*). Bei dieser handelt es sich um eine abstrakte idealtypische Verkörperung ethischer Werte, gewissermaßen also um ein Objekt, auf das die Wertvorstellungen der höfisch-adeligen Gesellschaft projiziert werden. Der Sänger setzt seine Werbung unermüdlich fort, ohne Aussicht darauf, jemals Erhörung für seinen Minnedienst zu finden. Statt Liebesfreuden muss er stets Leid ertragen. Der *lôn* für seinen Minnedienst besteht zum einen aus der Anerkennung seitens der höfischen Gesellschaft (Steigerung des gesellschaftlichen Ansehens), zum anderen aus der Erziehung des Mannes zu ethisch-moralischer Vervollkommung. Der Hohe Minnesang ist somit (nach vorherrschender Forschungsmeinung) ein abstraktes und in hohem Maß artifizielles Spiel mit feststehenden Rollen und Motiven und keine Erlebnislyrik.
24) Dem Rheinischen Minnesang zugerechnet werden z. B. Friedrich von Hausen, der als der Begründer der sog. Hausen-Schule gilt, Bligger von Steinach und Ulrich von Gutenburg. Vertreter des Hohen Minnesangs sind u. a. Heinrich von Morungen, Reinmar und Walther von der Vogelweide.
25) Unter einer Kontrafaktur versteht man die Übernahme der metrischen Form und somit der dazugehörigen Melodie romanischer Lieder. Auf diese Weise können mitunter verlorene Melodien zu deutschen Minneliedern oder Sangsprüchen (zumindest ungefähr) erschlossen werden.

Kapitel III: Das Mittelhochdeutsche: Schreibung und Aussprache

1) Unter Synchronie versteht man die Sprachbetrachung zu einem bestimmten Punkt auf der Zeitachse (wie z. B. dem Klassischen Mittelhochdeutschen um 1200). Auf der Ebene der Diachronie werden hingegen die sprachlichen Veränderungen, die sich in einer gewissen Zeitspanne zeigen (also der Sprach-

wandel), untersucht (wie z. B. die sprachlichen Veränderungen vom Mittelhochdeutschen zum Frühneuhochdeutschen).

2) a) *swære* [s] [ä:]
   b) *liute* [ü:]
   c) *leit* [ey]
   d) *naht* [x]
   e) *liebe* [í-e].
3) Der freie Lautwandel erfolgt unabhängig von der lautlichen Umgebung, in der der betreffende Laut steht. Der kombinatorische Lautwandel ist hingegen durch die lautliche Umgebung bedingt (meist findet sich der Auslöser für den Lautwandel in der auf den Wurzelvokal folgenden unbetonten Silbe).
   Beispiele für freie Lautwandelprozesse sind z. B.:
   - idg. /o/ > germ. /a/
   - ahd. /iu/ > mhd. /iu/ (spätahd. Monophthongierung)

   Beispiele für kombinatorische Lautwandelprozesse sind z. B.:
   - Die nwgerm. Hebung von germ. /e/ > nwgerm. /i/ (vor den hohen Vokalen /i/, /j/, /u/ in der Folgesilbe oder vor unmittelbar nachfolgender Nasalverbindung).
   - Der Primärumlaut von vorahd. /a/ > ahd. /e/ (vor den hohen Vokalen /i/, /j/ in der Folgesilbe).
4) Die Karolingische Minuskel war vom 8. bis zum Beginn des 12. Jh.s die vorherrschende Schrift. Im Unterschied zu den Majuskelschriften werden in der Regel ausschließlich Kleinbuchstaben verwendet.
5) Karl Lachmann (1793–1851) zählt neben den Brüdern Grimm zu den Begründern der Germanistik und hat die mediävistisch-germanistische Textkritik nach dem Vorbild der editionswissenschaftlichen Methoden der Klassischen Philologie begründet (sog. Lachmannsche Methode). Von ihm stammen die ersten textkritischen Ausgaben der bedeutendsten mhd. Texte. Diese gelten heute als Klassiker der germanistischen Editionsgeschichte (wie z. B. das *Nibelungenlied*, Hartmanns von Aue *Iwein* und *Gregorius*, die Lieder Walthers von der Vogelweide und die Werke Wolframs von Eschenbach). Gemeinsam mit Moriz Haupt hat er 1857 die Lyrikanthologie *Des Minnesangs Frühling* herausgegeben. Die Zählung der Lieder richtet sich noch in den heutigen Ausgaben grundsätzlich nach dieser Erstausgabe. Zudem geht das normalisierte Mittelhochdeutsche (Normalmittelhochdeutsche) auf Lachmann zurück.
6) Da es noch keine normierte Orthographie gab, wurden insbesondere die Phoneme, für die im lateinischen Alphabet keine Grapheme existierten, von den Schreibern auf unterschiedliche Weise wiedergegeben (hierzu zählen

z. B. die Umlaute und die Affrikaten). Daneben tragen auch dialektsprachliche Einflüsse zum Variantenreichtum in den mittelalterlichen Handschriften bei.

7) Das „Normalmittelhochdeutsche“ (oder auch: normalisierte Mittelhochdeutsche) wurde in der 1. Hälfte des 19. Jh.s von KARL LACHMANN entwickelt. Es handelt sich um eine künstlich geschaffene Sprachform mit dem Ziel, dem Leser das Textverständnis zu erleichtern. Hierfür haben LACHMANN und ihm folgend die Herausgeber mittelhochdeutscher Texte die abweichenden Schreibweisen weitgehend normativ geregelt und Eingriffe in den handschriftlichen Text vorgenommen (hierzu gehören die Auflösung von Kürzeln und diakritischen Zeichen, die Einführung von Längenzeichen zur Markierung der Langvokale, die einheitliche Wiedergabe von Umlauten u. a.).

8)

diplomatischer Abdruck:	**Normalisiertes Mittelhochdeutsch:**
einē	*einen*
do	*dô*
vn̄	*und(e)*
vf	*ûf*
hvͦb	*huob*
floͧg	*flouc*
fliegē	*fliegen/vliegen*
fuͦrte	*fuorte/vuorte*
riemē	*riemen*

Anmerkung

Im Anlaut können die Grapheme <f> und <v> im Mittelhochdeutschen miteinander wechseln (siehe z. B. *fliegen/vliegen*).

9) a) mhd. *zimber*: mitunter ist hier die Assimilation von /mb/ > /mm/ eingetreten (mhd. *zimber* > *zimmer*). Daneben existiert auch die Form mit Einfachkonsonanz: mhd. *zimer*.
b) mhd. *imz*: Enklise von *im ez* > *imz*.
c) mhd. *bater*: Enklise von *bat er* > *bater*.
d) mhd. *diende*: mhd. Lenisierung /t/ > /d/ nach Nasal; die daneben existierende nicht-lenisierte Form lautet: *diente*.

e) mhd. *bern*: Ausfall des unbetonten /e/ nach dem Liquid /r/ und kurzem Wurzelvokal (Synkope). Daneben kommt gelegentlich (eher selten) die nicht-synkopierte Form mhd. *beren* vor.
f) mhd. *unde*: mhd. Lenisierung /t/ > /d/ nach Nasal; die daneben existierende nicht-lenisierte Form lautet: *unt*. Daneben ist auch häufig die lenisierte Form mit Apokope (mhd. *und*) belegt.

10) Eine textkritische Ausgabe enthält vor allem einen textkritischen Apparat, in dem abweichende Lesarten in den wichtigsten anderen Handschriften sowie Eingriffe des Herausgebers (Konjekturen, Emendationen) vermerkt sind.
11) Ligaturen (< lat. *ligare* ‚binden') sind Buchstabenverbindungen, mit denen die Umlaute der langen Vokale /â/ und /ô/ graphematisch wiedergegeben werden, also <æ> und <œ>.
12) Es handelt sich bei den Schreibungen im Auslaut mhd. *zô**ch*** – *zô**h*** und *gescha**h*** – *gescha**ch*** um reine Graphemvarianten. Im Auslaut wird der stimmlose Reibelaut /h/ statt mit dem Graphem <h> häufig mit <ch> wiedergegeben.
13) Der im Mittelalter vorherrschende Beschreibstoff ist Pergament, das aus der Haut von Schafen, Ziegen oder Kälbern hergestellt wurde, und somit ausgesprochen kostbar und aufwendig in der Herstellung war.
14) Eine Affrikata ist die Verbindung von einem Verschlusslaut mit seinem homorganen, d. h. an der gleichen Artikulationsstelle, gebildeten Reibelaut.
15) Unter „autororientierter" Textkritik versteht man die textkritische Methode, die Karl Lachmann bei der Edition mittelhochdeutscher Texte angewendet hat. Das Ziel war es, aus mehreren Handschriften durch Konjekturen den „ursprünglichen" Text wiederherzustellen. Bei dieser textkritischen Methode unterscheidet man vor allem zwei Schritte: *recensio* und *emendatio*. Eine weitere (von der Lachmannschen Methode abweichende) textkritische Methode ist das Leithandschriftenprinzip, das sich in den letzten Jahrzehnten weitgehend durchgesetzt hat. Das Ziel dieser Methode ist es nicht, einen möglichst autornahen Text herzustellen, sondern den Text einer ausgewählten Handschrift (der sog. Leithandschrift) möglichst getreu abzudrucken.

Kapitel IV: Historische Phonologie

Kap. IV.1–4: Lautwandelerscheinungen vom Indogermanischen bis zum Mittelhochdeutschen

1) – lat. ***g**ens* (‚Geschlecht') – ahd. ***k**ind* (‚Kind'):
   Infolge des Mediae-Tenues-Wandels der 1. LV wurde idg. /g/ (siehe lat. ***g**ens*) zu germ. /k/ verschoben. Anlautend vor Vokal blieb die Tenuis germ. /k/ im Althochdeutschen überwiegend unverändert erhalten (siehe ahd. ***k**ind*), da die Verschiebung von germ. /k/ > ahd. /kx/ (<kch>) infolge des Tenues-Affrikaten-Wandels der 2. LV nur im Hochalemannischen und Bairischen eingetreten ist.
   - lat. *cor* (vgl. engl. *heart*) – germ. *****h**ertôn* (‚Herz'):
   Infolge des Tenues-Spiranten-Wandels der 1. LV wurde idg. /k/ zu germ. /x/ verschoben. Anlautend vor Vokal wurde die germanische stl. Spirans /x/ bereits in vorahd. Zeit stimmhaft (/x/ > /h/ = frühahd. Lenisierung/Spirantenschwächung).
   - lat. *o**ct**o* – germ. **a**ht**au* (‚acht'):
   In der Tenuesverbindung idg. /kt/ (siehe lat. *o**ct**o*) wurde nur die erste Tenuis, also das /k/, zu (vor-)germ. /x/ verschoben. Dieser Lautwandel kann als Ausnahme des Tenues-Spiranten-Wandels der 1. LV oder als das Ergebnis des Primären Berührungseffekts (PBE) angesehen werden, der noch vor der 1. LV (also im Vorgermanischen) eingetreten ist.
   - lat. *canis* – ahd./mhd. ***h**unt* (‚Hund'):
   Hier sind dieselben Lautwandelprozesse eingetreten wie in lat. *cor* – germ. *****h**ertôn* (siehe oben).
   - lat. ***p**es* – germ. *****f**ôt-u-* (‚Fuß'):
   Infolge des Tenues-Spiranten-Wandels der 1. LV wurde idg. /p/ zu germ. /f/ verschoben.
   - lat. *ca**pt**us* – ahd./mhd. ***h**a**ft*** (‚Haft/Fessel'):
   Hier sind folgende Lautwandelerscheinungen eingetreten: 1) Im Anlaut der Tenues-Spiranten-Wandel der 1. LV (idg. /k/ > germ. /x/). Anlautend vor Vokal wurde die germ. stl. Spirans /x/ spätestens im Frühalthochdeutschen stimmhaft (/x/ > /h/ = frühahd. Lenisierung/Spirantenschwächung); 2) In der Tenuesverbindung idg. /pt/ (siehe lat. *ca**pt**us*) wurde nur die Tenuis /p/ zur Spirans (vor-)germ. /f/ verschoben. Dieser Lautwandel kann als Ausnahme des Tenues-Spiranten-Wandels der 1. LV oder als das Ergebnis des PBE angesehen werden, der noch vor der 1. LV (also im Vorgermanischen) eingetreten ist.

2) Beim Thorn-Laut /þ/ handelt es sich um eine stl. interdentale Spirans, die wie engl. /th/ auszusprechen ist. Entstanden der Thorn-Laut durch den Tenues-Spiranten-Wandel der 1. LV aus idg. /t/. In intervokalischer Stellung sowie im Anlaut vor Vokal (sowie auch zwischen Liquid und Vokal) trat im Frühalthochdeutschen die Lenisierung/Spirantenschwächung ein (germ. /þ/ > frühahd. [ð]). Die sth. Spirans frühahd. [ð] wurde vom 9.–11. Jh. in allen Positionen und im gesamten deutschen Sprachraum zu ahd. /d/ verschoben (ahd. Spirans-Media-Wandel).
3) Die Spirantenerweichung nach dem Vernerschen Gesetz ist nur eingetreten, wenn im Indogermanischen (und Frühgermanischen) die stl. Spiranten (früh-)germ. /f/, /þ/, /x/ und /s/ in stimmhafter Umgebung standen und der (im Frühgermanischen) noch freie Wortakzent nachfolgte (genauer: nicht unmittelbar vorherging). Nur wenn beide Voraussetzungen vorlagen, sind die stl. Spiranten (früh-)germ. **/f/**, **/þ/**, **/x/**, **/s/** zu den sth. Spiranten **/ƀ/**, **/đ/**, **/g̸/**, **/z/** erweicht worden.
4) Das anlautende /p/ in ahd. ***pîna*** ist nicht von der 2. LV erfasst worden, weil es sich um ein Lehnwort aus dem Lateinischen handelt (siehe lat. *poena*), das erst nach dem Tenues-Affrikaten-Wandel der 2. LV (genauer: im 8. Jh.) ins Deutsche übernommen wurde.
5) Primärer Berührungseffekt (1) – Spirantenerweichung nach dem Vernerschen Gesetz (4) – Nasalschwund (6) – nwgerm. Rhotazismus (2)/nwgerm. Hebung (3) – wgerm. Konsonantengemination (5).
   Da der nwgerm. Rhotazismus (2) und die nwgerm. Hebung (3) in etwa zeitgleich (beide im Nordwestgermanischen) eingetreten sind, werden beide Lautwandelerscheinungen mit einem Schrägstrich voneinander abgegrenzt.
6) Das sog. Vernersche Gesetz, also die Spirantenerweichung von (früh-)germ. **/f/**, **/þ/**, **/x/**, **/s/** zu **/ƀ/**, **/đ/**, **/g̸/**, **/z/**, ist die sprachhistorische Erklärung für den auf synchroner Ebene vorliegenden Grammatischen Wechsel.
7) Folgte im Indogermanischen (bzw. Vorgermanischen) auf die Mediae /b/, /g/, /d/ **unmittelbar** die Tenuis /t/, trat zunächst ein Stimmtonverlust ein (/b/, /g/, /d/ > /p/, /t/, /k/). In den dadurch entstandenen Tenuesverbindungen /pt/ und /kt/ wurde (noch im Vorgermanischen) die jeweils erste Tenuis zu einer Spirans verschoben (/pt/ > /ft/, /gt/ > /xt/). Bei der Tenuesverbindung /tt/ wurden hingegen beide Tenues zur einer Spirans verschoben – das Ergebnis ist die Doppelspirans /ss/ (/tt/ > /ss/). Vereinfacht ausgedrückt lässt sich die Verschiebung von idg. /pt/ > /ft/, /tt/ > /ss/ und /kt/ > /xt/ unter dem Begriff „Primärer Berührungseffekt“ bzw. „Primärberührungseffekt“ fassen. Voraussetzung für das Eintreten dieses Lautwandels ist, dass sich die betreffenden Konsonanten im Indogermanischen (bzw. Vorgermanischen) unmittelbar, also primär, berührt haben, also nie ein Bindevokal zwischen ihnen stand.

8)

ahd. Beispielwörter:	**Lautwandelerscheinungen:**
wint (vgl. lat. *ventus*)	nwgerm. Hebung /e/ > /i/ vor hohem Vokal in der Folgesilbe (siehe lat. *ventus*).
fogal < germ. **fugla-* (‚Vogel')	nwgerm. Senkung /u/ > /o/ vor dem tiefem Vokal /a/ in der Folgesilbe (siehe germ. **fugla-*).
sibun (vgl. lat. *septem*)	nwgerm. Hebung /e/ > /i/ vor dem hohem Vokal /u/ in der Folgesilbe (siehe ahd. *sibun*).
tor < germ. **đura-* (‚Tor').	nwgerm. Senkung /u/ > /o/ vor dem tiefem Vokal /a/ in der Folgesilbe (siehe germ. **đura-*).

9) Hier ist der nwgerm. Rhotazismus von germ. /z/ (siehe germ. **laiza*) zu wgerm. /r/ (siehe wgerm. **laira*) eingetreten.

10) Vom Germanischen zum Althochdeutschen ist die Media germ. /d/ infolge des Mediae-Tenues-Wandels der 2. LV zu ahd. /t/ verschoben worden: germ. *****d****ag* > ahd. ***t****ag*.

11) Wie der Vergleich mit lat. *menta* (das die nicht erhaltene idg. Form repräsentiert) zeigt, ist im Vokalismus ist die nwgerm. Hebung /e/ > /i/ vor der unmittelbar auf den Wurzelvokal germ. /e/ folgenden Nasalverbindung (*-nt-*) eingetreten. Der durch die Hebung entstandene Wurzelvokal /i/ bleibt bis zum Mittelhochdeutschen unverändert bewahrt (siehe mhd. *minze*). Hinzu kommt im Vokalismus die für die Entwicklung vom Alt- zum Mittelhochdeutschen typische Abschwächung der vollen Nebentonvokale zu einem unbetonten /e/ (ahd. *minz****a*** > mhd. *minz****e***). Im Konsonantismus wurde die Tenuis germ. /t/ in postkonsonantischer Stellung infolge des Tenues-Affrikaten-Wandels der 2. LV zu ahd. /ts/ verschoben (die Affrikata /ts/ wird hier durch das Graphem <z> wiedergegeben, siehe mhd. *minze*).

12)

mhd. Beispielwörter:	**Lautwandelerscheinungen:**
schrîben (Infinitiv) *schrift* (Substantiv)	*schrift*: Stimmtonverlust vor /t/ (idg. /bt/ > vorgerm. /pt/) und PBE (/pt/ > /ft/).
wegen (Infinitiv ‚wiegen') *gewihte* (Substantiv; ‚Gewicht')	*gewihte*: Stimmtonverlust vor /t/ (idg. /gt/ > vorgerm. /kt/) und PBE (/kt/ > /ht/).
graben (Infinitiv) *gruft* (Substantiv)	*gruft*: Stimmtonverlust vor /t/ (idg. /bt/ > vorgerm. /pt/) und PBE (/pt/ > /ft/).
tragen (Infinitiv) *traht* (Substantiv; ‚Tracht')	*traht*: Stimmtonverlust vor /t/ (idg. /gt/ > vorgerm. /kt/) und PBE (/kt/ > /ht/).

13) In den Verbformen mhd. *er was – wir wâren* liegt der Grammatische Wechsel von /s/ und /r/ vor. Bei mhd. ***was*** waren somit die Voraussetzungen

für das Eintreten der Spirantenerweichung nach dem Vernerschen Gesetz (nachfolgender Wortakzent und stimmhafte Umgebung) **nicht** gegeben. Die Spirans **/s/** blieb daher vom Indogermanischen bis zum Mittelhochdeutschen unverändert erhalten. Bei mhd. *wâren* lagen hingegen im Indogermanischen bzw. Frühgermanischen beide Voraussetzungen vor: Der (noch freie) Wortakzent folgte nach (/- s -`/) und /s/ stand in stimmhafter Umgebung (hier: zwischen zwei Vokalen). Daher wurde die stl. Spirans /s/ zunächst zur sth. Spirans /z/ erweicht (Spirantenerweichung nach dem Vernerschen Gesetz) und durch den nwgerm. Rhotazismus zu /r/ (germ. /z/ > nwgerm. /r/).

14) Im Vokalismus ist im frühen Althochdeuschen vor dem /j/ in der Folgesilbe (siehe germ. **hal**j**ô*) der Primärumlaut eingetreten (germ. /a/ > ahd. /e/). Das auslautende schwachtonige /-e/ in mhd. *hell**e*** ist durch die Nebensilbenabschwächung vom Alt- zum Mittelhochdeutschen zu erklären. Im Konsonantismus hat das nachfolgende /j/ im Westgermanischen zur Verdoppelung des Liquids /l/ geführt (wgerm. Konsonantengemination).

15) Vor unmittelbar nachfolgender Nasalverbindung (siehe *-nd-* in germ. **wu**nd**a*) ist die nwgerm. Senkung **nicht** eingetreten. Der Wurzelvokal /u/ blieb daher unverändert bis zum Althochdeutschen (siehe ahd. *w**u**nt*) erhalten.

16) Im frühen Althochdeutschen ist vor dem hohen Vokal /i/ in der Folgesilbe (siehe vorahd. **fart**i***) der Primärumlaut eingetreten (germ. /a/ > ahd. /e/).

17) Der zweite Bestandteil des Diphthongs germ. /eu/ (siehe germ. **le**u**g-a*) wurde vor einem tiefen Vokal in der Folgesilbe (siehe germ. **leug-**a**-*) durch die nwgerm. Senkung zu einem /o/ gesenkt (germ. /e**u**/ > nwgerm. /e**o**/). Der Diphthong nwgerm. /eo/ entwickelte sich durch Diphthongwandel zu ahd. /io/. Im Spätalthochdeutschen trat ein weiterer Diphthongwandel ein, durch den ahd. /io/ Ende des 10. Jh.s zu /ie/ wurde (siehe mhd. *l**ie**gen*).

18) Im **Vokalismus** ist im frühen Althochdeutschen vor dem /j/ in der Folgesilbe der Primärumlaut (germ. /a/ > ahd. /e/) eingetreten. Vom Alt- zum Mittelhochdeutschen wird die Infinitivendung germ. *-jan* infolge der Nebensilbenabschwächung zu mhd. *-en* abgeschwächt. Im **Konsonantismus** sind die wgerm. Konsonantengemination vor /j/ (siehe /l/ > /ll/) und im Anlaut der Tenues-Affrikaten-Wandel der 2. LV (germ. /t/ > ahd. /ts/) eingetreten. Die Affrikata /ts/ wird im Anlaut durch das Graphem <z> wiedergegeben. Das Verb germ. **taljan* lautet somit im Mittelhochdeutschen *zellen* (‚zählen'). Daneben existiert im Mittelhochdeutschen auch die verkürzte Form *zeln* (mit Vereinfachung der Doppelkonsonanz und Synkope des schwachtonigen /e/ nach dem Liquid /l/).

19) Die lautgesetzliche Entsprechung zu ahd. *gislahti* lautet mhd. *geslähte* (‚Geschlecht'). Folgende Lautwandel sind im Vokalismus eingetreten: Vor der

unmittelbar auf den Wurzelvokal (vor-)ahd. /a/ folgenden Konsonantenverbindung /ht/ ist das Eintreten des Primärumlauts unterblieben. Hier trat (spätestens) zum Mittelhochdeutschen der Sekundärumlaut (ahd. /a/ > mhd. /ä/) ein. Hinzu kommt die Abschwächung der vollen Nebentonvokale vom Alt- zum Mittelhochdeutschen (ahd. *gi-* > mhd. *ge-* und ahd. *-ti* > mhd. *-te*).

20)

Altsächsisch	**Althochdeutsch**	**Lautwandelerscheinung:**
bîtan (vgl. engl. *to bite*)	*bîzan* (‚beißen‘)	ahd. *bîzan*: inlautend nach Vokal ist der Tenues-Spiranten-Wandel der 2. LV (germ. /t/ > ahd. /zz/) eingetreten. Nach Langvokal wurde die Doppelspirans vereinfacht (/zz/ > /z/).
pîpa	*pfîfa* (‚Pfeife‘)	ahd. *pfîfa*: Im Anlaut: Tenues-Affrikaten-Wandel der 2. LV (germ. /p/ > ahd. /pf/); im Inlaut nach Vokal: Tenues-Spiranten-Wandel der 2. LV (germ. /p/ > ahd. /ff/) und Vereinfachung der Doppelspirans nach Langvokal (ff/ > /f/).
tehan	*zehan* (‚zehn‘)	ahd. *zehan*: Im Anlaut: Tenues-Affrikaten-Wandel der 2. LV (germ. /t/ > ahd. /ts/); <z> ist die im Anlaut übliche Graphemvariante für die Affrikata /ts/.
dor	*tor* (‚Tor‘)	ahd. *tor*: Media-Tenuis-Wandel der 2. LV (germ. /d/ > ahd. /t/).
swart	*swarz* (‚schwarz‘)	ahd. *swarz*: postkonsonantisch wurde die Tenuis germ. /t/ infolge des Tenues-Affrikaten-Wandels der 2. LV zu ahd. /ts/ verschoben; die Affrikata /ts/ wird mit dem Graphem <z> wiedergegeben.
plegan	*pflegan*/*phlegan*	ahd. *pflegan*/*phlegan*: Im Anlaut trat der Tenues-Affrikaten-Wandel der 2. LV ein (germ. /p/ > ahd. /pf/); die Affrikata /pf/ kann mit dem Graphem <ph> wiedergegeben werden (Graphemvariante).
thorp	*dorf*	ahd. *dorf*: postkonsonantisch und im Auslaut trat der Tenues-Affrikaten-Wandel der 2. LV ein (germ. /p/ > ahd. /pf/); im 9. Jh. wurde die Affrikata /pf/ nach Liquid zu /f/ vereinfacht (daneben gibt es aber auch die Nebenform mhd. *dorpf*).

21)

Altsächsisch	Mittelhochdeutsch
ape (vgl. engl. *ape*)	*affe*
ût (vgl. engl. *out*)	*ûz*
brekan (vgl. engl. *to break*)	*brechen*
holt	*holz*
herta (vgl. engl. *heart*)	*herze*
appul (vgl. engl. *apple*)	*apfel*
etan (vgl. engl. *to eat*)	*ezzen*
helpan (vgl. engl. *to help*)	*helfen*

22)

Weißenburger Katechismus **(Ende 8. Jh.)**	***Millstätter Psalter*** **(12. Jh.)**
Gilaubiu in got fater almahtigōn scepphion himiles enti erda. Endi in heilenton Christ suno sīnan einagon truhtin unseran. Ther infangenēr ist fona heiligemo geiste giboran fona Mariūn magadi giwīzzinōt bi pontisgen Pilate. In crūci bislagan toot enti bigraban. Nidhar steig ci helliu, in thritten dage arstuat fona tootēm.	*Ich **ge**loube an got vater almehtig**en** schephær himels unde der erde. Unde an Jesum Christ sun sîn**en** einig**en** herren unser**en**. Der enphangen wart von dem heilig**en** geiste **ge**bor**(e)n** von sante Marien der meide gemartert unter dem rihtære Pylato. Gekrûziget tôt unde **be**grab**en**. Er fuor ze hell**e**, des dritten tages **er**stuont er von dem tôde.*

23) Bei ahd. ***th**er* und ahd. ***th**ritten* ist im Anlaut die frühahd. Lenisierung oder Spirantenschwächung (germ. /þ/ > frühahd. [ð]) eingetreten. Die sth. Spirans [ð] wird im Althochdeutschen mit dem Graphem <th> wiedergegeben. Im weiteren Verlauf des Althochdeutschen wurde die sth. Spirans [ð] in allen Positionen zur Media /d/ (ahd. Spirans-Media-Wandel).

24)

Althochdeutsch	Mittelhochdeutsch
mûsi	*miuse* (‚Mäuse')
hôhî	*hœhe* (‚Höhe')
fuozi	*füeze* (‚Füße')
sâlida	*sælde* (‚Glück/Seligkeit')
sûri	*sûr* (‚sauer')
wunni	*wünne* (‚Wonne')
gruoni	*grüene* (‚grün')
turi	*tür* (‚Tür')
viskâri	*vischære* (‚Fischer')

25) Bei ahd. *m**e**nnisco* ist vor dem hohen Vokal /i/ in der Folgesilbe der Primärumlaut (germ. /a/ > ahd. /e/) eingetreten, bei ahd. *m**a**n* nicht.
26) Im **Vokalismus** ist die nwgerm. Hebung /e/ > /i/ vor dem /j/ in der Folgesilbe eingetreten (siehe germ. *ƀeđ-ja-). Der auf diese Weise entstandene Wurzelvokal /i/ blieb bis zum Mittelhochdeutschen unverändert erhalten. Hinzu kommt vom Alt- zum Mittelhochdeutschen die Nebensilbenabschwächung (ahd. *-an* > mhd. *-en*). Im **Konsonantismus** ist zuerst die wgerm. Konsonantengemination vor /j/ eingetreten (germ. /d/ > wgerm. /dd/). Anschließend wurde wgerm. /dd/ infolge des Mediae-Tenues-Wandels der 2. LV zu ahd. /tt/ verschoben (siehe mhd. *bitten*).

Kap. IV.5: Lautwechselerscheinungen innerhalb des Mittelhochdeutschen

1) Die 1. Sg. Ind. Präsens von mhd. *lesen* und *finden* lautet: *ich lise* und *ich finde*, die 1. Pl. Ind. Präsens: *wir lesen* und *wir finden*. Bei *ich lise* ist die nwgerm. Hebung /e/ > /i/ vor dem hohen Vokal /u/ in der Folgesilbe eingetreten (siehe die ahd. Flexionsendung /-u/ für die 1. Sg. Präsens: ahd. *ich lis-**u***). In der 1. Pl. Präsens *wir lesen* ist hingegen die nwgerm. Hebung nicht eingetreten, da in dieser Form im Germanischen kein hoher Vokal in der Folgesilbe vorhanden war (siehe ahd. *-amês*/*-emês*: ahd. *wir lesamês*). Bei *ich finde* und *wir finden* ist in beiden Formen die nwgerm. Hebung /e/ > /i/ eingetreten, da direkt auf den Wurzelvokal (germ. /e/) die Nasalverbindung (*-nd-*) folgte.
2) a) Bei *lo**p*** und *lo**p**te* ist die mhd. Auslautverhärtung (/b/ > /p/) eingetreten; bei *lo**p*** die reguläre Auslautverhärtung im Wortauslaut, bei *lo**p**te* die assimilatorische Auslautverhärtung im Silbenauslaut vor /t/. Inlautend in intervokalischer Stellung (siehe *lo**b**en*) ist die Auslautverhärtung nicht eingetreten.
   b) Im Nominativ Sg. (*sla**c***) ist die mhd. Auslautverhärtung (/g/ > /k/) im Wortauslaut eingetreten. Die Tenuis /k/ wird im Auslaut durch das Graphem <c> wiedergegeben. Inlautend in intervokalischer Stellung (siehe *sla**g**es*) ist die Auslautverhärtung nicht eingetreten.
   c) Bei *dien**d**e* ist die mhd. Lenisierung (/t/ > /d/) nach Nasal eingetreten. Dadurch, dass die Lenisierung nicht regelmäßig eingetreten ist bzw. gelegentlich wieder rückgängig gemacht wurde, erklärt sich das Nebeneinander der mhd. Formen *dien**t**e* und *dien**d**e*.
   d) Im Nominativ Sg. (*nî**t***) ist die mhd. Auslautverhärtung (/d/ > /t/) im Wortauslaut eingetreten. Inlautend in intervokalischer Stellung (siehe *nî**d**es*; Gen. Sg.) ist die Auslautverhärtung nicht eingetreten.

e) Bei mhd. *kin**t*** ist die mhd. Auslautverhärtung (/d/ > /t/) im Wortauslaut eingetreten. Da es sich bei der Auslautverhärtung um einen Lautwandel handelt, der erst beim Übergang vom Alt- zum Mittelhochdeutschen eingetreten ist, lautet die entsprechende ahd. Form *kin**d***.

f) Bei *gelou**p**te* ist die mhd. Auslautverhärtung (/b/ > /p/) im Silbenauslaut vor /t/ eingetreten (assimilatorische Auslautverhärtung). Inlautend in intervokalischer Stellung (siehe *gelou**b**en*) ist die Auslautverhärtung nicht eingetreten.

3) Beim Wechsel von /h/ und /g/ in *sla**h**en* – *sluo**c*** – *sluo**g**en* handelt es sich um den Grammatischen Wechsel. Die Media /g/ in *sluo**g**en* kann sprachhistorisch durch die Spirantenerweichung nach dem Vernerschen Gesetz erklärt werden. In der 1. Sg. Prät. (*er sluo**c***) ist hingegen die Spirantenerweichung nach dem Vernerschen Gesetz ursprünglich nicht eingetreten. Hier ist das /g/ analog zum Konsonantismus in den anderen präteritalen Stammformen dieses Verbs (siehe *sluo**g**en* und *gesla**g**en*) in die erste Stammform (*er sluo**c***) übernommen worden. Die sth. Media /g/ wird im Wortauslaut zu /k/ verhärtet (mhd. Auslautverhärtung) und mit dem Graphem <c> wiedergegeben.
Zur sprachhistorischen Erklärung für den Grammatischen Wechsel in *sla**h**en* und *sluo**g**en*: die Spirans /h/ (*sla**h**en*) ist durch den Tenues-Spiranten-Wandel der 1. LV entstanden (idg. /k/ > germ. /x/). Da hier die Voraussetzungen für das Eintreten der Spirantenerweichung nach dem Vernerschen Gesetz (nachfolgender Wortakzent und stimmhafte Umgebung) **nicht** gegeben waren, ist germ. /x/ zunächst unverändert erhalten geblieben. Erst durch die frühahd. Lenisierung/Spirantenschwächung wurde die stl. Spirans germ. /x/ in intervokalischer Stellung zur sth. Spirans ahd./mhd. /h/. Bei *sluo**g**en* waren hingegen im frühen Germanischen beide Voraussetzungen für die Spirantenerweichung nach dem Vernerschen Gesetz gegeben: Der (noch freie) Wortakzent folgte nach und es lag stimmhafte Umgebung vor. Daher wurde hier die durch den Tenues-Spiranten-Wandel der 2. LV entstandene stl. Spirans /x/ zunächst zur stimmhaften Spirans /g/ erweicht und dann infolge der Verschiebung der sth. germ. Spiranten zur ahd. Media ahd./mhd. /g/.

4) Sowohl die einfache als auch die doppelte Spirans in mhd. *grî**f**en* – *grei**f*** – *gri**ff**en* ist durch den Tenues-Spiranten-Wandel der 2. LV (Stellung: nach Vokal) zu erklären (germ. /p/ > ahd. /ff/). Nach langem Vokal bzw. nach Diphthong (siehe *grî**f**en* – *grei**f***) wurde die Doppelspirans zur einfachen Spirans verkürzt (/ff/ > /f/). Bei mhd. *rî**t**en* – *rei**t*** – *ri**t**en* liegt hingegen durchgängig einfache Konsonanz vor, da hier keine Spirans, sondern ein Verschlusslaut (die Tenuis /t/) vorliegt. Diese ist das Ergebnis des Mediae-Tenues-Wandels der 2. LV (germ. /d/ > ahd. /t/). Somit waren hier die Voraussetzungen für

eine Gemination **nicht** gegeben (auch die wgerm. Konsonantengemination ist hier nicht eingetreten, da bei dem Verb mhd. *rîten* niemals ein /j/ in der Folgesilbe vorhanden war).

5) Die Alternanz des Wurzelvokals (/ie/ – /iu/) in dem Verb mhd. *k**ie**sen* ist dadurch zu erklären, dass im Germanischen in den Flexionsformen des Präsens im Singular hohe Vokale standen, die Endung des Infinitivs hingegen einen tiefen Vokal enthielt. Der Wurzelvokal lautete in allen Präsensformen germ. /eu/. In der 1. Sg. Präsens (mhd. *kiuse*) war in der germ. Flexionsendung der hohe Vokal /u/ enthalten (siehe germ. **keus-**u**-*). Daher trat im Nordwestgermanischen die Hebung ein. Der erste Bestandteil des Diphthongs germ. /eu/ wurde zu /i/ gehoben (germ. /eu/ > nwgerm. /iu/). Der Diphthong nwgerm. /iu/ blieb im Althochdeutschen unverändert bewahrt. Erst zum Mittelhochdeutschen wurde er zu einem langen Monophthong (<iu> = gesprochen [ü:]). Folgte hingegen im Germanischen auf den Diphthong /eu/ ein tiefer oder mittlerer Vokal (siehe den Infinitiv germ. **keus-**an***), trat die nwgerm. Senkung ein: germ. /eu/ > nwgerm. /eo/ (siehe germ. **k**eu**s-an* > nwgerm. **k**eo**san*). Durch Diphthongwandel wurde nwgerm. /eo/ zu ahd. /io/ (nwgerm. **k**eo**san* > ahd. *k**io**san*). Im Spätalthochdeutschen wurde der Diphthong ahd. /io/ zu /ie/ abgeschwächt (ahd. Diphthongwandel: ahd. *k**io**san* > mhd. *k**ie**sen*).

6) Die Formen lauten: *ich gr**a**be – du gr**e**best – er gr**e**bet*. In der 2. und 3. Sg. Ind. Präsens ist der Primärumlaut /a/ > /e/ eingetreten, da im Voralthochdeutschen in beiden Formen der hohe Vokal /i/ in der Folgesilbe stand (siehe ahd. *du greb**i**st – er greb**i**t*). In der 1. Sg. Ind. Präsens ist der Primärumlaut nicht eingetreten, da hier im Voralthochdeutschen kein /i/, sondern ein /u/ in der Flexionsendung stand (siehe ahd. *ich grab**u*** > mhd. *ich grabe*).

7) In den Formen, in denen im Voralthochdeutschen ein /i/ in der Folgesilbe stand (siehe ahd. *kreft**i**g* und *kreft**i***), ist der Primärumlaut von /a/ > /e/ eingetreten (siehe mhd. *kr**e**ftic* und *kr**e**fte*). Bei mhd. *kr**a**ft* (< ahd. *kraft*) war hingegen kein Auslöser für das Eintreten des Primärumlauts vorhanden.

8) Die indikativischen Präsensformen von mhd. *liegen* lauten:
Sg.: *ich liuge – du liugest – er liuget*
Pl.: *wir liegen – ir lieget – sie liegent*
Die Alternanz von /iu/ (in den Singularformen) und /ie/ (in den Pluralformen) ist dadurch zu erklären, dass im Germanischen in den Flexionsformen im Singular hohe Vokale, im Plural hingegen tiefe oder mittlere Vokale standen. Der Wurzelvokal lautete in allen Präsensformen germ. /eu/. Der erste Bestandteil des Diphthongs germ. /eu/ wurde vor einem hohen Vokal in der Folgesilbe durch die nwgerm. Hebung zu einem /i/ gehoben (germ. /eu/ > nwgerm. /iu/). Dass im Germanischen in den Singularformen ein hoher Vo-

kal vorgelegen hat, ist noch an den ahd. Formen zu erkennen. Diese lauten: *ich liug**u** – du liug**ist** – er liug**it*** (> mhd. *ich **liu**ge – du **liu**gest – er **liu**get*). Folgte hingegen im Germanischen auf den Diphthong /eu/ ein tiefer oder mittlerer Vokal (siehe die Pluralformen des Präsens), trat die nwgerm. Senkung von germ. /eu/ > nwgerm. /eo/ ein. Dass im Germanischen in den Pluralformen ein tiefer bzw. mittlerer Vokal vorlag, ist noch an den ahd. Formen zu erkennen. Diese lauten: *wir liog**a**mês/liog**e**mês – ir liog**e**t – sie liog**a**nt/liog**e**nt*). Durch Diphthongwandel wurde nwgerm. /eo/ zu ahd. /io/. Im Spätalthochdeutschen trat ein weiterer Diphthongwandel ein (ahd. Diphthongwandel: ahd. /io/ > mhd. /ie/; siehe mhd. *wir **lie**gen – ir **lie**get – sie **lie**gent*).

9) a) *sla**h**en* (Infinitiv; ‚schlagen') – *gesla**g**en* (Partizip Präteritum)
→ Grammatischer Wechsel von /h/ und /g/
*sla**h**en*: Durch den Tenues-Spiranten-Wandel der 1. LV wurde idg. /k/ > germ. /x/. Durch die frühahd. Lenisierung/Spirantenschwächung wurde die stl. Spirans germ. /x/ in intervokalischer Stellung zur sth. Spirans ahd./mhd. /h/ erweicht.
*gesla**g**en*: Zunächst trat auch hier der Tenues-Spiranten-Wandel der 1. LV ein (idg. /k/ > germ. /x/). Durch die Spirantenerweichung nach dem Vernerschen Gesetz wurde dann die stl. Spirans /x/ noch im Frühgermanischen zur sth. Spirans /g/ erweicht. Spätestens im Voralthochdeutschen wurde die sth. Spirans /g/ zu ahd. /g/ verschoben (Spiranten-Mediae-Wandel).

b) *gesla**g**en* (Partizip Präteritum) – *er sluo**c*** (3. Sg. Präteritum)
→ bei *sluo**c*** ist die mhd. Auslautverhärtung im Wortauslaut eingetreten: /g/ > /k/ (geschrieben: <c>). Der Konsonantismus der 3. und 4. Stammfom ist hier analog in die 2. Stammform übernommen worden.

c) *he**b**en* (Infinitiv) – *he**f**e* (‚Hefe')
→ Grammatischer Wechsel von /f/ und /b/
*he**b**en*: Durch den Tenues-Spiranten-Wandel der 1. LV wurde idg. /p/ > germ. /f/. Durch die Spirantenerweichung nach dem Vernerschen Gesetz wurde die stl. Spirans /f/ noch im Frühgermanischen zur sth. Spirans /ƀ/ erweicht. Spätestens im Voralthochdeutschen wurde diese infolge des Spiranten-Mediae-Wandels zu ahd. /b/ verschoben (germ. /ƀ/ > ahd. /b/).
*he**f**e*: Hier ist nur der Tenues-Spiranten-Wandel der 1. LV (idg. /p/ > germ. /f/) eingetreten.

d) *schei**d**en* (Infinitiv) – *schei**t**el* (‚Scheitel')
→ Grammatischer Wechsel von /d/ und /t/
*schei**d**en*: Infolge des Tenues-Spiranten-Wandels der 1. LV wurde idg. /t/ zur stl. Spirans germ. /þ/ verschoben. Infolge der frühahd. Lenisie-

rung wurde die stl. Spirans germ. /þ/ zur sth. Spirans frühahd. [ð] erweicht, die durch den ahd. Spirans-Media-Wandel zur Media ahd./ mhd. /d/ wurde.
scheitel: Die infolge des Tenues-Spiranten-Wandels der 1. LV entstandene stl. Spirans /þ/ (< idg. /t/) wurde durch die Spirantenerweichung nach dem Vernerschen Gesetz noch im Frühgermanischen zur sth. Spirans /đ/ erweicht. Noch im Westgermanischen wurde /đ/ infolge des Spiranten-Mediae-Wandels zu /d/ verschoben. Die Media wgerm. /d/ wurde durch den Mediae-Tenues-Wandel der 2. LV zur Tenuis ahd. /t/ verschoben.

e) *hâhen* (Infinitiv; ‚hängen') – *er hienc* (3. Sg. Präteritum) – *gehangen* (Partizip Präteritum)
→ Grammatischer Wechsel von /h/ und /g/
hâhen: Durch den Tenues-Spiranten-Wandel der 1. LV wurde idg. /k/ > germ. /x/. Durch die frühahd. Lenisierung/Spirantenschwächung wurde die stl. Spirans germ. /x/ in intervokalischer Stellung zur sth. Spirans ahd./mhd. /h/.
hienc: In dieser Form ist der Verschlusslaut /g/ analog zum Konsonantismus der anderen präteritalen Stammformen dieses Verbs (siehe z. B. *gehangen*) in die 3. Sg. Prät. übernommen worden. Im Wortauslaut trat die mhd. Auslautverhärtung von /g/ zu /k/ (wiedergegeben durch das Graphem <c>) ein.
gehangen: Infolge des Tenues-Spiranten-Wandels der 1. LV wurde idg. /k/ zu germ. /x/ verschoben. Durch die Spirantenerweichung nach dem Vernerschen Gesetz wurde die stl. Spirans /x/ noch im Frühgermanischen zur sth. Spirans /g/ erweicht. Spätestens im Voralthochdeutschen wurde germ. /g/ zu ahd. /g/ verschoben (Spiranten-Mediae-Wandel).

f) *rûmde* – *rûmte* (beide Formen = 3. Sg. Präteritum von *rûmen*; ‚räumen')
Bei *rûmde* ist die mhd. Lenisierung (/t/ > /d/) nach Nasal eingetreten. Dadurch, dass die Lenisierung nicht regelmäßig eingetreten bzw. gelegentlich wieder rückgängig gemacht worden ist, erklärt sich das Nebeneinander von *rûmte* und *rûmde*.

g) *list* (‚Klugheit/Kunst/Wissenschaft') – *lêre* (‚Lehre')
→ Grammatischer Wechsel von /s/ und /r/
list: Die stl. Spirans /s/ ist unverändert vom Indogermanischen bis zum Mittelhochdeutschen erhalten geblieben.
lêre: Hier trat im frühen Germanischen die Spirantenerweichung nach dem Vernerschen Gesetz ein: idg. /s/ > frühgerm. /z/. Infolge des nwgerm. Rhotazismus wurde frühgerm. /z/ zum Liquid nwgerm. /r/. Dieser blieb bis zum Mittelhochdeutschen erhalten.

10) Die 1. Sg. und die 1. Pl. Ind. Präsens von mhd. *geben* lauten: *ich gibe* und *wir geben*. Bei *g**i**be* ist die nwgerm. Hebung /e/ > /i/ vor dem hohen Vokal /u/ in der Folgesilbe eingetreten (siehe ahd. *ich gib-**u***). In der 1. Pl. Ind. Präsens (*g**e**ben*) ist hingegen die nwgerm. Hebung unterblieben, da kein hoher Vokal in der Folgesilbe stand (siehe ahd. *wir geb-**a**mês/geb-**e**mês*).

11) Die Singularformen Präsens Indikativ von mhd. *slahen* lauten:
*ich sl**a**he – du sl**e**hest – er sl**e**het* (daneben gibt es vereinzelt auch die kontrahierten Formen *ich slâ, du slêst, er slêt*).
In der 2. und 3. Sg. ist der Primärumlaut von /a/ > /e/ eingetreten, da im Voralthochdeutschen in beiden Formen der hohe Vokal /i/ in der Folgesilbe stand. Die Flexionsendung in der 1. Sg. Ind. Präsens lautete noch im Ahd. hingegen /u/, daher ist hier der Primärumlaut nicht eingetreten,

12) a) *vâ**h**en* (Infinitiv) – *gevan**g**en* (Partizip Präteritum):
→ Grammatischer Wechsel von /h/ und /g/
*vâ**h**en*: Infolge des Tenues-Spiranten-Wandels der 1. LV wurde idg. /k/ zu germ. /x/ verschoben. Im Germanischen ist der vor der Spirans /x/ stehende Nasal geschwunden (Nasalschwund) und der kurze Wurzelvokal /a/ wurde gedehnt (Ersatzdehnung); siehe: vorgerm. **anh* > germ. **âh*. In intervokalischer Stellung trat die frühahd. Lenisierung von germ. /x/ > ahd. /h/ ein.
*gevan**g**en*: Infolge des Tenues-Spiranten-Wandels der 1. LV wurde idg. /k/ zu germ. /x/ verschoben. Durch die Spirantenerweichung nach dem Vernerschen Gesetz wurde die stl. Spirans /x/ noch im Frühgermanischen zur sth. Spirans /g/ erweicht. Spätestens im Voralthochdeutschen wurde diese zu ahd. /g/ verschoben (Spiranten-Mediae-Wandel). In dieser Form (mit der Media /g/) traten Nasalschwund und Ersatzdehnung nicht ein.

b) *vâ**h**en* (Infinitiv) – *v**â**n* (Infinitiv):
Bei *v**â**n* handelt es sich um eine kontrahierte Nebenform zu *vâ**h**en* (Kontraktion über die intervokalische Spirans /h/).

c) *vien**c*** (1./3. Sg. Präteritum) – *vien**g**en* (1./3. Pl. Präteritum):
Bei *vien**c*** ist im Wortauslaut die mhd. Auslautverhärtung (/g/ > /k/) eingetreten. Die Tenuis /k/ wird mit dem Graphem <c> wiedergegeben. Der Konsonantismus der 3. und 4. Stammfom ist hier analog in die 2. Stammform übernommen worden.

13) a) ***geseit***: Partizip Präteritum vom schwachen Verb *sagen* (hier liegt eine Kontraktion über die Media /g/ vor (*-age-* > *-ei-*). Die entsprechende nicht-kontrahierte Form lautet: *gesaget*.
treit: 3. Sg. Ind. Präsens vom starken Verb *tragen*. Hier liegt eine Kontraktion über die Media /g/ vor (die entsprechende nicht-kontrahierte Form lautet: *treget*).

b) ***leite***: 3. Sg. Ind. Präteritum vom schwachen Verb *legen*. Hier liegt eine Kontraktion über die Media /g/ vor (*-ege-* > *-ei-*). Die entsprechende nicht-kontrahierte Form lautet: *legete*.
c) ***gît***: 3. Sg. Ind. Präsens vom starken Verb *geben*. Hier liegt eine Kontraktion über die Media /b/ vor (*-ibe-* > /î/). Die entsprechende unkontrahierte Form lautet: *gibet*.
d) ***lît***: 3. Sg. Ind. Präsens vom starken Verb *ligen*. Hier liegt eine Kontraktion über die Media /g/ vor (*-ige-* > /î/). Die entsprechende nicht-kontrahierte Form lautet: *liget*.
e) ***vân***: eine verkürzte kontrahierte Nebenform zum Infinitiv *vâhen* (Kontraktion über die intervokalische Spirans /h/).
f) ***geleit***: Partizip Präteritum vom schwachen Verb *legen*. Hier liegt eine Kontraktion über die Media /g/ vor (*-ege-* > *-ei-*). Die entsprechende nicht-kontrahierte Form lautet: *geleget*.
g) ***cleite***: 3. Sg. Ind. Präteritum vom schwachen Verb *klagen/clagen*. Hier liegt eine Kontraktion über die Media /g/ vor (*-age-* > *-ei-*). Die entsprechende nicht-kontrahierte Form lautet: *clagete*.

14) a) Restumlaut von /uo/ > /üe/
b) Restumlaut von /ô/ > /œ/
c) Restumlaut von /û/ > /iu/
d) Primärumlaut von /a/ > /e/ (siehe ahd. *giv**e**rti*)
e) Restumlaut von /uo/ > /üe/
f) Restumlaut von /u/ > /ü/

15) Bei *solde* ist die mhd. Lenisierung (/t/ > /d/) nach dem Liquid /l/ eingetreten. Dadurch, dass die Lenisierung nicht regelmäßig eingetreten bzw. gelegentlich wieder rückgängig gemacht worden ist, erklärt sich das Nebeneinander von *sol**t**e* und *sol**d**e*.

Kap. IV.6: Lautwandelerscheinungen vom Mittelhochdeutschen zum Frühneuhochdeutschen

1) Zum Neuhochdeutschen ist im Wortauslaut nach /s/ eine Dentalepithese (siehe nhd. *Palas**t***) eingetreten.

2)

Mittelhochdeutsch	Neuhochdeutsch	Lautwandelerscheinung:
boum	*Baum*	Diphthongwandel oder Senkung des ersten Diphthongteils
tûbe	*Taube*	Frühnhd. Diphthongierung

(fortgesetzt)

Mittelhochdeutsch	**Neuhochdeutsch**	**Lautwandelerscheinung:**
liuhten	*leuchten*	Frühnhd. Diphthongierung
wirde	*Würde*	Rundung von mhd. /i/ > frühnhd. /ü/
grüezen	*grüzen*	Frühnhd. Monophthongierung
bein	*Bein*	Diphthongwandel oder Senkung des ersten Diphthongteils (mhd. /ei/ [ai])
donreslac	*Donnerschlag*	Veränderung von mhd.-*re* > frühnhd. -*er* im Silbenauslaut; Palatalisierung von /s/ vor Konsonant [ʃ]; analoge Dehnung zu den zweisilbigen Flexionsformen (mhd. [a] > frühnhd. [a:])
mûs	*Maus*	Frühnhd. Diphthongierung
miuse	*Mäuse*	Frühnhd. Diphthongierung (Schreibung nach dem etymologisch-morphologischen Prinzip, analog zum Nom. Sg. *Maus*).
helle	*Hölle*	Rundung von mhd. /e/ > frühnhd. /ö/
troum	*Traum*	Diphthongwandel oder Senkung des ersten Diphthongteils
abet	*Abt*	Synkope des unbetonten /e/ (und auf der phonologischen Ebene Auslautverhärtung im Silbenauslaut vor /-t/).
viur	*Feuer*	Veränderung im Wortauslaut nach /iu/ mhd. -*r* > frühnhd. -*er* und frühnhd. Diphthongierung.
hemede	*Hemd*	Synkope und Apokope des unbetonten /e/
snê	*Schnee*	Palatalisierung von /s/ vor Konsonant [ʃ]
brût	*Braut*	Frühnhd. Diphthongierung
loufen	*laufen*	Diphthongwandel oder Senkung des ersten Diphthongteils

3) Hier ist die Rundung von mhd. /ie/ > frühnhd. /ü/ eingetreten.
4) Bei mhd. *erde* ist die frühnhd. Dehnung unterblieben, da keine offene, sondern eine geschlossene Tonsilbe vorliegt. Bei mhd. *gate* ist die Dehnung trotz kurzer, offener Tonsilbe unterblieben, da ein /t/ nachfolgte. Die unterbliebene Dehnung wird im Neuhochdeutschen graphisch angezeigt durch eine Verdoppelung des anlautenden Konsonanten der nachfolgenden Silbe (nhd. *Ga**tt**e*).

5) Hier ist die Dehnung in Analogie zu den zweisilbigen Flexionsformen mit kurzer offener Tonsilbe eingetreten (siehe z. B. mhd. *des sales;* Gen. Sg.).

6)

Parzival **1,1–17**	**nhd. Formen:**	**Lautwandelerscheinung:**
Ist ***zwîvel*** *herzen nâchgebûr,*	*Zweifel*	Frühnhd. Diphthongierung
daz muoz der sêle werden ***sûr.***	*sauer*	Frühnhd. Diphthongierung; im Silbenauslaut wird mhd. /-r/ > nhd. *-er* (Auslautveränderung)
gesmæhet ***unde*** *gezieret*	*und*	Apokope des unbetonten /e/
ist, swâ sich parrieret ***unverzaget*** *mannes* ***muot,***	*unverzagt(er)* *Mut*	Frühnhd. Dehnung in kurzer offener Tonsilbe; Synkope des unbetonten /e/; bei *Mut:* Frühnhd. Monophthongierung /uo/ > /u/ [u:]
Anmerkung zum Nhd. ist bei *muot* ein Bedeutungswandel eingetreten!		
als agelstern ***varwe*** *tuot.*	*Farbe*	Konsonantenveränderung im Inlaut: /w/ wurde nach Liquid (/r/) zur Media /b/.
der mac dennoch wesen geil: *wande an* ***im*** *sint beidiu* ***teil.***	*ihm* *Teil*	Dehnung in geschlossener Tonsilbe bei einsilbigen auf Nasal endenden Wörtern (Pronomina); *Teil:* Diphthongwandel oder Senkung des ersten Diphthongteils (mhd. /ei/ > [ai])
des ***himels*** *und der* ***helle.*** *der unstæte geselle*	*(des) Himmels* *Hölle*	Die Dehnung in kurzer, offener Tonsilbe ist vor /m/ unterblieben (die unterbliebene Dehnung wird im Neuhochdeutschen graphisch angezeigt durch eine Verdoppelung des anlautenden Konsonanten der nachfolgenden Silbe); *Hölle:* Rundung von mhd. /e/ > frühnhd. /ö/
hât die swarzen ***varwe*** *gar,*	*Farbe*	Konsonantenveränderung im Inlaut: /w/ wurde nach Liquid (/r/) zur Media /b/.
und wirt ***ouch*** *nâch der vinster var:*	*auch*	Diphthongwandel oder Senkung des ersten Diphthongteils
sô habet sich an ***die*** *blanken*	*die*	Frühnhd. Monophthongierung (mhd. /ie/ > frühnhd. [i:])
der mit stæten gedanken.		

(fortgesetzt)

Parzival 1,1–17	nhd. Formen:	Lautwandelerscheinung:
*diz **vliegende** bîspel*	*fliegende*	Frühnhd. Monophthongierung (mhd. /ie/ > frühnhd. [i:])
*ist tumben **liuten** gar ze **snel**,* *sine mugens niht erdenken:*	*Leuten* *schnell*	Frühnhd. Diphthongierung; *schnell*: Palatalisierung von /s/ vor Konsonant
wand ez kan vor in wenken *rehte alsam **ein** schellec* ***hase**.*	*ein* *Hase*	Diphthongwandel oder Senkung des ersten Diphthongteils (mhd. /ei/ > [ai]); *Hase*: Dehnung in kurzer, offener Tonsilbe (/a/ > [a:]).

7)

Der Arme Heinrich	Lautwandelerscheinung:
***Ein** ritter sô **gelêret** was,*	Diphthongwandel oder Senkung des ersten Diphthongteils (mhd. /ei/ > [ai]); *gelêret*: Synkope des unbetonten /e/
*daz er an **den** buochen **las**,*	Dehnung in geschlossener Tonsilbe bei einsilbigen auf Nasal endenden Wörtern (Pronomina); *las:* Dehnung in kurzer, offener Tonsilbe
*swaz er dar an **geschriben** vant:*	Dehnung in kurzer, offener Tonsilbe
der was Hartman genant,	
***dienstman** was er z**Ouwe**.*	Frühnhd. Monophthongierung (mhd. /ie/ > frühnhd. [i:]); *Ouwe*: Diphthongwandel oder Senkung des ersten Diphthongteils; Ausfall des Halbvokals /w/ im Inlaut nach langer Wurzelsilbe.
*er **nam** im manige **schouwe***	Analoge Dehnung zu den zweisilbigen Flexionsformen; *schouwe:* Diphthongwandel oder Senkung des ersten Diphthongteils und Ausfall des Halbvokals /w/ im Inlaut nach langer Wurzelsilbe.
*an mislîchen **buochen**:*	Frühnhd. Monophthongierung
*dar an begunde er **suochen**,*	Frühnhd. Monophthongierung
ob er iht des vunde,	
*dâ mite er swære **stunde***	Palatalisierung von /s/ vor Konsonant
möhte senfter machen,	
und von sô gewanten sachen,	
daz gotes êren töhte	
*und dâ **mite** er sich möhte*	Apokope des unbetonten /e/; die Dehnung in kurzer, offener Tonsilbe ist vor /t/ unterblieben.

(fortgesetzt)

Der Arme Heinrich	**Lautwandelerscheinung:**
gelieben *den* ***liuten****.*	Frühnhd. Monophthongierung von mhd. /ie/ > frühnhd. [i:]; *liuten*: frühnhd. Diphthongierung
nu beginnet er iu ***diuten***	frühnhd. Diphthongierung
ein ***rede****, die er* ***geschriben*** *vant.*	Dehnung in kurzer, offener Tonsilbe
dar umbe hât er sich genant,	
daz er ***sîner arbeit****,*	Frühnhd. Diphthongierung /î/ > /ei/; *arbeit:* Diphthongwandel oder Senkung des ersten Diphthongteils (mhd. /ei/ > [ai])
die er dar an hât geleit	
iht ***âne*** *lôn* ***belîbe****,*	Rundung /â/ > [o:]; *belîbe:* Frühnhd. Diphthongierung /î/ > /ei/; Synkope des unbetonten /e/
und swer nâch ***sînem lîbe***	Frühnhd. Diphthongierung /î/ > /ei/; Apokope des unbetonten /e/ bei *lîbe*
sî hœre ***sagen*** *oder lese,*	Dehnung in kurzer, offener Tonsilbe
daz er im bittende wese	
der sêle heiles hin ze ***gote****.*	Die Dehnung in kurzer, offener Tonsilbe ist vor /t/ unterblieben (die unterbliebene Dehnung wird im Neuhochdeutschen graphisch angezeigt durch eine Verdoppelung des anlautenden Konsonanten der nachfolgenden Silbe)

8) – mhd. *buoch* ‚Buch‘: Hier ist die frühnhd. Monophthongierung eingetreten (mhd. /uo/ > nhd. /u/ [u:])
– mhd. *bûch* ‚Bauch‘: Hier ist frühnhd. Diphthongierung eingetreten (mhd. /û/ > nhd. /au/).

Kapitel V: Morphologie

Kap. V.1.1: Starke Verben

1) a) ***was*:** 3. Sg. Ind. Prät. von *wesen*; AR V.
Stammformen: *wesen* – *was* – *wâren* – *gewesen* (Grammatischer Wechsel von /s/ und /r/)
b) ***sâzen*:** 3. Pl. Ind. Prät. von *sitzen*; ein *j*-Präsens der AR V.
Stammformen: *sitzen* – *saz* – *sâzen* – *gesezzen*
c) ***enbunden*:** 3. Pl. Ind. Prät. von *enbinden*; AR IIIa
Stammformen: *enbinden* – ***enbant*** (Auslautverhärtung) – *enbunden* – *enbunden*

d) ***emphunden*:** 3. Pl. Ind. Prät. von *emphinden*; AR IIIa
Stammformen: *emphinden* – *emphan**t*** (Auslautverhärtung) – *emphunden* – *emphunden*

e) ***trâten*:** 3. Pl. Ind. Prät. von *treten*; AR V.
Stammformen: *treten* – *trat* – *trâten* – *getreten*

f) ***griffen*:** 3. Pl. Ind. Prät. von *grîfen*; AR Ia
Stammformen: *grîfen* – *greif* – *griffen* – *gegriffen*

g) ***beliben*:** 3. Pl. Ind. Prät. von *belîben*; AR Ia
Stammformen: *belîben* – *belei**p*** (Auslautverhärtung) – *beliben* – *beliben*

h) ***getriben*:** 3. Pl. Ind. Prät. von *getrîben*; AR Ia
Stammformen: *getrîben* – *getrei**p*** (Auslautverhärtung) – *getriben* – *getriben*

i) ***erkiesen*:** Infinitiv; AR IIb
Stammformen: *erkie**s**en* – *erkô**s*** – *erku**r**n* – *erko**r**n* (Grammatischer Wechsel von /s/ und /r/ und Synkope des /e/ nach dem Liquid /r/ in der 3. und 4. Stammform).

2)

Infinitiv	**2. Sg. Präteritum**
rîten	*du rite*
liegen (‚*lügen*‘)	*du lüge*
vinden	*du vünde*
komen	*du kæme*
pflegen	du *pflæge*
graben	*du grüebe*
ruofen	*du rüefe*
heizen	*du hieze*
wesen	*du wære*
grîfen	*du griffe*
kiesen	*du küre*

3)

Infinitiv	**AR**	**3. Sg. Prät.** (2. SF)	**1. Pl. Prät.** (3. SF)	**Part. Prät.** (4. SF)
bitten	V (j-Präsens)	*bat*	*bâten*	*gebeten*
komen	IV	*kam*	*kâmen*	*komen* (perfektives Verb)

(fortgesetzt)

Infinitiv	AR	3. Sg. Prät. (2. SF)	1. Pl. Prät. (3. SF)	Part. Prät. (4. SF)
sitzen	V (j-Präsens)	*saz*	*sâzen*	*gesezzen*
swern	VI (j-Präsens)	*swuor*	*swuoren*	*gesworn*
vlehten	IV (Ausnahme: Liquid vor dem Wurzelvokal)	*vlaht*	*vlâhten*	*gevlohten*
bliuwen	IIa (Ausnahme)	*blou*	*blûwen*	*geblûwen*
versinnen	IIIb	*versan*	*versunnen*	*versunnen*
sûfen	IIa (Ausnahme)	*souf*	*suffen*	*gesoffen*
heben	VI (j-Präsens)	*huop*	*huoben*	*erhaben*
treffen	IV (Ausnahme: Liquid vor dem Wurzelvokal)	*traf*	*trâfen*	*troffen* (perfektives Verb)
schaben	VI	*schuop*	*schuoben*	*geschaben*

4) Bei einem *j*-Präsens ist im Germanischen ein *j*-Infix in den Infinitiv und die Präsensformen eingefügt worden. Insgesamt gibt es im Mittelhochdeutschen sechs *j*-Präsentien. Die *j*-Präsentien der V. Ablautreihe lauten: mhd. *bitten, sitzen, ligen*, die der VI. Ablautreihe: *heben, schepfen, swern.*
Die *j*-Präsentien weisen (infolge des eingeschobenen *j*-Infix) folgende Abweichungen gegenüber den regulären starken Verben auf: Die *j*-Präsentien der AR V haben im Infinitiv sowie in sämtlichen Präsensformen den Wurzelvokal /i/, da durch das /j/ (bzw. /i/) in der Folgesilbe die nwgerm. Hebung von /e/ > /i/ eingetreten ist. Die *j*-Präsentien der AR VI haben hingegen im Infinitiv sowie in sämtlichen Präsensformen den Wurzelvokal /e/, da hier durch das /j/ (bzw. /i/) in der Folgesilbe der Primärumlaut /a/ > /e/ eingetreten ist. Im Konsonantismus ist vor /j/ im Westgermanischen (bei kurzem Wurzelvokal) die wgerm. Konsonantengemination eingetreten. Daher weisen die *j*-Präsentien in ihren Präsensformen häufig Doppelkonsonanz bzw. Affrikata auf (Affrikaten sind entstanden in der 2. LV durch die Verschiebung der geminierten Tenues zur Affrikaten; Tenues-Affrikaten-Wandel). Die Doppelkonsonanz ist allerdings im Mittelhochdeutschen oftmals durch Ausgleich zugunsten der nicht-geminierten Formen beseitigt worden (Doppelformen). Die 2. und 3. Sg. Präsens der *j*-Präsentien weisen hingegen lautgesetzlich keine Gemination auf, da die Flexionsendung im Germanischen bereits ein /i/ enthielt und das *j*-Infix hier noch vor dem Eintreten der

wgerm. Konsonantengemination weggefallen ist. Die Formen mit Affrikata haben sich hingegen im Mittelhochdeutschen (durch Analogie) im gesamten Präsens durchgesetzt. Im Präteritum, wo kein *j*-Infix vorhanden war, zeigen die *j*-Präsentien keine Abweichungen gegenüber den regelmäßigen starken Verben.

5)

Infinitiv	**3. Sg. Präsens Indikativ**	**3. Sg. Präsens Konjunktiv**
nemen	*nimet*	*neme*
vinden	*vindet*	*vinde*
triegen (‚betrügen‘)	*triuget*	*triege*
grîfen	*grîfet*	*grîfe*
bevelhen (‚befehlen‘)	*bevilhet*	*bevelhe*
ruofen	*ruoft*	*ruofe*

Kap. V.1.2: Schwache Verben

1) Schwache Verben bilden ihr Präteritum mit Hilfe eines Dentalsuffixes, starke Verben hingegen durch Ablaut des Wurzelvokals.
2) Je nach dem Suffix, welches im **Germanischen(!)** zur Bildung des Infinitivs an die Wurzel des zugrundeliegenden Primärverbs oder Adjektivs/Substantivs gehängt wurde, lassen sich die schwachen Verben in drei Klassen einteilen: *jan*-Verben, *ôn*-Verben und *ên*-Verben. Im Mittelhochdeutschen sind die Infinitivsuffixe aller drei Klassen (infolge der Abschwächung der vollen Nebentonvokale vom Alt- zum Mittelhochdeutschen) bereits zu *-en* abgeschwächt worden, wodurch die Zuordnung zu einer der drei ursprünglichen Klassen von schwachen Verben aus synchroner mhd. Sicht beträchtlich erschwert wird.
3) Die kurzwurzligen *jan*-Verben haben im Infinitiv, Präsens und Präteritum denselben Wurzelvokal. Ist dieser umlautfähig, ist nicht nur im Präsens, sondern auch im Präteritum Umlaut eingetreten, da auch im Präteritum der Bindevokal /i/ (< /j/), der Auslöser für den *i*-Umlaut, erhalten geblieben ist. Die langwurzligen *jan*-Verben haben hingegen den Umlaut des Wurzelvokals nur im Infinitiv und den Präsensformen und nicht im Präteritum, da hier der Bindevokal /i/ (< /j/) in der Regel bereits vor dem Eintreten des Umlauts geschwunden ist. Das umlautlose Präteritum der langwurzligen *jan*-Verben wird als sog. Rückumlaut bezeichnet. Dieser ist nur bei langwurzligen *jan*-Verben mit umlautfähigem Wurzelvokal möglich. Langwurzlige *jan*-Verben mit nicht-umlautfähigem Wurzelvokal weisen den sog. Rück-

umlaut nicht auf, d. h. sie haben (wie auch die kurzwurzeligen *jan*-Verben) sowohl im Präsens als auch im Präteritum durchgehend den gleichen Wurzelvokal. Hinsichtlich ihrer Präsensformen unterscheiden sich die kurzwurzligen *jan*-Verben nicht von den langwurzligen.

4) Da bei den *jan*-Verben (bedingt durch das /j/) auf phonologischer Ebene bestimmte Lautwandelerscheinungen eingetreten sind, kann man sie (zumindest in einigen Fällen) von den *ôn-/ên*-Verben unterscheiden. So haben nur die *jan*-Verben (vorausgesetzt, es liegt ein umlautfähiger Wurzelvokal vor) im Infinitiv Umlaut und weisen im Konsonantismus infolge der wgerm. Konsonantengemination mitunter noch Doppelkonsonanz auf. Aber auch auf semantischer Ebene lassen sich mitunter die *jan*-Verben ausmachen. Denn bei der überwiegenden Mehrzahl der *jan*-Verben handelt es sich um Kausativa. Sie lassen sich also umschreiben mit „machen/bewirken". *Ôn*-Verben sind hingegen in der Regel Ornativa, die sich mit „versehen mit etwas" umschreiben lassen. Bei *ên*-Verben handelt es sich meist um Inchoativa. Sie lassen sich daher umschreiben mit „werden".

5) ***Erec*, V. 148–162:**

sô lange er dô urloubes gerte	→ Infinitiv: *gern*
unz daz si ins gewerte.	→ Infinitiv: *gewern*
ouch dâhte der juncherre,	→ Infinitiv: *denken*
im wære daz ze verre,	
ob er zen selben zîten	
hin wider wolde rîten	
dâ er sînen harnasch hâte,	→ Infinitiv: *hân* (unregelm. Verb; siehe Kap. V.1.3.4.1)
und daz er alsô drâte	
in nimmer genæme	
(swie schiere er wider kæme,	
sô wæren si im entriten gar),	
und îlte in nâch alsô bar.	→ Infinitiv: *îlen*
dô er in begunde gâhen nâ,	→ Infinitiv: *gâhen*
dô kam er rehte ûf ir slâ	
von den im schade was geschehen.	

Anmerkung

wolde (V. 153) und *begunde* (V. 160) haben zwar ein Dentalsuffix (mit Lenisierung von /t/ > /d/ nach Liquid bzw. Nasal), sind aber keine regelmäßigen schwachen Verben, sondern zählen zu den Ausnahmen. Die Infinitive lauten: *wellen* (siehe Kap. V.1.3.5) und *beginnen* (siehe Kap. V.1.3.2)

6)

Infinitiv	3. Sg. Prät. Indikativ/ Konjunktiv	Verbklasse
hœren	*hôrte*	langwurzliges *jan*-Verb mit sog. Rückumlaut
wænen	*wânde*	langwurzliges *jan*-Verb mit sog. Rückumlaut
tröumen	*troumte*	langwurzliges *jan*-Verb mit sog. Rückumlaut
füeren	*fuorte*	langwurzliges *jan*-Verb mit sog. Rückumlaut
sagen	*sagete*	*ôn-/ên*-Verb
triuten	*trûte*	langwurzliges *jan*-Verb mit sog. Rückumlaut
dünken	*dûhte*	langwurzliges *jan*-Verb mit sog. Rückumlaut (sowie PBE, Nasalschwund und Ersatzdehnung)
loben	*lopte*	*ôn-/ên-Verb* (der Bindevokal mhd. /e/ ist durch Synkope ausgefallen)
trenken	*trancte*	langwurzliges *jan*-Verb mit sog. Rückumlaut (/k/ = <c>)
neigen	*neicte*	langwurzliges *jan*-Verb ohne den sog. Rückumlaut (Auslautverhärtung im Silbenauslaut vor /-t/; (/k/ = <c>)
senden	*sante*	langwurzliges *jan*-Verb mit sog. Rückumlaut
küssen	*kuste*	langwurzliges *jan*-Verb mit sog. Rückumlaut

Anmerkung

Bei den schwachen Verben sind die Formen im Indikativ und Konjunktiv Präteritum identisch.

7) a) ***gruozte*:** 3. Sg. Prät. Ind.; Infinitiv: *grüezen*
langwurzliges *jan*-Verb mit sog. Rückumlaut.

b) ***trôst*:** 3. Sg. Prät. Ind.; Infinitiv: *trœsten*
langwurzliges *jan*-Verb mit sog. Rückumlaut; bei der Form *trôst* wurde das auslautende /-e/ apokopiert und die Dentalverbindung /tt/ zu /t/ vereinfacht (*trôstte* > *trôste* > *trôst*).

c) ***verzaget*:** Part. Prät.; Infinitiv: *verzagen*
kurzwurzliges *ôn-/ên*-Verb

d) ***gedâhte*:** 3. Sg. Prät. Ind.; Infinitiv: *gedenken*
langwurzliges *jan*-Verb mit sog. Rückumlaut, da hier der Bindevokal nicht ausgefallen ist, sondern bereits im Germanischen nicht vorhanden war, ist der Primäre Berührungseffekt eingetreten (vorgerm. /kt/ > germ. /xt/). Im Zuge dessen sind (ebenfalls noch im Germanischen)

Nasalschwund (vor germ. /h/) und Ersatzdehnung (/a/ > /â/) eingetreten.

e) ***leite***: 3. Sg. Prät. Ind.; Infinitiv: *leiten*
langwurzliges *jan*-Verb. Der sog. Rückumlaut ist aufgrund des nicht umlautfähigen Wurzelvokals unterblieben. Bei der Form *leite* (< *leitte*) wurde die Dentalverbindung /tt/ nach Diphthong zu /t/ vereinfacht.

f) ***hôrte***: 3. Sg. Prät. Ind.; Infinitiv: *hœren*
langwurzliges *jan*-Verb mit sog. Rückumlaut.

8) a) ***kleite***: 3. Sg. Konjunktiv Präteritum von *kleiden*

b) ***leite***: 3. Sg. Konjunktiv Präteritum von *legen*
(*leite* ist die kontrahierte Form von *legete*).

c) ***redet***: 3. Sg. Konjunktiv Präteritum von *reden*
(das auslautende /-e/ ist durch Apokope geschwunden; *redete* > *redet*).

d) ***seite***: 3. Sg. Ind. Präteritum von *sagen*
(*seite* ist die kontrahierte Form von *sagete*).

e) ***bereite***: 3. Sg. Ind. Präteritum von *bereite*
(aufgrund des Dentals /t/ im Wurzelauslaut ist eine Dentalverschmelzung eingetreten: /tt/ > /t/; *berei**t-te*** > *berei**te***).

f) ***ladet***: 3. Sg. Ind. Präteritum von *laden*
(das auslautende /-e/ ist durch Apokope geschwunden: *ladete* > *ladet*).

Anmerkung

Im Neuhochdeutschen ist *laden* ein starkes Verb (die 3. Sg. Ind. Prät. lautet daher nhd.: *er lud*).

g) ***tôte***: 3. Sg. Ind. Präteritum von *tœten*
(aufgrund des /t/ im Wurzelauslaut ist eine Dentalverschmelzung eingetreten: /tt/ > /t/; *tô**t-te*** > *tô**te***).

h) ***trôste***: 3. Sg. Ind. Präteritum von *trœsten*
(aufgrund des /t/ im Wurzelauslaut ist eine Dentalverschmelzung eingetreten: /tt/ > /t/; *trôs**t-te*** > *trôs**te***).

9) Bei mhd. *stepfen* handelt es sich ursprünglich um ein kurzwurzliges *jan*-Verb, das erst sekundär langwurzlig geworden ist. Im Germanischen lag einfache Konsonanz vor (germ. **stapjan*). Infolge der wgerm. Konsonantengemination vor /j/ wurde die Wurzelsilbe positionslang (wgerm. **sta**pp**jan*). Im Konsonantismus ist der Tenues-Affrikaten-Wandel der 2. LV eingetreten und im Vokalismus der Primärumlaut des Wurzelvokals (ahd./mhd. ***stepfen***). Da es sich ursprünglich um eine kurzwurzliges *jan*-Verb handelte, sind die Präteritalformen mit Bindevokal und ohne den sog. Rückumlaut lautgesetzlich (siehe z. B. mhd. *stepfete*). Doch wie auch die anderen ursprünglich kurzwurzligen *jan*-Verben mit einer Affrikata hat sich auch *stepfen* sekundär

den primär langwurzligen *jan*-Verben angeschlossen und daher Doppelformen ausgebildet: neben *stepfete* gibt es im Mittelhochdeutschen *stapfte* (ohne Bindevokal und mit sog. Rückumlaut).

10) a) *wânde*: langwurzliges *jan*-Verb mit sog. Rückumlaut
Infinitiv: *wænen*
wande: langwurzliges *jan*-Verb mit sog. Rückumlaut
Infinitiv: *wenden*

Anmerkung

Bei *wânde* und *wande* ist die mhd. Lenisierung nach Nasal eingetreten (*-te* > *-de*).

b) *brante*: langwurzliges *jan*-Verb mit sog. Rückumlaut
Infinitiv: *brennen*
bran: starkes Verb der AR IIIb
Infinitiv: *brinnen*

11) 3. Sg. Ind. Präteritum: *er dâhte*
Sprachhistorische Erklärung: *denken* ist ein langwurzliges *jan*-Verb, bei dem (anders als bei den regulären langwurzligen *jan*-Verben) der Bindevokal /i/ zu keiner Zeit im Präteritum vorhanden war. Es gehört somit zu den (insgesamt drei) Ausnahmen unter den langwurzligen *jan*-Verben. Das Nichtvorhandensein eines Bindevokals hatte zunächst zur Folge, dass im Präteritum der PBE eingetreten ist (vorgerm. /kt/ > /xt/; siehe germ. **þan****kt****ô* > germ. **þan****ht****ô*). Noch im Germanischen sind daraufhin der **Nasalschwund** (vor /h/) und die **Ersatzdehnung** eingetreten (germ. **þan****ht****ô* > **þ****â****htô*). Durch Nebensilbenabschwächung vom Alt- zum Mittelhochdeutschen ist daraus mhd. ***er dâhte*** entstanden.

Kap. V.1.3: Unregelmäßige Verben

1) – ***wânde*:** 1. Sg. Prät. Ind. von *wænen;* langwurzliges *jan*-Verb mit sog. Rückumlaut; bei *wânde* ist die mhd. Lenisierung nach Nasal eingetreten (/t/ > /d/).
– ***westetz*:** 2. Pl. Prät. Ind. von *wizzen* (das Pronomen *ez* ist enklitisch angehängt: *westet* + *ez* > *westetz*); Präterito-Präsens der AR Ia. Lautgesetzlich heißt die 2. Pl. Prät. Ind. *ir wisset* bzw. (mitteldt. *ir wesset*), da infolge des PBE noch im frühen Germanischen das wurzelauslautende /t/ + Dentalsuffix /t/ zu /ss/ verschoben wurde. Sekundär ist (bereits im Germanischen) an die (lautgesetzlichen) Formen mit der Doppelspirans /ss/ nochmals ein Dentalsuffix angetreten (in Analogie zu der Präteritalendung der schwachen Verben). Noch im Mittelhochdeutschen gibt es Doppelformen (*wistet*/*westet* neben *wisset*/*wesset*).

- ***mac***: 3. Sg. Präs. Ind. von *mugen;* Präterito-Präsens der AR V (mit unregelmäßigem Vokalismus). Bei der Form *mac* liegt die mhd. Auslautverhärtung im Wortauslaut vor (/g/ > /k/ <c>).
- ***sî***: 3. Sg. Konj. Präs. von *sîn*; Wurzelverb (*mi*-Verb). Die präteritalen Formen werden von dem regelmäßigen starken Verb *wesen* (AR V) gebildet.
- ***bin***: 1. Sg. Präs. Ind. von *sîn*; Wurzelverb (*mi*-Verb). Der Anlaut /b/ ist dadurch zu erklären, dass die Präsensformen im Indogermanischen aus zwei verschiedenen Wurzeln gebildet wurden: die mit /b-/ anlautenden Wurzelsilben (siehe die 1./2. Sg. und Pl.) gehen auf die idg. Wurzel **bhû-* zurück (die mit /i-/ und /s-/ anlautenden Wurzelsilben hingegen auf die Wurzel idg. **es-*).
- ***komen***: Part. Prät. von *komen;* starkes Verb der AR IV (mit unregelmäßigem Vokalismus). Mhd. *komen* gehört zu den perfektiven Verben und bildet daher sein Partizip Präteritum ohne das Präfix *ge-*.
- ***treit***: 3. Sg. Präs. Ind. von *tragen;* starkes Verb der AR VI. Bei *treit* handelt es sich um die kontrahierte Form zu *treget* (Kontraktion über die inlautende Media /g/: ahd. *-egi-* > mhd. *-ei-*).
- ***hât***: 3. Sg. Präs. Ind. von *hân;* kontrahiertes Verb.
- ***lie***: 3. Sg. Prät. Ind. von *lân* (kontrahiertes Verb) bzw. *lâzen* (ein starkes Verb der AR VII). Das Präteritum wurde stets mit den Formen des starken Verbs *lâzen* gebildet. Die 3. Sg. Prät. lautet daher ganz regelmäßig: *liez.* Analog zu den kontrahierten Präsensformen bildete sich auch hierzu die verkürzte Form *lie* aus.
- ***gienge***: 3. Sg. Konj. Prät. von *gân/gên*; Wurzelverb (*mi*-Verb). Die präteritalen Formen wurden von einem starken Verb der AR VII (siehe ahd. *gangan*) gebildet.

2) Bei den Präterito-Präsentien handelt es sich um ursprünglich starke Verben, deren Präteritalformen im frühen Germanischen Präsensbedeutung angenommen haben (Tempuswandel). Die ursprünglichen Präsensformen gingen mitsamt dem Infinitiv im Germanischen verloren. Die Präterito-Präsentien weisen folgende Unterschiede gegenüber den regelmäßigen starken Verben auf: 1) Die ursprünglich starken Präteritalformen werden mit Präsens übersetzt. 2) Die Präterito-Präsentien haben im Infinitiv einen anderen Wurzelvokal als die regelmäßigen ablautenden Verben, da der Infinitiv im frühen Germanischen durch das Anhängen der Infinitivendung **-an* an die Wurzel der 3. Stammform (1. Plural Präteritum) neugebildet wurde. Daher haben die Präterito-Präsentien in der 1. und 3. Stammform gleichlautende Formen. 3) Die Präterito-Präsentien bilden ihr (neues) Präteritum mit Hilfe eines Dentalsuffixes. Dieses trat im frühen Germanischen direkt (ohne Bindevokal) an die Wurzel der 3. Stammform. Vier der insgesamt neun Präterito-Präsentien weisen daher im Präteritum den PBE auf. 4) Die 2. Sg. des ursprünglichen Präte-

ritums (die ja Präsensbedeutung angenommen hatte) weicht von der 2. Sg. Präteritum der regelmäßigen starken Verben beträchtlich ab. Zum einen wird sie aus der Wurzel der (ursprünglichen) 2. Stammform ohne Umlaut gebildet, und zum anderen endet sie auf /-t/ (statt auf /-i/). Zudem zeigen sich bei einigen Präterito-Präsentien weitere Abweichungen, die aber im Rahmen dieser Aufgabe nicht genannt werden müssen.

3)

Infinitiv	**2. Sg. Präsens**
wizzen	*du weist* (eine Analogiebildung; lautgesetzlich müsste die Form mhd. **weis* lauten)
kunnen	*du kanst* (eine Analogiebildung; lautgesetzlich müsste die Form mhd. **kant* lauten)
durfen	*du darft*
mugen	*du maht* (hier ist im Vorgermanischen der Stimmtonverlust vor /t/ und anschließend der PBE /kt/ > /xt/ eingetreten)

4)

Infinitiv	**3. Sg. Ind. Präteritum**
müezen	***muose/muoste*** *muose* ist die lautgesetzliche Form. Da die Wurzel der ursprünglichen 3. Stammform im Germanischen auf /t/ auslautete (**môt-*), ist beim Anhängen des Dentalsuffixes der PBE eingetreten (/t/ + /t/ > **/ss/**). Die Doppelspirans /ss/ wurde nach langem Vokal zu /s/ vereinfacht (Geminatenvereinfachung). Daneben existiert (seit dem Germanischen) die sekundär gebildete Form *muoste*, eine Analogiebildung, bei der das Dentalsuffix nochmals angehängt wurde.
mugen	***mohte*** (daneben: *mahte;* gebildet vom Infinitiv *magen*) Da die Wurzel der ursprünglichen 3. Stammform auf einen Verschlusslaut (/g/) auslautete (**mug-*), ist beim Anhängen des Dentalsuffixes im Vorgermanischen Stimmtonverlust vor /t/ und anschließend der PBE eingetreten (/gt/ > /kt/ > /xt/). Im Vokalismus ist der hohe Vokal /u/ vor tiefem Vokal in der Folgesilbe zu /o/ gesenkt worden (nwgerm. Senkung).
durfen	***dorfte*** Der hohe Vokal /u/ wurde vor dem mittleren Vokal in der Folgesilbe (siehe germ. *-tô*) zu /o/ gesenkt (nwgerm. Senkung).

5)

Infinitiv	**Verbklasse**	**3. Sg. Ind. Präteritum**
tuon	Wurzelverb (*mi*-Verb)	*tete*
hân	kontrahiertes Verb	*hâte* (daneben: *hete, hête* u. a.)

(fortgesetzt)

Infinitiv	Verbklasse	3. Sg. Ind. Präteritum
stân	Wurzelverb (*mi*-Verb)	*stuont*
sîn	Wurzelverb (*mi*-Verb)	*was*
beginnen	Mischverb/starkes Verb der AR IIIa	*begunde* (Mischverb), *began* (starkes Verb AR IIIa)
lân	kontrahiertes Verb	*liez* (daneben: *lie*)
turren	Präterito-Präsens der AR IIIb	*torste*

6) Bei mhd. *bringen* handelt es sich um ein Mischverb. Neben den starken präteritalen Stammformen (siehe die 3. Sg. Prät. *branc;* Abtönungsstufe der AR IIIa mit Auslautverhärtung /g/ > /k/ <c>) existieren (weitaus häufiger) sekundär gebildete Präteritalformen mit Ablaut und Dentalsuffix (siehe die 3. Sg. Prät. *brâhte*). Bei diesen „Mischformen" sind folgende Lautwandelprozesse eingetreten: Das Dentalsuffix trat direkt, ohne Bindevokal, an die Wurzel der 2. Stammform (germ. **ƀrang-*). Daher ist zunächst der Stimmtonverlust vor /t/, dann der PBE eingetreten (germ. /g/+/t/ > /k/+/t/ > /xt/ > ahd./mhd. /ht/). Vor der Spirans germ. /x/ trat Nasalausfall ein, gefolgt von der Ersatzdehnung des Vokals (/a/ > /â/).

7) Die Infinitive zu *lie* und *gie* lauten: *lâzen* (bzw. *lân*) und *gân*/*gên*. Bei *lân* handelt es sich um ein kontrahiertes Verb, das nur Präsensformen ausgebildet hat. Im Präteritum werden die Formen des starken Verbs *lâzen* (AR VII) verwendet. Die regelmäßige 3. Sg. Prät. von dem starken Verb *lâzen* lautet *liez* (*lie* ist die daneben belegte verkürzte Form). Bei *gân*/*gên* handet es sich um ein Wurzelverb (hier liegen im Präteritum die Formen eines starken Verbs der AR VII zugrunde; der Infinitiv des starken Verbs ist im Mittelhochdeutschen nicht mehr belegt, siehe aber ahd.: *gangan*. Die regelmäßige 3. Sg. Prät. von dem starken Verb (ahd. *gangan*) lautet *gienc* (*gie* ist die daneben belegte verkürzte Form).

Kap. V.2: Substantiva

1) – ***frouwe***: Nom. Sg. Fem.; schwache Deklination (*n*-Deklination); in der vorliegenden Form wäre auch die *ô*-Deklination möglich (beide Formen enden im Nom. Sg. auf /-e/).
   – ***kint***: Akk. Sg. Neutrum.; *a*-Deklination
   – ***lîbe***: Dativ. Sg. Mask.; *a*-Deklination
   – ***helfe***: Akk. Sg. Fem.; *ô*-Deklination

- ***wochen*:** Gen. Pl. Fem.; schwache Deklination (*n*-Deklination); in der vorliegenden Form wäre auch die *ô*-Deklination möglich.
- ***muoter*:** Gen. Sg. Fem.; *muoter* gehört zu den Ausnahmen der konsonantischen Deklination (idg. *-ter*-Stämme; Verwandtschaftsbezeichnungen); zum Mittelhochdeutschen sind die idg. *-ter*-Stämme zur starken Deklination übergetreten (das Femininum *muoter* zu den *ô*-Stämmen), haben aber neben den starken Formen in einigen Kasus (siehe auch das vorliegende Beispiel) ihre ursprüngliche Flexionsendung (*-ter* + Nullendung -Ø) bewahrt.
- ***sin*:** Akk. Sg. Mask.; *a*-Deklination
- ***wîbe*:** Dativ. Sg. Neutrum.; *a*-Deklination
- ***bluome*:** Nom. Sg. Fem.; *n*-Deklination; in der vorliegenden Form wäre auch die *ô*-Deklination möglich.
- ***man*:** Nom. Sg. Mask.; Wurzelnomen (zum Mittelhochdeutschen ist *man* zur *a*-Deklination übergetreten, hat aber in einigen Kasus die alte endungslose Form bewahrt).
- ***klage*:** Gen. Sg. Fem.; *ô*-Deklination
- ***frouwen*:** Akk. Sg. Fem.; schwache Deklination (*n*-Deklination)
- ***tôde*:** Dat. Sg. Mask.; *a*-Deklination
- ***zene*:** Akk. Pl. Mask.; *i*-Deklination
- ***wazzer*:** Akk. Sg. Neutrum; *a*-Deklination
- ***munt*:** Akk. Sg. Mask.; *a*-Deklination; in der vorliegenden Form wäre auch die *i*-Deklination möglich.
- ***herzen*:** Gen. Sg. Neutrum; schwache Deklination (*n*-Deklination)
- ***werdekeit*:** Nom. Sg. Fem.; *i*-Deklination
- ***verches*:** Gen. Sg. Mask.; *a*-Deklination
- ***minne*:** Nom. Sg. Fem.; *jô*-Deklination
- ***got*:** Nom. Sg. Mask.; *a*-Deklination (in der vorliegenden Form wäre auch die *i*-Deklination möglich).
- ***sinne*:** Akk. Pl. Mask.; *a*-Deklination
- ***frühte*:** Dat. Sg. Fem.; *i*-Deklination

2)

Nominativ Singular	**Nominativ Plural**	**Deklinationsklasse**
velt	– *velt*	– *a*-Deklination
kalp (‚Kalb')	– *kelber*	– idg. *es-/os-* bzw. germ. *iz-/az*-Stamm
huon (‚Huhn')	– *hüener*	– idg. *es-/os-* bzw. germ. *iz-/az*-Stamm
ouge	– *ougen*	– schwache Deklination (*n*-Deklination)
ende	– *ende*	– *ja*-Deklination

(fortgesetzt)

Nominativ Singular	Nominativ Plural	Deklinationsklasse
kint	– *kint*	– *a*-Deklination
rint	– *rinder*	– idg. *es-/os-* bzw. germ. *iz-/az*-Stamm
buoch	– *buoch*	– *a*-Deklination
herze	– *herzen*	– schwache Deklination (*n*-Deklination)
gelücke	– *gelücke*	– *ja*-Deklination
wîp	– *wîp*	– *a*-Deklination
hûs	– *hûs/hiuser*	– *a*-Deklination (*hûs*); daneben gibt es auch Formen nach der idg. *es-/os-* bzw. germ. *iz-/az*-Deklination (*hiuser*)

3) a) – ***hêrre*:** Vokativ/Nom. Sg. Mask.; *n*-Deklination
- ***bruoder*:** Vokativ/Nom. Sg. Mask; *bruoder* gehört zu den idg. *-ter*-Stämmen (Verwandtschaftsbezeichnungen); zum Mittelhochdeutschen ist *bruoder* zu den *a*-Stämmen übergetreten, hat aber mitunter seine ursprüngliche Flexionsendung (siehe *-der* + Nullendung -Ø) bewahrt.

b) – ***wünne*:** Akk. Sg. Fem.; *jô*-Deklination
- ***gemach*:** Akk. Sg. Mask.; *a*-Deklination
- ***werlde vîent*:** *werlde*: Dat. Sg. Fem.; *i*-Deklination; *vîent*: Nom. Sg. Mask.; *vîent* gehörte ursprünglich den Partizipialstämmen (idg. *nt*-Stämme) an. Bereits im Ahd. ist es in die *a*-Deklination übergetreten.
- ***hôchvart*:** Akk. Sg. Fem.; *i*-Deklination
- ***nît*:** Akk. Sg. Mask.; *a*-Deklination
- ***helle*:** Akk. Sg. Fem.; *jô*-Deklination
- ***êren*:** Gen. Pl. Fem.; *ô*-Deklination

c) – ***juncvrouwen*:** Akk. Sg. Fem.; *n*-Deklination

Anmerkung

Auch der Akk. Sg. heißt *juncvrouwen* (im vorliegenden Kontext liegt aber Plural vor).

d) – ***lobe*:** Dat. Sg. Mask.; *a*-Deklination

Anmerkung

Zum Neuhochdeutschen ist bei *lop* ein Genuswechsel (Maskulinum > Neutrum) eingetreten.

e) – ***maht*:** Nom. Sg. Fem.; *i*-Deklination
– ***naht*:** Akk. Sg. Fem.; *i*-Deklination
– ***vischære*:** Dat. Sg. Mask.; *ja*-Deklination

f) – ***gote*:** Nom. Pl. Mask.; *a*-Deklination
– ***gast*:** Akk. Sg. Mask.; *i*-Deklination

g) – ***rise*:** Nom. Sg. Mask.; *n*-Deklination

h) – ***sündære*:** Nom. Sg. Mask.; *ja*-Deklination
– ***mære*:** Nom. Pl. Neutrum; *ja*-Deklination

4) – ***man***: Nom. Pl. Mask.
– ***manne***: Gen. Pl. Mask.
– ***manne***: Dat. Sg. Mask.
– ***mannes*:** Gen. Sg. Mask.
– ***mannen***: Dat. Pl. Mask.

Das Nebeneinander der Formen erklärt sich dadurch, dass *man* ursprünglich zur Gruppe der Wurzelnomina gehörte. Zum Mittelhochdeutschen ist *man* zur *a*-Deklination übergetreten, hat aber die alte endungslose Form (*man*) in einigen Kasus bewahrt (siehe *man* Beispiel 1).

Kap. V.3: Adjektiva

1) – ***arme*:** Nom. Sg. mask.; schwach flektiertes Adjektiv.
– ***kreftic und grôz*:** Nom. Sg. fem.; nominal stark flektierte Adjektiva in prädikativer Verwendung.
– ***aller meist*:** *aller* ist ein (aus dem Genitiv Pl. von *al* gebildetes) Adverb, das hier zur Steigerung des Adverbs *meist* eingesetzt wird. Bei *meist* handelt es sich um den Superlativ zum Adverb *michel*. Hier liegt also eine unregelmäßige Steigerung (Suppletivsteigerung) vor.
– ***wîser*:** Nom. Sg. mask.; pronominal starke Adjektivflexion.
– ***armen*:** Akk. Pl. mask.; schwache Adjektivflexion.
– ***vremede*:** Akk. Pl. mask.; pronominal starke Adjektivflexion.

2)

Positiv	Komparativ	Superlativ
grôz	– *grœzer*	– *grœzest*
übel	– *wirser*	– *wirsest*
klein	– *kleiner*	– *kleinest*
lanc	– *langer*/(*lenger*)	– *langest*/(*lengest*)
wênic	– *wêniger*	– *wênigest*
lützel	– *minner*	– *minnest*

3) a) – ***gemeit*:** Akk. Sg. Fem.; nominal starke Flexion
- ***schœne*:** Akk. Sg. Fem..; pronominal starke Flexion; *jô*-Stamm
- ***gekleit*:** Akk. Sg. Fem.; nominal starke Flexion

b) – ***süeze*:** Nom. Sg. Neutrum; pronominal starke Flexion; *ja*-Stamm

Anmerkung

Zum Neuhochdeutschen ist bei *honec* ein Genuswechsel (Neutrum > Maskulinum) eingetreten.

- ***bitter*:** Nom. Sg. Neutrum; nominal starke Flexion

c) – ***guot*:** Nom. Sg. Mask.; nominal starke Flexion
- ***mære*:** Gen. Sg. Fem.; pronominal starke Flexion; *jô*-Stamm

d) – ***schemelîchiu*:** Nom. Sg. Fem.; pronominal starke Flexion; *jô*-Stamm
- ***vrumen*:** Dat. Sg. Mask.; schwache Flexion
- ***hövschen*:** Akk. Sg. Mask.; schwache Flexion

e) – ***lanc*:** Nom. Pl. Mask.; nominal starke Flexion
- ***schœne*:** Nom. Sg Mask.; nominal starke Flexion; *ja*-Stamm
- ***junc*:** Nom. Sg Mask.; nominal starke Flexion
- ***alt*:** Nom. Sg Mask.; nominal starke Flexion
- ***besten*:** Gen. Sg Fem.; Superlativ (unregelmäßige Steigerung)

Kapitel VI: Historische Semantik

1)

Mittelhochdeutsch	nhd. Übersetzung	Bedeutungswandel
hôch(ge)zît	Fest	Bedeutungsverengung/Spezialisierung zu nhd. ‚Hochzeit'
bescheidenheit	Klugheit/ Verständigkeit	Bedeutungsverengung/Spezialisierung zu nhd. ‚Bescheidenheit'
kiusche (Subst.)	Reinheit/ Sittsamkeit	Bedeutungsverengung/Spezialisierung zu nhd. ‚Keuschheit'
maget/meit	Jungfrau/ unverheiratete Frau	Bedeutungsverschlechterung zu nhd. ‚Magd'
muot	Stimmung/ Gesinnung	Bedeutungsverengung/Spezialisierung zu nhd. ‚Mut'
orden	Stand/Ordnung/ Reihenfolge	Bedeutungsverengung/Spezialisierung zu nhd. ‚Orden'
tugent	Höfische Vorbildlichkeit/ Vollkommenheit	Bedeutungsverengung/Spezialisierung zu nhd. ‚Tugend(-haftigkeit)'

(fortgesetzt)

Mittelhochdeutsch	nhd. Übersetzung	Bedeutungswandel
ar(e)beit	Mühe/(körperliche) Anstrengung/Not	Bedeutungsverengung/Spezialisierung und zugleich eine Bedeutungsverbesserung. Das nhd. Lexem *Arbeit* ist deutlich positiver konnotiert, wenngleich durchaus noch der Bedeutungsaspekt ‚Mühsal' mitschwingen kann. Der Bedeutungsumfang hat sich verengt auf ‚berufliche, zweckmäßige Tätigkeit.'
vrum (Adj.)	tüchtig/tapfer	Bedeutungsverengung/Spezialisierung zu nhd. ‚fromm'
wîp	Frau	Bedeutungsverschlechterung zu nhd. ‚Weib'
wirt (Subst.)	Gastgeber/ Hausherr	Bedeutungsverengung/Spezialisierung zu nhd. ‚Wirt'

2) **1. Strophe:**
‚Uns ist in alten Geschichten/Erzählungen von vielen Wundertaten (sehr Erstaunliches) berichtet worden: von ruhmreichen Helden, von großer Kampfesnot, von Frohsinn und Festfreude, von Weinen und Klagen; von den Kämpfen kühner Recken könnt ihr nun Wundersames erzählen hören.'
2. Strophe:
‚Im Land der Burgunden wuchs eine sehr edle Jungfrau heran, so schön, dass es in keinem anderen Land eine schönere hätte geben können. Sie hieß Kriemhild und wurde (später) eine schöne Frau, derentwegen viele Helden ihr Leben verlieren sollten.'
3. Strophe:
‚Es kümmerten sich drei edle und mächtige Könige um sie: die ruhmreichen Kämpfer Gunther und Gernot, sowie der junge Giselher, ein stattlicher Held. Die Dame, welche die Helden in ihrer Obhut hatten, war ihre Schwester.'
4. Strophe:
‚Die Herren von hoher Herkunft waren freigebig und außerordentlich kühn. Es waren auserwählte Kämpfer. Ihr Land wurde Burgund genant. Später vollbrachten sie große Wundertaten (sehr Erstaunliches) im Land Etzels.'

3) ***Erec*, V. 2924–2953:**

Erec war tapfer und vornehm,
seine Gesinnung war die eines Ritters,
bevor er eine Frau genommen hatte
und nach Hause zurückgekehrt war:

sobald er nun heimgekommen war,
richtete er sein ganzes Können
auf die Minne zu seiner Frau Enite.
Sein ganzer Verstand war darauf gerichtet,
wie er all seine Angelegenheiten zur
Bequemlichkeit wenden könne.
Er begann, seine Gewohnheiten zu ändern
als ob er nie der Mann geworden wäre (der er war),
vertrieb er sich den Tag auf folgende Weise:
Morgens legte er sich nieder,
um seine Frau zu liebkosen,
bis man zur Messe läutete.
Daraufhin standen sie beide
ganz allmählich auf,
nahmen sich bei den Händen
und gingen zur Kapelle:
Da verweilten sie gerade so lange,
bis man die Messe gesungen hatte.
Das war seine größte Anstrengung:
Da war schon das Essen vorbereitet.
Wie schnell auch immer (sobald) man die Tische hochgezogen hatte,
floh er mit seiner Frau
ins Bett, weg von den Leuten.
Da begann das Liebkosen erneut.
Von dort kam er wieder nie weg,
bis er zum abends zu Tisch ging.

4) mhd. ***muot*** hat ein breites Bedeutungsspektrum und kann vor allem ‚Stimmung/Gesinnung/Einstellung/innere Verfassung‘, aber auch ‚Sinn/Absicht‘ bedeuten. Nur wenn *muot* näher bestimmt ist, wie z. B. in *mannes muot* hat es die nhd. Bedeutung ‚Mut‘ im Sinne von Tapferkeit, Furchtlosigkeit. Zum Neuhochdeutschen ist also eine Bedeutungsverengung eingetreten.
mhd. ***riuwe*** hat ebenfalls ein breites Bedeutungsspektrum. Es bezeichnet jede Art von seelischem Schmerz (bei diesem kann es sich z. B. um Minneschmerz, um Trauer, aber auch um Reue im religiösen Sinne handeln). Letzteres ist im Mittelhochdeutschen aber eher selten. Mhd. *riuwe* wird vorwiegend übersetzt mit ‚Kummer/Leid/Schmerz/Betrübnis‘. Die Bedeutung hat sich erst zum Neuhochdeutschen auf ‚Reue‘ verengt.
5) Mit *faux amis* (dt. ‚falsche Freunde‘) werden (abgesehen von Wortpaaren aus verschiedenen Sprachen) mhd. Wörter bezeichnet, von denen man (ausgehend von der Kenntnis der phonologischen Veränderungen) glaubt,

die nhd. Bedeutung zu kennen und sie daher ganz problemlos übersetzen zu können. Hierbei werden die Veränderungen auf der semantischen Ebene (siehe die verschiedenen Arten des Bedeutungswandels) außer Acht gelassen. Die vermeintlich problemose Übersetzung (daher *ami* ‚Freund'), erweist sich oftmals als ein Übersetzungsfehler, also als ein ausgesprochen schlechter Freund (*faux ami*).

Kapitel VII: Syntax

1) ***Iwein* V. 210–221:**

ichn möhte niht geniezen
iuwers lobes noch iuwer vriuntschaft,
wan iuwer rede hât niht kraft:
ouch enwil ich niht engelten
swaz ir mich muget geschelten.
warumbe solt ir michs erlân
ir habt ez tiurem man getân.
doch sol man ze dirre zît
und iemer mêre swâ ir sît
mînes sagens enbern.
mîn vrouwe sol ich des gewern
daz ichs mit ir hulden über sî.

2) a) ***Parzival*, 535,17 f.:**
Hier liegt ein *genitivus partitivus*, abhängig vom Indefinitpronomen *niht*, vor (*anders niht* ‚nichts Anderes').

b) ***Iwein*, V. 160 ff.:**
Hier liegt jeweils ein *genitivus partitivus* vor. In V. 161 ist der Genitiv abhängig von dem Quantitätsadjektiv *vil;* in V. 162 steht mhd. *ein teil* (‚ein wenig') mit dem Genitiv.

c) ***Tristan*, V. 2258 f.:**
Der vorliegende Genitiv ist abhängig von dem Verb *pflegen*. Der Vers 2259 ist zu übersetzen mit ‚und sein Lehrmeister, der sich um ihn kümmerte.'

d) ***Parzival*, 237,1 f.:**
Hier liegt ein *genitivus partitivus*, abhängig von der Zahl *hundert*, vor.

e) ***Parzival*, 121,25:**
Hier liegt ein *genitivus partitivus*, abhängig von dem Quantitätsadjektiv *wênic*, vor.

f) ***Erec*, V. 3776 f.:**
Der Genitiv ist abhängig von dem reflexiv gebrauchten Verb *sich vlîzen* (‚sich um etwas bemühen').

g) ***Nibelungelied*, Str. 1021,4:**
Hier liegt ein *genitivus possessivus* vor, da ein Besitzverhältnis ausgedrückt wird (die tausend Kämpfer gehören zum Gefolge des kühnen Siegfried).

h) ***Parzival*, 19,12:**
Hier liegt ein *genitivus partitivus*, abhängig von der Zahl *drî* (‚drei'), vor.

i) ***Iwein*, V. 2069 f.:**
Der Genitiv ist abhängig von dem Verb *ergetzen* (‚entschädigen'). Der Vers 2070 ist daher zu übersetzen mit ‚für mein Leid entschädigen.'

3) a) ‚[...] denn es wären von dem Schaden, den sie erlitten hatte, tausend Herzen überladen gewesen.'
Hier liegt im Mittelhochdeutschen eine Inkongruenz des Numerus vor. Das finite Verb (*wære*) steht im Singular, das Subjekt (*tûsent herze*) hingegen im Plural.

b) ‚[...] da übergaben er und seine Frau ihr Leben und ihren Besitz völlig in seine Gewalt.'
Hier liegt im Mittelhochdeutschen eine Inkongruenz des Numerus vor. Das finite Verb (*antwurt*) steht im Singular, das Subjekt (*er unde sîn wîp*) hingegen im Plural.

c) ‚und er tröstete sie ausgesprochen gut, so wie man einen Freund, dem Leid widerfahren ist, trösten soll.'
Hier liegt im Mittelhochdeutschen eine Ellipse vor: Der Infinitiv (mhd. *trœsten*) fehlt und muss im Neuhochdeutschen ergänzt werden.

d) ‚alle rühmen mich'
Hier liegt im Mittelhochdeutschen eine Inkongruenz des Numerus vor. Das finite Verb (*lobet*) steht im Singular, das Subjekt (*man unde wîp*) hingegen im Plural.

e) „sieh her, hast du ihm etwas angetan?" „nein Mutter, bei Gott, ich habe nichts getan."
Hier liegt im Mittelhochdeutschen eine Ellipse vor: Das Verb (mhd. *getân*) fehlt und muss im Neuhochdeutschen ergänzt werden.

4) a) ‚er sprach: „ich sage euch überhaupt nichts.'
→ Negation mit Hilfe von bildhaften Ausdrücken (*ein bast* ‚Bastseil' hat hier die Bedeutung ‚gar nichts/überhaupt nichts')

b) ‚[...] Schläge bereiten niemals jemandem Freude.'
→ Litotes (*selten* = ‚niemals')

c) ‚und seid gewiss, dass ich, wer auch immer mir nachjagen möge, auf denjenigen gewiss warten und nicht auch nur im Geringsten schneller reiten werde.‘

→ Negation mit Hilfe von bildhaften Ausdrücken (*ein hâr* ‚Haar‘ hat hier die Bedeutung ‚überhaupt nicht/nicht im Geringsten‘)

d) ‚das wußte niemand.‘

→ Litotes (*lützel ieman* = ‚niemand/überhaupt keiner‘)

5) a) ‚die Mutter der Kinder starb, **nachdem** sie ihnen das Leben geschenkt (sie zur Welt gebracht) hatte. **Als** die Kinder zehn Jahre alt geworden waren, ereilte auch den Vater der Tod.‘

b) ‚In Worms am Rhein lebten sie mit ihrer Machtfülle.
Ihnen dienten ausgesprochen stattliche Ritter
ehrenvoll und ruhmreich **bis** an ihr Lebensende.
Später starben sie auf jämmerliche Weise durch den Hass zweier adeliger Damen.‘

c) ‚**Als** der Junge eine solche Wandlung an seiner Schwester sah, nahm er sie beiseite und sprach [...].‘

d) ‚**Weil** es um euch so steht, dass man euch helfen kann, lasse ich euch keinen Tag länger warten.‘

e) ‚er war ganz ohne Besorgnis, **weil** er nichts von dieser Angelegenheit wußte.‘

f) ‚**bevor** ich sehe, wie er zugrunde geht, will ich **eher/lieber** an seiner Stelle sterben.‘

g) ‚er wird verzagen **wie** eine Frau, **weil** er das Herz einer Frau und sie das Herz eines Mannes hat ‘

h) ‚und für mich wäre nichts anderes von Vorteil (mir könne nichts anders helfen), **außer** das Blut ihres Herzens.‘

i) ‚er hätte noch mehr gelernt, **wenn** er **nicht** daran gehindert worden wäre.‘

j) ‚[...] dass es euch ans Leben geht, **wenn** ihr euch nicht verteidigen könnt.‘

6) Die typischen Merkmale eines negativ exzipierenden Satzes sind: einfache Negation mit der Partikel *ne*, Verb im Konjunktiv und Wortstellung eines einfachen Aussagesatzes (nicht die eines Nebensatzes).

7) a) ‚auch ließ der Herr keinen Tag vergehen, ohne selbst zu schauen, wie das Kind versorgt wäre.‘

Hier liegt ein Erläuternder Nebensatz mit einfacher Negation (proklitisch vorangestelltes *en-;* siehe *enwolde*), Verb im Konjunktiv (*wolde*) und der Wortstellung des Aussagesatzes vor. Er ist nur schwer von dem negativ exzipierenden Satz zu unterscheiden. Da hier aber das im übergeordneten Satz Gesagte näher erläutert wird, handelt es sich um einen konjunktionslosen erläuternden Nebensatz. In diesem Fall wird bei der Übersetzung die Konjunktion ‚ohne zu' eingefügt.

b) ‚ich kann es euch nicht erlassen, dass ihr es ihm mit einem Eid versprecht, bevor ich von euch scheide.'
Der (konjunktionslose) Nebensatz *i**rn** geheizet imz mit eide* hängt von einem übergeordneten Satz mit negativem Sinn ab (*ichn mac iuch des niht erlân*). Das Verb *erlân* hat die Bedeutung ‚erlassen'. Die Negationspartikel *ne* (siehe *i**rn***) wird hier daher rein pleonastisch verwendet. Daher wird die Konjunktion „dass" eingefügt und der Vers mit einer positiven Bedeutung übersetzt.

c) ‚und finde für uns die ein oder andere Abhilfe, [...] damit unser Kindchen nicht zusammen mit uns verdammt sein möge.'
Hier liegt ein mit *daz* eingeleiteter Finalsatz vor. In dem vorliegenden Kontext hat *iht* daher negative Bedeutung und ist mit ‚nicht' zu übersetzen.

d) ‚er hätte von der Speise, die er zu sich nahm – wie ich euch nun wahrhaftig versichere – weiß Gott, nicht einmal vierzehn Tage überleben könne, ohne zu verhungern, wenn ihm nicht der Geist der Zuversicht von Christus gesandt worden wäre [...].'
In Vers 3118 (*im **en**wære gegeben*) liegt ein negativ exzipierender Satz vor, erkennbar an der einfachen Negation mit der proklitisch vorangestellten Negationspartikel *en-* (siehe ***en**wære*), dem Verb im Konjunktiv (*wære*) und der Wortstellung des Aussagesatzes. In diesem Fall wird bei der Übersetzung die Konjunktion ‚wenn nicht' eingefügt.

e) ‚es wäre ein feiges Verhalten, wenn ich es da unterließe, herauszufinden, was es sei.'
Das Verb *verbern* (siehe: *verbære*) hat die Bedeutung ‚unterlassen'. Die Negationspartikel *ne* (siehe *ich**n***) wird hier rein pleonastisch verwendet. Daher muss der Vers mit einer positiven Bedeutung übersetzt werden (in diesem Fall mit Infinitiv + zu).

f) ‚da erzählte sie den Traum ihrer Mutter Ute.
Sie (= Ute) konnte ihn der Edlen (= Kriemhield) nicht besser deuten als folgendermaßen: „der Falke, den du aufziehst, ist ein edler Mann.
Wenn Gott ihn nicht behüten möge, wirst du ihn bald verloren haben."'
In Verbindung mit einem Modalverb wie *kunnen* kann die Negation im Hauptsatz allein durch die Negationspartikel *ne* ausgedrückt werden (siehe: *sî**ne** kundes besceiden*).
Im vierten Vers (*in **welle** got behüeten*) liegt ein Sonderfall eines negativ exzipierender Satzes vor, da hier die Negationspartikel *ne* fehlt. Dies

kommt gelegentlich vor, wenn der übergeordnete Satz verneint ist. Die beide anderen Merkmale eines negativ exzipieren Satzes (Wortstellung des Aussagesatzes und Verb im Konjunktiv) liegen vor.

g) ‚meine Herrin wird es euch nicht erlassen, dass ihr eure Geschichte erzählt.'
Der Vers *irn saget iuwer mære* ist mit einer positiven Bedeutung zu übersetzen, da die Negationspartikel (siehe *ich**n***) hier rein pleonastisch verwendet wird. Der übergeordnete Satz ist verneint, und das Verb mhd. *lân* drückt ein Unterlassen aus. Daher wird die Konjunktion „dass" eingefügt und der Vers mit einer positiven Bedeutung übersetzt.

h) ‚wenn dich nicht der Teufel mit seinem Verstand hinfort führt, wirst du niemals wieder hier herunter kommen (Anm.: gemeint ist: von dem Felsen).'
Hier liegt ein negativ exzipierender Satz vor, erkennbar an der einfachen Negation mit der proklitisch vorangestellten Negationspartikel *en-* (siehe ***en**vüere*), dem Verb im Konjunktiv (*vüere*) und der Wortstellung des Aussagesatzes. In diesem Fall wird bei der Übersetzung die Konjunktion ‚wenn nicht' eingefügt.

i) ‚ich glaube, man fand dort niemanden, der nicht weinte.'
Hier liegt ein konjunktionsloser mit dem Verb *wænen* eingeleiteter Satz vor, in welchem das Indefinitpronomen *ieman* die Bedeutung ‚niemand' hat.

j) ‚ihr werdet davon niemals geheilt werden, es sein denn dass/wenn nicht Gott selbst der Arzt sein will.'
Hier liegt ein negativ exzipierender Satz vor, erkennbar an der einfachen Negation mit der proklitisch vorangestellten Negationspartikel *en-* (siehe ***en**welle*), dem Verb im Konjunktiv (*welle*) und der Wortstellung des Aussagesatzes. In diesem Fall kann bei der Übersetzung ‚es sei denn, dass' oder ‚wenn nicht' eingefügt werden.

k) ‚der arme Fischer unterließ es nicht, alles zu tun, was sein Herr ihm befohlen hatte.'
Das Verb *enlâzen* (siehe: *enliez*) hat die Bedeutung ‚unterlassen'. Die proklitisch verwendete Negationspartikel *-en* (siehe ***en**tæte*) wird hier rein pleonastisch verwendet. Daher muss der Vers mit einer positiven Bedeutung übersetzt werden (in diesem Fall mit Infinitiv + zu).

l) ‚Wir werden den Herren umso besser empfangen, damit wir uns nicht den Hass des jungen Helden zuziehen.'
Hier liegt ein mit *daz* eingeleiteter Finalsatz vor. In dem vorliegenden Kontext hat *iht* die Bedeutung ‚nicht'.

Kapitel VIII: Metrik

1)

Reimwort	Kadenz
klagen	zweisilbig voll
*geisel**slac***	einsilbig voll
schande	zweisilbig klingend
*ge**winnen***	zweisilbig klingend
*er**biten***	zweisilbig voll
*tugent**rîche***	zweisilbig klingend
blüete	zweisilbig klingend
*ge**burt***	einsilbig voll
*sæli**keit***	einsilbig voll
*ge**schehe***	zweisilbig voll
*ver**nomen***	zweisilbig voll
*ge**mache***	zweisilbig klingend

2) *diu vrouwe beleip mit ungehabe*
× | ×́ ◡ ◡ | ×́ × | ×́ × | ◡́ ◡ ^ || (zweisilbig volle Kadenz)
alters eine bî dem grabe.
| ×́ × | ×́ × | ×́ × | ◡́ ◡ ^ || (zweisilbig volle Kadenz)
dô sî her Îwein einẹ ersach (Elision)
× | ×́ × | ×́ × | ×́ × | ×́ ^ || (einsilbig volle Kadenz)
undẹ ir meinlich ungemach, (Elision)
| ×́ × | ×́ × | ×́ × | ×́ ^ || (einsilbig volle Kadenz)
ir starkez ungemüete
× | ×́ × | ×́ × | –́ | ×̀ ^ || (zweisilbig klingende Kadenz)
undẹ ir stæte güete, (Elision)
| ×́ × | ×́ × | –́ | ×̀ ^ || (zweisilbig klingende Kadenz)
ir wîplîche triuwe
× | –́ | ×̀ × | –́ | ×̀ ^ || (zweisilbig klingende Kadenz)
und ir senlîche riuwe,
× × | –́ | ×̀ × | –́ | ×̀ ^ || (**oder:** | ×́ × | ×́ ◡ ◡ | –́ | ×̀ ^ ||)
(zweisilbig klingende Kadenz)
dô minnet er sî deste mê,
× | ×́ × | ×́ × | ×́ × | ×́ ^ || (einsilbig volle Kadenz)
und im wart nâch ir alsô wê
× | ×́ × | ×́ × | ×́ × | ×́ ^ || (einsilbig volle Kadenz)

daz diu minne nie gewan
| ×́ × | ×́ × | ×́ × | ×́ ^ || (einsilbig volle Kadenz)
grœzern gewalt an deheinem man.
| ×́ ◡ ◡ | ×́ ◡ ◡ | ×́ × | ×́ ^ || (einsilbig volle Kadenz)

3) a) einsilbig volle Kadenz
b) einsilbig volle Kadenz
c) zweisilbig klingende Kadenz
d) einsilbig volle Kadenz
e) zweisilbig klingende Kadenz
f) einsilbig volle Kadenz
g) einsilbig volle Kadenz
h) dreisilbig klingende Kadenz
i) zweisilbig klingende Kadenz

4) *Dô wuohs in Niderlanden* / *eines edelen küneges kint,*
× | ×́ × | ×́ × | –́ | ×̀ ^ || / × × | ◡́ ◡ × | ◡́ ◡ × | ×́ ^ ||
des vater der hiez Sigemunt, / *sîn muoter Sigelint,*
× | ×́ × | ×́ × | ×́ × | ×̀ ^ || / × | ×́ × | ×́ × | ×́ ^ ||
in einer rîhen bürge / *wîten wol bekant,*
× | ×́ × | ×́ × | –́ | ×̀ ^ || / | ×́ × | ×́ × | ×́ ^ ||
nidene bî dem Rîne: / *diu was ze Santen genant.*
| ◡́ ◡ × | ×́ × | –́ | ×̀ ^ || / | ×́ ◡ ◡ | –́ | ×̀ × | ×́ ^ ||

Die Nibelungenstrophe besteht aus vier paarweise gereimten Langzeilen, die jeweils durch eine Zäsur in der Mitte in An- und Abvers unterteilt sind. Die Anverse haben vier Hebungen und enden auf einer klingenden Kadenz (zwei- oder dreisilbig klingend). Die Abverse enden auf einer vollen Kadenz (ein- oder zweisilbig voll). Die ersten drei Abverse haben drei Hebungen, der vierte Anvers vier. Das Reimschema ist aabb.

5) Die Kanzonenstrophe besteht in der Regel aus drei Teilen: zwei metrisch identischen Stollen (AA), die zusammen den Aufgesang bilden, und einem Abgesang (B). Da die Stollen des Aufgesangs auf dieselbe Melodie gesungen wurden, haben sie dieselbe Anzahl von Versen und Hebungen, dieselben Kadenzen und dieselben Reime. Der Abgesang ist metrisch-musikalisch anders gebaut, hat also eine andere Melodie als der Aufgesang.

2 Musterübersetzung

Anhand eines kurzen Textstücks aus dem *Armen Heinrich* Hartmanns von Aue (V. 163–204) wird im Folgenden exemplarisch eine möglichst wörtliche Übersetzung vorgestellt. In dem unten angeführten Apparat werden die entsprechenden Belegstellen in den Großen mhd. Wörterbüchern (Benecke/Müller/Zarnke [kurz: BMZ] und im sog. Großen Lexer) angegeben. Überdies finden sich nähere Angaben zu den in diesem Textstück vorkommenden grammatischen und syntaktischen Besonderheiten.

Ein wênic vreute[668] *er sich doch* *von einem trôste*[669] *dannoch*[670]*,*	Ein bisschen freute er sich dennoch aufgrund einer freudigen Zuversicht.
wan[671] *im wart dicke*[672] *geseit*[673] *daz diu selbe*[674] *siecheit*[675] *wære*[676] *vil*[677] *mislich*[678] *und etelîchiu*[679] *genislich*[680].	Denn ihm wurde oft gesagt, dass eben diese Krankheit sehr verschiedenartig verlaufe und in manchen Fällen heilbar sei.

668 *vreute* = *vröute* < *vröuwete*: Inf. *vröuwen*, sw. Verb, kurzwurzlig (siehe ahd. Infinitiv *frewen*; 3. Sg. Prät. *frewita*). Erst im Mhd. wurde das Verb sekundär langwurzlig (ahd. *-ew-* > mhd. *-öuw-*).

669 *trôst*: st. Mask. (siehe Lexer, Bd. II, Sp. 1527; BMZ, Bd. III, S. 115a).

670 *dannoch* (= *dennoch*): wörtl. ‚damals noch', hier in adversativer Bedeutung ‚dennoch' (siehe Lexer, Bd. I, Sp. 410; BMZ, Bd. II,1, S.404a).

671 *wan*: Einleitung eines Hauptsatzes mit der Bedeutung ‚denn'.

672 *dicke*: Adverb, zumeist mit der Bedeutung ‚oft', selten auch ‚dick, dicht' entsprechend der Bedeutung des gleichlautenden Adjektivs (siehe Lexer, Bd. I, Sp. 423; BMZ, Bd. I, S. 323b).

673 *geseit* = *gesaget* (Kontraktion über die inlautende Media /g/).

674 *selp*: Pronominaladjektiv.

675 *siecheit*: st. Fem., vgl. Adjektiv *siech*.

676 *wære*: Konj. Prät. steht hier aufgrund der mhd. Zeitenfolge (entspricht im Nhd. Konjunktiv Präsens).

677 *vil*: ‚sehr'. Im Mhd. wird *vil* häufig als Verstärkung eines Adjektivs oder Adverbs verwendet.

678 *mislich*: Adjektiv. Im Mhd. hat *mislich* niemals die Bedeutung ‚misslich' (siehe Lexer, Bd. I, Sp. 2167).

679 *etelîch*: Indefinitpronomen. Im Sg. bedeutet es ‚irgendein/irgendwelch', im Pl. ‚einige/manche'.

680 *genislich*: Adjektiv zum st. Verb *(ge)nesen* ‚gesunden/geheilt werden/am Leben bleiben' (siehe Lexer, Bd. I, Sp. 856; BMZ, Bd. II,1, S. 379b-382a).

des[681] *wart*[682] *vil maneger*[683] *slahte*[684]	Deswegen waren seine Hoffnung und
sîn gedinge und sîn ahte[685]. *er gedâhte*[686] *daz er wære* *vil lîhte*[687] *genisbære*[688] *und vuor*[689] *alsô*[690] *drâte*[691] *nâch der arzâte*[692] *râte*[693]	seine Gedanken von vielerlei Art. Er dachte, dass er vielleicht geheilt werden könnte, und reiste eiligst, um den Rat der Ärzte zu erlangen,
gegen Munpasiliere. *dâ*[694] *vant er vil*[695] *schiere*[696] *niuwan*[697] *den untrôst*[698]	nach Montpellier. Dort fand er sehr schnell nichts als die entmutigende Mitteilung,

681 *des*: ‚deshalb/deswegen', erstarrter adverbieller Genitiv.

682 *wart*: hier liegt Numerusinkongruenz vor (Singular statt Plural).

683 *manec*: Indefinitpronomen; laut Lexer, Bd. I, Sp. 2026 f. und BMZ, Bd, II,1, S. 58b in der Bedeutung ‚manch, viel'. Hier liegt, wie in den meisten Fällen, die zweite Bedeutung vor.

684 *slaht(e)*: st. Fem. ‚Geschlecht/Gattung/Art' (siehe Lexer, Bd. II, Sp. 961; BMZ, Bd. II,2, S. 388b). Die ursprüngliche Bedeutung lautet ‚Trieb eines Stammes, der ausschlägt' (vgl. mhd. *slâhen*).

685 *aht(e)*: st. Fem. ‚Meinung/Bedeutung' (siehe Lexer, Bd. I, Sp. 30). Angesichts der Vielfalt ist hier der Plural ‚Gedanken' vorzuziehen.

686 gedâhte: Inf. denken.

687 *vil lîhte*: Grundbedeutung ‚sehr leicht', dann auch ‚möglicherweise' und schließlich ‚vielleicht' mit allmählicher Erweiterung der Bedeutung ins Hypothetische noch im Klassischen Mhd. (siehe Lexer, Bd. I, Sp. 1919). Welche Bedeutung hier vorliegt, ist nicht ganz sicher.

688 *genisbære*: Ableitung vom Verb (*ge*)*nesen* mit dem Suffix -*bære* (wörtl. ‚tragend' zum Verb *bern* ‚tragen'), vgl. *genislich* (siehe Anm. 680).

689 *vuor*: Prät. des st. Verbs *varn*, AR VI; *varn* wird im Mhd. in allgemeiner Bedeutung, wie engl. *to go*, verwendet.

690 *alsô*: nicht in der Bedeutung ‚also', sondern verstärktes *sô*. Hier wird es zur Verstärkung des Adverbs *drâte* verwendet.

691 *drâte*: Adverb zu *dræte*.

692 *arzât*: st. Mask., Lehnwort aus griech.-lat. *archiater*. Neben der vollen Form hat sich schon früh die abgeschwächte Form *arzet* (Genitiv: *arztes*) ausgeprägt.

693 *nâch râte*: Die Präposition *nâch* drückt hier wie häufig die ausgeprägte Vorstellung eines zu erreichenden Zieles aus.

694 *dâ*: reines Lokaladverb im Unterschied zum Temporaladv. *dô* ‚da/damals'.

695 *vil* (siehe Anm. 677).

696 *schiere*: die nhd. Bedeutung ‚fast/beinahe' hat sich erst im Spätmhd. entwickelt.

697 *niuwan* < *niu* + *wan*: vor /w/ ist die nwgerm. Senkung/Brechung /eu/ > /eo/ nicht eingetreten, so dass **neu*- nicht wie sonst zu ahd. *nio* > mhd. *nie* wird.

698 *untrôst*: siehe *trôst* (siehe Anm. 669), hier mit der Verneinungspartikel *un*-.

daz er niemer würde erlôst[699].	dass er niemals erlöst werden würde.
daz hôrte[700] *er ungerne*	Das hörte er nicht gerne
und vuor[701] *engegen Salerne*	und reiste nach Salerno
und suochte[702] *ouch dâ durch*[703] *genist*[704]	und suchte auch dort um seiner Heilung willen
der wîsen arzâte list[705].	die Kunst der weisen Ärzte auf.
den besten meister[706] *den*[707] *er dâ*[708] *vant,*	Der beste Meister, den er dort fand,
der sagete im dâ zehant	der teilte ihm da sogleich
ein seltsæne[709] *mære*[710],	eine seltsame Neuigkeit mit,
daz er genislich[711] *wære*[712]	nämlich, dass er geheilt werden könnte,
und wære doch iemer ungenesen[713]	aber dennoch immer ungeheilt bleiben werde/keine Heilung finden werde.
dô[714] *sprach er:'wie mac daz wesen?*	Da sprach er: ‚wie kann das sein?
diu rede[715] *ist harte*[716] *unmügelich.*	Die Sache ist ganz unmöglich.

699 *erlôst*: Prät. zu dem sw. langwurzligen *jan*-Verb *erlœsen* mit sog. Rückumlaut.
700 *hôrte*: Prät. zu dem sw. langwurzligen *jan*-Verb *hœren* mit sog. Rückumlaut.
701 *vuor* (siehe Anm. 689).
702 *suochte*: Prät. zu dem sw. langwurzligen *jan*-Verb *suochen*. Hier ist (ausgehend vom Oberdeutschen) vor /ch/ der Umlaut auch im Präsens unterblieben.
703 *durch*: in kausaler Verwendung ‚wegen/um ... willen,' bisweilen mit ausgeprägter Vorstellung eines zu erreichenden Zieles (vgl. *nâch* Anm. 693).
704 *genist*: st. Fem., Verbalabstraktum mit germ. Suffix *-ti-* zum st. Verb *(ge)nesen* (siehe Anm. 680).
705 *list*: st. Mask./Fem., Verbalabstraktum mit germ. Suffix *-ti-* zum st. Verb *lêren*.
706 *meister*: st. Mask., Lehnwort aus lat. *magister*. Hier: ‚Lehrer an einer hohen Schule, speziell der Medizin'.
707 *den besten meister den*: hier liegt Kasusverschiebung vor (Akkusativ statt Nominativ). Viel häufiger begegnet aber der umgekehrte Fall (Nominativ statt Akkusativ).
708 *dâ* (siehe Anm. 694).
709 *seltsæne:* Adjektiv. Im Nhd. hat es sich den zahlreichen mit *-sam* ‚gleich' zusammengesetzten Adjektiven angeglichen.
710 *mære:* st. Neutr. (*daz mære*!) ‚Kunde/Erzählung/Neuigkeit/Gegenstand der Erzählung/Sache' (siehe Lexer, Bd. I, Sp. 2045 f.; BMZ, Bd. II,1, Sp. 68a).
711 *genislich:* Adjektiv (siehe Anm. 680).
712 *wære (*siehe Anm. 676).
713 *ungenesen*: Part. Prät. zum st. Verb *(ge)nesen* (siehe Anm. 680). Hier als Adjektiv mit Verneinungspartikel *un-*.
714 *dô*: Temporaladverb (siehe Anm. 694).
715 *rede*: st. Fem., *rede* bezeichnet auch den Gegenstand der Rede (vgl. *mære* Anm. 719).
716 *harte*: Adverb zum Adjektiv *herte* ‚hart/fest/dicht/schwer'. Das Adverb wird meist nur in verstärkender Funktion verwendet (vgl. *vil* Anm. 677).

bin ich[717] *genislich*[718], *sô genise*[719] *ich;*	Bin ich heilbar, so werde ich geheilt werden;
wan[720] *swaz*[721] *mir vür wirt geleit*[722] *von guote*[723] *ode*[724] *von arbeit*[725], *daz trûwe*[726] *ich volbringen.'* *,nû lât*[727] *den gedingen*[728]',	denn was auch immer mir an Geld oder Mühe auferlegt wird, das traue ich mir zu, zu vollbringen.' ,Nun lasst die Hoffnung sein'
sprach der meister[729] *aber*[730] *dô*[731], *,iuwer*[732] *sühte*[733] *ist alsô*[734]*:*	erwiderte der Meister daraufhin. ,Mit eurer Krankheit steht es folgendermaßen:

717 *genislich* (siehe Anm. 680).
718 *bin ich ...*: einleitungsloser Konditionalsatz, hier im Realis (Wirklichkeitsfall). Der nachfolgende Hauptsatz wird wie im Nhd. mit *sô* angeschlossen.
719 *genise*: st. Verb *(ge)nesen* (siehe Anm. 680).
720 *wan* (siehe Anm. 671).
721 *swaz*: verallgemeinerndes Relativpronomen.
722 *geleit*: kontrahierte Form neben mhd. *geleget*. Das finite Verb *wirt* steht entgegen der üblichen Wortstellung vor dem Partizip.
723 *guot*: st. Neutr. ,das Gute' oder ,das Gut' (= ,Besitz/Geld').
724 *ode*: verkürzte Nebenform von *oder*.
725 *arbeit*: st. Fem.
726 *trûwe*: etymologisch verwandt mit *triuwe*; ,sich getrauen/sich etwas zutrauen/etwas zu können glauben/ hoffen/erwarten' (siehe Lexer, Bd. III, Sp. 1553; BMZ, Bd. III, S. 109a). Der davon abhängige Infinitiv steht stets ohne die Präposition *ze* (,zu').
727 *lât*: kontrahierte Form neben mhd. *lâzet*. Der Inf. *lân/lâzen* bedeutet ,ablassen/sein lassen/unter-lassen/zulassen/loslassen/verlassen' (siehe Lexer, Bd. I, Sp. 1843 f.; BMZ, Bd. I, S. 944a–949b).
728 *gedinge*: sw. Mask. ,Hoffnung'. Ursprünglich die Hoffnung, in einem Gerichtsverfahren (mhd. *dinc*) die Oberhand zu behalten (siehe Lexer, Bd. I, Sp. 772; BMZ, Bd. I, Sp. 339b).
729 *meister* (siehe Anm. 706).
730 *aber*: ,abermals/aber/hingegen'. Hier drückt *aber* nur den Sprecherwechsel aus.
731 *dô* (siehe Anm. 714).
732 *iuwer*: Possessivpronomen, verkürzte Form aus *iuwerer*. Im Nhd. Ausfall des intervokalischen /w/ und Synkope des ersten schwachtonigen /e/.
733 *sühte*: Genitiv zum st. Fem. *suht*, Substantivabstraktum zu *siech* (ahd. *sioh* < germ. **seuk-* mit Grundstufe im Gegensatz zur Schwundstufe in germ. **suhti* mit PBE). Im Mhd. ist *suht* das geläufige Wort für ,Krankheit.' Die Konstruktion des Verbums *sîn* mit einem Adverb und einem Substantiv im Dativ bedeutet ,mit etwas verhält es sich, um etwas ist es bestellt' (siehe BMZ, Bd. I, Sp. 128b).
734 *alsô* (siehe Anm. 690).

waz vrumet[735] *daz ich ez iu kunt tuo*[736]*?* *da*[737] *hœret*[738] *arzenîe zuo,* *der*[739] *wæret ir genislîch*[740]*.*	Was nützt es, wenn ich es euch kundtue? Dazu gehört eine Arznei, von der könntet ihr geheilt werden.
nu[741] *enist aber nieman sô rîch*[742] *noch von sô starken sinnen*[743] *der*[744] *si müge*[745] *gewinnen.* *des*[746] *sît ir iemer*[747] *ungenesen*[748]*,* *got enwelle*[749] *der arzât wesen*[750]*.‘*	Nun ist aber niemand so reich noch von so großer Klugheit, dass er sie beschaffen könnte. Deshalb bleibt ihr für immer ungeheilt, es sei denn, Gott wolle der Arzt sein.‘

735 *vrumet*: sw. Verb, Inf. *vrumen/vrümen* zum Substantiv *vrume* (‚Nutzen‘), hier unpersönlich verwendet.

736 *tuo*: 1. Sg. Präs. Konj. zum Wurzelverb *tuon*, hier Potentialis (Möglichkeitsform).

737 *da*: verkürzte Nebenform zu *dâ*, hier in Kombination mit dem davon in der Wortfolge getrennten *zuo*.

738 *hœret*: daneben existiert auch die seltenere Form *gehœret*.

739 *der*: Genitiv des Bezuges (*genitivus relationis*).

740 *genislich* (siehe Anm. 680).

741 *nu*: verkürzte Nebenform zu *nû*.

742 *rîch*(*e*): ‚mächtig, gewaltig, reich‘. Hier liegt eindeutig die letzte Bedeutung vor.

743 *sin* (st. Mask.): 1. ‚Sinn/Sinngehalt/Bedeutung‘; 2. ‚Sinn/Gesinnung/Verstand/Verstandeskraft‘ (oft im Plural); 3. ‚Sinn im physiologischen Sinne‘ (meist im Plural) (siehe Lexer, Bd. III, Sp. 926 f.; BMZ, Bd. II,2, Sp. 311b–316a).

744 *der*: Einleitung eines Relativsatzes mit konsekutivem Nebensinn.

745 *müge*: 3. Sg. Präs. Konj. von *mugen*; hier in irrealer Verwendung. Wegen der Zeitenfolge steht aber im Mhd. Präsens (siehe auch Anm. 676).

746 *des* (siehe Anm. 681).

747 *iemer*: Adverb, hier in Bezug auf die Zukunft verwendet.

748 *ungenesen* (siehe Anm. 713).

749 *got enwelle*: negativ exzipierender Satz.

750 *wesen*: Infinitiv (AR V; Suppletivform neben *sîn*).

3 Tabellarische Übersicht über die Entwicklung der Vokale und Konsonanten vom Indogermanischen bis zum Mittelhochdeutschen

3.1 Vokale

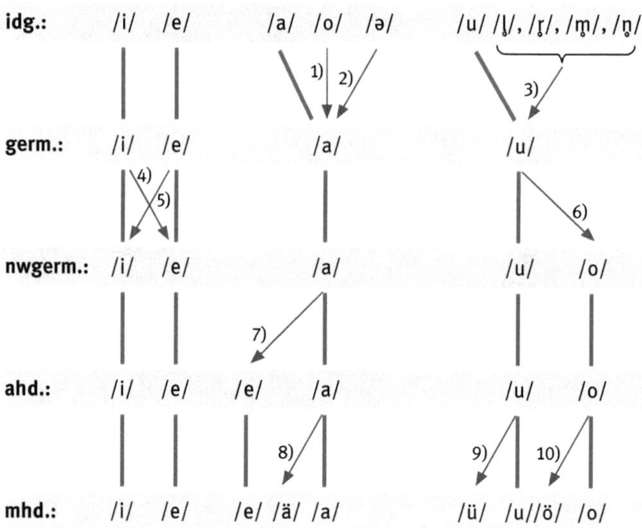

Abb. 63: Kurzvokale.

zu 1) /o/ > /a/: freier Lautwandel (siehe Kap. IV.1.2.2).
zu 2) /ə/ > /a/: freier Lautwandel (siehe Kap. IV.1.2.2).
zu 3) /l̥/, /r̥/, /m̥/, /n̥/ > /ul/, /ur/, /um/, /un/: Sprossvokalbildung bei silbischen Sonanten (siehe Kap. IV.1.2.2).
zu 4) /i/ > /e/: Nwgerm. Senkung vor /a/, /e/, /o/ in der Folgesilbe; diese Lautwandelerscheinung ist selten und unregelmäßig eingetreten (siehe Kap. IV.2.2.2).
zu 5) /e/ > /i/: Nwgerm. Hebung vor /i/, /j/, /u/ in der Folgesilbe oder unmittelbar nachfolgender Nasalverbindung (siehe Kap. IV.2.2.1).
zu 6) /u/ > /o/: Nwgerm. Senkung vor /a/, /e/, /o/ in der Folgesilbe (siehe Kap. IV.2.2.2).
zu 7) /a/ > /e/: Primärumlaut vor /i/ oder /j/ in der Folgesilbe; belegt seit dem 8. Jh. (siehe Kap. IV.3.2.2).
zu 8) /a/ > /ä/: Sekundärumlaut; belegt erst seit mhd. Zeit (siehe Kap. IV.4.2.3).
zu 9) /u/ > /ü/: Restumlaut; abgesehen von nur sporadischen Einzelzeugnissen erst im Mhd. belegt (siehe Kap. IV.4.2.3).
zu 10) /o/ > /ö/: Restumlaut; die Existenz von mhd. /ö/ ist nicht lautgesetzlich, sondern nur durch Analogiebildung zu erklären (siehe Kap. IV.4.2.3).

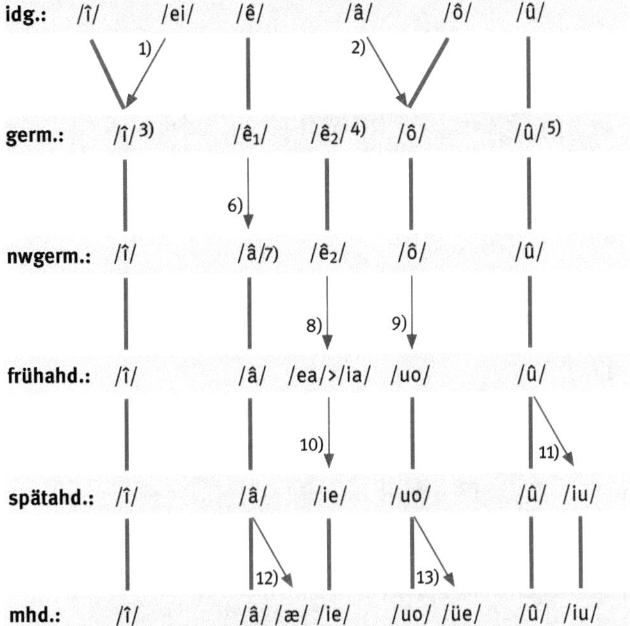

Abb. 64: Langvokale.

zu 1) /ei/ > /î/: freier Lautwandel (siehe Kap. IV.1.2.2).

zu 2) /â/ > /ô/: freier Lautwandel (siehe Kap. IV.1.2.2).

zu 3) Im Germanischen fällt das durch Nasalschwund und Ersatzdehnung aus germ. **inh* entstandene /î/ mit dem aus dem Idg. ererbten /î/ zusammen.

zu 4) /$ê_2$/: Die Entstehung von /$ê_2$/ im Germanischen ist ungeklärt (< idg. /ei/?).

zu 5) Das aus dem Idg. ererbte /û/ fällt im Germanischen mit dem durch Nasalschwund und Ersatzdehnung aus germ. **unh* entstandenen /û/ zusammen.

zu 6) /$ê_1$/ > /â/: freier Lautwandel (siehe Kap. IV.2.2.4).

zu 7) Im Germanischen fällt das durch Nasalschwund und Ersatzdehnung aus germ. **anh* entstandene /â/ mit dem durch spontanen Phomenwandel (germ. /ê/ > nwg. /â/) entstandenen /â/ zusammen.

zu 8) /$ê_2$/ > /ea/ > /ia/: ahd. Diphthongierung (siehe Kap. IV.3.2.4).

zu 9) /ô/ > /uo/: ahd. Diphthongierung (siehe Kap. IV.3.2.4).

zu 10) /ia/ > /ie/: ahd. Diphthongwandel; z. T. bereits im 9. Jh., /ie/ < /$ê_2$/ fällt vom 10./11. Jh. an mit /ie/ < /io/ < /eo/ lautlich zusammen (Phonemzusammenfall).

zu 11) /û/ > /iu/: Restumlaut. Dieser Umlaut ist bereits bei Notker (ca. 1000) belegt (siehe Kap. IV.4.2.3).

zu 12) /â/ > /æ/: Restumlaut (siehe Kap. IV.4.2.3).

zu 13) /uo/ > /üe/: Restumlaut (siehe Kap. IV.4.2.3).

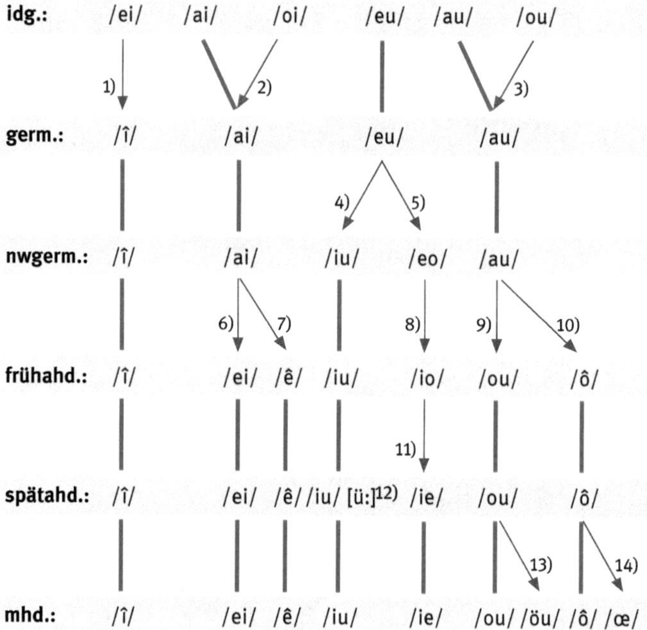

Abb. 65: Diphthonge.

zu 1) /ei/ > /î/: freier Lautwandel (siehe Kap. IV.1.2.2).

zu 2) /oi/ > /ai/: freier Lautwandel (entsprechend des freien Lautwandels /o/ > /a/, siehe Kap. IV.1.2.2).

zu 3) /ou/ > /au/ siehe Erklärung zu 2).

zu 4) /eu/ > /iu/: Im Nwgerm. wurde vor /i/, /j/, /u/ in der Folgesilbe oder vor einer unmittelbar nachfolgenden Nasalverbindung der erste Bestandteil des germ. Diphthongs /eu/ zu einem /i/ gehoben (zur nwgerm. Hebung siehe Kap. IV.2.2.3).

zu 5) /eu/ > /eo/: Nwgerm. Senkung des zweiten Diphthongteils vor /a/, /e/, /o/ (siehe Kap. IV.2.2.2).

zu 6) /ai/ > /ei/: Frühahd. Kontaktassimilation in Diphthongen (siehe Kap. IV.3.2.3).

zu 7) /ai/ > /ê/: Frühahd. Monophthongierung vor /r/, /h/ oder /w/ (siehe Kap. IV.3.2.3).

zu 8) /eo/ > /io/: Ahd. Diphthongwandel (siehe Kap. IV.3.2.1).

zu 9) /au/ > /ou/: Frühahd. Kontaktassimilation in Diphthongen (siehe Kap. IV.3.2.3).

zu 10) /au/ > /ô/: Frühahd. Monophthongierung vor /h/ oder Dental (siehe Kap. IV.3.2.3).

zu 11) /io/ > /ie/: Ahd. Diphthongwandel (siehe Kap. IV.3.2.5); /ie/ < /io/ fällt mit /ie/ < /ia/ zusammen (Phonemzusammenfall).

zu 12) Monophthongierung von ahd. /iu/ > mhd. /iu/ <iu> [ü:] (siehe Kap. IV.4.2.1).

zu 13) /ou/ > /öu/: Restumlaut (siehe Kap. IV.4.2.3).

zu 14) /ô/ > /œ/: Restumlaut (siehe Kap. IV.4.2.3).

3.2 Konsonanten (mit Ausnahme der Sonanten)

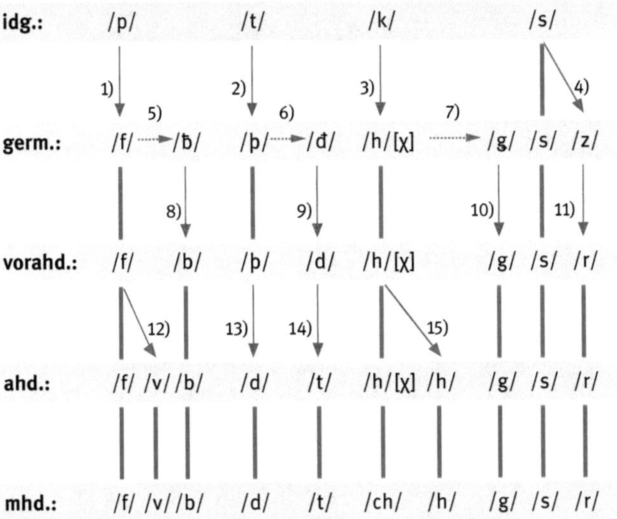

Abb. 66: Tenues und die Spirans /s/.

zu 1) /p/ > /f/: 1. LV; Tenues-Spiranten-Wandel (siehe Kap. IV.1.1.1).

zu 2) /t/ > /þ/: 1. LV; Tenues-Spiranten-Wandel (siehe Kap. IV.1.1.1).

zu 3) /k/ > /x/: 1. LV; Tenues-Spiranten-Wandel (siehe Kap. IV.1.1.1).

zu 4) /s/ > /z/: Spirantenerweichung nach dem Vernerschen Gesetz (siehe Kap. IV.1.1.1).

zu 5) /f/ > /ƀ/: Spirantenerweichung nach dem Vernerschen Gesetz (siehe Kap. IV.1.1.1).

zu 6) /þ/ > /đ/: Spirantenerweichung nach dem Vernerschen Gesetz (siehe Kap. IV.1.1.1).

zu 7) /h/ > /g/: Spirantenerweichung nach dem Vernerschen Gesetz (siehe Kap. IV.1.1.1).

zu 8) /ƀ/ > /b/: Die Verschiebung der sth. germ. Spirans /ƀ/ zur Media /b/ erfolgte dialektal- und stellungsbedingt vom Germanischen zum Vorahd. (siehe Kap. IV.2.1.3).

zu 9) /đ/ > /d/: Die Verschiebung der sth. germ. Spirans /đ/ zur Media /d/ erfolgte bereits im Westgermanischen (siehe Kap. IV.2.1.3).

zu 10) /g/ > /g/: Die Verschiebung der sth. germ. Spirans /g/ zur Media /g/ erfolgte dialektal- und stellungsbedingt vom Germanischen zum Vorahd. (siehe Kap. IV.2.1.3).

zu 11) /z/ > /r/: Nwgerm. Rhotazismus (siehe Kap. IV.2.1.2).

zu 12) /f/ > /v/: Frühahd. Lenisierung/Spirantenschwächung (siehe Kap. IV.3.1.2).

zu 13) Die infolge der frühahd. Lenisierung/Spirantenschwächung entstandene sth. Spirans [ð] (< germ. /þ/) wurde durch den ahd. Spirans-Media-Wandel zur Media /d/ verschoben (siehe Kap. IV.3.1.2). Dieser Lautwandel erfasste das gesamte deutsche Sprachgebiet.

zu 14) /d/ > /t/: 2. LV; Mediae-Tenues-Wandel (zur Medienverschiebung siehe Kap. IV.3.1.1).

zu 15) Die Alternanz von ahd. /h/ (= Hauchlaut) und /x/ (= Reibelaut; > mhd. /ch/) ist das Ergebnis der ahd. Lenisierung/Spirantenschwächung (siehe Kap. IV.3.1.2).

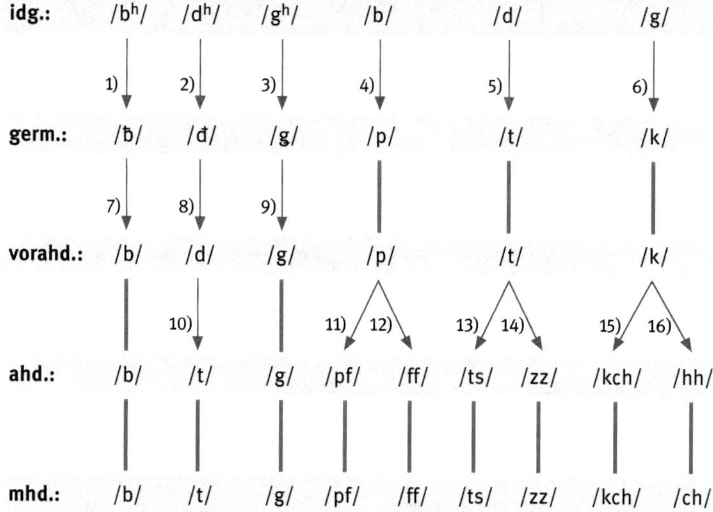

Abb. 67: Mediae.

zu 1) /b^h/ > /ƀ/: 1. LV; Mediae aspiratae-Spiranten-Wandel (siehe Kap. IV.1.1.1).

zu 2) /d^h/ > /đ/: 1. LV; Mediae aspiratae-Spiranten-Wandel (siehe Kap. IV.1.1.1).

zu 3) /g^h/ > /ǥ/: 1. LV; Mediae aspiratae-Spiranten-Wandel (siehe Kap. IV.1.1.1).

zu 4) /b/ > /p/: 1. LV; Mediae-Tenues-Wandel (siehe Kap. IV.1.1.1).

zu 5) /d/ > /t/: 1. LV: Mediae-Tenues-Wandel (siehe Kap. IV.1.1.1).

zu 6) /g/ > /k/: 1. LV; Mediae-Tenues-Wandel (siehe Kap. IV.1.1.1).

zu 7) /ƀ/ > /b/: Die Verschiebung der sth. germ. Spirans /ƀ/ zur Media /b/ erfolgte dialektal- und stellungsbedingt vom Germanischen zum Vorahd. (siehe Kap. IV.2.1.3).

zu 8) /đ/ > /d/: Die Verschiebung der sth. germ. Spirans /đ/ zur Media /d/ erfolgte erfolgte bereits im Westgermanischen (siehe Kap. IV.2.1.3).

zu 9) /ǥ/ > /g/: Die Verschiebung der sth. germ. Spirans /ǥ/ zur Media /g/ erfolgte dialektal- und stellungsbedingt vom Germanischen zum Vorahd. (siehe Kap. IV.2.1.3).

zu 10) /d/ > /t/: 2. LV; Mediae-Tenues-Wandel (zur Medienverschiebung siehe Kap.IV.3.1.1).

zu 11) /p/ > /pf/: 2. LV; Tenues-Affrikaten-Wandel (im Anlaut, nach Konsonant und in der Gemination; siehe Kap. IV.3.1.1).

zu 12) /p/ > /ff/: 2. LV; Tenues-Spiranten-Wandel (siehe Kap. IV.3.1.1). Nach langem Vokal und im Auslaut wurde die Doppelspirans /ff/ zur einfachen Spirans /f/.

zu 13) /t/ > /ts/: 2. LV; Tenues-Affrikaten-Wandel (im Anlaut, nach Konsonant und in der Gemination; siehe Kap. IV.3.1.1).

zu 14) /t/ > /zz/: 2. LV; Tenues-Spiranten-Wandel (siehe Kap. IV.3.1.1). Nach langem Vokal und im Auslaut wurde die Doppelspirans /zz/ zur einfachen Spirans /z/.

zu 15) /k/ > /kch/: 2. LV; Tenues-Affrikaten-Wandel (siehe Kap. IV.3.1.1). Die Verschiebung /k/ > /kch/ hat nur den südobd. Sprachraum erfasst.

zu 16) /k/ > /hh/: 2. LV; Tenues-Spiranten-Wandel (siehe Kap. IV.3.1.1). Im Auslaut wurde die Doppelspirans /hh/ zur einfachen Spirans /h/.

Abkürzungen

Adj.	Adjektiv
Adv.	Adverb
afrz.	altfranzösisch
ahd.	althochdeutsch
Akk.	Akkusativ
altind.	altindisch
Anm.	Anmerkung
AR	Ablautreihe
as.	altsächsisch
Aufl.	Auflage
Bd(e).	Band/Bände
bzw.	beziehungsweise
cpg	Codex Palatinus germanicus
Dat.	Dativ
d. h.	das heißt
dt.	deutsch
Fem.	Femininum
frühnhd.	Frühneuhochdeutsch
frz.	französisch
Gen.	Genitiv
germ.	germanisch
got.	gotisch
griech.	griechisch
hochdt.	hochdeutsch
idg.	indogermanisch
Ind.	Indikativ
Inf.	Infinitiv
ital.	italienisch
Jh.	Jahrhundert
K	Konsonant
Konj.	Konjunktiv
L	Liquid
lat.	lateinisch
LV	Lautverschiebung
Mask.	Maskulinum
md.	mitteldeutsch
mhd.	mittelhochdeutsch
mlat.	mittellateinisch
mnd.	Mittelniederdeutsch
N	Nasal
Neutr.	Neutrum
nd.	niederdeutsch
nl.	niederländisch
nhd.	neuhochdeutsch
Nom.	Nominativ

https://doi.org/10.1515/9783110464184-010

nwgerm.	nordwestgermanisch
obd.	oberdeutsch
Part.	Partizip
PBE	Primärer Berührungseffekt
Pers.	Person
Pl.	Plural
Prät.	Präteritum
Präs.	Präsens
refl.	reflexiv
SF	Stammform
Sg.	Singular
sog.	sogenannt
st.	stark
sth.	stimmhaft
stl.	stimmlos
Subst.	Substantivum
sw.	schwach
u. a.	unter anderem
v. a.	vor allem
wgerm.	westgermanisch
z. B.	zum Beispiel

Verwendete Symbole

Zu den in dem Kapitel Metrik verwendeten Symbolen siehe Kap. VII, S. 367.

*	rekonstruierte Form
>	wird zu
<	entstanden aus
[ ]	phonetischer Laut (Phon)
/ /	Phonem
Ø	Nullmorphem
^	der Zirkumflex ist das Kennzeichen für Langvokale
:	ein Doppelpunkt hinter einem Phonem zeigt dessen Länge an
< >	Graphem
/	alternative Ausdrücke
[...]	ausgelassene Wörter

Abbildungsnachweis

Abb. 2: Die Wurmlinger Lanzenspitze. Landesmuseum Württemberg, Foto: Hendrik Zwietasch.

Abb. 8: Uppsala universitetsbibliotek, DG 1. *Codex Argenteus*, fol. 174r.

Abb. 10: St. Gallen, Stiftsbibliothek, Cod. Sangallensis 911. *Abrogans – Vocabularius (Keronis) et Alia*, p. 4 [Ausschnitt].

Abb. 11: St. Gallen, Stiftsbibliothek, Cod. Sangallensis 56. *Evangelienharmonie des Tatian*, p. 28.

Abb. 12: Wilhelm Braune, Ernst Ebbinghaus: Althochdeutsches Lesebuch, 17. Aufl. Tübingen 1994, S. 48.

Abb. 13: Kassel, Universitätsbibliothek/LBM, 2° Ms. theol. 54. Codex Casselanus, fol. 1r und fol. 76v.

Abb. 14: Vereinigte Domstifter zu Merseburg und Naumburg und des Kollegiatstifts Zeitz, Bildarchiv Merseburg, Cod. 136, fol. 85r. Foto: Friedhelm Wittchen.

Abb. 15: Heidelberg, Universitätsbibliothek, cpg 112. Konrad der Pfaffe: *Rolandslied*, fol. 58r.

Abb. 16: St. Gallen, Stiftsbibliothek, Cod. Sang. 857. *Nibelungenlied B*, *Klage*, Wolfram von Eschenbach: *Parzival* und *Willehalm*, Stricker: *Karl der Große*, vielleicht Südtirol/Salzburg, vermutlich um 1260, p. 10.

Abb. 17: Wien, Österreichische Nationalbibliothek, Cod. Ser. nova 2663. Ambraser Heldenbuch, Südtirol 1504, fol. 30r.

Abb. 18: Heidelberg, Universitätsbibliothek, cpg 848. Große Heidelberger Liederhandschrift / Codex Manesse, Zürich, ca. 1300 bis ca. 1340, fol. 6r.

Abb. 19: Heidelberg, Universitätsbibliothek, cpg 848. Große Heidelberger Liederhandschrift / Codex Manesse, Zürich, ca. 1300 bis ca. 1340, fol. 4v und 5r.

Abb. 24: Heidelberg, Universitätsbibliothek, cpg 848. Große Heidelberger Liederhandschrift / Codex Manesse, Zürich, ca. 1300 bis ca. 1340, fol. 124r.

Abb. 30: Staatsbibliothek zu Berlin – Preußischer Kulturbesitz, Ms. theol. lat. fol. 354. *Gregor I.: Moralia in Iob, Pars VI*, fol. 1v [Ausschnitt].

Abb. 31: München, Bayerische Staatsbibliothek, 2° Inc. s. a. 197. *Gutenbergbibel*, Bd. 1: *Genesis-Psalmi*, Mainz, 1454/55, S. 1r [Ausschnitt].

Abb. 32: Heidelberg, Universitätsbibliothek, cpg 848. Große Heidelberger Liederhandschrift / Codex Manesse, Zürich, ca. 1300 bis ca. 1340, fol. 100v [Ausschnitt].

Abb. 33: Stuttgart, Württembergische Landesbibliothek, HB XIII 1. Weingartner Liederhandschrift, Konstanz, Anfang 14. Jh., fol. 68 [Ausschnitt].

Abb. 34: *Des Minnesangs Frühling*. Hg. von Karl Lachmann und Moriz Haupt. Leipzig 1857, S. 126.

Abb. 35: *Des Minnesangs Frühling*. Unter Benutzung der Ausgaben von Karl Lachmann und Moriz Haupt, Friedrich Vogt und Carl von Kraus bearbeitet von Hugo Moser und Helmut Tervooren. 38., erneut revidierte Auflage. Stuttgart 1988, S. Hirzel Verlag, S. 243. [Aktuellste verfügbare Ausgabe: 1995]

Abb. 36: *Des Minnesangs Frühling*. Hg. von Karl Lachmann und Moritz Haupt. Leipzig 1857, S. 279 f.

Abb. 37: Heidelberg, Universitätsbibliothek, cpg 848. Große Heidelberger Liederhandschrift / Codex Manesse, Zürich, ca. 1300 bis ca. 1340, fol. 63v [Ausschnitt].

https://doi.org/10.1515/9783110464184-011

Literaturverzeichnis

Primärliteratur

Epik

Althochdeutsches Lesebuch, hrsg. von W. Braune. 17. Aufl., bearb. von E. A. Ebbinghaus. Tübingen 1994.

Chrétien de Troyes: Erec und Enide, übers. und eingel. von I. Kasten. München 1979.

Chrétien de Troyes: Erec et Enide. Altfranzösisch/Deutsch, übers. und hrsg. von A. Gier. Stuttgart 1987 [Nachdruck 2007].

Frühe deutsche und lateinische Literatur in Deutschland 800–1150, hrsg. von W. Haug und B. K. Vollmann. Frankfurt a. M. 1991.

Gottfried von Straßburg: Tristan, hrsg. von K. Marold, unveränd. 5. Abdruck nach dem 3., mit einem auf Grund von F. Rankes Kollationen verbess. krit. Apparat, besorgt und mit einem erw. Nachwort versehen von W. Schröder. Berlin 2004.

Gottfried von Straßburg: Tristan, übers. von P. Knecht (mit einer Einführung in das Werk von T. Tomasek), 2 Bde., Bd. 1: Text, Bd. 2: Übersetzung. Berlin 2004.

Gottfried von Straßburg: Tristan und Isolde, übers. aus dem Mittelhochdeutschen von H. Kurtz, überarb. von W. Mohr. Mit einem Nachwort von P. Wapnewski. München 2008.

Gottfried von Straßburg: Tristan und Isold, hrsg. von W. Haug und M. G. Scholz, 2 Bde. Berlin 2011.

Gottfried von Straßburg: Tristan. Nach dem Text von F. Ranke, neu hrsg., ins Neuhochdeutsche übers., mit einem Stellenkommentar und Nachwort von R. Krohn, 3 Bde., Bd. 1–2: Text, Bd. 3: Kommentar, Nachwort und Register. Stuttgart ^{4}2017.

Hartmann von Aue: Der arme Heinrich, hrsg. von H. Paul, neu bearb. von K. Gärtner. 18., unveränd. Aufl. Berlin/New York 2010.

Hartmann von Aue: Der arme Heinrich. Mittelhochdeutsch/Neuhochdeutsch, hrsg. von N. Busch. Stuttgart 2013.

Hartmann von Aue: Erec. Mit einem Abdruck der neuen Wolfenbütteler und Zwettler Erec-Fragmente, hrsg. von A. Leitzmann, fortgef. von L. Wolff. 7. Aufl. besorgt von K. Gärtner. Tübingen 2006.

Hartmann von Aue: Erec. Text und Kommentar, hrsg. von M. G. Scholz, übers. von S. Held. Frankfurt a. M. ^{2}2014.

Hartmann von Aue: Ereck. Textgeschichtliche Ausgabe mit Abdruck sämtlicher Fragmente und der Bruchstücke des mitteldeutschen ‚Erek', hrsg. von A. Hammer, V. Millet und T. Reuvekamp-Felber. Berlin/Boston 2017.

Hartmann von Aue: Gregorius, hrsg. von H. Paul. 15., durchges. und erw. Aufl., neu bearb. von B. Wachinger. Tübingen 2004.

Hartmann von Aue: Gregorius, Der arme Heinrich, Iwein, hrsg. und übers. von V. Mertens. Frankfurt a. M. ^{4}2008.

Hartmann von Aue: Gregorius, hrsg. von H. Paul, neu bearb. von B. Wachinger. 16., unveränd. Aufl. Berlin/New York 2011.

Hartmann von Aue: Iwein. Text der siebenten Ausgabe von G. F. Benecke, K. Lachmann und L. Wolff. Übersetzung und Nachwort von T. Cramer. 4., überarb. Aufl. Berlin [u. a.] 2001.

Hartmann von Aue: Iwein. Mittelhochdeutsch/Neuhochdeutsch, hrsg. und übers. von R. Krohn, kommentiert von M. Schnyder. Durchges. Ausgabe Stuttgart 2012.

https://doi.org/10.1515/9783110464184-012

Heinrich von Veldeke: Eneasroman. Mittelhochdeutsch/Neuhochdeutsch. Nach dem Text von L. Ettmüller ins Neuhochdeutsche übersetzt, mit einem Stellenkommentar und einem Nachwort von D. Kartschoke. Durchges. und bibl. erg. Aufl. Stuttgart 1997 [Nachdruck 2007].

Konrad (der Pfaffe): Das Rolandslied, hrsg. von C. Wesle. 3., durchges. Aufl., besorgt von P. Wapnewski. Tübingen 1985.

Konrad (der Pfaffe): Das Rolandslied. Mittelhochdeutsch/Neuhochdeutsch, hrsg., übers. und kommentiert von D. Kartschoke. Durchges. und bibl. aktualisierte Ausgabe. Stuttgart 2011.

Konrad von Würzburg: Engelhard, hrsg. von P. Gereke. 2., neubearb. Aufl. von I. Reiffenstein. Tübingen 1963.

Kudrun. Mittelhochdeutsch/Neuhochdeutsch, hrsg., übers. und kommentiert von U. Störmer-Caysa. Stuttgart 2010.

Das Nibelungenlied. Nach der Ausgabe von K. Bartsch, hrsg. von H. de Boor. 22., rev. und von R. Wisniewski erg. Aufl. Mannheim 1988.

Das Nibelungenlied. Nach der Handschrift C, hrsg. von U. Schulze. Durchges. und bibl. erg. Ausgabe. Stuttgart 2003 [Nachdruck 2008].

Das Nibelungenlied. Mittelhochdeutsch/Neuhochdeutsch. Nach der Handschrift B, hrsg. von U. Schulze, ins Neuhochdeutsche übers. von S. Grosse. Stuttgart 2010.

Das Nibelungenlied und die Klage. Nach der Handschrift 857 der Stiftsbibliothek St. Gallen. Mittelhochdeutscher Text, Übersetzung und Kommentar, hrsg. von J. Heinzle. Berlin 2015.

Das Nibelungenlied. Text und Einführung: nach der St. Galler Handschrift, hrsg. und erläutert von H. Reichert. 2., durchges. und erg. Aufl. Berlin/Boston 2017.

Ulrich von Zatzikhoven: Lanzelet. Text – Übersetzung – Kommentar, hrsg. von F. Kragl. 2., rev. Aufl. Berlin/Boston 2013.

Wolfram von Eschenbach: Parzival I und II (Text und Kommentar), hrsg. von E. Nellmann, übertragen von D. Kühn. Frankfurt a. M. ^{6}2006.

Wolfram von Eschenbach: Parzival. Auf der Grundlage der Handschrift D, hrsg. von J. Bumke. Tübingen 2008.

Wolfram von Eschenbach: Parzival. Aus dem Mittelhochdeutschen ins Neuhochdeutsche übertragen von F. V. Spechtler. Klagenfurt 2016.

Wolfram von Eschenbach: Parzival, hrsg. von H. Reichert, 2 Bde., Bd. 1: Text, Bd. 2: Untersuchungen. Wien 2019.

Wolfram von Eschenbach: Titurel. Hrsg., übers. und mit einem Stellenkommentar sowie einer Einführung versehen von H. Brackert. Berlin/New York 2003.

Wolfram von Eschenbach: Willehalm. Text und Übersetzung. Text der Ausgabe von W. Schröder. Übersetzung, Vorwort und Register von D. Kartschoke. 3., durchges. Aufl. Berlin [u. a.] 2003.

Wolfram von Eschenbach: Willehalm. Text und Kommentar, hrsg. von J. Heinzle. Frankfurt a. M. 2009.

Wolfram von Eschenbach: Willehalm. Mittelhochdeutsch/Neuhochdeutsch. Nach dem kritischen Text von W. Schröder ins Neuhochdeutsche übers., kommentiert und hrsg. von H. Brunner. Ditzingen 2018.

Lyrik

Deutsche Lyrik des frühen und hohen Mittelalters (Text und Kommentar). Edition der Texte und Kommentar von I. Kasten, Übersetzung von M. Kuhn. Frankfurt a. M. ^{2}2014.

von Kraus, C.: Die Lieder Reinmars des Alten, 3. Bde.; Bd. 1: Die einzelnen Lieder. Bd. 2: Die Reihenfolge der Lieder, Bd. 3: Reinmar und Walther. Text der Lieder. München 1919.

Des Minnesangs Frühling. Unter Benutzung der Ausgaben von K. Lachmann und M. Haupt, F. Vogt und C. von Kraus, bearb. von H. Moser und H. Tervooren. 36., neu gestaltete und erw. Aufl. Stuttgart 1977.

Des Minnesangs Frühling. Unter Benutzung der Ausgaben von K. Lachmann und M. Haupt, F. Vogt und C. von Kraus, bearb. von H. Moser und H. Tervooren. Bd. 1: Texte, 38., erneut rev. Aufl. mit einem neuen Anhang: Das Budapester und Kremsmünsterer Fragment. Stuttgart 1988.

Neidhart und die Neidhart-Lieder. Ein Handbuch, hrsg. von M. Springeth und F. V. Spechtler. Unter Mitarbeit von K. Zeppezauer-Wachauer. Berlin/Boston 2018.

Reinmar. Lieder. Nach der Weingartner Liederhandschrift (B). Mittelhochdeutsch/Neuhochdeutsch, hrsg., übers. und kommentiert von G. Schweikle. Stuttgart 1986.

Walther von der Vogelweide. Die Gedichte, hrsg. von P. Hermann. 7. Aufl. besorgt von A. Leitzmann. Halle 1950.

Walther von der Vogelweide, Werke. Bd. 1: Spruchlyrik. Mittelhochdeutsch/Neuhochdeutsch, hrsg., übers. und kommentiert von G. Schweikle. 3., verbess. und erw. Aufl. hrsg. von R. Bauschke-Hartung. Stuttgart 2009 [Nachdruck 2014].

Walther von der Vogelweide. Werke. Bd. 2: Liedlyrik. Mittelhochdeutsch/Neuhochdeutsch, hrsg., übers. und kommentiert von G. Schweikle. 2., verbess. und erw. Aufl. hrsg. von R. Bauschke-Hartung. Stuttgart 2011.

Walther von der Vogelweide: Leich, Lieder, Sangsprüche. Aufgrund der 14., von C. Cormeau bearb. Ausgabe mit Erschließungshilfen und textkritischem Kommentar versehen von T. Bein. 15., veränd. und um Fassungseditionen erw. Aufl. der Ausgabe K. Lachmanns. Berlin [u. a.] 2013.

Sekundärliteratur

Grammatiken und Sprachgeschichten

Bergmann, R./Moulin, C./Ruge, N.: Alt- und Mittelhochdeutsch. Arbeitsbuch zur Grammatik der älteren deutschen Sprachstufen und zur deutschen Sprachgeschichte. 10., überarb. und korr. Aufl. Göttingen 2019.

de Boor, H./Wisniewski, R.: Mittelhochdeutsche Grammatik. Berlin/New York [10]1998.

Braune, W.: Gotische Grammatik. Mit Lesestücken und Wörterverzeichnis. 19. Aufl. neu bearb. von E. A. Ebbinghaus. Tübingen 1981.

Braune, W.: Gotische Grammatik. Mit Lesestücken und Wörterverzeichnis. 20. Aufl. neu bearb. von F. Heidermanns. Tübingen 2004.

Braune, W.: Althochdeutsche Grammatik I. Laut- und Formenlehre, hrsg. von F. Heidermanns. 16. Aufl. (Neubearbeitung). Berlin 2018.

Eggers, H.: Deutsche Sprachgeschichte I: Das Althochdeutsche und das Mittelhochdeutsche, überarb. und erg. Neuaufl. Reinbek 1991; II: Das Frühneuhochdeutsche und das Neuhochdeutsche, überarb. und erg. Neuaufl. Reinbek 1992.

Gerdes, U./Spellerberg, G.: Althochdeutsch – Mittelhochdeutsch. Grammatischer Grundkurs zur Einführung und Textlektüre. 6., durchges. und erg. Aufl. Frankfurt a. M. 1986.

Grimm, J.: Deutsche Grammatik, Bd. 1, 2. Ausgabe. Göttingen 1822.

Hartweg, F./Wegera, K.-P.: Frühneuhochdeutsch. Eine Einführung in die deutsche Sprache des Spätmittelalters und der frühen Neuzeit. 2., neu bearb. Aufl. Tübingen 2005.

Helm, K.: Abriss der mittelhochdeutschen Grammatik. 6., durchges. Aufl. bearb. von E. A. Ebbinghaus. Tübingen 1995.

Klein, T.: Mittelhochdeutsche Grammatik. Teil 2: Flexionsmorphologie, Bd. 1: Substantive, Adjektive, Pronomina. Berlin 2018.

Klein, T.: Mittelhochdeutsche Grammatik. Teil 2: Flexionsmorphologie, Bd. 2: Numeralia, Verben, Register, Anhänge. Berlin 2018.

König, W.: dtv-Atlas Deutsche Sprache. 18., durchges. und aktualis. Aufl. München 2005.

Mettke, H.: Mittelhochdeutsche Grammatik. 7., unveränd. Aufl. Tübingen 1993.

Metzler Lexikon Sprache, hrsg. von H. Glück und M. Rödel. 2., überarb. und erw. Aufl. Stuttgart 2000.

Paul, H.: Mittelhochdeutsche Grammatik, 25. Aufl., neu bearb. von T. Klein, H.-J. Solms und K.-P. Wegera. Mit einer Syntax von I. Schröbler, neubearb. und erw. von H.-P. Prell. Tübingen 2007.

Penzl, H.: Geschichtliche deutsche Lautlehre. München 1969.

Penzl, H.: Vom Urgermanischen zum Neuhochdeutschen. Eine historische Phonologie. Berlin 1975.

Penzl. H.: Althochdeutsch. Eine Einführung in Dialekte und Vorgeschichte. Bern [u. a.] 1986.

Penzl, H.: Mittelhochdeutsch. Eine Einführung in die Dialekte. Bern [u. a.] 1989.

von Polenz, P.: Geschichte der deutschen Sprache. 10., völlig neu bearb. Aufl. von N. R. Wolf. Berlin [u. a.] 2009.

Riecke, J.: Geschichte der deutschen Sprache. Eine Einführung. Stuttgart 2016.

Rohr, G. W.: Einführung in die historische Grammatik des Deutschen. Hamburg 1999.

Roth, C.: Kurze Einführung in die Grammatik des Frühneuhochdeutschen. Heidelberg 2007.

Schmid, H. U.: Einführung in die deutsche Sprachgeschichte. 3., aktualisierte und überarb. Aufl. Stuttgart 2017.

Schmidt, W.: Geschichte der deutschen Sprache. Ein Lehrbuch für das germanistische Studium, begründet von W. Schmidt, fortgef. von H. Langner. 11., verbess. und erw. Aufl. hrsg. von E. Berner. Stuttgart 2013.

Schrodt, R.: Althochdeutsche Grammatik II. Syntax. Tübingen 2004.

Schweikle, G.: Germanisch-deutsche Sprachgeschichte im Überblick. 3. verbess. und erw. Aufl. Stuttgart 1990.

Seidel, K. O./Schophaus, R.: Einführung in das Mittelhochdeutsche. 2., überarb. Aufl. Wiesbaden 1994.

Sonderegger, S.: Grundzüge deutscher Sprachgeschichte. Diachronie des Sprachsystems. Bd. 1: Einführung – Genealogie – Konstanten. Berlin [u. a.] 1979.

Sonderegger, S.: Althochdeutsche Sprache und Literatur: Eine Einführung in das älteste Deutsch. Darstellung und Grammatik. 3. durchges. und wesentl. erw. Aufl. Berlin [u. a.] 2003.

Sprachgeschichte. Ein Handbuch zur Geschichte der deutschen Sprache und ihrer Erforschung, hrsg. von W. Besch, A. Betten, O. Reichmann und S. Sonderegger, Teilband 1–4. Berlin/New York 1998–2004.

Stedje, A.: Deutsche Sprache gestern und heute. Einführung in die Sprachgeschichte und Sprachkunde. 6. Aufl., bearb. von H.-P. Prell. Paderborn 2007.

Weddige, H.: Einführung in die Germanistische Mediävistik. 9., durchges. Aufl. München 2017.

Wolf, N. R.: Althochdeutsch – Mittelhochdeutsch. Heidelberg 1981.

Wolff, G.: Deutsche Sprachgeschichte. Von den Anfängen bis zur Gegenwart. 6., überarb. und erw. Aufl. Tübingen 2009.

Wörterbücher

Benecke, G.F./Müller, W./Zarncke, F.: Mittelhochdeutsches Wörterbuch. Mit Benutzung des Nachlasses von G. F. Benecke, 3 Teile in 4 Bänden. Leipzig 1854–1866 [Nachdruck 1990]. (online unter: http://woerterbuchnetz.de).

Hennig, Beate: Kleines Mittelhochdeutsches Wörterbuch. In Zusammenarbeit mit C. Hepfer und unter redaktioneller Mitwirkung von W. Bachofer, 6., durchges. Aufl. Berlin/Boston 2014.

Kluge, F.: Etymologisches Wörterbuch der deutschen Sprache. 11.–16. Aufl. bearb. von A. Götze, 17.–21. Aufl. von W. Mitzka, 23. Aufl. neu bearb. von E. Seebold. Berlin 1995.

Lexer, M.: Mittelhochdeutsches Handwörterbuch. Zugleich als Supplement und alphabetischer Index zum mittelhochdeutschen Wörterbuch von Benecke – Müller – Zarncke. 3 Bde. Leipzig 1872–1878 [Nachdruck 1992]. (online unter: http://woerterbuchnetz.de).

Lexer, M.: Mittelhochdeutsches Taschenwörterbuch. Mit den Nachträgen von Ulrich Pretzel. 38., unveränd. Aufl. Stuttgart 1992 [unveränd. Nachdruck].

Schützeichel, R.: Althochdeutsches Wörterbuch. 7., durchges. und verbess. Aufl. Berlin [u. a.] 2012.

Singer, J.: Mittelhochdeutscher Grundwortschatz. Auf der Grundlage der von R. A. Boggs erstellten lemmatisierten Konkordanz zum Gesamtwerk Hartmanns von Aue sowie der von F. H. Bäuml erstellten Konkordanz zum Nibelungenlied und des von R.-M. S. Heffner erstellten Wortindex zu den Gedichten Walthers von der Vogelweide. 3. völlig neubearb. und erw. Aufl. Paderborn [u. a.] 2001.

Terminologische Nachschlagewerke

Lexikon der Sprachwissenschaft, hrsg. von H. Bußmann. 4., durchges. und bibliogr. erg. Aufl. Stuttgart 2008.

Sachwörterbuch der Mediävistik. Unter Mitarbeit zahlr. Fachgelehrter und unter Verwendung der Vorarbeiten von H.-D. Mück, U. Müller, F. V. Spechtler und E. Thurnher, hrsg. von P. Dinzelbacher. Stuttgart 1992.

Metrik

Heusler, A.: Deutsche Versgeschichte. Mit Einschluß des altenglischen und altnordischen Stabreimverses. 3 Bde. 2., unveränd. Aufl. Berlin [u. a.] 1956.

Hoffmann, W.: Altdeutsche Metrik. 2., überarb. und erg. Aufl. Stuttgart 1981.

Tervooren, H.: Minimalmetrik zur Arbeit mit mittelhochdeutschen Texten. 4., erg. und verbess. Aufl. Göppingen 1997.

Literaturgeschichten/Überblicksdarstellungen/grundlegende Werke

Bein, T.: Germanistische Mediävistik. Eine Einführung. 2., überarb. und erw. Aufl. Berlin 2005.

Brunner, H.: Geschichte der deutschen Literatur des Mittelalters und der Frühen Neuzeit im Überblick. Erw. und bibliogr. erg. Neufassung. Stuttgart 2010.

Brunner, H.: Mittelalterliche Literatur lesen. Eine Einführung. Stuttgart 2016.

Bumke, J.: Mäzene im Mittelalter. Die Gönner und Auftraggeber der höfischen Literatur in Deutschland 1150–1300. München 1979.

Bumke, J.: Höfische Kultur. Literatur und Gesellschaft im hohen Mittelalter. München ^{12}2008.

Die deutsche Literatur des Mittelalters – Verfasserlexikon, begründet von W. Stammler, fortgef. von K. Langosch. 2., völlig neu bearb. Aufl. unter Mitarbeit zahlr. Fachgelehrter, hrsg. von K. Ruh (ab Bd. 9 von B. Wachinger) u. a., 11 Bde. und 3 Registerbde. Berlin [u. a.] 1978–2008.

Fischer, H.: Studien zur deutschen Märendichtung. 2. durchges. und erw. Aufl. Tübingen 1983.

Geschichte der deutschen Literatur von den Anfängen bis zur Gegenwart. Begründet von H. de Boor und R. Newald.
Bd. 1: H. de Boor: Die deutsche Literatur von Karl dem Großen bis zum Beginn der höfischen Dichtung 770–1170. 9. Aufl. bearb. von H. Kolb. München 1979.
Bd. 2: H. de Boor: Die höfische Literatur. Vorbereitung, Blüte, Ausklang 1170–1250. 11. Aufl. bearb. von U. Hennig. München 1991.
Bd. 3: H. de Boor: Die deutsche Literatur im späten Mittelalter 1250–1370, Teil 1: 1250–1350: Epik, Lyrik, Didaktik, geistliche und historische Dichtung. 5. Aufl. neubearb. von J. Janota. München 1997, Teil 2: 1350–1370: Reimpaargedichte, Drama, Prosa, hrsg. von I. Glier. München 1987.

Geschichte der deutschen Literatur von den Anfängen bis zum Beginn der Neuzeit, hrsg. von J. Heinzle unter Mitwirkung von W.Haubrichs u. a.
Bd. 1: W. Haubrichs: Von den Anfängen bis zum Hohen Mittelalter, Teil 1: Die Anfänge. Versuche volkssprachiger Schriftlichkeit im frühen Mittelalter (ca. 700–1050/60). 2., durchges. Aufl. Königstein/Ts. 1995, 2. Teil: G. Vollmann-Profe: Wiederbeginn volkssprachiger Schriftlichkeit im hohen Mittelalter (1050/60–1160/70). 2., durchges. Aufl. Königstein/Ts. 1994.
Bd. 2: Vom Hohen zum Späten Mittelalter, Teil 1: Von L. P. Johnson: Die höfische Literatur der Blütezeit (1160/70–1220/30). Königstein/Ts. 1999, Teil 2: J. Heinzle: Wandlungen und Neuansätze im 13. Jahrhundert (1220/30–1280/90). 2., durchges. Aufl. Königstein/Ts. 1994.

Geschichte der deutschen Literatur im Mittelalter. 3 Bde
Bd. 1: D. Kartschoke: Geschichte der deutschen Literatur im frühen Mittelalter. 3., aktualisierte Aufl. München 2000.
Bd. 2: J. Bumke: Geschichte der deutschen Literatur im hohen Mittelalter. München ^{5}2004.
Bd. 3: T. Cramer: Geschichte der deutschen Literatur im späten Mittelalter. 3., aktualisierte Aufl. München 2000.

Klassiker des Mittelalters, hrsg. von R. Toepfer. Hildesheim 2019.

Klein, D.: Mittelalter. Lehrbuch Germanistik. 2., aktualisierte Aufl. Stuttgart 2015.

Knapp, F. P.: Grundlagen der europäischen Literatur des Mittelalters. Eine sozial-, kultur-, sprach-, ideen- und formgeschichtliche Einführung. Darmstadt 2011.

Lexikon des Mittelalters, hrsg. von R. Auty u. a., 10 Bde. München/Zürich 1980–1999.

Lienert, Elisabeth: Mittelhochdeutsche Heldenepik. Eine Einführung. Berlin 2015.

Das Mittelalter in Daten. Literatur, Kunst, Geschichte 750–1520. Unter Mitwirkung von H. Beckers, hrsg. von J. Heinzle, durchges. und erg. Neuausgabe. Stuttgart 2002.

Weddige, H.: Einführung in die germanistische Mediävistik. 9., durchges. Aufl. München 2017.

Wehrli, M.: Literatur im deutschen Mittelalter. Eine poetologische Einführung. Stuttgart 1984 [Nachdruck 2006].

Wehrli, M.: Geschichte der deutschen Literatur vom frühen Mittelalter bis zum Ende des 16. Jahrhunderts. 3., bibliogr. erneuerte Aufl. Stuttgart 1997.

Forschungsliteratur zu einzelnen Themen

Bartsch, N.: Programmwortschatz einer höfischen Dichtersprache: *hof*/*hövescheit, mâze, tugent, zuht, êre* und *muot* in den höfischen Epen um 1200. Frankfurt a. M. [u. a.] 2014.

Dû bist mîn. ih bin dîn. Die lateinischen Liebes- (und Freundschafts-) Briefe des clm 19411, hrsg. von J. Kühnel. Göppingen 1977.

Haug, W.: Die Symbolstruktur des höfischen Epos und ihre Auflösung bei Wolfram von Eschenbach. In: Deutsche Vierteljahrsschrift für Literaturwissenschaft und Geistesgeschichte, Bd. 45 (1971), S. 668–705.

von Kraus, C.: Walther von der Vogelweide: Untersuchungen. 2., unveränd. Aufl. Berlin 1966.

Kuhn, H.: Erec (1948). In: Hartmann von Aue, hrsg. von H. Kuhn und C. Cormeau. Darmstadt 1973, S. 17–48.

Lienert, E.: Deutsche Antikenromane des Mittelalters. Berlin 2001.

Ranawake, S.: Gab es eine Reinmar-Fehde? Zu der These von Walthers Wendung gegen die Konventionen der hohen Minne. In: Oxford German Studies 13 (1982). S. 7–35.

de Saussure, F.: Grundfragen der allgemeinen Sprachwissenschaft, hrsg. von. C. Bally. Unter Mitwirkung von A. Riedlinger, übers. von H. Lommel. Berlin/New York [3]2001.

Schweikle, G.: Die Fehde zwischen Walther von der Vogelweide und Reinmar dem Alten. Ein Beispiel germanistischer Legendenbildung. In: ZfdA 115 (1986) S. 235–253.

Register

https://doi.org/10.1515/9783110464184-013